“十二五”国家重点图书出版规划

◉ 陈卫东 著

# 反思与建构：刑事证据的中国问题研究

中国当代法学家文库

陈卫东法学研究系列

Contemporary Chinese Jurists' Library

中国人民大学出版社
·北京·

# 前 言

证据制度是全部司法制度的核心。刑事诉讼中几乎所有的问题都与证据制度息息相关。近些年来陆续曝光的冤假错案绝大多数与证据问题密切相关，这就更加彰显了证据问题在刑事诉讼中的重要性。长期以来，我国刑事证据制度的立法相对滞后，1979 年《刑事诉讼法》和 1996 年《刑事诉讼法》整部法律仅有 8 条证据条文，而 2012 年《刑事诉讼法》也不过才 16 条证据条文。这难以满足司法实践的需求，也由此导致了司法实践中存在着大量证据收集、采纳、采信等方面的问题。例如，在证据收集方面存在着证据收集主体的适格性、收集手段的合法性等各方面的问题，其中的一个顽疾就是以非法方式取证的问题，特别是以刑讯逼供等不人道手段取证的问题，很多冤假错案的发生都与此有关。在证据采纳方面也存在着很多问题，其中一个非常重要的问题就是如何落实非法证据的排除问题。而在证据的采信方面存在着落实刑事诉讼的证明标准等方面的问题，实践中留有余地的判决便是该问题的集中体现。

刑事证据制度方面存在的问题不仅影响了其自身的发展，也制约了我国庭审方式改革的顺利进行。我国刑事庭审程序的虚置化在很大程度上与证据制度、证据规则的不完善相关。正因为如此，党的十八届四中全会“决定”指出要“推进以审判为中心的诉讼制度改革”，在具体的举措方面提出要“全面贯彻证据裁判规则，严格依法收集、固定、保存、审查、运用证据，完善证人、鉴定人出庭制度”，以保证庭审在查明事实、认定证据、保护诉权、公正裁判中发挥决定性作用。

随着对刑事证据问题的重视，刑事诉讼立法也将证据制度的完善作为核心内容予以关注，较为激进的单独制定“证据法”的主张在2000年左右曾占据主流。在2001年至2003年之间，全国人大法工委还曾组成了一个班子，专门研究刑事证据法的起草问题，只不过后来放弃了单独制定“刑事证据法”的方案，而是将证据问题纳入《刑事诉讼法》修改之中。近年来，我国的刑事证据制度有了一定的发展。2010年两个“证据规定”（即《关于办理死刑案件审查判断证据若干问题的规定》、《关于办理刑事案件排除非法证据若干问题的规定》）的出台可以说是我国刑事证据制度发展史上的标志性事件，这意味着刑事证据制度的发展迈上了一个新的台阶。2012年《刑事诉讼法》修改在吸收两个“证据规定”相关内容的基础上对证据制度进行了一些调整与修改，使得我国的刑事证据制度在立法方面又有了一些突破。当然，不容否认的是，我国刑事证据制度立法的科学性、完备性也还有非常大的提升空间。

实际上，与证据制度的不完善相对应的是证据理论研究的不足。应当说，相当长时期以来对证据问题的关注与研究并不是刑事诉讼法学研究的主要内容，刑事诉讼法学研究更关注的是诉讼程序自身的设计与完善。近年来随着对证据问题的重视，对证据问题的研究也日渐繁荣，并引起了一些学术争论。作为理论研究状况的反映，证据制度在刑事诉讼立法中的地位转变可以在一定程度上说明该问题。但是应当看到，隐藏在证据研究“表面繁荣”背后的是对一些基本性证据问题的讨论远未能达成共识，对一些关键性问题缺乏研究或者研究并不充分。换言之，有很多问题还需要我们进行深入的研究。此外，随着刑事证据制度与证据实践的发展，实践中产生了一些新的问题，需要理论给予密切关注。

对于这些问题，作者进行了长期的观察与思考，并在著作中作了理论上的解释与回应，举例言之：

传统上对证据概念的理解理论上存在着不同的认识，有“事实论”和“根据论”两种概念之争。实际上，这两种不同的理论主张的倾向并不相同：前者追问的是“证据是什么”，是一种认识论倾向，而后者追问的是“证据应该是什么”，是一种价值论倾向。尽管自从证据制度产生以来，人们一直在追求能够达到“真理”，但由于人们的认识能力和认识条件的限制，这种追求总是以一种无奈而告终。最终，人们发现放弃对“证据是什么”的哲学追问，而代之以“证据应该是什么”的思考和设计可能是一个较好的选择，因此，应当承认哲学意义上证据与法律意义上证据的区别，并自觉完成研究视角的转变，倘能如此，上述围绕着证据概念的争论也就可以解决了。

证据的表现形式是什么？学术界的观点并不统一，存在着“事实说”、“法律存在说”、“信息载体说”、“反映说”等观点。“事实说”将哲学上的证据概念与诉讼中的证据概念相混淆，将证据与事实画等号，不仅理论上难以自圆其说，实践中也自相矛盾。“法律存在说”注意到了证据概念的实践属性，但却试图用合法性体现证据的程序价值，把证据审查、认定规则等同于证据属性本身，人为限制了证据的外延。“反映说”把证据列入主观范畴，犯了把反映对象与反映内容相混淆的错误。而“信息载体说”正确认识到证明过程是一种回溯性过程，是要通过一系列过程和手段，把那些储存在相关人或物上的信息发掘出来，而信息自身无法独立存在，它总是依附于一定的人或物。应当说，2012年《刑事诉讼法》修改受到这些讨论的影响，并对证据的表现形式从“事实说”调整为“信息载体说”，认为“可以用于证明案件事实的材料，都是证据”。

刑事证据法应当包括哪些基本原则？在理论上有争议，总体来看应当包括证据裁判原则、合法性原则、关联性原则、直接言词原则、质证原则。其中特别需要强调的是证据裁判原则。证据裁判原则是证据规定的帝王条款。证据裁判原则是伴随着司法不断文明理性地发展而产生、确立的，其是司法文明理性的集中体现。证据裁判原则作为一项基本原则在两大法系国家都得到了普遍承认：大陆法系国家普遍奉行证据裁判原则，有些大陆法系国家还在立法中明文规定证据裁判原则，以作为对法官调查证据权力的规制。而英美法系国家尽管在立法中没有明文规定证据裁判原则，但是存在着大量规范证据运用的规则，比如证据的关联性规则、可采性规则，等等，这些规则与证据裁判原则的精神实质是相一致的。在我国，证据裁判原则虽然没有在立法上被明确规定，但是我国“以事实为根据”的司法政策以及相关的法律规定都体现了证据裁判原则的精神。例如，《刑事诉讼法》第53条第1款规定：“对一切案件的判处都要重证据，重调查研究，不轻信口供。只有被告人陈述，没有其他证据的，不能认定被告人有罪和处以刑罚；没有被告人供述，证据确实、充分的，可以认定被告人有罪和处以刑罚。”此外，需要说明的是2010年《关于办理死刑案件审查判断证据若干问题的规定》规定“认定案件事实，必须以证据为根据”。这被视为正式确立了证据裁判原则。但是非常遗憾的是，2012年《刑事诉讼法》修改时并没有吸纳该规定的做法，也没有明确确立证据裁判规则。考虑到在我国证据意识、证据观念尚有欠缺，刑事诉讼法立法的科学性、完备性还有待提升，未来在《刑事诉讼法》修改过程中应当在证据部分首要位置明确证据裁判原则。此外，需要说明的是，“推进以审判为中心的诉讼制度改革”的重要一环即在于庭审中心主义，而庭审中心主义有赖于直接言词原则、质证原则等原则的实质确立，特别是相关制度的构建或完善，这就需要在证人、鉴定人、侦查人员出庭以及证据开示、交叉询问等方面作出更为完善的调整或者制度构建。

刑事证明责任乃是刑事诉讼的脊梁。证明责任的积极意义在于经过法定的方法和过程，事实仍真伪不明时，假定一方应当承担此种不利后果。证明责任既是一种裁判规则，也是一种风险分配机制。在英美法系国家，证明责任包括了两层含义，一是对某一特殊争议事实提出证据的责任，二是说服裁判者的责任。而在大陆法系国家，证明责任被划分为客观证明责任和主观证明责任，前者是争议事实不明时承担不利后果的“结果责任”，而后者是为自己的主张提供证据支持的“行为责任”，仅存在于对抗制的诉讼结构下。证明责任分配规则在两大法系国家呈现出不同的风格。我国也在2012年《刑事诉讼法》第49条规定了具有我国特色的公诉案件被告人有罪的举证责任分配规则。对于我国立法上的举证责任分配规则如何理解？应当说，对该规则的理解必须结合我国刑事诉讼的立法从整体上进行观察与分析。据此，在作者看来，我国的举证责任分配规则应当包含以下几个方面的意涵：其一，人民检察院承担证明被告人有罪的举证责任，但是并不否认人民检察院同时要承担证明被告人无罪、罪轻和罪重的责任，这是人民检察院秉承客观义务原则的基本要求。其二，人民法院要承担补充性的举证责任，也就是说，在公诉案件刑事审判过程中，在检察机关提供证据使案件达到真伪不明的状态时，人民法院负有收集并运用证据查证、确认案件事实的责任。其三，被告人不承担举证责任。被告人及其辩护人提出犯罪嫌疑人不在犯罪现场、未达到刑事责任年龄、属于依法不负刑事责任的精神病人的抗诉属于其诉讼权利而非诉讼义务。由此可见，我国的公诉案件被告人有罪的举证责任分配规则具有其特质。

刑事证明标准也是一个历久弥新的话题。在我国，公诉案件大体要经过立案侦查、逮捕、移送审查起诉、提起公诉和判决几个处理阶段（活动），对每一阶段（活动），法律都规定了一定的证明标准。因此，我国的刑事证明标准体系是由立案侦查的证明标准、逮捕的证明标准、移送审查起诉的证明标准、提起公诉的证明标准以及有罪判决的证明标准构成的。这些证明标准是随着诉讼的进程而不断提高的，这体现了我国刑事证明标准具有一定的层次性。其中，移送审查起诉的证明标准、提起公诉的证明标准和有罪判决的证明标准都是“犯罪事实清楚，证据确实充分”。从学理上讲，将移送审查起诉的证明标准、提起公诉的证明标准和有罪判决的证明标准等同是否恰当是值得商榷的。这种制度设计虽然体现了诉讼的严肃性，但是较高的证明标准也打击了检察机关追究犯罪的积极性，使得检察机关主动放弃了对一些犯罪的追究。因此，应当放宽提起公诉的证明标准，可以将之界定为“根据证据进行判断认为有可能定罪时”即应提起公诉。当然，刑事证明标准的核心问题是有罪判决的证明标准问题。在我国，有罪判决的证明标准为“事实清楚，证据确实、充分”。对于这里的“事实”存在着不同的认识观，有“客观真实说”、“诉讼真实说”、“法律真实说”以及“庭审真实说”之争，后三种学说认为应区分客观真实与诉讼真实、裁决案件所依据的证据事实是诉讼内的事实（真实）、法律上的真实、庭审认定的事实而不是“客观真实”。应当说，“客观真实说”的初衷是好的，作为一种理想状态也是无可非议的，但是其自身不仅很难判断，也很难实现，在刑事诉讼中是否具备可行性、科学性是值得商榷的。实际上，诉讼作为解决社会纠纷的专门活动，有其自身的规律，我们应当从诉讼自身的特性来认识“事实”。在刑事诉讼中，对“事实”的发现是依照法定程序通过对证据的审查判断来实现的。这是一种特殊的回溯性的认识活动，认知的结果受制于诉讼程序以及其他主、客观条件。这种认知的结果往往和客观真实有一定的差距。因此，在刑事诉讼中，我们应当区分法律意义上的“诉讼真实”与哲学意义上的“客观真实”，并以“诉讼真实”作为诉讼上的追求。

在具体标准设计上，英美法系国家采用的是“排除合理怀疑”标准，大陆法系国家实行的是“高度盖然性”标准，也是一种排除了任何疑问的内心确信。这说明两大法系国家在刑事证明标准方面的精神实质是相一致的。那么，我国的证明标准和国外的证明标准是一种什么关系？孰高孰低？对此，有不同的观点。有人认为国外的证明标准较之我国的证明标准要更高，也有人认为恰好相反。从对“证据确实、充分”的解读来看，该标准与“排除合理怀疑”标准实际上是相通的，两者之间并没有本质的区别。无论是“证据确实、充分”还是“排除合理怀疑”，都是一个标准的两个方面：前者是一种肯定性的表述，而后者是一种排除性的表述。从理论上来看，无论采用两种表述中的哪一种，都没有太大的问题。需要指出的是，在2012年《刑事诉讼法》修改过程中，对“证据确实、充分”的证明标准进行了细化，并在其中采用了“排除合理怀疑”的表述方式。应当明确，2012年《刑事诉讼法》并没有修改“证据确实、充分”这一证明标准，而是将“排除合理怀疑”作为明确“证据确实、充分”证明标准的一个要素而加以规定，其目的在于便于证明标准在实践中的操作。

此外，为了严防死刑的滥用，对死刑案件适用更高的证明标准是否可行？对于该问题，我国的司法实践中曾经提出一些改革方案。如何看待该问题？在作者看来，对于死刑案件的证明标准，不能笼统地主张其应该高于普通刑事案件的证明标准。对死刑案件的证明标准问题应当采取分而治之的策略：死刑案件定罪的证明标准应当采取与普通刑事案件相同的证明标准，判处死刑的证明标准则应当采用更高的“排除一切怀疑”的证明标准。

至于证据规则的完善，尤其需要强调的当属非法证据排除规则。2010年颁布的两个“证据规定”确立了非法证据排除规则，明确了非法证据的范围及排除程序。2012年《刑事诉讼法》修改在此基础上在第54条至第57条确立了我国的非法证据排除规则，明确了非法证据的范围以及非法证据的证明责任和证明标准问题。这应当说是我国刑事证据立法的一大进步，但是应当看到，我国的非法证据排除规则也存在着一些问题。关于非法证据的实体标准及其外延范围的认识并不统一。当前，“两高三部”正在起草、论证“非法证据排除规定”，试图进一步明确非法证据的范围。应当指出的是，非法证据的实体标准及其外延是一个非常繁杂且争议极大的问题，试图通过立法予以完全解决可能并不现实。至于“非法证据排除规定”界定非法证据实体标准和外延的实际效果如何，将来还有待司法实践的检验。实际上，关乎非法证据排除规则能否有效运转的更为核心的问题是非法证据排除程序机制的畅通问题。这是一个非常宏大的话题，涉及非法证据排除动议的提出主体，非法证据排除动议提出的时间、方式，非法证据排除动议的审查，非法证据排除程序的证明等问题。由于我国在非法证据排除方面的经验较为有限，这就需要从比较的视角并结合我国的实践探讨非法证据排除程序的详细构建问题。关于该程序的详细构建需要强调两个问题：其一，非法证据排除程序并不是所谓的“诉讼中的诉讼”或者“审判中的审判”，其仅仅是审判过程中的一个环节，是审判人员对证据的合法性进行审查的程序；其二，我们应当更加关注非法证据在庭前的排除，以尽量避免非法证据排除在庭审中重复提出并扰乱诉讼进程。基于此，未来在《刑事诉讼法》修改过程中应当对庭前非法证据排除程序的建构问题给予足够重视。值得注意的是，2012年《刑事诉讼法》修改构建了庭前会议制度，允许在庭前就非法证据排除问题了解情况、听取意见，这为我国将来构建庭前非法证据排除程序留下了制度空间。

当然，上述并不是证据问题的全部，也并不是本著作的全部内容。作者在此梳理上述问题所意图表明的是，对证据问题我们还需要进行更加深入的研究才能解决一些认识上的问题，也才能对刑事证据制度的立法和司法实践提供智识上的支持。正是带着这样的认识，作者长期关注重刑事证据理论的研究。作为研究的阶段性总结，作者谨希望这些研究成果的出版，能够促进学术界与实务界更加深入的思考。

需要说明的是，该著作共分为6篇，分别为绪论篇、证据篇、证明篇、证据规则篇、证据评论篇以及证据调研篇。在绪论篇，作者从宏观上探讨了我国证据制度存在的一些问题及其症结所在。在证据篇、证明篇以及证据规则篇，作者对证据制度的一些基础理论进行了研究，也对一些证据制度的修改、完善或者制度建构提出了可供参考的意见和建议。在证据评论篇，对于我国刑事证据制度未来的立法以及近年来刑事证据制度立法的发展等问题，作者进行了宏观的思考与评析。此外，证据调研篇是作者运用实证研究方法对证据问题进行的研究，分析、评估了证据制度改革在实践中的运行及其效果。这些评估与研究在当下仍有其指导意义，并有助于我们窥见刑事证据制度在实践中的真实运行状况，对于我们思考未来刑事证据制度的发展有所裨益。

在该著作即将付梓之际，要感谢为该著作的出版付出辛勤劳动的中国人民大学出版社社长与各位编辑。他（她）们认真敬业的工作精神、科学严谨的态度令人钦佩。该著作的编辑出版也凝聚了他（她）们的心血与智慧。

当然，刑事证据理论博大精深，并不是一本研究著作就能全部涵盖的。本著作也仅仅是作者一段时期以来对刑事证据问题思考的总结。随着我国刑事证据制度立法与司法实践的不断发展，将会有更多的刑事证据问题需要从理论上进行解释与回应。因此，我们还应继续对刑事证据问题保持足够多的关注与思考。

是为序。

**陈卫东**

**于人大明德法学楼**

**2014年12月10日**

# 目　录

## 绪论篇



## 证据篇



## 证明篇

## 证据规则篇



## 证据评论篇



## 证据调研篇

# 细　目

## 绪论篇



## 证据篇

## 证明篇

## 证据规则篇

## 证据评论篇

## 证据调研篇

# 绪论篇

# 第一章

# 刑事证据法的中国问题

从某种意义上讲，整个诉讼过程，就是证据的发现、收集、审查、判断和运用的过程。英国法学家边沁说："审判的技能在实际上不是什么别的东西，只是利用证据的技能罢了。"意大利法学家菲利则进一步说："搜集证据、检讨它们并加以评定——这就是刑事诉讼全部内容所应表现的。"① 整个诉讼的程序流程，是以证据为主线推进的，而整个诉讼的实体问题的解决，也是通过对证据的采认而完成的。因此，证据制度是全部司法制度的核心，在刑事诉讼法实施中存在的问题总是与证据现象息息相关。

在证据立法和司法实践两个层次上均存在一定的问题，使得我国的刑事诉讼在证据理论以及证据规则、证据运用等方面仍存在很多问题，这种滞后直接制约了刑事庭审方式改革的顺利进行。学界和司法部门对于进行证据制度的改进与重塑均有共识。从深层次上讲，证据制度的重塑与变革不仅仅是对诉讼程序作相关规定就可以完善的，它必须与整个司法制度，甚至与政治体制改革相联系，稳步协调推进才能达到预期的效果。限于本书的范围，不能全部涉猎。在本章，笔者试图对司法实践中与证据制度直接联系的问题进行探讨。

---

① 转引自裴苍龄：《证据法学新论》，10页，北京，法律出版社，1989。

首先有必要交代一下本章的体例设计。我国的证据制度涉及公、检、法机关和有关当事人与诉讼参与人，囊括了采证、举证、质证和认证多个环节，结构相当复杂。学界传统理论认为：刑事诉讼证明贯穿于侦查、起诉、审判的各个阶段，侦查、起诉和审判机关都是诉讼证明的主体。同时，诉讼当事人以及他们的辩护人或代理人为了当事人的利益，也要进行有关的证明活动，故也是证明主体。这种对刑事诉讼证明的理解与西方国家不同：在西方国家，无论是英美法系国家还是大陆法系国家，诉讼证明主要是指司法裁决过程中一方当事人在对方当事人有机会提出异议的情形下说服司法官相信其主张成立的活动。在这些国家(地区)，尽管刑事追诉活动已经远远超出了传统意义上的刑事诉讼活动，而且，大陆法系诉讼模式下（如德国、日本、我国台湾地区等）甚至在更为宽泛的意义上承认侦查活动的“诉讼”属性，但是，就刑事诉讼证明而言，它们却较为一致地保留了诉讼证明的“诉讼”特征（即在对方当事人的参与下，当事人说服司法官相信其主张成立的活动），并往往以诉讼证明的典型形态——审判阶段的证明活动为主要研究对象展开对诉讼证明相关问题的研究。① 我国的司法改革是以庭审中心为基本方向的，而且证据的运用最终也要归结到庭审中的证据运用上来，因此，本章采用的体例视角尽量贴近以庭审为中心的思路，以证据的采集、采纳和采信②为基本构架。鉴于举证和质证环节在程序上多体现于庭审，同时与证据采信有着更紧密的联系，本章将其列入证据采信部分。学界经常提到的证据的审查判断，本章因为庭审中心的关系，主要讲的是法官对证据的审查判断，并根据是解决证据的可采性还是可信性将其分解到证据的采纳和采信两部分分别论述。至于公安和检察机关对证据的审查判断，本章不作专门阐述，可以比照法官对证据的采纳与采信部分，结合其相应的法定规则与标准来进行。笔者认为，证据的审查判断，其主体的不同决定了审查判断行为的法律后果的不同，但在审查判断

---

① 参见吴宏耀：《刑事诉讼证明解析》，载正义网，2000-12-07。

② 在证据采集阶段，证据作为客观存在同案件发生关系，进入取证主体的视野，得以被提交法庭确认；在证据采纳阶段，证据被采纳主体（在我国应指法官）确认其可采性；在证据采信阶段，也就是裁判者通过内心确信形成判决的阶段，裁判者通过具体的证据采信形成逻辑上完整的证据链条，从而形成心证的过程。

主体内心确信的形成机理上，应当别无二致。[①] 公安和检察机关对证据的审查判断在对抗式庭审中仅仅是公诉一方的主观行为，而法官对证据的采纳和采信行为才对案件的审理具有实体意义上的影响。这也是本章略去对公安、检察机关审查判断证据环节的深入探讨的原因。至于涉及证据规则的有关问题，本章将其归入证据采纳部分。

## 一、我国刑事证据立法的新发展

在刑事诉讼程序中，刑事证据既是诉讼活动的基础，也是认定案件事实的根据，可以说，诉讼的全过程都是围绕证据问题进行的，其重要性毋庸置疑。同时，刑事证据又涉及收集、使用和审查判断等问题，具有一定的复杂性。因此，一国有关刑事证据的法律规定可以充分体现该国刑事司法的文明程度和先进程度，中国亦不例外。2012 年 3 月 14 日，第十一届全国人民代表大会第五次会议审议通过了《关于修改〈中华人民共和国刑事诉讼法〉的决定》，2012 年《刑事诉讼法》不仅对“证据”一章作了较大调整，而且增加了新条文、增设了新制度，完善了我国的证据立法。

### （一）刑事证据制度的修法背景

#### 1. 修改刑事证据制度绝非偶然而是必然

证据制度是刑事诉讼的重要组成部分，直接决定了刑事案件审理的质量。立法机关决定修改证据制度也非一时兴起，而是经过了慎重的考虑，而现有立法规定的缺陷为证据制度的修改提供了契机。

首先，“证据”一章的条文数量较少。1979 年《刑事诉讼法》“证据”一章仅有 7 个条文，占条文总数的 4.2%。1996 年《刑事诉讼法》修改后，“证据”

---

① 从标准的角度来讲，证据之所以被采集，原因在于采集主体对其相关性的认定，这也是证据采集的标准；证据之所以成为诉讼证据，从而具有法律意义上的效力，正是由于采纳主体依法律对其相关性、客观性和法律性的认定，此时的相关性认定和证据采集主体的相关性认定标准和标准掌握程度是不同的；证据被采信为定案证据，是采信主体对证据自身证明力的一种判断。但判断所依照的标准和规则是一种递进关系。

一章的条文数量没有发生较大变化，仅增加一条有关保护证人及其近亲属作证的规定，但百分比下降为3.5%，而且司法解释中有关证据问题的规定也不够详尽[①]，远远不能满足司法实践的需要。法律规定的不明确、不具体导致司法实践中公、检、法机关无法可依。

其次，"证据"一章的内容比较单一。1979年《刑事诉讼法》"证据"一章的框架体系基本符合当时的时代背景和认知水平，但1996年修改时未作变动，大部分条文仅是静态地规定了证据的概念、分类及运用证据的原则等问题。这一沿用至今的架构和体例已与国际公约中的刑事证据规则和人权保障标准不相匹配。[②]

最后，"证据"一章的体系不够协调。这主要表现在证据部分的相关条文之间衔接不畅且缺乏必要的配套制度。例如，1996年《刑事诉讼法》第43条规定了严禁刑讯逼供和以威胁、引诱、欺骗以及其他非法方法收集证据，但"证据"一章并未规定非法证据排除规则和相应的配套制度；再如，第49条规定人民法院、人民检察院和公安机关应当保障证人及其近亲属的安全，但法律没有明确保护机关和保护程序，导致该条在实践中流于形式。

2. 修改刑事证据制度有理论铺垫和实务需要

除立法本身存在的问题，理论界和实务界也积极呼吁修改刑事证据制度。一方面，学术理论的深入研讨为证据制度修改作了铺垫。学界已经对证据制度中的相关问题进行了较为深入的研究和讨论。例如，有关"法律真实"与"客观真实"的讨论使我们突破桎梏，以法律人的思维方式理解证明标准问题。[③] 在证据

---

① 例如，最高人民检察院《人民检察院刑事诉讼规则（试行）》没有专章对证据问题作出规定，最高人民法院《关于执行〈中华人民共和国刑事诉讼法〉的解释》中"证据"一章仅有11个条文规定，公安部《公安机关办理刑事案件程序规定》中"证据"一章仅有10个条文规定。

② 例如中国加入的《禁止酷刑和其他残忍、不人道或有辱人格的待遇或处罚公约》和《公民权利和政治权利国际公约》等。

③ 参见樊崇义等：《刑事证据法原理与适用》，30页，北京，中国人民公安大学出版社，2001；陈光中等：《刑事证据制度与认识论》，载《中国法学》，2001（1）。

概念方面，针对早期研究中证据就是事实的观点[①]，学者随后提出了“根据说”[②]、“材料说”[③]、“信息说”[④]和“方法说”[⑤]等不同观点，充分揭示了证据的功用和属性。虽然对于部分问题尚未形成定论，但学术讨论中的百家争鸣恰恰有助于我们厘清证据部分的相关概念、规则和制度，而且经过时间的积淀，其中相对成熟的研究成果已经直接影响了 2012 年修法。

另一方面，司法实务的客观需要为证据制度修改埋下伏笔。证据作为实体裁判和诉讼程序的连接点，对正确定罪量刑有关键作用。但在司法实务层面，随着中国经济社会的快速发展，现行刑事诉讼法及其司法解释关于证据的规定比较原则，很难满足实践需要。[⑥] 这主要表现为在审判过程中出现了很多新情况和新问题需要法律作出明确规定，例如，电子证据的审查判断问题。另外，与近年来司法实践中轰轰烈烈的诉讼程序尤其是审判程序的试点改革相比，证据制度稍显沉寂。例如，量刑程序规范化改革等试点研究是我国审判程序由单一化迈向多元化的一次有益尝试[⑦]，但证据制度与诉讼程序的不匹配、不协调已成为司法改革继续推进的阻力。

3. 证据制度的修改既源于实践又高于实践

一方面，证据制度的修改绝非“无源之水、无本之木”，立法机关在修法之前已经积累了大量的经验。1996 年《刑事诉讼法》修改后，公安机关、人民检察院和人民法院各自出台了司法解释，同时还制定了最高人民法院、最高人民检

---

① 参见陈光中主编：《刑事诉讼法学（新编）》，148 页，北京，中国政法大学出版社，1996；程荣斌主编：《刑事诉讼法》，162 页，北京，中国人民大学出版社，1999；陈一云主编：《证据学》，99 页，北京，中国人民大学出版社，1991。

② 曹贵乾主编：《刑事诉讼法教程》，122 页，北京，警官教育出版社，1998。

③ 何家弘：《让证据走下人造的神坛》，载《法学研究》，1999（5）。

④ 齐剑侯、童振华编：《刑诉证据基本原理》，50 页，长春，吉林人民出版社，1982。

⑤ 崔敏、张文清：《刑事诉讼证据理论与实务》，38 页，北京，中国人民公安大学出版社，1992。

⑥ 参见郎胜：《关于〈中华人民共和国刑事诉讼法修正案（草案）〉的说明——2011 年 8 月 24 日在第十一届全国人民代表大会常务委员会第二十二次会议上》，见 http：//www.npc.gov.cn/huiyi/lfzt/xsss-fxg/2011-08/30/content_1668529.htm，访问日期：2012-04-02。

⑦ 参见陈卫东主编：《量刑程序改革理论研究》，北京，中国法制出版社，2011。

察院、公安部、国家安全部、司法部、全国人大常委会法制工作委员会《关于〈中华人民共和国刑事诉讼法〉实施中若干问题的规定》（以下简称“六机关规定”）以综合协调公、检、法三机关在执行2012年《刑事诉讼法》过程中出现的问题和存在的矛盾。尽管如此，法律执行的效果仍不理想。因此，自2000年起，为消弭执法过程中存在的问题并推动刑事证据制度改革，全国人大常委会法制工作委员会考虑制定一部专门的刑事证据法，同时学界也就证据立法问题展开了讨论。① 由于刑事诉讼法与刑事证据法两者相互依存且难以剥离，刑事证据法最终并未出台，但立法机关经过多年的调研、论证和讨论，已经形成了较为成熟的条文规定，对于证据制度存在的问题以及应当如何完善早已了然于胸。

另一方面，刑事司法改革的有益探索为立法机关提供了丰富的参考样本。早在2008年，中共中央政法委在《关于深化司法体制和工作机制改革若干问题的意见》中即提出四大方面、60小项的改革任务②，任务之一即为刑事证据部分的改革与完善。例如，2010年最高人民法院、最高人民检察院、公安部、国家安全部、司法部颁布的《关于办理死刑案件审查判断证据若干问题的规定》和《关于办理刑事案件排除非法证据若干问题的规定》（以下简称“两个证据《规定》”）作为司法改革的成果，第一次在我国系统确立了刑事证据的基本原则和非法证据排除规则，对于法官审查、判断、运用证据作出了详细的指导。③ 2012年《刑事诉讼法》再修改也吸收了“两个证据《规定》”的基本精神，将非法证据排除规则写入其中。

可见，2012年证据部分的修改源于现行立法规定的不足和司法实务的客观

① 参见樊崇义等：《刑事证据法原理与适用》，北京，中国人民公安大学出版社，2003；江伟主编：《中国证据法草案（建议稿）及立法理由书》，北京，中国人民大学出版社，2004；陈光中：《中华人民共和国刑事证据法专家拟制稿（条文、释义与论证）》，北京，中国法制出版社，2004。

② “四大方面”是优化司法职权配置、落实宽严相济刑事政策、加强政法队伍建设、加强政法经费保障四方面，“60小项”涵盖了重整刑事证据规则、全面展开量刑规范化改革、推行案例指导制度、完善人民陪审制、规范上下级法院关系、建立司法巡查制度、加强律师管理等具体的改革任务。同时，最高人民法院出台了《人民法院第三个五年改革纲要（2009—2013）》，最高人民检察院出台了《关于贯彻落实〈中央政法委员会关于深化司法体制和工作机制改革若干问题的意见〉的实施意见——深化检察改革2009—2012年工作规划》。

③ 参见陈卫东：《非法证据排除规则的喜与忧》，载《法制日报》，2010-08-11，11版。

需要，立法机关在充分考虑理论研究、实践探索和司法改革成果的基础上，将其中成熟的经验上升为法律规定。

（二）证据制度修改的“亮点”

2012年《刑事诉讼法》修改，对证据部分的修改具有高度前瞻性，充分体现了对人权的尊重和保障。“证据”一章在原有条文基础上新增了8个条文，共计16个条文，占刑事诉讼法条文总数的百分比上升到5.5%。与辩护、强制措施等其他部分相比较，“证据”一章的条文变动基本都是围绕人权保障这一主线进行的，不仅与中国加入的国际公约的基本要求保持一致，而且是宪法中尊重和保障人权条款在2012年《刑事诉讼法》中的具体落实。

1. 不得强迫自证其罪原则入法

不得强迫自证其罪原则源于我国1998年10月签署的《公民权利和政治权利国际公约》第14条第3项：在判定对任何人提出的任何刑事指控时，人人完全平等地有资格享受最低限度的保证。其中一项要求是“不被强迫做不利于他自己的证言或强迫承认犯罪”。考虑到为批准公约创造条件，同时有效遏制并防范刑讯逼供，2012年《刑事诉讼法》第50条在严禁刑讯逼供和以威胁、引诱、欺骗以及其他非法方法收集证据后增加“不得强迫任何人证实自己有罪”的规定，从而第一次确立了该原则。该条规定是我国人权保障和程序公正的重要内容之一，但在修法过程中也引发了一系列讨论。

首先，就如何准确表达“不被强迫做不利于他自己的证言或强迫承认犯罪”的基本精神存在争议。笔者认为，国际公约中的表述含义准确但语义重复，若直接使用“不得强迫自证其罪”，则略显晦涩且有“西化”嫌疑，不利于代表审议和新法通过。为便于社会公众理解和接受，立法机关最终选择使用“不得强迫任何人证实自己有罪”这样一种中国化、通俗化的表达方式。尽管按照一般理解，“证实”与“证明”在语义上有所区别，但按照立法机关的解释，这里的“证实”与“证明”二词同义，且与公约不得强迫自证其罪的精神一致。[①]

---

① 参见郎胜主编：《〈中华人民共和国刑事诉讼法〉修改与适用》，116页，北京，新华出版社，2012。

其次，就2012年《刑事诉讼法》第50条与沉默权的关系存在争议。争议的焦点是2012年《刑事诉讼法》第50条是否在我国确立了沉默权制度。[①] 笔者认为，不得强迫自证其罪原则和沉默权两者理念一致，都是为了保障被追诉人供述的自愿性，亦即保障犯罪嫌疑人、被告人出于内心的真实意愿表达自己的思想，而不是在被威胁、强迫的状态下作出供述。但两者也有区别：沉默权保障的是犯罪嫌疑人的自由供述权，犯罪嫌疑人可以选择保持沉默，也可以选择作出供述，但是如果主动供述就要如实供述，否则，要承担相应的法律责任。[②] 而不得强迫自证其罪原则保障的是犯罪嫌疑人在作出供述时自由表达的权利，犯罪嫌疑人可以如实供述，也可以虚假供述，但不必承担相应的法律责任。另外，沉默权在国际公约中并无相关依据，而不得强迫自证其罪原则在国际公约中有直接、明确的规定。

最后，就2012年《刑事诉讼法》第50条与第118条如实回答义务的关系存在争议，争议的焦点在于不得强迫任何人证实自己有罪是否与犯罪嫌疑人的如实回答义务相矛盾。全国人大常委会法制工作委员会副主任郎胜在2012年3月8日答记者问时对此问题作了解释："它要求犯罪嫌疑人如果你要回答问题的话，你就应当如实回答。"笔者认为，第118条强调的是回答应当如实，而不是应当如实回答。该规定与沉默权的要求相类似。结合2012年《刑事诉讼法》第50条与第118条，犯罪嫌疑人在接受讯问时享有回答或者不回答的选择权，如果选择回答问题，应如实回答；如果选择拒绝回答，则享有不被强迫自证其罪的权利。

2. 确立非法证据排除规则

证据制度修改的最大亮点是明确规定了非法证据排除规则。1979年和1996

---

① 沉默权实质上赋予了犯罪嫌疑人、被告人两项权利：一是犯罪嫌疑人、被告人享有不被强迫陈述的权利；二是犯罪嫌疑人、被告人享有对于是否陈述以及是否作出不利于自己之陈述的选择权。参见陈卫东、陈飞：《沉默权与坦白从宽》，载《河南政法管理干部学院学报》，2005（1）。

② 在沉默权制度高度发达的美国和英国，犯罪嫌疑人、被告人行使沉默权的背后是严厉的伪证罪制度。例如，在美国，若经宣誓后作出虚假供述是联邦罪行，成文法规定，犯罪者一经定罪，最高可被判监5年。（参见 http：//www. law. cornell. edu/uscode/text/18/1621，访问日期：2012－04－02。）再如，在美国得克萨斯州，刑法规定了两类伪证罪：一类是未经宣誓的声明，另一类是宣誓后的供述。前者最高可判处4 000美元罚金及/或1年自由刑，后者最高可判处1万美元罚金或2年至10年自由刑。参见 http：//www. statutes. legis. state. tx. us/Docs/PE/htm/PE. 37. htm，访问日期：2012－04－02。

年《刑事诉讼法》中都原则性地规定严禁刑讯逼供和以威胁、引诱、欺骗等非法方法获取证据，但未确立相应的排除规则和排除程序。2012 年修法参考了前期中央司法体制改革的成果，吸收了“两个证据《规定》”，界定了非法证据排除的范围以及排除的程序等内容，从而在法律上搭建了我国非法证据排除的制度框架，确立了严格排除非法言词证据、裁量排除非法实物证据的发展方向。

第一，如何理解“刑讯逼供等”的含义。笔者认为应当结合第 50 条和第 54 条对“刑讯逼供等”的含义进行体系解释。所谓“刑讯逼供”是指使用肉刑获取口供的行为，而“刑讯逼供等”等同于酷刑的概念，是指使用肉刑或者变相肉刑，使当事人在肉体或精神上遭受剧烈疼痛或痛苦而不得不供述的行为；除使用肉刑、伤害身体的刑讯逼供行为外，“等”包括虐待（冻、饿、晒、烤）、疲劳（熬）、服用药物、威胁、折磨、引诱、欺骗、催眠等其违法程度和强迫程度与刑讯逼供相当的使当事人违背自由意志作出供述的行为。

第二，如何理解“威胁、引诱和欺骗”的含义。1979 年和 1996 年《刑事诉讼法》之所以在刑讯逼供以外特别强调威胁、引诱和欺骗这三类非法取证手段，原因在于：一方面，1979 年刑法和刑事诉讼法在制定时总结了我国的历史经验，吸收了“文化大革命”的沉痛教训，从而在证据问题上作出了一系列重要规定。例如，刑法中规定了刑讯逼供罪，刑事诉讼法中则强调严禁刑讯逼供和以威胁、引诱、欺骗以及其他非法方法收集证据，证据必须经过查证属实，才能作为定案的根据。① 上述规定基本由彭真同志亲自起草②，主要目的是保障公民的人身权利。另一方面，制定 1979 年《刑事诉讼法》时主要借鉴了原苏联刑事诉讼法中的类似规定。随着经济社会的快速发展，中国刑事司法的文明程度不断提高，

---

① “第一，重证据，重调查研究，不轻信口供。只有被告人供述，没有其他证据的，不能认定被告人有罪和处以刑罚；没有被告人供述，证据充分确实的，可以认定被告人有罪和处以刑罚。这一条是很要紧的，是为了防止逼供信。第二，严禁刑讯逼供和以威胁、引诱、欺骗以及其他非法的方法收集证据。证据必须经过查证属实，才能作为定案的根据。第三，收集证据，不但要收集有罪的证据，也要收集无罪的证据；不仅要收集犯罪情节重的证据，而且要收集犯罪情节轻的证据。”（王汉斌：《王汉斌访谈录——亲历新时期社会主义民主法制建设》，30～31 页，北京，中国民主法治出版社，2012。）

② 参见王汉斌：《王汉斌访谈录——亲历新时期社会主义民主法制建设》，28 页，北京，中国民主法治出版社，2012。

“威胁、引诱和欺骗”的含义逐渐发生了变化。在2012年修法过程中，公安机关提出在侦查实践中，合法的侦查讯问技巧与非法的“威胁、引诱和欺骗”之间的界限不好把握，而且学界对此问题也有不同见解，争议较大[①]，《关于办理刑事案件排除非法证据若干问题的规定》第1条即删去了“威胁、引诱和欺骗”的表述方式。因此，在2011年8月颁布的《刑事诉讼法》修改草案征求意见稿中，采用了“严禁刑讯逼供和以其他非法方法收集证据”的表述方式。但在草案征求意见的过程中，司法机关、律师代表和社会公众都认为如果删去“威胁、引诱和欺骗”会对侦查人员和侦查工作产生误导，应当予以保留。立法机关考虑到“威胁、引诱和欺骗”的历史渊源和遏制非法取证行为的积极指导意义，最终在二稿中恢复这一表述并将之保留到2012年《刑事诉讼法》中。

我们认为，刑事诉讼法不宜笼统地作出严禁以威胁、引诱、欺骗以及其他非法方法收集证据的规定，这样可能会导致司法实务人员难以理解和把握立法的原意。因此，对于2012年《刑事诉讼法》第50条应当结合2012年《刑事诉讼法》第54条加以理解，对于通过威胁、引诱、欺骗以及其他非法的方法收集的证据，只有在情节严重且严重影响司法公正时才应排除。

第三，如何理解物证、书证的排除规则。根据新法第54条，排除物证、书证需要同时具备三个条件，即只有在收集物证、书证不符合法定程序，可能严重影响司法公正，不能补证或作出合理解释的情况下，才应予以排除。这反映出立法机关对于排除物证、书证的慎重态度。之所以作这样的严格规定，主要是因为取证程序违法一般不会改变物证、书证等实物证据的客观内容，也不影响证据的可信性，而且我国司法实践中实物证据比较稀缺。

第四，如何理解非法证据排除的程序设置。笔者认为，不能将非法证据排除程序定位于“诉讼中的诉讼程序”或者“审判中的审判程序”，实际上这是审判人员在刑事诉讼过程中对定案证据的合法性进行的审查，是审判程序的一个环

① 参见《欺骗取证：问题之源与立法取舍之争——陈卫东、何家弘、卞建林三人谈》，见 http://www.evidencelaw.net/show2.asp? AID=596，访问日期：2012-04-02；龙宗智：《威胁、引诱、欺骗的审讯是否违法》，载《法学》，2000（3）。

节。而且该程序本身没有独立的裁判，采纳或排除某一证据的决定应当包含在法院最终的判决中。

3. 证人出庭与证人保护协调一致

保障证人出庭作证也是2012年证据制度修改的亮点之一。长期以来，证人不出庭是我国刑事诉讼的突出问题，这不仅导致我国的刑事审判一直在不规范、低层次的状态下运行，而且也妨碍了审判人员对证人证言的审查判断，限制乃至剥夺了控辩双方，尤其是被告人对证人的质证权。2012年《刑事诉讼法》明确了证人出庭作证的范围、豁免权的范围、不出庭的后果和证人的保护与经济补偿，上述内容分别规定在“证据”一章和“第一审程序”中。

《刑事诉讼法》第187条中规定的证人出庭作证范围的三个要件是并列关系，而非选择关系。第188条中被告人的配偶、父母、子女有权不出庭作证仅指在法院开庭时不出庭作证，并不当然地免除其在侦查、审查起诉阶段依法作证的义务，也不限制其自愿主动出庭作证。另外，第188条还特别规定了证人应当出庭而不出庭作证的法律后果。之所以规定训诫和司法拘留的强制后果，是考虑到在世界范围内，公民依法作证同依法纳税、依法服兵役被并称为公民的三大义务，既然国家有提供安定社会秩序的义务，社会公众也有为维护社会秩序而作证的义务。

4. 明确刑事诉讼中证明责任的分担

法谚有曰：“证明责任乃诉讼的脊梁”，证明责任理论和举证责任理论都是刑事证据制度的基础理论。就学界研究现状来看，关于证明责任与举证责任这两个概念的认识存在分歧，有“同一说”、“并列说”、“大小说”、“包容说”、“前后说”等观点。[①] 一般认为，证明责任分为提出证据的责任与结果责任，前者又被称为主观证明责任，渊源于罗马法上“举证义务存于主张之人，不存于否认之人”，而后者又被称为客观证明责任，主要解决当待证事实真伪不明时，由谁承担败诉风险的问题。

2012年《刑事诉讼法》第49条第一次在我国明确了刑事诉讼中证明责任的

---

① 参见樊崇义等：《刑事证据法原理与适用》，270～271页，北京，中国人民公安大学出版社，2001。

分担问题，弥补了法律规定上的空白，使得刑事证据制度更加合理、刑事证明体系更加完备。但值得注意的是，立法机关在表述证明责任分配时使用了“举证责任”而不是“证明责任”的表述方式，这并非无意为之，而是有意之举。立法机关主要考虑到以下两点：一方面，使用“举证责任”的表述方式是与民事诉讼法和行政诉讼法的规定保持一致[①]；另一方面，人民法院在刑事审判过程中承担了一部分补充审查核实证据的义务。根据《刑事诉讼法》第191条的规定，合议庭在庭审过程中对证据有疑问的，可以宣布休庭并对证据进行调查核实。人民法院调查核实证据，可以采取勘验、检查、查封、扣押、鉴定和查询、冻结等措施。后一方面原因是主要原因，在修法过程中，立法机关反复强调之所以使用“举证责任”，主要是考虑到“不能否定法院客观全面审查证据的义务”[②]。

5. 完善刑事诉讼证明标准

1996年《刑事诉讼法》第46条仅强调处理刑事案件要秉持重证据、重调查研究、不轻信口供的证据使用原则，其中的“证据充分确实”是指除被告人口供外，要有足够的能够证实被告人有罪的其他证据，而且这些证据经互相印证和法庭质证是确实可信的。[③] 同时，1996年《刑事诉讼法》第129条规定的公安机关侦查终结移送审查起诉的证明标准、第141条规定的人民检察院提起公诉的证明标准，以及第162条规定的人民法院作出有罪判决的证明标准都应当是“证据确实、充分”，该标准与第46条中的“证据充分确实”没有联系，法律也未对于什么是确实、充分作出进一步界定。2012年《刑事诉讼法》第53条对1996年《刑事诉讼法》第46条作了修改，弥补了上述缺陷，将“证据充分确实”替换为“证据确实、充分”，作为证明标准使用。法律同时还明确了“证据确实、充分”的内涵以便于司法实务人员理解和把握。

① 最高人民法院《关于民事诉讼证据的若干规定》中使用了举证责任的表述方式，《行政诉讼法》第32条也规定：“被告对作出的具体行政行为负有举证责任，应当提供作出该具体行政行为的证据和所依据的规范性文件。”

② 郎胜主编：《〈中华人民共和国刑事诉讼法〉修改与适用》，115页，北京，新华出版社，2012。

③ 参见全国人大常委会法制工作委员会刑法室编著：《中华人民共和国刑事诉讼法释义》，57页，北京，法律出版社，1996。

2012年《刑事诉讼法》有关"证据确实、充分"的界定源于《关于办理死刑案件审查判断证据若干问题的规定》第5条，2012年《刑事诉讼法》将该第5条的五个条件缩减为两个，同时增加了"综合全案证据，对所认定事实已排除合理怀疑"的规定。那么"证据确实、充分"与"排除合理怀疑"二者的关系如何理解？考察"排除合理怀疑"证明标准的起源，可以发现，其是英美法系证据法九等证明标准的第二等，既是刑事案件作出定罪裁决的要求，也是诉讼证明的最高标准。[①] 而且该标准是在陪审团审判中使用的，"要想使陪审员们认定被告人犯有指控的罪名，就必须说服他们相信该犯罪的全部要素都已经得到了超出合理怀疑的证明。如果任何要素未得到这种令陪审团满意的证明，或者如果任何辩护意见未得到公诉方的这种反证，那么被告人就必须被判无罪"[②]。

显然，中国"证据确实、充分"的证明标准与英美法系"排除合理怀疑"的证明标准有很大区别，不仅在于前者不适用于陪审团审判，更重要的差异在于"证据确实、充分"适用于公安机关侦查终结移送审查起诉、人民检察院提起公诉、法院定罪量刑等不同的诉讼阶段。在"两个证据《规定》"出台过程中，最高人民法院认为我国侦查、起诉阶段不存在证明问题，亦无所谓证明标准在不同诉讼阶段的层次性问题，中国刑事证明及证明标准问题只存在于法庭审判阶段。[③] 显然，这种狭义的理解既违背了刑事诉讼法的规定[④]，同时也脱离了刑事司法实践的客观需要。[⑤] 在中国，结合人民法院承担的补充性举证责任理解"证

---

① 参见《美国联邦刑事诉讼规则和证据规则》，卞建林译，22页，北京，中国政法大学出版社，1996。

② ［美］乔恩·R·华尔兹：《刑事证据大全》，何家弘等译，314页，北京，中国人民公安大学出版社，1993。

③ 参见最高人民法院刑事审判第三庭编著：《刑事证据规则理解与适用》，79页，北京，法律出版社，2010。

④ 2012年《刑事诉讼法》第54条第2款规定："在侦查、审查起诉、审判时发现有应当排除的证据的，应当依法予以排除，不得作为起诉意见、起诉决定和判决的依据。"根据此条规定，公安机关、人民检察院和人民法院都有排除非法证据的责任，都要相应承担证明责任。

⑤ 例如，以有罪率为考评标准、国家赔偿制度等都决定人民检察院对于没有把握指控成功的案件不起诉，决定了人民法院一般选择"疑罪从轻"而不是"疑罪从无"的处理方式。参见陈卫东、刘计划：《论检侦一体化改革与刑事审前程序之重构》，载陈兴良主编：《刑事法评论》，第8卷，北京，中国政法大学出版社，2001。

据确实、充分”与“排除合理怀疑”的关系，笔者认为我国的证明标准只有“证据确实、充分”一种，2012 年《刑事诉讼法》规定“排除合理怀疑”并不是在我国确立了第二类证明标准。此处的“排除合理怀疑”仅是一种文字表述方式，是指对于认定的事实，已没有符合常理的、有根据的怀疑，实际上达到确信的程度。该标准并不是修改了我国刑事诉讼的证明标准，而是从主观方面进一步明确“证据确实、充分”的含义。①

## 二、建立、完善证据制度的制约因素

在我国当前的社会文化土壤中培植现代证据制度，存在不少的制约因素。择其要者如下：

1. 现行立法和司法体制的制约。长期以来我国片面强调、重视实体法，轻视程序法和证据法，体现了一种功利的法律观——简单地把法律政治工具化，忽视了法本身的价值。在这种思想影响下，立法方向受到误导。当前立法中，存在严重的“补丁”思想，哪里出了明显的问题，就赶快对哪里进行立法规范。而对于证据制度这样影响深远但没有突出、剧烈的现实矛盾体现的地方，就在立法计划上给予搁置。同时，我国的司法制度中，行政色彩也很明显，在整个诉讼活动中行政力量的干预和渗透十分明显。一些地方政法委直接插手案件的具体审理，这很不符合司法独立的要求。由于这种干扰的存在，对一些案件的侦查和审理不是依照侦查活动的正常进程进行，而是通过行政任务的方式要求尽快破案，因此，在证据收集和采信等方面容易出现敷衍了事、非法刑讯、制假用假的现象。行政力量的干预造成证据不是定案的依据，领导意志型的审判结果常常出现，从而导致在相同或相近的证据条件下，审判结果大相径庭，从而削弱了司法活动的权威性和严肃性。法律在这种功利色彩明显的文化背景下，萎缩成一种纯粹的统治工具。同时，由于我国长期坚持诉讼中的唯物主义认识论观点，将诉讼证明和

① 参见郎胜主编：《〈中华人民共和国刑事诉讼法〉修改与适用》，123 页，北京，新华出版社，2012。

人类的认识活动简单等同起来，导致了公、检、法的配合多于制约、合作多于分工的流水线式的诉讼体制，模糊了诉讼证明的主体、举证责任、证明标准等问题，形成大诉讼概念，使诉讼形成了多中心的局面。1996 年《刑事诉讼法》修改后引入了对抗体制，力图形成庭审中心，但传统诉讼理念的影响力仍很大，直接导致了诉讼体制改革推进的迟缓。因此，我们只有以司法体制的根本变革为证据立法的背景，才有可能实现重塑证据制度的目标。

2. 我国特有的法律文化对于建立现代证据制度也会产生一定的制约作用。现代证据制度的法律文化基础是民主、法制，在强调司法公正的同时最大限度彰显个体权利。中华法系具有封闭性的特点，法律泛道德化是其突出特征，主要表现有：

（1）重行政，轻法律。由于我国漫长的专制体制的影响，行政力量总处于一种强势地位，这种情况也就渗透到我国的传统法律文化中，从而使得我国的证据制度中过度强化行政机关或其他司法机关的力量，并在立法中以原则、笼统的规定在事实上延伸其权力。例如，我国的证据制度并未规定详尽的证据采集制度，这样，对于公安机关和检察机关来说，就在采集证据时缺乏必要的限制。从这一点上来看，我国现有的证据制度存在以牺牲法律为代价片面强化侦查机关权力的倾向。

（2）重道德，轻法律。论心定罪就是很明显的例子。定罪量刑不是从证据出发，而是从审判人员的主观判断出发，靠法官对于被告人犯罪时所持心理的主观推测来进行。在这种情况下，证据在司法活动中的中心地位被削弱了。因此，较之于程序公正，人们普遍看重实体结果。

（3）重理想，轻现实。我国的传统观念中存在着将诉讼理想化的倾向。在“厌讼”心理的作用下，诉讼成为最后时刻的救济手段。因此，诉讼文化中的理想主义和完美主义常常左右着人们的法律意识。这种人文特性使群众先入为主地认为诉讼结果必须是公正的。与此相对应，百姓对法官的要求也是畸高的。这种文化倾向在我国的证据立法中也有所体现，最鲜明的莫过于“以事实为依据”的断案要求和“证据确实、充分”的证明要求。同时，人们对诉讼结果的公正性有过高要求，一旦其对公正期待的幻想破灭（而往往司法现实中的错案和枉法等很容易造成这一点）就会产生法律不完善的疑虑，这种疑虑会导致人们对立法、司法、执法机关的不信任，并会在憎恶现实的情况下更加地理想化，从而形成一种恶性循环。从某种意义上讲，这也是人们“厌讼”心理产生的一种机理。过于理想化，也无形中削弱了当事人的证据意识，影响了公民及时收集证据的能力和习惯的培养，同时在理论上也限制了法学研究者们对证据采信和应用规则的研究活动。

（4）重社会，轻个体。我国历史上长期以来进行的文化教育熏陶就是个人利益服从社会利益，反映到法制领域，就导致公权力的膨胀，忽视个人利益。这和现代权利观是明显抵触的。例如，假设由于证据不足，法官判决有重大犯罪嫌疑的人无罪，当庭予以释放。这时人们会认为该法官缺乏社会正义，纵容犯罪。再如，在对张二江案件审理过程的报道中，充斥了“面对威严的法官和公诉人提供的环环相扣的证据，张二江极尽诡辩之能事，但仍然遮掩不住丑态百出”之类语句，将被告人及其辩护人的正常质证行为丑化，就充分体现了这种思维。

3. 由于大众文化素质较低和法律观念的匮乏，造成大众证据意识的缺乏。在我国传统法律文化长期熏染下，无论是司法实务人员还是当事人，都相当缺乏证据意识。同时，较低的文化素质也使现代证据制度的建立难以在短期内实现。这一点可以通过一个案例得到详细的说明：湖北省××市某中学校长为获取贷款，欺骗一女教师陪某银行行长马××；马××将该女教师骗入一酒店内，一夜两次试图强暴该女教师，但由于遭到激烈反抗未遂。顾虑到报案可能给自己带来的不良后果，该女教师毁掉了本案的关键证据——有马××精斑的内裤，致使此案迟迟难以定案。过程中的一些细节也耐人寻味：马××在第一次审讯时，说自己当晚在阎姓朋友家里住，但阎姓朋友没有为其作证。后听说受害者内裤上的精液已经化验出来了，则全面招供。但有人将本属机密（受害人未保留有精污的内裤）的情况告知了马××后，马××随即翻供，并委托其亲友对被害人进行威逼利诱，希望其撤回指控。警方两次提请逮捕马××，均被××区人民检察院以“证据不足”退查。在公安人员的提醒下，被害人将马××亲友对其威逼利诱的便条、现金和录音作为证据提交。后在市人大等有关部门的干预下，马××最终被批准逮捕。××区人民法院作出一审判决，马××被判处有期徒刑两年。判决书中列举了部分直接证据和间接证据，法院认为这些列举的事实和情节可以形成一个证据链，证明被告人马××在事发当天确实对受害人实施了强奸行为，已构成强奸罪，但由于其意志以外的原因而未得逞，属犯罪未遂，故依法作出以上判决。①

该案例中，被害人由于没有保全本案的关键证据，致使自己对马××的指控缺乏支持；马××的伪证及诱证行为显然违法；侦查人员谎称持有关键证据，有诱供的嫌疑，同时对侦查活动保密不足；检察机关的批准逮捕和法院的判决中显然存在外力因素，涉案证据显然缺乏令人信服的说服力，等等。我国公民和司法机关的证据意识由此可见一斑。

以上从宏观的角度分析了我国证据制度立法层面上存在的问题。必须看到，立法上和实践中存在的问题不能割裂开来分析，因为，立法层面上的缺失直接导致了实践层面的混乱，而实践层面种种问题的解决，也必须依赖于完善的立法。因此，在分析了我国证据制度立法的缺陷后，还需要结合司法实践中证据运用的三个环节——证据采集、证据采纳和证据采信——存在的问题具体地加以分析和探讨。

## 三、证据采集过程中存在的问题

证据采集，也称证据取得，是司法工作人员和诉讼参与人按照法律规定收集并掌握一切与案件事实有关的事实和材料的过程。在这一阶段，所收集的证据仅仅为追诉方和被追诉方所掌握，未被赋予法定资格，和裁判者没有发生关系。被说服者是证据采集主体自身而非裁判者，因此，这一阶段尚不属于诉讼证明过程，仅仅是追诉方和被追诉方自身对案件事实进行认知的过程。当然，被说服者

① 参见《生活时报》，2002-04-04。

对事物的认识与其他主体的说服活动是作为一个整体而存在的，在这一个整体认识活动中，被说服者对事物的认识有赖于其他主体的说服活动，而且，后者在很大程度上影响着被说服者认识的准确程度。此外，此时的追诉方在证据采集过程中往往运用公权力，有可能对被追诉方的个体权利造成侵害而导致司法不公，因此，也应将其纳入证据研究的视野。

（一）主体问题研究

根据刑事诉讼法的相关规定，有权收集证据材料的主体包括人民法院、人民检察院、侦查机关和被告人的辩护律师，除此以外的其他人均无调查取证权。① 下面对于我国司法实践中围绕取证主体存在的比较突出的几个问题进行探讨：

1. 律师的调查取证权问题

这是证据采集过程中最主要的问题之一。律师调查取证权的基本含义是：律师有权参加诉讼或非诉讼活动，依照法律规定，收集、查阅与本案有关的材料，向有关单位或个人了解情况、提取证据。它通常包括三个方面的内容：一是律师依法实施一定行为的可能性和限度，二是律师依法可以请求个人或单位为一定行为或不为一定行为的范围，三是当上述权益受到侵犯或依法不能实现时请求有关机关保护的可能性。广义的律师调查取证权包括阅卷权、摘抄权、复制权、调查权、同在押的犯罪嫌疑人或被告人会见或通信权等，狭义的律师调查取证权仅指取证权。2012 年《刑事诉讼法》、《关于实施刑事诉讼法若干问题的规定》、最高人民法院《关于适用〈中华人民共和国刑事诉讼法〉的解释》、《人民检察院刑事诉讼规则（试行）》等法律和司法解释赋予律师较以往更大的调查取证权，以适应审判中控辩双方平等竞争的需要，是国家设定的以对抗和制约追求司法公正的法定手段：侦查阶段律师提前介入，作为辩护人接受委托，享有为犯罪嫌疑人提供法律帮助的权利。根据 2012 年《刑事诉讼法》第 33、36、37 条的规定，受

① 笔者认为，调查取证权应当是指其取证受到法律保障，所取证据具有法律承认的效力，即可以提交审判机关审查后进入庭审。取证不等于提供证据。一些没有调查取证权的部门也可以将其收集、掌握的证据提交给有调查取证权的主体，例如，抓获犯罪嫌疑人的单位保卫部门，对犯罪嫌疑人进行初步调查的纪检、监察部门，等等。机械地理解诉讼法的规定，盲目排斥一切无调查取证权的个人和组织掌握的证据，显然是不合适的。

委托的律师享有了解权、会见权、局部的调查权，从而为维护司法公正、维护当事人的合法权益创造了新的机会。律师在审查起诉阶段有较多的调查取证权，如对案卷材料的查阅权、摘抄权、复制权；审判阶段辩护律师对案卷材料也有权查阅、摘抄、复制。立法本意是好的，但事实上，律师办理刑事案件的积极性在刑事诉讼法修改后反而下降了。据《检察日报》报道，全国刑事案件的律师参与率下降，不到30％。是什么原因导致律师不愿为犯罪嫌疑人提供法律服务呢？

原因有多个方面，但主要原因是法律规定有缺陷，在实践中律师活动受到诸多限制。这种缺陷体现在以下几个方面。

（1）侦查阶段律师取证权规定不明确。2012年《刑事诉讼法》第33条明确了侦查期间律师辩护人的身份，而第36条规定了侦查期间辩护律师的权利，即可以为犯罪嫌疑人提供法律帮助，代理申诉、控告，申请变更强制措施，向侦查机关了解犯罪嫌疑人涉嫌的罪名和案件有关情况、提出意见。但是，这里没有明确侦查阶段律师是否有调查取证权。第41条规定的律师调查取证权也未明确是否适用于侦查阶段。这就给律师侦查阶段调查取证工作造成了很大的困难。现在理论界一般支持律师在侦查阶段有有限的调查取证权，即律师只能依犯罪嫌疑人及其家属的要求调查取证，调查取证不得干扰侦查工作的进行以及只得调取有利于犯罪嫌疑人的证据。尽管如此，律师在侦查阶段的取证权也是极为有限的。

（2）律师调查取证权受制于被调查人。依《刑事诉讼法》第41条，律师调查取证须经证人或者其他有关单位和个人同意。现行法律在扩大律师调查取证权的范围同时，对律师调查权作了许多限制，或者说没有赋予律师强制取证的权利。与之相对的是，《刑事诉讼法》第52条第1款赋予了公安机关、检察机关强制取证的权力。这种权力的失衡使律师在证据收集上处于一种天然的劣势。在实行令状主义的国家，律师和侦查机关一样，向证人或者其他有关单位和个人取证时，对方不同意的，辩护律师可向法院申请调查令，证人或者其他有关单位和个人除可拒绝作证者外都应当如实提供证据，否则，辩护律师得申请法院通知其到庭作证。这一点是值得效法的。

（3）另外一个导致律师不愿参与刑事诉讼的原因是律师收集证据十分困难且

风险极大，稍不留神就可能背上“辩护人、诉讼代理人毁灭证据、伪造证据、妨害作证罪”、“包庇罪”等罪名，甚至因“泄露国家秘密罪”而身陷囹圄。这一问题是比较普遍的。依据我国《刑法》第306条，在刑事诉讼当中，辩护人、诉讼代理人有毁灭、伪造证据，或帮助当事人毁灭、伪造证据，威胁、引诱证人违背事实改变证言或作伪证的，构成辩护人、诉讼代理人毁灭证据、伪造证据、妨害作证罪。这一条也成为悬在律师头上的达摩克利斯之剑。例如，具有广泛影响的福建省律师涉嫌伪证罪第一案即由吴某春涉嫌非法买卖爆炸物案而起的黄某斌涉嫌伪证案中，检察院和公安局因黄某斌所调取的证人证言与公安机关先前对此案的认定不一致，就对黄某斌的取证行为进行调查，并依据两份证人证言虽有证人署名但并非证人在场情况下形成的这一程序上的问题认定其行为构成伪证罪，并提起公诉。后此案虽经法院判决无罪，但给当地乃至全国律师界造成极大震动。黄某斌律师涉嫌伪证罪案发以后，福安在侦查阶段律师接受委托介入办案的，出现了空白，没有律师接这样的案子了。在黄某斌一案中，证人翻供是公诉机关指控其行为构成伪证罪的直接原因。证人翻供在刑事案件代理过程中并非个别现象，因而，由此折射出的刑事辩护给律师带来的风险也成了律师关注的话题。据统计，在1997年修改后的刑法实施的5年里，全国范围内就有数十名律师因犯“伪证罪”、“妨害作证罪”和“毁灭证据罪”被判刑。另外，还有因给委托人看卷宗被控泄露国家秘密罪的例子。律师于某在担任辩护人期间，将知悉的国家秘密泄露给刑事被告人家属，造成刑事被告人家属主动找证人作伪证。于某被提起公诉，一审法院认定其行为已构成故意泄露国家秘密罪，判处有期徒刑1年。[①] 甚至还有检察官庭上刚和律师辩论，一休庭马上就将律师逮捕的戏剧性场面发生，理由据说是“当庭发现辩护人有串通被告人作伪证的嫌疑”。这种典型的程序违法行为都能堂而皇之地见诸报端，律师的平等地位从何谈起？如此，律师不愿意介入刑事辩护、刑事辩护质量下降就可以预料到了。单以北京为例，律师人均办理刑事案件数量已经从1990年的2.64件下降到2000年的0.78件，这一数

① 后二审法院认定卷宗不属于国家秘密，改判无罪。参见《法律与生活》，2002（8）。

字与律师人数和业务量的迅猛增长形成了鲜明对比。

针对律师界的这种反应，有关专家对《刑法》第306条在司法实践中的价值提出了质疑，认为从这几年的实践来看，全国据说有几百起这样的案件，但是，只有百分之几的案件经过诉讼以后认定，确实是辩护人构成了《刑法》第306条规定的犯罪，也就是说这条（《刑法》第306条）的错案率太高。因此有必要从根本上来考虑《刑法》第306条的立法价值和实践效果，在适当的时候应该通过立法的调整，解决司法事务中的这一难题。①

2. 法官的调查取证权问题

1979年《刑事诉讼法》规定庭审前对公诉案件的审查为实体审查，即人民法院只有在“犯罪事实清楚，证据充分”的情况下才能决定开庭审判。根据这一规定，人民检察院向人民法院提起公诉时，必须将起诉书连同案卷材料和所有证据一并移送受诉法院。法官在审查公诉时，不仅全面阅卷，还可以讯问被告人，询问证人、鉴定人，并可以进行勘验、检查、扣押和鉴定等一系列补充收集证据、审查核实证据的司法调查活动。在庭审前积极进行的这种庭外调查，使法官代替起诉方进行调查取证，承担起追诉者的角色。法官不自觉地产生追诉倾向，使他无形中与被告人形成对立。并且，这种实体审查势必造成法官先入为主、先定后审，开庭成为走过场。因此，庭审前实体审查以及法官带有追诉性质的司法调查，其严重弊端是显而易见的。1996年《刑事诉讼法》在保留对公诉案件进行审查这一程序的同时，将原来的实体审查改为程序性审查，于第150条规定：“人民法院对提起公诉的案件进行审查后，对于起诉书中有明确的指控犯罪事实并且附有证据目录、证人名单和主要证据复印件或者照片的，应当决定开庭审判。”这就将原来的实质性审查改为形式上的审查。这种形式上的审查禁止法官在开庭前就被告人犯罪事实是否清楚、证据是否充分等实体问题进行审查，从而废止了1979年《刑事诉讼法》赋予法官的庭审前的司法调查权，法官在开庭前不得再进行勘验、检查、搜查、扣押、鉴定等司法调查活动。② 这一改革防止了

① 参见《法律服务时报》，2002-05-31。

② 参见陈卫东、刘计划：《我国刑事诉讼中法官司法调查权的变化》，载《法学评论》，1998（2）。

先定后审，有利于减少法官的预断，有利于控辩双方积极有效地参与诉讼。但由于法律没有对审查公诉的法官能否参加法庭审判作出规定，1996 年《刑事诉讼法》规定的程序性审查仍有可能导致法官某种程度的预断。2012 年《刑事诉讼法》第 181 条规定，“人民法院对提起公诉的案件进行审查后，对于起诉书中有明确的指控犯罪事实的，应当决定开庭审判”。不再要求“附有证据目录、证人名单和主要证据复印件或者照片”，进一步减少程序性审查中的实体色彩。

1979 年《刑事诉讼法》规制下的庭审是在法官主导下进行的，法官亲自主持庭审，直接审问，听证、质证，全面调查核实证据，积极主动地担当法庭调查的主角，故而带有浓厚的审问主义色彩。在保留法官主持庭审权的同时，1996 年《刑事诉讼法》大大弱化了法官的庭内调查权，法官的主导性调查转变为补充性调查，其职责主要是维护法庭秩序，引导、听取庭审，判断证据，作出裁判。与此相联系，1996 年《刑事诉讼法》强化了检察官的控诉职能和被告人的辩护职能，由控辩双方主导法庭调查。检察院庭审前不再向法院移送案卷材料和原始证据，而是由公诉人在法庭上负责出示，承担起揭露、证实犯罪的职责。辩护方的作用得到加强，同时，由于控诉方力量过于强大，在必要时，法官可对辩护方予以帮助，保持控、辩双方的相对平衡，从而加强庭审的抗辩性，使法庭审判更趋于合理、公正。1996 年《刑事诉讼法》对于询问证人的程序和方法进行了重大改革，但并未明确规定交叉询问程序。2012 年《刑事诉讼法》继承了 1996 年《刑事诉讼法》的这些修改成果。

1979 年《刑事诉讼法》规定，在法庭审判过程中，遇有合议庭认为案件证据不充分或者发现新的事实等情形而影响审判进行时，可以延期审理并自行调查。这就是 1979 年《刑事诉讼法》关于法庭审理过程中法官庭外调查权的规定。2012 年《刑事诉讼法》第 195 条规定，对证据不足，不能认定被告人有罪的，应当作出证据不足、指控的犯罪不能成立的无罪判决。但该法第 191 条同时规定：“法庭审理过程中，合议庭对证据有疑问的，可以宣布休庭，对证据进行调查核实。人民法院调查核实证据，可以进行勘验、检查、查封、扣押、鉴定和查询、冻结。”可见，2012 年《刑事诉讼法》延续了 1996 年《刑事诉讼法》修改的成果，保留了法官的庭外调查权，但与1979年《刑事诉讼法》的规定有所不同。首先，进行调查的前提条件不同。2012年《刑事诉讼法》规定，庭外调查是在合议庭对证据有疑问时进行的，而不是在合议庭认为案件的证据不充分或者发现新的事实时采取的。关于如何理解“对证据有疑问的”，全国人大常委会法制工作委员会刑法室编著的《中华人民共和国刑事诉讼法释义》的解释是：“‘合议庭对证据有疑问的’，主要是指合议庭在法庭审理过程中，认为公诉人、辩护人提出的主要证据是清楚、充分的，但某个证据或者证据的某一方面存在不足或者相互矛盾，如对同一法律事实，公诉人、辩护人各有不同的物证、书证、证人证言或者鉴定意见等证据等情形。”“在这种情况下，不排除疑问，就会影响定罪或者判刑，但是，控、辩双方各执一词，法庭无法及时判定真伪，有时就需要先宣布休庭，对证据进行调查核实。”① 这虽不是立法解释，但也颇能说明立法原意。其次，目的不同。1979年《刑事诉讼法》规定的庭外调查是为了收集、补充证据，而2012年《刑事诉讼法》规定的庭外调查则是为了调查、核实证据。最后，1979年《刑事诉讼法》规定的庭外调查为法官自行调查，而2012年《刑事诉讼法》没有规定法官的自行调查权。我国刑事诉讼法对庭审方式的设计，是希冀建立一种由控辩双方积极举证但又不排除法官具有证据调查权的制度，从而在目前司法资源较为有限的情况下，达到兼顾公正和效率的目的。但是，由于现行刑事诉讼法规则的粗放性、模糊性，这种由庭上延伸至庭外的扩大化了的审判权力，极易使司法实践存在较大的不当操作空间，损害司法之公正形象。因此，有学者提出，法官的庭外调查活动应受到以下限制：首先，法官应将庭外调查的目的限制在保全证据、审核证据证明力，从而确保庭外调查活动顺利进行，而不得以追诉或者协助追诉为目标；其次，庭外调查应采取开庭审判的形式：由控辩双方发动并直接参与，双方有权在调查中请求对有关证人实施询问、质证，有权发表评论和辩论，法官不得自行决定并发动庭外调查；再次，法官与各方通过庭外调查获得的新证据只有经过严格的法庭调查，经控、辩双方的质证，查证属

---

① 郎胜主编：《〈中华人民共和国刑事诉讼法〉修改与适用》，341～342页，北京，新华出版社，2012。

实，才能作为据以定案的根据，法官绝对不能将此证据直接用作对被告人定罪的根据；最后，法官应将其审判活动的重心放在法庭审判上，将庭外调查仅作为一种例外，法律应明确限制适用庭外调查的场合。①

笔者认为：对法官的庭外调查作出以上四个方面的限制是必要的，具有重大的理论和实践意义。但有一点需要指出，即在法官能否自行决定并发动庭外调查的问题上，现行刑事诉讼法规定，合议庭对证据有疑问的，可以宣布休庭，对证据进行调查核实。可见，立法已经明确赋予了法官自行决定庭外调查的职权。在具体司法实践中法官行使调查权的随意性很强，这一方面是因为法官自己当庭确证能力有限，另一方面是因为检察机关在公诉时举证不力，法官为了既不伤两家的关系，又不放纵犯罪，只好辛苦自己行使调查权。这就极易使庭外调查权变异为侦查权。这两种情况带来的危害都很大，再加之没有其他程序作保障，极易使公民丧失对司法的信心，而且调查的结果也不易被控辩双方（特别是被告方）认同。这种有悖诉讼司法理念的情况应该坚决禁止。因此，应通过立法明确，庭外调查权的行使，应该以控辩双方申请为主，而不能任意行使。在司法实践中，申请法官对证据进行调查的往往是被告人：被告人常常慑于侦查机关的“威力”（现实中刑讯逼供屡见不鲜）而作出虚假供述，一到开庭审判就翻供，并且申请法官重新调查核实证据的情形并不鲜见。现实中的情况决定了需要确立上述申请引发制度，以利于在庭审中保障被告人的合法权益，同时警示侦查机关、起诉机关慎重办案，严肃取证。

3. 纪检、行政监察机关掌握的材料能否作为证据的问题

在 1996 年《刑事诉讼法》中，纪检、行政监察机关不是法律规定的收集证据的主体。但在现实生活中，大量的经济案件是纪检、行政监察机关先行调查处理后移送司法机关的。关于纪检、行政监察机关移送给检察机关、公安机关的涉罪调查笔录（以下简称纪检材料）能否作为刑事诉讼证据，争议很大。实践中一般采用直接接收确认的做法，但也有例外情况，例如，1999 年 8 月，某省委政

① 参见陈瑞华：《刑事审判原理论》，247、250～251 页，北京，北京大学出版社，1997。

法委召集公、检、法、司等单位负责人召开了专题研讨会，形成的纪要于1999年12月31日印发试行。该纪要第1条规定："地方县级以上纪检、行政监察机关对查处的违纪、违法案件，认为应当追究刑事责任而移送检察机关或者公安机关立案侦查的，其办案人员按照规定的程序制作的调查笔录，检察、公安机关的办案人员依法应当重新制作。但遇有被调查人死亡、出境等无法取证的特殊情形的，进入刑事诉讼程序后，经侦查机关依法查证属实可以作为刑事诉讼的证据。其他行政执法机关制作的调查笔录适用前款规定。"对此可作出如下理解：一是纪检材料不能作为刑事诉讼证据；二是侦查机关应"重新制作"调查笔录以作证据；三是在无法重新制作的特殊情况下，纪检材料经侦查机关"查证属实"才可以作为刑事诉讼的证据。

笔者以为，从司法解释权的角度来看，该纪要有越权之嫌。因为省级司法机关不具有司法解释权，更不应该作出有违刑事诉讼法律的规定。另外，该纪要误解了证据的合法性、混淆了证明材料制作主体（具体调查、记录、制作证明材料的单位或人员）与取证主体（依法有权收集、调取或接受证明材料的单位或人员）之间的界限。根据刑事诉讼理论，纪检材料等证明材料在刑事立案之前制作而成，加之是以其记载的内容来证明案件的情况，所以应当属于刑事诉讼中的书证；司法机关及其工作人员的收集、调取、接受，有法可依。因此，该类材料只要具备证据"三性"，就可以并且应该作为证据。依照法律，司法机关有权向任何了解案件情况的单位、个人收集、调取一切可以证明案情的事实材料（1996年《刑事诉讼法》第45条），"有关单位和个人应当如实提供"，都有作证的义务（1996年《刑事诉讼法》第45、48条）。显而易见，以上的"单位"当然包括纪检、行政监察机关在内，其中的"事实材料"当然包括纪检材料。至于涉案材料按规定被收集、调取或者接受之后，是否需要"重新制作"，1996年《刑事诉讼法》并没有规定，只是在其第90条中，要求对收集、调取的"证据材料"（包括依法接受的材料）予以核实。从实践来看，核实的方法多种多样，虽然常会采取"主证复核"方式，但这与"重新制作"截然不同：复核是对原"证据"涉及的内容、制作过程进行的核查，进一步确认其是否符合证据"三性"，是否有法律禁止的行为（如刑讯逼供、诱骗等），以及充实其他印证材料。“重新制作”是以否定原材料为前提，要求就原材料的内容、形式重新进行制作。但是，自行书写的投案自首材料、报案材料，行为人、知情人或被调查人在笔录上修改、添注的有关键性内容的材料等，均无法重新制作。这种为确保证据程序上的纯洁性而矫枉过正的做法显然加大了诉讼成本，并造成了一定程度上的理论混乱。值得一提的是，2012 年《刑事诉讼法》第 52 条第 2 款规定：“行政机关在行政执法和查办案件过程中收集的物证、书证、视听资料、电子数据等证据材料，在刑事诉讼中可以作为证据使用。”该规定明确赋予了行政机关调查取证资格，也不排斥纪检、行政监察机关在查办案件过程中收集的前述四类证据在刑事诉讼中的合法性。

4. 私家侦探问题

私家侦探的主要职责是通过公开的或秘密的调查活动来获得各种情报或证据。20 世纪 90 年代初，中国第一家“私家侦探”在上海创立。如今，在北京、南京、成都、沈阳等大中城市“私家侦探”以“调查事务机构”的名义公开或隐蔽地存在着。然而，目前我国现行法律法规对私家侦探及其行为的规范却相当滞后，如何确认其收集的证据的效力仍是法律上的盲点。

在刑事诉讼中，法定主体依照法定程序收集的符合法定形式的证据种类才能成为法庭证据。显然，在我国的刑事诉讼中，私家侦探是没有相应法律地位的，其收集的证据也不能直接在诉讼中使用，其法律效力也不好确定。此外，私家侦探并不具有国家法律所赋予的公开的、强制的手段，他们开展活动往往是秘密进行的，这就容易侵犯公民隐私权。2000 年 4 月辽西第一家专业调查公司被锦州市公安机关捣毁，原因就是这家调查公司对被调查人进行跟踪、盯梢、拍照，严重侵犯了被调查人的隐私权、肖像权。因此，笔者认为，在文明社会，特别是我国当前的法制状况和治安状况下，承认此类机构的合法存在并不是明智之举。在当前缺乏法律规制的情况下，应严格执行 1993 年公安部颁布的《关于禁止开设“私人侦探所”性质的民间机构的通知》中关于“严禁任何单位和个人开办各种形式的民事事务调查所等私人侦探所性质的民间机构”的规定，并对现有机构进行清理整顿。对于此类机构收集的刑事证据，法院应对其采集证据的过程是否合法进行严格审查。今后随着法制的发展与规制，私人侦探的合法性尚有进一步研究的必要，这是后话。

（二）客体问题研究

我国刑事诉讼法规定了证据的 8 种法定形式。下面着重对鉴定意见进行研究，并就电子证据和法律未予明示的测谎仪问题展开讨论。

1. 司法鉴定问题

刑事诉讼中的鉴定意见，是指受公安、司法机关指派或者聘请的鉴定人，对案件中的专门性问题进行分析、鉴别、判断所作出的结论。这一结论是鉴定人从科学技术的角度提出的分析、判断意见，是建立在科学研究基础上的证据形式，客观性比较强，因而在认定案情方面有十分重要的意义。但在我国，司法鉴定却存在许多问题：（1）司法鉴定缺乏必要甚至有效的行业管理，导致程序不规范和鉴定人员违规操作现象普遍。鉴定结论不是建立在科学认定的基础上，而被许多其他因素左右。（2）鉴定人不出庭接受质证，司法实践中甚至存在鉴定意见直接被采纳的倾向。这在实际上剥夺了当事人的质证权，使其诉讼权利无从体现，在权利受到侵害时没有必要的救济途径。（3）鉴定人技术水平不高。这一点在基层审判中比较多见，一些鉴定意见甚至不以科学的专业术语出现，表述含混不清。（4）我国目前还不允许当事人根据自己的意愿选定鉴定机构。现阶段，法律规定刑事诉讼中由公安、司法机关确定鉴定机构。尽管当事人可以对已作出的鉴定意见申请重新鉴定或者补充鉴定，但是，当公安、司法机关坚持自己选定的鉴定机构及其作出的鉴定意见时，当事人的合法权益仍有可能无法得到保障。（5）鉴定体系繁杂无序，鉴定意见出自多门，彼此矛盾，使得实践中存在着检察机关否定公安机关的鉴定意见、法院否定检察机关的鉴定意见的情况。有时，在一起案件中，公安机关鉴定为重伤害，检察机关鉴定为轻伤害，而法院鉴定为轻微伤害。

这些问题的存在导致了我国在司法鉴定问题上的混乱。笔者认为，统一设定鉴定机构的方法并不足取，通过市场机制和信用机制完全能够解决的问题没有必要依靠行政强力。例如，在英国，并不要求鉴定人有专业身份，2001 年英国开始分类设立鉴定协会，这是一种行业自律组织，而非官方组织，主要是将同类专家的名字编订成册，法庭只从协会中选择鉴定人，其间市场作用（主要指鉴定人的信誉）十分关键。笔者认为，我国应该允许建立民间性质的鉴定机构，刑事案件当事人可以自由选择鉴定机构进行鉴定，关键是要加强行业自律和行业管理，并通过一定的立法明确规定鉴定人的法律责任与权利。同时确保鉴定人必须出庭接受质证，鉴定人直接出庭可以避免许多重复程序，避免一个案子产生几个鉴定意见的情况。

需要特别指出的是，鉴定意见的科学性是相对的，并不是毋庸置疑的绝对真理。它的科学性既受到鉴定人的技术水平、敬业精神等主观因素的制约，也受到检材、仪器等客观条件的限制，而在司法实践中因鉴定意见错误导致的错案并不鲜见。我国《刑事诉讼法》第146条规定：侦查机关应当将用作证据的鉴定意见告知犯罪嫌疑人、被害人。如果犯罪嫌疑人、被害人提出申请，可以补充鉴定或者重新鉴定。这一规定充分体现了以当事人权利制约鉴定人的精神，对于保证案件质量有着重要的意义。但该规定在实践中并没有得到很好的实施。不告知的原因往往是：（1）以侦查工作需要保密为借口，而不告知；（2）怕重复鉴定，增加费用支出；（3）检材消失，使得重新鉴定成为不可能，同时也就失去了告知的意义（比如，凶杀案件中，一经鉴定即将尸体火化，使得复检没了可能）。这样就使有关当事人失去了对错误鉴定意见要求复核的救济权利。

笔者认为，鉴定意见是一个重要的证据，侦查机关有义务告知被告人。唯有如此，才能体现实体和程序并重、执法必严的法制精神，在保障有关当事人的诉讼权利的同时，也增加一道纠错机制来维护鉴定意见的科学性。因此，在实践中必须严格执行《刑事诉讼法》第146条，绝不能将其虚置。

2. 电子证据问题

随着科技的迅猛发展，计算机技术特别是网络在人们的生活中越来越重要。我国司法实践中遇到的问题主要包括e-mail和网上下载的资料的证据效力问题。

我国原有的三大诉讼法所列证据种类中并未包含e-mail，而作为诉讼中的证据，其表现形式首先必须合法，即应在法律所规定的证据范围之内。但笔者认为，e-mail作为一种新的通信方式，如仅仅因为其未被列入证据种类，而简单地否定其证据效力，既脱离实际，又不利于查明案件事实。从当前国际发展形势来看，电子证据在诉讼中发挥着越来越重要的作用。有鉴于此，一些国家开始制定相关的法律来规范电子证据的应用。德国在 1997 年通过了世界上第一部全面规范互联网的法律“多媒体法”（德文简称 IUKDG），其中就有对 e-mail 的规范。美国在发生了大量的 e-mail 侵权纠纷后，联邦政府也正积极推进制裁所谓“垃圾邮件”的立法活动，各州政府开始对 e-mail 侵权纠纷进行审判，如 1997 年 11 月得克萨斯州的 Travis 郡审理的 flowers. com e-mail 侵权案中，e-mail 即作为直接证据被法庭确认，并据此判决赔偿。更有甚者，在 1998 年华盛顿检察长以同样的事由和证据，对 e-mail 侵权者提起了刑事诉讼。[①]

我国在 1999 年 3 月 15 日通过的《合同法》第 11 条规定：“合同的书面形式是指合同书、信件和数据电文（包括电报、电传、传真、电子数据交换和电子邮件）等可以有形地表现所载内容的形式。”从而第一次在法律上确定了包括电子邮件在内的数据电文的书面形式地位，使得它相当于我国诉讼法中的书证。在司法实践中，直接由 e-mail 引发的纠纷尚不多见，其一般是以证据的形式出现。在 e-mail 作为证据形式出现时，可分为以下两种情况：（1）双方无异议的e-mail。在司法实践中，如果双方对 e-mail 的内容及收发人无异议，一般认为可以作为证据认定。既然 e-mail 应属证据的一种，那么它也必须要在诉讼中接受双方当事人的质证，在这种情况下，e-mail 的证据形式已不重要，因为当事人的承认性陈述本身就可以作为证据认定，而这种承认性陈述又可以与 e-mail 的内容相互印证，所以，应当被法庭认定。（2）双方有争议的 e-mail。这种形式在诉讼中最为常见。不论是由 e-mail 直接引发的纠纷还是以证据形式出现的 e-mail，只要其涉及当事人双方的切身利益及关键性问题的确定，就会引发争执。从外观上看，e-mail的信头上均带有收发件人、收发件人的网址、收发件时间等详细资料，所以，对于这类文件，只要上述信息清楚，笔者认为是可以作为证据认定的，如还有疑问，可要求当事人将 e-mail“转发”到承办人指定的计算机上或通过“联

① 转引自李海霞：《浅谈 E-mail（电子邮件）的证据效力和保全问题》。

机”、“共享”的方式直接到举证人的计算机上查阅原始信息。可能发生的删改一般是随e-mail以“插入”、“附件”方式发送的Mime非文本文件，如Word、Excel、Gif、Mpg文件，乃至声音、音像等多媒体文件，因为该类文件的打开是在相应的编辑软件下进行的，故可以修改。该类文件的电脑打印件，与普通文件的打印件无异，如仅凭打印件很难起到证据的作用。

网上下载的资料的证据效力也可以比照e-mail的处理方式进行。此外，公安系统内网下载的资料能否作为证据的问题常在异地抓捕、异地审判中遇到。当实在无法通过其他手段取得犯罪嫌疑人相关资料时，警察便不得不直接将网络上的犯罪嫌疑人信息在打印后归入证据材料卷宗，移送人民检察院审查逮捕或者审查起诉；细心的警察还仔细地在打印件上签上自己的姓名并加盖其所在警队的印章。假如案犯自报年龄与网络下载信息相左，而案件却是一件数额较大的盗窃案，则案犯是否年满16周岁，就成为有罪与无罪的大问题；再假如案件是一件故意杀人致死的重案，则案犯是否年满18周岁将决定着能否判处死刑的问题。有关前科的资料也是关系到量刑的重要情节。到目前为止，并无任何法定机关以任何方式表明公安系统的网络信息具有像基层公安机关户口登记那样的公定力（合法行政行为的效力之一）。因此，在这样的案件中，让检察官、法官仅仅依据网络信息去作出当事人年满16周岁或年满18周岁的判断，显然是违背他们的职业道德的。笔者以为，这种与原有诉讼法上证据可采性不符的信息资料，只能作为侦查线索，不宜确认其可采性。基于上述分析，在2012年《刑事诉讼法》第48条关于证据种类的规定中增加规定“电子数据”为合法证据形式，从而确认了电子证据的证据效力问题。

3. 测谎结果

本书将以专章的形式对此论述，这里只是简单提及。测谎仪的使用在我国刑事侦查中已经不是什么新鲜的或者罕见的事情了。但学界和司法界对此一直存在很大争议。支持者认为测谎仪的准确率高达98%，测谎结果是可靠的。也有人提出，测谎仪无异于对精神的“刑讯逼供”①，是对任意自白规则和不强迫自证

① 《南方周末》，2001-05-01。

其罪原则的否定。现实中对测谎仪的迷信，充分暴露了我们对犯罪嫌疑人口供的迷信。从实践来看，我国测谎技术的应用存在不少问题。值得注意的是，我国的司法实践已经出现因相信测谎结果从而造成冤案的例子：在昆明市公安局办理的杜培武案件中，鉴于杜不承认自己杀过人，侦查人员将杜带到昆明市中级人民法院做心理测试即测谎。两次心理测试的结论显示杜说谎可能在90%以上。在有测谎结果以及其他“客观证据”后，侦查人员加强了对杜的审讯，最终酿成了错案。测谎结论在造成本案错误中起到了推波助澜的作用。按照外国的做法，测谎活动对测试人员的资格要求较高，测试人员需要具备以下条件：(1) 具备大学学历；(2) 接受至少6个月的实习，由有经验的测试人员在实习过程中给予指导；(3) 成为测谎专业人员至少应有5年的工作经验。我国一窝蜂地使用测谎仪来办案，但测试人员不能达到相应的要求。况且测谎仪本身的科学性还受到科学界一定程度上的质疑，其结果也具有相当大的主观性，即便是符合资质要求的操作员得出的结论也未必是科学的、正确的。因此，最高人民检察院于1999年9月10日公布了《关于CPS多道心理测试鉴定意见能否作为诉讼证据使用问题的批复》，规定，测谎结果不能作为诉讼证据使用，只能作为检验证据的手段使用。这一批复表达了这样的讯息：对测谎结果必须抱有慎重态度。但这个批复也存在问题，因为没有任何一个测谎结果是单独作为诉讼证据使用的，测谎结果总是与被测谎人的陈述结合在一起的，如果将被测谎人在测谎过程中的陈述作为证据，并将测谎的结果作为判断这一陈述是否真实、可靠的依据，其结果仍然是测谎结果在证据的认定和事实的判定中发挥着举足轻重的作用。同样，由于测谎结果的准确性难以把握，迷信这一结果据以判断案件证据真实性的作用，仍然会导致冤错案件。[①] 有的学者认为测谎结果可以比照鉴定意见来采信，对此，笔者认为是不恰当的，关键在于测谎结果所证明的不是案件事实，而是案件言词证据自身的真伪，这种补强在逻辑上是否有必要值得进一步讨论。

因此，这种技术的使用，必须受到严格的限制。那么，我们应当如何对待测

① 参见《法制日报》，2002-08-05。

谎结果呢？稳妥的办法是：（1）不允许将测谎结果作为诉讼证据使用。（2）测谎只能在侦查阶段和审查起诉阶段进行，而且这种手段的采取应当是犯罪嫌疑人提出申请的。（3）不允许检察官起诉时或者审判过程中提出被告人在审前曾经被测谎的情况和结果，以避免对法官产生不良影响。法院在审判阶段不应当使用测谎仪作为检验证据的手段，也不允许在决定是否采信某一证据时将测谎结果作为考虑的因素。

（三）手段问题研究

1. 刑讯逼供问题

在21世纪建设法治社会的今天，“刑讯逼供”虽已明确写入刑法的禁止行为之列，但各级司法机关办案人员的传统观念仍是刑讯逼供所得犯罪事实真实，未出假案即可被接受，刑讯逼供未致被告人伤残即可被原谅。在一次调查问卷中，对于“违法行为获取证据是否可以采用”这一问题，公安部部机关警察回答“是”的有5人，回答“否”的有46人，基层公安系统警察回答“是”的有45人，竟无一人回答“否”[①]。“刑讯逼供”的目的往往有二：一是获得破案线索，提高破案率。二是迫使被告人低头认罪，主动提供自己有罪的证据。因此，公、检、法三机关在办案程序上对此实际上是睁一只眼闭一只眼，变相地开绿灯。公安、司法机关办案人员被以《刑法》第247条规定的“刑讯逼供罪”追究刑事责任的概率很低（现实中往往是出人命或出错案时才会被追究）。虽然各级公安、司法机关多次整风强调纪律，严禁刑讯逼供，但我们不得不遗憾地承认，刑讯逼供甚至是我国当前刑事侦查中的一种常态。

当前理论界较常见的一种观点认为举证责任倒置可以有效地遏制刑讯逼供。所谓的举证责任倒置，就是检控方对刑讯逼供的指控，承担他们没有进行刑讯逼供的举证责任。倡议这种做法的主要理由是，刑讯逼供的受害者缺乏举证的能力，即使他有这样的能力，在其取证时也往往是事过境迁，无法取得充分、有效的证据。与此相反，刑讯逼供的被控告者拥有便于举证的权力和能力，处于举证

① 参见童勇：《证据立法的走向》，载何家弘主编：《证据学论坛》，第1卷，北京，中国检察出版社，2000。

的优势地位，由其承担举证责任有利于查明案件真相，并有利于对检控人员形成有力的约束。笔者对此观点持怀疑态度，因为：该观点的着眼点不是从根源上铲除刑讯逼供的滋生土壤，而是试图对现有体制进行局部的修正。在强大的公权力机器面前，这种修正的效果令人怀疑。侦查机关手握公权力，而且作为一个整体，在当前缺乏制约机制情况下的举证（甚至伪证）能力远强于辩护方。在2002年6月浙江省杭州市余杭区人民法院重审的“公安干警刑讯逼供致死案”中，涉案的公安干警就指证公安局副局长授意其刑讯逼供，并在案发后让他们顶罪。这里，刑讯逼供不是个体行为，而是单位行为。基层一些警察法律意识淡薄，甚至出现过找出数名证人证明一个无辜的大学生嫖娼的极端情况。依此类推，在刑讯逼供东窗事发后找人作伪证、串供证明逼供行为不存在也不是难事。而辩护方势单力孤，缺乏取证的有效手段与能力，在对方自证清白后，重整旗鼓的可能性恐怕是微乎其微。所以，这种提议在根本上还是通过检控机关的自律而非他律来实现，是靠不住的。

笔者认为，解决刑讯逼供问题的方法说来很简单，也是比较“古老”的一个观点，即只有赋予嫌疑人不自证其罪的权利，赋予其沉默权，才是这一问题的唯一解决之道，建立非法证据排除规则也是应有的手段之一。只有从动机上消灭刑讯逼供的驱动力，从体制上保证嫌疑人对刑讯逼供的对抗力，从后果上确认对刑讯逼供的制约力，才能从根本上消除这一现象。2012年《刑事诉讼法》第50条明确规定“不得强迫任何人证实自己有罪”，第54条规定了非法证据排除规则，将对遏制刑讯逼供起到重要作用。

2. 陷阱取证问题

“陷阱取证”是法学理论与司法实践中非常复杂的问题，通常用在对特殊的刑事案件的侦查中。其基本含义是指，在对特殊刑事案件的侦查中，侦查人员为了获取犯罪嫌疑人犯罪的证据或线索、抓获犯罪嫌疑人而采取的诱使被侦查对象实施犯罪行为的一种特殊侦查手段或方法。除了美国以外，世界上其他国家，比如英国、法国、德国、日本、瑞士、葡萄牙等，均对“陷阱取证”从法律上予以确认。鉴于“陷阱取证”在打击刑事犯罪，尤其是在打击日益蔓延的毒品犯罪中的重大作用，联合国公约和部分地区性公约也对此予以确认。联合国 1988 年 12 月 29 日在禁止非法贩运麻醉药品和精神药物第六次大会上通过了《禁止非法贩运麻醉药品和精神药物公约》，该公约第 11 条规定了“控制下交付”的“陷阱取证”侦查手段，即侦查人员在毒品犯罪的侦查中，一旦发现贩毒者拥有大量毒品急于寻找购买对象，就可以以毒品需求者的身份假意购买，在毒品“交易”过程中，将毒品查获，将贩毒者缉捕归案。如今，这种“控制下交付”的侦查手段已成为国际上普遍采用的缉毒方法。我国的侦查实践中，秘密侦查以及诱惑侦查或者设置侦查陷阱常常被侦查机关重视，这是因为大量的无被害人犯罪发案率高，如涉毒案件、受贿案件等，使社会治安恶化、公共权力腐败。此类犯罪成为社会热点问题，然而，这些犯罪却无具体的诉讼法意义上的被害人和具体的利害关系人，因而对犯罪的揭露、对罪犯的缉拿就较有被害人犯罪要困难，使侦查机关面临社会舆论的压力，因而，侦查机关采用诱惑侦查或者设置侦查陷阱的做法，就易于获得公众的理解与支持，因此，尽管有关主管机关经常要求侦查机关在报道破案经过时不得泄露侦查机密，但是，破获案件的喜悦又常使侦查人员忘记了这种规定，于是从一些法制类节目中观众仍然能够了解到这一特殊侦查行为的一些细节。另外，对于侦查机关来说，诱惑侦查或者设置侦查陷阱是一种投入少、产出高的选择，这对于经费不太宽裕的侦查机关也是一种诱惑。

国外的相关理论将“陷阱取证”区分为犯意诱发型和机会提供型两种。犯意诱发型是指嫌疑人本无犯意，只是在侦查人员的引诱下才产生犯意，即犯意的产生与侦查人员的引诱行为之间存在着法律上的因果关系。机会提供型则不然。所谓机会提供型，是指嫌疑人的犯意是其自发产生的，侦查人员只不过是给其提供了一个犯罪机会，并且这一机会与其他任何人所提供的机会对嫌疑人犯意的影响并没有任何实质差别。从世界各国的立法来看，都普遍承认机会提供型“陷阱取证”的正当性，而根本否定犯意诱发型“陷阱取证”的正当性，对这两种不同的“陷阱取证”侦查方式采取了全然不同的立场：对于犯意诱发型要追究侦查人员的刑事责任，对于机会提供型则在肯定其有存在必要的前提下，加以严格限制。在我国“陷阱取证”早就在刑事侦查活动中得到运用，在毒品、假币等犯罪的侦查中更是非常普遍。2012年《刑事诉讼法》第151条规定，“为了查明案情，在必要的时候，经公安机关负责人决定，可以由有关人员隐匿其身份实施侦查。但是，不得诱使他人犯罪，不得采用可能危害公共安全或者发生重大人身危险的方法。对涉及给付毒品等违禁品或者财物的犯罪活动，公安机关根据侦查犯罪的需要，可以依照规定实施控制下交付”。该规定中的“隐匿身份实施侦查”、“不得诱使他人犯罪”、“根据侦查犯罪的需要，实施控制下交付”涉及“陷阱取证”问题。在此之前，最高人民法院2001年1月发出的《关于印发全国法院审理毒品犯罪案件工作座谈会纪要的通知》对“陷阱取证”作了原则性规定，该通知指出：“运用特情侦破案件是当前打击毒品犯罪的重要手段，但在审判实践中，应当注意的是，有时存在被使用的特情未严格遵守有关规定，在介入侦破案件中有对他人进行实施毒品犯罪的犯意引诱和数量引诱的情况。犯意引诱是指行为人本没有实施毒品犯罪的主观意图，而是在特情诱惑和促成下形成犯意，进而实施毒品犯罪。对具有这种情况的被告人，应当从轻处罚，无论毒品数量多大，都不应判处死刑立即执行。另一种情况是数量诱惑。行为人本来只有实施数量较小的毒品犯罪的故意，在特情引诱下实施了数量较大甚至达到可判处死刑数量的毒品犯罪，对具有此种情况的被告人，应当从轻处罚，即使超过判处死刑的毒品数量标准，一般也不应判处死刑立即执行。对于特情在使用中是否严格遵守有关规定情况不明的案件，应主动同公安缉毒部门联系，了解有关情况。对于无法查清是否存在犯罪引诱和数量引诱的案件，在考虑是否对被告人判处死刑立即执行时，要留有余地。被告人受特情间接引诱而实施犯罪的，参照上述规定处理。对于特情提供的情况，必须经过查证，符合刑事诉讼法和司法解释规定的证据条件的，才能作为证据使用。因特情介入，其犯罪行为一般都在公安机关的控制之下，毒品一般也不易流入社会，其社会危害程度大大减轻，这在量刑时应当加以考虑。”从该通知的上述规定可以看出，在我国，毒品案件中，不当“陷阱取证”并不影响对被告人定罪，只影响量刑。下面举一个典型的案例：某县侦查机关接到特情人员（俗称“耳目”）乙密报：农民甲有贩卖毒品鸦片的嫌疑。侦查人员嘱其加强观察，必要时可以靠上去，确证后再报。乙遂接近甲，问其是否有鸦片卖，如有的话，一大老板要买。甲称自己一向在家安分守己，从未贩卖过鸦片，也不知何处有鸦片可买。乙未将此情及时向侦查人员报告，而是再次靠近甲，并以“鸦片可赚大钱，只要有货，可代为介绍认识大老板”相引诱，甲口称没有鸦片，却心生犯意。春节期间，甲到邻县一亲戚家做客，听得当地有人卖鸦片，遂想起乙之言，于是购得一批（数量巨大），带回家中，与乙联系。乙即向侦查人员报告，侦查人员告知乙，与甲约定交货时间，到县城一宾馆内与“老板”交易。侦查人员遂扮作老板，事先入住宾馆内，当乙带甲前往交易时，被侦查人员人赃俱获，即予刑事拘留，进入刑事诉讼程序。检察院、法院对甲贩卖毒品案在审查起诉、审判环节均发生了激烈争议以致无法结案，遂逐级请示此类情况的法律适用问题，得到批复后方才将此案起诉、审判。法院以贩卖毒品罪对甲判处有期徒刑10年（已属法定最低刑），判决生效后，甲被送监服刑。在本案中就明显出现了犯意引诱，但最终甲被确认有罪，仅仅在量刑上从轻处罚而已。①

因此，应借鉴西方国家的经验，严禁犯意诱发型“陷阱取证”，并对机会提供型“陷阱取证”给予以下限制：（1）为了防止“陷阱取证”的危险性，确立运用“陷阱取证”的必要性原则和严格的适用程序。只有在采用常规侦查手段难以侦破案件时，才可考虑使用“陷阱取证”，实施之前还必须履行严格的批准程序。（2）“陷阱取证”只适用于特定的刑事案件，一般应规定为社会危害严重、难以侦破的案件，比如贩毒、贩卖假币、武器交易等。杀人、伤害等侵犯人身的暴力性犯罪是绝对禁止采用“陷阱取证”侦查手段的。（3）“陷阱取证”只能由专门人员进行，通常要求侦查人员或者与侦查人员合作并受侦查人员控制的其他人员进行。（4）如果“陷阱取证”违反了必要性原则和法律规定的适用程序，比如，将“陷阱取证”用于特定的刑事案件以外的案件或者不是由法定的人员实施或者没有经过法定的审批手续等，将构成不当“陷阱取证”。不当“陷阱取证”是合法的辩护理由，一旦成立，被告人将被宣判无罪。

---

① 参见李永红：《侦查陷阱的法律规制——某甲贩卖毒品案法律适用评析》，载《人民检察》，2001（1）。

3. 悬赏取证问题

悬赏取证就是希望获得证据的人通过事先联络，提供一定的报酬来查找知情者，从知情者那里取得一定的证据的取证方式。公安机关在通缉犯罪嫌疑人或者寻找某个重大案件的破案线索时，有时会采用悬赏公告的形式。但这里讲的悬赏取证主要指当前司法实践中出现的个人悬赏取证的问题。悬赏取证是合法的还是违法的，法律没有明确的规定。

在刑事诉讼中，公民个人能不能登悬赏取证的启事？据媒体报道，武汉普通市民张某汉的儿子5年前在家中卫生间被人杀害。由于案件迟迟未破，张某汉提出由公安机关出面，个人出资10万元悬赏缉凶，但被公安机关拒绝。5年间，他多次提出登报或散发、张贴悬赏令的方案，均没能得到批准。公安机关认为，如果认为用悬赏的方式可以得到更多的线索，从而尽快破案，公安机关就会登悬赏通告。而这类悬赏通告应当而且只能由公安机关发布，私人的这种行为当然不被准许。

悬赏缉凶是近些年才出现的，我国尚无相关法律、法规对个人悬赏通告作明确规定。2012年12月发布的《公安机关办理刑事案件程序规定》第270条规定：为发现重大犯罪线索，追缴涉案财物、证据，查获犯罪嫌疑人，必要时经县级以上公安机关负责人批准，可以发布悬赏通告。悬赏通告应写明悬赏对象的基本情况和赏金具体数额。

根据我国刑事诉讼法的规定，被害人及其近亲属并无调查取证的权利。笔者认为，在法无明文规定的情况下，被害人可以委托有调查取证权的辩护律师出面悬赏取证。这种行为应当被认为是符合法律规定的。当然，这种悬赏取证行为由公安机关出面更稳妥，也更具权威性。如果被害人一方认为侦查机关怠于取证，也可以向检察机关提起申诉。对于个人悬赏取证的结果，笔者认为，只要在法庭上能够证明案件的事实，并得到了有效的质证，在法庭上可以作为有效的证据来使用。

需要说明的是，悬赏取证和收买证人是两个截然不同的概念。悬赏取证从形式上来讲是公开的，是为公众所知的，是希望知道案件情况的人向有关机关反映本案的有关事实。收买证人则是以隐蔽的方式进行的，而且目的性很明显，就是希望证人作的是歪曲的、违背客观事实的证言。悬赏取证与收买证人两者之间没有必然的、直接的因果关系，并不是说悬赏取得证言的证人就一定已经被收买，从而证言就是无效的。

（四）阶段问题研究

这里主要研究的是检察机关对于侦查机关移送起诉的案件在审查完毕、依法向人民法院提起公诉后，是否还有继续收集证据的权利。《刑事诉讼法》第 198 条第 2 项以及第 199 条已对此作出明确规定：在法庭审判过程中，检察人员发现提起公诉的案件需要补充侦查的，可以建议延期审理，撤回起诉补充侦查，并应在 1 个月内补充侦查完毕。笔者认为，该规定使控辩双方的力量更加失衡，同时也违反了诉讼经济原则，应予取消。

1. 该条直接与其他法条冲突

《刑事诉讼法》第 172 条严格规定了作为控方的检察机关起诉的条件：(1) 犯罪事实已经查清，即犯罪嫌疑人犯罪的时间、地点、动机、手段、过程、后果等案件事实已查清；(2) 证据确实、充分，犯罪的事实、具体情节都有确实、充分的证据加以证明；(3) 依法应当追究犯罪嫌疑人的刑事责任。以上三个条件是案件提起公诉的必备条件，缺一则不符合起诉标准，即不能向法院提起公诉。对此控方可以行使不起诉权，作出不起诉决定。刑事诉讼法严格限定控方起诉条件的目的在于保证起诉的准确性和起诉后案件有罪判决的证据需求量。如果控方严格依照《刑事诉讼法》第 172 条所规定的起诉条件提起公诉，那么案件作出有罪判决所要求的证据应当是确实而充分的，即表明一旦控方提起公诉，将案件移送法院审判，表明其已经自信有足够的证据可以说服法官作出有罪判决，有能力承担有罪判决的举证责任，不需要补充其他证据。当其证据不足以证明嫌疑人有罪时，应承担相应法律后果。故赋予公诉机关提起公诉后继续收集证据的职权，其不合理性是显而易见的。此外，《刑事诉讼法》第 195 条规定，人民法院审理案件可依法作出两种判决：其一是有罪判决，其二是无罪判决。无罪判决可分为依法认定被告人无罪而作出的无罪判决和因指控犯罪的证据不足而作出的无罪判决。庭审中如果指控犯罪的证据不足，或因辩方提出的证据足以对抗和削弱指控犯罪的证据，则控方要承担败诉后果。在此情况下，控方援用《刑事诉讼法》第198条第2项，再次行使补充侦查权，继续收集证据，力求使自己不败诉，并避免承担一系列法律责任，如国家赔偿法规定的赔偿责任、控方内部制定的错案追究责任等，难免有司法不公之嫌，而且也会使得刑事诉讼法关于法院对证据不足的犯罪指控可作无罪判决的规定流于形式，徒具其文。从保护人权计，为保证辩方无罪辩护权的有效行使，也应当取消公诉后控方补充侦查继续收集证据的规定。从提高公诉质量计，该法条把本应在起诉前完成的工作任务拖延至起诉后，不利于加强控方工作的严谨性和责任感，并可能助长其惰性心理。

2. 该法条的存在不利于提高诉讼效率，有悖于诉讼经济原则

《刑事诉讼法》第2条规定，刑事诉讼法的任务在于及时查明犯罪事实。可见，诉讼经济也是刑事诉讼法的一大追求。为充分体现诉讼经济原则兼顾查明案情的实际需要，《刑事诉讼法》已经在第77条、第89条、第154条、第155条、第157条、第158条等条款中赋予了侦查机关较为宽裕的时间侦查犯罪事实，收集犯罪证据，在控方审查起诉阶段又赋予其至少一个月的审查期限，而且第171条又赋予控方对侦查机关提供庭审所需证据的要求权和两次退补权，并规定补充侦查移送检察院后重新计算审查起诉期限。另外，检察机关还可以提前介入侦查机关的侦查活动，以便更充分、更有效地收集证据。在这样长的期限内和可以提前介入的情形下，仍有证据不能收集齐全，又岂能在庭审短短一个月的时间内收集到？故该法条在事实上无必要。而且再一次的补充侦查有如下弊端：其一，不利于人权保护；其二，再次花费大量的人力、物力、财力及时间，显然不利于提高诉讼效率，不符合诉讼经济原则。有人提出，刑事诉讼法赋予公诉方起诉后继续收集证据的权力，是针对庭审中被告人当庭翻供以及证人推翻原来提供的证言等情况的；出现这种意外情况时，如果不赋予控方要求延期审理的权力以便让其再行补充收集证据，则有可能导致控方败诉，使被告人逃脱法律制裁。但笔者认为，这类看似意外的现象实是可以预料的。在司法实践中，公诉机关应树立依法办案、文明办案的意识，强化依法取证的法律意识，切实履行好对犯罪嫌疑人、

被告人、证人的告知义务，严禁刑讯逼供，杜绝诱供现象，树立重证据、不轻信口供观念；与此同时，要加大对妨害司法犯罪的打击力度。如果司法机关从以上几个方面入手，则完全有可能从根本上解决庭审中出现的被告人翻供和证人推翻原证言的现象，而不需要在立法上做蛇足之笔。

（五）其他相关问题研究

这里，主要就司法实践中存在较普遍的伪证问题和当事人认为侦查机关怠于取证或取证存在问题的救济问题进行说明，并就实践中出现的诉辩交易谈一下看法。

1. 伪证、毁灭证据问题

伪证是一个长期困扰我国司法实践的问题。伪证，是指证人对与案件有重要关系的情节，故意提供虚假证明，意图陷害他人或包庇犯罪人的行为。伪证形成原因也是各种各样的，一般来说，主要有以下方面：（1）伪证人法制观念淡薄，甚至蔑视法律，认识不到故意作虚假证明应负的法律责任。从另一个方面讲，也是由于我国的伪证处罚制度的缺位，造成司法权威不够。（2）证人受到威胁、利诱等，出于对自身安全和利益的考虑，提供虚假的证明。（3）碍于友情、亲情或基于共同利益，而积极提供伪证。这种情况多见于共犯或者亲属、利害关系人作伪证的案件。部分还出于单位领导的授意。在一些刑讯逼供引发的案件中，参与人和单位领导就经常为了本单位利益或出于使个人免受追究的原因制造伪证。而且这种伪证由于涉及公权力的行使，以及我国司法体制上部门间制衡不足等原因，往往难以被识破和纠正。在著名的“大学生嫖娼案”中，警方甚至说：你能找到一个证人证明你没有嫖娼，我就能找到十个证人证明你做了。

先看下面的案例：上海市天华律师事务所朱某平律师在互联网上发表文章，谈了“汪某才冤案”的情况和他的一些看法。在本案中身为某县糖业烟酒公司供销经理部主任的汪某才来到下属的东风商店，要求参加承包盘点，与该店主任王某萍发生争执，谁知第二天王某萍声称被汪某才踢中腹部受伤。××县人民检察院以汪某才故意伤害罪向法院提起公诉。公诉方的证据主要有：县人民医院的病历；王某萍脾脏破裂的病情诊断书；××市公安局的刑事科学技术鉴定书对受害人王某萍作的伤情鉴定意见；公安、检察机关收集的案发现场9名目击证人的证言。这一切材料都显示，汪某才是有罪的。但朱律师在仔细研究了检察院的起诉书后发现，起诉书指控的事实和公安、检察机关移送的卷宗材料互相矛盾，无法自圆其说，而几名证人的证言也有互相矛盾之处。作为指证汪某才犯罪的主要证据的王某萍的伤情B超诊断报告和公安机关的伤情鉴定书，居然只有文字报告，而无相应的B超图片来佐证。除此以外没有任何证据来证实王某萍的伤情存在。更为令人不解的是，在王某萍的治疗中，门诊医生和住院医生竟然是同一个人。律师调查取证发现，该医生竟然是王某萍的表哥，县人民医院居然没有对王某萍进行B超摄片，9名证人全部都是王某萍的下属和亲朋好友。许多现场目击证人纷纷向律师作证，证明汪某才是无辜的，是被陷害的，并愿意到法庭当庭作证。律师决定为汪某才作无罪辩护。一审开庭后，因王某萍拒绝对其伤情进行重新鉴定，最终县人民法院一审以控方指控的证据不足认定罪名不能成立，判决被告人汪某才无罪。与此同时，××县人民检察院也正进行紧急磋商，磋商的结果是，汪某才只要同意放弃追索检察院及王某萍的法律责任，那么它们就准备接受一审判决；同时威胁说，如果不接受这样的安排，那么它们就向法院提起抗诉，将案子翻过来，对汪某才进行重判。县检察院要求汪某才当场写下保证书，遭到了汪某才拒绝。县人民检察院向××市中级人民法院提起抗诉，同时王某萍提起附带民事诉讼上诉。不久，××市中级人民法院作出裁定：以原判决事实不清为由，裁定撤销一审判决，发回××县人民法院重新审理。县人民法院对本案进行了重审，在没有任何新的证据的情况下，由同一个审判委员会，作出了与之前判决截然相反的判决。再审判决汪某才犯故意伤害罪，判处拘留6个月，缓刑1年。而县检察院以判罚过轻为由又一次提出了抗诉。汪某才不服重审判决，依法上诉，期间历经2级法院6次开庭，检察机关3次抗诉，市中院2次发回重审，最终市中级人民法院对王某萍实施了强制重新鉴定，鉴定结果从根本上否定了王某萍的伤情发生。市中级人民法院最终宣告汪某才无罪，彻底还了他一个清白。此后，汪某才向××县公安局递交了要求追究王某萍、医生钱某栋诽谤和作伪证，妨碍司法公正刑事责任的申请书。遗憾的是公安机关却以证据不足为由，拒不对王某萍及钱某栋采取任何法律强制措施。

汪某才一案中暴露出来的许多问题值得人们深思。人民检察院本是国家专政机器，肩负着行使国家检察权，惩恶扬善，监督、保障法律正确实施的重任，而××县人民检察院在办案过程中存在明显的倾向性，违反了司法公正的起码准则，对于明显存在虚伪性的证据予以采信并在诉讼过程中加以袒护，甚至达到滥用检察权、抗诉权，无视事实和藐视法律的地步，这充分反映了我国司法腐败的严重程度。同时，本案中的伪证行为是显然的，却难以受到应有的追究，当事人当然不服，同时也使群众对当地的司法公正产生怀疑。

笔者以为，要遏制伪证，关键是要建立和完善违法惩戒制度。对于伪造、变造证据材料的违法行为应当建立惩戒制度，从而维护法律的严肃性，保证法律的正常实施。我国刑法对某些伪证、毁灭证据等行为规定了相应的刑事处罚。但只有构成犯罪才给予处罚显然门槛过高，会导致实践中的大量违法甚至严重违法等尚不构成犯罪的非法行为得不到相应的处罚，从而在一定程度上助长此类现象的发生。笔者建议应对实施这些行为的司法工作人员规定相应的惩戒制度，要求其承担相应的行政责任、经济责任等，其中的经济责任以民事责任或国家赔偿中的追偿责任的形式加以体现。在当事人方面，鉴于我国伪证情况的增多，影响了司法裁判的公信力，耗费大量的司法资源，有必要进行相应的立法加以规范约束。笔者建议，对于查明的伪证责任者，应给予相应的人身强制处罚，并责令具结悔过。情节轻重体现在拘留的期限和是否并用罚款的措施上。必要时以司法建议的形式建议其主管部门予以行政处分，严重的，追究其刑事责任。

2. 当事人认为侦查机关怠于取证或取证存在问题的救济问题

在司法实践中，常常出现这样的情况：被害人、犯罪嫌疑人或利害关系人一方认为应当收集或采信的证据，侦查机关不予收集、采信；或认为现有证据已达到立案标准但侦查机关不予立案。由于法律规定的救济途径不足，导致比较尖锐的警民对立，一定程度上影响了我国的司法形象甚至社会安定。如广受媒体关注的仇某红命案。2002 年 5 月北京市海淀区人民法院就仇某红之死的民事赔偿案作出了一审判决。法院查明，仇某红与苏××相识后同居。1996 年 9 月 8 日晚

11时许，仇在住处喝敌敌畏后被苏送到空军总医院抢救。抢救过程中苏又找来急救中心救护车，将仇送入皇苑医院治疗。9月9日上午7时许，仇某红因抢救无效死亡。法院的判决书中说：仇某红父母认为苏××应对仇某红之死负责，向法院提起民事诉讼，要求赔偿。理由之一是，仇某红在空军总医院抢救期间病情已好转，血压、脉搏已正常。苏却突然于深夜2点左右叫来急救中心救护车，强行将仇转院。空军总医院医生两次阻拦，苏以病人家属名义签字表示“转院后发生后果自负”。仇父母认为仇是转院致死。苏在就此向法院作出的答辩中称，其对仇已尽到了积极抢救之责。仇在空军总医院抢救两小时没醒过来，是急救中心建议送到皇苑医院做血液透析的。法院认为，仇某红父母的证据无法证明苏的行为与仇的死亡有因果关系。法院驳回了仇父母就仇之死要求苏赔偿的诉讼请求。此外，关于仇父母坚持认为仇某红是被苏故意杀害这一问题，法院认为警方已定性仇之死系自杀，仇父母的主张不属民法调整范围，应由警方依法处理。仇父母不服一审判决，向法院提起上诉。本案中警方曾多次答复说谋杀无证据。关于仇某红是否被人谋杀，说得更明确一点，是否被苏××谋杀的问题，警方已有结论。警方的结论主要有两条：其一是“认为仇某红被苏××谋杀没有证据”，其二是“认定仇某红系在无暴力胁迫的情况下口服敌敌畏农药，因抢救无效死亡”。仇的父母一直不服警方结论，向上级有关部门反映，并求助于各级人大代表。警方从1998年至2002年3月，曾多次答复仇父母、上级部门和有关人士的质询。警方始终坚持自己的结论。不同的是，警方在后来的一些答复中只提到结论中的后一条，没再提及结论中的第一条。警方在答复中说，对于仇父母不服警方结论提出的许多疑点，警方非常重视，进行了反复、认真的调查。关于仇某红中毒入院抢救死亡这一有争议的过程，警方在答复中是这样说的：经查，空军总医院接到敌敌畏中毒的仇某红，立即抢救，但仇的病情没有明显好转。因该院夜间无法进行透析治疗，经与急救中心联系，将仇转到皇苑医院治疗，后抢救无效死亡。遗憾的是，尽管警方对仇某红父母的质疑多次给予答复，并善意地表示说此事件令人痛心，劝解他们节哀，但始终未能让仇父母释疑。支持仇某红父母对警方结论持怀疑态度的一个关键点是，他们手中有一纸空军总医院的证明。在要求苏×

×对仇某红之死负赔偿责任的诉讼中，仇父母将此证明提交给了法庭，作为苏应对仇之死负责的一项主要证据。证明中说，该院在抢救仇某红时，苏××再三提出转院并自己叫来了急救中心的救护车和医生。该院医生两次阻止转院。苏表示转院发生后果自负，同时在急诊病历上签字，拿取了医师开具的写有“病人亲属要求转院”字样的诊断书。该院的一位抢救大夫在一份给仇父母的说明材料中写道：仇在抢救中一度病情稳定，呼吸平稳。这时一名陪同人问这位大夫：仇还有没有生命危险？大夫回答说还不一定，这位陪同人就提出了转院。这位大夫当时说明，仇的病情还不稳定，转院可能有危险。如家属坚持转院必须在病历上签字，以承担转院可能带来的危险。陪同人签字后就用急救中心的车把仇某红接走了。这位大夫在说明中还写道：仇某红死后他接受过警方的调查，这些情况都向警方说明过。仇某红父母坚持认为，医院的证明与苏××的辩解不一致，且与警方所述的抢救过程也有出入，警方又没有对此进行说明。命案发生已 5 年有余，至今未能了结。

从法律上讲死亡原因无非三种：他杀、自杀和意外事件。就一起命案而言，警方只要查清死者是否被人谋杀、有无刑事犯罪就行了，至于死者是否自杀或系意外事件所致，不是警方要查的事情。就本案而言，既然法院已采信警方的自杀一说，却又认为命案应由警方处理，显得有点矛盾。当事人手中的一纸医院证明，是一项很重要的证据。警方在作出“没有谋杀证据”这一结论前，应排除这一证据，并在结论中附上警方所依据的调查材料。警方回避对该证据作出解释或排除的做法显然不妥。按照我国刑事诉讼法的有关规定，当事人凭医院这一纸证明，可向法院提起刑事自诉。仇父母聘请的律师认为，实际上恐怕立案就很不容易。原因之一就是，一旦立案开庭，一些在民事上可以回避的东西，在刑事上就无法回避了。一位审理刑事案件的法官也说，要想通过刑事自诉来搞清其中的问题，很难。他说，法院受理后并不会直接开庭审案。依据有关规定，法院认为可能要追究刑事责任，但事实不清、证据不足、需要进行侦查的案件，还要移送有关机关侦查。也就是说还得移交警方，如果警方还是这个结论，就没办法了。仇某红的父亲仇某润也说很难，很久以前他就向法院提起过刑事自诉。他说，自诉案件法律有三条标准，他的案子条条都够，但还是没能立案，后来不得不打民事官司。①

从本案中可以看出，在我国受害人的权利保障或救济途径或者是法律规定不完备，或者是缺乏实践中的可操作性。这一问题还有另外一面，就是侦查机关片面收集证据，对无罪证据拒不收集，甚至故意毁灭无罪证据。这种现象是很普遍的，直接侵犯了犯罪嫌疑人的辩护权利，导致司法不公。公权力是一种权力，更是一种责任。在司法过程中，我们应当相信司法机关，但在权力设置上，却恰恰应当持公权力的行使者可能滥用权力的怀疑态度，要通过一种制约来保障权力的正当、充分行使，预置权力时应当遵守制衡原则。这一点在现行法律中并没有充分体现出来，亟须在立法中予以解决。

3. 诉辩交易问题

如果被告方满足控诉方的要求，则控诉方或者撤销指控，或者降格控诉，或者要求法院将来从轻判处，在美国被称为“诉辩交易”。2002 年 4 月，牡丹江市铁路运输法院以诉辩交易方式审结了一起刑事案件，此举引起了社会各界极大关注。此案审理中牡丹江市铁路运输检察院以被告人孟某虎犯故意伤害罪向牡丹江市铁路运输法院提起公诉。在开庭前，被告人孟某虎的辩护人提出：尽管是被告人孟某虎找人对被害人王某杰进行殴打并造成了重伤的后果，但由于本案其他犯罪嫌疑人在逃，无法确定被害人王某杰的重伤具体是何人所为。辩护人认为认定被告人孟某虎承担具体的重伤责任事实不清、证据不足。牡丹江市铁路运输检察院则认为：本案因其他犯罪嫌疑人在逃而无法判定被害人重伤后果具体是何人所为，如继续追逃则需要大量时间及人力和物力，而且由于本案多人混战的特殊背景，证据收集也将困难重重，但此案系一起共同犯罪案件，被告人孟某虎找人行凶造成被害人王某杰重伤后果，理应承担全部责任。故双方意见发生严重分歧。当时，黑龙江省法院系统正在进行审判方式改革的探索，诉辩交易也被列为重点研究课题。牡丹江市铁路运输检察院得知这一消息后，便与辩护人协商此案是否

① 参见《中央美术学院女大学生为何在太平间里躺了 5 年?》，载《北京青年报》，2002－07－30。

进行诉辩交易。辩护人在征得被告人孟某虎的同意后，向牡丹江市铁路运输检察院提出了诉辩交易申请。而后控辩双方进行了协商，达成合意。诉辩交易协议内容如下：被告人孟某虎承认自己的行为构成故意伤害罪，表示愿意接受法庭的审判，自愿赔偿被害人王某杰因重伤而遭受的经济损失，要求法院对其从轻处罚。辩护人放弃本案具体罪责事实不清、证据不足的辩护观点，同意公诉机关指控的事实、证据及罪名，要求对被告人孟某虎从轻处罚并适用缓刑。公诉机关同意被告人及其辩护人的请求，建议法院对被告人孟某虎从轻处罚并可适用缓刑。控辩双方达成协议后，牡丹江市铁路运输检察院在开庭前向牡丹江市铁路运输法院提交了诉辩交易申请，请求法院对双方达成的诉辩交易予以确认。牡丹江市铁路运输法院受理该申请后，由合议庭对双方达成的诉辩交易进行了程序性审查，认为该诉辩交易协议及申请文本内容齐全，签字、印鉴清晰，格式规范，决定予以受理。为此，法院又组织被告方和被害方就附带民事赔偿进行庭前调解，经调解双方达成协议，由被告人孟某虎赔偿被害人王某杰经济损失人民币 4 万元。2002 年 4 月 11 日，牡丹江市铁路运输法院开庭审理本案，合议庭对于双方达成的诉辩交易实体内容进行了认真的审查。此后，合议庭宣布休庭，就此诉辩交易程序是否合法、内容是否有悖法律规定、诉辩交易结果是否在法律规定幅度之内等进行评议。经评议合议庭一致认为，尽管此诉辩交易在全国尚属首例，没有前例可供借鉴，但该诉辩交易的内容与法律规定并不相悖，且在被告人孟某虎认罪服法、接受法院判决的基础上，极大地提高了诉讼效率，减少了诉讼成本，应当予以认可。故合议庭形成一致意见，继续开庭当庭宣判，对控辩双方达成的诉辩交易予以确认，依照刑法的有关规定，以故意伤害罪判处被告人孟某虎有期徒刑 3 年缓刑 3 年。

很多学者和司法工作人员对诉辩交易提出了批评，他们认为：诉辩交易的存在，损害了司法公正和法律的尊严。在司法实践中，无论是重罪轻判还是无罪认罪，显然都违反了司法公正的原则，诉辩交易在一定程度上可以说是把“正义”和“自由”当作了交易的对象，对社会秩序的稳定明显不利。

笔者认为，公正从来就是一个抽象的概念，理想主义的公正观不能成为排斥诉辩交易制度的理由。现实中没有绝对的公正，只有相对的公正。如果诉辩交易的结果使公诉方、被害方、被告方三方都满意，就可以说它实现了现实的相对的公正。人是理性的，被追诉人总存在隐藏不利证据的动机。对于某些情节不是很严重的案件，一味地追求证据确实、充分既浪费了大量的司法资源，又未必能收到好的效果。对于犯罪嫌疑人、被告人而言，也希望能以自白换取较轻的处罚。在此情况下，诉辩交易能发挥其独特的作用。此外，经过诉辩交易的案件，降低了侦查机关的取证耗费，削弱其违法取证的内心驱动，同时当事人也能够接受对其的处罚，客观上也缓解了被告人和国家、社会之间的矛盾，有利于达到立法的综合目的。诉辩交易兼顾了司法公正与司法效率，使事实证据存有缺陷的案件以被告人作出有罪供述并接受审判结果的方式得以审结，从某种意义上讲，对国家、对社会、对民众乃至对犯罪人都是一种现实的公正。据了解，在美国，有85%～95%的刑事案件是通过诉辩交易结案的。其操作价值由此可以得到证明。

但不可否认，在我国当前实行诉辩交易是没有法律依据的。由于我国实行罪刑法定原则，控方的起诉裁量权要受到严格程序的限制，而起诉到法院后定罪量刑应该是法官的权力，检察官只有建议法院对被告人定什么罪、量什么刑的求刑权，因此，检察官没有权力和被告人做任何交易。① 目前，在法律没有明确规定的情况下，诉辩交易在国内难以广泛推广，它需要我国法律作出修改，并有赖于各项配套法规的制定、实施。同时，由于文化背景等因素不同，老百姓对这项制度的认识也有一个过程，所以在我国确立诉辩交易制度还有相当长的路要走。

因此，在试行诉辩交易的过程中，应首先得到立法授权，保证其合法性，两次刑事诉讼法修改对此都采取了极为审慎的态度。从这一点上讲，我国的立法应当更具突破陈规的勇气。其次，诉辩交易的实行应该局限在一些个别案件的范围内，不能普遍适用。以减轻罪犯的量刑来换取其认罪，对法律的威慑力还是有影响的。同时，如果没有建立完整的监督、审批制度以使诉辩交易程序化、合法化，那么这一制度可能变异为“金钱交易”而导致司法腐败，成为为被告人开脱

① 参见《法律与生活》，2002（7）。

的手段。最后，实行诉辩交易应该由公诉人、被害人、被告人三方参与并取得一致意见，如果仅在公诉人与被告人之间进行交易，对被害人是极不公平的。

## 四、证据采纳过程中存在的问题

证据采纳是指对证据资格的确认过程。证据采纳是对证据可采性而言的，主要体现为对证据在程序性方面的肯定；而证据采信是针对证据的实体意义而言，目的在于确认其真伪或证明力的强弱，证据采信的结果是确定定案证据并形成内心确信，是整个裁判过程的终点。法官的全部裁判活动都是建立在对诉讼证据的运用上的，裁判过程也就是证据运用的过程。这样，何种证据材料能够为事实裁判者所接触，并进一步成为其形成内心确信的依据，就直接影响到最终的裁判。因此，证据采纳规则应当是整个证据制度的核心问题。

一般地说，证据问题主要涉及两个方面——证据资格（法律属性）和证明力（自然属性），一切证据规则均应以此二者为中心展开。但事实上，在现代法制比较发达的国家，特别是英美法系国家，立法者认为裁判者有足够的理性和智力去判断证据的证明力，无须法律预先设置或比较证据价值的大小，因此，对证据的证明力几乎不作任何规定，完全委诸裁判者的自由裁量。对于证明力确有直观性和经验性瑕疵的证据，采取排除其证据资格的办法，禁止其进入审案法官的视野。由此引发的直接后果就是作为自由心证之资料的诉讼证据范围缩小，错误判断证明力的概率也随之降低；但控辩双方进行辩论的范围及方法受到限制，难免出现有益的证据材料也被排除的情形，因而可能会影响对客观真实的发现。对此消极后果立法者不可能没有预见，作此规定体现了一种立法上的权衡。反观我国的证据制度，会发现我们的做法与英美证据法大异其趣——尽管我国的庭审制度在很大程度上采用了英美法系的对抗方式。我国的刑事诉讼法除了规定以刑讯逼供等非法手段收集的言词证据无证据资格，以及不能辨别是非、不能正确表达意志的人无证人资格外，几乎没有其他的证据资格规则。证明力规则成为我国证据制度的重心，这种状况是值得我们反思的。笔者强烈支持设置庭前程序，将证据采纳与采信在程序上分开。我国以引入对抗式的庭审体制为目标，不将不具可采性的证据排除在庭审之外，这必将导致对法官心证产生误导，从而损害司法公正。唯有将证据采纳与采信分开，法官才可以不形成预断，避免不必要地主动讯问被告人、展示物证和询问证人，将主要精力集中到通过交叉询问所反映出的案件事实及双方的主张来了解双方提出的诉讼证据、判断证据的真伪和案情的证明程度上来，扮演好裁决者角色。[①]

（一）证据开示与举证时效问题

1. 证据开示问题

中国刑事庭审方式由审问制向对抗制转变已经得到2012年《刑事诉讼法》的确认，但相关的制度建设尚未跟上改革的进程，其中之一便是证据开示。所谓证据开示（discovery），在刑事诉讼中是指控辩双方在开庭审判前或者审判过程中按照一定的程序和方式相互披露各自掌握或控制的诉讼证据和有关资料的活动。作为一种诉讼制度，证据开示所要解决的主要问题包括：哪些证据必须向对方开示；控辩双方分别享有哪些开示权利、承担何种开示义务；何时开示何种证据；法院对于证据开示负有何种职责。目前，传统上采用当事人主义的英美法系国家如英国、美国、加拿大等，都以成文法、法院规则或判例法的形式规定了证据开示制度；原来属于大陆法系的日本和意大利，在刑事诉讼构造由职权主义转向当事人主义之后，也在立法上相应地设置了有关证据开示方面的规定，以便在强化程序公正的同时，维持程序的真实发现功能。[②] 我国在1996年修改《刑事诉讼法》之后，由于缺乏证据开示制度，司法实践中竟然出现了法官卖证据的荒唐事。[③] 湖北省××县法官王某清将庭审证据藏匿起来，由于这份证据对于定案判决起着关键性的作用，当事人早已提交给法庭，无奈之下只得又花6 500元从王某清那里“赎”了回来，另外还给他打了一张8 500元的借条。在所有证据都为双方当事人和审判者知悉之后，法官“藏匿”证据便显得不可能和无必要了。有

① 参见李春达、段守亮：《对抗制审判模式中法官角色的重塑》，载《法学》，1996（11）。

② 参见孙长永：《当事人主义刑事诉讼与证据开示》，载《法律科学》（西北政法学院学报），2000（4）。

③ 参见《中国青年报》，2001-11-21。

学者提出，对抗式诉讼制度的正常运转，有赖于一系列程序和制度的配套与保障，完善、适当的证据开示制度就是这种配套和保障机制中不可或缺的一个环节。对于中国的刑事审判制度而言，不建立较为完备的证据开示制度，对抗式诉讼程序就永远只能存在于书本而不是司法实践之中。[①] 这一观点表明了证据开示制度对证据规则乃至诉讼体制改革的重要作用。当事人主义刑事诉讼则以“正当程序”为基本概念，法院并没有查明案件事实的责任。作为裁判基础的事实是通过当事人依特定程序进行的平等攻击、防御活动展现在法庭面前的，决定事实问题的陪审团或职业法官只能依据当事人当庭提供的、经过充分辩论的证据作出裁决。为此，要求控辩双方各尽所能收集和使用有利于自己的证据。由于控辩双方所掌握的诉讼资源严重失衡，辩方在收集证据的能力和条件上远远不能同控方相比；同时，当事人基于自身诉讼利益的考虑，往往会进行“证据偷袭”，从而妨碍事实的裁判者依法作出公正的裁决。设置证据开示制度，是为了保证最终裁判结果满足双方当事人特别是被告人的真实愿望，维护程序公正；也便于诉讼双方尽可能早地在审判前明确争议事项，使正式审判得以集中、连续地进行，增强审判的实效，并保障被告人接受迅速审判的权利；同时，还可促使相当一部分案件在审判外达成妥协，通过诉辩交易或者简易审判程序结案，提高整个刑事程序的案件处理效率。

中国刑事诉讼法没有规定专门的证据开示程序，但关于审查起诉阶段辩护人的权利以及提起公诉的程序的规定都有涉及辩方查阅控方案卷材料的内容，例如，2012 年《刑事诉讼法》第 38 条规定：“辩护律师自人民检察院对案件审查起诉之日起，可以查阅、摘抄、复制本案的案卷材料。其他辩护人经人民法院、人民检察院许可，也可以查阅、摘抄、复制上述材料。”此外，按照 2012 年《刑事诉讼法》第 41 条以及 2012 年 12 月 26 日最高人民法院、最高人民检察院、公安部、国家安全部、司法部、全国人大常委会法制工作委员会《关于实施刑事诉讼法若干问题的规定》第 8 条的规定，辩护律师经证人或者其他有关单位和个人

① 参见陈瑞华：《英美刑事证据展示制度之比较》，载《政法论坛》，1998（6）。

同意，可以向他们收集与本案有关的材料，也可以申请人民检察院、人民法院收集、调取证据，或者申请人民法院通知证人出庭作证。对于辩护律师申请人民检察院、人民法院收集、调取证据，人民检察院、人民法院认为需要调查取证的，应当由人民检察院、人民法院收集、调取证据，不得向律师签发准许调查决定书，让律师收集、调取证据。从这些规定中可以看出，立法者要求公诉机关在审查起诉阶段及审判开始以前甚至于审理过程中分别向辩方公开一定的证据，并给予辩护律师一定的调查取证和申请调取证据的权利。就这一点而言，这些规定带有一定的证据开示性质。

司法实践中，一些地方早在 1996 年《刑事诉讼法》修改之后就尝试着建立证据开示规则。例如，北京市海淀区人民检察院在 2002 年 7 月与北京市 25 家律师事务所共同签署了证据开示协定，在全国开创了庭前证据交换的先例。此后，海淀区人民检察院与北方律师事务所就一起涉嫌故意伤害案件进行了证据开示。

笔者认为，我国的证据开示制度应当和预审制度相结合，在证据开示的同时由双方进行证据异议，再由预审法官确认证据资格。在开示范围上，应当坚持全面开示的原则，除涉及重大国家利益的证据外，双方均负有全面开示的义务，且这一程序是证据资格确认的前置必要程序，未经此程序的证据材料（因法律明确规定的特殊原因，并经预审法官确认的除外）不得确认其证据资格。当然，证据开示制度的建立还需要一系列的配套措施，如对于出庭证人的保护制度、强制证人到庭的制度（特别是被告人以国家强制力强制有利于自己的证人出庭作证的权利）。

2. 举证时效问题

举证时效（亦称举证期限）制度是为明确规定不及时举证的法律后果而设立的。诉讼效益与诉讼公正是辩证统一的，没有公正的效益不是真正的诉讼效益，同样，没有效益的公正也不是真正的诉讼公正。“在设计诉讼程序和确定诉讼程序的具体内容时，公平正义虽然是需要优先考虑的价值目标，但过分强调这一目标而完全忽略诉讼节约的要求，则是违背诉讼自身规律的。诉讼制度的历史发展表明，自从理性的阳光驱散了笼罩着诉讼领域愚昧与专制的黑雾，诉讼程序的公平正义与简便迅速就始终成为各国法律工作者追求的目标。”[①]

我国刑事诉讼法没有明确规定举证时效，笔者认为是一大缺憾。比如说在一个刑事案件中，如果一方在二审或再审中提交有关证据，势必要把结案周期拉长。有的律师从不把关键证据提交到一审法庭，即便一审中败诉也在所不惜。这样在一审中对方对他的证据摸不清，而他通过一审的审理已摸清了对方的底牌，这样他在二审中有针对性地提交证据，往往能在诉讼中击败对方。这种诉讼使一审程序变成了没有实际意义的“空审”。应该说，这实际是一种规避法律的行为，但这确实又是我们的法律没有注意到的地方，或者说是法律的漏洞。为什么说这是一种规避法律的行为呢？因为当一方当事人在二审中提交有关证据，二审法院在查明事实后直接改判时，就使二审终审制失去了意义。这种做法实质上是经过一次审理就得到了终审裁判结果，对方对此不服也没有权利上诉了。当然，二审法院可以发回重审，但这使有可能在短时间内完成的纠纷解决拖延。诉讼好比一场体育比赛，法官好比是裁判员，在特定的时间、特定的地点，必须拿出你的全部精力去赢得比赛，一旦这场比赛结束，不论你有多么强的实力、你是多么优秀的运动员，也不能改变这一结果。在这一制度下，所有的事实问题都应当在一审中解决，如果上诉，二审法院一般不应接受新的证据，即使接受也不会改变一审中认定的事实，而只是对适用法律问题进行审查，即进行法律审。如果我们采取这种做法，势必对于法院提高办案效率起到积极的推动作用，而且也可以使当事人尽快地服判、息诉，为减少“纠诉”、“缠诉”创造有利的条件。也许有人会说，这是一种不负责任的观念。其实，即使我们在一审、二审、再审中都允许当事人提交新的证据，也不能把所有的案件都办成铁案。换一个角度讲，如果我们有了举证时效，诉讼一方因举证不能而败诉，是其自身举证不能引起的合理结果，而不是国家对其正当权益保护不力。在生活节奏日益加快的今天，人们越来越注重效率和效益，制定一个有利于提高效率的制度，为举证规定一个明确期限势在必行。

---

① 李浩：《民事举证责任研究》，北京，中国政法大学出版社，1993。

笔者的建议是无特殊原因，证据的提出应当在证据开示阶段结束，法庭审理过程中一般不接受新的证据。如确有合理原因，庭审中提交证据应经法官同意，并经预审法官确认其资格；庭审法官原则上应该回避，避免无证据资格的新证据对其心证产生不当引导。

（二）证据的庭前审查制度

在2012年修正《刑事诉讼法》以前，我国没有专门的证据庭前审查制度，所有证据材料，包括非法证据，一律进入庭审，由审理案件的法官一并裁断。这使得非法证据，特别是立法规定应当排除但具有客观性、关联性的非法证据，对法官心证产生重大影响。即使这些证据最后被认定为应予排除的非法证据，其实质的影响仍难从法官的头脑中消失，可能会对法官认定案情产生潜在的影响。对于那些如果排除非法证据会形成“疑案”的案件而言，这种潜在的影响，可能会使法官觉得“疑案不疑”，并据此对案件作出判断。2012年《刑事诉讼法》第182条第2款规定：“在开庭以前，审判人员可以召集公诉人、当事人和辩护人、诉讼代理人，对回避、出庭证人名单、非法证据排除等与审判相关的问题，了解情况，听取意见。”但是，由于该项庭前会议制度在程序设计和司法实践操作中仍然存在一定问题。笔者认为，进一步设立证据庭前审查制度是十分必要的。由预审法官对证据进行审查，将法律规定应予排除的非法证据预先排除，以免对庭审法官产生不良影响，而负责证据资格审查的预审法官应回避法庭审理。当然，证据材料是否具有证明力，应在庭审中予以认定，而不是证据庭前审查的任务。有的学者认为质证的重点是对证据资格的审查①，或认为证据资格的审查是质证制度的重要作用之一。② 对此笔者有不同看法。如前所述，在庭审中的质证侧重于对证据证明力进行审查，即对于证据是否与争议点有逻辑上的关联和因果关系的质疑和审查。即便对证据的真伪进行辨别和质疑，也是从事实的角度出发，这和证据资格的确认过程更多是从法律的、形式的角度去审视证据有很大区别。质证的结果是对事实裁判者的心证产生影响，最终形成裁判。换一个角度讲，质证

① 参见王伯庭、陈伯诚、汤茂林：《刑事证据规则研究》，399页，长春，吉林人民出版社，2002。

② 参见何家弘主编：《新编证据法学》，391页，北京，法律出版社，2000。

的过程是通过对证据的质疑和支持，形成对己方主张的证明，从而影响裁判者心证的过程；也是裁判者通过对控辩双方证明的听取，从证据中选取定案证据完成自己逻辑上的心证的过程。原则上讲，对证据资格的审查应在庭前程序中完成，即控辩双方应在证据开示的过程中及时对证据材料的资格提出异议，否则，该证据材料可以作为证据在庭审中出示。如果由于特殊原因①未能及时提出质疑，应在庭审中证据出示前及时向法官提出，由该案的预审法官进行处理。证据资格的审查应当采取当事人主义的“异议引发”的方法，对于控辩双方没有提起异议的证据材料，法官对其形式是否合法给予确认即可，一般不主动对证据资格的实质问题进行核查。同时应规定，对于未在庭前进行证据交换的证据，应原则上确认证据失权，排除其证据资格。至于在证据开示过程中未被提出异议的证据，除对方能够证明在审前具有合理的原因不能提出异议的情况之外，在庭审中不得提出对该证据资格的异议。

证据资格裁判直接决定着庭审中诉讼证据的范围，对证据资格问题的不当裁判必然直接影响最终的实体裁判，故就证据资格的裁判也必须给予对裁判有异议的一方以救济的机会。有的学者指出应将这种救济置于法院审级制度的约束之下。② 笔者对此有异议：证据资格认定的结果直接依附于实体裁判的结果，而且证据资格的认定尚未给当事人造成实质上的损失，这种损失必须通过最后的实体裁判显现出来，因此，对预审阶段的裁判向上级法院提起上诉显然在法理上有欠缺，同时在实践中也难以操作。因此，对证据资格裁判的异议还是应当以向原审法院提出为宜。这种救济应当是复议性质的，可以比照行政复议的规定办理，并在复议过程中注意作出原裁判的预审官应当回避。

（三）证据规则

证据采纳必须依照一定的规则进行。证据的相关性规则被学界普遍认为是“黄金规则”，意味着为了完成诉讼证明，应尽可能地将具有相关性的证据纳入到诉讼中来。所以，证据规则的重点不在于确认，而在于排除，即法不禁止的证据

① 笔者认为，该原因合理与否，可由法官裁量。

② 参见宋英辉、吴宏耀：《论刑事证据规则及其制度构建》，载《中国司法审判论坛》，2001（1）。

均可以进入诉讼程序。现代法治国家往往具有相当繁杂的证据规则（主要是排除规则）。我国 2012 年《刑事诉讼法》第 50 条以及第 54～58 条明确禁止刑讯逼供和以威胁、引诱、欺骗以及其他非法的方法收集证据。2012 年《关于适用〈中华人民共和国刑事诉讼法〉的解释》第 95～103 条、《人民检察院刑事诉讼规则(试行)》第 379 条也明确规定通过非法手段获取的言词证据不得作为定案的根据。一般认为上述规定确立了非法证据排除规则（非法言词证据排除及部分非法实物证据的排除），但尚未确立完整的证据排除规则。2012 年《刑事诉讼法》第 118 条规定："犯罪嫌疑人对侦查人员的提问，应当如实回答。但是对与本案无关的问题，有拒绝回答的权利。侦查人员在讯问犯罪嫌疑人的时候，应当告知犯罪嫌疑人如实供述自己罪行可以从宽处理的法律规定。"第 189 条规定："公诉人、当事人和辩护人、诉讼代理人经审判长许可，可以对证人、鉴定人发问。审判长认为发问的内容与案件无关的时候，应当制止。"这些规定，确立了我国刑事诉讼证据运用的相关性规则。2012 年《刑事诉讼法》第 53 条规定："只有被告人供述，没有其他证据的，不能认定被告人有罪和处以刑罚。"这一规定要求被告人的有罪供述还必须有其他证据作补强证明，从而原则性地确立了对口供的补强规则。可见，2012 年《刑事诉讼法》的颁布使得我国证据规则的立法向前迈进了一大步。然而，上述关于证据规则的规定既失之粗疏，又过于抽象，缺乏具体操作规程；同时，由于受传统职权主义的影响，司法工作人员调查证据的权力范围和随意性很大，使得本来就不完善的证据规则在实践中并没有很好地得到适用。有鉴于此，在理论界加强证据规则研究的同时，司法实务部门要求尽快建立和健全我国证据规则的呼声也越来越高。

笔者认为证据规则实际上是确立证据资格的标准问题。与证据的三个属性相适应，繁杂的证据排除规则也均为这三个属性所统率，并从消极的角度来相应地具体化这三层标准，从而在逻辑上形成一个比较完备的体系。下面分述之：

1. 确认证据相关性的证据规则

诉讼证据必须具有相关性，相关性是采纳证据时必须加以考察的内容之一。

所谓相关性，我国证据理论界的通说认为，是指作为证据的事实材料必须与待证事实有着内在的联系，能够证明案件真实情况的一部分或全部。但对于待证事实的概念，却缺乏准确的说明。英美法系对相关性规则的研究是比较发达的，它们认为，“相关性”侧重的是证据与证明对象之间的形式性关系，而基本上不涉及证据的真假和证明价值，对证据真假及其证明力大小的判断是在证据被采纳之后，由事实审理者进行判断的问题；在决定证据材料是否具有相关性时，法庭一般采用“中立、常识判断法”（a fair-minded，common sense approach）。美国的《联邦证据规则》中对其界定更为精确：“相关性是指证据具有某种倾向，使决定某项在诉讼中待确认的争议事实的存在比没有该证据时更有可能或更无可能。”（《联邦证据规则》第401条）。也就是说，证据必须对于澄清某项在诉讼中的争议有直接的或间接的作用。

判断证据材料是否具有相关性的标准可以转化为对以下三个问题的考察：提出的证据材料是用来证明什么的（问题是什么）？这是本案中的实质性问题么（在刑事案件中，实质问题的范围取决于刑事实体法的规定；在民事案件中，则取决于原告的具体主张内容）？所提出的证据材料对该问题有证明性么（它能帮助确认该实质性问题么）？如果答案全部是肯定的，则该证据材料就具有相关性。换句话说，判断相关性的标准取决于两个方面，即证据针对的待证事实是否具有实质性，以及证据对于待证事实是否具有证明性。[①]在英美法系基于当事人主义的理念，在诉讼实务中，排除没有相关性的证据材料并非法官的职责，法官没有主动排除的义务。只有在一方律师对可采性提出异议时，法官才会就该证据材料是否具有可采性作出裁判。对于一项没有相关性的证据，如果对方律师没有提出异议，或者虽然提出了异议，但是所依据的排除理由有误，那么，该项没有相关性的证据也将获得可采性。同时，法官对于具有相关性的证据是否被采纳享有一定的裁量权，即便该证据具有相关性，也可能因导致偏见、混淆或浪费时间等原因而被法庭排除。

① 参见宋英辉、吴宏耀：《关联性规则——外国证据规则系列之二》，载《人民检察》，2001（4）。

与证据的相关性相适应，需要对一些从经验上、逻辑上看证明力不足的证据材料，或者虽具有一定的证明力但存在影响公正司法的危险的证据材料作出排除。此类排除规则主要包括：

(1) 品格证据。该规则认为，一个人的品格或者品格特征在证明这个人于特定环境下实施了与此品格相一致的行为问题上不具有相关性。但该规则也有例外，即如果被告人首先提出了关于其品格或被害人品格的证据材料，那么，控诉方提出的反驳被告人的品格证据，具有可采性。例如，在刑事案件中，如果被告人提出其品格端正来说明其不可能实施指控的罪行，那么起诉方亦可以提出有关被告人品行不良的事实，作为证据反驳被告人。

(2) 类似行为。关于相似犯罪、错误或行为的证据材料不能用来证明某人的品格以说明其行为的一贯性，即“一次为盗，终生为贼”的逻辑是不成立的。例如，某人曾多次实施强奸犯罪行为，对目前的强奸指控来说就不具有相关性。但上述证据材料可以用来证明动机、机会、意图、预备、计划、知识、身份或缺乏过失或意外事件等其他目的。

(3) 特定的诉讼行为。下列诉讼行为在诉讼中一般不得作为不利于被告人的证据而被采纳：第一，曾作有罪答辩，后来又撤回；第二，作不愿辩解又不承认有罪的答辩；第三，在答辩过程中辩护方未作有罪答辩或作有罪答辩后又撤回的控诉方指控。但作为例外，上述行为用于证明被告人作伪证时，或者与其同时产生的其他陈述已被提交法庭时，可以采纳为证据。

(4) 特定的事实行为。关于事件发生后某人采取补救措施的事实，支付、表示或允诺支付因伤害而引起的医疗、住院或类似费用的事实，某人曾经或者没有进行责任保险的事实，和解或要求和解而实施的特定行为，一般情况下不得作为行为人对该事实负有责任的证据加以采用，但符合法定例外情形的除外。

我国缺乏证据相关性规则中的排除规定，相反，在诉讼中，公诉书中经常有以下类似的语言：“被告人平素游手好闲，品行不端”，“被告人以前有过类似的行为”，等等。这些与犯罪指控没有明显相关性但具有相当心证误导的证据或言论出现在庭审中，显然对被告人十分不利。

2. 确认证据客观性的证据规则

所谓客观性，是指证据材料必须是客观存在的（能够以某种形式提交），而且其内容没有被不适当的主观色彩污染。这种污染，既包括人们的主观臆想和捏造，也包括证据材料在内容和形式上存在难以排除的主观倾向，具有司法误导的可能。这种理解可能和我国学界通说的客观性概念有所区别。同时笔者认为，证据的客观性不宜用“真实性”来代替[①]，因为被采纳的证据未必是客观真实的。证据采纳只是解决了证据能否进入庭审的“入门”问题，并不牵涉实体判断。对于客观性规则，西方的法律中很少从正面确定其内容，而是通过对受到不适当的主观色彩污染的证据的排除来确保证据资格的客观性。相应的排除规则主要包括意见证据规则和传闻证据规则。意见证据和传闻证据的排除都是由于其缺乏客观性，但二者被不适当的主观倾向污染的方式有所不同。传闻证据的污染来源于其形式上的缺陷，而意见证据的污染来自于其内容上的缺陷。详述如下：

（1）意见证据规则。

意见证据规则是指如果证人作证时并非对其亲身感知作客观陈述，而是加入了具有主观倾向（有时尽管这种倾向十分隐蔽）的判断或推论，则应将该证据材料予以排除。笔者认为意见证据不可采主要是基于以下两方面的原因：第一，证人的意见已经受到其主观色彩的污染，缺乏客观性，使得事实裁判者的逻辑判断有受到错误引导的危险，从而可能导致裁判结果的不公正。第二，证人意见有侵越事实裁判者的权力的嫌疑。证人职能与裁判职能的区别是形成意见证据规则的理论基础：英美证据法理论将证人视为一种证据方法，其作用在于将其亲身体验的事实如实地向法庭提出；依据一定的证据材料作出推断或结论，属于裁判职能，应当由陪审团（或法官）负责。在诉讼发展过程中也形成了意见证据规则的一些例外。依据证人身份的不同，意见证据规则的例外可以分为两类：第一，有关专家证人的例外，即一个具有适当资格的专家可以就他拥有相应专业知识且需要专家意见的事实陈述其意见。第二，有关普通证人的例外，即作为表述曾亲身

---

① 宋世杰教授在《证据理论杂谈》一文中阐述了这样的观点：证据必须是有真实性的事实，这就是证据的客观真实性。

感知的事实的方式，一个非专家证人可以就那些不需要任何特殊的专业知识的事实陈述其意见。

在我国诉讼实践中，证人作证时，往往会加入自己的判断甚至推测，这并未为立法与实践所明确禁止。证人可否发表意见，以及能否作为证据使用，法律应予以明确规定。而“专家证人”作为诉讼参与人的合法性应尽快确立，立法应予以明确规定。在我国，以专门知识提供意见的鉴定人所作的鉴定意见与以感官感受案情的证人所提供的证言是被严格区分的。随着控辩式庭审方式的进一步推进，法庭调查结果越来越多地依靠控辩双方攻防活动的展开程度。赋予双方充分的诉讼手段，是提高控辩双方的诉讼能力、充分发挥双方作用的重要条件。双方就证人以及鉴定人这些证据方法的充分利用应是发展所需。为此，双方聘请“专家”发表意见为自己提供帮助，也是十分必要的。因此，2012 年《刑事诉讼法》第 192 条将“具有专门知识的人”引入刑事诉讼法程序之中。此举无疑有利于庭审中的实质性质证，并且可以提高对鉴定意见等科学证据的质量要求。

（2）传闻证据规则。

传闻证据规则是英美证据法上的传统概念之一，是指非当事人直接当庭陈述及无法质证的证言不得作为证据使用。英国学者 J. D. 海登根据表现形式将传闻证据分为以下两种：第一，当庭作证之证人以外的人所作的明示或默示主张；第二，向法庭提出的书证之中所包含的主张，包括亲身感受了案件事实的证人在庭审期日以外所作的书面证人证言以及警检人员所作的（证人）询问笔录。由于证人出庭以言词形式提供证言是直接言词原则的一般要求，而且在英美法系司法实践中，甚至实物证据也必须以证人证言的形式提出，所以，以书面记录代替证人出庭的第二类传闻证据在法治发达的国家较为少见（但在我国，这却是普遍的现象，已经引起学界和司法实务界的广泛关注与重视）。在普通法上，传闻证据主要是指第一类传闻证据。在大陆法系国家，并不存在英美法系国家意义上的传闻证据规则，但是，随着书面审理制度被废止，大陆法系各国普遍将直接言词原则确立为法庭审理活动的基本原则，根据该原则，包括证人证言在内的所有证据必须在诉讼双方及法庭的参与下当庭进行调查，否则，不得作为裁判的依据。这样，也就在实质上确立了传闻证据规则。值得注意的是，在普通法传统上，传闻证据规则适用的范围十分广泛，即使实物证据也必须由亲身感知的人以言词的形式向法庭提出，传闻证据规则同样影响着实物证据的证据资格。但是，在大陆法系国家，传闻证据规则只适用于亲身感知案件事实的证人的证言，至于实物证据，应当庭出示或由法官亲临“勘验”①。在范围上，我国的学界认可的传闻证据规则基本上等同于大陆法系的传闻证据规则。②

传闻证据被排除的理由是：首先，证据材料受到了不适当的主观倾向的污染，存在着复述不准确或伪造的可能。其次，传闻证据是未经宣誓提出的，又不受交叉询问，其真实性无法证实。但是，应当指出的是，排除传闻证据的基础并不在于其是否具有真实性，而在于此种真实性是否能够在程序中表现于外并得到认可，通俗地讲，即“不关注其是否真实，而是关注其是否能体现真实”。最后，传闻证据并非在裁判官前之陈述，这违背了直接言词原则，同时也侵犯了对方的对质权。

我国应建立传闻证据规则，以配合庭审制度改革后的交叉询问机制。当然，传闻证据规则也应该有例外。事实上，一个好的规则就是好在有适当的例外情况。传闻证据规则应确立哪些例外才最适合中国的国情，也是今后学理研究的内容。

3. 确认证据合法性的证据规则

合法性，是指证据必须是适格的主体按照法律要求和法定程序加以提供、收集和审核的具有特定形式的材料。在合法性的问题上，笔者认为应当侧重于主体上、程序上和形式上的合法，因为：无论是大陆法系还是普通法系，对于证据内容的法律规定都是笼统而且含糊的，一般不作规定或者以例外的形式出现，总体是靠法官的自由裁量。同时，证据材料内容上的不合法也往往可以归结为证据的相关性不足。此类问题已在前文“证据的相关性”部分进行了讨论，此不赘述。

---

① 宋英辉、吴宏耀：《传闻证据排除规则——外国证据规则系列之三》，载《人民检察》，2001（6）。

② 参见王伯庭、陈伯诚、汤茂林：《刑事证据规则研究》，长春，吉林人民出版社，2002。

先看取证主体非法的情况。刑事诉讼法、人民法院组织法、人民检察院组织法及一些司法解释对有些证据材料的取证主体有着严格限制，不允许变通，否则即构成违法，如男性司法机关工作人员搜查、检查女犯罪嫌疑人、被告人身体，超越管辖范围违法办案取证，书记员、聘用的合同制工人办案取证，当事人及非律师辩护人调查证人等。司法实践中此类证据应当予以排除。

再看取证程序非法的情况。具体表现有：第一，超越诉讼程序获取证据材料。侦查、审查起诉、庭审判决是公诉案件的三个阶段，本着分工负责的原则，司法机关应当严格遵守其权属，不得越权。在我国司法实践中常出现公、检、法联合办案和检察机关对重特大案件提前介入等情况。笔者认为，二者都不是规范的刑事诉讼活动，从程序的合法性上分析都是不可取的，和分工负责、互相配合的诉讼原则有抵触之嫌。所以联合办案中共同获取的和检察机关提前介入获取的证据材料，并不具备程序合法性。再如，在立案前扣押、搜查、查封的证据材料，在超期羁押期间内获取的犯罪嫌疑人、被告人供述，超过办案期限获取的证据材料，律师在案件移送审查起诉前的调查取证等均属超越了诉讼程序。第二，违反法定程序取证。这主要是指取证主体取证时在依法应为而不为或不应为而为的情况下取得证据材料。类别不同的证据材料，其调取、制作程序也有所不同。例如，询问证人时，询问人员应先出示工作证和告知证人作伪证要负的法律责任；扣押、勘查、检查、搜查时应首先出示相应的法律文书；作出鉴定意见应有委托机关的委托书，鉴定后应及时告知当事人；使用技术侦查手段监听监视应有有关机关的审批手续，等等。第三，依非诉讼程序获取证据材料。依照刑事诉讼理论，证据材料只能在诉讼阶段由合法的取证主体获得，通过非诉讼程序获得的材料原则上不能作为证据使用。由于法律传统和规定的不同，在西方法治国家此类情况并不多见，但在我国还是比较普遍的，如纪委、非公安性质的保卫科、行政机关、单位纪检部门、个人调查取证等而获取的证据材料。获取此类证据材料非经必要的法律程序，不得认定其程序合法。第四，在证据材料采集过程中采取了非法手段。这主要包括非法搜查和扣押等侵犯公民人身权利和其他宪法权利而取得物证和书证，以及非法逮捕、违反法律正当程序取得认罪供述等。这是传统意义上讲的程序违法的内容。西方证据理论中的“非法证据排除规则”重点指对第四类证据材料的排除。

最后看证据材料是否符合法定形式。各国对证据存在形式的规定各异，对法定形式要求的严格程度也不尽相同。我国刑事诉讼法将证据的表现形式加以概括、归纳并法定为 8 种，只有符合这 8 种表现形式，才具备证据形式的合法性。形式违法的证据材料主要有两类：第一，自创证据形式。一是法定证据形式的混合，即将两种以上法定证据形式混合，制作成一种证据材料，以致难以界定其名称，如在勘验笔录、书证、提取笔录上加注证人证言内容等。二是新创设的证据形式，如测谎结论、催眠术等。三是擅自改变证据材料的原始状态，使之丧失原始证明力。第二，证据构成要素不全。每一类证据都有其固定的组成部分，笔者称之为构成要素。法定 8 种刑事证据之间既有相同的构成要素，如取得证据的时间、地点与取证人及被取证人签名或盖章等，也有各自不同的构成要素，如言词证据与实物证据形式不同，勘查笔录需要有 2 名与案件无关人员的签名，鉴定意见要求所有鉴定人均签名或盖章并注明不同意见等。缺乏法定的构成要素，应认定其形式上不符合法律规定。

另外，在采证完成后，没有按照法定的诉讼程序和法定期限提交或开示证据材料，也可能导致证据材料被排除在诉讼程序之外，一般称之为证据失权。

与之相适应，各国对于不符合证据资格合法性要求的证据材料制定了一系列排除规则：

（1）最佳证据规则。

该规则适用于书证，认为原始文字材料（包括录音、录像、摄影材料等）作为证据其效力优于它的复制品，因而是最佳的，因此，有的人将其称为“原始文书规则”。这一规则是由规定原始文字材料作为证据有优先权的原则发展演变来的，目前这一规则的现代运用已经产生了一些变化。例如，《美国联邦刑事诉讼规则和证据规则》对这一原则的规定大致可以概括为：A. 为证明文字、录音或照相的内容，要求提供该文字、录音或照相的原件，除非本规则或国会立法另有规定。原件包括该文字或录音材料本身，或者由制作人或签发人使其具有与原件同样效力的副本、复本。照相的原件包括底片或任何由底片冲印的胶片。任何从电脑中打印或输出的能准确翻印有关数据的可读物，均为原件。B. 复制品可与原件在同等程度上采纳，但对于复制品是否忠实于原件产生疑问或以复制品替代原件采纳将导致不公正的除外。复制品应当是可以准确复制原件的副本。C. 在原件遗失或毁坏或无法获得的情况下，不要求原件，关于该文书、录音或照相内容的其他证据可以采纳。① 我国最高人民法院《关于适用〈中华人民共和国刑事诉讼法〉的解释》第 70、71 条规定："据以定案的物证应当是原物。原物不便搬运，不易保存，依法应当由有关部门保管、处理，或者依法应当返还的，可以拍摄、制作足以反映原物外形和特征的照片、录像、复制品。物证的照片、录像、复制品、不能反映原物的外形和特征的，不得作为定案的根据。物证的照片、录像、复制品，经与原物核发对无误、经鉴定为真实或者以其他方式确认为真实的，可能作为定案的根据。""据以定案的书证应当是原件。取得原件确有困难的，可以使用副本、复制件。书证有更改或者更改迹象不能作出合理解释，或者书证的副本、复制件不能反映原件及其内容的，不得作为定案的根据。本证的副本、复制件，经与原件核对无误、经鉴定为真实或者以其他确认为真实的，可以作为定案的根据。"从而在司法解释中初步确立了最佳证据规则。

值得注意的是，上述司法解释虽规定了书证必须是原件，但未排除非原件的法律效力，只是规定："书证的副本、复制件，经与原件核对无误、经鉴定为真实或者以其他方式确认为真实的，可以作为定案的根据。""对物证、书证应当着重审查以下内容：（一）物证、书证是否为原物、原件，是否经过辨认、鉴定；物证的照片、录像、复制品或者书证的副本、复制件是否与原物、原件相符，是否由二人以上制作，有无制作人关于制作过程以及原物、原件存放于何处的文字说明和签名……"但有时非原件的真实性难以认定，所以立法应明确规定采纳非原件的例外。

① 参见《美国联邦刑事诉讼规则和证据规则》，卞建林译，第 1001～1004 条，130 页，北京，中国政法大学出版社，1996。

（2）非法证据排除规则。

这里的非法证据排除规则主要是指对于办案人员违反法律规定的权限、程序或用其他不正当的方法获取的证据材料（包括物证和口供）的排除[①]，是针对狭义上的非法证据。

当前，对于非法获得的言词证据，除法定特例外，各国均采取严格排除态度。关于非法搜查、扣押获取的物证材料是否可以采用为证据，各国的法律规定差异较大。1）在英国，对此问题的解释是，应排除的是通过诱导取得的证据材料，而不是非法搜查、扣押取得的证据材料，因为：法官的作用仅仅是为被告人提供公正的审判。据此，非法搜查、扣押取得的物证材料只要与待证事实相关，原则上不予排除，而交由法官自由裁量。至于违法的警察官员，由受害人另行提出控告。2）在美国，实行排除规则，即执法人员违反联邦宪法的有关规定进行搜查、没收取得的证据材料，在审判时必须予以排除。但联邦最高法院于1984年对排除规则作了限制，增加了"最终或必然发现的例外"和"善意例外"，从而大大限制了排除规则的适用范围。

在我国，非法证据的排除状况令人忧虑。2012年《刑事诉讼法》第50条虽也明确规定"严禁刑讯逼供和以威胁、引诱、欺骗以及其他非法方法收集证据"，但同法第48条把犯罪嫌疑人、被告人供述和辩解即通常所谓"口供"作为法定证据种类，第118条规定"犯罪嫌疑人对侦查人员的提问，应当如实回答"，所以，刑讯逼供等非法取证现象仍然大量存在。有鉴于此，2012年《人民检察院刑事诉讼规则（试行）》第379条规定，"人民检察院公诉部门在审查中发现侦查人员以非法方法收集犯罪嫌疑人供述、被害人陈述、证人证言等证据材料的，应当依法排除非法证据并提出纠正意见，同时可以要求侦查机关另行指派侦查人员重新调查取证，必要时人民检察院也可以自行调查取证"。2012年最高人民法院《关于适用〈中华人民共和国刑事诉讼法〉的解释》第80条也规定，"对被告人供述和辩解应当着重审查以下内容……（四）被告人的供述有无以刑讯逼供等非

---

① 参见张桂勇：《论对非法证据的排除》，载《中国人民大学学报》，1995（6）。

法方法收集的情形……”这样的司法解释，对于确立非法证据排除规则是具有重要意义的。但这两条在司法实践中并未得到很好的贯彻。由上述条文来看，非法证据的效力实际上是以证据分类来确定的：2012年《刑事诉讼法》第50条严禁非法取证，应理解为包含一切证据；而按照最高人民法院、最高人民检察院的司法解释只排除非法取得的言词证据，即“证人证言、被害人陈述、被告人供述”。这样规定就意味着非法取得的实物证据并不完全予以排除，这是不正确的。此外，最高人民法院和最高人民检察院的司法解释仅仅是从取证的程序或方法方面来确立非法证据排除规则的，这并不足以制止非法取证行为。采用非法言词证据引出的实物证据，将会导致司法机关去“非法外壳”取“合法内核”的不正常行为，侦查、起诉机关仍会非法取得言词证据并顺藤摸瓜，获取实物证据，客观上也会助长乃至激励非法取证行为，达不到遏制刑讯逼供等非法取证行为的目的。

（3）其他不符合法定程序的证据排除。

这主要包括对不符合法定形式的证据的排除。例如，法定证据种类以外的猜测、占卜、警犬识别等，非法定机构所作之精神病鉴定意见，不具证人资格者所作证言等，皆应予以排除。未经证据开示的证据的排除，超出举证期限的证据的排除，更多的是由于司法经济和保障当事人合法权益的政策需要而制定的。

与非法证据应予排除相关的问题还有：应当回避的侦查取证人员在未回避情形下取得的证据，在其被决定回避后能否采用？对此，《公安机关办理刑事案件程序规定》第37条规定，“被决定回避的公安机关负责人、侦查人员、在回避决定作出以前所进行的诉讼活动是否有效，由作出决定的机关根据案件情况决定。”第38条规定，“本章关于回避的规定适用于记录人、翻译人员和鉴定人。”《人民检察院刑事诉讼规则（试行）》第31条也有类似规定：“因符合刑事诉讼法第二十八条或者第二十九条规定的情形之一而回避的检察人员，在回避决定作出以前所取得的证据和进行的诉讼行为是否有效，由检察委员会或者检察长根据案件具体情况决定。”笔者以为，这种规定隐含的意思有关国家机关已经意识到此类取证与非法取证有一定的相似之处，所以它没有肯定能予以采用。但是，这种貌似客观的含糊规定是不合乎非法证据排除规则的：刑事诉讼法规定回避制度的目的是在程序上保证司法公正。侦查人员、检察人员已被决定回避就表明他不回避可能会影响客观公正。该回避而没有回避显属主体资格不合法，而非法取证是包括收集证据的主体不合法这类情形的，因此，这种情形下取得的证据应予以排除，不得采用。此外，鉴定人应当适用回避制度是确保鉴定意见这一证据种类客观性的必要前提，该回避而没有回避的鉴定人作出的鉴定意见在诉讼法上当然是欠缺客观性的。

## 五、证据采信过程中存在的问题

我国学界往往混淆使用诉讼证据和定案证据这两个概念[①]，也就是说将证据的采纳和采信混同。笔者认为二者还是具有很大差异的。证据的采纳是法律问题，而证据的采信是事实问题。证据采纳的结果是证据材料能够为案件审理所接受，其法律状态由不确定到确定，但其真实性未得到法官（陪审团）的确信，对其客观属性中真实性的判断也是法律形式意义上的，不是实体意义上的。而证据采信是和裁判主体最终的内心确信一同形成的，该证据必须在事实审理者的内心得到真实性的确信，并且这种确信直接影响了案件的裁判结果的确定。明确这一点，对我国证据立法和诉讼实践的指导作用是不言而喻的。在对抗式的庭审体制下，控辩双方的积极主动铸就了法官的消极被动。卸去了控诉职责的法官，一般不需要主动讯问被告人、展示物证和询问证人，法官的主要精力在于通过交叉询问所反映出的案件事实及双方的主张，了解双方提出的诉讼证据，判断证据的真伪和案情的证明程度，扮演好裁决者角色。[②]

一般而言，证据问题主要涉及两个方面——证据资格（法律属性）和证明力（自然属性），一切证据规则均应以此二者为中心展开。但事实上，在现代法治比较发达的国家，特别是英美法系国家，立法者认为裁判者有足够的理性和智力去

① 参见樊崇义主编：《证据法学》，北京，法律出版社，2001。该书中对证据力（证据资格）的定义为“法律上可以作为定案证据的资格和条件”。

② 参见李春达、段守亮：《对抗制审判模式中法官角色的重塑》，载《法学》，1996（11）。

判断证据的证明力，无须法律预先设置或比较证据价值的大小，因此对证据的证明力几乎不作任何规定，完全委诸裁判者的自由裁量。对于证明力确有直观性和经验性瑕疵的证据，采取排除其证据资格的办法，禁止其进入审案法官的视野。由此引发的直接后果就是作为自由心证之资料的诉讼证据范围缩小，错误判断证明力的概率也随之降低，但双方进行辩论的范围及方法受到限制，难免出现有益的证据材料也被排除的情形，因而可能会影响对客观真实的发现。对此消极后果立法者不可能没有预见，作此规定体现了一种立法上的权衡。反观我国的证据制度，会发现我们的做法与英美证据法大异其趣——尽管我国的庭审制度在很大程度上采用了英美法系的对抗方式。我国的刑事诉讼法和民事诉讼法除了规定以刑讯逼供等非法手段收集的言词证据无证据资格，以及不能辨别是非、不能正确表达意志的人无证人资格外，几乎没有其他的证据资格规则了。证明力规则成为我国证据制度的重心，这种状况是值得我们反思的。

（一）法官中立问题

法官中立是其正确进行证据采信的前提。中立性，是指法官在刑事审判中，相对于控诉一方或辩护一方的活动没有明显的倾向性。[①] 法官角色中立的价值在于，法官的举动不会引起被告人及其辩护人的误解，树立了审判公正的良好形象。从实质意义上分析，法官中立要求法官务必同时听取控辩双方的证据调查和辩论，以全面、准确地审查证据，认定案情。

在刑事诉讼司法改革前，我国奉行超职权主义，公、检、法三机关流水作业，共同执行追诉犯罪的职能。这种审判方式导致了庭审走过场、控审职能混淆、审判人员先入为主以及被告人的辩护权得不到充分保障等弊端，因此，现行刑事诉讼法对审判方式进行了重大改革：取消了法院在庭审前对刑事案件的实质性审查，使开庭审理成为法院确认案情的唯一方式；弱化了法院的职权调查，确立了以控辩双方的对抗为主、以职权调查为辅的刑事审判方式。这种改变说明法官中立进行判断应当是我国诉讼体制改革的目标，但在实际操作中，现行刑事诉

① 参见李春达、段守亮：《对抗制审判模式中法官角色的重塑》，载《法学》，1996（11）。

讼法试图确立的法官中立地位并没有得到很好的落实。在我国的司法实践中，法官丧失中立立场，公、检、法“联手”结为一个打击犯罪“共同体”的现象并不罕见。许多法官没有意识到这种角色转变，仍坚持以追诉犯罪为己任，潜意识中存在一种和公诉人处于同一战壕的心理，即使出于查清案件事实的目的，也会无意识地把被告人和辩护人推向敌对的位置，近控方，疏远辩方，难以摆正中立的位置。公、检、法不能各司其职或丧失固有功能是导致冤案产生的最主要的原因。比如，我们注意到，在著名的“杜培武故意杀人案”中，并没有故意杀人的杜培武被判处死刑，从办案过程来说，就是公、检、法三家“联合”加“同仇敌忾”造成的。杜培武偷偷地把一件被逼供者打烂的衣服夹带到法庭上，并当众展示，但对这一刑讯逼供的重要证据，审判长不但视而不见，而且几次叫被告人杜培武出示没有杀人的证据。主审法官在一审之前和之后竟以判“死缓”为条件多次引诱杜培武交出杀人手枪，俨然扮演起刑事警察的角色。这些都充分体现了司法过程中法官角色的错位。

笔者认为，当前法官丧失中立地位的原因很多，一种是法官自身素质的原因，对自身职能和法律的理解有偏差，另一种就是在司法过程中的诸多干扰因素对其有影响，造成其角色的错位。此类干扰很多：有的是出于自身私利，受人情左右或被物质利益诱惑；有的是迫于领导的压力或服从“组织决定”；有的是受迫于舆论压力；有的是出于工作考虑，比如和检察机关、公安机关搞好关系，等等。

### （二）有罪判决的证明标准问题

#### 1. 证明标准问题

首先需要说明的是，这里讲有罪判决的证明标准，并不是说法官负有证明责任。如前所述，刑事诉讼的证明，应当是由控辩双方通过证据说服中立法官作出裁判的过程，故证明责任应当由控辩双方承担。在诉讼中，有罪控诉的证明责任在公诉方，仅仅当法律有特殊规定（如巨额财产来源不明罪）或举证责任转移时，辩护方方承担相应的证明责任。这里所讲的有罪判决的证明标准，应当是法官在作出有罪判决时所持的对案件事实的心理认定状况。

根据《刑事诉讼法》第195条的规定，案件事实清楚，证据确实、充分，依照法律认定被告人有罪的，应当作出有罪判决。可见，立法规定有罪判决的证明标准为案件“事实清楚，证据确实、充分”。对于此处“事实清楚，证据确实、充分”中的“事实”，有不同的认识。有学者认为此处“事实”为“客观真实”，即案件的本来面目、客观情况。有学者认为“客观真实”说无视诉讼活动的特性，是难以达到、无以判断的，于是提出了“法律真实”说、“诉讼真实”说或者“庭审真实”说。笔者持后一种观点。关于对证据“确实、充分”的理解，一般认为，“确实”是质的要求，“充分”是量的要求，“确实、充分”是证据质与量的统一，其实也等于排除了其他的可能性。然而，证据是否确实、充分，是法官主观的判断，“确实、充分”这一标准在诉讼实践中很难操作，有些案件是难以用这一标准来衡量的，错案是不可避免的，认定证据确实、充分并不是绝对的。在实际工作中，对于什么是“清楚、确实、充分”，公、检、法三机关的认识不仅有分歧，而且做法也不一致。在问卷调查中有54%的法官认为该认证标准不好把握。[①]

大陆法系国家刑事诉讼的证明标准，是排除了任何疑问的内心确信。在证据法理论中，常将其概括为“高度盖然性”，这与英美法系“排除一切合理怀疑”的证明标准在实质上是一致的。[②] 必须承认，大陆法系国家奉行的由法官自由心证的“内心确信”或者英美法系国家奉行的“排除合理怀疑”，无疑是人类认识活动的规律在刑事诉讼中的体现，是证明活动经验的总结。笔者认为，我国有罪判决的证明标准应当吸收其合理部分，使刑事案件的有罪判决证明标准具体明确、易于操作：(1) 全案的证据之间一致，全案证据同案件的发生、发展的过程和结果一致，形成一个完整的证明体系；(2) 作为证明对象的案件事实、情节均有相应的一定数量的证据加以证明；(3) 全案证据所得出的结论是本案唯一的结论，排除其他可能性。达到以上三点，就可以确认达到有罪判决的证明标准。

---

① 参见陈碧：《关于刑事审判中认证问题的思考》，载何家弘主编：《证据学论坛》，第2卷，北京，中国检察出版社，2001。

② 参见卞建林主编：《证据法学》，357页，北京，中国政法大学出版社，2000。

下面看一下曾经沸沸扬扬的“枪下留人案”。有关报道中辩护律师透露，该案在起诉阶段被认为“证据不足”，退回补充侦查。可最后转了一大圈未补充任何材料就提起公诉了。并且，在最后的判决书上，可以清楚地看到这样的字样：“上述证据确实充分且能相互印证，足以定案。”① 本案中最关键，也是唯一的一份目击第二现场事件的靳某生的证言，在一、二审时就受到了律师的强烈质疑。② 但一直到终审裁决，这些质疑都没有得到合理的解释，也就是说，证据链条仍存在不完整的情况。因此，作为死刑立即执行案，很难说该案达到了有罪判决的证明要求。

在刑事诉讼中研究证明要求的时候，必然要涉及对疑案的处理问题。如果定案的证据在判决前存在疑点，矛盾没有排除，既有肯定有罪的证据，又有否定有罪的证据，不能得出唯一的结论，那么就形成一个疑案，疑案的存在就是证据不足的表现。对于凡是证据不足（即未达到排他性证据规则）的案件，应当根据“疑案从无”规则，由检察院作出存疑不起诉决定，或由法院作出证据不足、指控的犯罪不能成立的无罪判决。③ 司法实践中存在的问题是：刑事诉讼法虽确立了“疑罪从无”的处理原则，但该原则并未得到真正彻底的贯彻。在审判实践中，当出现疑罪时，案件被拖、被挂而迟迟不结案或退回补充侦查导致超审限，或者个别情况下在证据并不充分、尚有疑问未予排除时，仍予以定罪或作从轻处理。我国刑事案件定罪率极高，对此，不能简单地予以肯定。不可否认，这里有认真办案的原因，同样有违法侦查、践踏程序、纵容违法行为、运用非法获取的证据定案的原因，也有个别情况下证明标准在操作中并不严格、疑罪从无未得到贯彻的因素。

2. 证明力与判断方法问题

笔者认为，证据的采信过程在逻辑上可以分解为两个步骤：一是确认证据实体意义上的真伪，二是判断证据证明力的强弱和逻辑关系，形成内心确信。这两

---

① 《延安死囚枪决前4分钟》，载《华商报》，2002-07-12。

② 参见《对陕西“枪下留人”案的再调查》，载《南方周末》，2002-09-19。

③ 参见王立人、王玉珏的一篇报道，载《检察日报》，2000-08-16。

个步骤都是在审判者内心形成的。

司法实践与自然科学研究是完全不同的，它的显著特点是事后性和不可重复性。我们不能事先知道犯罪事实将会在何时何地发生，以便安排司法工作人员目睹，即使目睹，也有一个解释目睹内容的问题；也不能重复实验，设置“相同的情境”让犯罪事实再次发生。所以，司法工作人员只能根据事后收集的证据，以自己的良心和社会经验为根据进行综合分析（不可能像自然科学那样进行严密的科学推理），看能否形成“内心确信”或“心证”：能形成，就作出证据确实、充分的判断，否则就是有疑虑，作不出判断。如果一定要像自然科学那样，像几何学、数论一样严密，建立在“公理”和“公认的推理规则”的基础上，那就无法办案，整个司法体系就难以正常运转。所以，看证据是否确实、充分，不能抽象地、一般地谈论，而只能以内心能否形成确信为标准。最能体现心证制度精髓的是陪审员审判制。陪审员一般由不具有法律专业知识的公民担任，以充分体现人的意志，减少职业偏见的影响。中央电视台现场直播的重庆綦江县虹桥垮塌案中，林世元受贿犯罪的证据只有行贿人的陈词，林世元对此是否认的；有一个“第三人”是林世元的妻子，她的陈述仍然支持林世元无罪。但法院的判决是：林世元的无罪辩解反复无常，不足为信；行贿人的陈述稳定、一致且与林世元的事后表现能相印证。遂认定林世元构成受贿罪，并以此罪行判处了林世元死刑。法院为什么作出这样的判决？就是因为已有证据足可使审判人员形成内心确信。

需要说明的是，证据采信后法官应当有释明的义务。法官在当事人举证、质证基础上进行的认证活动是一个思维认知过程。当审判者形成某种“信念”时，他是有一定的理由来支持的，这个理由就是法官对证据作出认定结论时所依据的评判标准。司法实践中，不少法官在认证时仅仅简单地讲“成立”、“不成立”或“采信”、“不予采信”，基本上没有说明、分析环节。这样做，既使当事人不明白法院何以对证据如此确认，从而对法官产生怀疑和误解，进而导致不服判、“缠讼”现象的大量出现，也使旁听群众、社会舆论不知道法庭认证的事实根据是什么，从而影响司法公正的形象和审判威信。因此，法官应当从证据的客观性、关联性、合法性以及证明力的有无和大小等方面对认证依据作说理分析，以使当事人对法院的采信活动有充分的了解，不仅知其然，而且知其所以然，做到心悦诚服。这也是审判公开的应有之义。

心证的方法是什么？笔者认为，就是依靠常识与逻辑。心证不需要规则或仅依靠少量必要的规则，这也是法定证据制度和自由心证的基本差别。采信行为作为一种自由裁量，显然要依靠裁判者自身的素质和良知。这也许会让人产生一种不安全感，从而希望对证据证明力规则作出详细规定。我国就存在着不恰当设定心证规则的情况。1998 年 6 月 19 日最高人民法院通过并颁布了《关于民事经济审判方式改革问题的若干规定》，其中第四部分“关于对证据的审核和认定问题”第 27 项对判断数个证据的效力作出了详细的规定：“1. 物证、历史档案、鉴定结论、勘验笔录或者经过公证、登记的书证，其证明力一般高于其他书证、视听资料和证人证言。2. 证人提供的对与其有亲属关系或者其他密切关系的一方当事人有利的证言，其证明力低于其他证人证言。3. 原始证据的证明力大于传来证据。4. 对证人的智力状况、品德、知识、经验、法律意识和专业技能等进行综合分析。”

应该说，最高人民法院就证据证明力所作的司法解释中有些内容并非绝无合理性，如“原始证据的证明力大于传来证据”等，在一定程度上反映了诉讼证据的一般规律，但需要指出的是，这种合理性只是相对的合理性而不是绝对的合理性，在一些情况下，会产生错误。例如，鉴定意见虽然是由具有某些特定资格的专家依据专门知识对检材进行检验、鉴别、分析而形成的结论，但鉴定意见并不一定等同于科学，只有经过正当的程序进行审查，确认符合客观实际时才能采纳为诉讼证据，在这一点上，鉴定意见并不比其他证据在效力上占有优势。当鉴定意见、书证和证人证言等证据均已查证属实时，其各自的证明力也须根据其本身所负载的有关案件的信息量、其所要证明的对象、其本身的属性并与其他证据进行综合比较、权衡后加以判断，而不能仅凭其为鉴定意见即认为其证明力大于书证、证人证言等证据。同样，物证、勘验笔录的证明力是否高于其他书证、视听资料和证人证言，证人提供的对与其有亲属关系或者其他密切关系的一方当事人有利的证言的证明力是否一定低于其他证人证言，以及原始证据的证明力是否大于传来证据，都需要结合全案证据进行综合评定，而不应由法律或者司法解释预先加以规定。最高人民法院就证据证明力所作的司法解释，试图约束承审法官对证据的证明力进行自由判断，其实践的后果也必然与法定证据制度一样——约束法官根据案件的具体证据情况作出裁判，但依司法理性、论理规则和经验规则对证据的证明力的判断，可能达到的案件真实仅为形式真实而非实质真实。[①] 例如，在杜培武错案中，公诉方同时提供了侦查机关利用“高科技”手段获得的证据，包括警犬气味鉴别、泥土化学成分分析、“拉曼测试”（射击火药残留物测试）等。公诉方称：其检测物来源为昌河面包车离合器踏板、油门踏板、刹车踏板上的泥土，泥土的气味与杜培武所穿鞋袜的气味相一致；上述泥土与杜培武衬衣及衣袋上黏附的泥土痕迹、衣袋内一张100元人民币上的泥土痕迹等为同一类泥土；在其所穿衬衣右袖口处检出军用枪支射击后附着的火药残留物。据此，侦查、公诉机关认定杜曾驾驶过这辆微型面包车并且开过枪。控方还指派11名工程师级的刑侦技术人员出庭作证。但这些证明力“很强”的证据体系却共同铸成了错案。

前面讲的是法官证据采信的例子。其实，在案件立案、批捕、审查起诉阶段的证明，虽然是侦查、起诉机关说服自己的活动，但在操作中，由于考虑到案件最终要进入审判，有关人员仍会在内心虚拟“说服他人”达到确信的过程，这一过程的机制同证据采信是十分相似的。考虑到这些活动中都会存在公权力的运用，从而引起权利关系的实质变化，立法也需要对其加以规制。这也是诉讼法规定不同阶段的证明标准的原因。

下面看一个案例[②]：1983年10月23日，钢铁公司运输部职工范某因被控故意伤害被民警铐上手铐带到派出所审讯，后因昏迷被送往医院，于次日凌晨不治身亡。范某的母亲李某芬不服公安机关作出的范某服毒自杀的结论，18年来四处奔走，苦苦申诉，从黑发告到白发，至今没有得到一个像样的答复。关于范某的死因，由大渡口区公安分局提供并被重庆市（及1997年重庆成为直辖市之前的四川省）政法部门组织的历次调查组认同的说法是，“服巴比妥药物中毒引起

① 参见陈昌烈：《证据认定并非“几何数论”》，载《检察日报》，2000-09-06。
② 参见《北京青年报》，2002-01-21；中央电视台2001年5月19日《新闻调查》。

喉头水肿、肺水肿、呼吸功能衰竭”。其主要证据是，公安人员于案发次日上午在李某芬家勘查现场时提取到一粒苯巴比妥药片，以及尸体解剖化验表明范某胃内容物中有巴比妥。与此针锋相对，李某芬坚持怀疑范某死于新山村派出所指导员温某发、民警席某泉和重庆钢铁公司干部许某诚等人的刑讯逼供，范某死后，从温某发、席某泉等直接责任人到大渡口区公安分局副局长周某侯等人，迅速采取种种手段推卸责任，封锁、销毁证据。除了一些外围的人证，李某芬搜集的主要证据有：范某全身伤痕累累，据原始“法医检验记录”记载共计 11 处，受伤后的临床体征与脑损伤后的常见症状高度吻合；由外力打击导致的颅脑损伤也可引起肺水肿，即范某的肺水肿并非如公安机关推断的那样，只能由巴比妥药物中毒引起。此外，还有大量证据表明（限于篇幅，不一一列举），公安机关曾胁迫医生篡改范某的病历，公安机关组织的尸检、鉴定有避实就虚、隐瞒真相之嫌（如在临床抢救医师对范某死因的诊断是“脑出血”或“外伤引起脑出血”的情况下，尸检时就应将颅内作为重点，以利于肯定或否定，但在“法医检验记录”中恰恰没有颅内记录，事后却在“物证采取登记”表的背页添上“帽状腱膜下无出血……脑干无出血”字样，企图掩盖“外伤引起脑出血”的事实）；而且拒绝李某芬复检尸体的要求，有做贼心虚之嫌；重庆市人民检察院的复查报告有为大渡口区公安分局的鉴定和报告修正、补漏并进一步歪曲事实真相之嫌（最典型的如称“除死者右眉弓外侧有不规则的浅表皮创口外，无其他任何外伤”，而原始“法医检验记录”明确记载范李身体共有 11 处外伤）。

李某芬一方证据翔实，质疑切中要害，从正常的认知来看，案件情况几乎一目了然，但事实是区人民检察院、市人民检察院均采信了公安机关提出的证据。而对于李某芬提出的证据，一律不予采纳。他们得出的结论，只有硬邦邦的一句话：范某服用巴比妥中毒死亡，事实清楚，证据确凿，应予肯定；李某芬诉民警伤害范某致死，证据不充分，不能成立，不予支持。这样的证据采信显然是受到外界因素干扰作出的。

可见，对心证行为的规范应当着眼在如何在体制上去除可能诱发不当心证的因素，同时加强枉法责任追究机制，加强审判公开的力度。

（三）质证问题

所谓质证，是指在法庭审理过程中，由诉讼当事人就法庭上所出示的证据进行的辨认、质疑、说明、解释、核实、询问、辩驳等对质、审查活动。在当事人主义的抗辩式庭审中，质证是发现案件真实情况、形成法官内心确信的基础。

我国刑事诉讼法及相关司法解释对于质证的方法、程序、规划及控辩双方质证权的行使、质证权的救济、法庭不组织质证的责任等，均没有加以规定，使质证在实践中难以操作，质证过程草率。在审判实践中，不少法官将质证简化为一方提出证据，另一方评价一回即算完成，走个过场，既不允许提出证据者通过辩驳维护自己证据的效力，又不允许对方通过辩驳进一步论述证据是否具有可采性，更谈不上贯彻直接言词原则，对到庭的证人进行科学、公正的交叉询问。另一种不良表现是：法官迷恋过去超强职权主义模式下的庭审调查方法，过多地参与、介入质证活动，提出这样或那样的问题，甚至同当事人辩论，自觉或不自觉地站在某一方当事人立场，破坏诉讼当事人的平等地位。

笔者认为，法官在庭审质证程序中的定位应主要是质证程序的指挥者和秩序维持者，只有在例外的情况下才成为直接的质证主体。具体来说，法官在质证中的作用应体现为以下几个方面：首先，法官拥有对质证的引导权。在当事人双方或一方陷入案件枝节问题或偏离案件事实时，由法官加以引导，使询问紧紧围绕对裁决有决定作用和影响的事实和情节进行。其次，法官应该保障控辩双方具有均等的质疑、询问机会。最后，庭审质证禁止性规则中规定的禁止权应当由法官来行使。

1. 诱导性询问

诱导性询问是指询问者为了获得某一回答而在所提问题中添加暗示被询问者如何回答的内容，或者将需要被询问人作证的有争议的事实假定为业已存在的事实加以提问。诱导性询问分四种情况：一是虚伪诱导，即暗示证人，使其故意作违背其记忆的陈述；二是错误诱导，即暗示证人，使之产生错觉，而进行违背其记忆的陈述；三是记忆诱导，即通过暗示，使证人恢复对某些事实的回忆[①]；四

① 参见陈朴生：《刑事证据法》，397～398页，台北，三民书局，1979。

是诘难诱导，即通过提出带有诱导性的问题来达到对证人已经提出的相关陈述进行诘难的目的。

对于何种情形下禁止诱导性询问、何种情形下允许诱导性询问，在一些国家有明确的证据规则可供遵循。一般而言，在采职权主义诉讼模式的大陆法系国家，询问证人属于法官或检察官的职权，没有以暗示方式导致证人进行虚假陈述的危险，因此，没有禁止诱导性询问规则存在的必要。英美法系国家诉讼中的证据调查采当事人主导模式，法官只负责在调查行为发生争议的时候行使对程序争议的仲裁权力，故为了规范控辩双方的诉讼行为以减少逾矩行为，使控辩双方能够发挥互相牵制作用，防止误导陪审团并为法官的程序裁决提供预定的标准，防止诉讼的盲目性、裁决的随意性而导致的不公正，多确立诱导性询问规则。

(1) 通常在主询问（又称直接询问）中禁止进行诱导性询问。在当事人主义诉讼中，证人被划分为“控方证人”和“辩方证人”，控辩各方对本方证人的询问即为主询问。主询问“通常”禁止诱导性询问，但对于非关键性问题，诸如证人的姓名、住址等毋庸置疑的非案件事实，以及为辨认某人或某物而提出的诸如“这是不是你见过的那个人”等问题，允许进行诱导性询问，以避免在无关紧要的问题上虚掷时间，从而提高诉讼效率。此外，在进行主询问的一方进行诱导性询问时，由于法官不主动干预证据调查，故而若对方不提出反对，即表示对诱导的内容没有争议；若提出反对，则由法庭决定问题是否有诱导性，即使问题有诱导性，法官也可以酌情准许向证人提出这样的问题，以保证发现案件的客观真实。

(2) 在交叉询问中允许进行诱导性询问。交叉询问是由提出某一证人的一方的相对方在庭审活动中对该证人所作的询问。交叉询问的目的，一般是诱使证人说出有利于本方的情况，或者使人们对不利于本方的证据的真实性产生怀疑，或者使人们对证人的可信性产生怀疑；主要采用向证人提问题的方法，目的是使证人在主询问中所作的证言显得不确切、不真实，或者前后矛盾、不合情理，甚至是胡言乱语、伪造虚构，这样，便可以抵消或减少证言的作证价值；甚至以提问题的方法攻击证人的信用或人格，使法庭对他的证言的可靠性发生动摇或产生怀疑。在交叉询问中，诱导性询问是对证人进行盘诘的重要的常规方法，为了通过控辩各方进行质证和对对方证人的可信性进行弹劾达到发现案件客观真实的目的，法律允许进行交叉询问的一方在询问中提出诱导性问题。

在我国，最高人民法院《关于适用〈中华人民共和国刑事诉讼法〉的解释》第 213 条第 2 项规定“不得以诱导方式发问”。这一禁止诱导性询问的规定有绝对化之嫌，即使在当事人主义诉讼制度中，也并非不加分析地一概禁止诱导询问。绝对禁止诱导询问的简单化做法，表面上十分公正，其实并不科学，也很难行得通。最高人民检察院《人民检察院刑事诉讼规则（试行）》的相应规定较为允当，其第 438 条规定：“讯问被告人、询问证人应当避免可能影响陈述或者证言客观真实的诱导性讯问、询问以及其他不当讯问、询问。”“辩护人对被告人或者证人进行诱导性询问以及其他不当询问可能影响陈述或者证言客观真实的，公诉人可以要求审判长制止或者要求对该项陈述或者证言不予采纳。”这一规定将诱导性询问区别为可能影响陈述或者证言客观真实的和不影响陈述或者证言客观真实的两类，在庭审中加以区别对待，而不采取一概禁止的态度，是与诉讼规律相契合的。

因此，有必要对我国的庭审调查方式进行更加明确的解释，并在此基础上科学设定包括诱导性询问规则在内的证据规则，条件成熟时还应当以立法的形式确定下来，避免司法的机械化、绝对化，从而使我国的刑事诉讼法律制度健全、完善，保障诉讼公正的顺利实现。

2. 关于交叉询问规则

最高人民法院《关于适用〈中华人民共和国刑事诉讼法〉的解释》第 212 条基本上确立了交叉询问规则。由于特殊的制度背景和运行条件以及诉讼传统，我国刑事庭审中的交叉询问呈现出十分明显的自身特色。

（1）直接人证调查的有限性，缩小了交叉询问的适用范围。交叉询问只适用于直接人证调查，即被调查人出庭接受询问的证据调查。然而，我国刑事诉讼目前仍具有“书证中心主义”的特点，即大量使用书面证言，证人出庭比例很低，而“书证中心主义”大大缩小了交叉询问的适用范围。同时还要看到，交叉询问的作用也受证据调查程序的影响：英美法系诉讼中强调言词诉讼方式，因此，以人证调查为中心和主线，物证、作为证据的文书以及视听资料等证据在询问证人时适时提出。而我国刑事庭审常常将人证调查与其他证据调查区分开来，这就进一步缩小了交叉询问的适用范围，降低了它的作用。

（2）交叉询问制与审问制的并存，限制了交叉询问的适用效力。我国庭审制度强调法官查明案情的责任，并相应地认可了法官积极作为的诉讼权能。此外，我国不存在英美式陪审团而实际上实行专业法官审判制度，因而很难避免承担事实查明和法律适用职能的法官对证据调查的积极干预和介入。上述因素的影响，使得新庭审方式中的法官审问不能仅仅被视为一种“拾遗补缺”；由于法官的积极审问，我国的人证调查方式也不能不加区分地界定为交叉询问，而应当被看作一种交叉询问与法官审问相结合的制度。具体而言，在立法和司法解释上，虽然规定讯问被告人，询问被害人、证人、鉴定人先由控辩双方进行，但同时规定了法官的询问权，而且这些规定中并没有严格限制法官询问的时机。也就是说，对于双方要求传唤的证人，除了不宜由法官首先询问外，不排除法官在控辩双方询问过程中插问或者在双方询问结束后就重点问题或不清楚的问题进行询问。司法解释中，关于“审判人员认为有必要时”可以询问被害人、证人、鉴定人的规定，可以理解为既赋予了审判人员询问权即询问的可能性，又授权其灵活地把握询问的时机（“认为必要时”）。而在司法实践中，由于受到自身责任的压力，有时也是由于控辩双方的诉讼能力有限，法官常常超越诉讼双方利用审问权去直接查明案情。这种对审问制的重视，使交叉询问的效力受到削弱。

（3）交叉询问停留在技术层面。我国刑事诉讼中对交叉询问方法的使用，着眼于它的质证效用，强调案件真实的发现，而不强调其人权保护价值。在英美法系国家，交叉询问被视为体现公民宪法权利的一种设置，这种权利即如美国宪法第6条修正案所规定的，在审判过程中，被告人有权面对面地与反对他的证人对质，以便其辩护律师可以对这些证人进行交叉询问；此外，被告人有权通过法院传唤来迫使证人出庭并提供可能对被告方有利的证言。由于把交叉询问视为被告人享有的一种宪法赋予的重要权利，所以一旦被告方失去或部分失去交叉询问权时（如控方使用书面证言），被告人就可以寻求一种正当程序救济（申请法院确认侵犯被告方宪法权利的诉讼行为无效等），这使得证人出庭制度以及被告方的质询权得到实现，使交叉询问得以有效进行，也使庭审趋于实质化，因为判决的结果在相当程度上取决于庭审中的询问结果。正是我国这种片面追求技术效果的立法设计，使司法实践中交叉抗辩不激烈，甚至在一些审判中可有可无。

此外，我国交叉询问规则规定粗疏。交叉询问只规定到第一轮，对深入询问未作规定；在询问中，对证据尤其是弹劾证据的使用，如被告人、证人过去不一致的书面证言能否使用及如何使用，缺乏规定，使得审判庭在解决司法实践中经常遇到的这类问题时缺乏依据；关于询问的内容、范围和规则，都只是作笼统而无区别的规定，至于直接询问应当有什么要求，反询问应当限制于哪些范围，等等，并无具体要求，而交予法官临场把握。还有一些保证审判的技术化和精密化的询问要求，法律和相关司法解释规范中并不涉及。例如，证人作证只能陈述事实而不能发表意见，但合理地建立在事实之上同时有利于理解事实和澄清争议问题的意见不在排除之列等，类似这些合理而普遍适用的调查规范和规则尚告阙如。

3. 证人出庭问题

证人拒绝出庭作证是长期困扰我国司法界的一个问题。证人不出庭接受质证，直接违背了传闻证据规则和直接言词原则，侵犯了相对方的诉讼权利，成为我国庭审制度改革的一大障碍。先看一下我国证人出庭的状况：北京市海淀区人民法院刑事一庭每年办理的三千多起案件中，证人出庭作证的比例仅为5%左右！在情况比较好的上海、江苏等地，证人出庭的比例也仅占法庭通知出庭证人人数的10%。只有8%的人曾经作过证，9.8%的人愿意作证。[①] 与之类似的是侦查人员、鉴定人，勘验、检查笔录制作人出庭作证，法庭也往往只是宣读有关的书面材料作为证据，在存在疑问时，难以查清这些证据的真伪。

证人不肯出庭作证的原因主要有：

---

① 参见《空着的证人席——关于“不愿作证”的社会调查》，载《作家文摘》，第543期。

（1）证人本身的原因。许多证人法律意识淡薄，作证意识不强，不知道作证是公民的法定义务，认为惩罚犯罪、打击犯罪是司法机关的事情，与己无关，不愿出庭作证；多数证人由于怕惹麻烦、怕得罪人、怕打击报复而拒绝出庭作证；个别证人本身是受害人，曾受到心灵上或者精神上的伤害，产生了恐惧心理而惧怕出庭作证；大部分证人认为作证的责任大，不愿意为他人承担责任而回避出庭作证；大部分证人出于保密的心理愿意在背后单独作证，而不愿公开出庭作证；极个别证人在侦查阶段作证时说了谎话或者假话，害怕对质公堂被揭穿后承担刑事责任而逃避出庭作证；有的证人因为与当事人熟悉或者关系密切，怕出庭作证面子上过不去而不愿出庭作证；有的证人因出庭作证所需的住宿费、差旅费、误工补贴费等无处开支而不愿出庭作证；有的证人对当庭作证感到不习惯；有的人虽然愿意出庭作证，但当听说到了庭上还要接受公诉人、被害人、委托代理人、被告人、辩护人及审判人员等多人交叉询问，因产生畏难情绪而不肯出庭作证，等等。调查问卷显示，对证人影响力最大的三个拒绝作证原因分别是“害怕报复”、“多一事不如少一事”和“由于与犯罪人有较亲密的关系，出于感情原因不愿提供对其不利的证言”①。

（2）司法操作的原因。有些当事人对出庭作证的证人采取诱导、许愿或者胁迫等手段，指使证人在法庭上作伪证；有的证人出于某种利益或者意图在出庭作证时无视法律尊严，故意作伪证；一些司法工作人员对证人出庭作证的重要性认识不足，对证人出庭作证的不可替代性认识不清，对应当出庭作证的证人所做的工作不细致或者应该做的工作没有做；律师由于经济或者水平等多种原因对应当出庭作证的证人所做的工作不到位或者力不从心；一些司法工作人员认为书面证人证言语言简单、易于收集，而证人出庭作证程序复杂、工作难做，习惯于用书面证言来代替证人出庭的呈堂证言；个别司法工作人员为了完成所承办的案件，以为其保密或者对其保护等各种借口糊弄证人，取证后并不履行承诺，导致证人在受到干扰或者遇到危险时无处救助，从而感到受骗而不相信司法机关；刑事诉

① 吴丹红：《刑事诉讼证人拒证原因探析》，载何家弘主编：《证据学论坛》，第3卷，北京，中国检察出版社，2001。

讼法在如何保护证人（如前期保护、后期保护、全期保护等）及公、检、法三机关对保护证人如何分工上未作具体、明确规定，致使公、检、法三机关在对证人保护问题上相互推诿、扯皮，各司其事或者不履行职责；由于刑事诉讼法对公、检、法三机关在保护证人及其近亲属方面缺乏必要的法律制约，给证人及其近亲属在精神和生活上造成恐慌和混乱；由于一些司法工作人员的错误认识或者重视不够，在司法实践中对伪证的追究以及打击力度上缺乏强有力的措施和司法手段，等等。例如，2000 年 7 月，淮安市农民杨某文在法庭上指证村长（亦是“村霸”）刘某科的犯罪事实。刘某科当庭狂叫：“杨某文，回去有你好看的!”当天晚上，杨家的 3 个草垛被人放火烧掉，火光中杨某文喊破喉咙，村民们却眼睁睁看着火蛇乱窜，不敢上前救火。庭审后第三天，杨家的 3 亩刚灌浆的水稻在一夜之间被人踩平。杨某文的儿子上学时，也遭到流氓殴打。被吓坏了的杨某文在 1 个月之内，头发白了一半，却无法从司法机关得到实质性的保护。

（3）立法本身的原因。1996 年修正的《刑事诉讼法》对于证人应当出庭作证没有明确规定；立法中对于证人应当出庭作证而没有出庭作证的处理没有明确规定；立法中对权利和义务的规定不对等、不平衡；立法中规定的证人的权利、义务和责任脱节，权利多、责任少，对于违反作证义务的证人没有规定相应的责任；立法中对于司法机关对待证人的义务和权利规定不统一，如，只规定了司法机关通知证人及时作证的义务，而对于证人不及时作证或者拒绝作证的没有赋予司法机关相应的司法权力；立法中对于司法机关对待证人的权利、义务和责任的规定不完善，对于司法人员在对待证人的义务上失职或者渎职的行为没有规定相应的责任；1996 年《刑事诉讼法》第 157 条和第 151 条第 4 项规定的诉讼原则矛盾，第 157 条是关于控方和辩方举证主体的规定，第 151 条第 4 项是关于由审判机关通知证人出庭的规定，这种规定违背“谁主张、谁举证”的原则，同时也违背“一步到庭”的原则；立法中只规定了直接证据、间接证据等法律效力的大小，却没有对于证人出庭的呈堂证言与不出庭的书面证言的法律效力的大小作出明确规定；立法中对于如何保护证人没有具体规定，等等。

为解决证人不出庭问题，应采取以下措施：

(1) 进一步完善刑事诉讼法的有关规定。对于内容相互冲突的法条，应作进一步修改。另外，笔者认为我国刑事诉讼法应规定直接原则、言词原则。直接原则又称在场原则，是指案件的审理，除法官主持，检察官、被告人及其辩护人参与外，被害人、证人、鉴定人应当在场，除法律有特别规定外，不在场就不得进行法庭审理。言词原则是指法庭审理原则上采取言词陈述的方式进行，而不能仅仅宣读书面的证人证言和鉴定意见。这两条原则对于建立真正的控辩式庭审方式是不可或缺的。我国加入 WTO 后，进一步与国际接轨，国际社会刑事诉讼中通行的直接原则、言词原则和赋予被告人沉默权的规定将会越来越多地被我国立法者所考虑。我国 2012 年《刑事诉讼法》虽然规定了部分证人必须履行出庭作证义务以及鉴定人的出庭义务，但该规定范围有限且缺乏必要实施细则，因而导致实施效果并不理想。

(2) 建立强制作证制度及拒绝作证的处罚制度。2012 年《刑事诉讼法》及其司法解释中关于我国刑事证人作证制度虽有作证义务及强制作证的规定，但是对于拒绝作证的证人缺乏有效的处罚措施。参照国外立法，可确立如下规范：证人接到经院长签发的强制证人出庭令，无法定理由拒不到庭的，法院可以拘传其到庭，被拘传到庭的证人仍拒不作证，致使案件无法审理的，可根据情节轻重，处以高额罚款或一定期限的拘留。这样能尽量避免因证人无故不出庭致使案件无法审理或法庭不彻底查清事实就轻易下判的现象，也是我国刑事审判制度走向完善的重要标志。

(3) 加快制定"证人保障法"，加大证人保障力度：一是加强对证人的保护。建议法律明文规定，在侦查、起诉、审判各环节，司法机关都应尽可能为证人保密，尽可能不公开其姓名、不暴露其身份、不披露其住址；对于证人近亲属的情况，不需询问的不予询问；对于公开审理的案件，要坚决禁止对证人录像或摄像，对于新闻机构的采访报道，发现不利于证人安全的，要坚决及时予以制止，由于泄露证人秘密而造成证人被打击报复的，要坚决予以严厉查处。审判实践中，应舍弃法官当庭询问证人个人情况的做法。二是建立完善的证人出庭作证的费用补偿制度。目前我国经济尚不很发达，人民生活并不十分富裕，对相当一部分人来讲，作证所需的交通费、住宿费、误工费还是一笔不小的开支，因此，建立作证费用补偿制度很有必要。发达国家对证人作证都有费用补偿的规定，如德国专门制定了《证人、鉴定人补偿法》。目前，我国司法机关办案经费普遍不足，若由法院负担证人出庭费用势必影响法院传唤证人的积极性，因此，国家有必要增加司法投入，从年度预算中划拨证人作证费用专款给法院，由法院进行管理发放。

(4) 深入开展法制宣传。证人的个体素质参差不齐，生活习惯、传统、经历不一，因此，证人对于作证行为的法律意义及作伪证所要承担的法律后果也就认识不同。此外，基于社会生活的复杂性，审判实践中因各种原因（亲情、利诱、威胁、恐吓）证人作伪证的现象始终存在，要消除这种现象，首先要在群众中深入开展法制宣传，增强公民法律意识，使全社会认识到依法作证是每个公民应尽的义务，既是法律的要求，又是良知的呼唤，从而使全社会形成作证光荣的良好氛围。

### （四）口供与当庭翻供问题

口供即犯罪嫌疑人、被告人供述和辩解，是犯罪嫌疑人、被告人在刑事诉讼过程中就案件事实向公安、司法机关所作的口头或书面陈述。它的主要内容包括犯罪嫌疑人、被告人承认自己有罪的供述和说明自己无罪、罪轻的辩解。供述和辩解作为刑事证据之一，在诉讼中具有重要意义。但是，由于口供具有可塑性和易变性的特点，被告人当庭推翻其原有有罪供述的现象时有发生，使公诉机关经常面临难以有效支持控诉的情况，也使审判机关经常面临对被告人庭前所作书面口供材料与当庭供述的取舍选择，而由于法律和司法实践缺乏指导法官操作的规范，庭审法官很难在两种供述相矛盾时决定证据的取舍，因而在很大程度上影响了刑事审判目标的实现。

被告人“翻供”的原因一般有：(1) 侦查人员违法取证。这主要表现在刑讯逼供、“指供”、“诱供”几个方面。(2) “串供”导致“翻供”。2012 年《刑事诉讼法》第 33 条规定：“犯罪嫌疑人自被侦查机关第一次讯问或者采取强制措施之日起，有权委托辩护人。被告人有权随时委托辩护人。”第 37 条规定：“辩护律师可以同在押的犯罪嫌疑人、被告人会见和通信。其他辩护人经人民法院、人民检察院许可，也可以同在押的犯罪嫌疑人、被告人会见和通信。”法律的规定一方面保障了犯罪嫌疑人辩护权的行使，另一方面因为没有相应防范“串供”措施，又为那些不恪守职业道德的执业律师为犯罪嫌疑人通风报信提供了可乘之机。(3) 在侥幸心理作祟下“翻供”。

笔者认为，解决“翻供”问题，关键在于执法人员应更新司法观念，提高证据意识。《刑事诉讼法》第53条规定：“对一切案件的判处都要重证据，重调查研究，不轻信口供。只有被告人供述，没有其他证据的，不能认定被告人有罪和处以刑罚；没有被告人供述，证据确实、充分的，可以认定被告人有罪和处以刑罚。”这一规定，充分肯定了其他证据的重要作用。但把口供作为“证据之王”，甚至不惜以刑讯逼供等违法手段获取口供仍有相当的市场，一旦获取口供就认为万事大吉，很少再在其他证据上下功夫。因此，执法人员尤其是侦查人员应树立高度的证据意识。案件发生后，不仅要迅速获取口供材料，而且要及时、全面地收集物证、书证等其他证据材料。值得注意的是，收集新证据：一要严格依照法定的程序进行，“严禁刑讯逼供和以威胁、引诱、欺骗以及其他非法的方法收集证据”。二要严格按照法律规定的有效形式固定下来，例如：对犯罪嫌疑人、被告人的讯问及对证人的询问应由两名侦查人员进行，所制作笔录的更改之处应由被讯（询）问人签名，或以捺手印的方式认可。对于不同证人提供的内容相同的证言，必须“一人一式一证”，即一个证人以一种形式提供一份证言。三是对于重大案件、有争议的案件、敏感的案件，应该在侦查阶段采取录音、录像的方法固定口供。一些国家（如英国）采取这种做法：在警察机关讯问嫌疑人时，在律师在场的情况下，以录音、录像来固定取得的口供。我国实践中，讯问录音录像制度在各机关部门已经逐步推广、实现。并且，2012年《刑事诉讼法》对职务犯罪侦查中的全程录音录像制度进行了规定。相信随着这些制度的落实，更有利于办案机关或部门固定口供。

最后简单谈一下比较热门的“零口供”问题。2000年8月辽宁省抚顺市顺城区人民检察院推出《主诉检察官办案零口供规则》，在我国的法律界、新闻界引起了较大的震动。数月后，“零口供规则”已被抚顺市、沈阳市、大连市金州区等公安、司法机关引用，并被评价为“中国司法制度的一个历史性进步”。“零口供规则”的内容是：“当侦查机关将犯罪嫌疑人的有罪供述即口供呈至检察机关提请批捕时，检察机关视其有罪供述不存在，即为零。同时通过在案的有关证据进行推论，证明其有罪。”“检察官讯问犯罪嫌疑人时不仅允许其作无罪、罪轻的辩解，还允许其保持沉默，在排除有罪供述的前提下，按照是否有犯罪事实的发生、危害后果如何和犯罪事实发生的经过等要素，运用全案证据进行论述，得出嫌疑人涉嫌犯罪的结论。”①

虽然该规则存在一些操作上的问题，更多的是起到一种象征意义，但“零口供规则”作为司法实践中普遍存在的“无口供不能定案”情况的一种逆反，其意义突出体现于两个方面：一方面，变革了检察机关审查起诉的方式，力求创立一种更为客观、全面的审查嫌疑人涉嫌犯罪事实的审查起诉模式；另一方面，在司法实践中首次承认“沉默权”是涉嫌犯罪的公民可以享有的一种权利。在国内就沉默权问题仍存在激烈争论的时候，它将理论上的某种主张引向实践，具有重要的先导性意义。顺城区人民检察院通过其具体司法规则作了一项具有象征意义上的宣示，可能成为中国司法制度史上具有重要意义的事件。

① 陈岚、刘小青：《也谈“零口供规则”》，载《法制日报》，2001－02－21。

# 证据篇

# 第二章

# 诉讼证据定义新论

法学意义上的证据是证据法学的基本范畴，就其对诉讼进程和结果的影响程度而言，可以说证据也是诉讼法学和诉讼实践存续的基石。证据这一概念是如此重要，以至于经常成为法现象思考的逻辑前提和常识。正因为是常识，长期以来人们习惯使用却忽视了对证据含义的深度思考。直到晚近，学者们才觉悟到这一法学盲区的存在是多么危险[①]，于是纷纷自觉地对证据概念展开反思和重构，由此产生了许多观点和主张，可谓众说纷纭、莫衷一是。但是，综观目前证据概念的学术纷争不难发现，绝大多数学者对证据含义的揭示，都着力于证据的形式概括，疏于对证据概念承载的价值功能进行剖析，从而给人以就事论事、知其然不知其所以然的印象。因此，本章拟在廓清目前笼罩在证据概念上的学术迷雾的同时，重点以证据概念的实践价值和现象解释功能为视角，对证据概念的内涵和外延进行分析，以期对证据法学学科建设和司法实践有所裨益。

---

① 对证据含义理解的混乱，不仅造成了学术对话的错位，影响了证据法学乃至诉讼法学的学科建设，对司法实践也构成了严重威胁。一些冤假错案的酿成，都直接或间接地与立法对证据含义的矛盾规定有关，高亚雷发表在 2005 年 11 月 30 日法源网上的《正义之神为何蒙住双眼？——也谈佘祥林“杀妻”案》一文的分析可作为例证。

## 一、如何定义“证据”：以逻辑学为视角的考察

### （一）“概念”还是“定义”：逻辑前提的澄清

当前学者们在谈论证据的含义时，习惯用“证据概念”来指称，即把对证据含义的解释称为证据的概念。这种称谓在一般意义上似乎不会造成太大的误解，但是，从严格的语义学来看，是不准确的，具体讲，是把“证据概念”与“证据定义”混同了。概念和定义都是逻辑学的基本范畴，但二者是完全不同的两个概念：“概念是思维的基本形式之一，反映客观事物的一般的、本质的特征。人类在认识过程中，把所感觉到的事物的共同特点抽象出来，加以概括，就成为概念。比如从白雪、白马、白纸等事物里抽出它们的共同特点，就得出‘白’的概念。”[①]“定义是揭示概念内涵的逻辑方法。例如，运动员就是经常从事体育锻炼、运动训练和运动竞赛，有一定运动技术水平的人员。这就是给‘运动员’这一概念下了定义。”[②] 从上述关于“概念”和“定义”的含义不难看出，“证据”这一语词本身就是一个概念，是对现实生活中大量存在的物证、书证等物品共同属性的概括，所以，把对“证据”这一概念的解释再称作“证据概念”显然是不妥当的。实际上，我们通常所称证据概念，如“证据是以法律规定的形式表现出来的能够证明案件真实情况的一切事实”[③] 并不是证据的概念，而是证据的定义。之所以严格区分“概念”和“定义”，不仅是因为学者们在使用这两个概念时常常混淆，更重要的是“概念”和“定义”作为逻辑学的两个基本范畴，其使用规范有很大的不同：概念的概括和定义的描述分别遵循不同的逻辑规则。概念不仅有单独概念和普遍概念、集合概念和非集合概念、正概念和负概念等分野，而且在对事物确定概念时还要注意概念之间的重合、包容、交叉等关系，以免混淆概念之间的界限。反之，在给概念下定义时则要符合下定义的一般原则，不懂得这

---

① 中国社会科学院语言研究所词典编辑室编：《现代汉语词典》，404 页，北京，商务印书馆，2004。
② 王汉清主编：《逻辑学》，36 页，北京，机械工业出版社，2003。
③ 陈光中主编：《刑事诉讼法学（新编）》，148 页，北京，中国政法大学出版社，1996。

些一般原则，所下定义就不能很好地揭示事物的内涵和外延，容易造成人们对概念理解的混乱。

澄清了当前学者们所指称的“证据的概念”实为“证据的定义”之后，我们有必要对下定义的方法和规则进行简要的介绍。关于下定义的方法，由于认识水平上的差异、阶级立场的不同以及揭示概念内涵的角度不同等原因，对同一个概念的定义往往有许多种，常见的有内涵定义、外延定义、形式定义等多种下定义的方法。例如，关于“水”的定义，就有物理方面的定义：“水是无色无味的透明液体，在一个大气压下，在摄氏零度时结冰，在一百度时沸腾。”也有化学方面的定义：“ 水是由两个氧原子和一个氢原子所组成的化合物。”可见，对同一个概念从不同的角度来揭示其含义从逻辑学上讲都是可以的，实际上，对事物及其属性的认识靠一个定义是不够的。一个定义就是一句话，仅凭这一句话我们很难获得更多的认识，所以还需要通过其他途径来进一步认识事物及其属性。但是，这并不意味着可以随意给概念下定义，科学的定义必须具备应有的定义元素，遵循相应的逻辑规则。通常来讲，任何定义都应该包括被定义项、定义项和定义连项这三个元素。例如，在“人是能制造和使用生产工具的动物”这个给“人”所下的定义中，“人”是被定义项，“能制造和使用生产工具的动物”是定义项，“是”这个关系动词就是定义连项。至于下定义要遵循的规则，主要有以下几点：（1）定义项的外延与被定义项的外延必须相等，也就是说，被定义项与定义项在外延上应是全同关系。如果定义项的外延大于被定义项的外延，就犯了“定义过宽”的逻辑错误；反之，如果定义项的外延小于被定义项的外延，就犯了“定义过窄”的逻辑错误。（2）定义项中不得直接或者间接地包含被定义项。定义项是用来说明被定义项的，如果在定义项中包含了被定义项，也就是用未知的东西来说明未知的东西，那么就不可能对被定义项作出明确的说明。违反这一规则有两种情况：一种情况是在定义项中直接包含了被定义项，这就犯了“ 同语反复”的逻辑错误；另一种情况是在定义项中间接地包含了被定义项，这便犯了“循环定义”的逻辑错误。（3）定义必须清楚、确切。定义的目的是准确地揭示概念的内涵，所以不能使用含混的语词，也不能作形象的比喻。首先，如果在定义项中使用含混的语词，就犯了“定义含混”的逻辑错误。其次，比喻不是定义。有一种不含有比喻词的所谓隐喻，形式上好像是定义，实际上由于它并没有揭示被定义项的内涵，所以不是定义。违反这一规则就犯了“以比喻代定义”的逻辑错误。(4) 定义一般使用肯定的语句形式和正概念。只有使用肯定的语句形式和正概念，才能直接揭示被定义项的内涵。例如，什么是“科学”？如果说“科学不是幻想”，或者说“科学是非宗教”，使用否定的语句形式或者使用负概念，那么我们还是不知道科学的真正内涵是什么。[①]

(二) 对当前证据定义的逻辑学检视

关于证据的定义，如果从上述关于“下定义的规则”的逻辑要求来考量，目前见诸一些教科书和学术论著中的证据定义，是很值得商榷的。例如，“刑事诉讼中的证据，是以法律规定的形式表现出来的能够证明案件真实情况的一切事实”[②]。这个关于证据的定义至少有一点是不周延的：民事诉讼证据和行政诉讼证据也都是以法律形式表现出来的能够证明案件真实情况的一切事实。也就是说，这个关于刑事诉讼证据的定义在外延上把民事诉讼证据、行政诉讼证据也包括进去了。又如，“刑事诉讼中的证据是指审判人员、检察人员、侦查人员依照法律程序收集和审查属实，用以确定或者否定犯罪事实，证明犯罪嫌疑人、被告人是否有罪、罪责轻重的一切事实”[③]。这一证据定义，在证据收集和提供的主体范围上，将当事人、被告人排除在外，既违反了诉讼法的规定，也与诉讼实践不符，同样违背了“定义项的外延与被定义项的外延必须相等”的下定义规则。类似的情况还有不少。在有关证据定义的表述上，之所以出现这样多的分歧以至于大家自说自话，除了对证据内涵的认识不同这一原因外，一个基本的问题就是大家在给证据下定义时，忽视了概念定义的逻辑学要求。这种不遵守逻辑规则的下定义方法对证据法学的学科建设是非常有害的。这不仅暴露了证据法学者语言表述的粗糙，也容易造成学术对话中的隔阂和误解，甚至会对司法实践形成误导。

① 参见王汉清主编：《逻辑学》，45页，北京，机械工业出版社，2003。

② 陈光中、徐静村主编：《刑事诉讼法学》，162页，北京，中国政法大学出版社，1999。

③ 程荣斌主编：《刑事诉讼法学》，162页，北京，中国人民大学出版社，1999。

从逻辑角度看，在证据法学这一论域中，关于证据概念实际上存在着一个证据概念体系，这个概念体系由多个相关的证据概念组成，而每个概念之间内涵和外延的分野，决定了它在这一体系中的种属地位。同时，这些证据概念从不同的角度可以进行归类，形成既有联系又有区别、等级森严的证据概念系统。这个概念体系大致可以用以下结构图式来表示：

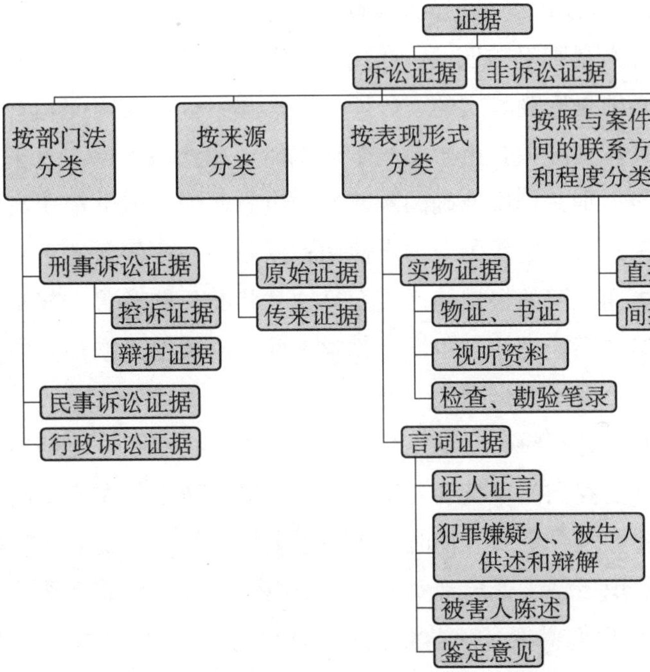


在上面的结构图式中，每种证据概念的内涵和外延都有所不同，相互之间存在或并列或种属的关系，这样，在给相应的证据下定义时就要针对特定的内涵和外延来进行描述，而不能张冠李戴，如把仅能反映刑事诉讼证据内涵的定义当作所有证据的定义，以免造成混乱。

## 二、认识层面的界分：证据是什么和证据应该是什么

长期以来，围绕证据概念的争论表面上看是在讨论同一个问题，但如果仔细

分析就会发现实际上并非如此。以证据概念的“事实论”和“根据论”这两种主张为例，前者追问的核心是“证据是什么”，而后者探讨的核心是“证据应该是什么”。两种不同的核心命题分别代表了证据概念解释的认识论倾向和价值论倾向，这两种倾向在某种意义上又反映着证据概念解释论上实践理性和哲学理性的分野。

“证据是什么”是对证据本质的终极追问，而对本质的思考是一个哲学问题。哲学是一门求真的学问。哲学视野里的证据，是用来证明案件客观真实情况的根据，当然首先要求其自身必须是客观真实的，因而也自然与案件事实之间具有关联性。问题的关键是，在具体实践中，由于受制于认识能力和认识条件，对于哲学上理想的证据并不是都能识别并作出准确的判断的，也就是说，能够证明案件的事实未必能被发现、收集并被判定作为证据来使用；反之，一些假象有可能由于认识和判断的误差而被当作证明的根据使用。而且这种状况只能改善，却永远不可能完全避免。因而，站在实践理性的角度，哲学理性上的证据只能是人们追求的目标或观念模型，而不可能是证据现实。

但是，案件时时都在发生，纠纷时时都等待我们去解决。我们不可能期望在我们的认识能力和认识条件使我们足以发现真理时——就案件而言，在真实的证据以及用真实证据能够证明客观真实的案情时，我们才去解决纠纷。我们必须基于我们现有的认识能力和认识条件来处理现实的问题。换句话讲，我们必须从实践理性出发，对于解决纠纷我们需要什么样的证据作出选择。在这个抉择过程中，人类可谓绞尽脑汁，走过了漫长、曲折的道路，付出了惨重到流血的代价。从神示证据的出现，到当今众多证据规则的产生，反映了人类对于真理（真相）积极而又无奈的追求。但是，最终人类还是痛切地意识到，我们所能做到的，也是最好的选择是：放弃对“证据是什么”的哲学追问，代之以“证据应该是什么”的思考和制度设计。因之，关于证据的法律和规范产生了。法律和规范视野中的证据，不再将重心放在它是不是事实，而是更关心什么样的证据能被人们的价值观包容、接受并用来解决纠纷。到这个时候，实际上有了一个与哲学上的证据概念完全不同的法律上的证据概念，这个证据的品格已不是客观的而是法律拟制的。申言之，法律要求它有什么样的品格，它就有什么样的品格。比如，法律要求它必须以某种形式表现出来，那么不符合这种表现形式的就不是证据，即使它是客观真实的。“我们不应该片面地强调法律用语和人们日常用语的差异，而偏离人们在长期形成的语言习惯中对证据一词的一般理解，并生造出所谓‘法律证据’或‘法律事务证据’的概念。从这一意义上讲，认为证据首先是一个日常生活用语，并因此要抛开人们对证据的一般理解而在所谓的‘法律意义’上为其重新下定义的观点，实际上是证据概念问题上的第一个误区。”① 对这种见解笔者完全同意，并且认为这和我们所坚持的诉讼证据的法律属性并不矛盾。但要指出的是，这种对证据概念的分析是从语义学着眼的，而不是从哲学理性和实践理性的区别着眼的。单从语义学出发，日常生活中所讲的证据与诉讼活动中所讲的证据，的确没有本质的区别，区别的只是对其收集、运用规则的有无和不同。因为从认识论看，日常生活中使用证据概念的活动和诉讼中运用证据的活动，同属于人类实践活动，具有实践理性的共同要求。但我们所强调的诉讼证据的法律性或法律意义上的证据，是基于哲学理性与实践理性之间的差异而提出来的，与上述分析的旨趣完全不同，换言之，争论的根本就不是一个问题。

笔者认为，和案件客观真实和法律真实概念的分野对于诉讼证明认识的科学化一样，承认哲学意义上证据与法律上证据的区别，并自觉地完成研究视角的转换是诉讼证据概念科学化的要求和表现。实际上，如果厘清了二者之间的界限，当前围绕证据概念的纷争，也就很容易消解了。

## 三、解释论上对证据概念的分析

证据这一概念作为证明过程的重要范畴，其内涵和外延应该能够涵盖发生在这一过程中的证据现象。换言之，证据概念对证据现象应具有解释功能。如果我们对证据所下的定义无法解释实际存在的证据现象，那么说明所下的定义就不够

---

① 何家弘：《让证据走下人造的神坛》，载沈德咏主编：《刑事证据制度与理论》，291 页，北京，法律出版社，2002。

周延和准确，以此为基础建立起来的概念体系必然会出现混乱、矛盾的状况。比如，“刑事诉讼法在给出上述定义并列举了8种证据之后，又明确指出：‘证据必须经过查证属实，才能作为定案的根据。’人们不禁问道：既然证据都是‘真实的’事实，既然不属实的东西都不是证据，那么还有什么必要去‘查证属实’呢？已经肯定是事实的东西却还要去审查是不是事实，这就好像让人去审查一只狗是不是狗一样荒唐。”① 在笔者看来，之所以会出现这样荒唐的状况，在很大程度上原因就在于解释对象与解释工具之间的严重错位和扭曲，具体讲，就是用哲学上的证据概念而不是用奠基于实践理性的证据概念来概括、解释发生在实践中的证据现象。哲学上，证据当然都应当是客观真实的，是无须再查证的；但是，在作为实践理性的诉讼活动中，我们不要求，也无法知晓当事人各方收集、提供的证据是不是客观真实的，我们只关心各方是不是把某种东西当作证据来收集和提供。对于这样的证据，在利用它们来证明案件事实时，当然需要进行查证以求获得法律真实了。

在诉讼过程中，随着诉讼阶段的推移，证据一直处于运动的状态。在立案阶段作为证据使用的材料，在审查起诉时可能被排除使用；在二审中被排除使用的材料，在提起的再审程序中又可能被采纳为证据。如果从坚持证据的客观真实性立场出发，对于这种同一材料在一个诉讼阶段是证据，到另一个阶段就不是证据的情况，不仅无法解释，也是无法接受的，因为，材料的客观真实性在任一诉讼阶段都没有改变，其证据身份怎么能不断改变呢？有学者认为，“诉讼证据是由收集、提供的当事人和法官的主观意志决定的，收集、提供的当事人和法官认为是诉讼证据就是诉讼证据，而不是以所谓的客观性或者‘三性’为转移的”②。意思是说，证据身份是诉讼主体依据法律要求赋予一定材料的，而非自在自为的。既然是人所赋予的，人自然可以对其身份予以剥夺，因此，同一材料时而是证据时而又不是证据就顺理成章了。同时就诉讼证据而言，它总是依附于程序，或者

① 何家弘：《让证据走下人造的神坛》，载沈德咏主编：《刑事证据制度与理论》，291页，北京，法律出版社，2002。

② 陈胜法：《对诉讼证据概念的新认识》，载中国法院网，2005-08-31。

说它总是相对于具体的程序而言，离开证明活动，离开程序，证据概念是没有存在价值的。

证据身份决定于认识主体，诉讼证据决定于诉讼主体。但是在诉讼过程中，无论是纠纷双方还是中立的裁判者，都在收集、运用证据证明自己的主张或决定的正当性。相对于证据这个认识对象而言，纠纷双方、裁判者都是认识主体。就同样一个人或一件物能否成为证据，由于立场不同，认识水平的差异等，可能会作出完全不同的判断。如果仅从某一诉讼主体的认识立场给证据下定义，那么证据内涵就不能准确反映证据在司法运行过程中所体现出的复杂性和多元性。比如，在法庭审理过程中，辩方提供一份书证，作为否定被告人犯罪的证据，法官却对该书证不予采信。这样，虽然对法官而言，该书证不是其定案的证据，但是，对辩方而言，该书证是否能被称为“证据”呢？笔者认为，从其功能上来讲，辩方提供的书证恰恰是为了支持自己的辩护主张，虽然不是定案证据，但仍然是辩护证据，因为：法律把辩护证据和定案证据的身份确定权分别赋予了辩方和法官，而且不同身份的证据遵循的证据规则是不一样的：辩护证据原则上只要是收集、提供来为辩方服务的证据即可，而不要求其像定案证据那样必须具有客观性、真实性、合法性。

在证据的使用规则中，既有非法证据排除规则，同时又有例外。在任一方当事人提供的证据被法官排除使用后，这份证据就不能称作定案证据。但是一份在收集、提供程序上不合法的证据，由于证据使用规则的例外规定，如果对其前面的不法进行了弥补或匡正，就会获得诉讼中的合法身份和资格，并继续参与证明活动。这种情况再次说明，证据身份的获得并不依赖它是什么，而在于人们认为它应该是什么。

以上从诉讼过程对证据概念的理解，或者说证据概念对诉讼过程中证据现象的解释，实际上涉及的核心问题就是证据概念与证据能力和证明力之间的关系问题。证据能力，又称证据资格或证据适格性，“指的是依法可被容许和可被采作证据的资格”。证据能力体现的是立法对证据的干预，有学者认为证据能力“就是符合法律规定，一个证据能得到法律上的承认，这就有了证据能力；得不到法律上的承认，它就不具有证据能力。由此可见，证据能力产生于法律上的规定，它是外加于证据上的，并不是证据本身所固有的"①。这段话大体可作这样的理解：证据能力是外在于证据的，不是证据固有的，因而并不包含在证据的内涵之中。这种观念在自由证明中，因为可以"以一般实务之惯例"选择适当的证明手段，"亦即可不拘任何形式来获取可信性（例如以查阅卷宗或电话询问之方式）"②，似乎可以立足。但是，在严格证明的场合，由于"在严格的证明方式中使用的证据，必须具有作为证明资格的证据能力"，没有证据能力，就不能被采信作为证据，或者说就不能被称为证据，是否是证据首先就要依赖其证据能力的有无，不将证据能力纳入证据内涵考量就无法说通了。由此可见，在证据的概念体系中，并非所有种类的证据概念都不包含证据能力的要求，只是有些证据概念不包含而已。

证据与证明力之间又是怎样的关系呢？证据的证明力，"是指证据事实对案件事实是否有证明作用和作用的程度，又称之为证据价值"。"对于可作为定案根据的证据来说，证明力是其自然属性，是基础。"③ 如何理解作为"自然属性"的证明力？能否如有学者所主张的那样，"证据力（证明力）是客观的东西，属于'存在'的范畴"④。笔者认为，证明力既然可称为证据价值，必然涉及价值判断，而价值判断本身就是一种主观思维活动。实际上，在现实的诉讼活动中，对于同一人或物是否具有对案件事实的证明力，可能作出完全不同的判断。所以，将证明力纳入"存在"、"自然属性"的范畴是不符合诉讼实际的。简言之，证明力属于主观范畴。一个材料不管在客观上多么有证明力，如果它不被诉讼主体认识和承认，它是不能，也无法作为证据进入诉讼程序并发挥其证明作用的。从另一个层面讲，证明力也是一种法律拟定，它不一定符合客观事实。正是由于法律拟定，即使不符合客观事实，这种证明力在法律上也是有效的，而且只有通过法律程序和手段才能对这种证明力予以否认。由此，笔者认为，这种由诉讼主

① 马志毅：《中美证据制度比较研究》，载《外国法译评》，1996（3）。

② ［德］Clauss Roxin：《德国刑事诉讼法》，吴丽琪译，236页，台北，三民书局，1998。

③ 李莉：《论刑事证据的证据能力对证明力的影响》，载《中外法学》，1999（4）。

④ 马志毅：《中美证据制度比较研究》，载《外国法译评》，1996（3）。

体进行判断的证明力与证据是共存的，应该在证据的内涵中予以体现。

## 四、从功能层面对证据概念的分析

证据这一概念的提出，本身就反映了人类思维的逻辑性和认识理性。人类在说服他人或主张某种观点，尤其是当这种观点遭到他人的异议时，总会通过论证来证明自己观点的正当性。“证明不是合乎逻辑的思维的次要的偶然因素。证明是科学思维的主要神经，是一切论断的科学性的最首要而必需的条件……任何论断都必须经过论证才能成为科学的论断。”① 所以，论证成了人类思维的基本存在形式之一。而在一个完整的论证逻辑形式中，一般都由以下三部分构成：论题、证明的根据（论据）和证明的方法（论证）。② 其中，证明的根据在证据法意义上就是证据，换言之，证据的提出是为了证明或说服。在诉讼过程中，参与诉讼的任何一方，在收集、提供、使用证据时，无不是为了证明自己主张或决定的正当性（其中包括合法性的证明追求）。例如，在刑事诉讼中，控方收集、提供证据是为了证明自己指控的正当性，以此来说服审判法官支持其主张；辩方收集、提供证据则是为了证明其辩护主张的正当性并以此说服法官支持其主张。对于法官而言，尽管其裁决的作出并不以控辩双方是否服判为转移，但该判决同样要靠证据证明来体现其正当性，来体现法官用证据说服控辩双方乃至公众的证明追求③，并以此彰显司法的权威。可见，证据的说服功能对于任何诉讼参与人而言都是存在的，而且也是一人或物进入诉讼并成为证据的必然要求。由此可见，在给证据下定义时，必须将证据的这一功能体现出来。

哲学理性上的证据概念不能与实践理性上的证据概念相混淆，更不能在使用上相互替代，但是，这并不意味着对哲学理性上证据概念的认识对于实践就毫无

---

① ［苏］阿斯姆斯：《关于证明与反驳的逻辑学说》，2页，北京，三联书店，1955。

② 参见吴宏耀、魏晓娜：《诉讼证明原理》，2页，北京，法律出版社，2002。

③ 长期以来，我国法院判决书的说理性比较差，反映了与司法理性背离的武断作风，引起了学界及公众的不满。所以，近年来，最高人民法院一再强调各级法院判决书要加强说理性。

意义。以定案来看，尽管我们达不到使案件客观事实完全重现，不得已屈就于对法律事实的肯定，但是，在我们的头脑中，作为理想模型的哲学上的证据概念，却始终在发挥着引导的功能，引导人们去求真。尽管我们定案还达不到真理的认识层面，但我们并没有放弃求真的价值取向，对具体诉讼过程的考察可以说明这一点：在证据的收集过程中，法律除了对证据的种类和收集行为的合法性作出要求以外，对于什么能够成为证据并没有作出限制。但是，诉讼主体在收集证据时却不是随意的，而总是自觉地尽可能发现、搜寻那些可能真实的、与案件可能有关联的证据（有人出于胜诉目的故意伪造证据是另外一个问题）。这么做最直接的原因是裁判者在审查、采纳证据时要求证据要有真实性、关联性、合法性等品格，证据的收集者期待自己收集、提供的证据符合裁判要求以说服裁判者支持其主张。那么，裁判者对证据品格的要求又来源于何处呢？笔者认为，来源于哲学上对证据品格的认识和要求，只是结合实践可能和需要作了适度的调整，将客观真实转换成了法律真实。

## 五、证据的形式

在给证据概念下定义时，除了前述将不同认识层面的证据内涵混为一谈外，实际中，还存在经常将证据的内涵和外在形式相混淆并进行争论的情况。在“证据法学中存在两种证据观，一种是形式证据观，另一种是实质证据观。形式证据观是从形式上理解和把握证据，即把事实和各种反映形式看作证据。实质证据观则相反，它不从形式上理解和把握证据，而是从实质上理解和把握证据，也即不是把事实的反映形式看作证据，而是把事实本身看作证据”①。在我们看来，这种所谓的形式证据观和实质证据观都值得商榷。证据作为认识对象，不仅要以一定的形式存在才能够被认识主体认知，而且也总是以其性质、功能等内涵来体现其认识价值。实际上，在认识实践中，既不存在所谓纯粹形式的证据，也不存在

① 转引自宋世杰：《诉讼证据概念的科学表述及特征》，载中国刑事辩护网，2005－05－19。

只有实质而不表现为一定形式的证据。缺乏必要的形式，认识主体无从认知和把握；没有实质内容，也就失去了认知的意义。因此，任何证据都是实质和形式的统一体，将二者割裂开来在理论上难以立足，在实践上也是行不通的。

关于证据的实质内涵，在前面已从多个角度进行了分析和论述，这里重点讨论一下证据的形式。在证据的表现形式是什么这个问题上，目前主要有以下几点：（1）事实说。该学说认为证据是客观存在的事实。“诉讼证据就是司法人员在诉讼过程中可用以证明案件真实情况的各种事实。”“刑事诉讼证据，是指以法律规定的形式表现出来的，能够证明案件真实情况的一切事实。”（2）法律存在说。该学说认为“证据是指法定人员依法收集、调取的能够证明案件事实情况的法律存在”。这种观点强调证据的合法性，关注证据的程序价值。（3）信息载体说。这是笔者的主张。笔者认为，刑事诉讼证据就其表现形式而言就是存储了案件事实信息的物或者人这两类物质载体，具体讲，证据就是记忆了案件事实信息的人或者存储了案件事实信息的物。（4）反映说。该学说认为证据是人们对客观事物的反映。我国学者吴家麟就主张，从总体上说，证据是属于主观范畴的，证据的主观性表现在：它不是客观事物本身，而是客观事物在人们意识中的反映。① 此外，在证据定义上，还有原因说、手段说等诸学说。

原因说、手段说等诸观点由于着眼点在证据的功能而非形式，所以不在讨论之列，此处重点分析形式意义上的四种证据定义。（1）“事实说”将哲学上的证据概念与实践中的证据概念相混淆，将证据与事实画等号，理论上难以自圆其说，实践上自相矛盾：既然证据都是事实，那么我国诉讼法都规定证据必须经过查证属实才能作为定案根据岂非多余？而且，证据只是事实发生的物质或材料的反映，是认定和反映事实的根据，而并非事实本身。（2）“法律存在说”注意到了证据概念的实践属性，有其积极的一面，但试图用合法性体现证据的程序价值，把证据审查、认定规则等同于证据属性本身，人为限制了证据的外延；同时，也与诉讼实践不符。在诉讼过程中，如果所有的证据都是合法的，那么，在

① 参见闵春雷：《证据概念的反思与重构》，载《法制与社会发展》，2003（1）。

证据审查时为什么还要对其进行合法性审查？“非法证据排除规则”中的“非法证据”一词岂不是让人匪夷所思吗？实际上，证据本身无所谓合法不合法，证据审查中的合法性判断的对象并不是证据本身，而是证据收集、提供主体的行为。（3）“反映说”注意到了证据不同于纯粹客观存在的事物，而是进入了主体认识视野的事物。就诉讼证据而言，证据是进入了当事人或法官的认识视野，且用来作为证明手段的事物，反映了主体行为的目的性。但不管怎样，它毕竟是认识对象。“反映说”把证据列入主观范畴，把反映对象与反映内容相混淆，会使证据审查活动变得不可捉摸，因为我们是无法对于存在于另一主体头脑中的反映（意识）进行审查的。几种学说相比较，我们坚持“信息载体说”。每一个案件的发生，都会在一定时空内改变现状，这种改变为与案件相关联的人或物所感知，并以信息的形式储存下来。我们收集、审查并使用证据证明的过程，是一种回溯过程，是要通过一系列过程和手段，把那些储存在相关人或物上的信息发掘出来。信息自身无法独立存在，它总是依附于一定的人或物，因此，“证据的存在形式是：以人为存在形式的证据和以物为存在形式的证据”。“以人为存在形式的证据，作为证据的应当是人而不是这些人的陈述，例如证人，在现有证据立法和理论研究中，作为诉讼证据的通常都是证人证言而非证人，而从要求其‘应当出庭作证’来看，却反映了人们只认可‘证人’为证据形式。”①

在三大诉讼法中对证据的表现形式都以证据种类为名作了规定，如我国2012年《刑事诉讼法》第48条规定了8种证据，《民事诉讼法》第63条也规定了8种证据。那么，如何看待这些证据形式与证据概念之间的关系呢？笔者认为，这些法条中规定的证据形式都是以法院判决为基点，而非对全部诉讼程序中证据形式的概括。在审前程序中，尽管人们在收集、提供证据时，会考虑到什么形式的证据将来有被法官采纳的可能，但是，法官采纳证据的形式标准对于审前阶段收集的证据没有约束力。换句话讲，审前收集的证据即使不具有法官裁判所要求的证据形式，它仍然是证据，只是这样的证据不会成为法官裁判的定案证据

① 余茂玉：《事实信息理论：证据法学研究困境之出路？——评〈刑事证据研究——事实信息理论及其对刑事证据的解读〉》，载北京市人民检察院局域网论文库。

而已。

注意到哲学理性上证据与实践理性上证据的分野，是我们正确认识证据概念并对其定义的前提。同时，程序的运动性以及程序参与主体的多元性，决定了证据品性的多样化，由此也使证据这一概念基于不同的认识判断主体、不同的诉讼阶段有了不同的内涵，从而形成了不同层次的证据概念。就证据形式而言，以“手段”、“根据”等功能表述回避对其形式的追问无助于对证据的认识和把握，因为证据是认识对象，若以主体认识差异而将证据列入主观的范畴，只会将证据概念研究引入唯心主义的泥潭。基于以上认识，笔者尝试给诉讼证据作出如下定义：诉讼证据是诉讼主体在诉讼过程中认为有证明力，并收集、提供、用来说服他人支持其主张的，承载着一定信息的人或物。

## 六、2012年《刑事诉讼法》修改后证据概念解读的新思维

首先，从证据规则角度界定证据的含义。

证据规则在英美法系比较发达，在大陆法系则比较简略。因为在英美法系的证据制度中，陪审团审判决定了证据的含义是模糊的，证据更类似于“一些可以证明或者否认某个声称的事实存在与否的资料（包括证言、书证和物证），或者在某个纠纷中，在法院审判前进行展示的某些事物的大量集合，例如证言和展示的物证”，此处的“一些材料”或“某些事物的大量集合”即为对证据含义的描绘。英美法系刑事诉讼程序并不严格限制证据的形式和种类，并不意味着证据不受任何限制，以相关性（relevance）为核心的证据规则借助于控辩双方之手，在法官的指导下动态地塑造着证据的外貌。借助于判例制度的发展，相关性规则、意见证据规则、传闻证据规则等证据规则逐步定义并刻画出英美法系证据的含义。

在大陆法系，法定证据制度在18世纪统御了证据法领域，刑事司法实践中大量出现的刑讯逼供、秘密审判和冤假错案使其饱受诟病。“法国大革命后，证据的自由评价原则受到了热烈拥护，在决定是否有罪时，法律希望事实裁判者应

当听从其内心确信的召唤”，自由心证制度正是在对罗马教会法证据规则的批判中确立起来的，但这一制度发展至今也面临着新的挑战，“一方面的挑战源于过去几十年内证据排除规则的应用与事实裁判者自由评价证据两者之间产生的张力，另一方面的挑战源于20世纪后社会生活的科技化趋向，事实认定的各种技术化手段对实施调查的传统模式提出了越来越多的挑战”①。尽管大陆法系国家一元化的审判模式在排除证据时存在着心理学上的悖论，但证据规则并不必然要适用于审判阶段。与大陆法系阶段性的诉讼程序相适应，庭前的各个阶段都有可能适用证据规则，因为“诉讼意义上的证据运用仍然牢牢地嵌入了规则之中，尽管在传统上，大陆法系与英美法系的侧重点有所不同（前者注重在庭前阶段中的证据调查，后者则把重心放在证据的采纳上），但是，均拥有一致的初衷，即以关联性与合法性为基础来约束证据的运用，从而使得裁判者最终认定的案件事实最大限度地接近于客观真实，同时保障程序推进过程中其他政策和价值观念的实现”②，“在英美法系的视角下，证据规则是对外行人组成的陪审团参与审判作出的回应，而大陆法系的证据规则是为混合式法庭（the mixed tribunal）而量身打造的”③。从神示证据制度过渡到法定证据制度，直至发展到现代自由心证制度，这种证据运用的规则（证据规则）并未因两大法系诉讼架构存在差异而有所差别，同样被英美法系和大陆法系接纳和吸收，这一点是毋庸置疑的。

因此，在证明过程中理解证据的含义，证据规则发挥了重要的作用。证据规则一方面体现为“纸面上的法”，预先从不同侧面描绘出证据的关联性、合法性等属性；另一方面又作为“行动中的法”，在动态的证明过程中对证据的产生、提出和采纳进行时效性的选择和判断。例如，英美法系国家为保障证据的真实性

① Mirjan Damaska，“Free Proof And Its Detractors”，43 *Am. J. Comp. L.* 343（1995）.

② 汪建成：《理想与现实——刑事证据理论的新探索》，7页，北京，北京大学出版社，2006。

③ Mirjan Damaska，“Evidentiary Barriers To Conviction And Two Models of Criminal Procedure：A Comparative Study”，121 *U. Pa. L. Rev.* 506（1973）. 达马斯卡教授在论及此处时还对混合式法庭（the mixed tribunal）进行了解释：“在现代大陆法系国家的主流制度是：由一个或多个职业法官与若干参与审判的外行人（lay assess ors）共同组成一个统一的会议庭（a unified bench）。总而言之，对大陆法系国家的证据法进行研究，最好以混合法庭的审理活动为研究对象。”

和可靠性创制了传闻证据规则，为控辩双方选择证据、提出证据预先设定了标准，从传闻证据排除的角度圈定了证据的大致范围。大陆法系国家亦不例外，在审查判断证据时也确立了直接言词原则来对传闻证据进行规范。

其次，从诉讼程序角度理解证据的含义。

从证据规则的角度理解证据意味着要在动态中理解证据的含义，但证据产生、提出和采纳的全过程又处在刑事诉讼程序之中，故而也是在刑事诉讼程序中动态地理解证据的含义。证据需要流入诉讼程序，此为诉讼证据与非诉讼证据（一般证据）之区分。这种简单的区分并不是毫无意义，因为证明过程并不是漫无目的地进行的，“依照我们的先知从逻辑上得出的事实认定与法的适用属于法官进行裁判不可或缺的两个基本依据的定律”，“法官对于法的认定是被推定的，法谚谓‘法官知法（Jura novit curia，iura novit curia）’，但法官对于事实的认知却是建立在‘发现真实’的基础上的”①。其中，法官“发现真实”这一过程既是证明过程，又是证明的最终目的，“至于法院认知的法律或事实，固均用为裁判之基础，惟认知事实，必须在诉讼进行中为之，在裁判前尚有必经之程序”②。进一步思考，控辩双方提出证据，使证据由诉讼程序外进入动态证明过程之中，亦即作为诉讼证据接受证据规则调整的最终目的在于使法官发现事实真相，但这一活动必须在诉讼程序中进行，因为“程序能够‘加强理性思考’，是对‘恣意的限制’，所以程序对于法官还是一种帮助——从思维角度言，通过这些程序为法官开阔视野、打开思路，避免单一思维的局限性”③，而且“刑事程序在为诉讼提供规则、方法指导的同时，日益追求公正价值。公正是诉讼的灵魂，程序作为诉讼过程亦以公正为最高价值目标。刑事程序的自在价值——程序正义（具有独立评判标准的正义）只有在法治状态下才能获得。刑事程序正当化为正当程序，是程序正义获得认同的最高标志”④。

---

① 陈刚：《证明责任法研究》，2～3页，北京，中国人民大学出版社，2000。

② 李学灯：《证据法比较研究》，9页，台北，五南图书出版公司，1992。

③ 孙笑侠：《程序的法理》，137页，北京，商务印书馆，2005。

④ 陈卫东：《程序正义之路》，第2卷，4页，北京，法律出版社，2005。

最后，从动与静结合角度把握证据的含义。

如上文所述，在英美法系国家和大陆法系国家，证据的含义是与证明规则和诉讼程序紧密联系在一起的，而证明规则是连接刑事证据和刑事证明的桥梁，证据、证据规则与诉讼程序是密不可分的。对证据的理解不能脱离证据规则和诉讼程序，适用证据规则又是在诉讼程序中动态地塑造证据的含义，而诉讼程序又为证据问题预留了必要的程序空间。借助于证据规则的适用，证据、证据规则和诉讼程序三者牢牢地捆绑在一起。我国2012年《刑事诉讼法》以刑事证明为出发点，在动态的证明过程中审视证据制度，重新界定了证据概念并丰富了证据的种类，新增了不得强迫自证其罪规则和非法证据排除规则，初步实现了“证据”一章从静态的刑事证据规范到动态的刑事证明过程的立法转向。在面临诉讼模式转型的中国，考虑到刑事诉讼中控辩对抗的强度将日益提高，我们应当充分肯定这一变化对未来理论研究和司法实践所可能产生的积极意义。

一方面，2012年《刑事诉讼法》从便于证明的角度对证据的概念和种类进行了修改。在证据概念方面，新法采“材料说”的观点，极大削弱了“证据”与“事实”的联系，规定，可以用于证明案件事实的材料都是证据；同时强调，证据必须经过查证属实才能作为定案的根据，从而区分了“证据”和“定案根据”的含义。摒弃“事实是证据”的进步意义自不待言，但如何理解“证据是材料”又成了亟待解决的问题。实际上，证据就是指证明案件事实信息的载体，其内容是指可以证明案件事实的信息，其形式是证据内容的载体，包括法律明确列举和未来可能出现的其他证据种类。在证据种类方面，考虑到未来刑事证明过程中可能会不断涌现新的证据类型，新法没有作绝对限制，而是将“证据有下列七种”修改为“证据包括”，同时删去旧法第42条第3款中的“以下”二字，强调证据只要经过查证属实即可作为定案根据。另外，证据种类的细微变化目的在于更加契合刑事证明过程。例如，考虑到物证和书证在审查判断与质证方式上的差异，将两者分开单列，增加辨认、侦查实验等笔录和电子数据，使证明过程有法可依；再如，从“鉴定结论”向“鉴定意见”的转变实际上反映出立法机关认可了鉴定结果的主观性。实际上，鉴定结果是鉴定人对案件中的客观问题作出的主观判断，在英美法系是以专家证言的形式出现的。

另一方面，2012年《刑事诉讼法》增加了两个证据规则，即第50条中的口供自愿性规则、第54条中的非法证据排除规则。口供自愿性规则体现的是不被强迫自证其罪原则的基本精神，要旨在于保障犯罪嫌疑人、被告人供述的自愿性。非法证据排除规则是为了遏制采用刑讯逼供等非法方法收集犯罪嫌疑人、被告人供述和采用暴力、威胁等非法方法收集证人证言、被害人陈述的取证行为。上述两个证据规则的目的都是防止因刑讯逼供而发生的冤假错案。人民法院为了保障人权和程序公正，可以确认某一证据不具有证据能力，从而拒绝将其作为定罪的依据。这极大加强了证据在刑事证明和诉讼程序中的分量。而且，非法证据排除规则第一次在我国引入了对证据合法性的裁判程序，将证据资格与证明标准、证明责任和证明程序联系在一起，充分体现了证据、证明与证明规则之间的密切关系。

# 第三章

# 刑事证据法的基本原则

## 引　言

原则作为规则的基础或本源是一种综合性、稳定性的原理和准则，其特点是，不预先设定任何确定的、具体的事实状态，没有规定具体的权利和义务，更没有确定的法律后果，故可称为规则的规则，是进行法律推理的权威出发点。从联系的角度而言，刑事证据法律体系的建立和运作“是在一定的‘指导思想’统率之下，通过‘原则’的确立，再具体化为‘规则’，并凝固为某些‘制度’和连续化为‘程序’的过程”[①]。作为这一过程中至关重要的一环，原则能使同一法律体系中的各个子法律规范的整合统一于该基本原则的要求，指导着具体的法律规范在特殊情况下的变通适用。“与其他法律的结构成分只负载法律的一两项价值不同，基本原则差不多是法律的所有价值的负载体。它对法律诸价值的承载通过两个方向进行：第一，以其自身的模糊形式负载法律的灵活、简短、安全价值；第二，通过它对其他法律结构成分运行的干预实现法律的正义价值，并实现

---

① 李文健：《刑事诉讼原则论》，载《法学研究》，1997（1），119页。

其整合功能。”①

首先，在价值形态上，具有一个多元价值相互交织的复合价值体系的证据制度，负载着相互之间可能存在着一定对立关系的发现真实与追求效率、打击犯罪与保障人权等诉讼目标，因而，不同国家或者一国不同时期对这些不同价值之间的关系、配置和权衡作出了各具特色的偏重和选择。人们创设证据这种法律现象，确立证据裁判主义这一现代诉讼制度的通行原则，以更好地发现案件事实真相的历史动因，扩展到整个诉讼制度体系上，证据制度也最为突出地体现着发现真实的价值目标。而事实探求的有界限和真相查明的依规则又表现了作为国家法律控制体系重要环节的诉讼证据规则和制度对于尊重个人权利、维护人的尊严等价值的深切关注。这也许在具体案件中会阻碍真相发现，如规定犯罪嫌疑人的沉默权，会影响到对犯罪嫌疑人供述的获取；对警察权力限制过多，会影响打击犯罪的力度。反过来，如果一味地强调打击犯罪，忽视保障对犯罪嫌疑人的诉讼权利，司法工作人员恣意妄为，会导致民众对国家司法的信任危机。不过，法治国家的证据法制从实体真实向正当程序倾斜是大势所趋，反对强迫自证其罪、自白任意性规则、非法证据排除规则等注重人权保障的规范，在宪法和刑事诉讼法中都有详细规定。另外，效益价值在现代诉讼证据制度中正在得到人们越来越多的关注。推定、举证责任分配、证明标准、证据开示等制度的设立，使得诉讼程序不致过于繁复，将裁判者认定案件事实的活动限定在一定的证据法律框架下，避免为了无休止、无节制地查明真相而拖延诉讼程序。为证据制度功能所系的“发现真实”目标，其本身所依赖的实体最终处理未能“一锤定音”之前将一直处于“飘忽不定”的状态，而且只具宏观性和间接性，只适合于在立法的层面上妥善配置。与此相反，“保障人权”的目标直接与具体的公民基本权利相联系，依据“无救济即无权利”的原理，以及这些事关人权保障的证据规范的程序性和消极性（限制权力），保障人权体现出更明显的制度刚性。立法应该兼顾多种价值而求得适度平衡。实体真实的目标，应该充分考虑到发现真实所需配备的证据法

① 徐国栋：《民法基本原则解释——成文法局限性之克服》，355页，北京，中国政法大学出版社，1992。

律规范，例如品格证据规则、类似事件规则、传闻证据规则、最佳证据规则、交叉询问规则等。同时，对于涉及人权保障的证据法规范，通过明确公民的基本权利和确立可行的救济途径来进行完善。例如，我国需要明确规定无罪推定原则、拒绝自证其罪特权、非法证据排除规则、辩护人的调查取证权、被告人对对方证人的对质权，等等，另外，也需要在立法中预先设定推定和司法认知、证据开示制度等有助于实现诉讼效益的制度。在具体问题上，要实现某一价值目标，必须通过严格的司法程序，而不能规避程序规范，甚至直接违反法定程序。

其次，在表现形式上，刑事证据法原则与无罪推定原则、程序法定原则、参与原则以及直接言词原则、审判公开原则等刑事诉讼原则或审判原则相互承接。例如，现代诉讼中的证据裁判是无罪推定原则的体现。"'无证据不得推定其犯罪事实'，从反面来看，既然有证据始能推定被告之犯罪事实，即亦表示被告受到无罪推定之保护，在确认能够推定其犯罪事实的证据之前，被告应受无罪之推定，此即无罪推定原则之展现。"① 虽然我国现行《刑事诉讼法》第12条规定了未经人民法院依法判决，对任何人都不得确定有罪，但这还不是纯粹意义上的无罪推定原则。如同罪刑法定原则构成刑法基本原则，刑事诉讼法应规范司法机关的活动，强调司法机关进行刑事诉讼活动须依法定程序，再进一步引入到证据法中，要求证据形式、调查程序符合法定要求。又如，以保证控辩双方能充分展开辩论为基本条件的庭审直接言词原则本身就是证据法原则；以证人、鉴定人出庭作证为前提的质证程序，体现了程序公开以及当事人的参与性。

再次，在程序运作上，各种证据的法律问题与事实问题分别有其判断标准、具体的操作方法、具体的证据规则，以证据法原则为指导的司法实践连续化为一套富有操作性的证据法运作模式。将证据法与刑事诉讼法二者分立面临很多困难，比如侦查讯问受刑事诉讼规范，而所形成的笔录是证据法的内容。

---

① 林钰雄：《刑事诉讼法》，400页，台北，"国家"图书馆，2003。

不同于一般认识活动，诉讼证明要遵循根本的程序正义理念并在法定程序的框架之内进行。程序正义对证据制度的影响，既表现在抽象的法律价值的配置上，也表现在具体的诉讼程序模式对证据法的直接影响上。包含丰富的人权保障、社会伦理、诉讼经济等内涵的程序正义理念有时可能对于发现和认识案件事实真相产生一种阻碍作用，例如，联合国人权公约和许多国家的刑事诉讼程序中赋予公民反对强迫自证其罪的权利，正是为了保障人权而作出的立法选择。又如，为保障某种特定的社会伦理关系而规定配偶间拒绝作证特权、律师对其委托人的案件拒绝作证的特权。诉讼制度所具有的程序化、形式化特点，集中体现着“法治”精神，其进一步延伸，也要求证据制度严格地遵从一定的法律程序。证据立法的内容涉及证据的法定形式、取证规则、举证规则、质证规则、认证规则、非法证据排除规则等多个方面。事实上，我国目前在刑事诉讼法及相关司法解释中已经有了相当规模的证据法律规定，但实践中仍然存在证据运用极其混乱的情况，证据法律规范未得到严格遵守。作为国家刑事程序法律的有机组成部分，属于强行性规范的刑事证据立法，要对于违反证据法规范的法律后果作明确限定，对非法取证的个人，设置严格、明确的惩戒制度。在证据能力、证据的收集与审查判断等方面，需要制订严格的规则，这也是目前我国证据立法的主要内容。涉及证据的证明力即其证明价值问题时，应吸收自由心证的合理因素，赋予法官自由判断的权力，使其凭公正信念和理性思维对证据的采用与全案事实作出判断。与证据制度相关，公民身涉刑事诉讼时，除了接受国家司法机关的调查、处理之外，还始终享有宪法所赋予公民的各项基本权利，除非依法被剥夺。我国已经签署、加入联合国人权公约，应当借鉴其他法治国家和联合国人权公约的经验，完善宪法中关于人权保障的规范，赋予公民反对强迫自证其罪的特权和对于一切非法侵害人身权利的行为请求司法令状保护的权利。

最后，在规范对象上，连接实体与程序的证据法原则同时规范着国家专门机关和诉讼参与人以证据为媒介对案件事实的了解和认识活动，并形成一个互动机制。存在职能迥异的三方主体是刑事诉讼活动相对于一般认识活动的结构性特征，在三方共同参与庭审过程后最终由法官形成心证、作出裁断的刑事诉讼活动不可过于强调法官主观能动性的发挥，法官应在很大程度上保持中立和消极被动的立场，在必要的情况下，宁可置发现实体真实的目标于不顾。我国目前司法实践中，法官主动调查、庭外调查证据的范围仍然太过宽泛，这与过分强调"反映"客观事实的传统思想不无关联。

现代诉讼制度构造的许多方面都决定着证据的具体运用状况。在现代刑事诉讼构造的设计中，基于程序正义理论，法官作为居中裁判者，应当与控辩双方保持等距离的关系，不能"越俎代庖"，代替任何一方当事人举证，行使控诉或者辩护职能，以维护判决的公正性。与国家广泛的社会控制体系中的其他权力主体（典型的如行政机关）不同，法院作为司法机关，是事后的纠纷解决者，且其裁决具有终局性效力。这种处理对象和处理后果上的严肃性、重要性，内在地要求其实行一种非常正式的、充分体现公平性的严格诉讼程序，因此，司法权行使中的自由裁量幅度远远小于行政自由裁量幅度，主要体现出程序受到严格羁束的特点。在控审关系上，实行不告不理原则，即审判须以起诉为前提，审判的事项也应该受起诉范围限制，法庭审判中调查、核实的证据的范围也应限于控辩双方提交的证据。法官的职责只在于就控方所提证据是否足以证明指控犯罪事实作出判断，而没有义务主动去收集证据，调查案件的事实真相。同理，在庭审举证、质证过程中，法官并不承担证明责任，其角色只是秩序的维护者和意见的听取者，而不是质证和辩论的直接参与者。此外，设立传闻证据规则、证人补偿制度、强制作证义务、拒绝作证责任、证人保护制度等配套制度以保障证人出庭作证，从而真正确立符合现代法治精神的刑事诉讼制度。

证据自身的属性以及证据法强调操作性和规范性，表现为刑事诉讼中对案件事实的真理性（证明力）和正当性（证据能力）认识[①]，证据法总的原则或规范

① 参见樊崇义：《刑事证据法原理与适用》，北京，中国人民公安大学出版社，2001。

要求，有证据裁判原则、合法性原则、关联性原则、直接言词原则、质证原则。[①] 下文以证据的证据能力和证明力双重属性为线索，拟对上述诸原则进行内涵分析、价值评判以及适当的规则确证。

## 一、证据裁判原则——证据规定的“帝王条款”

证据裁判，是指对案件争议事项的认定，应当依据证据。证据裁判原则要求裁判的形成必须以达到一定要求的证据为依据，没有证据不得认定犯罪事实。我国 2012 年《刑事诉讼法》第 53 条规定，“对一切案件的判处都要重证据，重调查研究，不轻信口供。只有被告人供述，没有其他证据的，不能认定被告人有罪和处以刑罚；没有被告人供述，证据确实、充分的，可以认定被告人有罪和处以刑罚。证据确实、充分，应当符合以下条件：（一）定罪量刑的事实都有证据证明；（二）据以定案的证据均经法定程序查证属实；（三）综合全案证据，对所认定事实已排除合理怀疑。”第 195 条规定，在被告人最后陈述后，审判长宣布休庭，合议庭进行评议，根据已经查明的事实、证据和有关的法律规定，作出判决。可以说这同样体现了证据裁判的精神。

我国台湾地区学者林钰雄教授认为，证据裁判原则是证据规定的“帝王条

① 对此，不同的学者有不同的归纳和表述。A. A. S. Zuckerman 认为刑事证据法的基本原则有：追求真实发现原则、保障无辜者不受定罪原则和坚持刑事程序的高度盖然性原则。这是侧重从其价值角度并且与民事诉讼相区分进行考察的。[See A. A. S. Zuckerman，*The Principles of Criminal Evidence*，Clarendon Press，Oxford (1989)，pp. 6-13.] 德国学者克劳思·罗科信认为证据原则有调查原则、直接原则、自由心证原则和罪疑唯轻原则。（参见［德］克劳思·罗科信：《刑事诉讼法》，吴丽琪译，112～128 页，北京，法律出版社，2003。）“证据法的基本原则有证据裁判原则、自由心证原则、客观真实原则、利益衡量原则、经济分析原则等。”（江伟、吴宏耀、陈界融、高家伟、魏晓娜：《中国证据法草案及立法问题探讨》，载《法制日报》，2003－07－17。）毕玉谦在《中国证据立法的基本框架》一文中认为证据法的基本原则有证据裁判主义、证据辩论主义、证据及时提出主义、直接言词主义和自由心证主义。何家弘、刘品新认为证据法的基本原则有遵守法制原则、实事求是原则、证据为本原则、直接言词原则、公平诚信原则、法定证明与自由证明相结合的原则。（参见何家弘、刘品新：《证据法学》，北京，法律出版社，2004。）总体而言，国外学者认为的证据原则体现了其诉讼模式的特色和取向或者其区别于民事证据制度的刑事特色。在模式转型或者融合取向背景下，我国学者提出的试图兼顾而取中庸之道的证据法原则更突出了一种调和的色彩。

款”之一，支配所有犯罪事实的认定。[①] 在诉讼证明史上，证据裁判的发展历程可以从三个侧面进行考察：第一，根据证据对裁判的意义，经历了从证据非裁判所必需到没有证据不得进行裁判的转变；第二，根据裁判所依据证据的性质，经历了依据非理性证据进行裁判到以理性证据为依据的裁判的转变；第三，根据证据的价值内涵，经历了片面强调证据的真实到真实性与合法性并重的证据裁判的转变。[②] 在西方社会，英国和欧洲大陆的证据制度走了两条不同的发展道路。在英国，神明裁判是在与陪审团审判的竞争中逐渐被逐出历史舞台的。当时的陪审团审判所依据的不是其他人提交的证据，而是陪审团成员自己的亲身经历或道听途说的事实。随着“知情陪审团”逐渐转变为“不知情陪审团”，陪审团依靠证人证言进行裁判也变得越来越普遍，并最终形成了必须据证裁判的强制性要求。而在欧洲大陆，神明裁判被废止之后，取而代之的是从教会法传播而来的法定证据制度。在欧洲大陆法制史上，罗马帝制时期的纠问程序中已出现了法定证据的萌芽。罗马法复兴时期，在意大利注释法学派的努力下，法定证据制度逐渐在意大利城市国家与教会法的纠问程序中得到确立。从 13 世纪开始，作为教会法向世俗法渗透的一环，法定证据原则也逐渐向欧洲大陆各主要封建国家扩散，并得以普及和发展。法定证据制度的兴起很大程度上与神明裁判衰落后司法力量为追寻案件实质真实而导致的恣意司法密切相关。在大陆法系国家，尽管法定证据的机械性被自由心证制度否定了，法定证据制度中的证据裁判却作为司法传统的一部分被继承了下来。在欧洲，最早在司法证明方式中注入理性因素的法律规定大概是 11 世纪日耳曼民族的“旧西弗里西亚法律”。理性司法证明方式在萌芽之后，整整花了几个世纪的时间才得以在欧洲的司法系统中成长起来。在英国，理性裁判是伴随着陪审团裁判逐渐战胜神明裁判并以渐进的方式日积月累地发展起来的。在欧洲大陆，理性裁判则因体现王权意志的“凝固的理性”而首先被写入法典之中，形成了法定证据制度；法国大革命之后，随着自由心证制度的兴起，

---

① 参见林钰雄：《刑事诉讼法》，400 页，台北，“国家”图书馆，2003。

② 参见樊崇义、吴宏耀：《论证据裁判原则》，载《法律应用研究》，北京，中国法制出版社，2001。

司法的理性开始转向普通人的理性。

随着诉讼理论的发展，证据裁判的含义已超出单纯的认识论的范围，逐渐渗入价值论的因素。基于证据对裁判者的判断的直接影响，有必要将裁判者据以形成判断的证据限定在具有较大可靠性的范围之内；又由于人权保障观念被引入证据价值观，以及经济分析法学理论的传播，法庭调查的证据必须凝练、集中，而非漫无边际。

今天的证据裁判在内涵上已具有明确的规范意义：据以裁判之证据，必须具备证明能力，且必须经过正式的法庭调查程序。证据裁判原则至少包含以下三方面的含义：第一，对事实问题的裁判必须依靠证据，没有证据不得认定事实。没有证据既包括没有任何证据，也包括证据不充分的各种情形。没有证据，或者仅有一部分证据，或者虽有证据但没有达到法定程度，都不能对事实进行认定。第二，裁判所依据的必须是具有证据资格的证据。第三，裁判所依据的必须是经过法庭调查的证据。在对神明裁判批判的基础上，充分体现诉讼进步和作为文明产物的证据裁判在发现真实、保障人权以及确保司法公正和权威上极具意义。日本学者田口守一教授将证据裁判原则概括为两层含义：一是从历史意义上否定所谓的神明裁判。认定事实必须依据证据，其他任何东西都不是认定事实的根据。二是规范意义。必须根据具有证据能力的证据，而且只有经过调查之后才能认定作为构成犯罪核心内容的事实。① 根据证据裁判原则，没有证据或者证据没有达到相应的要求，就不得认定犯罪事实，也即应当推定为无罪。

另外，证据裁判原则是对法官恣意擅断的最为有效的约束机制和增强司法裁判的确定性、权威性的重要保障。“证据裁判主义不仅要求法官必须依证据而为事实之认定，而且对于一定之证据限制法官为自由心证，如无证据能力、未经合法调查、显与事理有违或与认定事实不符之证据，不得作为自由心证之依据。除此之外，补强证据之有无，及科学证据之取舍，法官亦无自由判断之余地。”②

要求裁判的作出以证据为根据的证据裁判原则，就避免了以主观臆断或者其

① 参见［日］田口守一：《刑事诉讼法》，刘迪等译，217页，北京，法律出版社，2000。

② 蔡墩铭：《刑事证据法论》，428页，台北，五南图书出版公司，1997。

他不具有证据能力的材料作为认定案情基础的现象，因而能够增强司法的确定性；也限定裁判形成者依内心确信形成的自由裁量的范围，减少裁判形成过程中带来的争议，因而能够增强裁判的信服力。

在实行职权主义的大陆法系国家，普遍奉行证据裁判原则，在强调法官依职权调查证据的同时，一般都规定了严格的证据调查程序。一方面，要求裁判必须依靠证据；另一方面，严格规范法官调查证据的程序，以规范法官权力的行使，并最终达到发现事实真相的目的。① 在英美法系国家，其当事人主义的诉讼构造决定了法官在诉讼中相对消极的诉讼地位，因此，英美法系国家更加强调当事人的主体地位和主动作用，法官一般不会主动调查证据，也就不需要关于约束法官调查证据的规定。虽然在英美法系国家的法律和诉讼理论中没有直接明确证据裁判原则，但其刑事诉讼中大量存在的规范证据关联性、可采性的规则以及刑事程序中关于证据出示、认定等的规定，都与证据裁判原则的精神有相通之处。当然，由于有罪答辩及诉辩交易的情况大量存在，英美法系国家严格的诉讼程序所体现的证据裁判的精神只在少数经过正式庭审程序的案件中得以体现。即便如此，这种法律规定的正式审判的可能性以一种预见的结果制约着控辩双方诉辩交易的过程，加之诉辩交易的进行需要法官在审查有无事实根据的基础上予以认可，因此，可以说诉辩交易的进行，也有赖于证据裁判的保障。②

### （一）裁判根据：有证据能力的证据

证据能力是作为证据的载体形式即信息载体形式的证据方法能够提出所具有的一种法律上的资格。每一种证据方法都存在有没有证据能力的问题。依据证据

① 法国刑事诉讼法第427条明确规定，在轻罪的审判中，“除法律另有规定外，罪行可通过各种证据予以确定，法官根据其内心确信判决案件。法官只能以提交审理并经双方辩论的证据为依据作出判决”；第536条规定，对违警罪案件中证据的处理，同样适用第427条的规定；第537条规定，违警罪或由笔录或报告证明，或在无报告和笔录时由证人证明，或由其他事实证明。德国刑事诉讼法第244条第2款规定，为了查明事实真相，法院应当依照职权将证据调查延伸到对裁判有意义的所有事实和证据；第261条规定：“对证据调查的结果，由法庭根据在审理的全过程中建立起来的内心确信而决定。”日本刑事诉讼法第317条规定：“认定事实应当根据证据。”这一规定被认为是立法上对证据裁判原则的经典表述。

② 参见宋英辉、李哲：《证据裁判原则评介》，见 http：//www.procedurallaw.com.cn/article.html?id=4872，2004-01-14。

能力原理，否定一些本应有证明价值的证据，即对于凡是与案件有关联的、能够证明待证事实的证据都有证据能力的原则进行一些例外限制，在刑事证据法中这类限制更多，如非法搜查、扣押所得证据的排除法则，非法监听所得视听资料的排除法则，非任意供述的排除法则，等等。

事实的裁断者认定事实，必须依据具有证据能力的证据，因而，证据能力是贯彻证据裁判原则需要解决的首要问题。在大陆法系国家，证据资格问题由关于证据能力的规范调整，裁判者据以进行裁判的证据，必须满足证据能力的两方面的要求：一是证据材料不被法律禁止，二是证据应当经过法定的调查程序。在德国刑事诉讼法中，有证据能力之禁止的规定。德国刑事诉讼法第136a条第3项第二段规定，违反禁止规定而取得的被告人陈述，即使被告人自己同意，也不得作为证据。《联邦总登录法》第51条第1项规定，凡已不再列入或即将不再列入记录之前科，在当事人后来另一新的刑事诉讼案中，原则上不得作为不利当事人之用。德国法院的判例对于证据能力之禁止作了进一步的发展即放弃圆通性之见解，“对不同的利益关系在个案中区别加以分析的个别的举证禁止”①。根据我国台湾地区学者林钰雄教授的归纳，证据能力包括消极要件与积极要件。所谓消极要件，是指证据使用之禁止，如以强暴、胁迫等不正当讯问方法所得之证据，不得作为证据；所谓积极要件，是指证据必须经过严格证明之调查程序后，始能终局取得证据能力，始得作为认定犯罪事实的基础。因此，牵涉本案犯罪事实的证据资料，必须未经禁止使用（消极之必要条件），并且又经严格证明之合法调查程序后（积极之必要条件），才能取得证据能力，也才能作为本案裁判之基础。②

在英美法系国家，证据能力则为证据的可采性规则所调整。在英美法系国家，普通法上早已存在诸如传闻证据规则、品格证据规则、任意自白规则、意见证据规则、最佳证据规则等，以规范证据的可采性。基于普通法上法律问题和事

---

① ［德］克劳思·罗科信：《刑事诉讼法》，吴丽琪译，214、216页，北京，法律出版社，2003。

② 参见林钰雄：《刑事诉讼法》，402页，台北，“国家”图书馆，2003。

实问题的区分，作为一般原则，在任何由法官和陪审团共同审判的案件中，证据的可采性问题一向被看作是法律问题由法官决定，而事实问题由陪审团决定；并且，对于那些作为解决特定证据可采性问题的先决条件的基础事实之存在与否的判断，在当事人双方陷于争议时，也被看作是法律问题而由法官聆讯证据并作出裁定。因此，以确定证据的可采性为目的，对基础性事实进行调查判断仍属于法官的职责范围。在英美法系证据法的发展中，在证据可采性问题上，法官的作用在不断增强。在法官判断某材料是否可以进入法庭调查程序时，证据规则仍是规范证据资格的主要依据。[①] 尽管法官有权排除依据证据规则具有证据资格的证据，他却不能超越证据规则将排除掉的证据资料纳入法庭调查程序。在此意义上，法官对证据可采与否的判断是在证据规则约束下进行的；而且，在承认法官（陪审团）对证据价值凭理性和良知进行评判的制度下，证据规则实际上是法律约束法官广泛裁量权的最后防线。[②] 可见，在英美法系，可以进入法庭调查程序而对于法官（陪审团）形成心证发挥作用的证据，应当是不被证据规则禁止的材料。

在我国，关于证据能力应当从证据容许性的消极方面和证据审查判断的积极方面加以要求。一方面，法律禁止采纳的证据不具有证据能力，不得作为证据调查的对象。为此，我国刑事诉讼法应当设立相应的非法证据排除规则、自愿供述规则、品格证据规则、意见证据规则等证据规则，并通过严格的诉讼程序保障证据收集的正当性，保障相关诉讼参与人的诉讼权利。另一方面，证据的审查判断必须依照严格的法定程序进行。证据裁判原则要求证据必须在公开的法庭上出示，经过控辩双方的充分辩论。为此，我国刑事诉讼法应当确立直接原则、言词原则，建立证据开示制度，并强化对被告方辩护权的保障，以使证据在严格的程序下，经过充分调查，查证属实之后，作为裁判的依据。

---

① 正如我国台湾学者林钰雄所说，那种认为“职权主义对证据能力殊少限制”的结论是一种误解并且不符合法制史和立法例。（参见林钰雄：《刑事诉讼法》，403 页注 1，台北，“国家”图书馆，2003。）笔者以为，如果两者在规定证据能力方面有区别，那么不是有无规定的区别，而是职权主义侧重于对积极要件的规定，当事人主义侧重于对消极要件的规定。

② 参见宋英辉、吴宏耀：《外国证据规则的立法及发展》，载《人民检察》，2001（3），60 页。

（二）证明对象：待证事实的限定

严格意义上的证据裁判[①]，适用于对实体法事实的认定。尽管在对程序法事实进行的自由证明中，也需要依据证据，但证据裁判原则对于程序法事实的认定，并不起支配作用。证据裁判原则产生的历史背景及目的决定了其发挥作用的范围。从历史发展的角度讲，证据裁判是否定神明裁判的产物，是随着近代合理主义的兴起，开始通过人的理性发现事实真相，形成的一项证据法原则[②]，因此，证据裁判最初的作用，在于认定实体法事实。在我国台湾地区，普遍认为犯罪事实应依证据认定，无证据不得推定其犯罪事实。证据裁判原则是指，无证据则无法进行裁判，法院之裁判必须使用证据。检察官对于被告犯罪的事实负有举证责任，检察官既然起诉，必有证明犯罪事实之证据存在，但为使裁判正确起见，法院应促使两造当事人尽量提出证据，尤其是在认定被告是否犯罪上，不仅应鼓励被告提出证据，法院更应给予当事人、辩护人、代理人或辅佐人以辩论证明力之适当机会。[③] 因此，在我国台湾地区，证据裁判原则也指对犯罪事实认定的过程。

在日本，学术界的通说是建立在日本刑事诉讼法第 317 条“认定事实应当根据证据”这一规定的基础上的。通说认为，该条的“事实”是推断犯罪需要的事实，即公诉犯罪事实；该条的“证据”，是具有证据能力且经合法调查的证据，即需要严格证明的证据。就是说，第 317 条规定的证据裁判主义意味着对公诉犯罪事实，需要严格地证明。[④] 在日本，诉讼上的事实包括需要证实的事实、不需要证实的事实和禁止举证的事实。需要证实的事实是作为证明对象的事实，不需

---

① 对于证据裁判原则发挥作用的范围问题，有学者认为，我国立法应当明确，在诉讼中对事实包括实体法上之事实及程序法上之事实的认定均须以证据为其认定的根据。而且，裁判并非专指狭义上的审判。证据裁判原则的内在精神要求，在刑事诉讼不同阶段进行的各类裁判均必须依靠证据而进行。参见樊崇义、张晓玲：《现代证据裁判若干问题探讨》，载《北京市政法管理干部学院学报》，2002（2），12、14 页。

② 参见［日］田口守一：《刑事诉讼法》，刘迪等译，217 页，北京，法律出版社，2001。

③ 参见张丽卿：《刑事诉讼法理论与运用》，326 页，台北，五南图书出版公司，2001。

④ 参见［日］土本武司：《日本刑事诉讼法要义》，董璠舆、宋英辉译，311 页，台北，五南图书出版公司，1997。

要证实的事实是没有必要证实的事实，是众所周知的事实和推定的事实；禁止举证的事实是禁止证明事实本身的事实，如公务秘密等。其中，需要证实的事实由实体法上的事实和诉讼法上的事实组成，实体法上的事实包括犯罪事实（构成要件事实、处罚条件事实）、犯罪事实以外的事实（影响法律上构成犯罪的事实、法律上加重或减免理由的事实、酌情减轻刑罚或缓期执行条件的事实），诉讼法上的事实包括作为诉讼条件的事实、作为诉讼行为要件的事实、证明证据能力和证明力的事实及其他诉讼法上的事实。① 而作为严格证明对象的事实，也即证据裁判原则所要求的事实，包括以被告人的罪责为基础的实体法上的事实和倾向于加重被告人刑罚的量刑情节的事实。② 因此，根据上述日本学术界的通说，证据裁判原则要求的事实，是需要运用证据加以证明的实体法事实，不包括众所周知的免证事实和诉讼法上的事实。

在德国，其刑事诉讼法第244条第2项规定，为了调查事实真相，法院应当依职权将证据调查延伸到所有对裁判具有意义的事实、证据。因此，根据职权调查原则，所有对法院之裁判有重要影响的事实均须加以证明。在此具有须被证明之重要性的事实，又可区分为直接重要的事实、间接事实及证据之辅助事实，其中，直接重要的事实是指所有本身均可对可罚性产生不利或有利之影响的事项，间接事实是指能对一直接重要的事实导出一结论的事项，证据之辅助事实是指能对证据的性质作一判断的事项。③ 作为证据裁判原则的例外，德国刑事诉讼法第244条第3项第二段第一种情形包括：当一事实已为众所周知时，可例外地不需要加以证明。此“众所周知”的事实具体解释包括：为一般大众均知之事实；其他所有能为有理解力之人所通常获取之知识，或者得由可靠之来源（如字典、地图等）获取者；法院已知的事实，也就是“法院因职务关系可靠地获取之经验”。对于“众所周知”的事实无须证明，但为了保障法定之审判的进行，也需要使此“众所周知”的事实成为审判程序中的议题。④ 可见，在德国，证据裁判原则所

①② 参见［日］田口守一：《刑事诉讼法》，刘迪等译，220页，北京，法律出版社，2000。

③④ 参见［德］克劳思·罗科信：《刑事诉讼法》，吴丽琪译，209页，北京，法律出版社，2003。

要求的事实仅指为裁判的形成所必需的事实，而不包括程序法事实。

在英美法系国家，“根据相关性规则，除非法律另有规定，任何与待证事实具有相关性的材料都具有证据资格”①。所谓待证事实，是指争议事实（facts in issue）。“在刑事诉讼中，一般规则是控方负有证明所有争议事实的法定责任，即任何对控方的理由来说是必要的事实的法定责任，都自始至终由控方承担。”②但是，也有不需要负法定责任或证据责任的情况，这些情况包括：（1）控方仍负担法定责任，但证据责任转移给被告负担。在大多数案件中，被告方提出某些争议事实，如受胁迫抗辩、受挑衅抗辩、紧急情况抗辩、意外抗辩、非精神失常的行为失控抗辩或者醉酒抗辩时，必须提交足够的证据以使法官认为争议事实应移送陪审团审理。一旦该证据责任卸除，控方的法定责任就开始发生作用。因此，辩方通过成功地提出抗辩，扩大了争议事实的范围。（2）法定责任和证据责任都由被告方承担。在提出精神失常的抗辩时，被告方应当负担法定责任和证据责任，也即精神失常这一争议事实由被告方证明。（3）在制定法规定的例外情形中，由被告方负担法定责任和证据责任。这些例外包括：第一，明示的制定法例外，如1916年防止贪污法、1953年防止犯罪法、1956年性犯罪法关于由被告方承担责任的明确规定等；第二，默示的制定法例外，如根据1980年治安法院法第101条的规定，对于要求有执照或许可的规制性犯罪，被告人应证明其持有必需的执照或许可。③

总的来说，两大法系国家普遍重视影响审判裁决的犯罪事实或者争议事实的证明，这也是证据裁判原则的必然要求。虽然需要运用证据加以证明的事实包括实体法事实和程序法事实，但证据裁判原则所约束的是对实体法事实的证明，因此，我国刑事诉讼法应当区分对实体法事实的证明和对程序法事实的证明。对实体法事实的证明，应当严格遵循证据裁判原则的要求。应当纳入证据裁判原则调整范围的事实有：被告人的身份情况；犯罪事实是否

---

① 宋英辉、吴宏耀：《外国证据规则的立法及发展》，载《人民检察》，2001（3），59页。

② 齐树洁主编：《英国证据法》，177页，厦门，厦门大学出版社，2002。

③ 参见上书，177页。

存在；被告人是否实施了犯罪行为；被告人有无刑事责任能力；被告人实施犯罪行为的时间、地点、手段、后果；作为从重刑事处罚理由的事实；有无不追究刑事责任的情形等。同时，虽然管辖、回避、诉讼期限、有关强制措施的程序事实，违反法定程序的事实，影响执行的程序事实等程序事实，需要一定的证据加以证明，但它们不属于证据裁判原则调整的范围。至于某些对实体和程序都有重要意义的事实，如被告人的年龄、证人的作证能力等，须纳入证据裁判原则的调整范围。另外，常识性的事实、自然规律和定理、国内法律的规定及解释、司法职务上应当知悉的其他事实等，无须运用证据加以证明，因而也不必纳入证据裁判原则的调整范围。

（三）调查程序：严格证明与自由证明的区分

证据裁判原则作用的发挥，与其严格的证明方式有着密切的关系。严格证明和自由证明的概念是在 1926 年左右由一位德国法官提出来的，日本学者将它引进国内，而我国是从日本间接取得这样一个概念。严格证明所涉及的，除了证据能力和证明力的区分外，另外一个就是法庭活动的问题。结合这两个概念，假如我们需要的是一个有证据能力的证据，而且是要在法庭合法的调查程序下的证据，而且法官是依此来取得心证而认定事实，一般来说，会被称为“严格证明”；而相对的概念也就是“自由证明”。关于自由证明的，有人解释为，不需要证据有所谓证据能力，也不用经过合法证据调查程序是不受法律规定的约束而进行的证明。但是“严格”和“自由”只是我们在概念上的一个抽象区分，在整个过程中，其实有流动性的概念。有学者认为，自由的证明并非是自由的，也要有依据，只是称呼不同罢了。[①] 严格证明为证据裁判原则所要求，证据裁判所要求的证据必须经过严格证明又划定了自由心证的边界。我国台湾地区学者林钰雄指出，“证据禁止法则形成自由心证的外在界限，已经因此而排除的证据，法官不得认其有证据价值而采为裁判之基础。严格证明法则也是自由心证的外在界限，因此，未经严格证明者，不能依照自由心证而采为裁判基础。”[②] 有必要明确的

---

① 参见黄朝义：《严格证明与自由证明》，载《东海大学法学研究》，第 17 期（2002）。

② 林钰雄：《刑事诉讼法》，414 页，台北，“国家”图书馆，2003。

是，自由证明和自由心证存在运作阶段、程序目标以及判断基础的差异，自由证明以法律和程序有无限制为依据来确定证据之可采与否，而自由心证以具有证据能力的证据内心确信程度来判断事实存在与否。

在德国，对于有关认定犯罪行为的经过、行为人的责任及刑罚的高度等问题的重要事项，法律规定须以严格之方式提出证据，也即严格证明。对严格证明有以下两方面限制：一是有关证据方法的限制，即指被告人、证人、鉴定人、勘验及文书证件；二是程序限制，即严格证明的证据只能依刑事诉讼法规定的证据调查的规则使用。对于除此之外的事项，法院可以依一般实务中的惯例以自由证明的方式进行调查，也就是可不拘任何方式来获取可信性（例如，以查阅卷宗或电话询问的方式）。自由证明程序的适用范围包括：对裁判只具有诉讼上的重要性的事实认定，例如，有权提起告诉之人知悉犯罪行为及行为人的时间或者对证人年龄的认定；除判决以外的裁判中的事实认定，如羁押命令之签发或开启审判程序之裁定。对诉讼要件的认定在理论上和司法实务中适用自由证明。但是，如果一项事实具有双重的重要性，亦即对罪责、刑罚问题及诉讼上的问题均具有重要性时，适用严格证明。[①] 在日本，成为严格证明对象的事实，是关于刑罚权是否存在及范围的事实，包括：公诉犯罪事实、处罚条件及处罚阻却事由、刑罚的加重或减免事由等。成为自由证明对象的事实包括：犯罪的情况，如被告的经历及性格、犯罪的动机、是否已赔偿损害等；诉讼法上的事实，如是否存在诉讼条件、是否存在证据证明力的要件等。[②]

综上，具体而言，对于实体法事实，主要是与定罪量刑有关的事实，一般要求严格证明，此即证据裁判原则的调整范围，而对于程序法事实，包括某些辅助证明的事项，或者被告人否认其罪行的证明，可采用自由证明的方式。严格证明方式的要求恰好衔接了证据能力和待证事实两个方面。

---

① 参见［德］克劳思·罗科信：《刑事诉讼法》，吴丽琪译，208页，北京，法律出版社，2003。

② 参见［日］土本武司：《日本刑事诉讼法要义》，董璠舆、宋英辉译，311～313页，台北，五南图书出版公司，1997。

## 二、合法性原则——证据规则的社会属性

所谓证据的合法性原则，是指诉讼双方提交法庭的证据必须在证据的主体、形式以及收集、提取证据的程序和手段等方面都符合法律的有关规定，不得侵犯个人、组织的合法权益，才能被采纳为诉讼中的证据。证据的可采性包括证据的关联性与合法性：前者要求在诉讼双方提交法庭的各种证据中，只有确实与案件事实存在关联性的证据才可以被采纳为诉讼中的证据，不具备关联性的证据不得被采纳。后者要求诉讼双方提交法庭的证据必须在证据的主体、形式以及收集、提取证据的程序和手段等方面都符合法律的有关规定，才能被采纳为诉讼中的证据，不具备合法性的证据不得被采纳。关联性是证据自身固有的属性，而合法性是一定社会制度赋予证据的属性，合法性实际上是证据法中关于可采性问题之规定的核心内容。世界上很多国家都在不同程度上把合法性作为证据采纳的标准之一，但是很少在证据法中用明确的语言作出正面的规定，而是采用证据排除规则的方式从反面进行规定。

### （一）价值基础：真实发现与人权保障

英美法系证据法学者讲述的证据“有效性”或“适格性”（competency）问题，其实就包含证据合法性的内容。这就是指某项证据符合有关法律对证据的要求，适合作为该项证明活动中的证据，具有法律上的效力。许多国家的法律还针对某些种类的证据规定了具体的合法性标准。例如，自愿供述规则就是英美法系国家和大陆法系国家在刑事诉讼中普遍采用的一条证据规则。按照该规则的要求，侦查人员获取犯罪嫌疑人或被告人的供述必须遵循自愿性原则，凡是违反犯罪嫌疑人、被告人自由意志而获得的供述都不具有合法性，因而都不得被采纳。在英美法系国家，因实行陪审团审判而积淀了众多的证据规则，一项材料是否可以作为证据接受法庭的调查必须通过证据规则的检测；而且，在普通法历史上，各种证据规则主要是为了保障证据的真实性而产生的。在大陆法系国家，对实质真实的追求曾一度具有压倒一切的至上价值：在法定证据制度下，为了查明案

情，对被告人施以刑讯是一种普遍的取证方法。法国大革命后，基于对法定证据制度的深恶痛绝，证据制度又转向了另一个极端，即反对法律对证据加以任何形式的限制，一项材料可否作为证据接受法庭调查完全委诸法官依据自由心证进行裁量。在此，证据问题主要是作为一个事实问题加以裁断的。例如，在法国大革命后制定的《重罪审理法典》在重罪案件中引入了陪审团审判，却没有借鉴英美法系证据法纷繁复杂的证据规则。然而，两大法系对证据的甄别几乎都是以证据的真实性为内在标准进行判断的，差别仅仅在于操作方法不同罢了。在英美法系国家，证据规则的存在很快导致了价值问题的萌芽。面对恪守规则所体现的法治价值，法官开始排除那些尽管真实却不符合规则的证据，例如，围绕非法取得的证据，普遍的立场开始从事实发现转向价值取舍。然而，在普通法上，自白自愿供述规则最初即是以排除虚伪陈述为目标，因为认为实物证据是客观存在的事实，取证手段一般不会对其证明价值产生较大的实质性影响，所以实物证据并不因取证时犯罪嫌疑人、被告人的权利受到侵害而被排除，事实的审判者在作出裁判之前，应该获知所有与事实相关的信息。其后，随着人权观念的兴起并日渐受到强调，在国家权力应当守法的法治观念的影响下，对非法证据的讨论逐渐发生了视角的转变：由从证据角度进行考察转向从程序法治观念出发，由考察非法取证行为对证据可靠性的影响转变为考察取证行为的违法性在多大程度上波及所得的非法证据。此种转变鲜明地表现在排除非法证据之理论根据的转变。以自白排除法则为例：其基本理论依据最初是虚伪排除说，后转向人权维护说，进而发展到违法排除说或兼顾其他学说的混合说。在无法有效遏制非法取证的情况下，非法证据排除规则的地位开始日渐凸显，现在，不仅排除非法取得的自白证据已经成为各国的共识，排除非法取得的实物证据也开始为多数国家所接受。而曾一度反对立法对证据资格问题预先加以规定的大陆法系国家，在非法证据问题上，已经开始出现了有关证据规则的立法和判例。不过，对于非法取得的物证，世界各国立法例差异颇大：美国采取的是较严格的排斥法，它们认为非法证据一般都应排斥，不能作为证据采信；但也设置了“最终和必然发现的例外”、“善意例外”等例外情形，缩小了非法证据的范围。英国虽也属英美法系，但对非法物证原则上不予排除，将自由裁量权委与法官。德国刑事诉讼法对于非法获取的物证的证据效力没有涉及，但对于侵犯人的尊严和人格自由所得的证据予以禁用，但在重大犯罪前，前者应当让步。日本对于非法获得的物证的排除要求较为严格，如果不是因“重大违法”而获得的物证，或者当事人无异议的，一般都可采信。

我国目前采用类似美国的做法不大现实，可以参考德国、日本、英国等国家的刑事证据制度立法，采取一种对非法物证持否定态度，但在审判实践中区别不同情况加以不同处理的方式。具体来说，可以在排除非法物证思想确立的前提下，从制度和立法上做以下的设计：（1）取证过程中有轻微违法行为的，可以依法重新取证，或者补办合法手续，按照法定程序和方法重新取证；（2）取证过程中有重大违法行为的，对于所取非法证据一律摒除，法庭不得采信。重大违法行为可以界定为受到法律处罚或受到行政处罚的非法取证行为，如以暴力、胁迫方法强行侵入民宅搜查，或强行搜查人身、损坏财产、伤害人身的搜查等手段恶劣、后果严重、影响较大的非法取证行为等。此外，还可设置交由法官自由裁量的例外情形，如有排除非法证据有危及国家安全之虞，或涉及对社会重大公共安全存在威胁的重大犯罪。

### （二）模式样态：规则调整与自由裁量

从神示证据制度到法定证据制度，再到自由心证制度，在不同历史时期，接受法庭调查的“证据”在不同法律规范下具有不同的样态，但当时的人们普遍承认该项材料具有作为证据的合理性是证据可以被接受、调查的一个共同特征。神示证据是与特定的不容置疑的神学信念密不可分的，法定证据则与普遍存在的对权威的遵从直接有关。在现代法律制度下，一项材料是否可以作为证据接受法庭调查，有两种立法模式①：英美法系国家的规则调整模式和大陆法系国家的自由裁量模式。在英美法系国家，由于为适应陪审团审判而形成的一系列规范证据资格的法律规则的存在，证据的可采性问题被进一步分解为两部分：事实上的关联性和法律上的可采性。除了依法律应当排除者外，一项具有事实关联性的材料可

① 参见樊崇义、吴宏耀：《论证据裁判原则》，载《法律应用研究》，2002（6），北京，中国法制出版社，2001。

以被采纳。在大陆法系国家，证据是否可以接受法庭调查由法官根据具体的情形作出判断，立法一般不对证据的关联性问题作预先的规定，因而，证据的可采性问题主要是一个事实问题。然而，这两种立法模式的差别仅仅是一种操作方式上的不同。在英美法系国家，作为裁量依据的证据须具有“可采性”规则，其实质是过去司法经验的总结；在大陆法系国家，尽管没有这种明示的规则，法官在裁量时却仍然要依赖积累的司法经验对具体问题作出判断。因此，尽管在外观上，大陆法系诉讼中的证据只与事实和经验有关，并不产生证明能力问题，但事实上，法官在准许对特定证据进行调查时，其所作判断却相当于英美法系国家证据规则所具有的过滤机制；而且，此项判断也并非纯粹的事实判断，而是必然包含着价值上的选择，例如，因对某项材料的调查纯属多余而不予准许、因对某项材料的调查可能过分拖延而不予调查，等等。因此，在现代诉讼制度下，无论对于证据的证明能力是依据法律规则作出判断，还是任由法官裁量，证据裁判原则所依据的证据必然是实质上具有证明能力的证据。而且，从证据法的发展趋势看，世界各国普遍在追求一种正当性基础上的真理性，即不但要求法庭调查的证据必须具有事实上的关联性，而且必须同时具备法律上的可采性。具有重视证据可采性之传统的英美法系国家，强调证据的合法性是不言而喻的；具有自由心证之司法传统的大陆法系国家，其立法改革也趋于加强对诉讼中法官“采证”行为的规范，强调证据的合法性。

如果从司法角度来看，“当事人主义之要义，在于：一、就诉讼标的而言，采处分权主义；二、就诉讼资料而言，采辩论主义；三、就诉讼程序而言，采当事人进行主义。而职权主义之要义，则在于：一、就诉讼标的而言，采干涉主义；二、就诉讼资料而言，采职权调查主义；三、就诉讼程序而言，采职权进行主义”①。在现代法律制度下，裁判者对证据的认识只能依被说服者而非经历者视角建立在间接的材料基础之上，而那些以亲身经历为基础提供证据的证人、当事人所认识的证据属于经历者视角下的证据，因此，要求他们如实地提供所有证

① 林朝荣：《证据能力及证明力》，载《东海大学法学研究》，第17期（2002）。

据不仅可能，而且为保障裁判的准确性所必需。而对裁判者而言，对于在经历者视角看来是确证无疑的证据，在被说服者视角下却仅仅是有待调查的证据材料。因此，对于裁判者，法律只能强调证据调查程序的必要。在裁判者视角下，以是否接受证据调查为标准，证据仍然可以被区分为两个阶段上的证据：第一，存在于证据调查之头的证据。此时，我们所关注的是证据的形式特征，即该项证据是否具有接受法庭调查的资格，或者说，是证明能力问题。第二，存在于证据调查之尾的证据。此时，我们关注的是证据的实质内容，即该项证据对于待证事实具有多大的证明价值，或者说，是证明力问题。① 基于以上的诉讼模式差异与视角差异、在当事人主义，因采辩论主义，证据排除以当事人提出异议、行使“责问权”为前提，证据能力之有无，原则上仅为相对之问题；在职权主义，因采职权主义，纵使当事人不提出异议，法官亦应依职权，将无证据能力之证据予以排除，则每成绝对之问题。在裁判主体上，英、美等国将负责事实判定的陪审团与法律适用法官分开设置。美国为防止陪审团受到非法证据不当影响并确保庭审集中于案件的实质性问题，开庭前由法官听证排除非法证据。英国在庭审过程中陪审团离席的情况下由法官解决口供的可采性而非可信性的“审判中的审判”；1995年设立“答辩和指示听证程序”的审前准备程序；1996年刑事程序与侦查法创设了一种适用于审判时间长、案情复杂的案件的“准备性听证程序”。在大陆法系，由预审法官与庭审法官分权审查证据的证据能力问题。在预防违法的强制侦查法定原则上，大陆法系采程序法定主义，进行事先批准的“静态抑制”；英美法系采令状主义，进行事先和事后的“动态抑制”②。

总体来看，对证据能力进行自由裁量不可避免，其限制方法为：在英美法系以理性的当事人对陪审团持怀疑态度为前提，侧重以静态严密规则进行立法限制；在大陆法系以全能的法官为前提，侧重以动态的法官职权调查进行司法限

① “对于证据，有两种观察的视角：一种是被说服者的视角，一种是经历者的视角。这两种视角下的证据所具有的内涵并不相同。”（樊崇义、吴宏耀：《论证据裁判原则》，载《法律应用研究》，北京，中国法制出版社，2001。）

② 孙长永：《侦查程序与人权——比较法考察》，北京，中国方正出版社，2000。

制。其共同点是皆以审判程序为中心。

我国的证据法及其理论研究长期以来具有重视证明力而忽视可采性的倾向。在立法上，我国诉讼法中关于证据的规定主要集中在证据的概念、形式以及查证属实等问题上，缺少关于证据可采性或采纳标准的规定。由于我国采不同于西方审判中心主义的“流水作业型”程序，在审前取证行为方面缺少对侦查机关取证行为的事前制约，侦查活动的合法性得不到保障，犯罪嫌疑人的权利极易遭受侵犯。又由于没有中立的裁判者，缺少对侦查行为的事后审查，犯罪嫌疑人的权利遭到侵害时得不到有力的救济。在实践中，侦查人员、检察人员和审判人员在收集证据和审查证据的时候，关注的重点都是证据的真实性和证明价值，而对证据的合法性问题很少关心，甚至不闻不问。在法治观念和人权观念日渐强劲的今天，证据的正当性问题也开始引起人们越来越多的关注，初步形成了一些体现价值优先的证据规则。在刑事司法活动中强调证据的合法性，就要求侦查人员必须严格按照法定的程序和要求去收集、提取证据，既不能允许任何人在法律面前享有特权，也不能非法侵犯公民的人身权利和民主权利。国家的司法工作人员绝不能滥用手中的权力去非法提取证据，严禁刑讯逼供或采用威逼、引诱、欺骗等手段获取证人证言等证据。不过，在我国，对于担负着法律监督职责的检察官而言，在非法证据的提取和使用方面存在着两难困境：若检察官排除非法证据而使不具有证据能力的证据不提交给法庭，则其庭前“依法”不提交部分证据的行为将与其客观、全面的举证义务相矛盾，也不利于法官对案件证据进行综合考量；若“排除”仅指非法证据的证明力不被承认而仍具证据能力可提交法庭，则检察官的监督职责将形同虚设，该非法证据难免会使事实审查过后的法官受到影响而产生预断。对此，在采参审制的陪审制度下，可参照大陆法系的模式设预审法官排除非法证据，以摆脱检察官的尴尬地位，并辅以证据开示制度来实现控辩平衡。

（三）规范依据：法律规则与诚实信用

在传统上，存在较大差别的两大法系，无论是完全采取法定的立法方式还是完全采取法官裁量的立法方式，都存在着无法自救的弊端。因此，随着各国法律文化的交流、融合，法定主义与裁量主义的混合模式逐渐成为各国证据制度的共同选择，与此相适应，两大法系国家在证明能力立法方式上的差别也正在逐步缩小。

首先，在规范的形式上，证明能力或可采性问题是对特定证据之适用的法律限制。关于证明能力的一般原则是，除法律另有规定外，凡具有相关性的证据都具有证明能力。可见，具有相关性、对待证事实具有证明价值的一项证据，也可能因为法律的规定而被排除。在此意义上，证明能力很大程度上成了一个法律问题或者价值问题。在规范的等级上，现代刑事诉讼中的证明能力问题往往来源于更高一级的法律（如宪法）的规定。美国和日本关于违法自白的排除规定，皆来源于宪法中关于公民享有免予自证其罪的特权的规定。关于排除传闻证据的规定，也是为保障宪法中关于被告人及其律师进行询问、对质的规定。在欧洲，欧共体各国关于证明能力问题的司法实践也开始更多地与《欧洲人权公约》的有关规定联系在一起。在宪法中规定有关证据问题的公民自由和权利，对于建设法治国家具有重大的现实意义，因为法治国家的基本要求之一是尊重或遵守法律的规定，使法律具有超越任何现实力量的权威。

其次，从规范的程序运作上讲，作为法庭调查的证据先要具有证明能力，而对证明能力问题产生异议时，应当就此进行必要的调查。在英美法系国家，决定证据是否具有可采性，有专门的程序，并且这是法官职责范围内的事，而某一证据是否能够作为定案根据，则是陪审团的事。

再次，从规范的内容上讲，与证据的相关性在一定程度上需要司法人员自由裁量不同，证据的可采性在很大程度上是与价值因素联系在一起的一个严格的法律问题。在现代刑事诉讼中，各国普遍接受的证据规则更多的是为了保障更重要的社会价值。从日本关于证明能力的规定和司法实践看，其核心已经更多地转向了对宪法规定的人权的保障。比如，在第二次世界大战前和战时，日本警察为了获取被告自白而滥施淫威、侵犯人权的惨痛教训，恰恰促使日本第二次世界大战后的立法将禁止通过不法手段来强制被告供述的自白原则提高到了宪法原则的高度。在英国，警察讯问时不仅要有律师在场，而且必须有录音或录像，并且保留双份（被告方也有一份）；关押与提审分属于不同部分，只要嫌犯离开关押场所就要有录音或录像，并且在时间上不得间断，以防止录音、录像不真实。排除违法证据的另一个有效原则就是，在被告提出违法取证的控告时，由警方举证来证明其取证的合法性。在法庭审理中，被告的供述被视为可接受的证据，但如果被告提出供述因受到逼供或者因某种特殊环境（如诱供，没有告知沉默权，作出不起诉的虚假承诺或律师不在场等）而不真实，那么正式审判就要中止，陪审团暂时退场，在法官主持下，由控方举证，排除取证的违法性，如果控方无法证明，法官即可以裁断该供述不能采信。对于警察秘密取得的证据，英国的做法与美国的有区别：美国原则上对该种证据一律排除，但在英国要区分两种情况：如果警察采取秘密手段诱使他人犯罪（设置警察陷阱）而取得证据，该证据被视为非法。如果警察并没有诱使或劝说其犯罪，只是因提供了犯罪的机会而取得证据，则该证据被视为合法。在排除非法证据的具体方式上，欧洲大陆法系国家与英国有区别：并没有规定控方对逼供事实具有举证责任。但由于其沉默权制度很明确，以及侦查活动是在可以随时审查证据合法性的调查法官主持、监督下进行，所以，证据的合法性能够得到比较有效的控制。

我国刑事诉讼中，公诉案件在庭审前有侦查、起诉阶段，在刑事诉讼中除了法院外，检察机关、公安机关是否有义务排除不具有可采性的证据，对此认识不一致。检察机关是公诉机关，它不能对案件作出最终的实体性决定，它排除非法取得的证据，只是一种初步的对证据能力的判断，其提供给法庭的证据是否可采，应当由控辩双方提出动议，由法官进行听审，最后决定证据是否具有可采性。检察机关在提起公诉之前，应当参照法院确定证据可采性的标准来衡量自己的控诉证据，决定证据在法庭上的取舍，以保证起诉的质量。至于侦查人员取证的可采性问题，如果侦查人员采用侵犯公民基本权利的方式收集证据，即使这项证据是真实的，也不能在诉讼中作为证据提出。而侦查人员采用刑讯逼供或以威胁、引诱、欺骗等方法取得的犯罪嫌疑人、被告人供述，证人证言，被害人陈述，则不具有可采性。为了确立非法证据排除规则的前提，可采令状主义对侦查权进行司法控制，要求侦查机关在采取侵犯公民人身、财产和隐私权利的行为之前，除紧急情况下可以先实施该强制手段后请求法院确认以外，必须获得法官签发的令状。违反令状主义要求而获得的实物证据不具有可采性，至于违反刑事诉讼法其他程序性规定取得的实物证据，由法官根据具体违法情形自由裁量是否采纳。在口供证据能力的规定上，我国2012年《刑事诉讼法》第118条规定："犯罪嫌疑人对侦查人员的讯问，应当如实回答。"可见，我国刑事诉讼法对口供的证明力仍持极为信任的态度，对口供的采信限制较少。确立被告人不得自证其罪原则、证据补强规则、非法证据排除规则都能有效保证口供的真实性。不过，《关于适用普通程序审理"被告人认罪案件"的若干意见（试行）》和《关于适用简易程序审理公诉案件的若干意见》规定，被告人自愿如实供述的，应当从轻处罚，或适用简易程序。2012年《刑事诉讼法》第118条第2款也明确规定："侦查人员在讯问犯罪嫌疑人的时候，应当告知犯罪嫌疑人如实供述自己罪行可以从宽处理的法律规定。"此外，根据《刑事诉讼法》第53条的规定，当具有其他证据时，供述可以作为认定被告人有罪和处以刑罚的根据。这种"其他证据"在国外的诉讼理论中，被称为"补强证据"。关于补强证据的充分程度问题，鉴于刑事案件的复杂性，以补强证据足以证明供述的真实性为限。《刑事诉讼法》第50条也明确规定："严禁刑讯逼供和以威胁、引诱、欺骗以及其他的非法方法收集证据，不得强迫任何人证实自己有罪。"同时，《刑事诉讼法》第54条规定："采用刑讯逼供等非法方法收集的犯罪嫌疑人、被告人供述和采用暴力、威胁等非法方法收集的证人证言、被害人陈述，应当予以排除。收集物证、书证不符合法定程序，可能严重影响司法公正的，应当予以补正或者作出合理解释；不能补正或者作出合理解释的，对该证据应当予以排除。在侦查、审查起诉、审判时发现有应当排除的证据的，应当依法予以排除，不得作为起诉意见、起诉决定和判决的依据。"2012年最高人民法院《关于适用〈中华人民共和国刑事诉讼法〉的解释》第102条规定："经审理，确认或者不能排除存在刑事诉讼法第五十四条规定的以非法方法收集证据情形的，对有关证据应当排除。"可见，被告人的口供要具有证据价值，必须排除取得该口供的非法性因素，而从保证供述可信性，保障犯罪嫌疑人、被告人的人权以及遏制违法的行为等理由来看，确有必要排除非法口供。

诚信原则是一项法律化的道德原则。从消极方面来看，它要求法律主体在实施法律行为时不应存有某种不良的内在动机；从积极方面看，它要求主体以某种良好的外部方式行使权利，承担义务，体现对他人权利和利益的尊重。美国非法证据排除规则的一个例外——善意例外即强调，如果警察是善意地而非故意地违法取得证据，不应当适用非法证据排除规则。这里所谓“善意”，是指“善意地相信其行为符合现行法律，且这种相信是有合理根据的”。法官在裁量某些证明行为是否因违法而无效或应受到惩处时，不仅要考虑该行为的客观效果，还应根据行为人的主观心态或行为时的道德状态定夺。“公平原则是司法证明的‘魂’，诚信原则是司法证明的‘魄’”①，两者分别构筑了司法证明的法律基准和道德底线。刑事证据制度中的诚信原则包含行为和后果两个方面的内容②：第一，证据法律关系主体正直、诚实地实施证明行为，不欺骗或损害其他诉讼主体的利益，也不能以极端或过分的方式行使诉讼中的程序权利或实体权利。第二，证明行为主体确信其行为符合法律，且从主体产生这一确信的过程看，他是诚实和无过错的，主体基于这一确信作出了相应证明行为的，法官可赋予主体以程序性利益。具体而言，刑事诉讼中，侦查人员收集证据，公诉人运用证据证明控诉事实，法官运用证据认定案件事实，辩方收集、运用证据证明辩论事实等行为，以及证人、鉴定人的证明活动，都应本着诚实、正直的观念进行，并依此接受法官的审查和监督。

诚信原则的确立为有效地解决裁判依据和裁量标准缺失的问题确立了一个统一的价值衡量标准，其核心内容是强调法官根据公平、正义价值观，在综合权衡被告人、被害人、国家和社会多方利益的基础上，对刑事诉讼中的实体问题和程序问题作出裁决。诚信原则赋予法官一种针对法律缺陷的以价值权衡为补充和针对法律模糊的以利益平衡为调适的合理裁断诉讼各方争议的权力，同时也倡导和指引控辩双方在证明活动中合理运用权力（利）、互相尊重对方利益。诚信原则

---

① 何家弘、刘品新：《证据法学》，86页，北京，法律出版社，2004。

② 参见李蓉：《应在刑事证据制度中确立诚信原则》，载《检察日报》，2004-02-12。

说白了就是“以公平之心促公平之行”。在证据制度中，适用诚信原则，一方面，要求法官不仅应当根据立法建立起来的平等机制判断双方取证、举证、质证活动的合法性，还应当根据公平、诚信的原则处理立法中未明确规定的或立法的规定不利于维护双方实质平等的问题；另一方面，授予刑事诉讼的中立方——法官——对控辩双方的证明活动进行合理审查的权力，以有效地制约控方的权力。此外，诚实信用又是防止诉讼地位逐渐提高的被告人、被害人滥用权利（如伪造证据、在证据开示时恶意隐匿证据、串供等）的最有效手段。诚信原则往往与法律要求相重合或者是法律的必要补充，在某种意义上说，这种对诚信原则的强调可能是多此一举。

## 三、关联性（相关性）原则——证据法则的逻辑基点

关联性原则在英美法系证据法中是一项重要原则，它强调证据必须与案件有关联，对待证事实有证明力，是法院决定是否采纳证据的基本依据。我国2012年《刑事诉讼法》第48条对证据下的定义——“可以用于证明案件事实的材料，都是证据”已经表明了证据与案件的关联性。与证据裁判原则相对应而存在的自由心证制度决定了证据裁判原则发挥作用的范围。具备证据能力者，才有证明力的问题。“证据禁止法则形成自由心证的外在界限，已经因此而排除的证据，法官不得认其有证据价值而采为裁判之基础。”①

人类社会在证明方法上经历了从以“神证”为主向以“人证”为主再向以“物证”为主的转变，在司法证明制度上经历了从自由证明到不自由证明再到相对自由的证明②，而从理性视角来看，人类社会经历了非理性神意证明方式、半理性法定证明方式和理性的自由心证三种证明方式，现在各国均采自由心证，只是具体方式不同。“所谓自由心证，就是说，证据的价值或证明力不再由法律事先作出具体明确的规定，法官和陪审团在审判中可以运用自己具有的‘人类普遍

① 林钰雄：《刑事诉讼法》，414页，台北，“国家”图书馆，2003。

② 参见何家弘、刘品新：《证据法学》，86页，北京，法律出版社，2004。

认知能力’来自评断具体案件中各种证据的证明力。”[①] 法官在裁判上所形成的心证是司法裁量权的具体体现，这是自由心证主义的精髓与灵魂。自由心证主义是证据法则的基石，离开了自由心证主义，证据法则就无从谈起，因此，证据法则是建立在自由心证主义基础上的借以评判证据和认定案件事实的操作规则。我国台湾地区学者蔡墩铭也提出：“近代刑事诉讼法所采之自由心证主义与证据裁判主义，不失为事实认定之二项基本原则，且由于此二项原则之密切配合，使真实发现与人权保障皆成为可能。”[②]

作为权力主义、等级制度和社会不平等在程序领域中的映射和结晶的法定证据主义是一种先验的、经院式思维方法论的直接反映。随着倡导科学方法论的文艺复兴运动的发展，在程序法和证据法上，需要采用一种不至于束缚法官判断的证据制度，使法官在审理案件过程中能够切实根据案件情况并结合自己的法律素养、法庭经验和良知查明案件事实，适用国家的刑罚权。1790 年 12 月 26 日，法国的杜波耳向法国宪法会议提出革新草案，建议废除书面程序及其形式证据，建议用自由心证制度取代法定证据制度。会议经过辩论，于 1791 年 1 月 18 日通过了杜波耳提出的草案，于 1791 年 9 月 29 日发布训令明确宣布：法官必须以自己的自由心证作为裁判的唯一根据。1808 年制定的法国刑事诉讼法第 342 条率先较详细地规定了自由心证制度。继法国之后，欧洲各国立法也相继规定了自由心证制度，例如 1865 年意大利刑事诉讼法、1877 年德国刑事诉讼法都规定了自由心证的证据制度，此后日本等许多国家将自由心证制度规定为本国的一项证据制度。

自由心证主义的核心，在于通过法官自由心证的形成来发现真实，证据证明力的大小、证据的取舍由法官依据自己的良心加以确认，不受权威制约，不受外力干预。与大陆法系基本上交由法官自由裁量的模式形成鲜明的对照，英美法系

---

① 在此笔者以关联性原则为证据法基本原则，因其与证明力本质相通，与证据能力难以分离，而兼具法定证明与自由证明的意蕴，但是又不至于产生“法定证明”与“遵守法制”、“合法性”在某种意义上的同义反复。例如，有学者认为证据法基本原则有遵守法制原则和法定证明与自由证明相结合等。参见何家弘、刘品新：《证据法学》，86 页，北京，法律出版社，2004。

② 蔡墩铭：《刑事证据法论》，424～425 页，台北，五南图书出版公司，1997。

通过设置一系列排除规则来限制证据的可采性，以确保证据（明）力的合理性和可靠性。但二者在确定证据（明）力的价值即对证据（明）力的评价上是基本一致的。自近代以来，各国证据法皆采用自由心证主义，原则上在立法上不加以限制，而交由法官自由裁量。

（一）证明过程始端和终端的关联性

证明力或证据力，又称证明价值，是指法庭调查所得证据资料对待证事实具有的积极价值。在质的规定下，证明力可能包含着量上的变化，即通常所说的有没有证明力、证明力的大小。一般认为，证明力大小与相关性密切相关。相关性在不同证明阶段有不同的含义及相应的诉讼功能。

首先，在证明过程的始端，相关性问题直接决定着特定材料是否具有证明能力。在英美法系证据法中，相关性规则被视为规范证据资格的“黄金规则”①。根据相关性规则，除非法律另有规定，任何与待证事实具有相关性的材料都具有证据资格。在诉讼证明中，法庭审理的核心任务是确定指控犯罪事实是否存在，因之，在控诉方已明确提出指控的前提下，能够用以证明指控主张的证据范围也相应地是确定的。与待证事实不具相关性的材料对于证明待证事实没有实质性证明价值，而与待证事实具有相关性的材料也不都必然具有证明能力，但是，与指控犯罪具有相关性却是特定材料具有证明能力的必要条件，而且，为了防止导致不适当的心证，与指控犯罪不具相关性的材料必然不具有证明能力。也正是在此意义上，陈朴生教授认为，“关联性，从严格言，本非证明能力之问题，乃许容为证据后之证明力问题。盖证据与要证事实无关联性，即欠证明力。此项证据，足生不适当之心证，乃不许其为证据。因认证据之许为适法证据者，必具有证明能力，且有关联性。然证据之许其提供调查者，必与要证事实具有关联性，始有调查之必要。因之，关联性，不特为取得证明能力之条件，即英美法上之证据许容性（admissibility）；且具有限定调查证据范围之作用”②。然而，与证明能力相

① 笔者以为关联性（证明力）与合法性（证据能力）孰先孰后素有争议，而两者在规范层面严格明确的区分也不太可能，将关联性定位于“规范证据资格的‘黄金规则’”，也说不定是谁沾了谁的光。

② 陈朴生：《刑事证据法》，3版，275～276页，台北，三民书局，1979。

连的相关性仅仅是一种表面上的判断，此项判断并不十分关心证据的真实性。因此，当我们说某项证据具有相关性而被采纳为证据、接受法庭调查时，并不必然意味着该项证据具有真实性。在英美法系国家，对相关性的讨论主要是作为可采性的事实前提来考虑的。

其次，在证明过程的终端，相关性问题直接决定着特定证据的证明价值，即证明力。在具体案件中，特定证据对于待证事实有无证明力以及证明力的大小，取决于该项证据本身与待证事实有无联系以及联系的紧密、强弱程度。一般说来，如果证据与待证事实之间的联系紧密，则该证据的证明力较强，在诉讼中所起的证明作用也较大。因此，在诉讼证明中，尽管具有证明能力而允许法庭调查的证据都与待证事实具有相关性。但是，由于此种关联性仅仅是一种表面上的关联，而且特定证据与待证事实的关联程度及其方式不可能存在一个固定的模式，所以，在运用证据认定待证事实时，必须具体考察特定证据与待证事实之间的相关程度及其方式，从而确定特定证据是否具有证明价值以及证明价值的程度，这最终确定只能依据该项证据与待证事实的相关程度及其方式予以解决。

我国台湾地区学者陈朴生教授在论及关联性问题时曾指出，必须严格区分上述两个阶段的关联性："惟证据能力是关于证据之法则的规则；而关联性，则系事物间论理的经验的关联，亦即理论的关联。且关联性，从其应受客观的事物间关系之知识的拘束，不得任意决定，固与自由心证之应以关联性判断其证据之价值同出一辙；惟证据评价之关联性，乃证据经现实调查后之作业，系检索其与现实间之可能的关系，为具体的关联，属于现实的可能；而证明能力之关联，亦即单纯的可能，可能的可能。故证据之关联性，得分为证明能力关联性与证据价值关联性二种。前者，属于调查范围，亦即调查前之关联性；后者，属于判断范围，亦即调查后之关联性。"① 此外，证据的关联性还包括这样两个层次：一是证据与待证事实的关联，二是证据与证据之间的关联。证据只有环环相扣，形成紧密的锁链，才能称得上具有关联性。关联性原则是一个总的规则，在关联性这

① 陈朴生：《刑事证据法》，3版，276页，台北，三民书局，1979。

个大的规则下面涉及意见证据规则、传闻证据规则、品格证据规则等一系列证据规则。

（二）事实回溯：逻辑推断与经验法则

在关联性问题上，不可能预先知道客观存在的案件事实真相的裁判者只能从被说服者的视角出发考虑问题，即使原告方所提出的指控是对客观事实的正确反映，在裁判者看来，那也只是一种有待证明的关于过去事实的命题。在刑事侦查活动中，侦查人员一般会根据所发现的犯罪危害后果假定可能的（一种或几种）犯罪活动，并根据与所假定犯罪活动的相关性暂定收集证据的范围。在诉讼证明中，裁判者对证据相关性的判定绝对不可能以客观存在的关联性为依据，而只能根据逻辑规律和经验常识对此作出判断。相关性首先是相对于特定证明对象的相关性，其次是以逻辑关系和经验常识为判断依据。证明力质的有无及量的大小取决于证据资料与待证事实的相关性。应排除我国传统证据法学中对关联性在对象关系上要求是证据与客观发生的案件事实的反映与被反映关系，在属性上认为关联性是不依人们主观意志转移的客观存在两个方面理解的机械性，其实前者更确切地说是待证事实而不是客观事实，后者本身并不是一个客观存在，而是对过去发生的事实的回溯性主观推断。

日本学者铃木茂嗣指出："自由心证主义绝没有容许裁判官恣意判断的含义，相反，该原则要求的是根据经验法则而形成的合理心证（合理的心证主义）。"① 我国台湾地区学者石志泉也认为："法院于事实之真伪，虽有判断之自由，然亦非可率尔以从事，法律之所期待者，审判官恒为富于学识经验之人，其判断事实必能依经验定则而为之，如依经验定则而行，自无专横之弊，故敢舍法定证据主义而采自由心证主义也。"② 而在证据法意义上，经验法则是法官依照日常生活中所形成的不证自明的、反映事物之间内在必然联系的事理作为认定待证事实的根据的有关法则。这种事理表现为法官对于一定确实性和合理性作为其客观基础

① ［日］铃木茂嗣：《刑事证据法的若干问题》，载《日本刑事法的形成与特色》，182页，北京，法律出版社，1997。

② 石志泉、杨建华：《民事诉讼法释义》，243～244页，台北，三民书局，1987。

的一种事物的发展常态的主观经验提炼。就经验法则与待证事实之间的关系而言，具有直接适用于证据的证明功能的经验法则常指一般经验法则而言，而法官依据特别知识或经验所形成的规则，一般不得径行作为认定事实的基础，而必须适用较为严格的证明程序：除交专家鉴定外，还应为有关当事人提供质疑的机会。经验法则的基本功能主要表现为①：在认定事实上，决定证据的关联性，决定证据的可采性，发挥证据间的推理作用，体现对证据力价值的评价作用；在适用法律上，经验法则不仅具有选择功能，还具有借助其合理的选择功能并基于其合理的判断功能而产生识别、发现具体法律规范的功能。笔者以为，总体而言，经验法则表现为主观见之于客观的两个运作过程：其一，在整体上体现为一种对客观生活经验的一定高度盖然性的主观提炼；其二，在具体案件上表现为将这种经验法则运用于案件客观事实的回溯的一种主观推理过程。在此意义上，在诉讼程序上对推定和司法认知等这些与经验法则紧密相关的证据方式设置一种质疑和反证机制，有利于查明事实真实和以当事人的意见为前提的法官自由评价证据。在法官和当事人共同努力下进行的证据评价和形成的心证容易为当事人所接受，从而体现程序意义上的公平与正义。

（三）合理性：综合裁量与有限自由

从历史视角而言，自由心证主义虽不直接渊源于自由主义思想，但其制度形成背景与资产阶级革命、科学认识论的形成不无关联，其内在理念亦当然映射了自由主义精神。② 自由判断证据证明力要求依健全的理性对有证据能力的证据进行审查、鉴别，并结合论理规则和经验规则进行判断而形成结论，强调判断过程和判断结果的合理性。与关联性的两个阶段相契合，证据证明力的自由判断也包含对诉讼证据的证明力判定和对案情的认定两个相互衔接的主要方面。前者要求完全由法官依理性和良知自由加以判断，表现为一种根据；后者要求法官在自己内心确信无疑，强调一种标准。有学者认为，对证明力价值的评价过程，同时也是一个确定何种证据最为接近真实的事实认定过程，此项事实的确认，必须从事

① 参见毕玉谦：《试论民事诉讼中的经验法则》，载《中国法学》，2000（6）。

② 参见徐昕：《程序自由主义及其局限——以民事诉讼为考察中心》，载《开放时代》，2003（3）。

物的本质属性、内在规律性以及事物发展变化的因果关系等常态机律出发，才能使之符合经验法则的合理标准。①

证据事实与案件事实的联系情况和程度的不同决定了证据对案件事实的证明力的大小，而这种联系情况和程度因具体案件的情况不同而存在差异，也就是说，必须综合全案证据和全部案件事实才能加以确认，而不能模式化地、预断性地由法律或者司法解释事先加以规定。原苏联学者曾经指出，“法律要求法院综合地审理全部案件情况并在这一基础上得出自己的内心确信来判断证据，因为只有在综合审理该案所有事实材料的条件下，法院才能得出确实存在有一定的案件事实的内心确信。审判员的内心确信这种判断证据的标准，就是在这种客观事实的基础上和根据社会主义法律意识得出的”②。

在赋予法官自由判断证据证明力的权力的同时，法官的自由裁量权行使的基准应为保持在合理性范围之内，除了经验法则是一项不能违背的“强行”原则外，自由心证的形成还受若干限制。日本学者田口守一认为，自由心证主义具有合理的心证主义机能的各项条件，包括：其一，从外部保障合理心证主义的各种制度，如建立责令回避、申请回避、自行回避制度，对重大案件的判断采用复数主体制度以保证判断的合理性，公开主义，证据能力制度，当事人主义的起诉状一本主义，诉因制度，在有罪判决中记载判决理由制度，强有力的保证制度等保障判断主体的理性判断能力和判断过程的合理性以及事实认定的事后审查制度。其二，为了实现合理的心证主义，必须考察心证形成的方法本身，如心证形成根据经验法则和逻辑法则、灵活运用科学知识；心证形成遵循当事人主义原则，法官自由评价证据以当事人的意见为前提。③

自由判断证据的证明力的制度是以对法官的信赖为基础的，这对法官的素质提出了较高要求。为保证法官具有较高素质，许多国家在法律上都对法官的资格

① 参见毕玉谦：《试论民事诉讼中的经验法则》，载《中国法学》，2000（6）。

② ［苏］A. A. 多勃洛沃里斯基主编：《苏维埃民事诉讼》，中译本，210页，北京，法律出版社，1985。转引自张建伟：《关于刑事庭审中诱导性询问和证据证明力问题的一点思考》，载《法学》，1999（11）。

③ 参见［日］田口守一：《刑事诉讼法》，刘迪等译，225～226页，北京，法律出版社，2000。

作出了限制，因之，也使法官职业成为受人尊重的职业。我国司法实践中，在法官对证据证明力的自由判断上，一方面，因为自由意味着责任，承办案件的许多法官对于法律或明或暗赋予的自由裁量的权力不会、不敢或者不愿用，即存在着埃里希・弗罗姆所称的“逃避自由”的倾向。[①] 另一方面，法官的自由有时又会如野马脱缰般失去控制。为了避免法官对上级法院、法院院长、庭长、审判委员会所发出的一种明确的指令的依赖，上级法院不应对下级法院承办的案件发出具体指令，要充分发挥承审法官在处理案件中的主观能动性、独立自主性；针对我国法官素质参差不齐以及审判体制上的一些弊端，要从法官的选拔、任用、晋级、培训、依法独立行使审判权等各个环节入手，不断提高法官借助经验法则这种特殊的证明手段的积极性和主动性，以使法官在审判技巧和业务能力上取得明显的和实质性的进展，促进司法公正的有效实现。

## 四、直接、言词原则——事实发现的前提机制

直接原则，即审判人员在审理案件过程中，应直接审查所有的证据，听取证人、被害人、鉴定人的陈述；另外还有审理不间断的含义。言词原则，即在刑事诉讼中，证人、被害人、鉴定人等应当以言词形式在法庭上提供口头的陈述，有关书面材料或记录不得作为定案根据，但法律另有规定的除外。这个原则体现了司法的亲历性，法官判案必须亲自出庭，亲自听取案件证据；亲历性还要求陈述事实的人到法庭给法官亲自讲明情况，反对书面材料，强调证人、被害人、鉴定人的出庭。直接、言词原则的诉讼价值在于保障控辩双方诉讼地位平等及平等武装，确保审判的程序公正，进而实现实体公正，保护案件当事人，特别是在刑事诉讼中处于天然弱者地位的被告人的合法权利。直接、言词原则从本质上要求法官必须与证据保持直接接触，并且只有在各方当事人在场的情况下，才能进行调查证据。它是确保任何有可能作为裁判基础的证据必须经过各方当事人充分辩

① 参见张建伟：《关于刑事庭审中诱导性询问和证据证明力问题的一点思考》，载《法学》，1999 (11)。

论、质疑的有效保障，因此，在这种正当程序所设定的框架之内，各方当事人只有通过一系列的对抗性诉讼行为，才能对最终的裁判结果产生必要的制约或影响；从另一个角度来看，只有借助各方当事人在庭审活动中的充分言词辩论，才能使法官对有可能作为裁判基础的任何证据进行全面而又充分的接触、审查与认定。直接、言词原则同时亦要求侦查人员、鉴定人、勘验和检查笔录制作人等诉讼参与人出庭作证或作出必要的说明并接受询问，在存在疑问时，接受控辩双方的质证，以真正查清这些证据的真伪。

直接、言词原则是大陆法系国家在审判阶段适用的重要原则，起源于德国19世纪的立法改革。其被引入，乃为了消除侦查的法官及审判的法官进行书面审理程序（邮递传送卷宗）所产生的重大缺失。[①] 所谓直接审理原则（Grundsatz der Unmittebarkeit），是指只能以在法庭上直接调查过的证据作为裁判基础的审判原则。所谓言词审理原则，又称口头原则，是相对于书面审理原则而言的，是指基于口头提供的诉讼资料进行裁判的原则，其目的是在形成法官心证之际，给法官以新鲜的印象，以期发现实体的真实。直接、言词原则要求：卷宗的内容不得作为裁判的依据；所有在审判程序外获得的资料来源均不得作为判决的基础；书证的影印本只具有较低的证据价值；法官必须时时能洞悉诉讼过程；形成法官心证的所有证据的调查应当在法庭上以口头方式进行；在审理过程中更换法官时必须重新开始公审程序等。英美法系国家刑事诉讼法没有规定直接、言词原则，但其当事人主义诉讼构造和传闻证据规则也体现出与直接、言词原则相通的理念和目标追求：判断一项陈述是否属于传闻应考虑陈述来源和证明对象两方面。传闻证据规则主要确立了传闻证据的范围及规则的例外、传闻证据规则适用的阶段、传闻证据规则适用的证据种类以及传闻证据的排除程序。

大陆法系国家传统上注重发现案件实体真实，并为此强调法官在发现实体真实方面的职权作用。为了发现案件的实体真实，大陆法系国家的立法和证据理论特别强调证据材料对于发现实体真实的作用和法官调查证据的亲历性及言词调查

① 参见［德］克劳思·罗科信：《刑事诉讼法》，吴丽琪译，430页，北京，法律出版社，2003。

方式，而不是强调证据进入法庭调查的资格。与此不同，英美法系国家传统上注重程序的正当性，强调控辩双方在推动诉讼进程方面的作用和为双方提供公平的程序，并实行陪审团审判，即由非职业的陪审团来认定案件事实。为避免因提出某些给对方当事人带来不公正和不适当的证据材料而误导陪审团对事实的裁断，英美法系国家形成了一系列限制证据资格的规则，传闻证据规则就是因此而形成的。正是由于直接、言词原则与传闻证据规则发挥作用的诉讼模式不同，两者在其他方面的差异[①]：其一，大陆法系强调证据材料对于发现实体真实的作用和法官调查证据的亲历性及言词调查方式，英美法系则强调限制证据的资格。其二，大陆法系规范法官的审判行为，英美法系规范“陈述”证据的适格性问题。其三，在发挥作用的方式上，大陆法系的法官应当依照职权加以贯彻，英美法系以对方当事人提出为前提。其四，在规范的关系上，前者规范审判者与证据调查之间的关系，后者当事人在审判庭上对原证人进行反询问。其五，前者是作为对书面审理方式的批判而产生的，侧重于强调和规范法官在庭审中调查证据的方式；而后者是对证据自身资格的要求，强调传闻不具有证据能力，不得进入证据调查程序，以免误导裁断者的判断，其并未直接规范法官的行为。其六，根据前者，在法庭审理中，只要证据被允许，且在法官面前以言词的形式提出并经过调查，其即具有证据资格，能够作为认定案件事实的根据。而根据后者，只要证据没有经过对方当事人的反询问或者同意，无论是否经过法官审查，都是无效的。

尽管直接、言词原则与传闻证据规则存在许多差异，但两者也有相通之处，其中最为重要的，是两者公正审判和发现真实的共同理念基础。目前，在英国，无论在庭审中有无陪审团，证人都必须出庭，证人出庭的基础就是直接、言词原则。根据英国的传闻证据规则，法庭不接受传闻证据，而传闻证据包括两种含义：一种是指道听途说的传来证据，另一种是指不出庭证人的证言。在英国的传闻证据的定义中，是否传闻，是对法庭而言，只要未对法庭直接陈词，即属于传

① 参见宋英辉、李哲：《直接、言词原则与传闻证据规则之比较》，载《比较法研究》，2003（5）。

闻证据。例如，调查笔录或者亲笔证词，只要证人不出庭，都属于传闻证据，所以法庭上不接受宣读笔录和证人证言的做法，但有几种特殊的情况可以例外：（1）控辩双方对证词无异议，一致同意证人可以不出庭的；（2）已死亡的证人留下的亲笔证词；（3）在地方治安法院审理较轻微刑事案件时，特殊情况下经法官同意，可以向法庭提交证词。西班牙关于证人出庭的规定与英国的基本相同。欧洲其他大陆法系国家关于证人出庭的规定不像英国的那么严格，证人出庭与否可以由法官决定，但是有两点是一致的：重罪案件中证人必须出庭；被告方有异议，要求证人出庭的，必须出庭。例如，比利时对证人出庭的要求不如其他国家严格，法律规定：在法定最高刑 9 年以上的案件中证人必须出庭，在 9 年以下的案件中证人是否必须出庭由法庭决定：但当辩方有异议，要求出庭时，仍须出庭。

从诉讼主体的行为角度而言，直接、言词原则要求法官亲历审判、当事人出席审判、证人出庭作证。法官必须在法庭上亲自听取各诉讼参与人的陈述，审查、判断证据，直接听取法庭辩论，形成内心确信并亲自作出裁判，不得中途更换。从真实结果的保障而言，直接、言词原则要求排除庭前传闻证据，案件审理以言词陈述方式进行，当事人、证人及其他诉讼参与人必须在法庭上亲自就案件情况作出口头陈述，非具有法定情形，任何庭外陈述不得作为定案根据；案件审理集中、不间断进行，连续开庭，以确保法官对案件所形成的内心确信的正确。

我国于 1996 年和 2012 年修改《刑事诉讼法》，对庭审方式进行了较大改革，增强了控、辩双方的对抗性。修改后的控辩式庭审方式强调控辩双方在法庭上的对抗、法官居中裁判、对案件提出证据的表述必须在法庭上以口头陈述表现出来，在一定程度上体现了直接、言词原则，但在完善及落实上还存在很多问题。

1. 建立以裁判为中心的刑事诉讼构造和法官独立审判制度

我国的“流水作业式”刑事诉讼构造，讲求公、检、法三机关前后接力、互相配合，共同致力于实现惩治犯罪、查明案件事实真相的目的；同时也决定了无论是法院、侦检机构还是被告人，都不适应直接、言词的审理方式，司法裁判机关失去了作为社会正义最后堡垒的作用。根据2012年《刑事诉讼法》第180条的规定，审判委员会讨论案件的决定，合议庭必须执行。合议庭是庭审的亲历者，而审判委员会委员并没有参加庭审并听取当事人及其他诉讼参与人的陈述，“审者不判，判者不审”，不符合司法权的亲历性要求。要强化合议庭和独任法官的职责，赋予其真正独立的裁判权，凡合议庭、独任法官开庭审理的案件，除法律有明确规定的以外，均由合议庭或独任法官定案；明确规定审判委员会讨论案件的范围仅限于法律适用问题，直至最终取消审判委员会讨论具体案件的职责。

2. 落实证人出庭作证制度。证人不出庭，使得法庭审理在许多情况下只能依据侦查、起诉阶段形成的询问笔录进行证据调查，书面审现象严重，难以发挥审判程序纠正侦查、审查起诉程序错误的功能。书面审理造成的后果之一，就是侦查结果左右甚至决定审判结果，因为审判程序难以通过对证人的询问和质证发现侦查、审查起诉程序在认定事实上的错误。但是证人是否都有必要出庭，是一个值得探讨的话题。证人因对案件的某种认知而承担强制作证的义务甚至是惩罚性后果，可能结果是适得其反：一方面，将证人出庭作证费用纳入本已紧张的法院经费开支，以及证人无正当理由不出庭而延期审理都会造成法院负担过重；而另一方面，在普遍的法制权威未树立时强制证人出庭会“制造”出更多的违法甚至犯罪（如藐视法庭罪或证人拒不出庭作证罪）现象。有鉴于此，2012年《刑事诉讼法》规定了特定条件下的证人出庭作证制度，并对证人出庭作证的保护、经费、工资以及福利待遇等问题进行了进一步规范。因此，当前应当注重落实刑事诉讼法的相关规定。其中值得一提的是，落实刑事诉讼法规定的证人出庭作证制度应当侧重于庭审的技术性操作，以倡导和疏导为主，而不是一味地追求以强制和强迫证人出庭为主。

3. 落实鉴定人出庭作证制度。2012年《刑事诉讼法》规定了鉴定人出庭作证制度，并明确了鉴定人经人民法院通知，拒不出庭作证的，鉴定意见不得作为定案的根据。鉴定人出庭对其鉴定意见的作出依据及过程予以解释、说明，接受控辩双方的询问与反询问也是控辩式庭审方式的内在要求和实现公正审判的根本条件。由于鉴定体系多重存在，加之鉴定人的道德品质、业务素质良莠不齐，鉴定意见的真实性、科学性难以判定。而鉴定人不出庭，鉴定意见无法得到质证，也会使得庭审因一方申请重新鉴定而延期审理，妨害了庭审的顺利进行，损害了司法的尊严与公正。因此，未来应当注重落实鉴定人出庭作证制度，并完善相关的配套措施。

4. 落实侦查人员出庭制度。2012 年《刑事诉讼法》第 57 条第 2 款规定了侦查人员出庭制度。2012 年《人民检察院刑事诉讼规则（试行）》第 449 条也规定："对于搜查、查封、扣押、冻结、勘验、检查、辨认、侦查实验等侦查活动中形成的笔录存在争议，需要负责侦查的人员以及搜查、查封、扣押、冻结、勘验、检查、辨认、侦查实验等活动的见证人出庭陈述有关情况的，公诉人可以建议合议庭通知其出庭。"侦查人员出庭是实现有效追诉的重要条件，也是被告人应当享有的权利，是诉讼科学化、民主化的体现。落实侦查人员出庭制度，需要树立以下几种观念：其一，随着庭审方式的改革，公安机关的侦查工作必须服务于检察机关的公诉工作。其二，侦查的根本目的是将被告人送上法庭并予以定罪，侦查只是这项工作的第一步，而出庭支持公诉是其工作的延续。其三，出庭不是什么丢身份的事情，需要观念上的转变。侦查人员应放下架子，应认识到，在侦查一线办案是树立自身形象，在法庭上同样是树立自己的形象。在具体操作方面，侦查人员应将其收集证据的过程，特别是讯问犯罪嫌疑人以及勘验、检查与搜查、扣押的过程，作出适当的记录或保全，以待在法庭上接受辩护方的质证以及法庭的合法性审查。

## 五、质证原则——真相查明的动态装置

质证原则是指作为定案根据的证据必须经过法庭上的质证。贯彻审判中心主义，要求所有证据都当庭出示、当庭质证，未经法庭质证的证据不能作为定案的

根据，但法律另有规定的除外。质证原则是保证证据质量、实现诉讼真实的条件[①]，刑事质证是诉讼双方在案件庭审过程通过采用辩论、质疑、说明、解释、咨询、辩驳等形式核实证据真实性、关联性和合法性的诉讼活动。由司法审判的本质所决定，诉讼立法在程序构造设计上为双方实施诉讼行为提供了充分、平等的机会，以此保障双方在诉讼中的均衡对抗，从而使得法庭成为当事人之间各以证据为“剑”、“盾”进行和平争斗，借助法律手段与程序机制进行公平对决的诉讼平台。这种对抗性结构有利于将法官置于“坐山观虎斗”的中立地位，通过双方当事人的积极举证，对于任何可能作为裁判基础的证据进行言词辩论，并就事实问题与法律问题展开对话，有利于法官查明案件事实。2012 年《刑事诉讼法》第 59 条规定：“证人证言必须在法庭上经过公诉人、被害人和被告人、辩护人双方质证并查实以后，才能作为定案的根据。法庭查明证人有意作伪证或者隐匿罪证的时候，应当依法处理。”该条增设了刑事质证程序，对于贯彻公开辩论原则、直接言词原则具有积极意义。

---

① 调查原则是德国刑事诉讼中有公法特色的证据原则，但由于侦查机关负担过重，于是在实务中发展出一种法律以外的现象（praeter legem），即愈来愈多的刑事诉讼程序在调查阶段甚至在审判程序中经由协议（vere-inbarung），“Absprache”（约定），“Vergleich”，“deal”（商谈、和解、谈判）而告终结。就此，有学者提出一项很先进的议题，即“刑事诉讼原则的功能演变”已趋向于对刑事诉讼的“再私法化”。（参见［德］克劳思·罗科信：《刑事诉讼法》，吴丽琪译，115 页，北京，法律出版社，2003。）不过，如果侧重从诉讼标的的处分、诉讼资料的提出和诉讼程序的推进来看，鉴于诉讼在世界性范围内的对抗性趋势，以及我国诉讼模式的改革目标，将质证原则作为证据法的基本原则一方面更具有现实意义，另一方面也能更好地突出人的尊严这一时代特色。有学者提出，司法证明有取证、举证、质证和认证的环节（参见何家弘、刘品新：《证据法学》，北京，法律出版社，2004。）。孙长永教授认为：大陆法系侦查程序的构造特点包括：(1) 预备裁判性，预审裁判职能。该职能包括收集可以审判中使用的证据，并保全犯罪嫌疑人以及决定是否将案件交付审判。虽然该职能在形式上是一种司法职能，实质上却是由法官执行侦查的职能。因此，其对审判具有直接的决定作用。(2) 权力集中性，主要的侦查活动由中立的司法机关——预审法官进行。(3) 单向和职权调查性。英美法系侦查构造具有明显的弹劾色彩，其基本特征如下：(1) 审判准备性：侦查结果只有符合法定例外的情况下才能直接在审判中被用作证据。(2) 权力分散性。(3) 当事人主义的双向调查性。（参见孙长永：《侦查程序与人权——比较法考察》，北京，中国方正出版社，2000。）笔者以为，“预备裁判性”更强调了庭前收集证据的实质意义，审判准备性更突出了庭前采集证据为审判进行准备的程序功能，即使不从两者融合的角度考察，两者也都表现出对法庭审理的质证程序的准备功能，只是进行的方式不同而已。

（一）兼顾公平与效益价值的质证模式选择

从属于刑事诉讼程序模式的质证模式大略分为主要适用于大陆法系国家的纠问式质证程序模式、主要适用于英美法系国家的控辩式质证程序模式以及主要适用于第二次世界大战后的日本、意大利等国家的混合式质证程序模式三种。① (1) 纠问式质证程序模式的主要特征是注重发挥法官在质证中的职权作用，而不强调当事人在质证中的积极作用。在起诉时，检察官需要把起诉书连同案卷和证据材料一并交给法院。(2) 控辩式质证程序模式的主要特征是注重控辩双方在质证程序中的主体地位，注重发挥控辩双方在质证程序中的主观能动作用。在庭审中，互相对抗、争辩的控辩双方成为庭审的主导者和控制者，而法官处于超然的听证者地位。法官对检察官的起诉只作程序性的审查，而不作实体性的研究，检察官在向法院起诉时，只需移交一份附有简要案情的起诉状和证据清单，案卷和证据并不随案移交，此即所谓“起诉状一本主义”。(3) 混合式质证程序模式的主要特征是控辩双方在法官的指挥下进行质证，具体而言，原则上由公诉人进行主询问，然后由被告人及其辩护人进行反询问。在通常情况下，法官仅在控辩双方询问结束后才作补充性询问，但在法官认为必要时，也可以随时亲自进行反询问或在公诉人进行主询问的过程中准许被告人及其辩护人进行反询问。对于控辩双方所进行的询问，从有利于诉讼的角度考虑，法官认为不必要或不适当的，可以进行限制。混合式质证程序模式的优点是吸取了前两种模式的长处，克服了前两种模式本身所固有的一些弊端，兼顾了公平与效益。比较当今世界各国主要的刑事质证程序模式的优劣并结合具体国情，我国应当选择混合式质证程序模式。要完善我国的刑事质证程序就必须从立法上明确规定刑事质证主体的证据开示义务、刑事质证的主体范围②、刑事质证的对象范围、拒绝质证的法律后果、刑事

① 参见田国宝：《刑事质证程序的模式选择》，载《检察日报》，2001-02-01，3版。

② 有人明确提出质证属于当事人的行为，认证属于法官的行为，不可混为一谈。笔者以为：如果一种审判过程同时包含着两方面的作用过程（一是当事人双方之间的“在水平方面上进行信息交换的过程”，即横向的对质、抗辩过程；二是法官与当事人之间“在垂直方向上的信息交换过程”，即纵向的裁定和判决过程）〔参见［日］棚瀬孝雄：《纠纷的解决与审判制度》（中译本），259页，北京，中国政法大学出版社，1994。〕，那么表现为在法官眼皮下的当事人相互信息交换的质证程序不可能排除其对法官施加有效影响的目的，以及法官对程序的可能影响；并且举证是质证的前提，质证是一种以认证为目的的活动。所以这种明确区分并不具有实质和现实意义。

质证的进行规则、刑事质证的顺序以及刑事质证的内容等。从 2012 年《刑事诉讼法》第 59 条的规定看，公诉人、被害人和被告人属于刑事质证主体的范围。此外，刑事质证的主体还应当包括被害人的法定代理人和近亲属以及被告人的辩护人（特别是在被害人死亡或者为无行为能力或限制行为能力人时，以及被告人为盲、聋、哑或者未成年人时）。如果被害人或被告人因某种客观原因而无法行使该项权利，而又不允许相关人员来行使该项权利，将会导致对其不利的法律后果，并且这也会影响到人民法院的正确裁判。从贯彻公平、效率原则出发，刑事质证的对象范围不能局限于证人证言一种，而应当是刑事质证主体在庭前开示的所有证据。从责任和义务角度看，对控方而言，放弃质证权就意味着辩方反驳的事实成立，自己所指控的犯罪事实不成立，也就是承认自己办了错案并要承担相应的刑事赔偿责任。对辩方而言，放弃质证权意味着控方指控的犯罪事实成立，自己理屈词穷，甘愿接受指控。刑事质证程序要明确反对诱导性询问规则，明确规定控辩双方质证自愿规则、严守法庭秩序规则等具体规则。一般而言，主持质证程序的主审法官不能随意干涉控辩双方是否质证以及对哪些证据进行质证的自由，以保障刑事质证程序依控辩双方的意愿有序地进行。

（二）作为质证进行前提的证据开示义务

控辩式庭审的一大特征是庭前的证据开示，证据开示在实践中已有推行。是实行一次开示还是两次开示，是对等开示还是不对等开示，是单方开示还是双方开示，由谁主持开示，不开示的后果，举证时效等，都是证据立法应当解决的问题。在比利时、法国、荷兰、德国等大部分大陆法系国家，在证据开示方式上与西班牙相似：在重罪法庭正式开庭之前，也有一个预审法庭，由调查法官主持，采取预备法庭方式的要求由检察官提出。因为轻罪案件由警方和控方直接调查，在重罪案件中才有调查法官参与，所以，当检察官认为案件属重罪案件时，才向法院提出请调查法官参加。调查法官独立行使预审法庭的一切权力，负责主持侦查、起诉的活动，解决诉讼中包括证据合法性在内的一切程序问题控辩双方的调查（包括警察的侦查）都要经调查法官批准，在其主持下进行。在侦查阶段，警方和检方的所有案卷材料都交到法院书记处，律师可以查阅和复制。控方必须提供包括有利于被告和不准备用于起诉的所有材料，而辩方可以选择提供，也可以不提供，辩方只是在预审法庭开庭时出示证据。这种方式实际上是赋予辩方在庭前充分的阅卷权，而辩方对控方并没有开示证据的义务。[①]

庭前证据开示制度不仅有助于加强控辩对抗，增强对当事人合法权益的保护，还有利于推进审判制度的改革，提高案件的审判质量，更好地维护司法公正、提高司法效率。在我国，依据2012年《刑事诉讼法》，在侦查阶段，律师有权“向侦查机关了解犯罪嫌疑人涉嫌的罪名和案件有关情况，提出意见”；在起诉和审判阶段，“辩护律师自人民检察院对案件审查起诉之日起，可以查阅、摘抄、复制本案的案卷材料”。但在司法实践中，辩护律师的阅卷权很难得到充分行使，加之辩护律师的调查取证权、会见权等权利原本有限，使得辩护律师很难在庭前掌握充分的证据材料，以做好辩护准备。但是，对控方而言，辩方不承担任何向其透露有关证据信息的义务，即使是那些足以使控方放弃指控或使审判无须进行的证据，如被告人不在犯罪现场的证据或被告人系精神病人的证据，等等。此种证据信息交流的“不畅”使得在庭审时“证据突袭”不断，控辩双方为了了解新的证据信息或应对突然出现的新情况，往往要求延期审理以便调查或核实有关证据，这不仅使得直接、言词原则得不到贯彻，从而影响对实体真实的发现，也使得诉讼拖延成为司法实践中较普遍的现象。此外，由于没有规定证据时效制度，控辩双方随时都可以提出新的证据来影响诉讼的进程和判决的效力，使诉讼始终处于一种不确定的状态。

关于证据开示制度的设计，有人认为：开示开始的时间，宜在案件移送检察机关审查起诉后、向法院提起公诉前这段时间内，一般进行一次即可；并且，由于庭前证据开示主要是在控辩双方之间进行，没有必要由法官来主持进行。因为移送起诉后进行由法官主持的证据开示，不仅容易让法官产生预断，也不利于提高诉讼效率，而且也使被告人丧失了被不起诉的机会，使证据开示所应发挥的充分保障被告人在审查起诉阶段的辩护权、提高案件公诉质量的独特功能丧失殆

① 参见田文昌：《欧洲六国证据立法和司法制度考察随笔》，载《法制日报》，2001-03-04，4版。

尽。可在检察机关内设置专门的证据开示场所，配备相应的设施和用品。庭前证据开示应遵循对等原则、诚信原则和公共利益豁免原则三项基本原则。证据开示参与主体首先应包括检控方和辩护方，被害人代理人也应有权参与，律师之外的辩护人经检察机关审查许可也可以参加。

由于现行法律没有关于律师要在庭审前向检察机关出示证据的规定，所以，庭审时常常出现律师出示主张无罪、轻罪的证据，而公诉人员没有准备的非常被动的情况。因此，有学者建议证据开示制度应是双方互相开示，权利均等；双方未开示的证据庭审时均不得出示。笔者认为，证据开示应在庭审前进行，由非审理本案的法官主持，以避免庭审法官产生先入之见，而第三方的介入可以适度防止双方的幕后操作；证据开示实行双向不对等原则，对控方来说，应将有利或不利于被告人的证据加以开示。已取得但未在证据目录中列入的证据，不得作为庭审证据。被告方只对不在犯罪现场等不承担刑事责任的证据承担开示义务，从而对先天的控辩失衡进行一定的补救。控辩双方举证时效应限于检察机关向法院提起公诉后、证据开示前，如双方对证据开示产生纠纷，不允许再调查，应在庭审中通过质证加以解决，以防止过分的诉讼拖延。

（三）保证真实发现的交叉询问机制

“尊重人的人格的自主性乃是正义的基础。”① 当事人充分参与到诉讼程序中来，对争议的事实和证据进行充分的论证，就形成了对裁判结果的信任感。承认当事人作为自主、负责的理性主体的地位就是对当事人作为人的尊严和价值的充分尊重，也起到对审判权的监督和制约作用。美国模范证据法典起草委员会首席顾问、著名学者威格莫尔（Wigmore）说道：“为发现真情，人类迄今发明的最伟大的法律发动机，毫无疑问应是交叉询问。”② 受当事人主义的诉讼资料辩论主义的影响，作为英美法学诉讼程序灵魂的交叉询问是质证的基本方式，具体分

① ［美］E. 博登海默：《法理学：法律哲学与法律方法》，邓正来译，175页，北京，中国政法大学出版社，1999。

② 转引自何家弘、刘品新：《证据法学》，240页，北京，法律出版社，2004。

为主询问与反询问。[①]（1）主询问又称直接询问，它是开庭审理询问证人的第一阶段。主询问通常是由提供证人的一方当事人通过其律师进行的。当事人将通过询问自己提供的证人，借助于证人（包括被告人、被害人、普通证人、专家证人，以及实施搜查、扣押等侦查措施的警察等）所了解的案件事实情况，把己方主张的理由以及信息、材料来源明确地反映出来，以取得法官和陪审团的理解与同情。主询问的目的在于证实询问方的主张，是当事人切实履行举证责任的必要形式。（2）反询问是在法官主持下，对对方证人提供的证言进行质疑，目的在于降低乃至取消该证言在事实裁判者心目中的可信度。反询问后，进行主询问的一方可就对方进行反询问时所涉及的新事项再进行主询问。主询问与反询问是相对的，再主询问后，并不排除再反询问以及此后反复询问的延续过程。如果当事人认为必要，得到法官的允许后，这样的再主询问可以反复若干次，直到无话可问或无必要再问；与此相应，相对方可以再次进行相应的反询问。

这种交叉询问方式在大陆法系国家法无明定，但实践中还是存在的。日本第二次世界大战以后受美国影响在庭审中引入交叉询问的机制，形成了当事人询问与法官询问相结合的庭审调查模式。

在我国，1996 年和 2012 年《刑事诉讼法》规定的庭审是按照抗辩式的当事人主义模式建立起来的。首先应当确立控方举证基本原则，即公诉案件由公诉人举证，自诉案件由自诉人举证。当然，被告人在特定条件下对特定事实负举证责任，如关于被告人不在犯罪现场、被告人未达刑事责任年龄、被告人存在精神障碍等情形的申辩。对于合法程序的举证责任，应由控方承担，这对于庭审中被告人以程序上有违法情形为由进行翻供能进行很好的遏制。至于建立值班律师制度和同步录像制度等相关配套措施，目前在全国范围内“一刀切”的条件还不具备，但是又不能在全国范围内法制实施不统一。此外，过分强调意在达到权利对等或平等武装的辩护律师讯问在场权其实是在故意制造一种警察对律师的人为逆

① “交叉询问是由一方当事人或其律师在法庭上对另一方证人进行的盘诘性询问。”（何家弘、刘品新：《证据法学》，251 页，北京，法律出版社，2004。）但作为一种事实发现机制，主询问（直接询问）与反询问（交叉询问）是相对存在的，很难孤立看待。

反心理，商业化运作的律师对于为犯罪嫌疑人提供第一次讯问时的“免费法律咨询”这一顿免费的午餐也并不心甘情愿。侦查人员讯问时应同步录音、录像在人员素质、技术条件和设备以及保管、使用等方面均须明确，而操作程序的规定又徒增本程序设置的烦琐。因此，着眼于法庭举证责任的合理分配是一个省事而不费心的举动。在当事人及其辩护人、诉讼代理人提出公安机关、检察机关收集证据违反法律规定而提供必要的证明后，法庭认为公安机关、检察机关可能存在违法收集证据的情形时，应当要求公安机关、检察机关对其收集证据程序的合法性提供证明，由公安机关、检察机关承担证明其收集证据程序合法的举证责任。在合理分配举证责任的基础上，规范交叉询问行为，完善交叉询问规则。

（四）着眼证据采纳和心证形成的法官职责

就心证理由需不需要阐明，我国台湾地区检察官林朝荣认为：就证据之证明力言，无论所奉行之主义如何，固均委诸法院之自由判断，然而，由于两项主义审判构造之差异，其自由判断职权之行使，自有不同之风貌。英美法系采“说服式审判构造”，大陆法系采“折服式审判构造”[①]。在裁判文书中阐明证据是否采纳的理由，是法官经庭审后对裁判结果的理性选择和形成内心确信过程全面、综合的反映，也是法官向当事人就其诉讼请求和事实主张何以获得支持或被否定所作出的解释与说明，因此，阐明理由应当做到全面透彻、逻辑严密、重点突出、层次分明、合法有据，对于决定法官形成心证的事实和考量因素予以明确阐释。从心证形成过程来讲，基于一种整体上的法官中立形象，为便利当事人行使其诉讼权利以及使整个社会养成崇尚司法的行为习惯和形成相应的价值理念，法院应保障当事人举证权利的实现，当事人享有要求法院指令诉讼外有关组织或者个人提交证据的权利。在加强法官与当事人相互沟通的前提下，也应当注意将法官对诉讼案件的理解及时向当事人传达，以便使当事人在法官所确立的法律框架之内

① 林朝荣：《证据能力及证明力》，载《东海大学法学研究》，第17期（2002）。简单地表述，以当事人主导的“说服式审判构造”中法官“怦然心动”的判决无须过分说理，而法官主导的“折服式审判构造”中要充分说理以使诉讼参与者“心服口服”。

对各自的诉讼主张和诉讼抗辩进行思考、准备和进行必要的调整，以防止法院就裁判所涉及的法律关系及行为的性质或效力的认定出乎当事人意料。在证据调查上，一方面，法官在审判上为确保查明案件真实享有诉讼指挥权；另一方面，当事人有向法院申请证据或主张某种证据方法的权利，其中，当事人可依法向法庭申请传唤证人、申请鉴定、申请勘验、申请法院命令对方当事人或诉讼第三人向法庭提供必要的证据，等等，对此，法庭应当酌情进行审查判断，以便决定是否准许当事人的申请以及如何开展与此相关的证据调查活动。在案件事实认定方法上，为了防止法官在实行自由心证主义上的主观擅断，规范法官对事实认定的方式，法官应当依据全部调查过的证据资料以合理的逻辑推理和经验法则来判断证据和认定案件事实，并对事实存在的确信达到相应的证明标准。证明标准是用于衡量或评判法官对案件的待证事实在心证上是否获得必要确信的尺度或程度，只要法官就某一待证事实在内心信念上达到了必要的程度，在审判上就视为已查明了案件事实或对案件事实可以加以确认。对于证明标准，大陆法系国家采用的是“自由心证”，而英美法系国家采用的是“排除合理怀疑”，我国刑事诉讼法的表述方式是“事实清楚，证据确实、充分”，缺乏可操作性。在实践中，以需要证明的“客观真实”结论当作证明的参照和标准是以一种完全排除盖然性的绝对确定的倒果为因来衡量程序的客观标准，忽视甚至否认证明标准的主观性。在理论上，“客观真实”证明标准被斥为理想绝对主义和不具可操作性，而欲取而代之的以多元价值程序正义观为基础而设定的“法律真实”，也并不能产生明晰的事实判定，反而因何谓法律真实不明确，易被误解为主观真实、形式真实，从而导致降低证明标准。此外，被追捧的程序之内甚至经过一审、二审和再审所确定的法律真实标准往往恰恰被“程序”以外的客观真实推翻，来了一个众所周知并且众口一词的定论（如杜培武案件的改判）。采一种“中庸之道”或者层次式或者结合式的证明标准在所难免，但是又可能因为其包容性过大而为各种司法错案找到各自合理的借口。

刑事证据立法应当防止、限制司法工作人员的恣意专断、滥用权力，以遏制司法不公、司法腐败，同时充分保护当事人及其他涉讼公民的合法权益。集中体现刑事证据法理性、文明和民主的良法性[①]的刑事证据法原则的真正确立要通过具体的制度来保障。例如，自由心证原则要求公开审判制度、辩护制度、判决理由制度、上诉制度、判例法制度以及司法独立和法官精英化制度等来保证。在我国，这些制度有的已经确立，有的还很不完善，甚至还是空白，如判决理由制度、判例法制度以及司法独立和法官精英化制度等。要想在更大范围内、更大程度上制约权力和保障权利，更好地保障我国证据立法的良法性，建立和完善证据制度，要进一步修改、完善刑事诉讼法，甚至将一些刑事诉讼法原则上升为宪法性规范，乃至改革和完善整个司法制度。比如，建立科学、完善的刑事审前程序才能更好地防止刑讯逼供、久押不决等问题，又如，直接、言词原则就要求建立法官或者合议庭独立原则。目前，一方面，要制定比大陆法系甚至某种程度上比英美法系更多的司法令状规则、非法证据排除规则、证据证明力规则等，以弱化、限制司法工作人员在证据收集和判断问题上几乎无限制的自由裁量权；另一方面，应以控辩双方主导原则为制度基础，确立并保障当事人的诉讼主体地位，尤其是确立控辩双方主导证据的提出与调查，取消法官庭外证据调查权。[②] 在总体模式属于职权主义的我国，刑事诉讼法如何把当事人主义因素引入职权主义的证据制度中，在满足保护人权与追求真实两方面要求的同时并富有效率，实属不易。例如，保证直接、言词原则要求证人出庭作证，从而为控辩双方提供质证机会，但是对于控辩双方无异议的证人证言或者在其他特殊情况下，出于诉讼效率的考虑可以设置一些例外。又如，确立沉默权原则的同时，对以下几种情况应当进行限制：在犯罪嫌疑人身上、住所发现犯罪证据的；有证据证明犯罪嫌疑人在案发现场的；团伙、有组织犯罪中，有证据证明重要成员对其他成员的有关犯罪事实了解的。再如，证据开示不一定针对每一个案件，可以有选择地进行，并且证据开示不能演变为审判前的审判，导致重复质证。

刑事证据法基本原则因各项原则规范对象不同而各有其侧重点。证据裁判原

---

① 法治应包含两重意义：已成立的法律获得普遍的服从，而大家所服从的法律又应该本身是制定得良好的法律。参见［古希腊］亚里士多德：《政治学》，吴寿彭译，199页，北京，商务印书馆，1965。

② 参见左卫民、刘涛：《取向与框架：两大法系刑事证据法之比较》，载《中国法学》，2001（5）。

则表现出人类在诉讼认识活动中理性主义的萌生；合法性原则是证据的社会属性的体现，侧重规范证据能力，本诸规则判断；关联性原则是证据的自然属性的延伸，侧重规范证明力，本诸自由心证。“证据同争执点有关与否是一个逻辑问题，而可采纳与否是一个法律问题。”① 可见，证据能力属法律范畴，而证据力（即证明力）属逻辑范畴。直接、言词原则是事实发现的前提机制，侧重对法官和诉讼参与人的时空条件的规范，强调证人出庭、当事人出席、法官亲历审判。质证原则是真相查明的动态装置，侧重对诉讼参与人运用证据和法官采纳证据的行为进行规范。

刑事证据法基本原则之间又以证据能力和证明力为相互联系点。证据裁判原则是现代证据制度和诉讼法制度的核心原则，直接、言词原则，裁判中立原则、控辩对等原则、无罪推定原则等都不能削弱证据裁判原则的作用，甚至有些原则对证据裁判原则还有强化作用。例如，在有证据证明被告人有罪的情况下才能对被告人定罪量刑，是贯彻无罪推定原则的要求，而在有罪推定之下，对公民的定罪量刑就不一定要求有明确的证据了。再如，法庭审理采取直接、言词原则，可以使控、辩双方充分行使质证权，有利于查清证据的真伪和排除违法证据。

证据裁判原则，在证据能力上，要求作为裁判根据的证据，在消极的证据容许性方面不为法律所禁止，在积极的证据审查判断方面经过严格的法定程序。前者具体分化为合法性原则和关联性原则。在某种意义上，证据裁判原则与合法性原则在证据能力的规范要求和证明对象的范围限定上是一致的，而关联性原则优先适用证据裁判原则以作为可采性的事实前提，并与证据裁判原则相衔接以自由心证认定案件事实。后者具体分化为直接、言词原则和质证原则。证据裁判原则要求证据必须在公开的法庭上出示，经过控辩双方的充分辩论。以是否接受证据调查为标准，证据仍然可以被区分为存在于证据调查之头、关注证据的形式特征即证明能力问题的证据和存在于证据调查之尾、关注证据的实质内容即证明力问题的证据两个阶段上的证据。与调查程序和证据阶段同步的证据关联性得分为调查前限定调查范围的证明能力关联性与调查后限定判断范围的证据价值关联性亦即证明力之关联性。关联性是证明能力的基础，对证据关联性的判断一方面划定

① 沈达明：《比较民事诉讼法初论》，265页，北京，中信出版社，1991。

法庭调查的证据范围，另一方面构成证据具有证明能力的前提条件。控诉方既已提出待证事实，就应当提供证据予以证明，所提供证据的范围，就应当限定在与待证事实具有关联性的证据之内。特定证据与待证事实之间是否具有关联性，直接决定着特定证据对于待证事实是否具有证明作用。具有关联性的证据材料是否具有证明能力仍由法官依法或者自由裁量。可见，证明能力问题已经包含了价值判断的因素，或者说体现了正当性的要求。而贯彻直接原则，要求证人、侦查人员、鉴定人及勘验、检查笔录制作人出庭接受控辩双方的质证。直接、言词原则构成质证制度的基本前提，只有被害人、证人、鉴定人出庭作证，法庭质证才能进行。直接、言词原则一方面要求审判人员庭前不深入控方材料，以免形成预断或偏见，从而在程序上保障正确裁判；另一方面有利于巩固控审分离，实现控辩平等。庭审质证又是直接、言词原则和辩论原则的直接体现，也是实行“集中审理”主义的必然要求。在证明方式上严格证明与自由证明相区分下的严格证明是证据裁判原则的重要内容，与言词（口头）审理原则和严格证明规则的密切联系相对应，间接审理原则是与书面审理原则和自由证明相联系的。刑事质证的内容主要是刑事证据的真实性、关联性和合法性，也就是对对方所提出证明的证据能力和证明力进行核实。质证原则要求给予控辩双方对所有证据材料进行充分的辩论、驳斥的机会，并且这些材料都必须经过庭审中控方、辩方的辨认、质疑、说明、解释方能作为定案依据。质证原则本身是对证据裁判原则的肯定。庭审质证程序中举证规则、质证顺序、质证内容以及质证的限制性要求和禁止诱导性询问、禁止质证己方证人和限制重复询问等规则，都体现了一种合法性的要求。

# 第四章

# 证据能力研究

## 一、证据能力的概念

1. 证据能力概念的提出

由于现代诉讼法普遍实行证据裁判原则，故法律要求法官在对案件作出裁判时，必须根据证据来认定案件争议事项。证据裁判原则要求裁判的形成必须以符合一定条件的证据为依据，没有证据即不得认定犯罪事实。随着时代的发展以及人们对诉讼理论认识的逐步深化，在单纯认识论的范围内讨论证据裁判原则已经无法赋予其更新的含义以满足实践的需要，因此，价值论的有关因素便逐渐渗入其中。考虑到证据在裁判者对事实形成认识过程中所施加的直接影响以及证据所体现的价值色彩，有必要将裁判者据以形成判断的证据限定在具有较大可靠性的范围之内。同时，诉讼法日益重视人权保障理念的运用以及诉讼效率思想的传播，体现在证据观念上即要求法庭调查的证据必须精练、适格，而不能无所不包，因此，“今天的证据裁判原则在内涵上已具有明确的规范意义：据以裁判之证据，必须具备证据能力，且必须经过正式的法庭调查程序”①。由此可见，根

① 陈卫东：《论刑事证据法的基本原则》，载《中外法学》，2004（4），415页。

据证据裁判原则，法官作出裁判所依据的必须是符合一定要求的证据，没有证据或证据没有达到相应的要求，就不得据此认定犯罪事实。对于作为裁判依据的证据，相比于一般意义上的证据，法律的要求更为严格，“并且许多被外行人认为对于发现事实真相来说是重要的事物，却被法律基于司法程序的目的加以排除”。所以，“司法意义上的证据可以被认为是按照证据规则而被允许用于证明或者反驳处于调查中的事项的事实”①。鉴于证据在案件审理过程中的重要作用，现代国家在诉讼法上一般都制定了众多的证据规则对证据如何使用进行规范，其中，解决诉讼过程中的证据准入问题的规则处于最基础、最重要的地位。在长期的历史发展过程中，大陆法系国家建立起证据能力理论解决证据准入问题，而英美法系将其归入证据可采性的范畴进行规定。

我们知道，“粗略地说，证据由事实构成，但并非所有事实都是证据，只有那些庭审可采纳的事实才是证据”②。由此可知，诉讼外的某项事实材料，如果要进入庭审阶段，在接受诉讼双方的质证之后成为法官认定案件事实的根据，实现由证据材料③到证据的飞跃，唯一途径就是必须具备证据能力。所谓证据能力，是指“作为证据的载体形式即信息载体形式的证据方法能够提出所具有的一种法律上的资格”，而在现代国家，“每一种证据方法都存在有没有证据能力的问题”④。在诉讼开始之前，能够证明案件事实的证据材料可能有很多种，但是基于诉讼效率以及其他社会政策的考量，并非所有可以证明案件争议事实的证据材

① ［日］我妻荣主编：《新法律学辞典》，485页，北京，中国政法大学出版社，1991。

② ［美］艾伦·豪切斯泰勒·斯黛丽、南希·弗兰克：《美国刑事法院诉讼程序》，陈卫东、徐美君译，380页，北京，中国人民大学出版社，2002。

③ 有学者指出，我国刑事诉讼法使用“证据”一词有时含义并不相同，归纳起来主要有两种含义：一是指证据材料，二是指定案根据。（参见曹贵乾主编：《刑事诉讼法教程》，122页，北京，警官教育出版社，1998。）所谓证据材料是指在诉讼开始后，由诉讼参与人提供或者办案人员收集的未经查证核实而准备确认为证据的材料。像物证、书证等不同种类的“证据”，在未经查证核实之前，往往是证据材料，可能真实，也可能不真实。它们被查证属实后，才是既符合法律规定的表现形式，又具有能够证明案件真实情况的事实内容的证据。（参见陈卫东主编：《新刑事诉讼法通论》，148页，北京，法律出版社，1996。）因此，作为定案根据的证据和证据材料有区分的必要。本章即是在上述意义上使用“证据材料”一词的。同时，为了行文的方便，本章将“证据方法”作为其同义词使用。

④ 陈卫东：《论刑事证据法的基本原则》，载《中外法学》，2004（4），416页。

料都可以被纳入庭审范围；只有符合法律的规定、具备证据能力者，才能进入诉讼，成为证据法意义上的证据，进而在法官认定案件事实、进行裁判时发挥作用。

2. 证据能力的内涵解析

按照美国学者达马斯卡的观点，法官查明案件事实的活动可以分为三个阶段：证据调查的准备活动、证据调查活动以及对证据的评价活动。无论在大陆法系还是在英美法系，由于证据裁判原则的确立，法官必须依据证据查明案件事实，因此，在诉讼的进程中首先必须解决的问题是什么样的证据将会在庭审中被调查，此即证据的准入问题或者说证据资格问题。一般说来，证据能力规则即是为解决这个问题而设置的，它是立法者或者司法者在衡量各种社会价值之后，就可以进入诉讼并在法官认定案件事实过程中发挥作用的证据通过立法或者判例提出的最低限度的要求。证据能力相当于一个过滤器，在正式开庭审判以前或者在法庭审理期间，法官以此为准则，对于双方当事人就案件争议事实所提出的意欲证明自己诉讼主张的证据材料进行考察：凡是达到或高于法律对证据的最低要求的证据材料，认定其具备证据能力，允许其在法庭上提出并作为认定事实的依据；对于违反证据能力规则而丧失证据能力的证据材料，剥夺其在法庭上出示的资格。也就是说，只有那些经过法官考察之后符合要求而被纳入庭审范围的证据才有可能最终成为法官认定案件事实、作出裁判的依据，而那些违反了证据能力规则的证据材料根本就没有资格进入法庭审理阶段，当然也就不可能，也不应该成为法官裁判案件的依据。

法律对于进入庭审范围的证据提出某种资格要求，主要是基于诉讼公正和诉讼效率两方面的考虑，而证据能力是这两者结合之后的产物。在法官运用证据能力规则对证据材料进行考察的过程中，一方面，证据能力规则将那些与案件事实无关或没有什么联系的证据方法排除在诉讼之外，保证了提交给法庭进行审查的证据与待证事实之间的紧密联系，防止与案件无关的证据材料进入法庭审理过程中，避免庭审范围的无限扩大，从而使庭审更具针对性、司法资源的使用更为集中，也避免了司法资源的浪费，体现了诉讼效率的要求；另一方面，证据能力规则基于维护社会公共价值及社会政策的考量，适当适时地将那些根据经验和理性已知其值得怀疑或不可靠以及会导致事实审理者产生偏见的证据方法排除，从而树立起一道坚实的屏障，保证事实认定者在认定案件事实的过程中不受带有污点的证据的误导而形成错误的认识，尽可能地消除事实审理者因被证据误导而对案件事实形成错误认识的危险，从形式上保证了公正裁判的形成，体现了法律对诉讼公正的关注和保障，也构成了终局裁判具备可接受性的正当理由之一。由此可见，证据能力规则防止了无关的、多余的以及容易被夸大的证据方法被纳入证据调查的范围，在一定程度上保障了诉讼中单个证据的可靠性，也有助于提高诉讼进程的秩序性和可预测性。

值得注意的是，证据能力的概念并不是静止的，而是一个变动。在现代国家，由于价值论逐步渗入证据论的范畴，证据制度的设计愈来愈多地体现出价值冲突和选择的色彩，某项证据制度的确立往往是多种价值相冲突后妥协的结果。证据能力作为证据制度两大核心之一的证据论的重要组成部分，当然也不可避免地要成为一种价值载体。证据能力规则的设置实际上体现了立法者在特定时期进行价值选择的结果，但是这种选择并非一成不变的，而是具有明显的阶段性。在社会发展的此阶段，立法者根据具体情况，可能更倾向于此种价值，而在彼阶段更倾向于彼价值。这种变动性在立法时会通过具体制度的设计体现得一览无余，美国的非法证据排除规则的发展历程将证据能力的这种变动性表现得淋漓尽致。

3. 证据能力适用的场合

在证据法理论上，证明向来有严格证明和自由证明之分。① 一般认为，法官以证据能力或可采性为标准对于是否可以将证据纳入诉讼之中作出判断的过程只能发生在为对被告人定罪而采用严格证明的场合。刑事诉讼处理的是单个的个人反对国家的斗争，因而其在程序运作过程中势必体现出强烈的国家统治色彩，法官必须通过审理案件对于被告人的行为是否构成犯罪进行具有实体法意义的裁

① 严格证明与自由证明是相对而言的，严格证明指“对于诉讼客体或系争实体法事实的证明，此等证明应适用严格的客观法则；自由证明主要是对程序事实的证明，立法上不直接设立客观法则，而委诸法官的裁量，也称释明”（陈朴生：《刑事证据法》，177 页，台北，三民书局，1979）。

判，无论最后是否对被告人定罪，审判活动对被告人的影响是极其重大的，因此，各国一般都对确认被告人是否有罪的审判活动提出了非常严格的要求，在证据方面就表现为对证据资格的限制：只有具备证据能力的证据材料才可以进入诉讼过程，并作为确认被告人是否有罪的根据。从这个意义上讲，证据能力并不具有贯穿刑事诉讼全过程的效力，其仅仅适用于法庭审理阶段确认被告人的行为是否构成犯罪的严格证明过程。除此之外，考虑到尽量以有限的诉讼空间容纳更多的案件信息以保证对案件的处理更为公正，在其他程序之中一般并不要求适用证据能力规则对证据进行规制。《美国联邦证据规则》就该问题有明确的规定，该法第1101条（d）项规定，以下刑事诉讼程序不适用可采性规则：第一，大陪审团程序；第二，签发逮捕令、刑事传票和搜查令；第三，与保释有关的程序；第四，刑事案件的预审程序；第五，为确定证据的可采性而对事实的初步询问；第六，判刑、批准或撤销缓刑。

## 二、国外证据能力规则的比较

由于历史的原因，大陆法系国家和英美法系国家形成了不同的司法传统。就证据制度而言，大陆法系国家出于对法定证据制度的恐惧，同时为了避免烦琐的证据规则导致查明实体真实方面的困难，建立了排除证据规则的自由心证制度。为了在查明事实的过程中充分发挥职权主义的作用，大陆法系国家允许法院依职权自行调查证据，并且通过自由心证来判断证据的价值（包括证据能力和证明力），因而法律很少就证据规则作出规定，关于证据能力的规定仅立足于积极方面，对不具备证据能力的情形很少涉及。① 凡可作为证据之资料，均具有理论上的证据能力。但是，这并不是说，在大陆法系，法律允许所有的证据材料都涌入案件裁判过程中，大陆法系国

① 与大陆法系的做法不同的是，英美法系侧重于通过立法或判例从消极方面对证据能力进行规定，体现为一系列的证据排除规则。学界有观点认为，大陆法系国家为了充分发挥职权主义的效能而对证据能力很少加以规定，由法官进行自由裁量。我国台湾地区学者林钰雄对之评价说，那种认为职权主义对证据能力殊少限制的结论是一种误解并且不符合法制史和立法例。参见林钰雄：《刑事诉讼法》，台北，“国家”图书馆，2003。

家对证据能力还是有限制的，最具代表性的是德国法上的证据禁止理论。而在英美法系国家，由于当事人主义的传统源远流长以及普通法上事实问题认定者和法律问题认定者的分离，提出证据并揭示其证明价值是当事人的责任，裁判者在案件的审理过程中只负责维持庭审活动的正常进行并根据当事人提出的证据认定事实、作出裁判，当事人的举证活动对诉讼结果有着决定性的影响。因此，为了平衡当事人在诉讼活动中的偏向性，保障陪审团接触到的事实的客观性，防止其受到误导，必须对于当事人可以提出用以证明事实的证据范围进行规制。因而，某项证据材料是否具有资格进入诉讼的问题便由法官来判断，并在长期的实践中通过判例形成了大量的证据能力规则。当然，这些规则主要是从消极方面对证据能力进行规制。以下即就两大法系中较为典型国家——德国和美国——的证据能力规则进行探讨。

1. 德国的证据能力规则

德国学者认为，裁判者据以进行裁判的证据，必须满足证据能力在两方面的要求：一是证据材料不被法律禁止，二是证据材料应当经过法定的调查程序。我国台湾地区学者林钰雄将之归纳为消极要件和积极要件："消极要件，系指证据使用之禁止，也可说是证据排除，例如以强暴、胁迫等不正讯问方法所得之证据，不得作为证据。""积极要件，一言以蔽之，就是严格证明法则，换言之，证据必须经过严格之调查程序后，始能终局取得证据能力，始得作为认定犯罪事实之基础。"①

在德国刑事诉讼法上，证据能力主要受证据禁止理论的限制。所谓证据禁止，顾名思义是就证据材料本身而言，法律基于对个人权益的保障就是否可以利用其作为认定事实的基础设定限制性条件，禁止采用非法方式收集证据或者禁止使用某些违反禁止性规定取得的证据，并预先规定将某些不具有事实认定根据之法律资格的证据材料予以排除。依证据禁止理论，法律首先承认证据材料一般都具有证据能力，但同时就某些特殊情况作出否定性评价，即规定无证据能力的特例，设置了证据排除规则。德国有法学家认为，"所有在刑事诉讼中对证据的提出设有限制的法律规定都属于证据禁止的范畴"②。德国法上的证据禁止包括两方

① 林钰雄：《刑事诉讼法》（上），345页，北京，中国人民大学出版社，2005。

② ［德］克劳思·罗科信：《德国刑事诉讼法》，吴丽琪译，212页，北京，法律出版社，2003。

面的内容：首先是证据取得的禁止，其着眼点在于规范国家机关在侦查过程中的取证行为，保护公民的基本权利免受国家权力的非法侵犯，因而刑事诉讼法对取证行为进行了详细的规定，侦查机关在取证过程中如有违反即是证据禁止。其次是证据使用的禁止，规范的对象乃是法院的审判行为，主要在于禁止法院在审判程序中将已经取得的特定证据作为裁判的基础。从结论而言，落入证据使用禁止范围内的特定证据，因为欠缺证据能力的消极要件而不能成为裁判的基础。[①] 以导致证据使用禁止的来源为标准，其在理论上又被区分为自主性证据使用禁止和非自主性证据使用禁止。依简单的逻辑判断，似乎违反了证据取得禁止的规定所得之证据就是非法证据，理所当然地就会导致证据使用的禁止。但是，在德国的刑事证据理论和司法实践中，情况往往要比这复杂得多：一些违反证据取得禁止的规定所得的证据可能被使用，而某些未违反证据取得禁止的规定所得的证据有可能被排除。一般认为，违反证据取得禁止的规定，既不是证据使用禁止的充分条件，也不是证据使用禁止的必要条件；证据取得禁止的规定只是国家机关取证的行为规范，并不直接涉及证据能力问题，决定证据是否具有证据能力的是证据使用禁止的规定。

德国刑事诉讼理论界认为证据使用禁止的原理是：如果为了贯彻审判公开和判决公开制度而导致某种信息不得不公开，而公开该信息可能违背公民所关心的合法利益时，那么对该证据的使用也应当被禁止，即便国家得到该信息的手段是完全合法的。德国有学者论述道，在德国司法制度中，刑事诉讼的证据不是公诉人用来赢得案件的手段，而是法庭履行职责查明真相的必要工具，因此，违反使用禁止损害的并不是警察或者公诉人的利益，而是刑事案件公正判决的公共利益。[②] 对于证据是否因符合禁止使用的条件而丧失证据能力，由法官在证据调查的过程中根据法律的规定以及具体情况来判断。[③] 在

---

① 参见林钰雄：《严格证明与刑事证据》，23页，台北，台北学林文化事业有限公司，2002。

② 参见［德］托马斯·魏根特：《德国刑事诉讼程序》，岳礼玲、温小洁译，194页，北京，中国政法大学出版社，2004。

③ 除了立法之外，德国学界有人试图建立统一的判断标准来简化法官的工作，但是取证规定千差万别，违法形态更是千奇百怪，建立统一的标准谈何容易。针对两种证据使用禁止的情形，理论上和实践中产生了许多判断标准，比较有代表性的有规范保护目的理论、权衡理论、宪法性隐私保护理论等。

实定法上，德国刑事诉讼法第 100b 条第 5 项即规定，在经合法授权后对特定对象进行监听过程中，如果获取了有关该法第 100a 条规定以外的犯罪信息，以及有关其他人的犯罪信息，则该犯罪信息只能在其他刑事诉讼程序中使用，在追究本罪的诉讼程序中不得使用。[①] 德国联邦最高法院通过判例也禁止在诉讼中使用符合一定条件的以其他非法手段获取的证据，这些条件包括：(1) 违法取证已经损害了受法律保护人的利益；(2) 如果不违反规则，证据就无法取得；(3) 证据的排除必须与已经违反的刑事诉讼规则所确立的目的相符合；(4) 依照案件实际上的事实，证据的排除不能与为了解决案件那种压倒一切的利益相冲突。[②]

除此之外，法官判定某证据材料是否具备证据能力还必须经过合法的调查程序，否则可能产生证据排除的效果，此即德国法上的程序禁止理论。虽然大陆法系在刑事审判中事实认定者和法律适用者并不像英美法系那样分离，而是由陪审员和职业法官共同认定案件事实、适用法律，但是基于对诉讼共同规律的把握以及诉讼技术的要求，包括直接、言词原则与集中审理原则等在内的诉讼规范从不同层面限制了具备证据能力的证据的范围。可以说，证据材料在未经合法调查程序之前，并非当然可以为裁判者所用，作为认定案件事实的根据，因为这违背了直接、言词原则的要求，控辩双方无法对之进行充分的质证，法官不能根据其形成合理的心证，也无从对之作出合理的价值判断。所以，违背法律禁止性调查程序的，该证据材料将被排除在认定案件事实的根据的范围之外，从而丧失证据价值。但是，至于其有无证据资格，要根据法律的具体规定予以判断。[③]

① 参见何家弘、张卫平主编：《外国证据法选译》(上)，455 页，北京，人民法院出版社，2000。

② 参见岳礼玲：《德国刑事证据制度中的若干问题》，载《诉讼法学新探》，393～396 页，北京，中国法制出版社，2000。

③ 有学者将程序禁止理论区分为绝对禁止和相对禁止两种情况。于绝对禁止的情形，法律一般明文规定必须否定证据材料的证据能力，法官的自由裁量权没有发挥的余地；于相对禁止的情形，法官在诉讼程序的规制下享有自由裁量权，根据案件的具体情况决定是否肯定该证据材料的证据能力。参见郭志媛：《刑事证据可采性研究》，北京，中国人民公安大学出版社，2004。

2. 美国的证据可采性理论

在以美国为代表的英美法系国家，证据能力为证据的可采性规则所调整。证据的可采性，又可称为证据的容许性或许容性，我国台湾地区学者将之归纳为，“证据之许容性，亦即，于法律上，得提出于法庭作为证明之用之适格性”[①]。总体上来说，美国对于作为裁判依据的证据的可采性的首要要求是，证据必须要具备关联性。因此，论及证据的可采性必须就关联性作一番阐述。

根据《美国联邦证据规则》第401条的规定，证据的关联性是指当事人在诉讼中所提出的某项证据材料倾向于证明或者驳斥某一有争议的事实。英美法系证据法学者基本上认为关联性的核心内容是根据可以适用的逻辑和经验法则，某个证据事实能够对待证事实所起到的支持或否定的作用。但是，美国证据法学者后来在此基础上增加了“实质性”的内容，即该被支持或否定的待证事实应当属于案件中需要证明的争议事实。[②] 就关联性和可采性的关系而言，一般认为证据的关联性是证据的可采性的基础，只有具备关联性的证据材料才有可采性的问题；具备可采性的证据材料必然具有关联性，但是具备关联性的证据材料未必具有可采性，而法律判断某项证据材料是否具备证据能力的首要标准即其是否具备关联性。

实际上，关联性并不是任何一个证据材料本身具有的内在特点，而是该证据材料和它试图证明的诉讼中的某项事实假定之间的一种联系。如果一个证据材料倾向于证明或驳斥某项假定，那么它和该假定之间即有关联性。同时，与可采性

① 黄东熊：《刑事诉讼法论》，383页，台北，三民书局。

② 实质性是美国证据法上的概念。美国学者认为，决定证据是否具有可采性的首要问题是关联性，而关联性由证据的实质性和证明性加以认定。如果证据与必须证明的事实有关，其即具有实质性；如果证据能够证实或至少能部分证实所称事实的真实性，该证据就具有证明性。如果证据可以用来证明案件的主要部分，并且出示的证据能使该事实成立，则该证据就可能具有关联性。美国证据法学家威格莫尔认为，有必要强调因与待证事实无关而排除证据同因与争议事实无关而排除证据之间的区别，区分方法是将前者严格限于“关联性”，把后者称为“实质性”。关联性是指证据具有证明某一特定命题的证明价值，实质性是指该命题对案件具有法律意义。英国、加拿大等国家的证据法学者起初反对或忽略这种区别，在实践中也不予以区分，但后来逐渐倾向于这种意见。《美国联邦证据规则》第401条的规定实际上也融合了实质性的内容。

更多地作为法律问题由法官判断不同的是，关联性不是一个严格的法律问题，而更多地被视为一个逻辑上的事实问题，“法律对于有关联性不提出任何检验标准”[①]，仅假定法官熟知作为推理适用的各项原则，根据逻辑和一般经验在实践中对证据的关联性问题进行裁断。实际上，法官判断关联性存在与否的标准是所提出的证据材料能否使待证事实比没有该证据材料时更有可能或更没可能成立。因此，法官必须结合自己的知识和经验对之进行考察后判断，一个正常、理智的陪审员是否会比没有该证据材料时更有可能相信争议事实的存在，如果答案是肯定的，则该证据材料即具有关联性。英美法系证据法将关联性规则视为规范证据可采性的“黄金规则”，其设立目的在于：（1）尽量消除陪审团受到无关联性证据误导的危险；（2）限定调查证据的范围，提高诉讼效率。这在美国的证据立法上均有反映。例如，《美国联邦证据规则》第402条规定，关联证据一般可以采纳，无关联性的证据不能采纳；根据美国宪法、联邦条例、《联邦证据规则》以及联邦最高法院根据立法授权确立的其他规则可以排除具有关联性的证据。[②] 一般情况下，具备关联性的证据原则上都应当被采纳，法官不得采纳无关联性的证据。实际上，在英美法系国家，只要某项证据对案件事实具有证明价值，该证据即具关联性而可被采纳；而且，即便其证明价值很小，该证据也是可采纳的。虽然该证据可能被排除，但不是因为它没有关联性，而可能是基于价值衡量或公正政策等因素的考量。关联性在美国证据法上被视为理性证明的基本要求，是一切证据得以具备可采性的前提条件。既然所有的证据最终都需要通过逻辑上的推理和论证来支持某个特定的主张，那么关联性所针对的就是证据的实体内容，而与其以何种形态存在或表现无关，因而关联性规则的适用范围极其广泛。当然，具备了关联性的证据未必都是可采的，其还可能因为其他因素被排除，但这些排除因素同关联性显然不能同日而语：这些因素是变动的，国家在不同时期，根据不

---

① 沈达明：《英美证据法》，87～88页，北京，中信出版社，1996。

② 不仅美国对证据的关联性有规定，《澳大利亚联邦1995年证据法》第56条亦规定，除本法另有规定外，诉讼程序中有关联的证据在诉讼中应予采纳；在诉讼程序中不相关的证据不得采纳。参见何家弘、张卫平主编：《外国证据法选译》（上），231页，北京，人民法院出版社，2000。

同的社会状况会对之进行调整，因此也会导致与之相关的排除规则在一定范围内变动。但是，一个国家只要还承认其证据制度是建立在理性基础之上的，一般不会允许采纳不具有关联性的证据。①

在关联性规则之上，美国证据法对证据可采性的要求，反映在以排除规则为核心的大量的证据规则上。换句话说，美国证据法并未过多在正面对于何种证据具备可采性作出积极规定，而是从反面出发，通过判例对无可采性而应排除证据的情形作出规定，并设置了相应的例外，即如我国台湾地区学者所说："凡有合理立证价值之事实，在原则上具有证据能力。因此对于何种证据具有证据能力，殊少积极规定，亦系意指反面有所限制而言。法律及判例，大多就积极的而无证据能力或证据能力有所限制之情形，予以排除。"② 由此可见，可采性是一个反面、消极、动态的法律性概念，作为英美法系当事人主义诉讼模式的产物，它突出反映了对抗制审判下的正当程序理念，同时也包含了法官自由裁量的内容。某项具备关联性的证据是否可采需要当事人在诉讼程序的规制下平等对抗，提出各自主张及理由，然后由法官根据法律规定或行使自由裁量权予以确定。与关联性不同的是，可采性同证据与待证事实之间的关系无关，其完全取决于法律的规定。如果根据法律的规定，某项证据可以被采纳，则其具备可采性，反之，则不具备可采性。有的证据，虽然也具有关联性，但仍被认为不具有可采性而排除。例如，传闻证据虽然同案件事实具有关联性，但是因为其本身不可靠，而且控辩双方也无法有效地利用交叉询问规则对之进行质证，故法律规定传闻证据应当被排除，亦即传闻证据一般不具备可采性。在利用可采性对证据进行考量的时候，法官关注的往往不是该证据可以在多大程度上证明或推翻案件的争议事实，而是关联性之外的因素，如采纳该证据可能导致不公正的偏见、混淆争议或误导陪审团的危险大于该证据可能具有的价值等，典型的如经刑讯逼供获取的被告人有罪

① 社会生活的复杂化意味着一项原则必然伴随有例外，所以，这里只是就一般情况作出总结。关联性规则当然也存在例外，例如，品格证据以及类似事实证据虽同案件的争议事实不具有关联性，但是在一定情况下，它们也可能被法官采用作为裁判的根据。

② 李学灯：《证据法比较研究》，台北，五南图书出版公司，1992。转引自郭志媛：《刑事证据可采性研究》，96页，北京，中国人民公安大学出版社，2004。

供述：尽管该有罪供述同案件的犯罪事实具有极大的关联性，对犯罪事实具有很高的证明价值，但是其严重侵犯了被告人的宪法权利及身心自由，故现代国家基于人权保障的理念一般认为其不具有可采性而将其排除。因此，不可采的证据，无论其多么具有关联性，也不论其证明力有多大，法官都不得予以采纳，而应该运用排除规则将其排除。

3. 小结

从上文可以看出，证据能力是法律在对社会生活经验及审判实践进行总结之后就能够进入诉讼的证据提出的最低要求或者标准线，只有满足了这个最低要求或者跨越了标准线的证据材料才能实现质的飞跃，成为诉讼证据而在正式的庭审过程中发挥作用。就两大法系有关国家与证据能力制度的有关理论和司法实践来看，大陆法系从传统上注重查明事实，发挥法官的职权作用，要求法官在判断某项证据材料是否具备证据能力时积极介入，赋予其较大的自由裁量权，法律对不具备证据能力的情形殊有明确规定；英美法系则注重保障当事人的程序主导权，法官相对中立、消极，同时由于由陪审团负责认定事实，法律特别注重消除其受不当证据误导的危险，因此对法官的自由裁量权限制较大，设置了大量的以排除规则为核心的证据规则。尽管两大法系在证据可采性上存在一定差异，但是两者之间也有相互借鉴和融合的趋势，例如，在可采证据的范围上，英美法系国家通过判例形成的排除规则大大限制了庭审证据的数量，但是近些年来排除规则有萎缩的现象，最明显的标志是排除规则被立法废止或其例外情形通过判例大量得以确定。同时，法官在证据是否具备可采性问题上的裁量权在立法上得到了体现，法官的作用逐渐增强。而在大陆法系，一方面，法官的自由裁量权继续得以保持；另一方面，立法开始涉及证据资格问题，证据资格问题逐步被纳入实定法调整的范畴，比较典型的是意大利在 1988 年修改刑事诉讼法时引入了一些带有英美法系色彩的排除规则。

## 三、我国证据能力制度的现状和完善

与其他国家不同，此前我国刑事诉讼法学界对证据的要求主要是三点，也就是学界所称的“三性说”，即客观性、关联性和合法性。[①] 这种理论指导下的立法模式在实践中暴露出了许多问题，2012年《刑事诉讼法》关于证据概念规定的修改针对暴露出的问题作出了必要的回应，但是由于规定较为原则，仍存在进一步完善的必要。两大法系有关国家关于证据资格问题的处理方式，对于我国建构自己的证据能力制度具有很大的借鉴作用。

1. 我国现行立法的规定及缺陷

从立法上来看，我国《刑事诉讼法》第48条的规定可以视为立法对证据资格提出的要求。根据该条的规定，判断某项证据方法是否具备证据能力的标准主要来自两个方面，即是否符合法定的八种证据形式并且能够证明案件事实。该条规定表明，在我国的刑事诉讼中，只要是能够证明案件事实而且符合法定的表现形式的一切事实，都可以被采纳作为法庭认定案件事实的证据。也就是说，我国法律对证据资格的要求被严格限制在“实质意义”和“表现形式”两个方面。但是在实践中，这两个标准几乎形同虚设：一方面，几乎所有的证据材料都能找到可以依托的法定证据形式而作为证据使用；另一方面，证据能否证明案件真实情况只有在法庭调查之后才能确定，以之作为证据资格的限制条件实在勉为其难，而实践中凡是符合法定形式的证据均可进入法庭调查程序，证据资格作为“过滤器”完全无用武之处。在一般情况下，有关机关在审前阶段收集的证据方法只要披上了法定表现形式的外衣之后，基本都可以畅通无阻地进入法庭调查阶段。从一定意义上说，这也是一种立法资源的浪费。

除此之外，我国宪法、刑事诉讼法以及有关的司法解释对于与非法证据的证据能力有关的问题也有所涉及。例如，《宪法》第37条规定，禁止非法剥夺或限制公民的人身自由以及非法搜查公民身体；第39条规定，禁止非法搜查或者侵入公民的住宅。刑事诉讼法则对逮捕、搜查和扣押提出了若干程序性要求，而且于第54条明确规定：采用刑讯逼供等非法方法收集的犯罪嫌疑人、被告人供述

① 除了“三性说”之外，还有学者主张“两性说”、“三性说”（客观性、关联性、现实性）、“五性说”等。参见甄贞主编：《刑事诉讼法学研究综述》，218页，北京，法律出版社，2002；崔敏主编：《刑事证据理论研究综述》，29～30页，北京，中国人民公安大学出版社，1990。

和采用暴力、威胁等非法方法收集的证人证言、被害人陈述，应当予以排除；收集物证、书证不符合法定程序，可能严重影响司法公正的，应当予以补正或者作出合理解释；不能补正或者作出合理解释的，对该证据应当予以排除。在侦查、审查起诉、审判时发现有应当排除的证据的，应当依法予以排除，不得作为起诉意见、起诉决定和判决的依据。根据2012年《刑事诉讼法》相关司法解释进一步明确了在不同诉讼阶段实施非法证据排除规则的具体操作细则。这些规定的出台，说明刑讯逼供等非法取证行为已经引起了有关机关的高度关注，所获得之证据被剥夺证据能力；但是，我们也应当看到，尽管从立法层面上，非法取证行为受到了严格禁止，而且最高司法机关也三番五次地发文要求严查刑讯逼供等非法取证行为，却没什么实际效果。究其原因，一方面，立法的规定仍显粗疏，仅仅规定了非法取得的证据应当排除，对于“非法证据”的具体情形和认定标准规定尚不明确；另一方面，就非法证据排除的程序性操作问题，无论是立法还是相关的司法解释的规定都尚不十分健全、规范，实践中司法工作人员可能即使想排除该类证据也心有余而力不足。

至于与证据可采性有关的其他方面的证据规则，如传闻证据规则、品格证据规则等，我国立法及相关的司法解释基本上没有涉及。

2. 我国证据能力制度的完善

有鉴于我国证据能力制度存在诸多的缺漏，笔者认为，在对其进行完善的时候，必须根据我国的实际情况借鉴两大法系有关国家的现有成熟经验。在德国，基于大陆法系的传统，法律要求法官充分发挥职权作用，尽量根据案件的实际情况来判断某项证据方法是否具有证据能力，同时，法律对于不具备证据能力的消极情形很少加以规定，往往只就证据能力的积极要件作出规定。作为对法官自由裁量权的限制，法律亦就法官对证据的调查设定了严格的程序，若有违反，同样可能导致丧失证据能力的后果。而在英美法系的传统之下，美国要求法官在诉讼过程中恪守消极的信条，尽量注重保障当事人的程序主导权；同时，通过判例确定了大量的证据排除规则作为对证据可采性的反面限制，以求法官可以准确地将不具可采性的证据排除，防止陪审团受到某些证据的误导而对案件事实形成错误认识。因此，在对我国的证据能力制度进行完善的时候，可以从两方面入手：

首先，在我国目前的证据制度下，符合法定条件而进入庭审程序的证据过多，审判法官在庭审过程中对证据能力的审查虽可在一定程度上将不具备可采性的证据排除，但是在审查的过程中，法官实际上已经受到了不适格证据的影响，从而对案件事实形成了预断，证据可采性制度并未发挥其应有的作用，因此，有必要将对证据可采性问题的解决从庭审过程中独立出去，在现有的程序制度框架内另设解决证据可采性问题的程序。此外，在庭审过程中对证据可采性问题进行调查时，法律所规定的程序往往得不到很好的遵守，证人不出庭等现象很普遍，辩方的质证权得不到很好的保障。针对这种情况，应从对证据进行审查判断的积极方面来确定严格的程序性保障，要求对证据的调查应当按照严格的法定程序进行。这又包括以下两方面的内容：

第一，在开庭前的准备程序庭前会议中设立证据开示程序，并设独立的审前法官，在其主持下对于证据材料是否具备证据能力进行审查判断。控辩双方的证据开示应是双向的，之后，控辩双方可以就对方证据的可采性提出异议并说明理由，双方并就此进行充分辩论，法官在听取双方的意见和辩论之后，就有关证据的可采性作出专门的裁定并说明理由。该程序旨在保障辩方的先悉权并解决证据的可采性问题，禁止那些不具备可采性或可采性有争议的证据材料出现在法庭上，保证进入庭审范围的证据在可采性上不存在明显问题，防止裁判者不必要地接触那些在证据能力方面有问题的证据，以免其受到误导而形成错误的心证。

在解决可采性问题的具体程序设计上，除了应当明确规定裁定可采性的权力由法官来行使之外，还应当设置以下几个程序性规定：A. 提出证据可采性异议的主体以及时间。在证据开示程序中，控辩双方任何一方提出某项证据之后，法官应当询问对方对该证据材料的可采性是否存在异议，如有异议，该方应当即时提出并简要说明理由，法官应记录在案。在双方证据开示完成之后，法官应当组织双方就可采性存在异议的证据进行辩论，并作出相关裁定。B. 关于证据可采性的举证责任问题。基于证据能力问题应当独立裁断的思路，笔者认为，和对实体问题裁断一样，证据能力问题也构成一个独立的证明单元。也就是说，在诉讼过程中，一旦双方对某项证据材料的证据能力存在异议，为了保证法庭正确裁判有关争议，应当由提出该证据材料的一方负证明责任，即主张采纳该证据材料的一方当事人，应当提出足够的其他的证据材料来证明该证据材料的可采性，而且要达到优势证据的程度，否则，根据证明责任的要求，该方当事人应当承担证明不利的风险，其提出的该项证据材料可能被视为不具有可采性而被排除在庭审范围之外。C. 对裁判不服的救济。如果控辩双方就法官作出的认定或否定某项证据材料的裁判不服，应当及时而明确地提出异议并阐明理由，并且要求法官记录在案。待宣告判决时，该方当事人有权就此提出上诉或抗诉，一审法院就该证据材料的证据能力所作裁定存在错误并直接影响当事人实体权益或者显失公正时，第二审法院应当撤销原裁定并发回重审。这样规定是因为证据能力的问题虽然重要，但究其实质，其仍然属于辅助性问题，而且在诉讼过程中，关于证据能力问题的裁判可能很多，因此，从避免因此提起的上诉干扰诉讼程序的顺利进行，防止诉讼拖延的角度出发，关于证据能力裁判的上诉，只能在实体判决之后一并提出。

第二，在庭审过程中，双方可以提出在证据开示程序中对可采性没有异议的证据，并根据直接、言词原则的要求，在经过双方充分的辩论之后，该证据始能成为法官认定事实的根据，否则，即便该证据的可采性问题已经得到确认，法官也不得将其作为心证的基础。如果法官将未经充分质证的证据纳入其认定案件事实的根据范围之内，则构成当事人上诉的理由。

其次，相比英国、美国等国家以可采性为中心形成的众多证据规则，我国在这方面显得很落后，不仅有关的证据规则残缺不全，即便是已经确定的证据规则在实践中往往也是独木难支，发挥作用的空间比较小。因此，英国、美国等国家关于证据可采性方面的规则对于完善我国现有的证据能力制度是很有借鉴意义的。对于证据能力要从证据可采性的消极方面加以规定，即法律禁止采纳的证据，不具有证据能力，不得作为证据调查的对象而应被排除。

第一，基于关联性在确定证据可采性方面的基础性作用，完善我国的证据能力制度首先要确定有关的关联性规则。“凡与待证事实具有相关性的证据，均具有证据能力”[①]，同待证事实没有关联性的证据则不具有证据能力。但是，这只是原则性的规定，有关联性的证据仍可能因为法律的例外规定而被排除，没有关联性的证据也可能因为其他因素的考量而被认为具有可采性。为此，应当确立相应的例外规定，主要包括品格证据规则和类似事实证据规则。就品格证据而言，被告人可以提出证明其良好品格的证据，但是控方不能为证明被告人有罪而率先提出有关被告人不良品格的证据，否则，即以其不具备关联性而排除；如果辩方率先提出品格证据则不在此列。就类似事实证据而言，如果控方是为证明被告人有罪而提出，则认定其不具备关联性而否定其证据能力。之所以这样规定，主要是考虑到品格证据和类似事实证据所反映情况的特殊性，其关注的往往是被告人具有从事某种行为的倾向性，如果赋予其证据能力，允许其作为指控犯罪的证据提出，将极易导致法官形成偏见，从而丧失中立地位，作出不利于被告人心证的机会大大增加。

第二，从保证待证事实可以获得真实性的角度出发，应当将那些不可靠、容易被夸大的证据材料排除在可采性之外，即确立传闻证据规则、意见证据规则等。这里的传闻证据采广义，主要指证人及其他人在法庭之外就案件争议事实所作的陈述等，即“证人、被害人、鉴定人于审判外的陈述、询问笔录或其他书面材料，除法律另有规定外，不具有证据能力”[②]。这主要是针对目前我国司法实践中普遍存在的证人出庭作证难现象而设定的，旨在强化证人出庭与否对法庭调查证据的实质性影响。实际上，传闻证据比较容易伪造，而且在传递过程中存在错误的风险，故其具有极大的不可靠性，如果赋予其证据能力，允许其进入法庭调查阶段，很容易对法官形成误导，混淆法官对事实的认识，因而形成错误裁判的概率大增。另外，传闻不是最初陈述者本人作出的，如果允许其在法庭上使用，就相当于剥夺了被告人的质证权，也违反了辩论主义以及直接、言词原则的要求，这对于查明案件事实、作出公正的判决显然是不利的。因此，从保证法官准确根据证据认定案件事实的角度出发，确有将传闻证据排除在庭审范围之外的

---

① 陈卫东主编：《模范刑事诉讼法典》，34页，北京，中国人民大学出版社，2005。

② 同上书。

必要。但是，传闻证据如果不是为了证明所陈述事实为真，则不应当将其排除，亦即传闻证据规则应当设定适当的例外。①

就意见证据而言，我国传统上采用鉴定人制度来弥补法官对案件专门事实认识能力不足的问题，因此，为简化对问题的讨论，本章所称意见证据主要是指普通证人出庭作证时就案件情况所作之评价性陈述。意见证据不是案件事实本身，而是证人在对案件情况作出陈述基础上的推断或评价。英美法系国家明确规定意见证据应当排除，但是专家证人所作意见例外。在大陆法系国家（地区）中，除了日本、俄罗斯、我国台湾地区等之外，其他国家（地区）诸如法国、德国等均未对意见证据的适用作出规定。从理论上说，对案件事实进行推断或作出评价是法官的职责所在，证人只应在法庭上陈述其所感知的案件情况，而不能越俎代庖。大陆法系国家由职业法官负责认定事实和适用法律两项工作，相对于英美法系国家由陪审团认定事实来说，职业法官更具专业性，更容易防止和避免受证人的意见影响而错误认定事实，但是这并不能消除证人所作意见陈述对法官形成误导的危险。法官在案件审理过程中稍一疏忽，其将不可避免地受到证人意见的影响。因此，为了确保诉讼公平的实现，亦有必要确立意见证据排除规则，证人只能就其感知的案件事实作出陈述，而不能对事实等发表评论性意见。即使其作出相关的评论，也应当将该评论排除。

第三，从保证证明方法正当性的角度出发，应当将那些违法或以侵犯公民基本权利的方法获得的证据材料排除在庭审范围之外，即要建立自白任意性规则和非法证据排除规则。自白任意性规则是从正面对证明方法正当性提出的要求，而非法证据排除规则是从反面对证明方法正当性提出的要求。自白任意性规则立足于保证犯罪嫌疑人作出供述的任意性，只有在犯罪嫌疑人明知自己供述的法律后果并且是自愿作出的情况下，该供述才具有证据能力。如果犯罪嫌疑人所作供述并非基于自愿，而是因受到侦查人员的刑讯、欺骗、引诱等作出的，则产生证据排除的效果。非法证据排除规则侧重于限制侦查机关的取证行为，保障公民的基

① 参见陈卫东主编：《模范刑事诉讼法典》，39～41页，北京，中国人民大学出版社，2005。该书就传闻证据规则设定了8种例外。

本权利不受国家公权力的侵犯。关于应该排除的证据范围，2012 年《刑事诉讼法》第 54 条第 1 款规定：采用刑讯逼供等非法方法收集的犯罪嫌疑人、被告人供述和采用暴力、威胁等非法方法收集的证人证言、被害人陈述，应当予以排除。收集物证、书证不符合法定程序，可能严重影响司法公正的，应当予以补正或者作出合理解释；不能补正或者作出合理解释的，对该证据应当予以排除。之所以就非法证据作出这样的区分并分别规定其证据能力，主要是因为实物证据和言词证据的不同：取证手段一般不会影响到所取得的实物证据的证据价值，但是对言词证据影响巨大。因此，非法所得的言词证据一般应予排除，而实物证据还面临着价值选择的问题，即究竟是为了维护其他价值放弃证据，而由此可能导致放纵真正的犯罪人，还是为了打击犯罪，而不惜牺牲其他社会价值。因此，对于非法实物证据的证据能力问题不能一概而论，应立足于我国的实际情况，特别是长期以来形成的仇视犯罪的诉讼文化，采取权衡原则，通过个案进行利益权衡来确定其证据能力。

证据能力是证据法上一个非常重要的概念，其在保障实体公正、促进程序正义、体现诉讼效率等方面都具有重要的作用。构建合理、有效的证据能力制度是完善我国刑事诉讼法，促进刑事诉讼法治化的过程中必不可少的重要一环。从比较法的角度而言，我国证据能力制度还存在很多不足，实践中也出现了较多的问题，“徒法不足以自行”，无法则寸步难行。在立足我国实际情况的基础上，适当借鉴国外先进经验来确立我国的证据能力规则不失为一个稳妥可行的方案。因此，完善我国刑事诉讼证据能力制度应从两方面入手：一方面是加快确立一些必要而又匮乏的规则，如传闻证据规则、类似事实证据规则等；另一方面是完善现有的证据规则，如非法证据排除规则等。

# 第五章

# 口供证据效力研究

口供，即犯罪嫌疑人、被告人的供述和辩解，是指犯罪嫌疑人、被告人就有关案件情况，向侦查人员、检察人员和审判人员所作的供述。[①] 我国《刑事诉讼法》第48条将“犯罪嫌疑人、被告人供述和辩解”明确规定为8种法定证据形式之一，并且第53条规定：“对一切案件的判处都要重证据，重调查研究，不轻信口供。”一般认为，口供主要包括以下三方面内容：一是犯罪嫌疑人、被告人承认自己犯罪事实的供述；二是犯罪嫌疑人、被告人说明自己无罪或罪轻的辩解；三是犯罪嫌疑人、被告人揭发、举报他人犯罪行为的陈述，也叫攀供。[②] 在英美法系国家，被指控人具有证人能力，其所作的陈述相当于证人证言。[③] 在大陆法系国家证据法上，被告人的自白是一种区别于证人证言的人证形式，即属于一种独立的证据。我国刑事诉讼法基本上采用大陆法系国家的立法技术，将犯罪嫌疑人、被告人的供述和辩解作为一种独立的证据种类。

---

① 参见程荣斌主编：《刑事诉讼法学》，2版，187页，北京，中国人民大学出版社，2004。

② 攀供是否属于口供，本章将在下文探讨，这里暂将攀供列明。

③ 例如，英国《1898年刑事证据法》第1条及但书a项规定：“在刑事诉讼的任何阶段，无论是作为单独被告还是共同被告，针对辩护之事项，任何被告均为适格之证人并且（a）根据本法，除非报告自己申请，任何人不得强迫证人作证……”转引自齐树洁主编：《英国证据法》，226页，厦门，厦门大学出版社，2002。

## 一、口供的基本概念

犯罪嫌疑人、被告人是刑事诉讼中的核心人物，他所处的特殊诉讼地位决定了口供这种证据具有不同于其他几种证据形式的特点，具体来说包括如下几个方面：

1. 较低的可靠性

犯罪嫌疑人、被告人口供虚假的可能性比较大，往往真假混杂。犯罪嫌疑人、被告人作为刑事诉讼中被追诉的对象，深知案件的处理结果与他有极大的利害关系，他在诉讼中不论是供述还是辩解，以及如何供述和辩解，都直接影响司法机关对他的处理。因此，在大多数情况下，犯罪嫌疑人、被告人为了逃避法律制裁，往往要隐瞒罪行、避重就轻，或者矢口否认犯罪的事实，甚至编造谎言，进行狡辩。只有在少数情况下，犯罪嫌疑人、被告人为了掩盖某种隐私，把本来不是犯罪的行为供认为犯罪，或者为了给亲属开脱罪责，冒充犯罪人到司法机关投案自首，或者出于“哥们儿义气”，把别人的犯罪行为包揽在自己身上。基于上述原因，口供虚假的可能性比较大，或者真真假假、真假混杂。这是口供不同于其他证据的一个特点。

2. 对案件事实的直接证明性

犯罪嫌疑人、被告人是案件的当事人，他对于自己是否犯罪、为何犯罪以及犯罪的具体过程和情节，比任何人都知道得更清楚。因此，他所作的有罪供述，会更直接、更全面地反映出其犯罪的动机、目的、手段、时间、地点、后果等事实情况；他所作的无罪或罪轻的辩解，也会提出一些具体的事实根据和辩解理由，更有利于司法工作人员了解案件的全貌；他所作的揭发、举报他人犯罪行为的陈述，可以反映其犯罪的形成、分工和具体实施犯罪的全过程，还可以反映其认罪态度和思想状态。因此，犯罪嫌疑人、被告人的供述和辩解能更直接、全面地反映案件事实情况，具有直接的证明作用，这是其他证据无法比拟的。换言之，口供一般都属于直接证据的范畴。[①]

---

① 参见何家弘、刘品新：《证据法学》，178页，北京，法律出版社，2004。

3. 易变性

特殊的诉讼地位，决定了犯罪嫌疑人、被告人的供述和辩解相对于其他证据而言，具有极大的易变性。由于对诉讼结局的高度关注，犯罪嫌疑人、被告人作出供述和辩解的过程以及作出供述和辩解后的诉讼阶段成为一个激烈的心理冲突过程。作出供述和辩解之后，他们总是会反复审查自己所作出的供述和辩解有无不妥之处，甚至还会怀疑自己供述犯罪事实或进行辩解是否明智。基于对自身利益的关注，犯罪嫌疑人、被告人很容易否定自己先前作出的决定，改变自己已经作出的供述和辩解，反反复复，忽而承认，忽而否认，转而改变陈述的内容，从而使犯罪嫌疑人、被告人的供述和辩解呈现出易变性的特点。

## 二、口供的证据效力

现代各国刑事证据法为了避免法定证据主义的僵化和弊端，一般只对证据能力设有诸多限制（如传闻证据规则、非法证据排除规则等），至于证据的证明力如何，一般不加限制，而是交由裁判者通过自由心证加以判断，即法官对于某一证据对案件事实有多大的证明作用都根据自己的内心确信进行判断。但为了保证法官作出合理判断，法律上仍设置了一定的规则，如宣誓、对质、排除传闻证据、交叉询问等，但“不同于其他规则之处在于，宣誓、对质、排除传闻证据、交叉询问等只是对于审判人员在查明证据证明力的程序上所设的规定，而补强法则直接限制证据的证明力，是自由心证的极端例外”①。对于口供，许多国家都限制其证明力，不承认其对案件事实有独立和完全的证明力，而是要求提供其他证据予以补强。证据补强规则（rule of corroboration）形成于18世纪后半叶的英国，主要作用于被告人口供，目的在于保障被告人的基本权利。早期，由英国判例所形成的证据补强概念并不十分清晰，适用范围也不十分确定。法国大革命后，欧洲社会的人权意识普遍高涨，反对刑讯逼供成为资产阶级刑法革命的主要

① 孙长永：《日本刑事诉讼法导论》，106页，重庆，重庆大学出版社，1993。

动力，通过立法的方式限制被告人口供，被视为遏制暴力性取证行为的主要途径。经过近一个世纪的发展，特别是在判例的积极推动下，证据补强在近代英美证据法中已经成为一项重要的证据规则。① 在补强规则与自由心证的关系上，我国台湾地区有学者认为，补强法则系依据经验累积，而导出之“认定法则”或“注意法则”；甚而要求这些法则提升至法律层次予以强制或保障之法则，即以与被补强之证据相独立的证据，共同据以认定犯罪事实，使被补强的证据获得证明力，此原则并限制法官自由心证之范围，与自由心证原则处于紧张关系。②

英国实行有罪答辩制度，被告人口供可以作为定案的唯一证据。只要被告人对所控之罪表示认罪，法庭不再听证，可径行判决。在他们看来，趋利避害是人的本性，因为“没有一个人为了公共利益将自己的那份自由毫无代价地捐赠出来，这只是浪漫的空想”③。一个真正无罪的人在正常情境下是不会自认有罪的，因此，被告人在自由意志支配下的口供应该是真实的。当然，极个别情况下非真实的可能也是存在的，如替人顶罪，但是这种风险是很小的，而以这一很小的风险为代价所获得的诉讼效益和效率上的好处是非常巨大的。而且为了保证口供的真实性，英国非常重视被告人作出口供时意志的自由和自愿。律师充分有效的参与、沉默权、自白任意性规则和非法证据排除规则以及量刑上的优惠对于保障被告人自由自愿地作出有罪供述是非常重要和有效的。

日本意识到了单独以口供定案的风险，没有实行有罪答辩制度，反对将口供作为定案的唯一依据。他们实行口供补强法则，即仅有口供不能定罪，还必须有其他的证据来补强口供，才可定罪。至于补强到什么程度，依法官自由心证而定。而且在日本的刑事诉讼中，被告人也享有沉默权和获得律师帮助的权利，法律也规定了自白任意性规则和非法证据排除规则。与英国的有罪答辩制度相比，日本的口供补强法则更注重实体真实的发现，同时也兼顾诉讼的效益与效率。因

① 参见陈浩然：《证据学原理》，329页，上海，华东理工大学出版社，2002。

② 参见吴祚丞、许辰舟：《刑事证据法则理论体系与实务之研究》，98～99页，台湾地区“司法院”2003年11月印行。

③ ［意］贝卡利亚：《论犯罪与刑罚》，黄风译，北京，中国大百科全书出版社，1996。

此，在日本法上，口供的证明力较英国法上口供的证明力为弱。

我国《刑事诉讼法》第53条规定："对一切案件的判处都要重证据，重调查研究，不轻信口供。只有被告人供述，没有其他证据的，不能认定被告人有罪和处以刑罚；没有被告人供述，证据充分、确实的，可以认定被告人有罪和处以刑罚。"一般认为，上述法律规定确立了我国的补强证据规则①，意指仅凭被告人供述不可定罪，只有被告人口供时，还必须有其他证据佐证，才可能定罪。其意义不仅在于防止以口供为中心的侦查活动导致对公民权利的侵犯，而且有利于防止被告人为及早解脱讼累或其他原因而自我归罪。因此，我国法律对被告人口供的态度异常审慎，被告人口供虽然是一个直接证据，但法律并未赋予其相应的较强的证明力，只是八种证据之一。许多案件在有被告人口供的情况下，仍然需要收集其他的证据，做到"案件事实清楚，证据确实、充分"，才能定案。从理论上来讲，以单纯追求案件的实体真实为出发点，我国刑事诉讼法赋予被告人口供较弱的证明力，要求定案必须做到"案件事实清楚，证据确实、充分"，是一种实事求是的审慎态度，更有利于查明案件的客观真实，避免口供不实带来的风险。英国的有罪答辩制度和日本的口供补强法则都或多或少存在在一定的风险。然而，虽然公正是现代刑事诉讼活动追求的最为重要的价值目标，查明案件的客观真实正是为了这一价值目标的实现，但是，效益和效率也是现代刑事诉讼活动所追求的重要价值目标。这是由司法资源的有限性和惩罚犯罪的及时性所决定的。刑事诉讼法的设计应当充分考虑到这些不同的价值目标之间的平衡与协调。

综上所述，笔者认为，在保障律师充分、有效的参与，赋予犯罪嫌疑人、被告人以沉默权，以及法律明确规定自白任意性规则和非法证据排除规则的前提下，可以认可口供作为定案的唯一依据。因为，上述保障性措施，足以保障犯罪嫌疑人、被告人供述的自愿性和合法性，而且有利于对案件的侦破，从而实现保障人权与控制犯罪的刑事诉讼程序目的的实现。例如，英国的有罪答辩制度即是建立在这种认识的基础上的，尽管有罪答辩制度也存在一定的被滥用的风险，但

---

① 参见陈卫东主编：《刑事诉讼法》，188页，北京，中国人民大学出版社，2004。

是这种风险比较小，而且可以通过其他配套制度来纠正，例如辩护律师的控告权等。相较而言，我国法律对口供的态度以及程序设计存在许多不合理和欠缺的地方。例如，我国一方面规定了“口供不能单独定案”，但另一方面又没有足够的司法资源和能力收集能够替代口供的其他证据形式，因此，在刑事司法实践中，口供的作用依然十分重要，造成了法律条文与司法实践的严重脱节。所以，我们在研究口供这一证据的时候，既要考虑刑事诉讼法理的要求，又要考虑我国的具体国情。尤其是，我国目前仍然处于社会主义初级阶段，还是发展中国家，司法资源比较有限，而我国刑事司法系统当前又面临犯罪率居高不下的压力，因此，对刑事诉讼的效益价值和效率价值应该予以足够的重视。所以，我国《刑事诉讼法》第53条关于“口供证据能力”的规定，是符合我国国情的，口供的证明效力是有限的，不能单独作为定案的依据。该规定可以防止司法实践中过于重视口供的现象，既然口供必须与其他证据相配合才能发挥证明效力，那么司法工作人员在收集证据时就不会不择手段地获取口供，而犯罪嫌疑人、被告人也就能在相对轻松的环境下进行供述，冤假错案的产生概率将会大大降低。

## 三、同案被告人口供的应用效力

要讨论这一问题，首先要区分两个概念：同案被告人与共犯。同案被告人是指基于某种原因而作为一案处理的案件中的被告人，包括共同犯罪案件中的被告人和其他同案被告人。共犯是实体法上的概念，是实施共同犯罪的被告人。同案被告人的口供，亦称攀供，是指在同一案件中，共同被告人向司法机关所作的供述和辩解，即在交代自己罪行的同时，又供述和检举其他同案被告人的犯罪事实。

1. 国外立法中有关同案被告人口供应用效力的规定

关于共同被告人的口供能否直接作为补强证据使用，国外立法中有不同的规定。

美国证据法认为共犯可以转换为证人，在进行转换后，只要不违反宪法第6

条修正案中的“对质”条款以及给予刑事被告分离审判之机会，可以认定该共犯的口供具备完全的证据能力。[①]

在日本，关于同案被告人口供的证据效力，有三种学说：(1) 共犯的口供视同被告本人的口供，为了避免偏重口供，防止误判，必须另有补强证据来佐证口供的真实性。这是积极说。(2) 共犯的口供，具有各自独立、完整的证明力，因此，可以相互具有补强作用，不必另有其他补强证据。这是消极说，为该国实务界所采用。(3) 共犯在审判中的口供，不论是否分离审判，均不必另有补强证据，即可相互作为补强证据，作为裁判的基础；共犯在审判外的自白，则应有其他补强证据存在，才可以作为判决的基础。这是折中说。

从英美法系国家的规定来看，另案处理的共犯是可以作证的。例如，在英国，如果公诉方希望某一共同被告人为他们提供证据，它们唯一能做的就是中止共同被告人身份。这可能以以下四种方式发生：(1) 作为认罪的一项结果 (as a result of pleading guilty) 发生[②]；(2) 其中一被告在审判过程中被法官指示无罪开释；(3) 其中一被告申请单独审理获得成功；(4) 总检察长可能批准中止公诉程序 (the Attorney-General may enter a nolle prosequi)，从而结束对被告的指控。由此可见，如果共犯 (accomplices) 因同一被指控的犯罪行为被分别审判，则他们就不是共同被告人 (co-defendants)，可以在分离的审判中作证：不仅是检控方的具有适格性和可被强迫性的证人，也是辩护方的具有适格性和可被强迫性的证人。在共犯为检控方作证时，法律要求必须进行补强警告，即法官必须针对根据未补强证据进行判决所具有的危险，依法向陪审团发出警告。当然，即便没有补强证据，如果陪审团意识到该种危险并且认为没有进行补强的证人证言仍然可信，则陪审团仍可以作出有罪判决。1994 年刑事司法和公共秩序法第 32 条第 1 款规定，取消可诉罪审判中正式的补强警告要求。在证人是同谋犯的情况

---

① 参见［美］史蒂文·L·伊曼纽尔：《证据法》，368 页，北京，中信出版社，2003。

② 这种情况下的一项普遍规则是，对该认罪被告的宣判须在对其他被告的审理结束后进行 (Where a co-accused has pleaded guilty and proposes to give evidence for the prosecution, as a general rule he should be sentenced after the trial of the other accused)。See Per Boreham J in R v. Weeks (1982) 74 Cr. App. R. 161 at 166, CA. 123.

下，补强警告不再是法官的义务，除非有证据表明该证人可能是不可信的，否则，法官没有就此进行补强警告就不能被视为不当。在没有适当的证据基础的情况下，被告人的共犯不需要被视为比其他被证明有恶劣品质的证人更加可疑。[①]

2. 学界关于同案被告人口供应用效力的观点

关于同案被告人能否相互作证，其证据属性如何，长期以来在理论和司法实践中一直存在着争议。从世界范围来看，各国立法也不尽相同。英美法系国家实行“当事人主义”，比较重视当事人的诉讼权利，因此，其证据法规定同案被告人无资格相互作证，但非同案被告人可以充当控方证人。大陆法系国家一般都不否认同案被告人可以相互为证的做法。我国对这一问题并无明文规定，目前学术界主要有三种观点[②]：

观点一：“单一属性论”。这种观点认为攀供仍是口供，不是证人证言。同案被告人检举、揭发同案被告人的犯罪事实，仍然属于被告人供述和辩解的一部分，不能用作证人证言。原因在于，刑事诉讼中被告人与证人的地位具有天壤之别，绝不能混同：同案被告人是案件的当事人，案件处理结果同他们有直接利害关系，而证人是知情的第三人，案件处理结果与之并无直接利害关系。同案被告人相互揭发、检举，往往“你中有我，我中有你”，相互包庇或相互推诿的可能性极大，比证人证言复杂难辨得多。此外，把攀供视为证人证言，违背了口供补强规则，极易造成冤假错案。因而绝不能把攀供当作证人证言。

观点二：“双重属性论”。这种观点认为同案被告人既是被告人又是证人，攀供的内容是检举、揭发他人的犯罪事实，实际上也是向司法机关陈述他所了解的案件事实，与证人证言并无质的区别，因此，攀供应被视为证人证言。持这种观点的人认为，证人证言是以陈述案件的基本情况为特征的，同案被告人对其共犯的犯罪行为了解得十分清楚，其检举、揭发经查证属实，客观上可以起到认定犯罪事实的证据作用。虽然同案被告人相互之间往往有利害冲突，但证人有时也与案件当事人有利害关系，而法律并未禁止这类人作证。并且将同案被告

① 参见王进喜：《刑事证人证言论》，53页，北京，中国人民公安大学出版社，2002。

② 参见甄贞主编：《刑事诉讼法学研究综述》，226～227页，北京，法律出版社，2002。

人的供述作为证人证言不违反“口供补强规则”，因为《刑事诉讼法》第53条所说“被告人”是指单个被告人而不是一个集合概念，“其他证据”当然包括同案其他被告人的供述，因为对某个被告人而言，他的口供以外的其他形式的证据都是“其他证据”。

观点三：“原则加例外论”。这种观点主张原则上同案被告人攀供的属性仍是被告人口供，不能作为证人证言使用，但在特殊情况下可以起到证人证言的作用，也即同案被告人的攀供基本属性仍是被告人口供，而不是证人证言。攀供确有证明作用，但不能因其具有证明作用而改变其本质属性。同案被告人的口供只有在特殊情况下，才能起到证人证言的作用。[①] 这类特殊情况包括：第一，适用非同一诉讼程序审理的共同犯罪案件，先受审并结案的被告人的口供可以作为后审理案件中的证人证言，当两案中被告人供述一致，又排除串供的可能时，该口供可以作为定案的依据；第二，人民检察院对某一被告人作出不起诉决定后，该被告人的口供可以作为同案被告人的证人证言；第三，同案被告人揭发自己并未参加的其他共犯的犯罪事实，可以作为证据使用；第四，共同犯罪的基本事实已经查清，而关于某些情节确无其他证据，这时可以根据同案被告人的一致供述认定。

3. 观点评析

从这三种争论观点中，不难看出其混淆了共犯与同案被告人这两个概念。实际上，共犯与同案被告人是两个既有区别又有联系的概念。共犯的法律规定体现在我国《刑法》第25条，该条第1款规定：“共同犯罪是指二人以上共同故意犯罪”。第2款规定：“二人以上共同过失犯罪，不以共同犯罪论处”。根据我国刑法的规定，所谓共同犯罪，是指二人以上共同故意犯罪。其犯罪构成包含四大要件：犯罪主体不是单一的主体，而是二人以上；各个犯罪主体所侵害的必须是同一的犯罪客体；在犯罪的主观方面，各个犯罪主体之间必须有共同的犯罪故意；在犯罪的客观方面，各个犯罪主体必须具有协同一致的犯罪行为。我们这里所说

① 参见聂世基、李建明：《刑事诉讼疑难问题思辨》，96页，北京，中国人民公安大学出版社，1991。

的共犯是指共同犯罪主体，即共同故意犯罪的人。同案被告人是基于程序法而产生的，是指在同一诉讼程序中被司法机关共同追诉的人。从诉讼实践看，绝大多数同案被告人都是共犯，但是，共同被告人并不以存在共犯关系为必要。基于其他关系，司法机关认为可以同案追诉时，被追诉人也可以成为同案被告人。因此，上述两个概念就像两个有交叉的圆一样，二者的交集是共犯共同被告人，而各自独立的部分是非共犯的同案被告人和非共同被告人的共犯。这样就有必要针对不同的情况，来作具体的分析和研究。

从我国的司法实践来看，共犯在多数情况下是作为共同被告人一并追诉的，但也有将共犯彼此分离、另案处理的。共犯另案处理的原因主要有三个：一是部分犯罪嫌疑人在逃，不得不先行审理已经在案的嫌疑人。这是出于技术上操作的方便，无可厚非。二是基于业绩考核的压力，故意分案。这样可以使得办理的案件数量多，比如将共同犯罪中犯罪行为性质较轻的嫌疑人起诉到基层人民法院，而将犯罪行为性质较重的嫌疑人起诉到中级人民法院，这样，一个案件一分为二，数量上就增加了。三是在没有其他任何证据的情况下将共犯分开处理，以他案被告人的“证言”和本案被告人的供述相互印证、予以定案，回避《刑事诉讼法》第53条的适用。

笔者认为，在司法实践中，被告人检举、揭发他人犯罪的情况很普遍，也很复杂，应当分情况考虑。概括来说，被告人检举、揭发他人犯罪大致分为两类情况：一类是对同案被告人共同犯罪部分的检举、揭发。这种检举、揭发的内容与被告人自己的犯罪行为有一定联系，可以在本案中作为证据使用，因而属于犯罪嫌疑人、被告人供述和辩解的组成部分。另一类情况是对同案被告人共同犯罪以外的罪行的检举、揭发。例如，抢劫犯王某在侦查期间，揭发同案犯李某另外犯有伪造货币的罪行。这种检举、揭发，从内容上来讲，与被告人本人犯罪的事实无关，不属于被告人的口供而属于证人证言。但是这种检举、揭发，经查证属实，则表明被告人认罪、悔罪态度较好，甚至有立功表现，可以作为对被告人从轻处罚的根据。

## 四、我国司法实践过分依赖口供的原因探析

口供在我国刑事案件追诉过程中具有重要的意义，是法定8种证据形式中非

常重要的一种。但是，我国司法实践中过分依赖口供，导致“口供中心主义”、“无供不录案”等。口供在刑事诉讼进程中发挥着重要的作用，但过分依赖口供会引发许多问题，如刑讯逼供、屈打成招等。我国历来十分重视口供的作用，虽然《刑事诉讼法》第53条明确规定了“重证据、重调查研究、不轻信口供”原则，但是，司法实践中过分依赖口供的现象并没有得到根本转变。所以，有必要探析我国司法实践中过分依赖口供的原因，为正确对待口供提供依据。笔者认为，我国司法实践中过分依赖口供，主要有如下几个方面的原因：

1. 办案人员受“无供不录案”传统模式的影响

中国历来重视口供在刑事诉讼中的作用，有关口供在刑事诉讼中的记载最早可追溯至西周时期，《周礼·秋官·小司寇》说，“以五声听狱讼，求民情，一曰辞听，二曰色听，三曰气听，四曰耳听，五曰目听”。此后数千年间，尽管王朝不断更迭，但刑事诉讼中对口供的青睐一直未改。例如，唐律规定，“拷讯被告人，拷满不承，取保放之”，而且规定，“应议、请、减，若七十以上，十五以下及废疾者，并不合拷讯，皆据众证定罪”①。在明律、清律中虽规定对不应拷讯的被告人“皆据众证定罪”，但实际上无被告人口供是很难定罪的，正如《清史稿·刑法志》所指出的：“断罪必取服输供词。律虽有众证明白即同狱成之文，然非共犯有逃亡，并罪在军流之下，不轻用也。”② 由于对封建社会刑讯逼供制度的深恶痛绝，孙中山就任中华民国临时大总统后，先后发布《关于禁止刑讯致内务司法两部令》和《大总统令内务司法部通饬所属禁止体罚文》，规定：“令仰该部转饬所属，不论行政司法官署及何种案件，一概不准刑讯。鞫狱当视证据之充实与否，不当偏重口供。其从前不法刑具，悉令焚毁。仍不时派员巡视，如有不肖官司，日久故智复萌，重煽亡清遗毒者，除褫夺官职外，付所司治以应得之罪。”③

由于历史上发生多次“肃反”扩大化的错误，对口供的过分信任导致了我们

① 《唐律·断狱》。

② 转引自陈光中、沈国锋：《中国古代司法制度》，91页，北京，群众出版社，1984。

③ 中国史学会编：《辛亥革命》，24～25页，上海，上海人民出版社，1957。

革命事业的巨大挫折，所以，新中国成立后党和国家领导人特别重视运用口供的限制。例如，在新中国成立初期“镇反”运动中，毛泽东在其亲自审阅的《中共中央关于镇压反革命活动的指示》中要求在办案中要“……坚持反对逼供信和禁止肉刑……重证据而不轻信口供”①。1962 年 3 月在同公安部负责人的一次谈话中，毛泽东引用历史剧《十五贯》为例，说明“逼供信”的危害和调查研究的重要性。② 但是，“文化大革命”期间，由于对法制的漠视，刑事司法过程的简单化、粗暴化凸显，因此，口供在刑事案件中的作用被无限度地提高，传统的“无供不录案”的办案思维又重新成为司法机关办案的指导思想。改革开放以来，尽管 1979 年《刑事诉讼法》第 35 条和 1996 年《刑事诉讼法》第 46 条都规定，“对一切案件的判处都要重证据，重调查研究，不轻信口供。只有被告人供述，没有其他证据的，不能认定被告人有罪和处以刑罚；没有被告人供述，证据充分确实的，可以认定被告人有罪和处以刑罚”，但是，数千年来的口供中心主义并未仅仅因法律条文的变更就废除了，而是在刑事司法实践中依然存在着，例如，近几年来报道的冤假错案参见下表中，错误判决都是建立在口供的基础之上，刑讯逼供最终都是为了获得犯罪嫌疑人、被告人的口供。

| 案件 | 刑讯次数、时间及地点 |
|---|---|
| 2002 年<br>河北李久明案件 | 两次，分别为 3 天 4 夜、7 天 8 夜<br>在刑警队讯问室 |
| 1998 年<br>云南杜培武案件 | 长达 21 天<br>刑侦支队办公室以及当地公安局戒毒所 |
| 1994 年<br>湖北佘祥林案件 | 10 天 11 夜<br>专案点某温泉山庄 |
| 1992 年<br>河南胥敬祥案件 | 3 天 3 夜<br>警车、县派出所、刑警队 |

通过以上案例可以发现，这些讯问的唯一目的就是获取犯罪嫌疑人、被告人

① 中共中央文献研究室：《建国以来重要文献选编》，第 1 册，141～143 页，北京，中央文献出版社，1992。

② 参见中国人民公安史稿编写组：《中国人民公安史稿》，260 页，北京，警官教育出版社，1992。

的口供。例如，在杜培武案件中，对杜培武采取长达 21 天的连续审讯，还给他戴上反铐，吊挂在防盗门和防盗窗上，迫使其“求生不能，求死不得”，只好“你们叫我怎么说，我就怎么说”，违背事实编造了自己开枪杀人的“事实”。办案刑警明知刑事诉讼法规定了“严禁刑讯逼供和以威胁、引诱、欺骗以及其他非法的方法收集证据”，但是敢于违背法律的明文规定，甚至不惜冒自己被追究刑事责任的风险，来获取犯罪嫌疑人、被告人的口供，很大程度上就是传统的“无供不录案”的思维模式在作祟。尽管司法实践中推出了“零口供定案”①，但仔细分析这类案件发现，虽然这些犯罪嫌疑人、被告人都没有“招供”，而是“零口供”，但是犯罪嫌疑人、被告人并非是没有口供，而是对被指控的罪行不予承认，或者是辩解自己没有实施该犯罪。所以，实际上犯罪嫌疑人、被告人的口供依然存在。当然，“零口供”在改变传统的“无供不录案”方面有一定的作用，但是“零口供”的案件毕竟是少数，传统的“无供不录案”思维在刑事案件中依然存在。

2. 口供作为直接证据能更有效地直接证明案件事实

重证据，重调查研究，不轻信口供，是刑事证据法的一项基本原则，但是，这并不意味着口供不重要。事实上，忽视口供的重要价值，就很难准确、及时地查明和认定案件事实。如前所述，犯罪嫌疑人、被告人对于是否实施犯罪、如何实施犯罪最为清楚，其供述和辩解通常都是直接证据。犯罪嫌疑人、被告人的如实供述，可以使办案人员更加具体、准确地认识案件事实的真相，减少由于过多依赖间接证据而产生的推理错误。某些类型的案件具有特殊性，在这些案件中，口供往往成为认定或否定案件事实真相的决定性因素，如贿赂案件、性犯罪案件，很少有实物证据和第三者的旁证，缺少口供，认定案件事实就会相当困难。犯罪嫌疑人、被告人的辩解虽然常出于逃避刑事责任的动机而失真，但查证属实的辩解可以使办案人员避免在认定案件事实上发生错误；揭露辩解的虚假性则可以促使犯罪嫌疑人、被告人如实供述犯罪事实。

---

① 例如，《“零口供”惯偷被江苏泗洪警方依法逮捕》《鹰潭“零口供”判处一起死刑案》《监控录像锁定“零口供”》《抢劫“零口供”照判十年刑》等。

在刑法规定的犯罪构成要件中，缺少任何一个犯罪构成要件都导致无法确定为犯罪。口供在证明犯罪主体、犯罪主观方面、犯罪客观方面和犯罪客体等方面，都具有重大意义。其中，犯罪构成中的主观方面，即犯罪人在犯罪时的心理态度、目的与动机等，在多数时候是很难从犯罪行为上进行判断的，而口供无疑是证明犯罪主观方面的故意或过失、目的与动机等最直接的一个证据种类。每个犯罪案件中都必然存在一些他人无法知晓、只有犯罪人才知道的细节事实，而对于这些“隐秘细节”，只有真正的犯罪人才有可能具体、详细地予以描述。审查口供中的“隐秘细节”是一种普遍接受的验证被追诉人是否犯罪的方法和手段。此外，口供在很多情形下是认定犯罪客观方面，尤其是犯罪时间、地点、行为等最直接的证据。

在英美法系国家，也非常重视犯罪嫌疑人、被告人口供的直接证明性，例如，英美法系国家中的罪状认否程序。在罪状认否程序中，法官传讯被告人时，要求他对起诉书的指控作出答辩。被告人此时承认起诉书指控的犯罪事实和刑事责任（其内容等同于自白），就构成了有罪答辩。被告人作出有罪答辩时，法官必须确信这种答辩是出于自愿的、明知的和理智的，保证被告人了解指控的性质和答辩有罪的后果与意义；大多数情况下法官也要确保对被告人的指控有事实基础。法官如果接受被告人的有罪答辩，则将不再召集陪审团，也不经听证和辩论，而是直接进行判决。被告人选择作有罪答辩，意味着他放弃了反对自我归罪及由陪审团审判、对不利于他的证人进行质证等权利。作为回报，法官往往会对作出有罪答辩的被告人从轻判处刑罚。实践中，有相当一部分被告人是基于与控方即检察官之间的诉辩交易而作出有罪答辩的。在美国联邦和州的司法实践中诉辩交易长期以来被大量适用，90%左右的刑事案件是以诉辩交易结案的。一些大陆法系国家也产生了类似的立法与实践：德国刑事司法体制中存在着协商性司法，与美国诉辩交易较为接近的协商形式是处刑命令程序与自白协商。处刑命令程序是一种书面化的简易程序，用来处理轻微犯罪案件。在这些轻微案件中，检察官向法官申请不经审判而直接对被告人作出处以罚款或在交通犯罪中吊销驾驶执照的命令。自白协商是指在审判过程中，被告人在被讯问时自白犯罪，法官只需调查部分相关证据以确定该自白具有事实依据，即可结束案件审理程序。这些程序也成为鼓励被告人认罪的有效机制。

3. 口供是获取其他证据的途径

犯罪嫌疑人、被告人的口供有助于办案人员全面、客观地收集证据。犯罪嫌疑人、被告人的供述，可以使办案人员获得其他重要的证据线索，从而收集到可以同供述相互印证的其他证据。例如，犯罪嫌疑人、被告人供述盗窃的事实，有利于侦查人员查获赃物和作案工具；供述杀人的事实，则可以使现场勘查中提取的痕迹、证物具有证据的意义。犯罪嫌疑人、被告人的辩解也会给办案人员提供无罪或罪轻的证据线索，使办案人员及时调整收集证据的方向。即使是虚假的辩解，也能促使办案人员进一步收集证据，提高证明犯罪事实的证据的充分程度。

口供在查找重要犯罪线索、引导侦查方面具有积极效用。虽然口供在认定犯罪事实方面有很大的局限性，但是，物证真的绝对可靠吗？物证的客观性和不可替代性告诉我们，物证一般不会说谎，但是物证的关联性、间接性和依赖性又告诉我们物证具有说谎的潜在可能性。[①] 此外，在有口供可利用的情况下，用口供来印证物证，不仅有利于确定犯罪的客体，而且也是一种有效的证明策略。与人证不同的是，物证解决的只能是有关案件事实片段性的认定。在司法证明的证据链条中，人们需要借助逻辑推理、经验规则等一系列方式把事实的“碎片”整合起来，从总体上来证明案件事实。有调查结果显示，许多法院最终作出的有罪判决中，几乎都离不开口供的支撑，在无口供情形下，依其他证据定罪的案件少之又少。[②] 这说明，口供成为我国刑事证据中最为重要的一种证据形式，尤其是有罪供述，构成有罪判决的重要依据。

4. 我国侦查机关获取实物证据的能力比较差

我国《刑事诉讼法》第1条规定了刑事诉讼法的目的，即“保证刑法的正确

---

① 参见何家弘：《物证也说谎》，载何家弘主编：《证据学论坛》，第5卷，6页，北京，中国检察出版社，2002。

② 在成都中级人民法院随机抽查的250例刑事案件中，没有发现一件有罪判决的案件缺乏被告人有罪供述的证据（不包括翻供和共同犯罪中有的被告人没有供述但其他被告人供述的情况）。参见陈光中主编：《诉讼法理论与实践》（上），257页，北京，中国政法大学出版社，2003。

实施，惩罚犯罪，保护人民，保障国家安全和社会公共安全，维护社会主义社会秩序”。在该条中，首先明确了制定我国刑事诉讼法的目的，是保证刑法的正确实施。为了保证刑法的正确实施，国家制定刑事诉讼法，通过程序来追究违反刑法的人的刑事责任。而通过程序追究刑事责任的前提，就是要获得相关证据证明相关人确实实施了犯罪，依法应当追究其刑事责任。所以，在刑事程序中，收集证据就是最基础的工作，而实物证据是最稳定的证据，在侦查机关破案中发挥着重大作用。而且，实物证据收集能力的高低，直接反映了一国侦查机关侦查能力科技化的高低。长期以来，我国侦查工作的科技化、法治化程序较低，导致我国侦查机关收集实物证据的能力一直不高。

仅从破案率上来看，我国的破案率是比较高的。根据公安部公布的数字，我国实际破案率大约在30%[①]，与西方发达国家相比，虽不算高，但也不低。资料显示，日本2004年的破案率为23.6%[②]，法国2003年的破案率为28.8%[③]，意大利2002年的破案率27.52%。[④] 在命案的侦破上，2005年我国破案率达到89.6%，已经接近日、德、韩等国，超过英、法、加、美等国。[⑤] 从破案数来看，近年来也是节节上升，2000年为164万余起，2002年为184万余起，2004年为200万余起，2006年为221万余起。但是，上述较高的破案率，实际上是依靠国家对侦查的过度投入来维持的，侦查科技化、侦查法治化等并没有贯彻到刑事侦查过程中，侦查程序中漠视人权、侵犯人权的现象时有发生。正如有学者所指出的：“在其他相关条件不变的情况下，刑事诉讼中的人权保障水平和刑事案件的破案成本成正比，与刑事案件的破案率成反比。随着2012年《刑事诉讼法》中一系列新诉讼制度和证据规则的确立与实施，在使人权保障得到强化的同时，

---

① 参见《刑事案件破案率约30%，公安部部署刑警大练兵》，载《检察日报》，2005-06-11，1版。

② 参见［日］小柳诚二：《日本的警察行政》，载日本驻华大使馆网站：http：//www.cn emb-japan go.jp/cul edu/kouza051207 htm，访问日期：2009-10-02。

③ 参见吴开清编译：《法国2000—2003年犯罪分析》，载《公安研究》，2006（2），96页。

④ 参见王卉编译：《意大利2000—2002年犯罪状况分析》，载《公安研究》，2006（4），95页。

⑤ 参见《我国公安机关命案破案率达89.6%》，载《法制日报》，2006-05-17，2版。

必然带来破案成本的上升和破案率的下降。”[1] 所以，侦查机关为了维持较高的破案率，在实物证据获取能力没有得到显著提升的情况下，只能依赖于犯罪嫌疑人、被告人口供的获取。

无论是在过去、现在，还是今后一段较长的时间内，在刑事诉讼和刑事证据制度中，口供在侦查、审查起诉和审判阶段都有十分重要的作用。尤其是我们当下正处于迈向法治化的进程中，口供问题以及作出口供的被追诉人的权利保障问题，比以往任何时候都受到关注。

不轻信口供是指对口供的采信首先要持一种慎重的态度：口供与当事人有切身的利害关系，其所陈述的内容往往真假混杂，如果轻信口供势必会造成冤假错案。不轻信口供不等于不信口供，真实的口供具有其自身的独特的诉讼价值，而且这种价值是其他证据难以企及的：它能够全面、真实、客观地揭示案件事实，查证犯罪，保护人民。同案犯的口供还有助于司法机关迅速阻止其他正在发生的犯罪。不轻信口供也不等于不要口供，口供是我国刑事诉讼法规定的8种证据形式中的一种，不能随意取消它，取消口供无异于浪费了打击犯罪的重要资源。通过口供能够获得其他有益的证据，能够更好地打击犯罪、维护社会稳定，同时真实口供也有利于保障无罪的人不受追究。

尽管口供的取得在现行的司法实践中通常伴随着刑讯逼供，但我们也不能搞“一刀切”，不用口供。近年来，新闻媒体对于因口供问题而引发或造成的刑事重大冤错案件作出了大量的报道，如云南杜培武、湖北佘祥林、河北李久明等冤错案件，受到社会各界广泛关注。相对于全国每年六十余万件刑事案件来说，冤错案件所占的比例微乎其微，但是，对于当事人及其亲属来说，冤错率却是百分之百！这些冤错案件不仅以个案形式侵害了无辜者的合法权益，还造成非常恶劣的社会影响，在一定程度上引发社会对司法公正的怀疑，损害了司法权威。从冤错案件的形成原因来看，刑讯逼供以及其他非法获取口供的情形可以说难辞其咎。因此，必须对口供问题保有基本的立场，即重视出自完全自愿的口供，排除以非

---

① 郝宏奎：《侦查学的发展、困惑与反思》，载郝宏奎主编：《侦查学论坛》，第3卷，5页，北京，中国人民公安大学出版社，2004。

法方式获取的口供。纠正过于注重口供的偏向不应当走极端，不能从倚重口供这个极端一下子跳到“零口供”。准确地说，当我们否定口供是“证据之王”的时候，必须承认口供是“证据之一”，而绝不是可以被视为“零”的处于证据之外的什么东西。

在构建口供制度时，应在发现真实与保障人权之间寻求平衡。在我国目前的状况下，尤其要确立起符合我国实际的口供规则，不断加大人权保障的力度，下力气治理刑讯逼供、非法获取口供以及倚重口供的做法，摒弃痴迷口供的惯性，不断增强实物证据在案件事实认定中的作用。口供制度的完善是与一系列相关的配套制度密不可分的，如侦查羁押制度、沉默权制度、全程录音录像制度、律师辩护制度等。我们必须在关注口供这一微观制度的同时，努力推进相关制度的完善，进行综合“治疗”，以期达到最佳的效果。正如边沁所言：“没有包治百病的灵药，必须根据患者的性质及情况同时适用不同的措施。医药的秘诀就是研究所有的治疗措施，将它们结合使用，并且根据具体情况决定让它们何时生产。”①

① ［英］边沁：《立法理论》，陈兴良等译，81页，北京，中国人民公安大学出版社，1993。

# 第六章

# 测谎结论的证据问题研究

## 引　言

现代意义上的“测谎”一词是由“测谎仪”（Lie Detector）而来，虽然现代测谎已经诞生一百多年，但直到近些年我国司法界才开始测谎的理论研究和实践探索。对大多数人而言，测谎还罩着一层神秘的面纱，人们通常按照自己的想象去理解测谎与测谎结论。目前，研究者对测谎技术的称谓尚未达成一致，有研究者将其称为“犯罪记忆检测”[①]，也有研究者将其称为“犯罪心理测试技术”[②]，还有部分研究者称之为“测谎”[③]。这也就使得对测谎结论的称谓众说纷纭，一时难有定论。

---

① 付有志：《犯罪记忆检测的涵义》，载《中国人民公安大学学报》，2004（1）。

② 武伯欣、张泽民：《测谎结论能否作为鉴定证据——关于中国心理测试技术研究应用及其现状的思考》，载《证据科学》，2008（5）。

③ 何家弘：《测谎结论与证据的“有限采用规则”》，载《中国法学》，2002（2）；沈德咏、何艳芳：《测谎结论在刑事诉讼中的运用》，载《政法论坛》，2009（1）。

测谎作为一门已经应用到刑事诉讼司法领域[①]并不断扩大其适用范围的技术，其称谓应该符合诉讼参与者的语言习惯，即在大众对“测谎”的用语已经接触并有所了解的情况下[②]，我们主张尊重此用法，但在语义方面还原这一技术的真实含义，即赋予“测谎”一词新的含义。因此，本章将沿用“测谎”的称谓，并沿用“测谎结论”作为这一技术所形成报告的名称。

## 一、测谎结论的基本范畴

### （一）测谎结论的概念

关于测谎结论，目前并没有统一的界定。有研究者把测谎结论视为测谎证据，是指通过测谎检查所获得的证据材料，即专门技术人员按照一定的规则，运用测谎设备记录测谎对象在回答其所设置的问题的过程中某些生理参量的变化，并通过分析测谎设备所记录的图谱，对测谎对象在回答有关问题时是否说谎作出判断后获得的能证明案件真实情况的一系列材料。[③] 还有研究者认为测谎结论是指，专门技术人员按照一定的程序，运用测谎设备（测谎仪）记录测谎对象在回答其所设置的与案件事实相关联的问题的过程中某些生理参量的变化，并通过分析测谎设备所记录的图谱，对测谎对象在回答有关问题时的心理状态进行分析，以判断测谎对象和案件的关系及陈述内容的真实性而得出的结论。[④] 还有研究者认为测谎结论是指，在诉讼过程中，专门测谎员根据案情或者测谎对象的口供设计一套测试题目，按照法定的测谎程序，操作测谎仪，观察测谎对象在回答特定试题时的生理反应，之后对这些生理参量进行专业分析而得出的一种结论。[⑤]

---

① 参见武伯欣、张泽民：《测谎结论能否作为鉴定证据——关于中国心理测试技术研究应用及其现状的思考》，载《证据科学》，2008（5）。

② 作出此推论的依据之一是：通过谷歌、百度等搜索引擎，分别对“测谎”、“犯罪心理测试技术”搜索所得的相关网页有：2 230 000条，124 000条；938 000条，10 100条，搜索日期为2009年12月4日。虽然这些搜索不能全面体现民众的用语习惯，但也从一个角度反映出“测谎”一词的接受度较高。

③ 参见王戬：《论测谎证据》，载《法学》，2000（11）。

④ 参见戴中详：《测谎结论的证据资格分析》，载《人民检察》，2005（5）。

⑤ 参见沈德咏、何艳芳：《测谎结论在刑事诉讼中的运用》，载《政法论坛》，2009（1）。

上述几种对测谎结论的界定可以从两方面进行归纳：其一是参与主体，即主持测谎的技术人员与测谎对象；其二是测谎的依据与程序，即测谎过程中涉及的测谎仪、测试问题和测谎程序等。因此，测谎结论不妨定义为：由专门的技术人员（测谎员）按照一定的程序步骤，运用专门的测谎仪器设备记录测谎对象在回答所设置的问题时某些生理参量的变化，然后予以分析判断，作出测谎对象是否说谎的结论。①

### （二）测谎的一般原理

要研究测谎结论的证据问题和法律效力，就必须首先了解测谎的一般原理，以便正确评价测谎技术和测谎结论。严格地说，测谎仪所测的不是谎言，而是测谎对象在回答测试问题时产生的心理刺激所引起的生理参数的变化。测谎仪并不能直接告诉我们测谎对象是否在说谎，其功能只是记录测谎对象在相关问题的心理刺激下产生的生理参数变化，测谎员再根据这些记录去分析，从而得出测谎对象说的是真话还是假话的结论。

#### 1. 测谎结论的科学依据

“测谎仪”是运用心理学、生理学、医学、电学等各种科学的原理研制而成的，通过测试测谎对象的生理变化参数来甄别谎言的一种仪器；其主要的理论依据是“心理刺激触发生理反应”这一心理学和生理学的基本理论。②

在心理学方面，测谎技术的主要原理是：对于真正的犯罪分子来说，其实施犯罪的场景、情节等线索，在联想、记忆等认知机能的作用下，会在大脑中形成“心理痕迹”，并保留下来。在进行“测谎”时，测谎员设计的有关犯罪场景、情节等问题，在注意机能的作用下，返回刺激大脑皮层产生“优势兴奋中心”，使“犯罪痕迹”复活，在情绪机能的作用下，产生一定的情绪兴奋反应，进而产生一定的生理反应，测谎员通过分析测谎对象的生理反应图谱来判断测谎对象是否说谎。③

---

① 参见陈卫东主编：《模范刑事诉讼法典》，2版，290页，北京，中国人民大学出版社，2011。

② 参见何家弘：《测谎结论与证据的“有限采用规则”》，载《中国法学》，2002（2）。

③ 因此有学者主张将该技术称为“犯罪记忆检测”。参见付有志：《犯罪记忆检测的涵义》，载《中国人民公安大学学报》，2004（1）。

依生理学理论，人类在说谎时会产生一系列的生理反应，其中有一些变化是肉眼可以观察到的，如抓耳挠腮、抖动腿部等，但更多的是一些不易被察觉出来的细微反应，主要表现在：（1）呼吸系统的变化，如呼吸速率加快，甚至呼吸抑制和屏息；（2）血液系统的变化，如脉搏加快，血压升高，面部、颈部的皮肤明显苍白或发红；（3）排泄系统的变化，如汗腺分泌增加，手心、皮肤、额头出汗增多，导致皮肤电阻发生变化；（4）视觉系统的变化，如眼睛瞳孔放大；（5）语言系统的变化，如口干舌燥、说话结巴。通常认为，人的这些生理反应是不能被人的意识控制的，因而可以通过分析测谎仪所记录下的各种不能被人的意识控制的某些参数来甄别测谎对象是否说谎、是否与案件有关联。

基于以上的心理学和生理学原理，专业的测谎仪器一般由传感器、主机和微机三部分组成。传感器与人的体表连接，采集人体生理参量的变化信息；主机是电子部件，将传感器所采集的模拟信号经过处理转换成数字信号；微机负责对输入的数字信号进行存储、分析，得出测谎结论。测谎仪器主要的测试指标一般包括血压、心律、皮肤电阻和呼吸四个方面，相应设置的戴在人手指上的皮肤电传感器、系在人的胸部的呼吸传感器、戴在人腕部或臂部的脉搏和血压传感器，其采集的模拟信号经过主机处理转换成数字信号，再进入微机进行存储、分析。

2. 测谎结论的得出过程[①]

测谎结论的得出是一个过程，了解它的基本程序，是把握测谎本质的基础。测谎的实施程序，既关系到测谎结论的客观性和准确性，也与测试本身的公正性密切相关。

首先，测谎员要了解测谎对象的身体和精神状况、心理状态等，以确定测谎对象当前是否适合测试，并确认其是否愿意接受测试。

其次，测谎员接受委托单位的委托，了解案情，并到现场实地察看，分析犯罪嫌疑人作案时的行为过程和心理状态，对犯罪行为进行动态描绘，重建犯罪嫌疑人的心理活动过程，在此基础上制作测试题目。

---

① 参见陈卫东主编：《模范刑事诉讼法典》，374～379页，北京，中国人民大学出版社，2005。

再次，实施测试时，测谎员应与测谎对象进行测试前交流，再次询问测谎对象是否同意接受测试、是否已经履行法定的手续，并确认测谎对象的身体状况是否适合测试。测谎员要平息测谎对象的紧张情绪，向测谎对象说明自己的姓名、身份，测试的性质、目的，提出的问题和测试仪器等情况，然后由测谎对象填写"心理测试自愿书"。实施测试时应严格按照测谎技术方法的规则和标准进行，以确保测试结果的准确性；测试中的提问不得超出事前准备的测试问题范围；每次测试应该在两个小时内完成。在测谎过程中，应该同时采用录音、录像的记录方式。如测谎对象在测试过程中出现恶心、呕吐及情绪激动等特别情况，应立即中止或终止测试。

最后，应当由测谎员和未参加实际测试的专家分别对于采集到的测谎对象的生理数据和系统调查所获得的图谱进行综合分析，得出结论，出具书面报告，并签名。

3. 影响测谎结论准确性的因素

自测谎技术问世以来，国内外的学者进行了许多关于测谎结论准确率的调查研究。美国《犯罪心理测试》杂志主编 Norman Ansiey 收集了 1980 年至 1990 年实地办案的测试结论，并同口供、法庭判决相比较，通过对 2 042 宗案件的研究，得出了如下结论：说谎的情况下测试结果的准确率为 97%，诚实的情况下准确率为 98%。我国公安部自引进第一台犯罪心理测试仪至 1995 年共测试 16 起案件，准确率为 90%；沈阳市中级人民法院从 1994 年至 1997 年共测试刑事案件 120 起，准确率为 95%。[①]

但是，在司法实践中，测谎结论也有出现错误的时候[②]，要求其达到 100% 的客观真实是不切实际的。人们对测谎结论的质疑主要是其证据资格的问题，问题的症结莫过于人们对测谎结论的不信任。因此，为了提高测谎结论在普通民众

① 参见谢鹏：《测谎技术应用于刑事侦查的若干理论问题》，载赵翔主编：《侦查学论丛》，第 4 卷，643 页，北京，中国人民公安大学出版社，2003。

② 如在云南杜培武案件、安徽刘明河等冤案中就存在着使用测谎技术不当的现象，从而导致得出的测谎结论不准确。

心中的认可度，就需要对影响测谎结论准确性的因素加以分析，尽可能地减少人为因素的影响。

首先是测谎员的原因。[①] 测谎员是测谎技术的具体操作者，测谎员的资质和能力，直接影响测试的成败。高素质的测谎员是测谎成功的保证。测谎员的资质不合格、能力欠佳，则是导致测谎结论失误的最重要的原因之一。

其次是测谎对象方面的原因。[②] 测试结论的准确性同时也受测谎对象的影响。一般来说，受教育程度越高，知识越丰富，领悟能力越强的人，在测试中对问题的反应就越敏感，其测试的准确率就越高；测谎对象的文化水平低，对问题的反应慢，会增加测试的难度，从而影响测试结论的准确性。对于心理异常的人及生理状态不佳的人也不适宜用测谎的方法；对于熟悉案情、熟悉现场情况的测谎对象，原则上应尽量避免使用犯罪情景测试法，如果使用，须找出测谎对象不知情的情节。对于羁押时间长的测谎对象，测试前应给其一定时间进行调整，让其休息好、吃好，使其身体达到测试的要求。

再次是测谎仪方面的原因。当前国内使用的测谎仪来源不一，而且测谎仪的开发、利用以及其硬件和软件还存在许多有待改进和完善的地方。人的内心思想是非常复杂的，测谎仪收集的是“心理痕迹证据”，但是个体的差异以及人的心理活动和说话的真伪与科学数据的图谱的关系是否完全一致还有待进一步研究。因此，测谎仪的不完善以及待验证测谎原理等诸多问题往往会影响测试结论的准确性。

最后是测谎环境方面的原因。[③] 一般说来，恒温、恒湿是最理想的测试环境，因为测谎对象长时间坐着被测试，体温会下降，恒温、恒湿可弥补这一缺陷，有助于测谎员收集皮电。除此之外，在测试中应保持安静，避免人员走动和出入，要保证测谎对象在测试过程中仅受问话的刺激，避免无关因素干扰测试，影响测试结论的准确性。在房间的布置上，应尽量简洁，室内陈设不宜复杂，以

---

① 关于测谎员的资格，可参见陈卫东主编：《模范刑事诉讼法典》，2版，292页，北京，中国人民大学出版社，2011。

② 关于不适合测谎的对象，可参见上书，291页。

③ 关于测谎环境，可参见上书，293页。

免分散测谎对象的注意力。

## 二、测谎结论应用的比较研究

不可否认，测谎技术在犯罪侦查中有着重要作用，但测谎结论能否成为诉讼中的证据是另一个问题。二者之间虽有联系，但是并不等同。刑事侦查的根本目标是查明犯罪事实，而刑事诉讼不仅要考虑打击犯罪的功能，更应该注重保障人权，尤其是犯罪嫌疑人、被告人的合法权利。如何确定测谎结论在刑事诉讼中的证据资格和证明力？在分析我国在这一方面存在的问题之前，有必要考察一下国外的相关做法与态度。

### （一）基本否定测谎结论的代表国家

#### 1. 德国的做法

德国秉持其一贯的刑事诉讼立法和司法理念，反对在刑事诉讼中使用测谎结论。《德国刑事诉讼法典》第 136 条 a 规定了禁止讯问的方法：（1）对于被指控人决定和确认自己意志的自由，不允许用虐待、疲劳战术、伤害身体、服用药物折磨、欺诈或者催眠等方法予以侵犯……（2）有损被告人记忆力、理解力的措施，禁止使用。（3）第（1）、（2）款的禁止规定，不顾及被指控人的承诺，必须适用。对于违反这些禁令所获得的陈述，即使被指控人同意，也不允许使用。[①]以测谎技术来获得受测者尤其是被指控人的陈述，被认为是违背其自由意愿的，即使他本人同意，也必须坚决适用以上禁止规定。

有研究者对此解释道，“德国实务原则禁止对被告进行任何形态的测谎，主要理由在于测谎不可避免地影响被告‘意思决定及意思活动的自由’，因为测谎的原理，正是借由受测人不可支配、无法控制的生理反应来探知其可能不欲人知的讯息，德国判例认为此举侵害人格自由”[②]。也有研究者主张，如果测谎之使用仅限制于调查程序中，并且该测谎措施的直接结果被规定不得在审判程序中作

① 参见《德国刑事诉讼法典》，李昌珂译，62 页，北京，中国政法大学出版社，1995。

② 林钰雄：《刑事诉讼法》（上），147 页，北京，中国人民大学出版社，2005。

为证据之用（有证据力），则在被告同意时，应可施行测谎实验。但也有研究者持反对意见，认为测谎实验无论如何均违反《刑事诉讼法》第136条a第3项之规定，因为1954年联邦法院裁定“对被告进行心灵上的观察”是漠视自由和尊严的行为。①

2. 意大利的做法

意大利对待测谎结论的态度与德国相似，虽然该国是测谎技术的起源地，但其对测谎技术十分慎重。在该国刑事诉讼中，强调取证中的“精神自由”，根据意大利刑事诉讼法典第188条规定，“不得使用足以影响人的自由决定权或者足以改变对事实的记忆或评价能力的方法或技术，即便关系人表示同意”②。因此，测谎对象的同意也不能使测谎结论具有证据资格。

（二）部分肯定测谎结论的代表国家

1. 美国的做法

美国是世界上第一个使用测谎仪的国家，其测谎技术以及相关理论和制度已经比较成熟。1923年的弗赖伊判例和1993年的达伯特判例是美国测谎制度的发展中两个最具代表性的判例。

1923年，哥伦比亚特区联邦法院审理的弗赖伊诉合众国案（Frye v. United States），是美国第一个涉及测谎仪的经典判例。在这个判例中，法院没有采信被告人的测谎结论，负责审理该案的法官认为，测谎技术在生理学和心理学领域内尚未获得“普遍接受”（general acceptance），测谎技术还没有确立统一的科学标准，测谎结论的准确性难以确定，所以不能在诉讼中采信为证据。③ 在美国，对于法院是否可以采信包括测谎结论在内的各种科技证据，弗赖伊判例具有里程碑的意义。因为，对于包括测谎结论在内的科技证据进入诉讼程序，该判例确立了一个“普遍接受”的标准。一般认为，“普遍接受”标准包括两方面的含义：一

① 参见［德］克劳思·罗科信：《刑事诉讼法》，吴丽琪译，232～233页，北京，法律出版社，2003。

② 《意大利刑事诉讼法典》，黄风译，67页，北京，中国政法大学出版社，1994。

③ Frye v. United States，293 F. 1013（D. C. Cir.，1923）.

是该证据来自的科技领域；二是证据所赖以建立的科学原理以及技术方法已经获得本领域中的专家同行的普遍接受。此后，法院在审理案件时，如果决定采信科技证据，前提条件是该科技证据必须已经达到被“普遍接受”的标准。[①]

1993年的达伯特判例对于采信包括测谎结论在内的科技证据，确立的是“综合观察”（general observation）的标准，从而推翻了弗赖伊判例，成为近年来美国多数州和部分联邦法院审理与测谎结论有关的案件的法律依据。因此，由弗赖伊判例所确立的“普遍接受”标准向达伯特判例所确立的“综合观察”标准的转变，是美国测谎制度发展过程中的重要转折点。“综合观察”标准要求法庭在采信科技证据时，必须综合考虑多方面的因素，具体包括四项内容：一是新科技是否得到了检验；二是科技原理是否已经公开出版或者已经由相关同行进行过评论；三是新科技的错误率是否已经知晓，并且该科技方法是否有规范的操作标准；四是新科技是否已经被普遍接受。[②] 在“综合观察”标准中，只要科技证据具备了四项内容中的一项，陪审团成员即可以根据自由心证原则自行决定是否应该采信；而依“普遍接受”标准所确立的采信科技证据的根据是唯一的——必须被科技同行普遍接受。

2. 日本的做法

在日本，自1968年2月8日最高法院判决（刑集22卷2号55页）认定测谎结果具有证据效力以来，原则上对于运用测谎仪所作出的测谎结论的证据资格持肯定态度。该判例指出，如果测谎对象同意接受测谎结果，并且测谎时检测者的技术、经验以及检测器具的性能可靠，而且检测经过和结果有准确的记录，则可以肯定测谎检查结果的证据能力。[③]

符合上述条件的测谎检测结果具有证据形式方面的要件，在立法上具有可采性，并符合证据的各项程序性要求，可以作为证据向法庭提交。该判例还确定了

---

① See Paul C. Giannelli, “The Admissibility of Novel Scientific Evidence: Frye v. United States, a Half-century Later”, 80 *Colum. L. Rev.* 1197, 1208-1211 (1980).

② Daubert v. Merrell Dow Pharmaceuticals, Inc., 509 *U. S.* 579, at 593-595 (1993).

③ 参见彭勃：《日本刑事诉讼法通论》，237页，北京，中国政法大学出版社，2002。

测谎结论有证据能力的情况，包括：（1）根据检测者的技术、经验与检测器具的性能所检测的结果值得信赖；（2）准确、忠实地记载检查的经过和结果的，有证据能力。①

日本法律界所关注的焦点是测谎结论的准确性如何保障，而这也是反对者的主要理由。有研究者指出，测谎结论必须要符合至少以下三个要件，才可以在法律上被认为是准确的：首先是检测方面的条件，即为了正确地进行检测，应当确认检测者是否掌握了必要的知识和技术；其次是被检测者方面的条件，即检测者要确认被检测者是否在理解检测意义的基础上自愿地表示同意、身心状态是否适合检测；最后是检测的方法，质询问题表的制作是否适当、检测的顺序是否有错误。② 由此可见，日本肯定测谎结论的证据资格的前提是，测谎结论具有准确性。

（三）我国对待测谎结论的态度

近代意义上的测谎在中国的应用最早见于国民党统治时期的重庆渣滓洞集中营，是由国民党政府从美国引进并由美国人帮助使用的。其主要用来在心理学系中做实验研究和选人，以及用于对付被捕的革命志士。

新中国成立之初，我国对测谎技术的态度是全盘否定。其原因，一方面是国民党政府曾使用这一手段对付革命志士；另一方面是当时人们认为使用这项技术来判断人的言行是彻底的唯心主义。直到 20 世纪 60 年代中期，我国研究心理、生理技术的一些专家才开始进行研究，但没有在刑事侦查领域引起足够的重视，多数人持否定态度。由于宣传误导和认识缺乏等原因，从新中国成立到 20 世纪 80 年代，犯罪心理测试技术在我国基本上是处于空白状态的。③

在中国，测谎技术自 20 世纪 80 年代起就在侦查活动中得到广泛应用，发挥着侦查导向、查找线索等巨大作用。但是与此同时，测谎结论的法律地位问题一直未得到解决。目前，对测谎结论的证据资格问题予以明文规定的法律文件只有最高人民检察

① 参见［日］田口守一：《刑事诉讼法》，刘迪、张凌、穆津等译，239 页，北京，法律出版社，2000。

② 参见［日］松尾浩也：《日本刑事诉讼法》（下），张凌译，117 页，北京，中国人民大学出版社，2005。

③ 参见刘根菊：《刑事司法创新论》，320～321 页，北京，北京大学出版社，2006。

院1999年9月10日对四川省人民检察院《关于CPS多道心理测试鉴定结论能否作为诉讼证据使用的请示》的批复："多道心理测试的测谎结论与刑事诉讼法规定的鉴定结论不同，不属于刑事诉讼法规定的证据种类，因此它只能用来帮助审查、判断证据，但不能作为证据使用。"从批复的内容来看，最高人民检察院似乎已经明确规定了测谎结论不能作为证据在刑事诉讼中使用。

但是，也有研究者认为，最高人民检察院的这一批复似乎对采信测谎结论进行了抽象否定、具体肯定。既允许将测谎结论用来帮助审查、判断证据，却又禁止将其作为证据采信，实际上违反了我国诉讼证据的基本理论。因为每个证据在证明整个案情时所起的作用都是有限的，它们都只是证据链条中的一个环节，很多单个证据的证明价值就是帮助审查、印证、判断其他证据的可靠性，因此，规定测谎结论可以用来帮助审查、判断证据，实际上就是肯定了测谎结论的证据效力。①

（四）小结

测谎结论能否作为证据使用，国内外司法实践中主要是基于其结论是否科学、其应用是否侵犯人权两方面的考虑。通过上述比较，笔者认为：

首先，以德国、意大利为代表的传统欧洲国家对待测谎技术的态度较为谨慎。它们汲取了纳粹时代刑事司法用麻醉分析方法获取口供的历史教训，特别重视保障"人的尊严"和"人的自由"。它们认为测谎技术是通过人的生理反应而对人在无意识状态下进行的精神测试，势必侵害到人格权的核心——精神自由。此外，测谎技术容易受到测谎员的经验、科学的程序、测谎对象的个性因素、环境因素等影响，准确性值得怀疑。

其次，以美国、日本为代表的国家对待测谎结论作为则较为开放。一方面，它们在测谎技术的掌握方面较其他国家有优势，测谎结论的准确性可以保障；另一方面，在测谎结论的可靠性逐渐被其国民接受的前提下②，它们对待测谎结论

① 参见张泽涛：《美国测谎制度的发展过程对我国的启示》，载《法商研究》，2003（6）。

② 美国在20世纪90年代进行的一项调查结果表明：96%的公诉律师、75%的辩护律师和76%的心理学家都认为测谎技术是一种可以采用的查明案件事实的工具。参见何家弘：《测谎结论与证据的"有限采用规则"》，载《中国法学》，2002（2）。

的态度发生了转变，美国部分州法院和部分联邦法院允许测谎结论在刑事诉讼中使用，但它们对测谎技术的运用作了严格的限定，以测谎对象自愿为前提，并且要遵循法定的程序。在这些国家内部，对于测谎结论能否作为诉讼证据，反对和支持的态度并存。

最后，在中国，在刑事诉讼中对待测谎结论的态度也是有所保留。究其原因，一方面是过去很长一段时间内我们认为使用这项技术是唯心主义的，再加上宣传误导和认识缺乏等原因，从新中国成立到20世纪80年代，这项技术基本上处于空白状态；另一方面是有的侦查机关在办案中先入为主，对于测谎技术在办案过程中的作用期待值过高，盲目崇拜测谎结论的作用，甚至“以测代侦”，导致不少冤错案的产生。基于以上原因，才有了最高人民检察院在刑事诉讼中将其定位于“只能用来帮助审查、判断证据，但不能作为证据使用”这种留有余地的规定，既不肯定测谎结论的证据资格，也不对测谎技术一棍子打死。

综合来看，影响测谎结论在刑事诉讼中使用的因素主要有两个：其一是一国的传统，主要表现为一国民众对该技术的认可度，既要考虑历史的传统，又要考虑民众对其的了解程度；其二是该项技术的成熟度，即其准确性的问题，这是影响该技术能否在刑事诉讼中应用的核心因素，在其准确性可以保证的前提下，一国民众的态度会逐渐转变，进而影响决策者对待测谎结论的态度。①

## 三、测谎结论的证据资格

从现有的司法解释来看，测谎结论目前在我国是不能作为证据在刑事诉讼中使用的。但是，理论的研究要超前于实践才能指引实践，最终通过实践的检验来完善理论，这就是我们所提倡并践行的“理论源于实践而又高于实践”。一概否定测谎结论的证据资格，既是漠视测谎结论在刑事侦查中的运用这一实践，也是对待理论的非理性态度。正是因为目前测谎结论在理论上争议很大、实践中做法

① 典型的例子如美国和日本两国司法机关对待测谎结论的态度的转变。

不一，特别是实践中失败的教训值得我们认真反思，才有理论研究的必要。

（一）关于测谎结论证据资格的争论

如前文所述，测谎结论目前在我国的法律处境十分微妙，主要表现在测谎结论在我国司法实践中已经大量使用，但我国现行法律并未对使用测谎结论的相关问题作出明确的规定，有关测谎技术的标准、测试主体、测试对象、测试条件、测试程序以及测谎结论的使用等缺乏统一的规定。而且，对于测谎结论是否具有证据资格在理论界还没有形成较为一致的看法。关于测谎结论的证据资格问题，目前争论较大，总的说来有肯定说、否定说、有限肯定说三种主要的观点。

1. 肯定说

持肯定说的研究者更多的是从证据所具有的客观性、关联性、合法性方面来探讨测谎结论的证据资格问题，其主要理由是：（1）从测谎技术的科学机理来论证测谎结论具有证据的客观性、关联性。通常情况下，犯罪分子在实施犯罪过程中，他所感知的形象、体验的情绪和采取的行动会在大脑中留下深刻的印记。如果过后被人提起，对他会是一种强烈的心理刺激，并且必然引起其生理上的异常变化。测谎的内容都是针对测谎对象对案件事实提问回答的身心反应而得出的，故测谎结论与案件事实之间有直接的、必然的因果联系，是建立在案件事实基础上的测试，是针对某一具体案件事实对测谎对象是否说谎的检测，故测谎结论具有证据的关联性。（2）从现有法律关于“技术侦查手段”的用语来论证测谎结论的合法性。一方面，根据《中华人民共和国国家安全法》和《中华人民共和国警察法》条文中关于“技术侦查措施”的规定①，将测谎技术理解为技术侦查措施的一种形式。另一方面，从鉴定意见的角度来论证测谎结论的合法性，认为测谎结论作为测试人员运用其知识和技能分析通过仪器记录的被检测人的生理反应所作出的判断结论，在证据种类中应属鉴定意见。②

① 参见《中华人民共和国国家安全法》第10条、《中华人民共和国警察法》第16条。

② 关于该方面的详细论述，可参见王戮：《论测谎证据》，载《法学》，2000（11）；张泽涛：《美国测谎制度的发展过程对我国的启示》，载《法商研究》，2003（6）；赵杰：《测谎结论的证据适用》，载《江海学刊》，2005（4）；许志：《测谎结论的证据法地位》，载《社会科学家》，2007（3）。

2. 否定说

我们发现持否定观点的研究者也是从证据的客观性、关联性和合法性针对上述理由进行反驳的：（1）从测谎结论的客观性和关联性来看，测谎技术有两个理论预设：其一，说谎与情绪反应之间有直接而牢固的联系；其二，情绪反应与生理反应之间有一定的关联作用。这两个预设并没有得到生理学家和心理学家的普遍承认，因此，测谎技术的理论基石并不牢固，进而影响到测谎结论的客观性和关联性。有研究者认为：测谎结论充其量只能证明测谎对象是否说谎、讲的是真话还是假话，并不能证明案件事实。而诉讼证据的使用，归根结底是为了证明案件事实、查明案情，所以测谎结论不具有证据的关联性，不能作为证据使用。（2）从测谎结论的合法性来看，根据《中华人民共和国国家安全法》和《中华人民共和国警察法》的规定，"国家安全机关、公安机关因侦查犯罪的需要，可以采取技术侦查措施"，侦查机关可以采用监听、秘密侦查等手段来获取证据，但是这种侦查手段本身并不是证据，通过这些手段获得的证据也必须符合法定的证据种类和证据形式，至于测谎，可以作为刑事技术侦查的手段之一，但是测谎结论能不能作为刑事诉讼证据是另外一个问题。我国《刑事诉讼法》第 48 条明确规定了 8 种结论形式，但并没有对测谎结论的规定。最高人民检察院 1999 年 9 月 10 日发布的《关于 CPS 多道心理测试鉴定结论能否作为诉讼证据使用问题的批复》中明确指出，"CPS 多道心理测试（俗称测谎）鉴定结论与刑事诉讼法规定的鉴定结论不同，不属于刑事诉讼法规定的证据种类"[①]。

3. 有限肯定说

持有限肯定说的研究者的主要观点可以概括为：（1）鉴于测谎结论不是对案件事实本身的调查，测谎结论不能用以证明犯罪嫌疑人是否实施了犯罪，再加上目前测谎结论的确还没有达到完全的可靠，目前不宜将测谎结论作为直接证据使用。（2）基于测谎结论对案件具有排除无辜、侦查导向等巨

---

① 关于该方面的详细论述，可参见杨旺年：《关于测谎及其结论的正义与评析》，载《法律科学》2004（2）；向建国：《真实的谎言——测谎结果不宜作为刑事诉讼证据之思辨》，载《犯罪研究》，2004（2）；宋远升：《测谎原理、冲突与法律思考》，载《犯罪研究》，2008（4）。

大作用，应将其作为侦查、审查和判断证据的手段，必要时，在有其他证据能够相互印证的情况下可以采取“有限采用规则”，将其作为辅助的证明手段。持该观点的研究者主张测谎结论可以在诉讼中被采用为证据，但是属于“有限采用”，即只能用来审查言词证据的真实可靠性，不能直接用来证明案件事实。如果测谎结论不利于测谎对象，其只能作为进一步收集其他证据的线索或作为其他有罪证据的辅助证据，仅有测谎结论不能认定测谎对象有罪。①

（二）对上述观点的评析

我们发现研究者对此问题争论的核心可以归纳为两点：上文提到的测谎技术的“成熟度”和一国民众的“认可度”。其一，从支持者和反对者针锋相对的观点来看，以及从有限肯定者有限使用的主张来看，其争论的关于测谎结论的客观性和关联性的问题源自测谎技术的“成熟度”即准确性问题，此为该争论的核心问题，也是三种观点的基本理由所在。如果该技术真的可以达到百分之百的准确率，那么可以预测，有限采用论者会转成支持者，而反对者也将不再反对。其二，关于测谎结论的“合法性”，笔者认为其实质问题是一国民众对测谎技术的“认可度”。证据制度是诉讼文化的一种，应当获得大众的普遍认同，如果一般公民对一项证据的科学性尚存在疑虑，那么，即使测谎结论为真实的，也会削弱其公正性以及解决纠纷的功能，也即“问题的关键不在于它们是否以及在多大程度上发现了事实真相，而在于它们在诉讼中获得的‘真相’通过何种途径为人们所接受”②。

因此，要在理论上解决测谎结论的证据资格问题，首先要了解测谎技术的成熟度，即依据现有的测谎技术所作出的测谎结论在多大程度上是可信的。从国外来看，1997 年美国测谎协会（APA）在其专业杂志《多道心理测试》上公布了

① 参见宋英辉：《关于测谎证据有关问题的探讨》，载《法商研究》，1999（5）；何家弘：《测谎结论与证据的“有限采用规则”》，载《中国法学》，2002（2）；蒋石平：《测谎技术法律问题透析》，载《法学评论》，2006（1）；郭云忠：《论刑事诉讼中的心理测试》，载《人民检察》，2007（12）。

② 易延友：《证据法学的理论基础——以裁判事实的可接受性为中心》，载《法学研究》，2004（1）。

一项调查80项测谎研究的综合结果，该结果表明，在实践中使用测谎程序的平均准确率达到98%，在实验室进行的测谎准确率达到80%。① 在我国，有研究者实测过一千三百余起案件，测试一万两千余人，其中80%以上经测后讯问取得突破性进展；其余的百分之十几，有的是排除了已有的嫌疑人，有的是虽认定了嫌疑人但案件侦查暂无进展。在这些案件中区分无辜者与涉案人的准确率能够达到98%，而出现失误的2%主要存在着错把涉案人认定为无辜者的情况，还有一部分属于无结果，即测试后因找不到其他证据验证测试结果，对嫌疑人只能依据疑罪从无原则处理。②

从上述数据来看，尽管依据该项技术得出的测谎结论的准确率较高，但似乎还没有达到民众认可该项技术的预期，因此有研究者对此质疑道：对于测谎结果准确性的认定标准令人质疑，究竟以什么标准来认定测谎结果的准确性，并没有一个明确的说法。③ 此外，中国目前的测谎现实状况也令人担忧，表现在：没有关于测谎技术的统一标准；测试员的选拔和培训各地不一；测谎程序运作缺乏监督和公正性等。再考虑到因测谎结论使用不当而出现杜培武、刘明河等冤案，这些或许成为决策者将测谎结论引入刑事诉讼的顾虑。

（三）测谎结论的证据资格探析

要解决测谎结论的证据资格问题，就必须先明确测谎结论是什么。这不仅是一个概念的问题，更是一个测谎结论的证据种类归属问题。最明显的一个观点就

---

① 这80篇研究论文是从美国、加拿大、以色列和日本等国家的五十多种不同的科学杂志上收集而来的，并从实践和实验室两个方面考察了测谎程序的有效性和可靠性。参见［美］约翰·帕尔马特、张晓弘：《“测谎”在中国——何去何从?》，载何家弘主编：《证据学论坛》，第5卷，478～479页，北京，中国检察出版社，2002。

② 参见武伯欣、张泽民：《测谎结论能否作为鉴定证据——关于中国心理测试技术研究应用及其现状的思考》，载《证据科学》，2008（5）。

③ 假如是以案件的审判结果为标准，如果测谎仪认定犯罪嫌疑人说了谎，而审判结果认定其有罪，那么测试就是准确的，反之就是错误的测谎结果。如果真是这样的话，就会产生如下疑问：既然测谎结果是被用来认定案件的，而又以审判的结果来判断测试结果的准确度，是否有循环解释之嫌。参见向建国：《真实的谎言——测谎结果不宜作为刑事诉讼证据之思辨》，载《犯罪研究》，2004（2）。

是，将测谎结论视为鉴定意见的一种。持有这种观点的研究者有相当比例。[①]

1. 测谎结论的种类归属

测谎结论的种类归属问题一个值得深思的话题，特别是测谎结论是不是鉴定意见的一种。我们认为，测谎结论不属于鉴定意见，理由如下：

首先，测试依据不同。前者的依据是测谎员向测谎对象呈现语言或视觉刺激，诱发其产生一定的心理反应，使用生理检测仪记录测谎对象的生理反应，并根据一定原则测量分析这些生理反应，确定生理反应的特异性，根据心理、生理学原理，判断测谎对象是否具有犯罪记忆。[②] 而后者的依据是一定的物理学、化学、法医学、会计学等学科知识，鉴定人只需要运用自己的专门知识和技能，凭借科学仪器和设备来观察、检验、分析鉴定对象。

其次，测试目的不同。前者的测试目的在于通过测试测谎对象的生理数据来获取测谎对象的心理活动痕迹，以了解测谎对象是否说谎，即测谎对象是否知道案情，以及知道多少案情，而测谎对象是否知道案情不属于案件中的专门性问题。后者测试的目的则是通过鉴定人的鉴定意见来了解案件中的专门性问题，此问题是需要查证的案件事实的一部分。

再次，测试对象不同。前者测试的对象是测谎对象在回答测试问题时的心理活动所产生的生理数据，即“心理痕迹的生理反映”，除此之外，不再有其他的测试对象；测谎对象自身的身体、心理状态影响测试结论的准确性，处于特殊时期或状态的测谎对象不适宜参加测试。[③] 后者测试的对象则包括物证、书证，以及作为法医学、司法精神病学鉴定对象的人的身体及状态等；测试的对象多以物质化状态存在，如书证、物证乃至司法精神病鉴定中的被鉴定人等，鉴定对象的

① 将测谎结论视为鉴定意见在测谎结论“肯定说”论者中有相当大比例，也有“有限肯定说”论者将其视为鉴定意见。参见宋英辉：《关于测谎证据有关问题的探讨》，载《法商研究》，1999（5）；王戮：《论测谎证据》，载《法学》，2000（11）；何家弘：《测谎结论与证据的“有限采用规则”》，载《中国法学》，2002（2）；张泽涛：《美国测谎制度的发展过程对我国的启示》，载《法商研究》，2003（6）；赵杰：《测谎结论的证据适用》，载《江海学刊》，2005（4）；许志：《测谎结论的证据法地位》，载《社会科学家》，2007（3）。

② 参见付有志：《犯罪记忆检测的涵义》，载《中国人民公安大学学报》，2004（1）。

③ 可参见本章第二部分论述。

保存状态影响其准确性。

最后，结论作用不同。前者的作用在于给出测谎对象是否“说谎”的结论，即测谎对象是否知道以及知道多少案件事实，该结论不能直接用于证明案件事实，但是，对案情有所了解的测谎对象往往在测试中透露出案件的重要情节，从而帮助侦查机关发现新的证据线索，审查、判断已有证据。后者的作用则在于证明案件的某一专门性问题，即证明直接影响到对犯罪嫌疑人、被告人定罪与量刑的事实存在与否，该结论能够单独证明案件的某一专门性事实。

笔者并不主张按照现有的证据种类框架来衡量测谎结论。传统的证据法学理论认为，证据种类的实践价值在于：进入诉讼活动的证据材料必须具备法定的表现形式，即证据的合法性。然而，仅仅看到证据种类的标签作用是远远不够的。给证据材料贴上法定种类的标签并非目的，而是一种手段：法律通过把缤纷多彩的证据材料归属于有限的法定证据种类，为规范各种证据材料的收集与法庭调查提供了制度便利和现实可能。法定证据种类往往对应着特定的证据收集程序，违反法定程序所收集的证据材料可能会丧失其证据资格。[①] 因此，测谎结论有其独特的证据收集程序，在将来的证据体系中应该具有独立的地位，即应与鉴定意见并列，而不是归属于鉴定意见。

2. 测谎结论的证据资格

在司法领域，什么样的材料具有证据资格，是一国证据制度的基本问题。证据资格，也称证据能力，是指一项证据材料能够用于法庭严格证明、作为法庭证据接受法庭调查的法律资格。[②] 讨论证据资格问题，离不开一定的标准。没有标准，讨论证据资格就失去了现实意义。一般而言，讨论证据资格主要有两个标准，即关联性标准与合法性标准。证据资格的关联性标准，是证据资格的自然标准，与待证事实具有关联性的东西才具有证据资格。在考虑某一证据的关联性时，一般考虑如下两个因素：其一，时间和人

① 参见陈卫东主编：《刑事诉讼法学研究》，246～247 页，北京，中国人民大学出版社，2008。

② 参见上书，236 页。

力的耗费是否允许使用该证据；其二，该证据的使用是否会给证明带来不必要的干扰或混乱。① 在考虑证据资格的合法性标准时，必须明确以下两个前提：其一，证据资格的合法性标准必须以特定的法律为前提；其二，违反法律规定的程度是有轻有重的，即非法证据排除规则应该包括绝对排除的非法证据和裁量排除的非法证据。

现有法律、司法解释对测谎结论的证据资格问题的规定仅有最高人民检察院1999年9月10日发布的《关于CPS多道心理测试鉴定结论能否作为诉讼证据使用问题的批复》，从这条司法解释来看，测谎结论在刑事诉讼中的证据资格被绝对排除。究其原因，恐怕还得回到前文提及的该技术的“成熟度”和民众的“认可度”，真正核心问题还是该技术的“成熟度”问题：在可以确保其较高的准确率的前提下，民众经过一个逐渐认可的过程，对该技术的普遍“认可度”自然会建立起来。② 再来回顾每一项技术从理论到实验室再到具体运用的历程，我们不难发现，测谎技术目前正处于类似于医学上的“临床试验”阶段，即实验室的后期修正阶段，但测谎结论的优势已经显现出来。有研究者指出，测谎结论的正确率可以达到98%，而剩余的2%主要存在着错把涉案人认定为无辜者的情况，通过使用测谎技术，80%以上的案件经测后讯问取得突破性进展。③ 因此，依据测谎技术得出的测谎结论的准确率如果确实能够达到研究者声称的98%，那么测谎结论的证据资格阻碍就剩下如何规范测谎技术、测谎结论的适用规则如何确定。

笔者认为，随着测谎技术的不断成熟，测谎结论具有证据资格是一个早晚的结果。在当前各地遵照最高人民检察院“人民检察院办理案件，可以使用CPS多道心理测试鉴定结论帮助审查、判断证据”的要求，测谎技术已经获得了较为

---

① 参见何家弘主编：《证据法学研究》，94～95页，北京，中国人民大学出版社，2007。

② 其他鉴定技术进入司法领域的过程值得我们注意，即测谎技术进入司法领域也需要一个逐渐的过程；目前还没有因其他司法鉴定存在一定的失误率而明确否认鉴定意见的证据资格的看法。

③ 参见武伯欣、张泽民：《测谎结论能否作为鉴定证据——关于中国心理测试技术研究应用及其现状的思考》，载《证据科学》，2008（5）。

广泛的应用的背景下，对测谎结论的讨论重点应该转移到测谎结论的适用规则如何确定。[①] 只有这样，在测谎技术成熟之后，才能及时将这一技术科学地应用到司法实践中。而如何确定测谎结论的适用规则不是一蹴而就的事情，这应该是我们今后重点研究的问题。

在本章的最后，将就测谎结论的证据学理分类问题作一些分析。探讨测谎结论的学理分类问题，目的在于通过对测谎结论进行证据学理上的归类，来探寻测谎结论在将来具有证据资格之后的适用规则，以抛砖引玉。

1. 测谎结论属于言词证据

根据证据的表现形式，可以把证据划分为言词证据和实物证据：言词证据是指以人的陈述为其表现形式的证据；实物证据是指以实物形态为其表现形式的证据。测谎结论是测谎员通过分析判断作出测谎对象是否说谎的结论，以人为载体，具有主动性：对案情有所了解的测谎对象往往在测试中透露出案件的重要情节，从而帮助侦查机关发现新的证据线索，审查、判断已有证据；而对案件不了解的测谎对象可以通过测试被排除在犯罪嫌疑人之外，有利于缩小排查范围，提高侦查效率。因此，测谎结论的适用要遵循非法证据排除规则，测谎要以测谎对象自愿、知情为前提，测谎的程序要符合规范。不符合这些要求的测谎结论不具有证据资格的合法性，应作为非法证据绝对排除。

2. 测谎结论属于传来证据

根据证据的来源，即是否经过信息中转环节，可以把证据划分为原始证据与传来证据：原始证据是指直接来源于案件事实本身的证据；传来证据是指由原始证据经过转述、传抄、复制等信息中转环节而生成的证据。判断一项证据是原始证据还是传来证据，关键在于该证据与信息的来源之间的关系，与由谁收集无关。测谎结论的主要目的在于判断测谎对象是否说谎，即测谎对象是否知道案情以及知道多少案情；对案情有所了解的测谎对象在测试中透露出的案件重要情节，由测谎员通过一定的分析而得出判断，期间经过测谎对象→测谎仪记录→测

① 关于如何规范测谎技术，即怎样建立统一的标准，恐怕不是证据理论研究者所能解决的问题，还是留给研究测谎技术的人员来解决。

谎员这么一个转述过程，这些信息并非源自于案件事实本身。因此，测谎结论的适用要遵循最佳证据规则，即测谎结论中所反映的某一事实的证明力要小于测谎对象自己亲自陈述事实的证明力。

3. 测谎结论属于间接证据

根据单独一个证据与案件主要事实的证明关系，可以把证据划分为直接证据与间接证据：直接证据是指能够直接证明案件主要事实的证据；间接证据是指不能单独直接证明，而需要与其他证据结合起来才能证明案件主要事实的证据。区分二者的关键在于“对案件主要事实的证明关系”。在刑事案件中，“案件的主要事实”主要包括犯罪事实是否发生，犯罪行为是否为犯罪嫌疑人、被告人所为。① 测谎结论能够证明的是测谎对象对案情是否知情以及知情多少，却不能够直接证明知情的测谎对象是否为犯罪嫌疑人或被告人。因此，测谎结论的适用要遵循形成证据链条与排除合理矛盾规则，即测谎结论中反映的某一事实必须通过其他证据的检验，与其他证据形成一个完整的证据链条，与已查明的证据之间不存在无法合理排除的矛盾，才可以作为证据使用。

① 参见陈卫东主编：《刑事诉讼法学研究》，243 页，北京，中国人民大学出版社，2008。

# 第七章

# 量刑证据研究

## 引　言

定罪与量刑是我国刑事审判的两大基本活动，实现定罪的准确性与量刑的合理性是整个刑事审判最基本的要求。自 2005 年以来，我国 99%以上的刑事被告人被宣告有罪，每年因被定罪而面临量刑问题的被告人人数平均超过 85 万。[①] 那么，在没有完善的量刑证据制度和量刑程序的司法环境下，法官如何做到量刑裁判的公正和合理？目前涉及刑事领域的司法不公、同案不同判、涉诉上访等社会性难题，究其实质往往是“量刑不公”问题。“量刑不公”通常有两个解决路径，即刑事实体法对策和刑事程序法改革。在刑事实体法对策稍显缓慢和滞后的情况下，一个明智的选择就是诉诸刑事程序法，如构建相对独立的量刑程序。[②] 在改革和完善量刑程序的同时，重构作为裁判核心的量刑证据规则和体系具有相当的必要性。

---

① 参见《最高人民法院公报》。转引自《法制资讯》，第 6 期，51 页。

② 最高人民法院在“十二五改革纲要”中明确提出“健全和完善相对独立的量刑程序”。

## 一、量刑证据的研究价值

“量刑证据”是个既熟悉又陌生的法律语言，“量刑证据”可散见于一些学术性论著中，但鲜有对其具体而系统的研究和探讨。因此，对量刑证据加以研究具有重大的理论价值和实践意义。

（一）理论层面

第一，对证据进行定罪与量刑的类型化研究，无论是在证据法学领域抑或刑事法学领域都有重要意义。现有证据法学的理论研究始终在纵深体例中求索，鲜有证据类型上的横向比较研究，缘起于独立量刑程序的立法构想，对量刑证据进行专门性研究开拓了证据法学研究的新领域。在刑事法研究领域，长期处于“重实体、轻程序”、“重定罪、轻量刑”等带有倾向性的研究思路中，囿于此种思维定式，很多理论难题无法突破。打破固有的研究定式，从证据与量刑的特殊关系出发构建科学的量刑证据规则和独立量刑程序，也有利于丰富和发展刑事法学理论。

第二，量刑证据理论研究顺应了独立量刑程序理论建构的世界性趋势，遵循了刑事法理论发展规律。英美法系具有定罪和量刑相分离的传统，20 世纪中叶以来，大陆法系国家也开始出现由定罪与量刑混合式诉讼程序向独立量刑程序转变的趋势。这是因为，独立量刑程序阻隔了纯粹的量刑证据对法官心证的不当影响，符合“先罪后刑”的诉讼逻辑，有助于正确评估被告人的人身危险性，给予了控辩双方和被害人更多的参与量刑的权利和机会，因而更有利于量刑实体公正和程序公正的实现。独立量刑程序的运行需要辅以独立而完善的量刑证据制度，这就要求我们对量刑证据进行专门研究。

（二）实践层面

“同案不同判”、“量刑不公导致涉诉上访”等实践性问题归根溯源往往是量刑证据的判断与运用问题，是量刑证据没有得到应有的重视。

第一，司法实践中，量刑举证、质证不够的现象十分普遍。法官长期存在重视案件定性、忽视刑罚适用的认识误区，在量刑时普遍采用粗放式的“估堆法”，结果造成司法实践中量刑不均衡的情况十分突出。在以往的刑事司法实践中，庭审以证明被告人是否有罪为重心，就公诉机关而言，只要指控的罪名成立，就意味着起诉成功，因而没有对量刑问题予以足够的重视，量刑证据也没有被全面收集和提交。而辩护人由于调查取证的权利受到种种限制，往往难以对量刑问题提出证据，从而导致法庭审理时对量刑举证、质证不够的现象十分普遍。对量刑证据进行研究，建立完善的量刑证据制度和规则，将有利于解决“量刑举证、质证难”问题。

第二，死刑问题本质上是量刑问题，其核心是量刑证据。审判实践中，运用量刑证据对死刑的量刑进行严格论证至关重要。正如美国现行的死刑量刑制度所揭示的那样，单凭简单坚持“谨慎适用死刑”的信念和原则并不能减少死刑案件的数量。学者关于死刑复核或者死刑制度改革的建议中，大多是从诉讼原理的高度、从程序设置的角度提出建议，却忽略了以量刑证据来保证死刑量刑的合理性的有效方案。加强量刑证据研究，构建清晰的死刑量刑标准和量刑程序，运用严格的量刑证据规则对死刑量刑加以论证，不失为控制死刑的良计。

## 二、量刑证据的宏观透视

### （一）量刑证据和定罪证据：以两者之辨诠释量刑证据的内涵

量刑证据内涵的界定首先从证据定义出发。对于如何界定证据的定义，众说纷纭，据粗略考察，对此提出的代表性观点有“事实说”、“根据说”、“原因说”、“材料说”、“统一说”、“法律存在说”、“结果说”、“信息载体说”、“反映说”，等等。[①]“我们认为刑事诉讼证据，就其表现形式而言就是存储了案件事实信息的

① 对此，汪建成、何家弘、闵春雷等教授曾有过相关总结和论述，部分内容参见汪建成：《论刑事证据的多重视角》，载《中外法学》，2004（3）；何家弘：《让证据走下人造的神坛——试析证据概念的误区》，载《法学研究》，1999（5）；闵春雷：《证据概念的反思与重构》，载《法制与社会发展》，2003（1）。

物或者人这两类物质载体，具体讲，证据就是记忆了案件事实信息的人或者存储了案件事实信息的物。”① 以证明对象为依据，将证据区分为定罪证据和量刑证据。具体来说，定罪证据的证明对象为犯罪事实，即犯罪构成要件事实，包括犯罪行为、犯罪结果以及二者之间的因果关系，犯罪动机、场所、手段、时间，阻却违法性的事实等；量刑证据的证明对象为刑罚事实，即刑罚加重、减轻、免除的原因事实。

在证据极具包容性的品格设定下，量刑证据在属性、证明客体、证据规则等多个层面都表现出有别于定罪证据的特质。这是因为定罪和量刑具有本质区别：第一，定罪活动与量刑活动的性质和目的不同。法定刑司法运用的基本逻辑是：建构案件事实以确认罪名（定性分析）──→寻找抽象个罪的刑种及刑度（第一次定量分析）──→估量抽象个罪的量刑基准（第二次定量分析）──→确定具体个罪的刑罚量（第三次定量分析）。前述之定性分析属于定罪论的范畴，而定量分析是量刑论的题中之意。② 定罪确定被告人的刑事责任，而量刑在定罪的基础上给予被告人相应的刑罚。定罪是一种问责活动，裁判被告人是否为控诉方指控犯罪行为的实施者，证明与辩论的焦点集中于被告人的罪否问题；量刑是一种问罚活动，裁决被告人应承担刑事责任的大小。定罪活动的目的在于确定被告人是否犯有指控的罪行；而量刑活动的目的是促使刑罚的适用罚当其罪，在体现刑罚报应、威慑功能的同时，也充分兼顾刑罚的预防功能。第二，定罪和量刑遵循的原则不同。定罪遵循的首要原则是无罪推定原则，而量刑更应该遵循罪责刑相适应原则。第三，定罪和量刑的事实依据不同。一般来说，定罪依据的事实包括构成犯罪的基本要素，那么定罪证据也应当与此具有关联性；量刑依据的事实包括各种法定或酌定的从重、从轻、减轻或者免除处罚情节，量刑证据围绕这些情节展开。

### （二）量刑与证据：证据之于量刑的功能性剖析

第一，依证据来量刑，是证据裁判原则的应有之义。

证据裁判是刑事诉讼进步与文明的表现，对于防止法官作出裁判时的恣意擅

---

① 转引自陈卫东、王兆峰：《诉讼证据定义新论》，载《河南社会科学》，2007（2）。

② 参见周光权：《量刑基准研究》，载《中国法学》，1999（5）。

断、增强司法裁判的确定性和权威性具有非常重要的意义，量刑与定罪一样，应该遵循证据裁判原则。证据裁判原则，是指对案件争议事项的认定，应当依据证据。证据裁判原则包括以下三项要求：裁判的形成必须以证据为依据；没有证据，不得认定犯罪事实；据以作出裁判的证据必须达到相应的要求。只有依据量刑证据作出的量刑裁判才具有说服力和可靠性。

第二，以量刑证据约束法官对量刑的自由裁量权。

个罪的法定刑一般地说是由特定刑种和一定刑度集合而成的法规范表现形式，它具有相对性，即表现为可伸缩的“域”而非一个“点”，给法官留有自由裁量之余地。这也意味着在刑罚适用中，法官享有广泛的量刑自由裁量权。孟德斯鸠曾说：绝对的权力会导致绝对的腐败。如果不对法官的自由裁量权进行必要的约束，该权力滥用或误用的结果无疑是十分可怕的。量刑证据作为法官量刑裁判的依据，其客观性可以抑制法官主观意志的天马行空，约束其量刑自由裁量权。

第三，量刑证据是控辩对抗的客观武器。

在诉讼模式由职权主义向当事人主义转变的过程中，控审分离、控辩平等、控辩对抗一直是被强调和追求的目标，这应该在定罪和量刑问题上全面得到体现。在刑事诉讼中，法官的量刑活动不仅直接关系到对被告人的自由、财产乃至生命的剥夺，而且关系到刑事被害人乃至社会民众对刑事司法的认同。英国思想家边沁曾言“证据是正义的基石”，那么，在量刑问题上，量刑证据可以说是控辩对抗、实现平等和正义的最客观武器。保障被告人、被害人以及控诉方有机会参与量刑活动，充分提供与量刑有关的事实，运用证据武器就量刑问题发表意见，要求法官在充分听取控辩双方观点的基础上进行裁判，既是程序正义的基本要求，也是实现量刑实体公正的重要途径。

### （三）量刑证据与量刑程序：独立的量刑程序是量刑证据的应然语境

在进行域外考察的过程中可以发现，在处理定罪程序与量刑程序的关系问题上大致存在着两种模式：其一，以英美法系国家为代表的定罪与量刑程序分离模式，即定罪与量刑有各自独立的裁判程序，具体的做法一般是由陪审团或治安法官对被指控的事实进行裁判后，再由法官通过独立的量刑听证程序来决定被告人的刑罚；另一种模式则是往往存在于大陆法系国家的定罪与量刑程序合一模式，即不明确区分定罪与量刑程序，而是在同一个程序中既解决被告人是否构成犯罪的问题，又解决有罪被告人的量刑问题。

量刑证据的判断与运用应该以定罪程序和量刑程序相分离为前提，独立的量刑程序是量刑证据判断和运用的应然语境。这是因为：

第一，独立的量刑程序为量刑证据提供充分展示的时间。

从人类的思维习惯来看，在刑事诉讼中，无论是相互独立的定罪程序和量刑程序，还是混合式的定罪、量刑程序，都应该符合先定罪后量刑的诉讼逻辑。在时间上，对定罪证据的判断和运用也优位于量刑证据，因为罪责问题尚处于待定状态时，控、辩双方难以对量刑展开充分的讨论。特别是在法官集定罪和量刑职能于一身的混合模式中，只影响量刑而不影响定罪的证据只能在量刑程序中单独提出和辩论，专门用于指导法官量刑的量刑规则、量刑指南等也只能在量刑程序进行讨论。如果被告人的犯罪前科、品格证据、酌定情节等量刑证据在定罪以前就在庭审过程中一并予以提出，极易引起法官在罪责问题上先入为主或对被告人形成偏见，有碍于公正定罪。

在定罪程序和量刑程序不加区分的情况下，实践中会出现一种逻辑悖论，甚至架空了被告人的量刑辩护权：辩护人在作无罪辩护时，又不得不同时提出从轻或减轻量刑的意见和证据，这就如同明明没有做错事，还要请求处罚且轻罚——一种违背人性的非正常活动；如果辩护人仅作无罪辩护，不提出量刑意见和证据，那么庭审结束后一旦被告人被认定有罪，其在时间维度上将丧失提出从轻或减轻量刑的意见和证据的机会，难以再进行有利于己的量刑辩护。事实上，大凡选择无罪辩护的案件，基本上都以牺牲量刑辩护权为代价，这显然不利于对人权的保障。

第二，独立的量刑程序使量刑证据获得有效证明的空间。

从一定意义上讲，量刑事实的认定及运用比定罪事实更复杂。根据无罪推定原则以及由此衍生出的“疑罪从无”原则，如果控诉方未能证明有罪事实存在，则应认定不存在犯罪事实。但是就量刑而言，一起案件中可能同时存在罪轻和罪重这两种逆向的量刑事实，甚至很可能同时存在从轻、减轻处罚这样同向的量刑事实。如何裁量刑罚，就对证据的判断和运用提出更高要求。

反映在审判实践中，有关量刑问题的运作一般是糅合在定罪程序中进行的：在法庭调查阶段，关于量刑的事实、证据与关于定罪的事实、证据一并提出，控辩双方对相关的定罪、量刑证据进行质证、辩论。这种定罪程序和量刑程序合一的模式使得有关量刑的事实、证据很难得到充分的举证和质证，也使得法官难以全面掌握案内存在的量刑事实以及控辩双方的争议焦点，进而导致法院的量刑说理没有针对性，量刑结果也因此容易受到控辩双方乃至被害人、社会大众的质疑。

第三，独立量刑程序保障量刑证据判断与运用的经济性和公正性。

当被告人被评议无罪时，先期有关量刑的庭审调查和辩论将归于无效，无形之中造成了诉讼资源的浪费。定罪程序与量刑程序分离，可以使无罪案件止于定罪程序，免去量刑证据调查的成本，符合诉讼经济的要求。

此外，将定罪程序与量刑程序区分对待，可以使控辩双方充分参与量刑程序，给予控辩双方和被害人更多的公开参与程序、积极提供证据、充分陈述理由的权利和机会，进一步彰显量刑过程的公开性、平等性、民主性，使量刑更加透明化和合理化。

## 三、量刑证据的微观解析

与定罪证据相比，量刑证据在证明对象、证据规则（非法证据排除规则、证明标准、证明责任）及对一些程序规则的要求等方面体现诸多特质。我国在构建量刑证据制度时，应当充分考虑量刑证据的这些特质。

### （一）量刑证据的证明客体

在司法量刑活动中，证明的客体或对象主要指需要用证据证明的与案件有关的量刑事实。一般来说，量刑的证明活动是从证明客体出发的，是围绕证明客体展开的，也是以证明客体为归宿的。基于刑罚的目的，量刑主要考察的是被告人行为的社会危害性和人身危险性，此乃量刑证明的客体。因而表明被告人行为的社会危害性和人身危险性及其程度的主、客观事实情况即量刑情节，是犯罪分子负刑事责任和实现刑罚权的根据。刑罚应当以罪行本身的严重程度为基础，综合考虑人身危险性和社会危害性来确定适当的刑罚种类与量刑幅度，在体现刑罚报应、威慑功能的同时，也充分兼顾刑罚的个别预防功能，以促进被定罪人的社会复归。

常见的量刑证据包括被告人未来对社会构成危险的系数证据、被告人以前犯罪的证据以及与犯罪事实有关的证据，诸如被害人和被害人家庭方面的证据(victim impact statement)。美国刑事司法还在判决前调查评估被告人的人身危险性，一般包括对被告人有罪感和悔恨感的评估、被告人对被害人产生的经济和情感影响、先前犯罪记录、吸毒历史、首次被捕的年龄、受教育程度、目前的职业和就业条件、家庭状况等信息资料。在日本，刑事司法实践中一般类推适用的量刑情节有：（1）关于犯人的事项，如品行、癖性、习惯、健康状况、前科劣迹、惯犯等，年龄，境遇（包括家庭环境、职业、人际关系等）；（2）关于“犯罪事实”的事项，如犯罪动机、方法、与被害人的关系、犯罪的社会影响等；(3）关于“犯罪后”的情况，如有无悔改之意、是否谢罪与恢复损害、有无达成和解、被害人的受害感情、时间经过、社会形势的变化等。

我国《刑事诉讼法》第43条[①]和最高人民法院《关于适用〈中华人民共和国刑事诉讼法〉的解释》第64条[②]以混合方式对定罪、量刑的证明对象作了规定。

---

① 我国《刑事诉讼法》第43条规定：“审判人员、检察人员、侦查人员必须依照法定程序，收集能够证实犯罪嫌疑人、被告人有罪或者无罪、犯罪情节轻重的各种证据。”

② 最高人民法院《关于适用〈中华人民共和国刑事诉讼法〉的解释》第64条作了进一步明确：“应当运用证据证明的案件事实包括：(一）被告人、被害人的身份；（二）被指控的犯罪是否存在；（三）被指控的犯罪是否为被告人所实施；（四）被告人有无刑事责任能力，有无罪过，实施犯罪的动机、目的；（五）实施犯罪的时间、地点、手段、后果以及案件起因等；（六）被告人在共同犯罪中的地位、作用；（七）被告人有无从重、从轻、减轻、免除处罚情节；（八）有关附带民事诉讼、涉案财物处理的事实；（九）有关管辖、回避、延期审理等的程序事实；（十）与定罪量刑有关的其他事实。认定被告人有罪和对被告人从重处罚，应当适用证据确实、充分的证明标准。”

归纳起来，作为量刑证据证明客体的量刑情节，分为法定情节和酌定情节两类，具体包括：（1）从重处罚的事实，如累犯、教唆不满18岁的人犯罪等。（2）加重处罚的情节，如对检举人、被害人和有关的司法工作人员以及制止违法犯罪的人行凶报复等。（3）从轻、减轻或者免除处罚的事实，如犯罪未遂、犯罪中止，系在共同犯罪中起次要或者辅助作用的从犯，系被胁迫、诱骗参加犯罪的胁从犯，犯罪人在犯罪时不满18周岁，犯罪人是又聋又哑的人或者是盲人，犯罪以后自首等。

综观其他国家和地区关于量刑情节的立法与司法实践，不难看出，我国刑事实体法中关于量刑情节的规定比较粗糙，无法适应犯罪案件和犯罪主体的复杂化趋势，不能满足刑事司法实践的需要，同时，在理论上也制约了量刑证据体系的确立和量刑证据的判断与运用。因此，量刑情节科学化有待于刑事实体法的修改和完善。

（二）量刑证据规则

我国的证据法体系尚在构建当中，还臻于完善。在定罪和量刑程序不加区分的情况下，已有的证据规则适用于所有证据，并没有对量刑证据设定特别规则。这是极不科学的，定罪和量刑在性质、目的、任务方面有很大差别，相应地，它们所适用的证据规则也应有区分。

证据规则（rule of evidence），从广义上来说，是指在收集证据、采用证据、核实证据、运用证据查明案件事实方面必须遵循的一系列规范与准则。关于限制和实施证据能力的规则，以及关于司法证明①的范围、责任和标准的规则，都是“证据规则”的范畴。“刑事证据法不仅要对所有证据的证据能力作出严格的规范，而且还必须对控、辩双方的这种司法证明活动作出有效的约束，否则，控、辩双方就可能在举证、质证和辩论过程中出现混乱无序的现象，法庭也可能滥用其自由裁量权，以至于损害公平游戏规则。”② 从动态的流程来看，可以将证明

① 司法证明是一个动态的过程，司法裁判据以定案的事实，必须由当事人提供充分的证据证明并经过法院的确认。

② 陈瑞华：《从“证据学”走向“证据法学”》，载《法商研究》，2006（3）。

程序分为取证程序、举证程序、质证程序和认证程序四个环节，在每个程序环节上都要奉行相应的证据规则。考察各国证据规则的普遍规定，笔者将证据能力（competency of evidence）、证明力（weight of evidence）和证明过程规则与各个证明环节之交互关系归纳如下：

| | 取证 | 举证 | 质证 | 认证 |
|---|---|---|---|---|
| 证据能力规则 | 非法证据排除规则 | | | 品格证据规则　传闻证据规则<br>意见证据规则　最佳证据规则 |
| 证明过程规则 | | 证明责任分配规则 | 交叉询问规则 | 司法认知规则　证明标准 |
| 证明力规则 | | | | 补强证据规则 |

上表为部分证据规则与证据能力、证明力和证明过程以及证明环节的交互关系。总体上，探讨量刑证据规则与定罪证据规则的平台和话语基本一致，即都是在四个证明环节中运用这些具体证据规则。然而，具体运用中对规则遵守的严格程度却有差别，量刑证据规则更宽松、更灵活。

1. 证明责任（burden of proof）

量刑的证明责任指当事人向法庭提供足够的量刑证据，以使法官进行事实认定的责任。控诉方应当就其所主张的量刑事实提供证据予以证明，关于从重、加重量刑的证据只能由控诉方负责提供。被告人有权提供有利于自身的量刑资料，被告人应就其所主张的从轻、减轻、免除处罚等事实提供证据予以证明，法官不得因被告人未提供相应的量刑证据资料而处以较重的刑罚。在公诉案件中，检察官本诸客观性义务，提供与量刑有关的证据资料，既应提供对被告人不利的证据，也应提供对被告人有利的证据。

特别提出的是：法官在量刑证明的过程中是否应当具有辅助性功能？无论是英美法系独立的量刑程序还是大陆法系定罪与量刑混合程序，量刑一直被视为法官的专属职权。法官的量刑建立在量刑证据和控辩双方量刑辩论的基础上。作为量刑的裁决者，法官有权力，也有义务对量刑证据行使调查取证权，尤其是针对控辩双方存有矛盾的证据材料，或控辩双方没有涉及但对公正量刑有影响的证据材料。为了公正量刑，法官可以要求控辩双方补充量刑证据，认为必要时，也可以委托特定机构对有关量刑的事实进行调查，提出调查报告。当然，对于法官依职权调查的量刑证据，应当充分听取控辩双方的意见和辩论。

2. 证明标准（standard of proof）

在证明理论中，证明标准依确定程度由高到低被分为绝对确定、排除合理怀疑、清楚而令人信服的证据（clear and convincing evidence）[①]、可信的原因（probable cause）[②]、优势证据、合理怀疑（reasonable suspicion）等几个层次。

在英、美等国的刑事诉讼中，基于一个根本假设——无辜者假设（即无罪推定），正式判决确定一个人有罪的证明标准是"排除合理的怀疑"（beyond reasonable doubt）[③]，而在少数刑事案件的被告人承担对某些事项的证明责任的场合和民事诉讼证明，只需达到优势证据标准。在米勒诉 Minister of Pensions 一案中，丹宁勋爵指出：在可能性上，它必须达到合理的程度。如果证据能够使法庭裁决说"我们认为它存在的可能性大于它不存在的可能性"，该证明负担也就卸去了，但如果两种可能性的大小一样，证明负担就没有得到卸除。[④] 优势证据标准的确定程度用数学的百分比可表示为"超过 50%"。

笔者认为，依据刑事案件性质和证明客体的不同，在定罪和量刑中运用证明标准分层理论更具有科学性。关于刑事量刑证明标准的梯度划分、建议如下（见下页图）：

（1）死刑案件。对于死刑案件要以排除一切怀疑的标准证明从重、加重情节大于从轻、减轻情节。如果从重、加重情节和从轻、减轻情节相当，那么，法官

---

① 美国某些州在死刑案件中拒绝保释、被告主张智虑不足的必备条件的证明中采用 clear and convincing evidence。

② 签发各种令状，进行无证逮捕、搜索及扣押，实施公民逮捕，起诉条件，撤销缓刑和假释等司法程序阶段运用的证明标准是 probable cause。参见张建伟：《司法竞技主义——英美诉讼传统与中国庭审方式》，350 页，北京，北京大学出版社，2005。

③ 所谓合理的怀疑，指的是陪审员对控告的事实缺乏道德上的确信、对有罪判决的可靠性没有把握时所存在的心理状态。参见［英］J·W·塞西尔·特纳：《肯尼刑法原理》，王国庆、李启家等译，549 页，北京，华夏出版社，1987。

④ See Rupert Cross, D. C. L. &Nacy Wilkins, *An Outline of the Law of Evidence*, Butterworths & Co. (Publishers) Ltd., 1964, p. 33.

不得判处被告人死刑。换句话说，在从重、加重情节和从轻、减轻情节相持不下时，也必须排除死刑判决。(2) 重罪案件。在重罪案件中，对于从重、加重量刑情节的证明要达到“排除合理怀疑”；对于有利于被告人的从轻、减轻的量刑情节采用“优势盖然性”证明标准。(3) 轻罪案件。在轻罪案件中，顺应简化程序、提高效率、节约资源的改革趋势，量刑的证明标准统一采用较低的“优势盖然性”标准。

当从重、加重的量刑证据不足，不能达到量刑证明标准时，应当作出有利于被告人的裁决，判处较轻的刑罚。

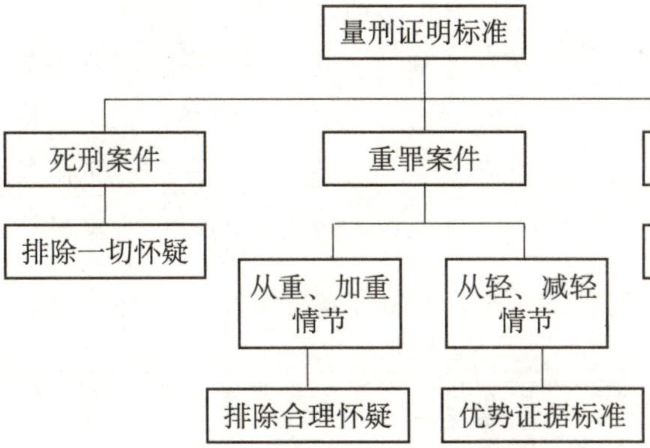


**量刑证明标准梯度图**

随着我国量刑程序司法改革试点项目的广泛开展，已有试点法院[①]进行了量刑证明标准分层的尝试，这种极具意义的尝试有待进一步考察和完善。

3. 证据排除规则

在定罪程序中必须严格遵守的许多证据排除规则，在量刑程序中都可以得到突破，如传闻证据（hearsay evidence）、意见证据（opinion evidence）、非任意自

① 山东省淄川区人民法院制定的“量刑程序”另附量刑情节提示书。量刑情节提示书分别以社会危害性量刑情节、人身危险性量刑情节和法定情节、酌定情节的区分为主线，载明了常见的量刑情节及其从宽和从严的不同功能。“量刑程序”规定，对量刑情节的确认应坚持以下原则，即增加被告人刑期的量刑情节的确认要达到排除合理怀疑的证明标准，对减少被告人刑期的量刑情节的确认要达到优势证据的标准。

白证据、非法证据、品格证据（character evidence）等都可能得到法官的采纳。这是因为在量刑程序中遵循的是罪责刑相适应原则，而非无罪推定原则。进入量刑证明阶段的被告人是被确定有罪的人，有利于公正量刑的证据都可以被采纳，故对证据的来源、形式、方式的限制较少。以品格证据①为例，在定罪中，关于品格证据的可采性有两条不同的规则：其一，品格证据本身就是犯罪、主张和辩护的要件之一的，原则上可以采用；其二，品格证据用于推断某人在特定情况下的行为与其品格的一致性的，原则上不可采用②，即“一次做贼，永远是贼”的逻辑是不成立的。然而，在量刑中，品格证据在很大程度上反映了被告人人身危险性的大小，可以说是重要的量刑情节。当前，英美法系国家奉行的“量刑前报告”以及大陆法系国家的“被告人人格调查”等，都可以说是运用品格证据量刑的一种司法实践。我国在构建独立的量刑程序时，应当允许使用品格证据。关于被告人品格方面的证据，可以“委托社会调查”，即人民检察院和人民法院基于正确量刑的需要，可以委托被告人住所地或者案发地的司法所等机构就被告人的基本情况进行调查并制作调查报告。

（三）其他与量刑证据相关的程序特质

第一，量刑证据的证明程序更简化、灵活。事实上，量刑程序的竞技性远不如定罪程序，采用同定罪程序一样烦琐的量刑程序，不仅没有必要，而且可能严重影响刑事诉讼效率。所以，量刑程序中，证据的提出和质证方式灵活，对量刑证据进行交叉询问得以简化，各种量刑意见的争论较为缓和，从而使量刑程序呈现出灵活而富有弹性的特点。

第二，量刑证据的调查取证和质证的时间有别于定罪证据。基于无罪推定原则，涉及被告人隐私的量刑证据应该在定罪（确定有罪）之后调取。法庭调查和辩论程序分为两个阶段：第一阶段为定罪程序，先调查定罪证据，再进行定罪答辩；第二阶段为量刑程序，即在法官宣布被告人犯罪成立后，

① 品格证据（character evidence），是指证明某些诉讼参与人的品格或品格特性的证据。

② 美国《联邦证据规则》第404条（a）规定了三种例外情形：一是被告人提供的能够证明其品格良好的证据，二是被告人提供的关于被害人品格的证据，三是证明证人诚实与否的证据。

法庭继续审理，进行量刑证据调查和量刑答辩。在被告人认罪案件中，还可以更简单：法庭审查确认被告人自愿认罪并了解认罪的后果后，同时调查定罪证据和量刑证据并组织质证。[①]

第三，量刑证据的包容性为其赢得参与主体广泛性的特质。随着“被害人权利运动”的兴起，被害人参与量刑程序的情况日益普遍。至1995年，美国所有司法区都允许在量刑程序中运用“被害人影响陈述”[②] 证据，少数司法区允许运用被害人的意见证言。[③] 在英国，被害人善意作证程序也得到了采纳，并且被害人极具感染力的陈述可能被法院接受。如果说让被害人影响定罪有悖司法原理的话，那么以“被害人陈述”或者“被害人意见证言”作为量刑证据，让被害人参与到量刑中，既满足了被害人的权利申张和心理抚慰之需要，减少个人报复的危险，也有利于法官正确评估公共利益，合理认定被告人行为的社会危害性，从而更公正地量刑。

第四，庭审中对量刑证据判断和运用应该在裁判文书中充分说理。法官对量刑证据的判断和运用的理由应该在裁判文书中得到说明。因为，正当的审判要求一个被判决的人能够听到有理由的判决，这个判决应该说明，法庭认为在他的案件中本质的因素是什么，为什么认为所作的判决是合适的。我国司法改革中对判决书的制作作出新的要求，要求法院的判决书对判决理由作出详细说明，这种说明不仅包括定罪理由，还应当包括量刑理由，并且应当以逻辑严密的量刑证据为思维和话语形成充分有力的论证。

---

① 在日本，实务中把涉及犯罪事实的证据称为甲号证据，把被告人的供词、身份记录、前科记录等称为乙号证据。在请求调查证据阶段，一般惯例是，检察官首先请求调查甲号证据，然后再请求调查乙号证据。不过，对于没有争论的案件可以同时请求调查甲号证据和乙号证据。参见［日］田口守一：《日本刑事诉讼法》，刘迪等译，165、210页，北京，法律出版社，2000。

② “被害人影响陈述”是量刑阶段被害人向法院提交的证据，用以明确说明被害人或被害人家庭因犯罪行为而遭受的伤害，包括身体的、经济的、情感的和心理的伤害。它有助于法官判断罪行的严重程度。See Lynne N. Henderson, “The Wrongs of Victim's Rights”, 37 *Stanf. L. Rev.* 937, 987 (April, 1985).

③ See Douglas Evan Beloof, “The Third Model of Criminal Process: the Victim Participation Mode”, *Utah L. Rev.* 289, 322 (1999).

量刑证据理论作为一个新的研究视域，仍然具有很大的可开拓性，本章仅对其进行较为概括和略显粗糙的探讨，是对量刑证据理论微观与宏观的粗略探求。关于量刑证据体系及规则的架构和设计需要更全面的考察和论证，对一些具体问题的设想如量刑证明标准、证明规则等的科学性，需要在量刑改革的试点法院先行求证，接受实践的检验。在笔者看来，“问题提出”的意义要远远重要于具体的结论本身。

# 证明篇

# 第八章

# 证据证明力问题

从认识论的角度讲，司法裁判实质上就是对于已经发生的刑事案件进行再现性的认知过程。在这个过程中，证据发挥着极其重要的作用，因为法官在刑事审判过程中，所面对的案情都是已经发生的事实，任何人都无法穿过时间的长河，亲自观察案情，因此，法官若想对案件作出正确的判断，就只能依据反映真貌的证据，对案情进行再现性认知。然而，并不是所有的证据，法官都可以拿来用做定罪量刑的依据的，因为“任何证据都存在着真实和虚假两种可能性，甚至会同时包含着真实与虚假两种成分”①。因此，法官只有对所有的证据进行筛选，去伪存真，才能真正查明事实的真相。证明力是联系证据与法官认知之间的纽带，法官对证据的认知过程，实际上就是对证据证明力大小的衡量过程。证据证明力的问题，我国学术界目前对其研究得较少，一方面可能是因为证据证明力与证据能力、证据认证等相关理论联系紧密，每次出现往往都是结伴而至，难以独立成章；但更主要的原因恐怕是因为证据证明力毕竟只是一个学理概念，各国法律上均少有相关的规定，因此，在学术界各学者对其争议颇多，难以达成一致的意见。本文拟从证据证明力的概念、决定因素、强弱标准几方面入手，从理论上对

① 何家弘：《证据法学研究》，95 页，北京，中国人民大学出版社，2007。

其进行系统的分析，希望能对证据证明力研究的发展起到抛砖引玉的作用。

## 一、证据证明力的概念解读

要明确证据证明力概念，首先应该解决两个问题：一是证据证明力的称谓，二是证据证明力的哲学属性问题。

### （一）关于证据证明力称谓的探讨

如何表述证据证明力，学术界对其称谓颇多。

一是称其为证据力："证据力就是证据证明力的简称，亦称证明力或证据价值，指证据对认定案件事实所具有的证明效力，亦即证据的可靠程度，证据的证明力决定于证据同案件事实之间的客观联系及其联系程度。"①

二是称其为证据效力："所谓证据效力，指的是证据对案件的待证事实的证明效果和力量，换言之，证据能在多大程度上证明待证事实，证据是否能够达到法定标准地证明待证事实，亦称为证明价值、证据力或证明力。"②

三是将其称为证明价值："证据证明力也称证明价值，指证据所具有的对案件事实的证明作用，即证据对案件事实的证明价值。"③

当然，大部分学者还是将其称为"证明力"："证据的证明力是指证据对案件事实的证明的价值和功能。"④"证明力指的是证据对于所要证明的案件事实具有何种程度上的价值。"⑤

通过对上述概念的表述，我们不难发现这样一个问题：对于"证明力"，各个学者尽管在称谓上有很多种，但是在内容上大同小异，即证明力就是证据对案件事实的价值、作用、效力，等等。之所以会产生称谓上的不同，笔者认为主要原因是"证明力"是从国外引入的一个概念，因为对其翻译的地区、学者不同，

---

① 高铭暄、杨春洗：《刑事法学大辞书》，651～652页，南京，南京大学出版社，1990。

② 何家弘：《证据法学研究》，93页，北京，中国人民大学出版社，2007。

③ 胡锡庆：《诉讼证明学》，160页，北京，中国法制出版社，2001。

④ 樊崇义：《证据法学》，3版，132页，北京，法律出版社，2003。

⑤ 沈德咏、宋随军：《刑事证据制度与理论》，353页，北京，法律出版社，2002。

例如，有的是由大陆学者翻译的，有的是由台湾地区学者翻译的，还有的可能是先由别国学者翻译后经转译的，所以，最终导致了称谓上的差异。介于这个原因，笔者不主张对这一概念的用词进行过度的深究，如何称呼只是一个主观用词的选择，过度深究没有什么实际意义，问题的关键是我们对这些表述的指向是相同的。

对于诸多称谓，笔者比较倾向“证明力”，因为一方面，这一称谓在学术界已经基本得到广大学者的认同，影响程度远比其他三种称谓要广；另一方面，证据对案件事实的证明作用也必须要通过证明过程才能发挥出来，所以从这个意义上讲，称其为“证明力”也是比较贴切的。

（二）关于证据证明力哲学属性的探讨

证据证明力的哲学属性讨论是关于证明力究竟是证据的固有属性还是人主观价值的取向的讨论。有的学者认为证明力是证据的客观属性：“证据的证明力是证据本身固有的属性。证据具有客观性并与案件待证事实具有关联性，就具有一定的证明力，但不同的证据，因各自的特征和与案件待证事实的关系不同，对于待证事实往往具有不同的证明价值，发挥着不同程度的证明作用。”①

有的学者则主张证明力是证据的主观属性：“所谓证明力是事实的反映所含有的证明价值，作为证据的事实被反映出来以后就能在诉讼中发挥证明作用，这种作用就是证明力。”“证明力是人们对事实所做的认识所具有的能力，它随人的认识而产生，在人的认识领域内发挥作用，因而属于主观范围。”②

为什么对证明力在内容上学术界争议不大，可是在哲学属性上会有两种相反的理解呢？笔者认为，证据的证明作用，实际上是具有两方面的含义：一种是自然属性上的作用，是证据在形成之后，本身对案件事实有多大的证明作用，这是一种客观方面的作用，应然状态的作用；另一种是一个社会属性的作用，即证据在证明过程中对法官产生内心确信所起到的作用，这是一种主观方面的作用，一种实然状态下的作用。无论是认为证明力是第一性的学者，还是认为证明力是第

① 卞建林：《刑事证明理论》，282页，北京，中国人民公安大学出版社，2004。
② 裴苍龄：《关于证据的效力的研究》，载《现代法学》，1995（1），39页。

二性的学者，对这两种作用的存在都是持认可态度的，只是由于不同学者对这两种作用和“证明力”这个词语的理解的角度不同，指代的对象不同，而当人们把“证明力”这个词语作为“中介”来讨论它的哲学属性的时候，就自然产生了矛盾。这就好比让唐朝人和明朝人来讨论“大理寺”到底是审判机关还是复核机关一样，最终结果只能是“仁者见仁，智者见智”了。所以，当人们将证明力作为研究这个问题的立足点时，差异就已经出现；当人们以证明力为中介相互进行交流时，就注定了矛盾的结局；而当人们为证据证明力问题争论得面红耳赤的时候，却都忽略了这样一个事实：那就是我们讨论的实质不是证明力是什么，而是什么才是证明力。

事实上，我们研究证据证明力的问题的实质是研究证据对案件事实的这两种证明作用的性质、条件、大小，等等，而不是研究“证明力”这个词语到底是什么。所以，我们在对证据证明力问题的研究过程中应该以这两种作用为立足点，而不应当以“证明力”为立足点，因为这两种作用是客观的存在的。而当我们站在“证据对案件事实的作用”的角度来思考哪种作用是证明力时，笔者认为，“证明力”应该是证据在诉讼过程中发挥出来的实然性作用，这种作用是主、客观相结合的产物，既有客观性的一面，也有主观性的一面，是法官以证据应然性证明作用为基础的主观认知，从本质上讲，仍属于主观范畴。因为“证明力既然可称为证据价值，必然涉及价值判断，而价值判断本身就是一种主观思维活动。实际上，在现实的诉讼活动中，对同一人或物，其是否具有对案件事实的证明力，可能作出完全不同的判断。所以，将证明力纳入‘存在’、‘自然属性’的范畴是不符合诉讼实际的。简言之，证明力属于主观范畴。一个材料不管在客观上多么有证明力，如果它不被诉讼主体认识和承认，它是不能，也无法作为证据进入诉讼程序并发挥其证明作用的”①。至于证据在自然状态下对案件事实的证明作用，下文中暂以“证据应然性证明作用”称呼。

### （三）证据证明力的证明机理

虽然从本质上讲证据证明力的哲学属性是主观的，但是证据证明力毕竟是建

① 陈卫东、王兆峰：《诉讼证据定义新论》，载《河南社会科学》，2007（2），41页。

立在“证据应然性证明作用”的基础上的主观认知，作为一个主、客观相结合的产物，无论在其表现形式上主观色彩多么浓厚，无论法官对其如何认定，证明力的主观属性都无法摆脱客观属性的制约。

从证据角度看，作为证明力的载体的证据，本质上是客观的。首先，证据作为证明案件真实情况的事实和材料本身就是客观存在的，无论是何种形式的证据，都必须有能够为人感知的形式。如果仅仅是存在于人脑的对案件有关情况的反映，而没有以证人证言或者陈述等形式表现出来，那就不能算作是所谓的证据了。[①] 其次，证据传达的案件信息是客观的。证据传达的信息就是案件有关情况，虽然在证据形成过程中，由于人的种种活动不可避免地介入了主观的因素，但是真正使证据在诉讼过程中发挥作用的因素，还是证据传递的客观信息。最后，证据对案件的证明作用，取决于证据与案件事实之间存在着的客观联系，无论是证据应然性的证明作用，还是实然性上的作用，都是以这种客观联系为基础的。这种联系是客观存在的，是不以人的意志为转移的，无论裁判者对这种联系如何感知，都无法改变这种联系的存在与否和紧密程度。

从证明的过程看，“证据应然性证明作用”是整个证明活动的基础。“证据应然性证明作用”的大小是决定证明力强弱的首要条件。证明力本身就是一个量化的概念，在诉讼过程中，法官对证据证明力强弱的衡量实际就是对证据实然性证明作用的量化分析，而量化分析的最大值就是“证据应然性证明作用”。因为“证据应然性证明作用”的大小取决于证据与案件关联程度的紧密，它的数值在案件发生后就已经确定下来，虽然人们无法通过计算得出一个精确的数值，但是它客观存在，而且决定着证明力强弱的极值，决定着一项证据在证明过程中到底能起到多大的作用。

从法官角度看，证据在证明过程中对法官产生内心确信的作用实质也就是法官对证据证明力的认知，在法官的认知过程中，也必须以证据的客观性为依据，

---

① 参见何家弘：《证据法学研究》，89 页，北京，中国人民大学出版社，2007。

因为刑事诉讼过程本身就是对已发生的案件事实进行再现性认知的过程。尽管因为人的主观认识原因只可能认识到案件的法律真实的程度，但是发现客观真实应该是整个诉讼过程追求的目标。因此，在这个思想的指导下，证明力作为法官采信证据的依据，法官对它的认定，就必须以证据的客观真实性为依据，不能简单地把它看做一个主观的范畴，随意作出判断，否则，就会为任意裁判打开方便之门。此外，虽然同一证据，在不同法官面前，证明力的大小会有差异，但是，我们应该看到，这些差异并不是人主观选择的结果，而是由于人的认识能力的差异造成的，而一个的人的认识能力，取决于他所处的社会环境、历史条件等一系列客观因素。所以，从这个意义上讲，证明力在不同法官面前的差异，也应该具有客观的属性。

## 二、证据证明力的决定因素

如前文所述，不同的学者在研究证据证明力问题时立足点不同，因此关于证明力决定因素问题，自然也是莫衷一是。客观学说的学者认为证据关联性、客观性等因素是证明力的决定因素，而主观学说的学者认为决定一项证据是否具有证明力，要考虑到人的主观因素。笔者认为，站在证明力就是“在证明过程中，证据对案件事实的证明作用和价值”的角度来考虑证明力的决定因素时，应当从证明力的主、客观两方面角度考虑。

### （一）从客观角度讲，证据应然性证明作用是证明力的先决条件

证据证明力是建立在证据应然性证明作用上的主观认识，因此，证据应然性证明作用是证据证明力的先决条件，决定证据应然性证明作用的因素理应是证明力的决定因素。笔者认为，一项证据，若想具有应然性证明作用，应当具有关联性和客观性两个方面。

1. 证据的关联性

关于证据的关联性，美国证据规则的解释是：“证据具有某种倾向，便决定

某项在诉讼中待确定的争议的事实的存在比没有该证据时更有可能或者更无可能。”[①] 有的日本学者也将其定义为“证据与诉因之间的密切关系”[②]。简单说来，证据关联性就是指证据与案件事实之间的联系。证据的关联性是证据具有应然性证明作用的先决条件。从哲学上讲，事物之间都是普遍联系的。刑事案件在发生过程中必然会有相关联的信息，这些信息，有的直接以实物为载体保留了下来，例如物证、书证，有的则以留在人脑海中的主观印象为载体，形成证人证言。这种信息的相关性，使这些作为载体的事实和材料具有应然性的证明作用，也同时具有成为证据的可能性。因此，证据作为证明案件事实的手段，必然与案件事实有着联系，同时证据传达的证明信息也只有通过证据的关联性才能表现出来。可以说，证据的关联性是证据与案件事实之间存在的一种不以人的意志为转移的客观联系，证据与案件事实关联性的紧密程度决定着证据应然性证明作用的大小。从证明角度考虑，法官对证据证明力的认知，也在很大程度上取决于对证据关联性存在的判断，“证据关联性事实上就是整个证明环节的自然要求，如果逻辑上同需要证明的事实没有任何联系，那么任何证据都没有存在的意义”[③]。早在 20 世纪 70 年代，我国台湾地区学者就对关联性的问题有过专门而详细的总结：“关联性，从其应受客观的事物间关系之知识的约束，不得任意决定，固与自由心证之应以关联性，判断其证据之价值同出一辙；唯证据评价之关联性，属于现实的可能；而证据能力之关联性，亦即单纯的可能性，可能的可能。故与自由心证之应以关联性，得分为证据能力关联性和证据价值关联性两种。前者，属于调查范围，亦即调查前之关联性；后者，属于判断范围，亦即调查后之关联性。”[④]

2. 证据客观性

证据客观性是决定证据应然性证明作用的另一个因素，在学术界被有些学者称为真实性。但是，也有的学者认为证据客观性不是证据应然性证明作用的因

---

① 《美国联邦刑事诉讼规则和证据规则》，105 页，北京，中国政法大学出版社，1996。

② ［日］熊毅宏等编：《证据法大全》，第 1 卷，274 页，东京，日本评论社，1983。

③ 陈浩然：《证据学原理》，126 页，上海，华东理工大学出版社，2002。

④ 陈朴生：《刑事证据法》，276 页，台北，三民书局，1979。

素，他们认为“证明力就是能够证明某一待证事实的能力和资格，其具体表现就是证据具有可印证性和关联性”，理由是客观性只是就形成证据的第一阶段——“客观证据”而言，而在证明阶段即使判断一项证据是“真实可靠的”，也是诉讼上认识和判断的结果，而这在逻辑上是矛盾的，就解决证据属性问题而言没有意义。[①] 事实上，之所以会有这样的结论，主要原因在于证据的真实性并不等同于证据的客观性，虽然判断一项证据的真实性的标准是看这项证据是否与客观事实相符合，但是证据的真实性毕竟是一个主观上的判断，不具有客观性的证据固然不具有真实性，但是没有真实性的证据不一定就不具有客观性，因为证据虽然是以客观性为基础，但是在形成过程中不可避免地要掺入人的因素，在有些情况下，证据失去了真实性，不是证据本身要传递的信息失去了客观性，而是在这个过程中人的因素使之产生了差异。例如，未成年人作出与其年龄不符的证言，是由于证人的主观认知能力出了问题，不是案件事实在其脑海中留下的印象是不客观的。

所以，证据的客观性是指证据中所载明的事实信息必然是不以人的意志为转移的客观存在，这是证据具有证据应然性证明作用的重要因素，捏造的证据、客观上不存在的证据是无法用以证明案件事实的。承认证据的客观性对于审判过程中的司法认知有着很重要的作用：一方面，客观性要求裁判者在认定证据时必须一切从实际出发，只有符合客观事实的证据才能拿来作为裁判依据；另一方面也要求裁判者必须以证据传达的客观信息为裁判依据，不能因为自己的主观取向而随意取舍。

（二）从主观上讲，证据证明力的存在与否取决于人主观因素的发挥

证据证明力本身是主、客观相结合的产物：证据应然性证明作用决定了证明力存在的可能性，而人的主观因素将这种可能性转化成了现实性。人的主观因素对证明力的决定作用主要体现在以下方面：

1. 可认知性

任何证据，无论应然性证明作用多强，如果不被裁判者感知到，那自然一

① 参见陈瑞华：《问题与主义之间——刑事诉讼基本问题研究》，371 页，北京，中国人民大学出版社，2003。

切都无从谈起。所以，在刑事证明过程中，人对证据的主观可认知性也是决定证明力存在与否的重要因素。具体而言，证据的可认知性又有以下几点含义：

首先，证据形式的可认知性。证据形式的可认知性是指证据所传达的证明信息必须要以能够被人感知的形式表现出来。裁判者面对的刑事案件都是已经发生的事实，任何人都不可能回到过去重新身临其境地经历一遍。裁判者要想作出判断，就必须依据证据传达出来的证明信息，进行再现性的认知。证明信息要想传递到人脑当中，须依赖一个可被人认知的载体，而这个载体就是证据。例如，一件刑事案件发生后，一个目击者目睹了案件的全过程。对于目击者而言，案件在其脑海中遗留下来的印象就是这个案件的证明信息，而这个证明信息是任何一个裁判者都无法从目击者脑海中直接阅读出来的，裁判者只有通过其能够感知到的方式才能获取证明信息，这个方式就是我们常说的证人证言。由此可以看出，证据形式的可认知性是证据可认知性的第一步。

其次，证据应然性证明作用的可认知性。尽管证据应然性证明作用是证据证明力的基础，是客观存在、不以人的意志为转移的，但是，由于司法裁判最终的决定权还是取决于人的意志，所以，在诉讼过程中，一项证据在实然状态下能发挥多大的证明作用，需要人的主观认知的激发。因此，一项证据无论其应然性证明作用有多强，如果无法被裁判者感知，对整个诉讼证明过程而言，是不具有任何意义的，自然就不具有任何证明力。而且，裁判者对证据证明力大小的判断，本身就是一种量化的认知。在诉讼过程中，证据是否具有应然性证明作用，应然性证明作用有多大，这需要裁判者主观的判断和认定。虽然证据应然性证明作用在自然状态下，从理论上讲是一个定值，但是，由于人自身认知能力的限制，任何一个裁判者都不可能完全认知整个应然性证明作用的全貌，只能局限在上述的定值范围内。所以，不同的裁判者，由于自身的知识、经验、社会背景、认知能力的不同，对同一项证据证明力的认定，也会不同。这也同样解释了为什么同一项证据，在不同的法官面前，在不同的诉讼程序中，起到的作用会不同。

2. 裁判者的主观能动性

从裁判者的角度考虑，裁判者的主观能动性也是证据具有证明力的因素之一。裁判者的主观能动性主要体现在对证据真实性的判断和对证据的取舍上。

首先，对证据真实性的判断。证据本身是以所记载的客观证明信息来证明案件事实的，但是在证据在形成过程中不可避免地要介入人的主观因素，因此，证据实际是主、客观相结合的产物。所以，认知的证据就必然具有真实性的一面，也具有虚假性一面，甚至同一项证据，也会同时具备真实和虚假两种成分。因此，对证据真实性的审查，是确定证据证明力的必然程序。① 一项证据要想具有证明力，就必须经过裁判者的真实性判断，只有裁判者确认证据符合客观事实，具有真实性，证据被纳入证明过程，才能发挥证明作用，就如同《刑事诉讼法》第 48 条第 2 款规定的一样："证据必须经过查证属实，才能作为定案的根据。"

对证据真实性的判断，除了指对证据本身真实性的判断外，还包括对证据应然性证明作用认知方法的判断。证据应然性证明作用是客观存在的，但是并不是人们对所有证据应然性证明作用都可以只凭知觉就能感知到，对于一些证据，人们必须要经过一些特定的认知方法才能真正认识到它们的应然性证明作用。而一种认知方法是否能够让人客观真实地认识到证据的应然性证明作用，需要一个较长的检验过程。因此在不同历史条件下，这些认知方法往往不同，在不同的历史条件下，判断这些认知方法真实性的标准往往也不同。例如，同是在犯罪现场遗留的头发丝，其记载的遗传信息是自古就有的，过去只能作为犯罪的物证，现在却可以进行 DNA 鉴定，就是因为人们发现了这种鉴定法；同样，测谎结论之所以不能作为案件的证据，就是因为这种认知方法的真实性还没有得到证实。

其次，证据的取舍。司法裁判是一个主观裁判的过程，裁判者需要通过证明活动，利用证据提供的信息对案件作出一个裁决。如前文所述，证据的关联性是证据具有应然性证明作用的先决条件，证据与案件关联性的紧密程度决定了证据应然性证明力的大小。而从哲学的角度看，事物是普遍联系的，所以，当一起刑事案件发生后，必然会有许多与之相联系的事实，而有些事实因为与案件的关联性过于微弱，虽然从理论上讲其应然性证明作用也存在，但于司法实践却没有多

① 参见何家弘：《证据法学研究》，95 页，北京，中国人民大学出版社，2007。

大的意义。因此，在这个证明过程中，裁判者就必须发挥自己的能动性，对证据进行筛选，选取对证明事实有价值的证据。例如，在定罪过程中，我们不能使用品格证据作为定案的依据，实际说的就是这个道理。

## 三、判断证据证明力大小的标准

证明力是对证据证明作用的量化认知。在司法裁判过程中，人们不但要判断一项证据是否有证明力，而且还要对证明力的大小进行衡量。在不同的历史环境下，人们对证据证明力大小的判断方式不同：在原始社会中，主要依赖神明裁判；在中世纪的纠问制诉讼模式下，主要采用的是法定证据制度；在当今的西方资本主义国家，主要奉行自由心证主义。而在我国，法律上对于判断证据证明力大小的标准没有明确规定，只是要求证据必须查证属实，方能作为定案的依据。实际上，如何查证属实，符合什么条件才算查证属实，在实践中还是取决于法官的个人判断。所以，从这个意义上讲，我国证据证明方式在广义上也属于自由心证的范畴。

自由心证作为一项证据制度，它的基本含义是："法律不预先规定各种证据的证明力和判断证据的规则，证据的取舍和证明力大小、案件事实的认定，一概由法官自由判断。法官通过对证据的审查判断所形成的内心信念，称为'心证'，'心证'达到确信不疑的程度，叫'确信'。也就是说，法官审判案件只根据自己的心证来判断证据和认定案件事实。"① 作为证据制度的一项基本原则，自由心证制度与法定证据相比具有一定的优越性，因为：在法定证据制度下，各项证据的证明力都被主张者预先设定，法官在裁判过程中，只能先将各种事实对号入座，转化成各种法定的证据形式，然后公式般地套用证据标准，最终得出结论。可事实上，证据证明力是以证据应然性证明作用为依据，而证据应然性证明作用是由案件本身具体的情况决定的。不同案件中，各项证据的表现形式不同，自然

① 沈德咏、宋随军：《刑事证据制度与理论》，188页，北京，法律出版社，2002。

各种证据的证明力也不一样，世上没有两片一模一样的树叶，同样，天下也不可能有两起一模一样的案子。所以，我们要查明事实，就必须从案件的实际出发，具体问题具体分析，在各项证据应然性证明作用之间把握证明力大小的细微差异。很显然，在这种情况下，提前把各项证据的证明力设置成机械般的法律拟制，是有悖于发现客观真实的。我国有的学者，对此也有过相关论述：法定证据体现为一系列规则，自由心证体现为一个抽象的标准。法定证据就是通过规则规定在具有何种证据时作出何种的事实认定；而自由心证是仅仅在法律中确定一个证明标准，由司法者对各种证据自行判断。关于法律的规则和标准的不同作用，波斯纳认为，明确的规则是形成正义的要求——有利于保障同样情况下得到同等对待，并且又增加了法律结论的可预测性。但是，规则的稳定性又使其在现实面前力不从心，而标准则给了裁判者更多的自由裁量权，去对事实进行发现、权衡和比较，从而推动实质主义的实现。①

自由心证赋予了法官较大的自由裁量权，证明中一切问题一概由法官自由判断。但是这并不意味着在证明过程中法官就可以任意裁判，撇开防止法官枉法裁判不说，单从认识论的角度看，不同人由于自己的认知能力不同，对于同一案件的认知往往不一致，如果对法官的认知活动丝毫不加以限制，那么裁判的准确性、司法的公正性自然就无从谈起。所以，法官的自由裁量实际上是建立在一定原则性标准之上的自由裁量，而这些标准则是法官裁判过程中所要遵循的守则，也是我们研究的重点。

需要指出的是，裁判者对证据证明力大小的判断，并不完全等同于自由心证，它只是属于自由心证内容的一部分，因为在司法证明的过程中，自由心证实际包括对证据和对事实的两方面认证。对证据的认证是指在证明过程中，裁判者对证据的证据能力、证明力进行考证，建构证据链条，重视案件事实。在两个过程中，由于证明的对象不同，所以，适用的原则也不一样。例如，证据关联性、客观性是裁判者对证据进行裁判时所要考虑的内容，而无罪推定原则、补强证据

① 参见汪建成、孙远：《自由心证新论》，载何家弘主编：《证据学论坛》，第1卷，北京，中国检察出版社，2000。

规则、银盘理论等则是裁判者对事实认证时所要遵循的原则。而我国《刑事诉讼法》第53条第1款规定——“只有被告人供述，没有其他证据的，不能认定被告人有罪和处以刑罚”——更是明显地体现出了这一点。从这条规定中，我们可以看出：假如一项没有其他相关证据的被告人自愿陈述，从证据能力角度看，符合法定的证据形式，具有证据资格，从证明力角度看，也具有关联性、客观性、可认知性，对案件事实也具有证明价值，但它之所以不能作为定案的根据，不是因为证据本身的问题，而是因为在证明过程中，人们要考虑多种因素，一项原则的设定，不能只孤立地建立在追求案件事实的基础上，要考虑它所能带来的多种后果，如果只有被告人的供述，没有其他证据的，也能认定被告人有罪的话，那么就极有可能会导致错案发生及刑讯逼供等一系列后果，所以，我们有必要将这种情况排除。由此，我们也可以看出，此项规定实际是一项对案件事实的认知原则，而不是对证据证明力的认知原则。

对案件事实的认知，与本文主题无关，笔者不多赘述，笔者主要要讨论对证据证明力大小的认知。对证据证明力大小的判断，在自由心证的制度下，应交由法官根据案件的具体情况自由裁量，但是在这过程中，无论是从理论上还是从实践的经验中，还是有一些规律可循的，这些规律也就是我们在对证据裁判过程中所要求依据的标准。具体而言，有以下两个方面：

1. 证据证明力大小与证据的关联性成正比。证据是靠所记载的与案件有关的证明信息来证明案件事实的，所以证据的关联性就不仅是证明力存在的先决条件，而且也是衡量证据证明力大小的一个重要因素。证据关联性与证明力大小的关系主要体现在两个方面：一方面是证据与案件事实本身的联系，证据本身记载的案件事实的信息越多，证据与案件事实的联系越紧密，传达的证明信息越直接，证据的证明力越强，比方说，一般情况下，直接证据的证明力就高于间接证据的证明力；另一方面是证据与其他证据之间的联系，一起刑事案件发生后，必然会产生许多证据，这些证据都不是孤立存在的，各证据之间都有千丝万缕的联系，它们结合在一起，共同构成了一个有机整体，对于证明案件的事实发挥着证明作用，因此，在衡量证据证明力大小的时候，就不但要从单个证据本身出发，还要考虑单项证据和其他证据之间的联系。例如，虽然通常情况下，直接证据的证明力要高于间接证据的证明力，但是相互之间紧密联系的间接证据未必就比一项孤立的直接证据的证明力要小。

2. 证据的证明力与证据形成过程中融入的主观因素成反比。这点主要是从证据的客观性、真实性角度考虑。无论是证据的证明力还是证据应然性证明作用，都是以证据记载的客观证明信息为基础的，裁判者对证据的认知实际就是对证据所记载的客观证明信息的认知。但是，在证据的形成过程中，不可避免地要介入人的主观因素，这些主观因素就会影响到裁判者对案件事实作出的判断。因此，在证据形成过程中，融入的主观因素越少，证明力就会越强。我们常说的原始证据证明力高于传来证据证明力，实物证据证明力高于言辞证据证明力，与案件无利害关系的证人证言证明力高于与案件有利害关系的证人证言的证明力，就是这个道理。

# 第九章

# 刑事法上的证明责任与推定

诉讼推进的过程也是证明的过程，被称为诉讼法脊梁的证明责任，沟通着实体法与程序法，规范着控辩双方的举证，映射着裁判者的事实认定，联系着证明的开启和终结。随着我国刑事诉讼模式向当事人主义的转向，以及证明制度重要性的提升，原本不受重视的刑事证明责任制度得到理论界和实务界愈来愈多的关注，然而，对证明责任的认识还不统一，对证明责任的分配还不明确。笔者试对此问题作一探讨，以求教于方家。

## 一、证明责任的本质

裁判的作出是裁判者在事实基础上运用法律的结果：裁判者须先认定事实，才有适用法律的可能。而诉讼中的争议事实，是发生在过去的现象，所以审判中的事实认定，是特定时空下的回溯，“任何人都不能再次踏入同一条河流”。当我们通过诉讼程序回望案件事实的时候，得到的只能是一种相对的真实，而如何满足诉讼双方各异的主张，使其接受裁判的结果是诉讼法上的永恒难题。

诉讼中的争议事实，是发生在过去的现象，法官对事实的认知是通过证明来进行的。诚如有些学者所言，司法证明是一种剧场内的证明，由于时间的不可逆性和空间的不可复制性，而且，这种真实往往还会处于非真非假、真伪不明的状态。所以，罗森贝克在其《证明责任论》中这样写道：“鉴于我们认识手段的不足及我们认识能力的局限性，在每一个诉讼中均有可能发生当事人对事件的事实过程的阐述不可能达到使法官获得心证程度的情况。法院几乎每天都出现这样的情况，不仅民事法庭、刑事法庭如此，行政法庭也同样如此。因为不管将判决所依据的资料交由当事人提供，还是委托给法院调查，当事人或法院均必须对在诉讼中引用的事实情况的真实性进行认定，并对此负责，认定程序最终会受制于所谓的形式真实或所谓的实体真实的原则——常常会出现这样的情况，即作为争讼基础的事件不可能在每一个细节上均能得到澄清，对于法官的裁决具有重要意义的事实，既不能被查明已经发生，也不能查明没有发生。”

面对真伪不明的事实，裁判者如何应对？神示证据制度下，人们借助超凡的力量确立非此即彼的处理机构，回避了真伪不明的存在。法定证据制度下，通过证据证明力的运算同样规避了真伪不明的问题。而自由心证的证据制度下，法律在赋予裁判者心证自由权利的情形下，“要件事实真伪不明在法理上意味着由该事实引起的法律后果是否发生也应当处于不明的状态。其结果是使法官陷入既不应该判决适用该条法律，也不应该判决不适用该条法律这样左右为难的境地”①。与此同时，法官还负有不能回避裁判的义务。在此情况下，法律把此事实问题变成了法律问题，通过法律规定由诉讼的某一方承担败诉的不利后果，正如波斯纳所言，“法律制度常常对它必须解决的法律纠纷的是非曲直没有任何线索，但是，通过运用举证责任，以它来作为缺乏这种知识的代位者，法律制度就避开了这种耻辱”②。

现代证明责任的意义就在于，它对于事实真伪不明进行的是一种法律的普遍性拟制，而不是一种个案的拟制（如任意裁判的情形，虽然这种拟制是在当时法律允许的范围内）；是一种理性的拟制（这种拟制是法律综合衡量各种因素并进行价值排序而作出的决断），而不是一种非理性的拟制（如古代社会的神明裁判，

① 陈刚：《证明责任法研究》，6页，北京，中国人民大学出版社，2000。

② ［美］波斯纳：《法理学问题》，苏力译，272～273页，北京，中国政法大学出版社，2002。

虽然由于历史条件的限制，这种拟制在当时的人们看来并不是非理性的)。既然事实真相无法查明，那么最明智的做法是以人们能够普遍接受或认同的规则作出判决（虽然它并不能总是保证实质的正确)。证明责任规则的真正意义正在于此：证明责任“意味着从方法和过程上已尽了最大努力仍不能确定实体时，假定某个结果合乎正义是一种不得已的必要妥协”。所以，对裁判者而言，证明责任是一种裁判规范；对当事人而言，证明责任是一种风险分配机制。

## 二、证明责任的概念

### （一）英美法系的证明责任概念

在英美国家，证明责任（burden of proof）一词，包含了两层含义：一是对某一特殊争议事实提出证据的责任，二是说服裁判者的责任。这一区分最先由赛耶于 1898 年提出，此后逐渐明确。《美国联邦证据规则》第 301 条分别以“提出证据责任”和“不能说服的风险”对证明责任作概念上的区分。

美国法学会《模范证据法典》对此的定义是：“称事实之举证责任者，谓当提供充分之证据，以支持发现该事实之存在时，即告解除之负担。称事实之说服负担者，谓当决定存否之审判机关，已由充分证据之说服者发现事实存在时，即告解除之负担。”①

提出证据的责任（burden of producing evidence）又称为证据的责任（burden of evidence)、提出的责任（burden of producing)、说服法官的责任（pass to jury）及前进的责任（burden of going forward)。当一方当事人负有提出证据的责任时，其有义务向法院提出相当证据，证明待证事实。若无法提出相当的证据，则法院无待审核证据的真实性及证明力，亦无须经实体审理，即得作出对其不利的判决。英美法系由陪审团认定事实，由法官适用法律。② 说服责任（persuasive burden )，又称法定责任（legal burden of proof)、最终责任（ultimate

① 转引自杨建华主编：《民事诉讼法论文选辑》(下)，623 页，台北，五南图书出版公司，1984。

② 参见王兆鹏：《刑事举证责任理论——由英美法理论出发》，载《台大法学论丛》，第 28 卷第 4 期。

burden)、全面责任（general burden)。当一方当事人负有说服责任时，其必须说服裁判者（法官或陪审团）相信其所提出的证据，并相信其主张的为真实的责任。若不能说服裁判者其主张为真实，则裁判者必须就该待证事实作出其败诉的判决。[①]“从提供证据责任的概念来看，其实际上包含两层含义：一是通过提出证据责任形成案件事实上的争点，如果证据无法形成争点，则法院不会受理其主张，自然也就不存在之后的说服责任。”故有学者认为，提供证据责任和说服责任的关系是一种第二性责任。[②]

（二）大陆法系的证明责任概念

在大陆法系，格拉查于1883年将证明责任区分为客观证明责任和主观证明责任。[③] 一般认为，对于证明责任，应在审理终结阶段和程序进行过程中分开考虑，前者为客观举证责任，后者为主观举证责任。[④]

客观证明责任，也称实质的证明责任，“系指某一要证（待证）事实之存在与否未能明确地予以证明时，因而将受不利益判断之当事人的法的地位（即受负担或危险）”[⑤]，乃“待证事实至审理最后时点仍然无法确定或未经证明时的法律效果问题”[⑥]。客观证明责任决定的是争议事实真伪不明时由谁来承担不利后果，“就客观举证责任的面向而言，法院裁判直接取决于客观上‘什么事被澄清了’，而非主观上‘什么人澄清了这件事’”[⑦]。只要法院审理后，待证事实真伪不明，裁判者不能形成明确心证的，就应判决负客观证明责任者败诉，因此，客观举证责任也可以说是一种结果责任。在刑事诉讼上，客观证明责任由控方承担。[⑧] 普维庭指出，“由于检察机关作为公诉人代表国家行使刑事请求权，可以认为，检察机关在刑事法中承担客观证明责

① 参见王兆鹏：《刑事举证责任理论——由英美法理论出发》，载《台大法学论丛》，第28卷第4期。
② 参见周书厚：《证据法论》，144页，台北，国际文化事业有限公司，1989。
③ 参见［德］汉斯·普维庭：《现代证明责任问题》，吴越译，11页，北京，法律出版社，2000。
④ 参见张哲伦：《刑事诉讼上举证责任之意义》，载（台湾）《刑事法杂志》，第43卷第2期。
⑤ 黄朝义：《刑事证据法》，248页，台北，元照出版公司，1999。
⑥ 林钰雄：《严格证明与刑事证据》，191页，北京，法律出版社，2008。
⑦ 同上书，192页。
⑧ 参见林丽莹：《刑事法上的举证责任》，载（台湾）《月旦法学杂志》，2006年第6期。

任”；“在真伪不明时，总是有利于被告人，证明责任在检察机关一方”①。

主观证明责任指的是“有受不利益判断之虞的当事人为期免除该不利益之判断应为举证行为负担”②，即“当事人为避免败诉起见，负有以自己之举证活动证明系争事实之责任”③。当事人为使法院形成有利于己方的心证，必须为其主张提出证据，否则，可能遭受不利判决。主观证明责任可以说是一种行为责任。④有学者认为，主观的证明责任是浮动的，随着法官心证进行形成，当事人对法官心证进行预测以决定是否进一步提出对自己有利的证据，所以双方当事人皆有此负担，其系随诉讼的经过依败诉的危险在当事人间移动，而非如客观证明责任始终固定在一方。⑤“主观的证明责任，仅存在于对抗制下的诉讼结构，因为诉讼资料及证据搜集的责任在于当事人，当事人为使法院形成对己有利的心证，必须为其主张提出证据，否则即有可能蒙受诉讼不利判决，为此目的而积极为举证活动的‘行为责任’，即为‘主观的证明责任’。”⑥

（三）我们的选择

英美法系的证明责任分层理论是沿着诉讼进程的思路来理解并阐释证明责任及其包含的提供证据责任和说服责任，基于此而形成的提供证据责任和说服责任的承担顺序、负担程度的递进性，为证明责任运行进程的分析提供了较为适宜的工具，同时也为证明责任的具体分配提供了思考权衡的角度。

---

① ［德］汉斯·普维庭：《现代证明责任问题》，吴越译，56～57页，北京，法律出版社，2000。

② 黄朝义：《刑事证据法研究》，252页，台北，元照出版公司，1999。

③ 林钰雄：《严格证明与刑事证据》，192页，北京，法律出版社，2008。

④ 在大陆法系国家，对于是否存在主观证明责任存在争议，在职权主义诉讼模式下，检察官负有强大的客观义务要求，法院有权调查证据，对证明责任的研究不甚发达，有学者认为，主观的证明责任并不存在。第二次世界大战后，日本采纳当事人主义诉讼构造，开展了对主观证明责任的诸多研究。参见张哲伦：《刑事诉讼上举证责任之意义》，载《刑事法杂志》，第43卷第2期，注20。

⑤ 参见张哲伦：《刑事诉讼上举证责任之意义》，载《刑事法杂志》，第43卷第2期。

⑥ 林钰雄：《刑事诉讼法》，363页，北京，中国人民大学出版社，2005。

## 三、刑事证明责任分配的一般原则

### （一）谁主张谁举证——证明责任分配的初始规则

关于罗马法上证明责任分配原则“谁主张、谁举证”的历史渊源，我国法学家周枏在其《罗马法原论》中曾介绍到，当事人主张有利于自己的事实，应当负举证责任，通常用人证，必要时应宣誓以证明其真实。后亦有学者经过分析后认为，罗马法时代之法谚：“凡事应为否定人利益推定之”，经解释为“举证责任在于肯定主张之人而不存在于否定之人”，此可谓为分配论之开端。[①] 罗马法时代关于证明责任分配确立了两个规则：一是“原告有举证的义务”，“原告不尽证明责任，应作出被告胜诉的裁判”，但如原告尽其证明责任，被告就须以反证推翻原告的举证。被告“提出抗辩时，就该抗辩有举证的必要”。二是“为主张之人有证明义务，为否定之人无之”（或称“举证义务存在于主张之人，不存在于否定之人”），这一规则被鲍鲁斯引申为“一切被推定为否定之人的利益”，而建立“提出主张的人有证明的义务，而对此否定的人则无此种义务”的规则。对第二个规则更为通俗的解释为“肯定者应负举证责任，否定者不负举证责任”。而作为大陆法系证明责任分配原则之一的法律要件说的基本规则仍然起源于罗马法注释法学家和德国普通法时代所承认的法则，即，“原告应对原因举证，被告应对抗辩事实举证”。“后经中世纪寺院法的发展，逐步演变成‘原告方就其诉讼原因的事实进行举证，被告方就其抗辩的要件事实进行举证’的一般原则，并发展出法律推定、消极性主张等两种情况的例外。”此后，欧洲的诉讼法学家通过对实体法构成要件的分析，将法律规范构成方式作为划分证明责任的杠杆，逐渐发展了成熟的规范说，并以罗森贝克的法律构成要件说为代表。

### （二）无罪推定——证明责任分配的根本规则

无罪推定原则，是有罪推定的对称，是指在刑事诉讼中，任何被怀疑犯罪或

① 参见周枏：《罗马法原论》（下），973页，北京，商务印书馆，2002。

者受到刑事控告的人在未经司法程序最终确认为有罪之前，在法律上应假定其无罪或推定其无罪。无罪推定是刑事诉讼特有的原则，建立这一原则的基本出发点在于确定被告人在刑事诉讼中地位，并据此设定被告人的诉讼权利和义务，设定控辩对抗的现代诉讼机制。无罪推定原则作为思想理论原则是在启蒙运动和资产阶级革命过程中由意大利著名法学家贝卡利亚在其经典之作《论犯罪与刑罚》中提出并大力提倡的。在资产阶级夺取政权以后，这个思想理论原则被欧美一些国家以不同的表达方式载入宪法或宪法性文件，或者规定在刑事法律之中。最先将无罪推定原则上升为法律原则的是 1789 年法国《人权宣言》，其第 9 条规定："任何人在未经判罪前均应假定其无罪，如非拘禁不可，法律应规定对他采取的严厉措施不得超过为防止他脱逃而必须采取的措施。"此后，各国的立法、判例和法学理论都普遍承认，《世界人权宣言》、《公民权利和政治权利国际公约》、《欧洲人权公约》、《美洲人权公约》等国际公约均对无罪推定原则加以确认。

在刑事诉讼这一领域研究无罪推定原则，可以将其概括为四项基本原则：一是只有法院并依照法定的诉讼程序，才能判定某人有罪，即定罪权归法院；二是证明犯罪的责任由控诉方承担，通常是由警察和检察官承担，个人即贝卡利亚所说的"任何人"都没有证明自己无罪的义务；三是罪疑从无，证明有罪的证据必须达到充分的程度，即达到使法院确信某人有罪的程度，否则，仍然不能使"任何人"成为罪犯；四是被告人有沉默权。[①] 有学者进一步指出，在英美法中，无罪推定原则包含以下基本要素：(1) 控方（即政府）有责任证明被告人被指控犯罪的全部构成要件，并且这种责任的履行必须达到"排除合理怀疑的程度"；(2) 被告人没有证明自己无罪的责任或者义务，如果说有什么责任的话，或许只要使事实裁判者头脑中对控方案件产生"合理怀疑"即可；(3) 事实裁判者只有在听取案件的全部证据之后才能作出判断，并且除非相信控方证明被告人的罪行达到了"排除合理怀疑"的程度，否则，必须宣告被告人无罪。在通向判决的过程中，控方必须接受多次程序性审查：一是在预审阶段，控方必须提出证据证明

---

① 参见江伟主编：《证据法学》，147 页，北京，法律出版社，1999。

案件“表面上成立”，否则，指控将被预审法官撤销；二是在审判过程中，主持审判的法官如果认为控方不存在一个“表面上成立”的案件，可以在控方举证结束之后、辩方开始举证之前，应辩方申请或者依职权直接指示陪审团判决被告人无罪，而不需要继续审理；三是在整个案件审理完毕时，如果法官认为没有任何理智健全的陪审团可以确定控方已经证明所控犯罪的全部构成要件达到“排除合理怀疑”的程度，可以直接宣告被告人无罪（美国）或者指示陪审团裁决被告人无罪（英国），而不再需要陪审团退庭评议。由此可见，在英美法中，无罪推定绝不仅仅是一种证明责任的分配原则，以便法院在事实真伪不明时作出正确的判断，而是关于政府和公民个人之间相互关系的一种政治原则，根据这种原则，政府由于拥有各种必要的资源，必须独立地证明自己对公民个人所提出的指控，而不能指望被追诉者的协助；因为被追诉者在被证明有罪之前应当被推定为无罪，如果强制被追诉者作为控方证据的来源，就违反了无罪推定原则。①

## 四、刑事证明责任的分配

### （一）对犯罪构成要件的证明责任

1\. 英美法系

目前，英国在相当数量的制定法中以显性或隐性的方式（明示或默示的法律推定）规定了被告人犯罪本体要件的证明。根据英国学者的调查分析，在540种可以刑事法院审判的刑事犯罪中，需要被告人对其中的部分事实承担说服责任的，达到219种，占40%；如果把立法规定的“严格责任犯罪”中要求被告人证明自己无违法意图的情形也计算在内，则比例更高。② 其中，对主观罪过的证明责任较为典型的有：(1)《1971年滥用药品法》第28条第2款规定，在药品案件中，被告人负有证明其不知道或者未怀疑争议中的管制药品的责任；(2)《1989年防止恐怖主义（暂行）法》第10条第2款规定，在起诉某人犯有本条第1款

① 参见李学灯：《证据法比较研究》，261页，台北，五南图书出版公司，1992。

② 参见孙长永：《探索正当程序——比较刑事诉讼法专论》，196页，北京，中国法制出版社，2005。

第 3 项所规定的罪行的诉讼中，被告人应当证明他不知道，也有合理理由怀疑这项安排（即通过这项安排，某些金钱或者其他财富可以为非法组织利用）与非法组织有关；(3)《1979年古迹和考古区域保护法》第 42 条规定，在保护区域使用金属探测器是一种犯罪行为，但被告人能够证明自己使用金属探测器不是出于探测具有考古或者历史价值的物品的目的时除外。而对客观事实的证明责任较为典型者包括：(1)《1916年防止贪污法》第 2 条规定，给予政府官员或代表机构的任何金钱、礼品或者其他报酬，推定为非法支付、赠与和收受，有相反证明的除外。据此，受贪污罪指控的被告人，如果主张金钱、礼品或者其他好处系合法所得时应当承担证明责任。(2)《1953 年防止犯罪法》第 1 条规定，被告人负有证明其有合法授权或者合理理由在公共场所携带进攻性武器的责任，即一旦证明被告人在公共场所携带进攻性武器，便推定被告人的携带行为属于非法。(3)《1956 年性犯罪法》第 30 条第 2 款规定，如果一名男子和一名妓女在一起或者控制着她的行动，辩护方负有证明该男子非依妓女卖淫的收入生活的责任。(4)《1988 年道路交通法》第 5 条第 2 款规定，在血液中酒精浓度高于规定限度驾驶的案件中，被告人负有证明不存在其驾驶车辆时酒精浓度依然高于规定限度之可能性的责任。

美国刑法的创制权主要属于州政府，联邦法和各州法律关于被告人承担证明责任的立法存在较大不同。其中，在联邦法律系统中，对被告人犯罪本体要件的推定较为典型的是《模范刑法典》的规定：对事实或法律的无知或认识错误，在下列情况下需要被告人承担证明责任：(1) 无知或认识错误否定了构成被控犯罪必备的实质要件之一的意图、明知、草率或者疏忽的；(2) 法律明文规定出于无知或认识错误的心理状态构成辩护的。其中，对事实的无知或认识错误，原则上要承担证明责任；对法律的无知或认识错误原则上不承担证明责任。但行为人相信其行为在法律上不构成犯罪，并且 (1) 关于指控犯罪的成文法或其他规定，行为人不知道，而且在被控行为发生之前未曾公布的；或者 (2) 实施行为时合理地依据了关于该法律的官方表述（包括对相关犯罪的成文法或其他规定、司法解释、行政决定或者行政许可、主管的公职官员的正式解释），只是事后该法律才被宣告无效或者有错误的。被告人对上述辩护，应当以“优势证据”予以证明。①

2. 大陆法系

在德国，由于欧洲大陆国家全面确立了无罪推定原则，再加上其固有的职权调查模式，所以，客观证明责任基本上由检察官承担，但在部分犯罪中，也规定了被告人承担证明责任的情形。如《德国刑法典》第1.86条规定：“捏造或散布足以使他人受到蔑视或受到贬低的事实，而不能证明其为真实的”，构成恶意中伤罪。也即当被害人受到蔑视或贬低的事实为被告人所散布，就推定该事实为被告人所捏造，被告人必须证明该事实为真实，否则，就构成犯罪。

法国同属于大陆法系国家，法国也规定了部分犯罪构成要件由被告人承担证明责任的情形。如根据法国刑事诉讼法第537条，关于违警罪的警察笔录或者报告在没有反证以前应当视为真实，可以从中推定违警行为的存在；反证只能以书证或证人证言的形式提出。因此，被告人如果否认自己有违警罪行为，应当依法提供书证或证人证言反驳这一不利推定。法国1972年修订后的《道路交通法》第121—1条规定，对于违反停车规章、仅处罚金的交通犯罪，推定车辆注册人或者（在车辆出租给第三人的情况下）租车人负有责任，即使他并不是开车人；但是如果能够证明存在不可抗力的事实，或者能够查明谁是真正的开车人时，不在此限。据此，被告人对于不可抗力的事实主张或者其他人才是行为人的事实主张承担证明责任。②

（二）对抗辩的证明责任

1. 英美法系

在英国，通过证实犯罪本体要件而推定无合法辩护理由的原则与无罪推定原则几乎具有同等的地位。在上议院1935年“伍尔明顿”一案的判决理由如此写道：“纵观英国刑事法网，始终可以看到一条金线，那就是：除……精神失常的

---

① 参见孙长永：《探索正当程序——比较刑事诉讼法专论》，200页，北京，中国法制出版社，2005。

② 参见［法］贝尔纳·布洛克：《法国刑事诉讼法》，2版，罗结珍译，71页，北京，中国政法大学出版社，2009。

辩护和其他由成文法规定的例外情形外……证明被告人有罪是控方的责任。”具体而言，英国制定法中较为典型的被告人对违法及责任阻却事由承担证明责任还包括如下情形：(1)《1957 年杀人罪法》第 2 条第 2 款规定：一个人如果在实施杀人行为时患有对其责任能力有重大损害的精神疾病，不能被判决犯谋杀罪，可以判决其犯故意杀人罪。对这种罪轻的辩护，由被告人承担证明责任。但根据《1964 年刑事程序（精神失常）法》第 6 条，如果受谋杀罪指控的被告人提出“精神失常”的辩护，而控方却认为被告人正确的辩护只能是“减轻责任”，则应当由控方向陪审团证明被告人符合《1957 年杀人罪法》第 2 条规定的情形。(2)《1984年警察与刑事证据法》第 74 条第 2 款、第 3 款规定，被告人和被告人以外的其他人负有证明未曾犯与被判决之罪相同的罪行的责任。(3)《1980 年治安法院法》第 101 条规定：“被告人针对某一告诉或控告以符合任何例外、豁免、但书、免责事由或者限定事由作辩护时，不论该例外、豁免、但书、免责事由或限定事由在制定法规定的某一犯罪时是出现在关于罪状的描述中的，还是出现于关于控告事项的描述中，或是作为控告基础的，对该例外、豁免、但书、免责事由或限定事由的证明责任由被告人承担。”

在美国，不论是美国联邦司法体系还是州司法体系，被告人对于违法阻却和责任阻却的事由承担证明责任都大量地存在。一般而言，根据美国《模范刑法典》、《联邦刑事诉讼规则》，通过证实犯罪本体要件而推定无责任阻却事由或违法阻却事由的情形主要包括：(1) 自动症，即犯罪行为是行为人无意识或无法控制所造成；(2) 醉酒，即因非自饮醉酒或者病理性醉酒而导致对自己的行为丧失了控制能力和意志能力；(3) 受胁迫；(4) 执行军事命令；(5) 被害人同意；(6) 警察圈套；(7) 正当行为，如正当防卫、执行法律和公务；(8) 精神失常。

2. 大陆法系

在大陆法系，被告人对违法阻却性事由及责任阻却性事由承担证明责任并未被明文规定于法律条文之中，即使是在判例中出现，一般也是通过检察官对犯罪构成要件的证明达到对于不存在违法阻却事由、责任阻却事由的推定，从而要求被告人承担对违法阻却事由和责任阻却事由的主观证明责任或者提供证据责任。

如《德国刑法典》第323条a款规定，“故意或过失饮酒或使用其他麻醉品，使自己处于无责任能力或不能排除其无责任能力的醉酒状态下实施犯罪行为的，处5年以下自由刑或罚金。”根据本条后段的规定，判例认为，被告人应当对自己犯罪时无责任能力承担证明责任，如果被告人不能证明自己无责任能力，则应对于醉酒状态下实施的犯罪承担刑事责任，即被告人有证明自己无责任能力的责任。

在法国，关于违法阻却性事由的举证责任应当由哪一方承担的问题法国学界的意见尚未统一，但判例认为应当由被告人承担。《法国新刑法典》第122—6条规定：“完成下列行为的人，推定其是进行正当防卫：（1）夜间击退破门撬锁、以暴力或诡诈进入居住场所之行为的人；（2）对盗窃犯或暴力抢劫之行为人进行自我防卫者。”[①] 笔者认为，上述法律规定以明示推定的形式将以上两种正当防卫的情形归于被告人承担证明责任，如果被告人主张上述情形的正当防卫，就应当对主张的事实提供证据。

在日本，由于学界和实务界普遍达成了被告人仅对法律明文规定的特殊情况承担实质证明责任的共识，而违法阻却性事由、责任阻却性事由的不存在又是在犯罪基本构成要件证实基础上，从事实推论而来，所以该事由的证明责任应当由公诉方承担，而被告人仅承担提出证据的责任。

## 五、我国刑事公诉案件中的举证责任分配规则

我国2012年《刑事诉讼法》修改过程中对举证责任分配条款进行了修改，在第49条中规定：“公诉案件中被告人有罪的举证责任由人民检察院承担，自诉案件中被告人有罪的举证责任由自诉人承担。”据此，我国刑事公诉案件中的举证责任分配规则由以下几个方面的内容构成：

---

① ［法］贝尔纳·布洛克：《法国刑事诉讼法》，2版，罗结珍译，608页，北京，中国政法大学出版社，2009。

（一）人民检察院承担举证责任

《刑事诉讼法》第 49 条明确规定在公诉案件中由人民检察院承担证明被告人有罪的责任，这也是我国刑事司法实践的一贯做法。在公诉案件普通程序中，由人民检察院承担举证责任，学界对此一般不持异议，但此次《刑事诉讼法》修改极大地完善了我国的审判程序，例如要求在简易程序中公诉人出庭，新增了非法证据排除程序和特别程序。结合第 49 条的基本精神，我们应对“公诉案件”作扩大化解释。

第一，在简易程序中，由于《刑事诉讼法》第 210 条规定适用简易程序审理公诉案件，人民检察院应当派员出席法庭。因此，公诉人在简易程序中承担的不仅仅是法律监督职能，而是扮演支持公诉和监督诉讼的双重角色，《刑事诉讼法》第 49 条当然适用于依简易程序审理的案件。第二，在非法证据排除程序中，《刑事诉讼法》第 57 条第 1 款规定，在对证据收集的合法性进行法庭调查的过程中，人民检察院应当对证据收集的合法性加以证明。该条与第 49 条的立法精神一致，在实体性事项审理程序和程序性事项审理程序中，都应由人民检察院承担举证责任。在非法证据排除程序中，人民检察院可以采取提供讯问笔录、讯问时的录音录像以及体检记录等证明手段。第三，法律没有明确规定人民检察院在特别程序中的举证责任。特别程序仍是刑事诉讼程序的组成部分，只不过与公诉案件普通程序相比，各个特别程序在适用主体、审理对象和审理方式等方面各有不同，但这并不否认人民检察院所需承担的举证责任，《刑事诉讼法》第 49 条当然适用于特别程序。例如，在犯罪嫌疑人、被告人逃匿、死亡案件违法所得的没收程序中，根据《刑事诉讼法》第 281 条第 1 款的规定，没收违法所得的申请，由犯罪地或者犯罪嫌疑人、被告人居住地的中级人民法院组成合议庭进行审理。该条规定体现了判决前财产没收程序的慎重性，既然人民法院要组成合议庭，人民检察院理应承担举证责任并派员出庭。再如在精神病人的强制医疗程序中，根据《刑事诉讼法》第 286 条的规定，人民法院受理强制医疗的申请后，如果发现被申请人或者被告人没有委托诉讼代理人的，应当通知法律援助机构指派律师为其提供法律帮助，同时还应组成合议庭进行审理。于此情形，人民检察院同样也应派员出庭并承担举证责任。

另外，对于人民检察院而言，虽然在公诉案件中要承担证明被告人有罪的举证责任，但立法机关并不否认人民检察院同时要承担证明被告人无罪、罪轻和罪重的责任，这是人民检察院秉承客观义务原则的基本要求。

（二）人民法院承担补充性的举证责任

虽然从字面上看，“举证责任”或“证明责任”差别并不大，仅是表述习惯的问题，但结合中国刑事司法实践的大背景，立法机关坚持使用“举证责任”的表述方式牵涉到一个重大的理论问题，即：在刑事诉讼过程中，人民法院是否承担“举证责任”？笔者认为，在我国的刑事诉讼过程中，人民法院实际上承担了补充性的“举证责任”。因为按照学界通说，证明责任包含了主观证明责任和客观证明责任，“举证责任”也应作此理解。立法机关已充分肯定此点，“从理论上来说，举证责任一般分为两个方面：一是行为责任，也就是当事人提出证据对自己的主张加以证明，使诉讼向有利于自己的方向前进的责任；二是败诉责任，也就是因为不能提供证据或者提出的证据达不到法律规定的证明标准导致自己的主张被法院认定不能成立的结果责任”。但根据现行法律规定和司法实践的基本情况，此处的“举证责任”实质上是一类综合责任，既包含了检察机关因举证不能所承担的败诉风险，又包含了人民法院依照《刑事诉讼法》第 191 条所承担的补充审查核实证据的责任，即人民法院承担“补充性的举证责任”。

“补充性的举证责任”是指人民法院在公诉案件刑事审判过程中，在检察机关提供的证据使案件达到真伪不明的状态时，所负有的收集并运用证据查证确认案件事实的责任。该责任有以下几个特点：第一，法定性。“证明责任规范的本质和价值就在于，在重要的事实主张的真实性不能被认定的情况下，它告诉法官应当作出判决的内容。”① 在民事诉讼中，对于不确定的事实主张承担证明责任的当事人将承受对其不利的判决。② 而在刑事诉讼中，当人民检察院对案件事实的证明达到真伪不明的状态时，《刑事诉讼法》规定合议庭不能直接判决被告人

① ［德］莱奥·罗森贝克：《证明责任论》，4 版，庄敬华译，3 页，北京，中国法制出版社，2002。

② 参见上书，3 页。

有罪，而应对有疑问的证据作进一步调查核实。此时，“举证责任”由人民检察院和人民法院共同承担，人民检察院承担主要的证明责任，人民法院承担补充性的证明责任；如果经调查核实后，仍不能排除疑问，则人民法院应作出无罪判决，此时是由人民检察院承担败诉的后果。这里的法律依据包括《刑事诉讼法》第191条第1款的规定——法庭审理过程中，合议庭对证据有疑问的，可以宣布休庭，对证据进行调查核实——和第195条的规定——在被告人最后陈述后，审判长宣布休庭，合议庭进行评议，根据已经查明的事实、证据和有关的法律规定，分别作出判决。第二，补充性。虽然“举证责任”由人民检察院和人民法院共同承担，但基于控审分离原则，人民检察院要承担主要的“举证责任”，只有在合议庭对证据有疑问的前提下，人民法院才承担“补充性的举证责任”。在司法实践中，“对证据有疑问”主要是指合议庭在法庭审理过程中，认为公诉人、辩护人提出的主要证据是清楚、充分的，但某个证据或者证据的某一方面存在不足或者相互矛盾，如对同一法律事实，公诉人、辩护人各有不同的物证、书证、证人证言或者鉴定意见等证据的情形。在这种情况下，不排除疑问，就会影响定罪或者判刑。但是，控辩双方各执一词，法庭无法及时判定真伪。在这种情况下，有时就需要先宣布休庭，对证据进行调查核实。① 第三，实践合理性。人民法院“补充性的举证责任”在1996年《刑事诉讼法》中就已确定，当时立法机关认为这是我国审判实践中的优势和特点，目的是有效地打击犯罪，维护社会的安定，体现实事求是的精神。② 因此，人民法院承担的“补充性的证明责任”源于中国刑事司法实践的客观需要，例如《刑事诉讼法》第53条确立的“证据确实、充分”的证明标准充分反映了三机关对实体真实的追求，这都决定了我们不能简单移植英美法系国家的证明责任制度，立法必须回应司法实践的客观需要。

（三）被告人不承担举证责任

在理论研究中，对于被告人是否承担证明责任一直存在争议。有学者认为在

① 参见郎胜主编：《〈中华人民共和国刑事诉讼法〉修改与适用》，342页，北京，新华出版社，2012。

② 参见全国人大常委会法制工作委员会刑法室编著：《中华人民共和国刑事诉讼法释义》，183页，北京，法律出版社，1996。

某些特殊情况下，被告方仍要承担提出证据证明自己无罪的局部责任。[①] 笔者认为，在刑事诉讼程序中，被告人在任何情况下都不应当承担举证责任，2012年《刑事诉讼法》的制定过程从不同角度佐证了这一观点。

第一，在公诉案件普通程序中被告人不承担举证责任。早在2011年8月颁布的《〈中华人民共和国刑事诉讼法〉修正案（草案）》（征求意见稿）增加的第48条中规定，公诉案件中被告人有罪的举证责任由公诉机关承担，但是，法律另有规定的除外。最初设立的但书条款是做了一个兜底规定，目的是防止遗漏被告人承担举证责任的情形。但在修法讨论和征求意见过程中，立法机关认为司法实践中实际不存在由被告人承担证明责任的情形，随后的二审稿即删除了"但是，法律另有规定的除外"的表述方式。

第二，在非法证据排除程序中被告人不承担举证责任。在2011年8月颁布的《〈中华人民共和国刑事诉讼法〉修正案（草案）》（征求意见稿）和2011年12月颁布的二次审议稿中都规定由人民检察院对证据收集的合法性加以证明，同时当事人及其辩护人、诉讼代理人申请排除以非法方法收集的证据的，应当提供相关线索或者证据。"提供相关线索或者证据"的表述方式来自于《关于办理刑事案件排除非法证据若干问题的规定》第6条："被告人及其辩护人提出被告人审判前供述是非法取得的，法庭应当要求其提供涉嫌非法取证的人员、时间、地点、方式、内容等相关线索或者证据。"最高人民法院认为由控诉方而不是被告人承担证明责任已经成为世界各国的通例，被告人无须举证证明自己有罪，这是无罪推定原则的必然要求，第6条中的"线索或者证据"并不是被告人及其辩护人所必须负担的证明责任，而仅是提出线索和证据以启动程序，具体包括被告人出示的血衣、伤痕、照片、医疗证明、伤残证明、讯问笔录、同监人的证明等刑讯逼供留下的痕迹，或者可以显示刑讯逼供发生的时间、地点、方式、内容及涉嫌非法取证的人员等情节的线索或者证据。[②] 考虑到保留"提供证据"的表述方

① 参见卞建林、韩旭：《刑事被告人证明责任研究》，载《法学论坛》，2002（3）。

② 参见最高人民法院刑事审判第三庭编著：《刑事证据规则理解与适用》，318～319页，北京，法律出版社，2010。

式偏离了立法的原意，而且在司法实践中可能会误导实务工作人员，故修改后的《刑事诉讼法》第56条第2款中规定，“申请排除以非法方法收集的证据的，应当提供相关线索或者材料”。

第三，《刑事诉讼法》第40条规定的不是被告人及其辩护人的举证责任。《刑事诉讼法》第40条规定，辩护人收集的有关犯罪嫌疑人不在犯罪现场、未达到刑事责任年龄、属于依法不负刑事责任的精神病人的证据，应当及时告知公安机关、人民检察院。根据《刑事诉讼法》第49条的立法精神，我们不应对辩护人的告知义务附加不利的后果，这是被告人及其辩护人享有的一类积极的抗辩手段，不是诉讼义务，而是诉讼权利。

由上可见，人民检察院承担举证责任，人民法院承担补充性的举证责任，被告人不承担举证责任构成了我国刑事公诉案件中举证责任分配的基本规则。这符合无罪推定原则的基本要求。该原则包括法院定罪、证据裁判和在生效判决前应当推定犯罪嫌疑人、被告人无罪三项内涵。基于此，该条规定与《刑事诉讼法》第12条关于未经人民法院依法判决，对任何人不得确定有罪原则的规定，第50条关于不得强迫任何人证实自己有罪的规定，以及第185条关于疑罪从无原则的规定相互联系，共同构成未来中国的无罪推定制度。

# 第十章

## 关于完善我国刑事证明标准的若干思考

刑事诉讼中的证明标准，又称证明要求，是指公安、司法工作人员运用证据证明案件事实应达到的程度，即证据达到什么程度，方可进行某种诉讼活动或者作出某种结论，其证明责任方告解除。[①] 研究证明标准理论，完善证明标准体系，对于司法实践具有重要的指导意义。我国《刑事诉讼法》关于证据的规定比较简略，关于证明标准的规定仍欠完善，给实践运用带来了困惑，从而也给理论研究留下了空间。对证明标准进行研究，不仅是完善证据制度的需要，也是适应控辩式庭审方式改革，指导公安、司法工作人员进行刑事诉讼实践的当务之急。笔者试就此问题谈一些粗浅的想法，以求教于学界同仁。

---

① 其实，证明标准也存在于辩护活动中，这是广义的证明标准。在刑事诉讼中，被告方在特定情形下承担着举证责任，如，主张未成年人不负刑事责任的辩护，应提出证明被告人的年龄低于刑事责任年龄的证据；主张被告人是精神病人的辩护，应提出相应的精神病鉴定意见作为证据，等等。但被告方的举证责任不同于追诉方的：其一，两者的后果不同。追诉方不能完成举证责任，要承担败诉的风险；而被告方由于不承担证明自己有罪或无罪的责任，因此不能完成举证责任，其后果只是这种积极的辩护主张得不到支持。其二，两者的证明标准不同。追诉方证明被告人有罪要达到法定“事实清楚，证据确实、充分”的最高证明标准；而被告方举证的证明标准，只需达到证明该项事实存在之可能性大于其不存在之可能性（在英美证据法中为第四等的证明标准，即“优势证明”），即完成了举证责任，反驳的责任就转移给了追诉方。参见程荣斌：《内地的刑事证据制度》，载陈兴良主编：《刑事法评论》，第5卷，25页，北京，中国政法大学出版社，2000。

## 一、质疑传统的证明标准理论

在我国刑事诉讼中，公诉案件大体要经过立案侦查、逮捕、移送审查起诉、提起公诉和判决几个处理阶段（活动）。对每一阶段（活动），法律都规定了一定的证明标准，只有达到相应的标准，才可以推动诉讼过程的继续进行。法律规定的这些证明标准包括：（1）立案的证明标准。《刑事诉讼法》第110条规定，“认为有犯罪事实需要追究刑事责任的时候，应当立案；认为没有犯罪事实，或者犯罪事实显著轻微，不需要追究刑事责任的时候，不予立案”。可见，有犯罪事实需要追究刑事责任是立案的证据标准。这一标准是刑事诉讼若干阶段中的最低标准。这一标准在理解时，也产生了不同的认识。有人认为，有犯罪事实是立案的条件，而是否需要追究刑事责任，有时很难立即予以判断，往往导致公安机关为保证高破案率而发生“不破不立”等违法情形。（2）逮捕的证明标准。《刑事诉讼法》第79条规定，对有证据证明有犯罪事实，可能判处徒刑以上刑罚的犯罪嫌疑人、被告人，采取取保候审尚不足以防止发生社会危险性的，应当予以逮捕。可见，逮捕的证明标准较立案的证明标准有所提高。现行《刑事诉讼法》规定较降低的逮捕条件，有利于发挥逮捕的功能。但由于我国实行逮捕与羁押一体之制且由检察机关审查批准逮捕，使得逮捕的程序缺乏正当性，在实践中亦出现很多无法克服的弊病，一方面是存在不当逮捕以及严重的超期羁押，另一方面则存在该捕不捕妨碍诉讼进行的现象。（3）移送审查起诉的证明标准。《刑事诉讼法》第160条规定，对于侦查终结的案件，应做到犯罪事实清楚，证据确实、充分，才可以移送检察院审查决定是否提起公诉。这时的证明标准较前两者明显提高。而此时的“犯罪事实清楚，证据确实、充分”的判断主体是侦查机关，不具有判决的意义。（4）提起公诉的证明标准。《刑事诉讼法》第172条规定，人民检察院认为犯罪嫌疑人的犯罪事实已经查清，证据确实、充分，依法应当追究刑事责任的，应当作出起诉决定。从法律规定来看，提起公诉的证明标准与移送审查起诉的标准是相同的，都是“事实清楚，证据确实、充分”。不过，此时的

“犯罪事实清楚，证据确实、充分”也只是检察机关的判断结果。（5）有罪判决的证明标准。《刑事诉讼法》第195条第1项规定的标准是，“案件事实清楚，证据确实、充分”。若证据不足，达不到此标准的，应判决无罪。可见，“案件事实清楚，证据确实，充分”是认定被告人有罪的标准，而且是经过庭审由法庭确定是否达到该标准，在程序上讲，具有决定意义，体现了人民法院的定罪权。不难发现，立法关于后三者的证明标准在表述上是一致的。

从我国《刑事诉讼法》的规定以及法理上的要求来看，从立案、批捕、起诉到判决，证明标准是逐渐提高的，但是在司法实践中存在高证明标准前置的问题，比如把起诉标准作为批捕标准甚至立案标准来运用。如有的检察院把能捕、能诉、能判作为立案监督的标准。这种标准显然过高，也不符合人类认知事物的规律。导致这种情况的发生，除了没有明确的证据标准外，还有一个重要的原因是，《国家赔偿法》中对有关错案的规定过于宽泛。根据《国家赔偿法》第17条的规定，行使侦查、检察、审判职权的机关以及看守所、监狱管理机关及其工作人员在行使职权时有下列侵犯人身权情形之一的，受害人有取得赔偿的权利：（1）违反刑事诉讼法规定对公民采取拘留措施的，或者依照刑事诉讼法规定的条件和程序对公民采取拘留措施，但拘留时间超过刑事诉讼法规定的时限，甚至决定撤销案件、不起诉或者判决宣告无罪终止追究刑事责任的；（2）对公民采取逮捕措施后，决定撤销案件、不起诉或者判决宣告无罪终止追究刑事责任的；（3）依照审判监督程序再审改判无罪、原判刑罚已经执行的。无罪判决有两种情形：一是事实上未犯罪和法律上认定无罪相一致（可以理解为“事实上”的无罪）；二是证据不足，不能认定被告人有罪（可以理解为根据无罪推定原则推定的“法律上”的无罪）。我国审判监督程序并不像英美法系国家一样只进行“法律审”，而是不排除采纳新的证据进行“事实审”。在第一审和第二审程序中未出现的证据，如果在再审程序中出现，将造成一、二审程序中证据体系的混乱和证据间的矛盾，并最终可能导致案件因事实不清、证据不足而作出无罪判决。在这种情况下，根据《国家赔偿法》的规定，那么，以前的逮捕和起诉都是错误的，检察机关应负赔偿责任。在此情况下，检察人员在审查批捕时以起诉的标准来衡量也就不难理解了。[①] 而立法关于移送审查起诉、提起公诉、有罪判决的证明标准作出同样的规定，混淆了侦、诉、审三机关的职能，不利于刑事诉讼目的的实现。容后再论。

特别需要指出的是有罪判决的证明标准问题。这是司法实践中的问题，也是刑事诉讼理论中的一个争议很大的问题。《刑事诉讼法》第 195 条第 1 项规定，案件事实清楚，证据确实、充分，依据法律认定被告人有罪的，应当作出有罪判决。可见，立法规定有罪判决的证明标准为案件“事实清楚，证据确实、充分”。对于此处“事实清楚，证据确实、充分”中“事实”的理解，学界有不同的认识。有学者认为此处“事实”为“客观真实”，即案件发生的本来面目、真实情况。这可谓传统的理论诠释。另有学者认为“客观真实”说无视诉讼活动的特性，并因“客观真实”难以达到、无以判断，从诉讼活动的法律性以及自身规律出发，提出了“诉讼真实”说、“法律真实”说以及“庭审真实”说，认为应区分客观真实与诉讼真实，裁决案件所依据的证据事实是诉讼内的事实（真实）、法律上的真实、庭审认定的事实，而不是“客观真实”[②]。笔者持后一种观点，有以下理由：

第一，“客观真实”说，旨在强调对有罪判决的严格要求，以及对人权的尊重，其目的在于试图不冤枉一个“好人”。无疑，这一出发点是值得称道的，是应予肯定的。其体现出的严肃态度，反映了保护公民个体权利的现代诉讼精神。但是，这一标准有无现实可行性，或者是否真正能够为司法实践所运用，值得怀疑。在诉讼中，何为客观真实？判断标准是什么？由谁来判断？能否仅从我们的主观愿望出发来判断呢？案件客观真实的无法印证性，是由诉讼作为追溯已发生的事实的专门活动无以重现历史所决定的。否认这一点，主观地认为查明的案件事实就是客观真实，才是不能正确对待诉讼实践的不现实的唯心主义的态度。笔者无意责怪公安、司法工作人员不努力办案，但也不能无意义地苛求法官必须以

① 参见李晓、蓝向东、汪长青：《关于证据立法若干问题讨论》，载《检察时空》，2000（3）。

② 诉讼真实与客观真实并不是同等意义上的概念，尽管诉讼真实已经达到或接近客观真实。而诉讼真实、法律真实、庭审真实是在同一意义上使用的。

所谓的“客观真实”为标准来判案。

诉讼作为解决社会纠纷的专门活动，应有自己的科学规律，应从诉讼的特性出发来确立证明标准。在刑事诉讼中，案件事实是经过法定的程序由法官根据证据规则审查判断案内证据来认定的，而不能等同于客观真实。一个案件的正确与否，是否是错案，不应以是否与客观真实相符为标准，因为何为“客观真实”难以判断，而应是根据诉讼的规律以及证据规则认定，只要法官没有故意与过失，即不能作此认定。“客观真实”这一证明要求还导致“疑案从无”原则的难以实现。必须指出，定案事实是诉讼真实，是由案内被采信的证据证明的事实，是一种法律真实，是庭审真实，是法定程序产生的真实。这么说，绝不是什么不可知论。世界是可以认识的，案件是可以认识的，不过，我们认识案件，是通过证据来认识的。由于收集证据的主观性，受证据规则的规制，是用证据来判断案件事实，而证据并不必然等于客观真实。因为，证据自身的质量以及对案件的证明力是不同的，作出的结论受制于证据制度与证据规则的约束。极力探寻案件事实是司法的本能，是控辩双方（尤其是控方）竭力发现的目标，但不能以无所不知的“神”的标准来要求司法裁判者。应打破虚幻的美梦，让“客观真实”说走下神坛，走出人为编织的迷宫！

第二，在证据理论以及司法实践中，还出现了“铁案”说，试图把所有的定罪案件都判成“铁案”，毫无错误。“客观真实”说以及“铁案”说，作为一种司法追求，体现了刑事诉讼定案的严肃性，是一种“司法理想”，但只能作为理想而存在。刑事诉讼系对于过去发生的事件的追溯活动与过程，客观真实的发现受制于多方面条件的制约，是很难完全实现的。这里有客观方面的因素，也有主观方面的因素，例如，唯一目击证人的死亡、记忆力丧失或者未能如实作证而导致案件真实发现的不可预见性，等等。追求客观真实的精神与努力是必须肯定的，但无疑是不能正视诉讼活动的特性的主观愿望。事实告诉我们，用诉讼真实、法律真实、庭审真实来判断案件才是“不二法门”，但也并不是说我们就不要努力去查证案件了，绝对不是，“诉讼真实”说丝毫没有否定查证的积极意义，但法官作为裁判者却只能以诉讼真实来裁断案件。

第三，所谓要求查明客观真实只是对有罪判决的要求，即在作出有罪判决时，必须达到客观真实的程度而不能冤枉无辜或者轻罪重判的说法是难以成立的。我们怎么解释冤假错案的存在？既然达到了客观真实，为什么会有这些案件的存在？既然有这些案件存在，那就没有达到“客观真实”。在理论上，以客观真实作为证明要求，无疑具有“宣示”的作用，但是这是否是科学的态度，是否符合诉讼活动的规律呢？“客观真实”说要求司法机关在作出有罪判决时要慎而又慎，无疑具有重视人权，积极防止冤错的意义，但真的就可以以之作为证明标准了吗？司法实践中是否就以之为定罪标准了呢？恐怕，不能这样下结论吧。所谓大多数或绝大多数案件遵循了客观真实的要求的论断也是难以证明的。问题依然是：何为客观真实，谁是判断者呢？此外，是不是以所谓“客观真实”为标榜，就所有定罪案件均达到了“客观真实”呢？如果不是，究竟有多大实际价值？换言之，是否以“客观真实”为要求即可实现案件的“客观真实”呢？

客观真实的难以发现以及难以判断有主观与客观两方面的原因。如果“一厢情愿”地认为所有有罪判决都是尊重了“客观真实”，实在有些“自欺欺人”的意味。当然，随着刑事司法科学技术的发展及在刑事诉讼中的运用，查明案情的能力会大大增强，如DNA技术的应用、测谎仪的使用，使案件的再现回复率大大提高。应当指出的是，证明手段的多样化，证明技术的进步，提高了控诉机关指控犯罪的证明能力，但是并不等于说以客观真实为证明标准就是可行的。在美国，侦查机关的侦查能力可谓强，刑事司法技术的水平可谓高，但是“排除合理怀疑”的证明标准并未改为所谓“客观真实”、“绝对真实”；大陆法系国家“内心确信”的证明标准依然得到维持，也未有改为“客观真实”、“绝对真实”的动议，因为它们是两大法系国家在诉讼证明活动中形成的行之有效的标准，是符合诉讼活动中认识规律的具有实际价值与可操作性的标准。

第四，在确定证据确实、充分的情况下认定的也只能是诉讼真实，而非客观真实。关于证据“确实、充分”的理解，一般认为，“确实”是质的要求，“充分”是量的要求。“确实、充分”是证据质与量的统一，其实它也等于排除了其他的可能性。而证据是否确实、充分，完全是法官主观的判断，并不是仅凭“确实、充分”的立法规定就可以防止法官主观臆断、出入人罪的。即便规定“事实清楚，证据确实、充分”是有罪判决的证明标准，一审认定证据确实、充分，而二审或再审改判时，又认定了另一个事实，所谓客观真实何在？不可否认，绝大部分的案件中，被告人被定罪是正确的，这也是诉讼制度得以存在并发挥作用的现实基础。但不能以此否认诉讼的不可彻底回转性，认为全部定罪判决都是认识了所谓的“客观真实”。

证据是否“确实、充分”需要法官的判断。而对于证据是否确实、充分，不同的法官在有些情况下的判断并不是一致的。必须指出的是，在我国刑事诉讼中，在合议庭以及审判委员会这些审判组织中[①]，实行的是少数服从多数的原则。《刑事诉讼法》第179条即规定，“合议庭进行评议的时候，如果意见分歧，应当按多数人的意见作出决定，但少数人的意见应当写入笔录”。审判委员会讨论案件，亦实行少数服从多数的民主集中制原则。对于一些案件，是否对被告人定罪，在合议庭以及审判委员会内部即会有分歧意见，按照多数人的意见认为应定罪的即可定罪。多数人的意见一定正确吗？答案应该是否定的，只是法律规定应当坚持这样的原则而已，而这就是解决分歧的选择。所谓“确实、充分”难道不是一种主观判断吗？

值得注意的是，英美法系国家负责事实认定（即决定定罪与否）的小陪审团的意见应该是一致时作出的，即小陪审团成员必须一致同意方能作出有罪判决，由此是否应当说这种在实际操作中的证明标准是极高的呢？从某种意义上可以说，小陪审团意见一致的裁断比之合议庭简单多数决定论更具有高标准的要求。英美法系国家刑事证明标准中的“排除合理怀疑”，仅是一种理念化的标准，是无法数量化的。证据理论中有90%的盖然性的解释，这种解释或许是不准确的，并不能如此具体量化，但也绝不能认为这就意味着有10%的错判率，绝不能用这么简单的数学计算方法来衡量。是不是说我们的“确实、充分”就意味着我们

① 审判委员会因实际承担裁判案件的职能而成为审判组织。

就没有错判，或者只有 1%、1‰乃至更低的错判率？恐怕不能这样衡量吧！①“排除一切合理怀疑”其实是很高的证明标准，它要求的是强烈的确信，而不是百分之百的确信，因为完全的确信是无法达到的。②

综上，我们认为，人类必须接受的现实是，在任何一个司法制度下，冤假错案都是不可完全避免的，刑事诉讼立法的选择只是在于通过程序的保障最大限度地避免错判尤其是错误定罪的发生。而避免错判的发生，要重视程序的意义，要通过完善并严格遵守正当的程序来实现实体上的真实。即便定罪的案件也不能认为都是符合客观真实情况的。在诉讼中，通过合法程序获得的证据推论出的法律事实应作为定案的依据，而不是在诉讼之外寻找什么客观真实。没有诉讼程序也就无所谓诉讼，诉讼活动的特殊性使得诉讼成为解决案件的一种追溯历史即过去发生的事件的特殊认识活动，认识的结果受制于主、客观条件，与实际发生的事情往往有距离，这并不能阻碍我们去尽力地认识案件，但我们也不能主观臆断地认为我们发现了客观真实，尽管我们可能已经接近或达到了客观真实。

附带提及疑案的处理原则即疑案从无原则的贯彻问题。在刑事诉讼中研究证明标准的时候，必然要涉及对疑案的处理问题。所谓“疑案”，又叫“疑罪”，是指既有相当的证据说明被告人有犯罪嫌疑，但全案的诉讼证据又未达到确实、充分的要求，不能确定无疑地作出被告人犯罪的结论。这种由于案情复杂或者受主、客观条件的限制，处断难明的“疑案”无论在过去、现在还是将来都会存在。

不同的证据制度对于事出有因，查无实据，或者证据不足，处断难明的“疑案”，采用不同的处理原则。在封建专制的诉讼中根据有罪推定的原则，对“疑案”实行“疑罪从有”的处理原则。我国古代实行“罪疑从赎”的处理原则，对“疑案”实行按有罪从轻处罚。在当代资本主义国家的刑事诉讼中根据无罪推定

① 我国刑事审判监督程序是较为发达的，这是因为有大量的申诉案件。申诉案件中，当然有认为犯罪打击不力方面的，也有被告人及其家属不服判方面的。后者的数量当不少，改判无罪的比例与英美法系国家相比，是不低的。所谓“事实清楚，证据确实、充分”的证明标准在防止错误定罪与量刑方面的阻止作用并没有实现理论预期。

② 参见陈海光：《刑事证据法热点问题新探——2000 年中美证据法研讨会综述》，载《法律适用》，2000（7）。

的原则，对“疑案”实行有利于被告人的解释与处理原则，即：被告人有罪、无罪难以确定时，按无罪处理；被告人罪重、罪轻难以确定时，按罪轻处理。在我国，原《刑事诉讼法》虽然回避了对“疑案”的处理问题，但对于事实不清、证据不足的“疑案”，要求继续侦查、补充侦查，直到案件事实清楚，证据确实、充分才作处理，结果使“疑案”往往久拖不决。根据现《行刑事诉讼法》第195条第3项的规定，人民法院在审判阶段，经过法庭审理，合议庭对“证据不足，不能认定被告人有罪的，应当作出证据不足、指控的犯罪不能成立的无罪判决”。这就在法律上明确规定了“疑案从无”的处理原则，充分体现出处理犯罪的谨慎态度和对人权的充分保障。

司法实践中存在的问题是，法律虽确立了“疑案从无”的处理原则，但该原则并未得到真正彻底的贯彻执行。在实践中，当出现疑罪时，案件被拖、被挂导致严重超审限，或退回无限期补充侦查，或者个别情况下在证据并不充分，尚不能排除疑问时，仍对被告人予以定罪。我国的刑事案件定罪率极高，无罪率极低。对此，不能简单地予以肯定。必须承认，这种现状，有以有罪判决的标准作为起诉标准的原因，也有证明标准在操作中并不严格的原因。

## 二、各国刑事证明标准之比较与评价

根据英美法系证据法的规定，刑事案件有罪判决采取“排除一切合理怀疑”的证明标准。英美法系国家将证明标准的程度分为九等：第一等是绝对确定，由于认识能力的限制，认为这一标准无法达到，因此无论出于任何法律目的均无这样的要求；第二等即排除合理怀疑，为刑事案件作出定罪裁决所要求，也是诉讼证明方面的最高标准；第三等是清楚和有说服力的证明，在某些司法区在死刑案件中当拒绝保释时，以及作出某些民事判决有这样的要求；第四等是优势证据，作出民事判决以及肯定刑事辩护时的要求；第五等是合理根据，适用于签发令状，无证逮捕、搜查和扣押，提起大陪审团起诉书和检察官起诉书，撤销缓刑和假释，以及公民扭送等情况；第六等是有理由的相信，适用于“拦截和搜身”；

第七等是有理由的怀疑，足以将被告人宣布无罪；第八等是怀疑，可以开始侦查；第九等是无线索，不足以采取任何法律行为。[①]

有罪判决的证明标准为“排除合理怀疑”，这也是最高的证明标准。关于“合理怀疑”的解释，大多数法官都拒绝向陪审团给出“合理怀疑”的定义，而将这一证明标准视为不言而喻的。正如一位法官所指出的，“对‘合理怀疑’一词来说，没有比其本身更清楚明确的定义了”。人们一直认为这个词的含义是要把能阻止一个合理且公正的人得出有罪结论的怀疑作为衡量的标准。[②] 要想使陪审员们认定被告人犯有指控的罪名，就必须说服他们相信该犯罪的全部要素都已经得到了超出合理怀疑的证明。如果任何要素未得到这种令陪审团满意的证明，或者如果任何辩护意见未得到公诉方的这种反证，那么被告人就必须被判无罪。[③] 有合理的怀疑不能排除时，即应将被告人宣布无罪。这是法律上的无罪。

在大陆法系国家，则实行自由心证的证据制度[④]，将心证划分成四个等级：微弱的心证；盖然的心证；盖然的确实心证；必然的确实心证。有罪判决的证明标准为“必然的确实心证”。法官须以“提交庭审辩论并经各方当事人自由争论的材料”作为形成内心确信的依据。自由心证原则并不是由法官任意证明，而是“要求法官根据他个人的自由确信而确定证据。法官的个人确信，是指他的个人确认。这种确认，必须依据明智推理，建立在对证据结果之完全、充分、无相互矛盾的使用之上”；“调查证据后，法院未确认被告人有罪时，必须宣告他无罪”[⑤]。这表明，大陆法系国家刑事诉讼的证明标准，是排除了任何疑问的内心确信。在证据法理论中，常将其概括为“高度盖然性”。这与英美法系的“排除

---

① 参见《美国联邦刑事诉讼规则和证据规则》，卞建林译，22 页，北京，中国政法大学出版社，1996。

② 参见［美］乔恩·R·华尔兹：《刑事证据大全》，何家弘等译，313 页，北京，中国人民公安大学出版社，1993。

③ 参见上书，314 页。

④ 我国诉讼法学界对大陆法系国家“自由心证”制度的认识经历了一个不断的发展变化过程，由简单地以“主观唯心主义”予以全盘否定，到正确地认识与评价。不再是简单地否定，而是提出吸收其合理因素。

⑤ 《德国刑事诉讼法典》，中译本引言，北京，中国政法大学出版社，1995。

一切合理怀疑”的证明标准在实质上是一致的。①

英美法系与大陆法系两大法系国家关于证明标准的规定，体现了共同的价值追求。尽管两大法系对证明标准的表述存在差异，但二者具有明显的同一性，表现在，第一，二者相互依存。内心确信，就意味着排除合理怀疑，反之亦然。二者只是一个标准的两个方面，或者说，是一项标准的两种操作性表述。第二，二者相互渗透，相互借鉴，兼采并用，均趋于完善。②“在刑事审判中，‘证明是犯罪’就是存在‘高度的盖然性’。但是，‘盖然性’并不能否定相反事实存在的可能性，应当切记，在观念上一味强调盖然性是很可能导致错误判决的。因此，上述所说的‘高度的盖然性’必须达到不允许相反事实存在的程度，‘证明构成是犯罪的证明’必须达到这种程度才是可信的判断。”③ 这是日本最高法院的判例解释。田口守一教授亦认为：“‘高度盖然性’的标准是双重肯定的评价方法，‘无合理的怀疑’的证明标准是排除否定的评价方法。两者是同一判断的表里关系。”④

大陆法系国家奉行的由法官自由心证的“内心确信”或者英美法系国家奉行的“排除合理怀疑”，无疑是人类认识活动的规律在刑事诉讼中的体现，是现实刑事证明活动经验的总结。不可否认，刑事诉讼中有主体的主观判断。任何诉讼活动，都是人的认识活动，离开了作为人的法官（陪审团）这一载体，诉讼是不存在的。无论是“内心确信”、“排除合理怀疑”还是我国奉行的“证据确实、充分”标准，都毫无例外地是由法官（陪审团）来判断的。过于强调诉讼的客观性，无疑会导致不可捉摸的客观论。有人心存疑虑，担心强调法官的主观作用会不会导致任意出入人罪。如何防止法官作为证据的判断者以及案件的处理者任意出入人罪，导致司法不公，是我们应研究的课题。笔者认为，法官作为司法裁判者，其裁判活动是以主体法律知识、司法经验为基础的，是以法官的职业规范以

① 参见卞建林主编：《证据法学》，357页，北京，中国政法大学出版社，2000。

② 参见徐静村主编：《刑事诉讼法学》（上），180页，北京，法律出版社，1997。

③ 日本最高法院判例昭和48年（1973年）12月13日，载《判例时报》，第725号，104页。

④ ［日］田口守一：《刑事诉讼法》，刘迪等译，223页，北京，法律出版社，2000。

及惩戒措施为保障的。提高裁判者裁判的准确率，绝不是简单地规定“事实清楚、证据确凿”就能实现的。除却主观故意、徇私枉法的情形，法官素质方面的原因以及保障机制对裁判结果的影响是至关重要的。不能简单地认为，将证明标准规定为“证据确实、充分”以及以“客观真实”为标准就能保障裁判结果的公正性，就能发现客观真实。即便是从正面表述的证据确实、充分，也包含了反证的要求，即排除了无罪的怀疑与可能性。

在这里尤其有必要强调符合正义精神的公正程序对案件实体正义的保障作用。必须指出，以程序公正为保障实现的实体公正，对于裁判的准确率以及公正性、可接受性才能更有利。实体的真实必须通过正当的诉讼程序来保障。英美法系国家关于非法证据排除规则、最佳证据规则、补强证据规则、传闻证据规则等诸多证据规则对法官的约束以及防止程序违法对案件事实认定的影响，在遵循程序的基础上最大限度地发现实体真实的努力是值得借鉴的。正当程序对案件实体的制约作用表现为，力图在充分保障被追诉者诉讼主体地位的情况下，通过证据规则保障证据收集、运用的合法性、有效性以及证据的可采性。而强调正当程序，在犯罪嫌疑人、被告人的权利保护以及错误定罪方面起到了重要的保障作用。

## 三、我国刑事证明标准之重塑

刑事诉讼作为对过去发生的案件的回溯过程，是通过证据来实现的。受人类认识能力所限，这一回溯过程显得较为艰难。随着科学技术的进步，人类发现事实真相的能力大大提高，但不可否认，认识所有案件以及案件的客观真实是极其困难的，大量的犯罪没有实现有效的追究，即是明证。在证据达到何种程度时，对被告人作有罪判决，显示出立法者对诉讼规律以及人类认识规律的把握与运用。确立可操作的、符合人类诉讼规律的证明标准，是准确地进行证明活动，实现诉讼目的的重要前提。

随着控辩式庭审方式改革的推进，对英美法系、大陆法系国家刑事证明标准研究的深入，以及对我国刑事诉讼法所确立的证明标准的反思与检讨，我们发现一向被认为具有坚实理论基础的客观真实证明标准理论具有某种不现实性与理想化倾向，刑事证明标准体系需要重塑。

笔者认为，确立刑事证明标准应坚持以下基本原则：

首先，证明标准应坚持主观与客观相结合。这是因为，刑事诉讼的证明活动不仅仅是对过去发生的事情的再认知过程，更是司法工作人员的主观判断的活动。舍弃、抛开法官这一判断主体的主观活动，强调证明活动是纯粹的客观的活动，必然导致认识论上的纯粹客观主义，才是违反马克思主义认识论的。

证据作为证明案件事实的材料，是判断案件的依据，需要有判断者（陪审团、法官）的主观感受。无论是英美法系国家的“排除合理怀疑”，抑或是大陆法系国家的“必然的确实心证”，无疑都要求裁判者主观上的认识。事实是否清楚，证据是否确实、充分本身也是一个主观性的标准；对个案而言，完全是个操作的问题。当然裁判者的主观认知能力是完成职责的重要条件。而“客观真实”说在过于强调案件的客观性的同时，轻视了诉讼作为主观活动的特征，从而在试图避免主观归罪的同时，容易导致客观归罪。

其次，证明标准应具有可操作性以及实际价值，而不是仅具有口号的意义。确立证明标准的意义在于指导办案，因此，必须具有直接的指导意义，即现实可操作性，而不是含混的、原则的。

关于确立我国刑事诉讼中有罪判决的证明标准，笔者提出两种思路。

1. 仍然使用“案件事实清楚，证据确实、充分”的表述。但必须明确，“事实清楚”之“事实”，是诉讼内通过庭审对证据的采信而认定的事实，是诉讼真实。

按照传统观点的解释，证据确实、充分，既包括对证据质的要求，也包括对证据量的要求。“确实”是对证据质的要求：第一，是指据以定案的每一证据都已经过查证，确实是客观存在的事实；第二，是指证据必须有证明力，证据能否对案件事实起证明作用取决于它与案件事实之间有无关联性，和案件事实的客观联系是使证据从一单纯的客观事实成为论证案件事实的事实论据的决定性因素；

第三，是指证据的证明力必须和所证明的对象，范围一致。它能证明什么就运用它证明什么，具有多大证明力便运用它来证明不超过其证明力范围的对象；第四，是指证明力的强弱，对所能证明的对象能够证明到什么程度，即看其推断的结论是必然性的还是或然性的，或然性较大还是相反。凡根据某一证据必然推断出什么结论，而且这种结论是确定的、可靠的，这种证据就是高质量的。“充分”是对证据从质和量的结合上保障案件客观真实所提的要求，是指具有上述质的证据在数量上必须符合认定案件事实所需的要求。其含义，第一，是指能够收集、应该收集的证据均已依法收集。第二，是指凡对定案有意义的事实和情节均有必要的、足够的证据予以证明，即司法机关所认定的对于解决争讼有意义的事实均有相应的证据作根据，缺乏证据证明的事实不能认定。第三，证据之间、证据与案件事实之间没有矛盾，即使曾有过矛盾也已得到合理解决或排除。绝不可置矛盾于不顾，主观臆断或草率从事，勉强得出结论。第四，综合全案证据，得出的结论是唯一的，排除其他可能性。这就是说，根据全案证据，不仅从正面充分证明所认定的事实，足以得出关于案件事实的正确结论，而且从反面排除任何关于案件事实的其他可能。确实与充分的统一，就是证据的度，即在质量和数量上均达到诉讼证明要求的标准。[①] 从上述对“确实、充分”的解释，不难发现它无疑也是在要求法官达到内心确信，而与“排除一切合理怀疑”的证明标准是相通的。

2. 采用“排除合理怀疑”的表述。明确规定，法官（合议庭）于法庭在证据规则的指导下，通过质证与认证，认定被告人构成犯罪必须达到排除一切合理怀疑的程度。“排除合理怀疑”是说案件没有无法解释的疑问[②]，案内证据形成严密的锁链，足以认定被告人有罪，否则，应按“疑罪从无”原则宣布指控的罪

---

① 参见刘金友主编：《证据理论与实务》，164～165页，北京，法律出版社，1992。

② 关于怀疑，我国台湾地区证据法学者李学灯认为，“当然只是一种可以说出理由的怀疑，而不是无故质疑”。“所谓合理之怀疑，必非以下各种的怀疑：任意妄想的怀疑；过于敏感机巧的怀疑，凭臆测的怀疑；吹毛求疵，强词夺理的怀疑；于证言无征的怀疑；故为被告解脱以逃避刑责的怀疑。如果属于以上各种的怀疑，即非通常有理性的人，所为合理的、公正诚实的怀疑。”以上可谓对“合理怀疑”的准确注解。

名不能成立的无罪判决。

要求法官在裁判案件时，必须达到“排除一切合理怀疑”与“证据确实、充分”没有本质的区别，因为无论是“排除一切合理怀疑”，还是“证据确实、充分”，实则是一个标准的两个方面，两种表述，都是法官的主观判断，前者有时似乎很难考量，而后者旨在用排除法，排除一切合理的疑点后作出判断，似更易于把握。2012 年《刑事诉讼法》修改时将“排除合理怀疑”正式规定来于第 53 条第 2 款：证据确实充分，应当符合以下条件：（1）定罪量刑的事实都有证据证明；（2）据以定案的证据均经法定程序查证属实；（3）综合定案证据，对所认定事实已排除合理怀疑。

必须指出的是，英美法系国家实行判例法，法官出具的判决书内容具体、推理严密，法官往往从某个具体的案件出发，通过该案件的审判，阐发或归纳出一项具有普遍指导意义的法律规则。从判决书不难看出法官裁断案件的过程和理由。在大陆法系国家，自由心证的本来意义是无须法官说明形成心证的理由，但这种完全依靠法官判断的做法引起了很多批评，因此，法国几种法典都规定，对每一个案件的判决所依据的理由，法官一定要以书面形式特别说明他的心证是如何形成的。[①] 现在，法官所作的判决，特别注重推理和说明理由。

当前我国法院系统正在进行的裁判文书改革，正是针对判决书内容空洞，没有说理，只是在简单地列举起诉书上的若干证据之后，以“犯罪事实清楚，证据确实、充分（或证据确凿），足以认定”为由作出判决的状况而进行的。判决书不“说理”，无以让当事人知道法官的裁判结果从何而来。“说理”的判决书，目的在于要求法官在判决书中申明作出判决的依据与理由，也是在要求法官表述裁判结论的形成过程，即证据的认定与采信过程。《人民法院四五改革纲要》贯彻十八届三中全会规定，提出要推进裁判文书说理改革，建立裁判文书说理的评价体系，将裁判文书的说理水平作为法官考评和遴选的重要因素。[②] 我们认为，加强裁判文书的说理性是检验法官裁判案件能力的标尺，也是防止法官任意裁断的

---

① 参见徐静村主编：《刑事诉讼法学》（上），179 页，北京，法律出版社，1997。

② 参见《人民法院四五改革纲要》。

重要措施。“确实、充分”也好，“排除合理怀疑”也罢，法官在判决书中说明其判决作出的理由无疑是必要的，是重要的，是发挥法官的主观能动性、判断法官掌握证明标准的依据。

在证明标准体系中，还需研究立案侦查、逮捕与羁押、侦查终结移送审查起诉、提起公诉的证明标准。立案是刑事诉讼的起始程序，是侦查的开始。“有犯罪事实需要追究刑事责任”作为立案的证明标准是可行的，但侦查机关为追求破案率，以此作为衡量侦查工作效果的标尺，导致实践中有案不立、不破不立、以罚代立等违法情形存在。作为防止上述违法情形的发生，必须改变单纯以破案率作为评价侦查机关工作的标准的做法，保证侦查机关严格执行立案的标准。

关于逮捕的证明标准问题，笔者认为《刑事诉讼法》第79条的规定是可行的，关键在于严格执行，实践中按起诉的标准来掌握逮捕是错误的。为此，笔者认为应实行逮捕司法令状主义，以及逮捕与羁押分离制度①，由法官审查逮捕与羁押，并完善取保候审制度，防止不必要的羁押。将错捕的赔偿责任从检察机关解放出来，由国家设立专项的赔偿基金，并由专门成立的赔偿委员会负责认定赔偿与否。② 其目的在于实现程序的公正性，充分发挥逮捕保障刑事诉讼顺利进行的作用，避免该捕不捕给刑事诉讼顺利进行带来的消极后果。

从立法的规定来看，侦查机关侦查终结移送审查起诉、检察机关提起公诉的证明标准与有罪判决的证明标准相同，都是“犯罪事实清楚，证据确实、充分”。这样的立法规定体现了诉讼的严肃性，意在防止草率地将公民推上被告席。但是，以“有罪判决”的证明标准来要求起诉，显然是太高了。实践中，检察机关为了提高起诉的成功率，对证据的把握较严。但必须注意的是，此举易导致对犯罪的疏于追究。另外，以有罪率来衡量检察机关工作效果的做法，不利于发挥检察机关追究犯罪的积极性。中国长期以来定罪率极高，往往被认为是打击犯罪的

---

① 参见陈卫东、刘计划：《谁有权力逮捕你——试论我国逮捕制度的改革》，载《中国律师》，2000(9)、(10)。

② 在法国，在诉讼过程中被临时羁押的人，在程序结束时不予起诉、免予处罚或无罪释放的决定已确定时赔偿的给付由一个委员会作出最后决定，最高法院办公厅有权决定委员会的各种组成情况。具体内容请参见法国刑事诉讼法第149条的规定。

准确率高。某市人民检察院10年来提起公诉的一千五百余起案件中竟只有1件被判无罪。这并不是什么好现象。根据现行《刑事诉讼法》第171条第4款的规定，人民检察院在审查起诉阶段，经过两次补充侦查，仍然认为证据不足，不符合起诉条件的，应当作出不起诉决定，但在司法实践中对“疑案”实行“可捕可不捕的坚决不捕，可诉可不诉的坚决不诉”的处理原则。检察机关以及检察官以定罪为标准提起公诉的原因有：（1）认为法院的无罪判决会损害自身的公正形象[①]；（2）以有罪率的高低作为评价办案水平的标准，若出现无罪，会被认为水平低，业务能力将被怀疑；（3）以有罪率作为检察机关以及检察官个人业绩考核的重要依据，无罪判决对于公诉人与检察机关在工作业绩考核中的结果是极为不利的；（4）无罪判决会导致检察机关的赔偿责任。基于以上原因，检察机关对于没有把握指控成功的案件不愿起诉。

美国实行的“辩诉交易”制度于指控证据存在瑕疵时仍能有限实现国家的刑罚权。而我国检察机关因起诉成功面临危险而尽量不起诉，丧失了对犯罪进行追究的机会，对于惩罚犯罪和维护被害人权益是极为不利的。贯彻诉审分离原则，对检察机关工作的质量不能单纯以是否作有罪判决为判断标准。检察机关必须转变观念，正当行使起诉权，切实承担起追究犯罪的职责。为此，需适当降低起诉的标准，以利于对犯罪的追诉，并防止检察机关滥用不起诉权。在英国，起诉实行“51%规则”，指如果有罪判决的可能性大于无罪开释的可能性，此案即应起诉。在美国，同时还强调对于严重危害社会治安的犯罪的起诉。美国法律家协会制定的《刑事检控准则》第9条规定：“对于那些严重威胁社会公众的案件，即使检察官所在的司法管辖区的陪审团往往对被控犯有这类罪行的人宣告无罪，检察官也不得因此而不予起诉。”在日本，检察官起诉时所依据的证据不一定要达到法院有罪判决所要求的证明程度，在检察实务中，将有犯罪嫌疑作为起诉的条

---

① 其实它混淆了起诉权与审判权的界限。判决有罪与否取决于多种因素，属法院行使审判权的范畴，指控都获成功才是不正常的。检察机关对某些案件认为没有定罪把握决定不起诉时，更会导致人们对其控诉犯罪的公正性的怀疑。伴随着我国控辩式庭审方式改革的深入进行，将检察机关定位为公诉机关也就越来越成为司法改革的内在要求与外部呼声。

件。在解释何谓“犯罪嫌疑”时称，“被嫌事实，有相当大的把握可能作出有罪判决时，才可以认为是有犯罪嫌疑”[①]。

重构我国刑事起诉的证明标准，必须改变单纯以无罪判决率作为评价检察机关与检察官工作质量的标准的局面，废除检察机关承担赔偿责任的规定[②]，给检察机关“松绑”，以充分发挥检察机关在控诉犯罪、维护社会秩序方面的作用。笔者设想，这一标准可设计为，检察机关根据证据进行判断认为有可能定罪时即应提起公诉。

---

① 郑旭：《刑事证据规则》，中国政法大学研究生院2000年博士学位论文，191页。

② 这建立在将逮捕与羁押的批准权由检察机关转移给法官，设立专门的国家赔偿基金的改革设想基础之上。参见陈卫东、刘计划：《论检侦一体化改革与刑事审前程序之重构》，载陈兴良主编：《刑事法评论》，第7卷，北京，北京大学出版社，2000。

# 第十一章

# 完善死刑案件证明标准的一种思路

死刑问题日益引起学界乃至普通百姓的关注，关于死刑的各种观点争执不休，但可以肯定的是，死刑在中国的废除将是一个长期的过程，同时也是一个渐进的过程。尽管从实体法的角度限制或者减少死刑更具有根本性，但不可否认的是，通过正当程序来控制死刑不失为当下中国所能够采取的最佳策略。

关于对死刑的程序控制，学界提出了诸多建议，为死刑程序的完善建言献策。笔者也曾经提出改革死刑复核程序的根本措施为废除死刑复核程序，对其实行诉讼化改造，对死刑案件实行三审终审制，死刑案件的二审程序实行强制上诉，三审实行权利型上诉、区分事实审与法律审等。[①] 但是这样一种构想在短期内只能成为我们的一种希冀，甚至是一种奢求。最高人民法院决定收回死刑核准权后，保留并完善死刑复核程序已经成为制度设计者的现实选择。然而，通过完善死刑复核程序来规制死刑毕竟是从救济的角度来考量的，对整个死刑案件的运行程序进行过程控制尤其是事前规制更应当引起重视。

---

① 参见陈卫东主编：《模范刑事诉讼法典》，第五编“救济程序”，北京，中国人民大学出版社，2005。

由于制度设计的粗疏，在目前的制度框架下，死刑程序仍然有很大的完善空间，比如改革法院内部对死刑案件的审批机制、死刑复核程序实行开庭化的审理方式等。同时，由于证据问题在刑事诉讼中所具有的特殊意义，通过完善证据制度来规制死刑也不失为一种策略。下文即试图从证明标准的角度来探讨通过完善死刑案件的证明标准来规制死刑的可能性。

## 一、死刑案件的证明标准：一个引人关注的问题

死刑是剥夺生命的刑罚，其严厉性与不可回复性使得制度设计者、操作者对死刑的适用非常谨慎。由于诸多因素的影响，错误判处死刑的案例时有出现。为了防止死刑的滥用，提高死刑案件的证明标准成为许多学者提出的改革方略。

在美国，认为死刑案件较一般刑事案件应当适用更高的证明标准为一些人士所主张，“一个最常提出的改革方案就是在判处被告人死刑之前提高陪审团判处被告人有罪的确定性”①，如有律师在纽约上诉法院中提出对死刑案件适用“新的、更高的证明标准：排除任何怀疑（beyond any doubt)”②，也有人主张对死刑案件实行高于排除合理怀疑的排除一切怀疑（beyond all doubt）的证明标准③，还有人主张排除一切可能的怀疑（beyond all possible doubt)。④

在我们国家，有学者认为：“一般案件有罪判决的证明标准应当和死刑案件的证明标准具有不同的层次，一般刑事案件的证明标准为‘案件事实清楚，证据确实、充分，排除合理怀疑’，死刑案件的证明标准应当为‘案件事实清楚，证

---

① Erik Lillquist, “Absolute Certainty and the Death Penalty”, 42 *Am. Crim. L. Rev.* 45.

② “New York Ponders ‘Beyond Any Doubt’ Standard for Capital Cases”, available at http: //www. Daubertontheweb. com/2004/01/new-york-ponders-beyond-any-doubt. html, October 24, 2005.

③ See “Death Penalty Standard Should Be Beyond All Doubt”, available at http: //talkleft. com/new _ archives/010060. html, October 26, 2005.

④ JimM, “Impose Death Only When the Proof of Guilt is Beyond All Possible Doubt”, available at http: //patterico. com/2004/01/26/1176/impose-death-only-when-the-proof-of-guilt-is-beyond-all-possible-doubt, November 2, 2005.

据确实、充分，具有排他性和唯一性’。即是说，死刑案件的证明标准要比一般刑事案件的证明标准更为严格。”[1] 有学者主张“宜将‘证据确实、充分’作为普通刑事案件的证明标准，而将‘对事实没有任何解释余地’作为死刑案件的证明标准”[2]。还有学者主张：“在适用普通程序的刑事案件中，证明标准是‘排除合理怀疑的证明’；在适用简易程序的刑事案件中，证明标准可以是略低的‘明确证据的证明’；在适用死刑的刑事案件中，证明标准应该是‘排除一切怀疑的证明’。”[3] 很明显，这些观点主张对死刑案件应当适用不同于一般刑事案件的证明标准。

对死刑案件适用更高的、不同于一般刑事案件的证明标准不仅得到学界的支持，甚至司法实践中曾探索过这种做法。比如江苏省高级人民法院曾经颁布、实施的《关于刑事审判证据和定案的若干意见》第66条规定：“对死刑案件应做到案件事实清楚，证据确实、充分，排除一切合理怀疑，否则不能判处死刑立即执行。一切合理怀疑是指：（一）现有证据不能完全涵盖案件事实；（二）有现象表明某种影响案件真实性的情况可能存在，且不能排除；（三）存在人们常识中很可能发生影响案件真实性的情况。”[4] 从上面的表述中我们可以看出，死刑案件的证明标准不再是“事实清楚，证据确实、充分”，而是“事实清楚，证据确实、充分，排除一切合理怀疑”。

从上面的论述我们可以看出，对死刑案件适用更高的证明标准不仅得到了学者的支持，而且亦得到了实务界的认同。但问题在于：死刑案件能否较一般刑事案件适用更高的证明标准？死刑案件适用更高的证明标准是否可行？这成为制度设计者、学术界、司法实务界不得不认真对待的一个问题。

---

① 黄芳：《死刑适用的国际标准与国内法的协调》，载《法学评论》，2003（6）。

② 杨正万：《死刑的正当程序与死刑的限制》，载赵秉志、邱兴隆主编：《死刑正当程序之探讨》，北京，中国人民公安大学出版社，2004。

③ 何家弘：《刑事证据的采纳标准和采信标准》，载《人民检察》，2001（10）。

④ 转引自邱兴隆：《死刑的程序之维》，载赵秉志、邱兴隆主编：《死刑正当程序之探讨》，北京，中国人民公安大学出版社，2004。

## 二、标准与规则之争：证明标准的建构是否可能

在探讨死刑案件的证明标准之前，我们面临这样一个绕不开的问题：建构刑事诉讼的证明标准是否可能？如果这一前提性的问题不加以解决，那么下文所探讨的死刑案件的证明标准会因为刑事诉讼证明标准的不存在而失去正当性。

张卫平教授认为证明标准的建构“只能是一种‘乌托邦式’的空想”，“证明标准化本身就是一个不可能完成的任务，这种企望只能是一种空想”①。王敏远教授在其长篇论文中对证明标准也作了分析，认为“现代的刑事诉讼中并不存在具有可操作性的证明标准。‘犯罪事实清楚，证据确实充分’、‘超越合理怀疑’以及‘内心确信’等等，只是对特定主体的主观相信程度所作的要求，因而不是证明标准”②。为什么两位教授会对证明标准得出否定性的评价呢？

张卫平教授指出：“所谓标准，必须具有统一性、外在性、可识别性。要求标准具有可识别性，就要求作为标准的尺度必须是具体的、明确的。”“作为证明标准只能是能够具体衡量个案证明度的准则。如果我们只是在抽象意义上谈标准就丧失了作为个案适用的意义，抽象意义上的标准不过是一种指导性和导向性的路标，如同强调在审理案件中要实事求是、公平诚信地认定案件事实，仅仅是一种道德的、自律性的要求”，“作为一种衡量的准则，证明标准必须是具体的，而且是外在物化的尺度。然而，证明度的测度是无法具体化和客观化的”，将“高度盖然性作为一种度量尺度，无论如何都只能是一种抽象的概念，而无法作为一种具体的尺度。而如果标准不是具体的，也就无法使该度量规范具有可操作性”③。

王敏远教授认为：“所谓具有可操作性的证明标准，应是一个明确的概念。

① 张卫平：《证明标准建构的乌托邦》，载《法学研究》，2003（4）。

② 王敏远：《一个谬误、两句废话、三种学说——对案件事实及证据的哲学、历史学分析》，载王敏远编：《公法》，第4卷，230页，北京，法律出版社，2003。

③ 张卫平：《证明标准建构的乌托邦》，载《法学研究》，2003（4）。

其内涵应包括两个方面：一是证明标准作为衡量关于指控的证明是否符合要求的准则，对指控的主体、判断指控的主体等相关主体而言，应是外在的、客观的、因为可量度而具有确定性的准则。因此，任何只是对认识主体的主观认识状况、相信程度所作的规定，都不是证明标准。”① “因为这些证明标准‘根本不能作为外在的、确定的衡量准则’，并不具备因为可量度而具有的确定性等基本特点，因而不具有可操作性。”②

通过引述两位学者的论述，从中可以看出他们为什么认为证明标准建构的不可能。因为两位学者是从建构可操作的、具体、明确的证明标准这一层面上来论述的，或者说是从建构规则意义上的“证明标准”来加以论述的。正是在上述论述的基础上，才得出了与既有学说不同的观点。

笔者认为，之所以在证明标准问题上出现肯定与否定两种观点，其根源在于讨论者并不是在一个话语平台上进行对话。有学者讨论的是建构具体的规则，而有学者讨论的是一般意义上的证明标准，还有的学者诉诸意识形态而纠缠于经典作家关于认识论的论述。有学者将证明标准分为三个层次，认为司法证明标准可以有不同的层次：（1）客观真实与法律真实所强调的是证明标准的性质，可以视为第一层次或最抽象的标准；（2）证据确实、充分，排除合理怀疑、高度盖然性、优势证据等是关于证明标准的不同表述，属于第二层次的证明标准；（3）具体性、明确性或可操作性的标准属于第三个层次的标准。③ 笔者认为划分证明标准的层次是有意义的，并且认同第二层次与第三层次的划分，但对于第一层次的客观真实与法律真实，笔者并不认为它们是一种证明标准。任何认知都希望达到真实，目的都在求真，从这个角度来看，真实仅仅是一种希望或者目的而已，将其作为诉讼证明标准没有多大意义。况且，客观真实与法律真实相互引用马列主义经典作家的话语来反驳对方，更多的带有一种认识论之争甚至意识形态的色

① 王敏远：《一个谬误、两句废话、三种学说——对案件事实及证据的哲学、历史学分析》，载王敏远编：《公法》，第4卷，229页，北京，法律出版社，2003。

② 同上书，230页。

③ 参见何家弘：《司法证明标准与乌托邦》，载《法学研究》，2004（6）。

彩。尽管客观真实与法律真实的主张者都提出了自己关于证明标准细化的观点，但仔细观察就会发现这仍然是一种含糊的、解释空间很大的标准，如果将这些界定作为证明标准的细化、规则化，那么这样的一种界定并无多少实际意义。

从证明标准的层次上来看，证明标准的肯定论与否定论可以归结为标准与规则之争。否定论者基于构建规则化的证明标准的不可能，全面否定证明标准，然而通常意义上的我们所说的“证据确实、充分”、“排除合理怀疑”、“内心确信”不是“规则”意义上的证明标准，而是“标准”意义上的证明标准。

对于标准与规则的差别①，波斯纳作了精到的分析：规则是具有这样一种形式的表达式：若X，那么Y。这里Y代表的是一个具体的法律结果，而X代表的是决定这种结果的事实集合。而标准指的是这样一种规则：这个规则中，要确定X，必须权衡数个非量化因素，或以其他方式作出一种判断的（judgmental）、定性的评价。② 从这样一种形象化的对比中我们可以看出，标准是一种指导性的、原则性的，而规则是操作性的、确定性的。正如波斯纳所说：“标准给了事实审理者——法官或陪审团——更多的自由裁量权，因为依据标准就必须发现、权衡和比较更多的知识。”③ 明白了规则与标准的差异，我们便可以得出证明标准的否定论者所反对的证明标准是“规则”意义上的证明标准。不管规则意义上的证明标准的建构是否有可能④，这都不能否定“标准”意义上证明标准的存在，此处正是在这个意义上使用证明标准的。

或许有人会质疑这样一种标准有多大作用，因为这样一种证明标准并不能具体化、确定化，并且标准在赋予法官更大自由裁量权的同时，也加大了裁量权滥

---

① 当然，从更宏大的角度来看，标准也是一种规则。

② 参见［美］波斯纳：《联邦法院——挑战与改革》，邓海平译，393页，北京，中国政法大学出版社，2002。

③ ［美］波斯纳：《法理学问题》，苏力译，56页，北京，中国政法大学出版社，2002。

④ 对于证明标准能否规则化，“日本法学界的一个构想就是逐步通过判决或判例研究各种罪名或各种行为样态进行类型化的研究积累，逐步达到在某种或某类行为的认定上建立‘中范围’的客观判断标准。这方面的研究也有相当成果（如大阪刑事实务研究会的系列论文‘事实认定的实证研究’）。但总的来说，这一研究方向上的努力还属刚刚起步”［王亚新：《关于自由心证原则历史和现状的比较法研究》，载《比较法研究》，1993（2）］。

用的可能。诚然，“标准”意义上的证明标准具有弊端，操作意义上的或者“规则”意义上的证明标准也非绝对完美。比如，波斯纳就认为“依据规则作出的决定并不必定比依据标准作出的决定更为客观”①。目前，在“规则”意义上的证明标准建构不可能的情况下，采用这样一种证明标准的概念不失为一种最佳策略。此处所探讨的证明标准的含义正是“标准”意义上的，即从一种指导性或者原则性的角度来使用的。

解决了死刑案件证明标准面临的前提性问题，下文就可以转入实质性问题的探讨。笔者主张对死刑案件的定罪与量刑采用不同的证明标准，对死刑案件的定罪采取与普通刑事案件相同的“排除合理怀疑”②的证明标准③，至于判处死刑，采用更高的“排除一切怀疑”的证明标准。

## 三、定罪与量刑的分离：分而治之的前提

美国联邦和大多数州通常将定罪程序与量刑程序予以分离：在定罪阶段，由陪审团来裁决被告是否有罪，完全不考虑应如何对被告量刑。待判定被告有罪之后，法院再举行专门的量刑听证来决定被告应被判处的刑罚。当然，对死刑案件，则予以特殊对待。在死刑案件中，如果已经认定被告人有罪，并且控方请求对被告人判处死刑的，对被告人是否适用死刑一般也由陪审团通过专门的听证程序作出裁决。如果控方没有请求判处死刑的，通常仍然由法官依法决定判处死刑

---

① ［美］波斯纳：《法理学问题》，苏力译，60页，北京，中国政法大学出版社，2002。

② 需要说明的是，2012年《刑事诉讼法》在第53条对“证据确实、充分”的解释中将“排除合理怀疑”作为一项重要因素加以规定。虽然采用了“排除合理怀疑”的表述，但是这并不是修改了我国刑事诉讼法的证明标准，而是从主观方面的角度进一步明确了“证据确实、充分”的含义，便于办案人员把握。因此，我国采用的仍旧是“证据确实、充分”的证明标准。

③ 有人用排除一切合理怀疑的用法，笔者认为这两种说法没有差别。至于为什么采用排除合理怀疑的证明标准，除了目前刑事诉讼法规定的证明标准具有弊端之外，还有就是通过这样一种说法来破除学术界长期拘泥于认识论的现状，并通过语词的转换来推动非话语实践的转换。另外，关于证明标准问题，有兴趣的读者可以参看陈卫东、刘计划：《关于完善我国刑事证明标准体系的若干思考》，载《法律科学》，2001 (3)。

以外的刑罚。美国陪审团制度下的死刑判决有两种模式：一种是陪审团裁决模式，即是否判处死刑，完全取决于陪审团的裁决，法官不得改变陪审团的裁决。在保留死刑的38个州中，有35个州采用这种模式。[①]

我们国家的刑事诉讼并不区分定罪程序与量刑程序，这在实践中造成了诸多问题。尤其对于被告方行使辩护权极为不利，如当辩方围绕罪与非罪进行辩护时，控方会提出一些加重情节的证据来，这样造成了在被告是否犯罪这个前提没有解决的情况下，双方已经转入了是否应该判处何种刑罚的较量。定罪与量刑的不分还会造成“突袭裁判”，尤其在死刑案件中，有时律师在法庭上进行无罪辩护，法院却作出死刑判决，使得辩方对量刑失去了充分的辩护机会。当然，美国刑事诉讼中定罪程序与量刑程序的分离和陪审团的存在有很大关系。在我国刑事诉讼中是否应当全面实行定罪程序与量刑程序的分离，需要进一步的论证。[②] 但笔者认为，我国应当首先考虑在死刑案件中实行定罪程序与量刑程序的分离。这是由死刑案件的特殊性决定的，并且这种做法在某种程度上冲击了审判委员会讨论、决定死刑案件这一制度，为将来的改革提供一种思路。[③]

死刑案件之所以特殊，就在于它最终的结果可能是导致被告人生命的被剥夺，如何控制死刑，量刑阶段至关重要。为了保证能够对死刑案件作出审慎、准确、公正的判决，笔者认为在死刑案件中实行定罪程序与量刑程序的分离，可以保证控辩双方就各种法定情节、酌定情节、加重情节、减轻情节进行充分、有效的辩论，有利于控辩双方围绕是否应当判处被告死刑进行充分的举证、质证、辩论。当然，就死刑案件定罪程序与量刑程序分离的具体设计来讲，是指在一审程序中合议庭首先解决罪与非罪、此罪与彼罪所涉及的事实及法律问题，控辩双方

① 参见孙长永：《通过正当程序控制死刑的适用——美国死刑案件的司法程序及其借鉴意义》，载赵秉志、邱兴隆主编：《死刑正当程序之探讨》，北京，中国人民公安大学出版社，2004。

② 因为如果在所有的案件都实行定罪程序与量刑程序的分离，会带来巨大的经济成本。因此，在哪些案件中实行定罪程序与量刑程序的分离需要进一步研究。

③ 这样一种设想与最高人民法院发布的《人民法院第二个五年改革纲要（2004—2008）》中提出的将审判委员会“由会议制改为审理制”，“改革审理案件的方式和程序”是合拍的。参见倪晓：《以改革的思维推进司法改革》，载《人民法院报》，2005-10-27。

应当围绕上述问题展开举证、质证、辩论。在确定被告有罪之后，然后进入专门的量刑程序，由控辩双方以及相关人员出庭围绕是否应当判处被告死刑所涉及的各种法定情节、酌定情节、加重情节、减轻情节等进行辩论，在此基础上由合议庭作出最终裁决。

尽管我国刑事诉讼法没有明确地划分定罪与量刑两个程序，但实际上对死刑案件的量刑，司法实践中一直是予以特别对待的，如前文所引的有的法院对死刑案件的量刑作了专门规定。需要指出的是，司法实践中，死刑案件必须提交审判委员会讨论决定。所谓审判委员会讨论死刑案件主要是讨论是否应当判处被告人死刑，更多的是量刑问题。由于审判委员会成员没有亲历案件审理，不能通过庭审来判断加重情节、减轻情节方面的证据，由躲在帷幕之后的他们来作出是否判处死刑的决定，不符合现代司法理念，其正当性是值得怀疑的。由此可见，对死刑案件规定专门的量刑程序，通过开庭的方式远比秘密的审判委员会裁决更能凸显司法的公正与权威。

正是基于定罪程序与量刑程序的分离，才有可能对定罪与量刑采用不同的证明标准。如美国，一般而言，对定罪，采取的是排除合理怀疑的证明标准；对量刑、采取的则是优势证明标准。当然，定罪程序与量刑程序的分离并不意味着定罪程序与量刑程序应当采用不同的证明标准。

我国刑事诉讼目前没有区分定罪阶段与量刑阶段，因此，学者关于死刑案件应当适用更高证明标准的主张应该既适用于定罪又适用于量刑，但问题在于：是否对死刑案件的定罪和量刑都应当采取不同于一般刑事案件的证明标准？笔者在下面两个部分中将分别予以论述，并在文章最后加以总结。[①]

## 四、排除合理怀疑：死刑案件定罪的证明标准

前文已经指出了有学者认为死刑案件具有特殊性，死刑案件应当采用较普通

① 对定罪和量刑分别予以论述既是出于论述方便的缘故，同时也体现了笔者主张在我国刑事诉讼中划分定罪程序与量刑程序、区分定罪证明标准与量刑证明标准的思路。

刑事案件更高的证明标准。但是，主张死刑案件实行更高证明标准是否具有正当性呢？采用更高的证明标准是否真的有利于保护被告人的利益呢？采用更高的证明标准是否能够为公众所认同呢？本部分将围绕死刑案件的定罪程序是否应当适用更高的证明标准展开论述。

笔者主张死刑案件定罪阶段的证明标准应当沿用一般案件的证明标准，即排除合理怀疑。之所以不赞成死刑案件的定罪实行较一般案件更高的证明标准，原因主要在于以下几个方面：

首先，死刑案件定罪适用更高证明标准观点的一个重要依据就是国外证明标准是随案件性质不同而变化的。如有学者认为“英美国家根据罪行轻重，适用不同的证明标准，主要是从保障人权的机理出发”[①]。但是，在美国运用正式审判程序审理的案件[②]，对于定罪是不是根据罪行轻重而适用不同的证明标准呢？这种认识符合英美国家的司法实践吗？就笔者目前的阅读范围来看，在美国刑事诉讼中，对于凡是进入正式审判程序的案件，定罪适用相同的标准——排除合理怀疑，而非有特殊的证明标准。尤其是美国，自 1970 年 *In re Winship* 一案确立在少年案件中适用排除合理怀疑证明标准是正当法律程序的要求之后[③]，这个案件将排除合理怀疑纳入正当程序——美国宪政的基石——的保障的范围，由此，排除合理怀疑标准不仅仅规制联邦法院，而且约束州法院。因此，自 20 世纪 70 年代以来，按照正当程序的要求，联邦法院和州法院在刑事审判中必须严格贯彻排除合理怀疑标准。“迄今为止，没有一个案例冲淡，更不用说推翻刑事案件中排除合理怀疑原则所要求的政策性原理和客观标准。”[④] 在 *In re Winship* 一案中，布伦南大法官撰写了多数派意见，其详细阐述了刑事案件中正当程序要求达到排

① 汪海燕、范培根：《论刑事证明标准层次性》，载《政法论坛》，2001（5）。

② 笔者之所以用正式审判程序，原因在于美国的大多数案件都因被告人答辩有罪而通过辩诉交易分流了，而辩诉交易因被告人的自愿并不严格贯彻正当程序的要求。

③ See In re Winship，397U. S. 358（1970）（holding proof beyond a reasonable doubt is required by the Due Process Clause in criminal trials when a juvenile is charged with an act that would constitute a crime if committed by an adult）.

④ “Proof Beyond a Reasonable Doubt：Shifting Sands of a Bedrock？”，23 *N. Ill. U. L. Rev.* 109.

除合理怀疑的原理："合理怀疑标准在美国刑事程序系统中具有重要地位，它是用以降低基于事实错误而定罪的风险的首要装置，这一标准为作为根本的、'不言自明的和首要的'无罪推定原则提供了具体内容——该原则的'实施建立在我们刑事法运行的基础之上'。"[①] 奥康娜大法官在1994年的*Victor v. Nebraska*一案中重申了排除合理怀疑原则，并指出"政府必须将每一个起诉罪名的每一要素证明到排除合理怀疑的程度"[②]。虽然，排除合理怀疑在美国面临诸多挑战[③]，但迄今为止，其作为定罪的证明标准并没有被动摇。从中我们可以看出，主张在定罪阶段实行更高的证明标准从英美国家的司法实践中是难以找到论据的。当然，英美国家对定罪实行统一的证明标准并不代表我国不可以对不同的犯罪实行不同的定罪标准。是的，这种推理在逻辑上没有问题。但是，需要注意的是：为什么严格限制死刑适用的美国在长达150年中没有提高死刑案件的定罪标准？这值得我们反思。当然，笔者之所以考证美国的司法实践，目的在于从论据上反驳前述主张死刑案件定罪应当适用更高证明标准的观点。

其次，对死刑案件的定罪实行更高的证明标准有可能带来放纵犯罪这一不可欲的后果。有美国学者设计出了计算证明标准的公式，$SP = 1/[1 + (Uag/Uci)]$。[④] 有人通过这种方法计算出死刑案件的证明标准应该高于普通刑事案件。然而，这种计算方法因过于简单化而备受质疑。提高死刑案件定罪的证明标准的初衷就是防止死刑的滥用，但这同样是一种简单化的处理方式。提出一个新的主张必须考虑它可能带来的风险，而提高死刑案件定罪的证明标准带来的一个最大的问题就是放纵犯罪、增加错误宣判无罪的风险。因为更高的证明标准意味着定罪难度的加大，这样导致的后果就是被错误宣判无罪的风险加大，由此会带来不可欲的后果。因为依据常识就可以判断死刑案件中的被告人绝大多数都是应该被

① In re Winship, 397U.S.358 (1970).

② Victor v. Nebraska, 511 U.S. 1 (1994).

③ 对此可以参看陈永生：《排除合理怀疑及其在西方面临的挑战》，载《中国法学》，2003 (2)。

④ The resulting equation calculates the standard of proof (SP) as a function of disutility of erroneous acquittals (Uag) and the disutility of erroneous convictions (Uci). See Erik Lillquist, "Absolute Certainty and the Death Penalty", 42 *Am. Crim. L. Rev.* 45.

判处较重刑罚的，如果错判，就会导致这些人逃脱法律的制裁。具体到某一个死刑案件来说，如果按照排除合理怀疑的定罪标准，其应当被定罪，那么，被告人面临的是被定罪但未必会被判死刑的结果；而依照更高的定罪标准，这个案件首先面临的是——罪还是非罪——要么有罪，要么无罪，这极大地增加了放纵犯罪的可能性。在死刑案件的定罪程序中，适用更高的证明标准导致的将是大量重大案件的被告人游离于有罪与无罪之间，这恐怕是主张更高证明标准观点的人所不希望看到的。

再次，主张对死刑案件定罪适用更高证明标准的观点认为通过适用更高的证明标准可以减少错案量。然而，对死刑案件的定罪适用更高证明标准的最终结果是否会减少错案量呢？从直觉上看似如此，但答案并没有想象的这么简单。根据概率论的原理，适用更高的证明标准减少的所谓的“错误定罪”的案件中应该是正确与错误成比例分配的，减少的未必都是错误定罪的案件，还有可能是正确定罪的案件。因为，适用更高的证明标准带来的另外一个后果是其同时减少了正确定罪的数量。从这个角度来看，适用更高的证明标准有可能增加错案的数量。

此外，在定罪阶段采用更高的证明标准超越了普通民众对裁判的可接受性。裁决的合法性应当主要来自于裁判的可接受性。[①] 刑事证明标准的制定必须考虑这个社会以及民众的认知水平，只有建立在这一基础上的证明标准才有可能为广大民众所接受。证明标准尽管是一个原则性的、模糊性甚至众说纷纭的概念，但其最终总要通过法院的裁决来体现。民众或许对证明标准漠不关心，但通过法院的裁决就可以反映民众是否接受正在实行的证明标准。如果民众不接受裁决，则裁决就失去了正当性。因此，定罪采用更高的证明标准必须考虑社会的可接受性，必须考虑民众的接受程度。正如上文所述，在定罪阶段采用更高的证明标准有可能放纵犯罪的情况下，民众是否会认同法院的裁决，是一个大大的问号。民众或许可以容忍法院不判处被告人死刑，但绝对不容忍涉嫌重大犯罪的被告人逍

① 参见易延友：《证据法学的理论基础——以裁判事实的可接受性为中心》，载《法学研究》，2004(1)。

遥法外。[①] 现在普通民众对重大恶性案件的被告人普遍怀有的“民愤”更促使我们在这个问题上必须慎之又慎。[②]

最后，主张死刑案件定罪适用更高证明标准的观点的另外一个论点在于死刑案件具有特殊性，有可能剥夺被告人的生命。美国判例法确定了衡量政府行为正当性的利益衡量标准，当事人享有的程序保障权与其从程序保障中获得的利益成正比。[③] 这是一般原则，但是这一原则并不能无限制适用，定罪的证明标准问题就是例证。[④] 虽然我们承认证明标准是正当程序内容的一部分，但是，正当程序并没有要求对某些案件采用特殊的定罪标准。即便在最推崇程序保障的美国，也没有在死刑案件中采用更高的证明标准，而只是从通常的程序的角度对死刑案件的被告人加以特殊保障。如在联邦司法程序中被告人不能放弃大陪审团起诉的权利，被告人被赋予由陪审团听审的特殊量刑程序的权利等。除此之外，美国联邦最高法院认为死刑案件与其他案件没有什么区别。[⑤] 当然，国外没有这么做并不代表中国不能这么做，但从这一角度更能够说明主张死刑案件定罪应当适用更高证明标准的学者应当承担举证责任以论证其正当性。

## 五、排除一切怀疑：判处死刑的证明标准

上文中论述了笔者反对在死刑案件定罪程序中适用更高证明标准的理由，即便在美国，虽然主张死刑案件适用更高证明标准的观点分为主张在定罪阶段适用更高证明标准的观点与主张在量刑阶段适用更高证明标准的观点，但是，其中绝

① 需要指出的是，这里不是就个案展开讨论，而是从一般意义上来讨论提高证明标准可能带来的后果。

② 刘涌案就是对这一论点的最好阐释。

③ 参见傅郁林：《审级制度的建构原理》，载《中国社会科学》，2002（4）。

④ 对死刑案件的量刑适用更高的证明标准被认为是正当程序的要求。See Lindae Carter，“A Beyond a Reasonable Doubt Standard in Death Penalty Proceedings：A Neglected Element of Fairness”，52 *Ohio St. L. J.* 195.

⑤ See Erik Lillquist，“Absolute Certainty and the Death Penalty”，42 *Am. Crim. L. Rev.* 45.

大多数观点都是主张后者。[①] 笔者认同这种主张，认为我国死刑案件程序应当区分定罪的证明标准与量刑的证明标准，对定罪的证明标准坚持与普通刑事案件相同的排除合理怀疑标准，对量刑则进行再一次的“分而治之”，即进入量刑阶段后，法官应当遵循排除合理怀疑的证明标准进行量刑，例外的是，如果控方主张判处被告人死刑[②]，那么法院应当就是否判处被告人死刑适用排除一切怀疑的证明标准。

正如前文所述，美国对定罪和量刑是采用不同的证明标准的，其在定罪阶段采用的是排除合理怀疑的证明标准，而在量刑阶段采用的则是优势证据标准。在 *McMillan v. Pennsylvania* 一案中，伦奎斯特大法官指出“优势证据标准是符合正当程序要求的”[③]，并否决了被告人所提出的证明标准应当达到刑事案件中所需要的排除合理怀疑程度的要求。“联邦最高法院在麦克米兰案件和沃茨案件中发现，在这些案件的科刑阶段中，优势证据证明标准已经足够，而法院并没有就其他语境下其他的证明标准是否更为合适发表意见。比如死刑案件可能就需要更高的证明标准。”[④] 当然，很多美国学者对于在死刑案件量刑阶段仅仅适用优势证明标准提出了质疑，如前文所指出的有学者主张适用排除一切怀疑（beyond all doubt）、排除任何怀疑（beyond any doubt），也有学者主张在死刑案件的量刑阶段应当适用与定罪相同的排除合理怀疑标准（beyond a reasonable doubt）。[⑤]

目前，我国死刑案件中对定罪和量刑采用的是相同的证明标准，即都是“犯罪事实清楚，证据确实、充分”。但是，这一标准在我国死刑案件中的运用并没有达到刑事政策的要求，没有达到规制死刑适用的目的。在通过提高定罪阶段的

---

① Erik Lillquist, “Absolute Certainty and the Death Penalty”, 42 *Am. Crim. L. Rev.* 45.

② 这样一种制度设计赋予了检察官求刑权，同时还限制了死刑的适用。既然控方不主张判处被告人死刑，那么法院只能判处被告人死刑以外的其他刑罚。这无疑在一定程度上限制了死刑的适用。

③ “McMillan v. Pennsylvania”, 477 *U. S.* 79 (1986).

④ ［美］伟恩·R·拉费弗等：《刑事诉讼法》（下册），卞建林等译，1363页，北京，中国政法大学出版社，2005。对于美国死刑案件的量刑到底采用什么标准，国内学者说法不一，有人认为采用的是排除合理怀疑的证明标准，参见李学军主编：《美国刑事诉讼规则》，503页，北京，中国检察出版社，2003。

⑤ Lindae Carter, “A Beyond a Reasonable Doubt Standard in Death Penalty Proceedings: A Neglected Element of Fairness”, 52 *Ohio St. L. J.* 195.

证明标准规制死刑不可行的情况下，笔者主张对死刑的量刑适用排除一切怀疑的证明标准，力图通过这种方式来规制死刑的适用。

适用排除一切怀疑的证明标准符合我国长期以来坚持的有关对待死刑的刑事政策。长期以来，我国奉行的死刑政策的是毛泽东提出的死刑政策，“……必须坚持少杀，严禁乱杀”[①]，“……必须严禁乱杀，杀人愈少愈好”[②]，并创造性地提出了“死缓”的刑事政策。这些思想一直指导着我国的死刑立法与司法。当然，实践当中由于受“严打”以及其他社会运动的影响，这一政策实施的连续性受到冲击。但毫无疑问，时至今日，这一政策仍然是我国关于死刑的首要刑事政策。笔者认为，对死刑的量刑适用排除一切怀疑的证明标准符合“不可多杀”，“可杀可不杀，不杀”的刑事政策；并且，实行这一标准显示了我们国家对死刑适用的慎重态度，能够减少死刑的数量，达到限制死刑适用的目的。因为，贯彻这一标准将要求控方必须对其主张承担更严格的证明责任，必须将判处被告人死刑证明到排除一切怀疑的程度，而这无疑会加大死刑适用的难度。

适用排除一切怀疑的证明标准是实践经验的总结。在我国的刑事司法实践中，有些司法实务部门为了贯彻死刑的刑事政策，从严把握死刑的适用，通过制定规则的形式来规范死刑的适用。如上海市高级人民法院曾经起草的《上海法院量刑指南》中提到：对于罪行极其严重的犯罪分子判处死刑立即执行的，应当“有直接、原始证据与其他证据相印证，证明被告人实施了极其严重的犯罪，否则，如仅有直接证据（如目击证人证言和被告人供述）或间接证据锁链证明被告人实施了故意杀人或者贩卖大量毒品等严重危害行为，但缺少重要原始证据的（如没有找到被害人尸体或毒品等），一般不宜判处死刑立即执”[③]。从这一规定我们可以看出在实践中，我们的法院已经在朝着通过提高量刑的证明标准这个方向努力，通过严格把握量刑的证明程度来达到正确适用死刑的目的。

---

① 《毛泽东选集》，2版，第4卷，1271页，北京，人民出版社，1991。

② 同上书，1284页。

③ 万鄂湘、张军主编：《最新刑事法律文件解读》，总第1辑，北京，人民法院出版社，2005。

另外，实践中对死刑案件采取留有余地的判决在一定程度上也是对死刑案件量刑标准的从严把握。笔者此处所指的留有余地的死刑案件是指，根据犯罪事实和情节应当判处死刑的案件，因为在判处死刑问题的具体量刑情节上证据之间相互矛盾而根据“有利被告人”原则而判处被告人“死缓”或者无期徒刑的案件，而非在罪与非罪存疑时作出的留有余地的判决①，因为后者应当根据“疑罪从无原则”判决被告人无罪。尽管留有余地的死刑案件限制了死刑的适用，但仍然在实践中引起诸多批评。笔者认为留有余地的判决这种说法是一种和稀泥的处理方式，如果进一步采用更高证明标准的方式，能够化解对于留有余地的判决所产生的争议，因为通过证据完全可以确定判处被告人死刑达不到排除一切怀疑的证明标准。由上可以看出，在量刑阶段适用排除一切怀疑的证明标准不仅有助于总结刑事司法实践经验，同时也能有助于解决实践中出现的问题。

适用排除一切怀疑的证明标准不会带来在定罪阶段采用更高的证明标准所导致的放纵犯罪的可能。在定罪阶段适用更高的证明标准所遭到的最具有杀伤力的质疑就是其有可能放纵犯罪，致使重罪案件的被告人游离于有罪与无罪之间。而坚持死刑案件定罪的证明标准与普通刑事案件相同，只是对控方主张判处死刑的案件适用排除一切怀疑的证明标准，不会导致放纵犯罪的后果，因为在先前的定罪阶段被告人已经被确定有罪，不管被告人在量刑阶段被判处何种刑罚，其都不会逃脱法律的制裁。

适用排除一切怀疑的证明标准充分考虑了普通民众的接受度和认知度。正如前文所说，如果提高死刑案件定罪的证明标准，有可能放纵犯罪，民众对此是无法接受的。基于我们国家民众的法治理念仍然“漂移在两种理念之间”②，我们对死刑这一敏感问题必须慎之又慎，必须通过渐进、和缓的方式来推行制度改革，必须在推进改革时充分考虑民众的接受程度和认知水平。③ 笔者认为，通过

① 如河北承德四农民抢劫杀人案，参见郭国松：《一个“留有余地”的死刑判决?》，载《南方周末》，2004-04-01。

② 陈卫东：《漂移在两种理念之间》，载《政法论坛》，2003（5）。

③ 当然，必须指出，笔者并没有否定先进理念对民众的引导作用，但，我们需要承认，这是一个漫长的过程。

对死刑的量刑采用更高的证明标准这一和缓的方式来规制死刑的适用是能够得到民众认同的，因为：由于死刑案件实行定罪程序与量刑程序的分离，在被告人已经被定罪的情况下由于达不到排除一切怀疑的证明标准而不判处被告人死刑是顺理成章、合乎情理的，民众对此会予以理解。

需要说明的是，笔者提出的方案并不是在死刑案件量刑阶段实行一刀切的证明标准，而只是对于控方主张判处被告人死刑的案件适用排除一切怀疑的证明标准。原因在于：笔者力图构造一个只对最终判处死刑的案件适用的排除一切怀疑的证明标准，唯有这样才能体现出对于被判处死刑的被告人的特殊对待以及对于其他案件被告人的相同对待。但是，在笔者看来，将排除一切怀疑的证明标准仅仅适用于最终被判处死刑的被告人只能是一个可望而不可即的目标，只能是一个努力的方向，因为最终是否判处被告人死刑只有在最终判决作出之后才会知道。笔者只能力图尽量缩小排除一切怀疑适用的案件范围，由此，笔者作出一个限定条件，即对于控方主张判处被告人死刑的案件适用，否则，法官就依据排除合理怀疑的证明标准判处被告人其他刑罚。或许有人会说，要求控方在起诉书中说明是否主张判处被告人死刑，那么在案件审理之前就可以确定本案适用的证明标准，在进入正式审理程序之前就能够实现案件的分流。需要指出的是，这种思路忽视了目前定罪程序与量刑程序没有分离所存在的问题，尤其是在罪与非罪还未确定时，就主张判处被告人死刑。另外，要求控方在量刑阶段明确其主张也符合正常的认识规律，经过先前的审理，控方此时将其要求确定得更科学、更准确，这样一种设计能够使控方更审慎地提出是否判处被告人死刑的主张，而且杜绝了还未进入案件审理就主张判处被告人死刑所可能带来的随意化。

通过上文的论述，笔者认为，对于死刑案件的证明标准，不能笼统地主张其证明标准应该高于普通刑事案件的证明标准。对死刑案件的证明标准问题应当采取分而治之的策略：死刑案件定罪的证明标准应当采取与普通刑事案件相同的“排除合理怀疑”的证明标准，判处死刑的证明标准则应当采用更高的

"排除一切怀疑"的证明标准。需要指出的是，证明标准作用的发挥需要相关的程序规则与证据规则的支持，否则，单纯地提高证明标准是无法起到预想的作用的。并且，提高死刑量刑的证明标准只是众多通过正当程序规制死刑适用的策略之一，通过具体可行的程序设计来规制死刑适用也应该是我们努力的方向。

# 第十二章

# 司法认知

司法认知是英美证据法上的概念，其英文原名词是 justice notice 。为阐明该词含义，有必要先将英美法学者的观点作一简单介绍。John Jay Mckelvey 认为认知是指那些法院不要求当事人举证的事实，因为这些事实是众所周知的、易于获知的，或者是法院有关的职务上的事实。[①] Underhill 在其所著《刑事证据法》一书中的认识与此大致相同，即认知是指对于属于普通知识和经验的事实，法院不需要证据证明，即可予以认知。此类事实，既为一般人所知悉，自当不需要证据加以证明，法院不应对这类事实视而不见。因此，法院就其管辖范围的众所周知的事实，应当予以司法认知。[②] Wigmore 在其所著证据法教科书内简单设问，即：当事人就众所周知的事实，是否需要提供证据？我们认为无须举证。但是哪

---

① See *McKelvey on Evidence* ，5th ed.，Ch. 2. Sec. 13："THE doctrine of judicial notice is that there are certain facts of which the court will not require evidence, because they are well known, so easily ascertainable, or so related to the official character of the court, that it would not be good sense to do so."

② See H. C. Underhill, *A Treatise on the Law of Criminal Evidence*, 5th ed.，Ch. 7. § 60 Judicial notice："Judicial notice is the notice taken by a court, without a production of evidence, of facts which are within common knowledge and experience. Some facts are so generally known that it should not be necessary to prove them, and the courts will not shut their eyes to what all others understand. A court will therefore take judicial notice of whatever ought to be generally known within the limits of its jurisdiction."

种事实应认为属于众所周知的事实？依证据法，由法院适用于特定事例，这就是司法认知的概念。[①] 可见，对于司法认知，尽管学者们在概念的表述上有稍许差别，但在内容上却有很大的相似性。

我国诉讼法学界对司法认知概念的界定有一些不同，归纳起来，代表性观点主要有如下 3 种：（1）有学者认为司法认知是指“法院对于应适用之法律或某种待认定之事实，无待当事人主张，亦予斟酌；无待当事人举证，即予认知”[②]。（2）有学者将司法认知定义为法官在审判过程中对于应当适用的法律或某种待定的事实，不待当事人主张，即给予考虑，不待当事人举证，即予以认知，把它认为真实，作为判决的依据。[③]（3）有学者认为司法认知是指当法院依职权对有关当事人的事实主张采用司法认知时，便可以免除该当事人对该事实的举证责任。[④]

综合前述各家学说，笔者认为所谓司法认知，有时又称司法确认，是指法院在审理案件的过程中对于某些特定事项，可以在不要求当事人正式出示证据的情况下，就直接确认其具有真实性，并将其作为裁判基础的一种诉讼证据规则。这个概念强调司法认知的主体是法院，对象包括事实和法律，核心是对认知对象进行直接确认并将其作为裁判的基础。

## 一、司法认知的价值考量

一般来说，一切重要事实，都必须要经过当事人举证、质证、认证等一系列程序环节才能最终予以确认，否则，将违反“自然司法”这一古老原则。然而，对于一些显著的事实，既然因其显著已众所周知，作为众人之精英的法官也就更

① See Wigmore, *A Students' Textbook of the Law of Evidence*, General Principle: “Should a party be required to produce evidence of a fact which is known to all produce evidence of a fact which is known to all persons to be so ? Presumably not. But who is to say that the fact is thus notorious, or known to all? The law of evidence, applied by the court to particular instances. Will tell us. Such is the idea of judicial notice.”

② 李学灯：《证据法比较研究》，8 页，台北，五南图书出版公司，1995。

③ 参见叶自强：《民事证据研究》，21 页，北京，法律出版社，2002。

④ 参见毕玉谦、郑旭、刘善春：《中国证据法草案建议稿及论证》，706 页，北京，法律出版社，2003。

为其所熟知了，因此，古罗马法规定，“显著事实，毋庸证明”。这一法谚经过长期发展，最终成为现代证据法上的“司法认知”。在此意义上，司法认知实质上是一种沟通人类常识性认识的司法手段，借助该项手段，通过借助司法认知这种法定的简捷证明方式，使诉讼证明活动建立在特定的人类常识性认识基础之上，而不必再纠缠于这些已有明确答案的问题，从而使诉讼证明更有效率、更为经济。① 纵观历史，人类任何制度的设计都不可避免地要受到资源稀缺性的限制，以定纷止争为直接目的的诉讼制度当然要考虑投入与产出之间的平衡，从而求得司法资源的效益最大化。而随着我国经济增长的加快，诉讼活动对效益的追求更是提高到空前的高度，效率性问题成为法院民事审判方式改革进行诸多尝试的动因之一。② 司法认知作为一种对特定事实和法律进行确认的职权行为，不仅免除了当事人的证明责任，减轻了讼累，而且也使法院脱离烦琐的证据调查就可以直接认定，这种节省诉讼时间、降低诉讼成本的制度恰好与我国审判方式的效率性相契合。美国证据法鼻祖 Thayer 曾对于司法认知提高诉讼效率的作用作过这样中肯的评论：“在缩短和简化程序方面，司法认知有巨大的作用，在有能力的法官手里是一个有用的工具”③。

然而，“正义是社会制度的首要价值。某些法律和制度，不管它们如何有效率和有条理，只要它们不正义，就必须加以改造和废除”④。而司法认知的对象不经过举证、质证的环节，不遵循直接言词原则，会不会贬损了法律的公正价值？笔者认为，诉讼制度对正义的追求应是在整体上、最终意义上的，而不是要追究每一程序细节。正如美国证据法学家摩根所言，“如果法院允许当事人对与合理争议无关的、明显真实的事实产生争论，并努力追求相反的效果，或者允许当事人对诉讼当事人都能知晓的、能够通过无争议的材料所直接准确证明的事实提出质疑，法院就无法调整社会关系，实现创建它的目的，整个诉讼制度也无法

① 参见吴宏耀、魏晓娜：《诉讼证明原理》，91 页，北京，法律出版社，2002。

② 参见王亚新：《社会变革中的民事诉讼》，北京，中国法制出版社，2001。

③ 江伟：《证据法学》，159 页，北京，法律出版社，1999。

④ ［美］约翰·罗尔斯：《正义论》，何怀宏等译，3 页，北京，中国社会科学出版社，1988。

实现应有的公正价值功能”①。毕竟，“公正在法律中的第二个意义就是指效率”②。更何况，司法认知已是经历过人类理性思维长期检验的，是在控辩双方同时在场的情况下，由法官居中裁判作出的。司法认知所具有的这种公开性和中立性足以保障公正的实现。可见，司法认知在追求效益最大化的同时，并没有损害实体公正，反而更有利于实现法律的正义。

## 二、司法认知的对象

司法认知的对象是指法院可以运用司法认知来认定的事实和法律的种类。合理地确定司法认知对象的范围，其意义一方面在于使法院正确地运用司法认知，既不盲目扩大，也不一味进行限制，从而充分发挥其提高诉讼效率、减轻当事人负担的积极作用；另一方面在于规范诉讼证明程序，使诉讼各方有法可依，从而体现程序公正，保障当事人诉权。因此，必须将其作为司法认知的核心问题加以重点研究。

受法律传统、文化、诉讼模式等方面的影响，两大法系对于司法认知的对象范围规定得宽窄不一，形成了不同的立法特征：

### （一）英美法系

英美法系国家对于司法认知的范围总体上持较为宽容的态度，所设定的对象较为宽泛。英国证据法将其分为四大类：第一，众所周知的事项，即应为社会大众所普遍知晓，不需当事人另为举证。但有两点例外：一是不能排除当事人有证据能够证明在具体案件中存在的与这种普遍认知相反的事项；二是必须排除法官基于个人身份而不是凭借审判职务上的必要而知悉的事项。第二，经过调查后在司法上所知悉的事项，即法官为了获知有关信息资料必须通过多方查证，如在法庭上听取证人证言、查阅历史文献，等等。第三，英国法、欧盟法和英国国会的立法程序，法官应当知悉这些法律而不是去证明这些成文法曾经被通过，知悉国

① Morgan，“Judicial Notice”(1944)，57 *Harv. L. Rev.* 268，pp. 273-274.

② ［美］波斯纳：《法律经济分析》，18 页，北京，商务印书馆，1987。

会的立法程序亦属职务上的必要，无须任何证明。第四，成文法的有关规定，主要涉及有关文书的签名和蜡封盖印。还有英国学者从学理上对其作出分类，如McCormick依据认知理由将认知事项分为五大类：属于常识性的事项；易于确认的事项；因法官职责而应认知的法律以及有关司法组织、管辖区域、人事及记录；因法官负有执行政府公共政策的职责而应予认知的其他关于政府的事项；因法官解释法律须知的有关社会、经济、政治、科学方面的事项等。[①] 再如McKelvey将司法认知事项分为：必须予以认知的事项、有关政府的事项、有关科学的事项、其他一般公认的事项、属于法院自由裁量而可予以认知的事项。[②]

《美国联邦证据规则》第201条规定，本规则只适用于法官对"裁判性事实"进行正式认知的情况。所谓裁判性事实通常是指陪审团在审判时所裁决的事实。既可以指实体法中所谓争执之要件的要素性事实，也可以指与证明那些要素性事实相关的证据性事实，它们涉及当事人、他们的行为、财产和经营。[③] 虽然该事实之涵盖范围很广泛，但必须符合没有"合理争议"，例如，三"K"党的性质，以及三"K"党特别对黑人实施暴力行为的历史在美国全国闻名，对这一事实不会产生有合理的争议。[④] 可以通过两种途径确定：一是该事实可能是"审判法院辖区内众所周知的事实"。例如，在戈德布拉特诉联邦存款保险公司［Goldblatt v. Fed. Deposit. Ins. Corp.，105F. 3d 1325，1329 n. 3（9th Cir.，1999)］案中，法院对储存账户的利息作出司法认知。二是"准确性不容置疑的来源"，即如果事实能够通过借助某种其准确性不容合理质疑的来源而被准确和容易地确定，该事实的来源就应提交法院。例如，在合众国诉伯斯盖［United States v. Pozsgai，999 F. 2d 719，731（3rd Cir.，1993)］案中，上诉法院判定，审判法院关于宾夕法尼亚运河可用于跨州贸易的司法认知，两部历史学家的著作以及陆军工程师的报告证明了该运河对跨州贸易的作用。据此，当事人不必提供任何证据，陪审

---

① See Charles T. McCormick，*McCormick on Evidence*，3rd ed.，1984，p. 323.

② See Mckelvey，*Mckelvey on Evidence*，1984，p. 16.

③ See Kenneth Davis，*Administrative Law Treatise*，353（1958）.

④ Marshall v. Bramer，828 F. 2d 355，358（6th Cir.，1987）.

团被指示要接受其真实性。[①] 当事人依照《联邦证据规则》第 201 条申请司法认知并获得准许的主要事实种类包括：商业或政府惯例；日历日期和时限；在著作权、专利和商标诉讼中的产品特性；当前事件；经济学一般原理和经济信息；收费和工资；地理；历史资料；法院记录和程序；医疗信息；官方档案；科学事实和原则以及科学仪器的性能；还有天气。[②]

另外，在学理上除了对"裁判性事实"的司法认知以外，美国的有关立法和学理上还认为，司法认知还可以适用于一些立法事实。立法事实是一般的事实，是和正在审理的案件没有特定关系的事实，是和法律推理以及立法过程有关的事实[③]，主要包括国内法、国际法、外国法等。《联邦证据规则》第 201 条并不调整对立法事实的司法确认，法官可以对法律自由加以认知。司法实践中，大部分司法管辖区，准予法院对其他州的法令、规章等可予司法认知。[④] 如美国加州《证据法典》第四编规定了司法认知规则，其可司法认知的事项非常广泛，既有事实问题，又含法律问题，比美国《联邦证据规则》规定的范围扩大了许多。

（二）大陆法系

大陆法系采取职权主义诉讼模式，追求诉讼真实，更注重利用法官的职权调查活动，因此各国在立法上对司法认知的规定较为概括、富有弹性，大多将"显著事实"列为司法认知对象。《德国民事诉讼法》第 291 条规定，对法院已经显著的事实，不需要举证。《日本民事诉讼法》第 257 条规定："显著的事实，无须证明。"所谓显著的事实，包括众所周知的事实和只对法院显著的事实两种。不论对其中哪一种事实，即使不使用证据加以证实，法官也知道，很少使人怀疑其判断的客观性。其中众所周知的事实是指社会上具有普遍知识经验的人都不加怀

---

① 参见［美］罗纳德·J·艾伦等：《证据法》，张保生等译，882 页，北京，高等教育出版社，2006。

② See Stephen A. Saltzburg, Michael M. Martin&Daniel J. Capra, *Federal Rules of Evidence Manual* 132-148 (7th ed., 1998).

③ 参见高忠智：《美国证据法新解》，27 页，北京，法律出版社，2004。

④ See E. Gilbert B. Stuckey, *Evidence for the Law Enforcement Officer*, McGraw-Hill Book Company, 1975, p. 35.

疑地公认的事实；而只对法院显著的事实，是仅从法官的职务经验来讲已被明了的那些事实。[①] 陈朴生还就“显著”的事实作了说明：“该公众周知之事实，重在一般人之认识；而裁判上显著之事实，则重在法院之认知。且所谓显著，并不以推事、知事已知为必要，即在诉讼中始知者亦属之，且包括过去已知及辩论终结前已知在内。”

就立法事实而言，由于大陆法系国家，一般将法官推定为法律专家，因此法官当然可以认知任何国内法甚至国际法。如《德国民事诉讼法》第293条规定：“外国的现行法、习惯法和自治法规，只限于法官所不知道的，应该予以证明。在调查这些法规时，法院不以当事人所提出的证据为限；法院有时使用其他调查方法并为使用的目的而发出必要的命令的权限。”[②]

（三）比较研究

通过以上域外立法和学者观点的比较研究，可以归纳得出以下几点结论，以期为我国司法认知规则的完善提供参考：

1. 与大陆法系相比较，英美法系司法认知的范围相对来说要宽泛得多。英美法各国除成文法所规定的司法认知对象范围不断扩大外，判例法就特定事实的不断扩张性解释，大大增强了司法认知的范围，而且，英美法将国内各地方法规、外国法、国际法以及公认的国际惯例纳入司法认知的对象范围。相比之下，大陆法系各国在立法及学理上的解释较为矜持，具体规定较为原则，一般将司法认知的范围限制在众所周知的事实和法官知悉的法律上，且因自由心证和职权主义审判模式的影响，给法官在具体适用上留有较大的解释权。

2. 法律能否成为司法认知的对象一直是理论界颇具争议的问题。有学者认为，法律不能成为司法认知的对象，因为正确理解并运用法律并非当事人的义务，是法官的职责所在，司法认知的对象只能是事实。但各国大多将法律纳入司法认知的对象范围。

笔者认为司法认知应当包括对法律进行认知。法院的功能，在于解决当事人

---

① 参见［日］兼子一、竹下守夫：《民事诉讼法》，105页，北京，法律出版社，1995。

② 谢怀轼：《德国民事诉讼法》，北京，法律出版社，1984。

之间的争执；争执所在，有事实，有法律；法律之争，在司法实践中无法避免，而法官被推定为法律专家，从事审判的法官必须认知其管辖区内的本国法，此为法官的职责。法律通常是人们所熟悉的，如果法官不熟知，其可依赖各方的代理律师把制定法、报告、参考书提交给他，这些渊源可以在非正式讨论中得到或者在初审和上诉摘要中引用、引证。法官有时不依赖这些可提供证据的渊源而亲自进行调查。在发现可适用法的一般过程中，一般方式是对所受理案件应适用的法律进行非正式调查。因此，在传统上，往往从法官对所受理案件应适用的法律进行司法认知这个角度来解释这个过程。① 但这并不是说法官对国内法皆尽知其意，而是说法官应对国内法的规定予以认知，当事人一旦提出理应适用的法律条款，法官即有适用的义务，这也是对法官起码的一项素能要求。② 所以，法官执行司法职务，必须知法，当为裁判行为时，必须主动适用法律，包括宪法、法律、规章、地方法规等，如适用有误，可以成为当事人上诉或申诉的条件，有关上级法院等应勇于修正。③

3. 就共性而言，两大法系各国从总体上都将公知的事实和法院职务上已知的事实作为司法认知的对象。

（1）“公知的事实”。

所谓“公知的事实”，即在一定区域内为不特定多数的一般人所知悉且信而不疑，而法院也知悉的事实。④ 判断一项事实是否属于“公知”，需要一定的标准。首先，从地域范围上看，该事实为具有一定地域性的人所公知即可。《美国联邦证据规则》即采用此说，规定“在审判法院的地域管辖范围内众所周知的事实”为众所周知的事实。这种将何谓众所周知的事实与实际的审判管辖地范围结合起来的标准，使司法认知的范围变得清晰明了，可操作性极强。同时，这一标

① 参见［美］约翰·W·斯特龙主编：《麦考密克论证据》，汤维建等译，641页，北京，中国政法大学出版社，2003。

② 参见［日］谷口平安：《程序的正义与诉讼》，王亚新、刘荣军译，115页，北京，中国政法大学出版社，1996。

③ 参见陈界融：《证据法：证明负担原理与法则研究》，121页，北京，中国人民大学出版社，2004。

④ 参见骆永家：《民事举证责任论》，26页，台北，“商务印书馆”，1999。

准也具有现实可行性，即它并非一般意义上的抽象范畴，而是相对具体化的划分，既顾及司法认知对象的普遍性，又照顾到了其特殊性。[①] 其次，从认识主体范围上看，“公知”应是绝大多数人知悉即可，而不必要求统计学意义上的人尽皆知，或所有的人都知道。对此，李学灯先生曾有一段精辟的论述：“众所周知而承认其为真实之谓。亦即众所周知，其真实性不容有所争执。在判例上有谓绝大多数人所知，有谓尽人皆知，有谓具有相当知识者所知，有谓一般公知。依余所见，自系指一般人所公知者而言。实际上并不必尽人皆知。如在用语上强调语气，谓为尽人皆知，或人所共知，所指者亦系指具有相当知识之人，或绝大多数之人，或接近该事件一般之人而言。其意义亦即系指具有相当知识的人，或绝大多数之人，或接近该事件之人而言。其意义亦即所谓一般公知无异。”[②]

但是当一般人皆知而法官不知，或者法官个人知道而一般人不知时，又该如何断定呢？对此，英美法系和大陆法系存在着两种截然不同的观点：英美法系实行陪审制，以一般人的认识为标准，要求法官应掌握社会上一般通俗化的知识及特定事实的知识，至少应与社会上一般通达事理的人所能获知的知识一样[③]；但大陆法系是法官精英化，以法官的认识为标准，由于法官是一般人，如法官不知道某项事实，那么该事实就不能称为公知。笔者认为应当具体分为两种，区别对待：

一是当一般人知悉而法官不知时，只需当事人提供必要的知识促成法官知悉，从而促成必要条件即可（注意：这里仅是必要的协助而非承担举证责任），因不是对事实本身的证明，所以这种促成明显相对容易。如一般人都知道我国北方地区小麦的丰收季节通常在6月份左右，而法官却不知（这种情况在我国更易出现，因为我国法官并没有实现精英化，而且不像英美国家的法官多为律师出身而阅历丰富，我国有不少法官是刚出校门不久的学生，极易可能出现这种情况）时，当事人只需提供适当的知识以协助或促成法官知悉。

二是当一般人不知而仅有法官知悉时。此又当分为两种情况：第一，当一般

① 参见毕玉谦：《民事证据法判例实务研究》，402页，北京，中国法制出版社，1999。

② 李学灯：《证据法比较研究》，22页，台北，五南图书出版公司，1995。

③ 参见［美］摩根：《证据法之基本问题》，李学灯译，32页，台北，世界书局，1970。

人不知而仅有法官私人知悉时，该事实不能通过司法认知的方式被采纳。因为法官居中裁判，诉讼中立，不能够越俎代庖而代为证明。从诉讼角度而言，当事人也无须了解法官个人的认识，若法官将个人好恶、偏见等先入为主的观点带入诉讼，则必定会影响心证的形成，损害法官中立、公正的裁判形象。而且这种情况下也无法促成一般人知悉，因为此时能够证明事实的仅有法官一人，若涉及案件的关键事实，则法官只能退出诉讼而转为证人。第二，当这种为一般人所不知而只有法官知悉的事实，是法院职务上已知的事实而非私知时，则可以推导为一般人知悉，成为司法认知的对象。

（2）法院职务上已知的事实。

法院职务上已知的事实是指法院在行使其职务时所获知的事实，除该法院外或仅为该事件当事人所知，或竟连当事人本人也不知的事实。首先，此类事实必须要求法官在诉讼当时仍保持明确的记忆，而如果法官还需要经过调查、阅卷等方式才能予以确定，则不能称作职务上已知之事实。其次，此类事实必须为法院在职务上所获知的事实，而不能是法院在职务外因私的关系而得知的。也就是说，该事实必须是法院由直接审理或在法定程序保证之下，行使职务过程中所生的事实，或为其认识对象的事实，是客观的、确定的，并不能像私知那样属主观的、偶然的。而法院职务上已知的事实之所以可以成为司法认知的对象而无须举证，其根据也就在于该事实所具有的客观确实性。当然，只要是法院在职务上获知的事实即可，而不再问其是在本案中获知的还是在他案中所知的，是在诉讼程序中所知还是在非诉程序中获知。常见的主要有，法院自己所作的判决，法院职务上所应注意的公告所记载的破产宣告、失踪或死亡宣告，合议庭半数人员所知悉的事实等。[①] 具体包括：

第一，政府事项。法院为国家机构的一个组成部分，因而法院对于政府的行为及其他有关事项，负有注意之义务，而不能要求当事人予以证明。通常来讲，政治事实认知，如国家的领土，行政区域的划分，辖区内的市县区镇村、人口，

① 参见骆永家：《民事举证责任论》，32页，台北，“商务印书馆”，1999。

行政、司法、立法重要部门人员任命、免职、职责任期，各种公开选举日期，政府首长的签字，以及人民法院院长的签名、单位公章等，都可以司法认知。[①]

第二，司法事项。综观各国判例，关于司法事项的认知，主要包括：法官在案件中亲自处理的事实，当事人未到庭或妨碍诉讼的事实等；本院职员以及有关律师的签字，法庭的记录、案例、术语，其他法院的设置及管辖范围，法院裁判文书格式及印章，等等。法官对本法院的记录，尤其是同一案件或相关案件的记录，应予以认知。这种认知方式虽然会使法院负担过重，但如果对于这类司法事项容许争执或通过律师帮助获取资料，是不难做到的。至于其他法院的规则、案件进行情况及其他事项，也属于应予司法认知的范围。

## 三、对我国司法认知规则运用的建议

我国立法本身并没有“司法认知”这一概念，通常都是以免证事实来替代司法认知，对二者不作区分。学理上多认为《人民检察院刑事诉讼规则（试行)》（以下简称《刑诉规则》）第437条是关于刑事方面司法认知的规定：“在法庭审理中，下列事实不必提出证据进行证明：（一）为一般人共同知晓的常识性事实；（二）人民法院生效裁判所确认的并且未依审判监督程序重新审理的事实；（三）法律、法规的内容以及适用等属于审判人员履行职务所应当知晓的事实；（四）在法庭审理中不存在异议的程序事实；（五）法律规定的推定事实；（六）自然规律或者定律。”该条规定确实从一个侧面规定了司法认知，而且相对于民事方面的最高人民法院《关于民事诉讼证据的若干规定》（以下简称《证据规定》）第9条而言，刑事司法认知的范围有所拓宽，已明确规定法律法规的内容和法院职务上已知的事实可以成为司法认知的对象，使法官对于许多不存在合理争议的事项，可以直接进行司法认知，而不需待当事人的举证，从而减轻了当事人的讼累，节约了司法资源，是一大进步。但这仍不能构成司法工作人员运用司法认知

① 参见陈界融：《证据法：证明负担原理与法则研究》，130页，北京，中国人民大学出版社，2004。

的法律依据，一方面是因为我国没有统一的刑事证据规则，这仅是最高人民检察院的单方规定，立法上没有给予足够的重视；另一方面是因为《刑诉规则》仍存至少两方面的缺陷：

1. 免证事实的相关概念本身相互混淆

实际上，在《刑诉规则》第437条的规定中，能够成为司法认知只有第一、三、四、六项，其他两项都不是关于司法认知的规定：第二项是关于生效法律判决的规定；第五项是关于推定的规定。以上两项同司法认知一样，都属于免证事实的一部分，但是它们之间无论是在概念、免证依据还是运行程序上，都有很大的差别。然而，该司法解释将司法认知纳入无须举证的范围加以规定，使之与预决的事实、推定的事实相并立，导致司法认知概念含混，范围界定模糊不清。在此，有必要对司法认知与免证事实等相关概念作出区分，以使司法认知脱离于举证责任免除的范围而单独立法。

第一，司法认知与免证事实。

免证事实是指在诉讼过程中不必证明即可确认的事实，列入免证事实即可不再归入证明对象，也就不再需要以通常证明方式加以证明。[①] 稍早时期国内学者大多将免证事实与司法认知在用词上不加区分，混为一谈，如有学者认为“免证的事实法院可以认知。认知是法院对某些事实，可以不经证明，直接确认其为真实”[②]。但实际上二者相差很大：免证事实除了包括司法认知外，至少还包括推定、自认，等等，换句话说，司法认知在外延上仅仅是免证事实的一个子集。更何况，即使属于免证的事实，如自认，也仅仅是免除了当事人的举证责任，并没有免除法院的调查取证责任，而司法认知事项是法院可以直接予以确认的。可见，二者在外延、程序上都是不同的，应当分别看待。

第二，司法认知与推定。

推定是一种特殊的认识手段，如果当事人能够证明基础事实（甲）存在，那么推论事实（乙）就可以不经证明而推知其存在。也就是说，在推定的帮助下，

---

① 参见卞建林：《证据法学》，313页，北京，中国政法大学出版社，2000。

② 裴苍龄：《证据法学研究》，162页，北京，法律出版社，1989。

对就此负有证明责任的当事人而言，事实乙属于毋庸证明的事实而不再具有证明的必要。但这只是免除了原本就此负有证明责任的一方当事人的证明责任，对方当事人如对此项推定不服，仍可以提出证据予以反驳。因此，推定的事实仅仅是一种暂定的事实，其毋庸证明是相对而言的，也就是说，推定的实质意义在于证明责任的转移，而非豁免。[①] 与此不同，司法认知是法院就众所周知的事实以及职务上显著的事实，不待证明即可确认其具有真实性，也就是说，司法认知的实质意义在于举证责任的豁免而非转移。可见，二者具有显著的区别。

第三，司法认知与自认。

自认是指在诉讼中，一方当事人就对方当事人主张的不利于己的事实予以承认的声明或意思表示。在民事诉讼中，基于辩论主义的要求，经当事人自认的事实通常应直接作为裁判的基础，这一点与司法认知具有共同之处即都可能产生免证的效果。但在刑事诉讼中，由于奉行实质真实主义原则，且基于对刑事裁判的谨慎，即使被告人对被指控的事实予以承认，也不能够免除公诉人的证明责任，如我国《刑事诉讼法》所规定的孤证不能定罪原则，故自认的效力是受到诸多限制的，且未必能够成为司法认知的对象，而司法认知的效力却是绝对的，这是自认所不具备的。

第四，司法认知与预决的事实。

预决的事实包括生效判决所确定的事实及公证事实等。预决的事实，在法院以后审理相关案件时，可起预先决定的作用，而不再需要予以证明。预决的事实与司法认知的对象从效果上看，都不再需要当事人提出证据加以证明，但两者实际差异很大，最根本的区别在于二者免证的原因不同：司法认知事实之所以免证，根本原因在于该事实自身所具有的客观性、确定性；而预决的事实之所以免证，是因为该事实已在其他案件中经过了举证、质证等一系列环节，为了避免重复劳动，同时也为了维护司法裁判的稳定性，而不需再予以证明，这与该事实本身是没有任何关系的。

---

① 参见吴宏耀、魏晓娜：《诉讼证明原理》，93页，北京，法律出版社，2002。

2. 司法认知规则的运行缺乏必要的程序保证

目前我国无论《刑事诉讼法》还是《刑诉规则》，在规定司法认知的相关内容时，都没有具体操作程序的规定，直接导致法官在审理案件过程中进行司法认知时无所适从，只能按照自己的主观意识办事，造成司法认知程序的不公以及程序操作混乱，司法认知也没有能够发挥其应有的作用。

司法认知规则的运用紧密联系着双方当事人的诉讼权利，可能造成一方当事人由此卸除了举证负担而同时却损害到另一方当事人利益的后果，损害法官中立原则。所以法院在认知过程中必须遵守合理的认知程序，以充分保障当事人的诉讼权利。根据各国立法和实践，笔者认为，人民法院在采取司法认知时，应当遵守以下程序规则：

（1）人民法院可以依职权或依申请采取司法认知。

司法认知程序可以以两种方式即依职权或依申请开始。对于众所周知的事实、法律以及职务上已知的事实，如国家权力机关的议案、政府机关的行政法规、规章及其他不存在合理争议的事项，在当事人没有提出要求的情况下，法院应当主动进行司法认知。如果当事人要求对某一事项进行司法认知，则必须向法院提出申请，并且提供必要的资料信息。若法院认为该事项不属于司法认知的范围，则可以拒绝认知，也就是说，当事人所提出的申请对法院没有任何约束力。但若法院已经给予对方当事人反驳、辩论的机会，就必须进行认知。

例如，甲因为交通肇事罪而受到起诉，事故地点发生在北京海淀区中关村大街上。庭审过程中，法院可以在当事人没有提出要求的情况下，对以下事实进行司法认知：中关村大街是一条南北走向的主街。同时，控方或者甲也可以要求对这一司法事实进行司法认知，但他必须提供必要的信息如一张北京市海淀区的交通地图等①，但这种申请对法院无拘束力，是否采纳由法院自由裁量。

（2）告知当事人。

由于司法认知关乎当事人的诉讼权利问题，能够产生卸除一方当事人的举证

① 参见高忠智：《美国证据法新解》，31页，北京，法律出版社，2004。

负担的效果，所以在认知过程中必须充分保障当事人的权利，即法官要认知某一事项，特别是在依职权自动认知的情况下，应当立即告知当事人及其诉讼代理人，使双方当事人都能知悉司法认知的事项，得到提供相关知识或者证据以赞成或者反驳司法认知的机会，实现当事人平等对抗，法官居中裁判。告知的内容既包括法院欲采用司法认知这一行为，也包括认知的事项、理由以及内容。法官应当咨询并且利用一切有价值的资料，而不问这一资料是否由当事人提供，或者是由哪一方当事人提供。所提供的资料，除非有正当理由而主张拒绝权，否则不得适用排除规则。如果法院依据所提供的资料，不能确信其属于司法认知的范围，则不再予以司法认知，并且要同时告知当事人。①

（3）采用司法认知前应当进行必要的调查。

为了正确地采取司法认知，保障当事人的诉讼权利，法院应当对当事人所提供的可予司法认知或者不应予以司法认知的证据材料进行审查，所用方法即是比较的方法，即：将法官已得到的对司法认知事项形成的心证，与当事人所提供的不应予以司法认知的证据所形成的逆向心证进行比较，以决定之前的司法认知心证是否仍然能够成立，以此决定是否仍为司法认知。当然，也可以视情况要求当事人另行提供其他证据材料。②

（4）采用司法认知前应当为当事人提供反驳的机会。

司法认知的法律效力最终取决于本案判决的效力，在案件判决生效之前，司法认知并不意味着调查程序的完结，案件事实只能在作出裁判时确定下来。③ 而且，"采取司法认知并未使事件不可争议，司法认知不过是表面的承认而已，对司法认知的事件提出异议的大门仍是敞开的"④。更何况，显著事项本身，也可能会随着时间、空间的改变而有所变化，所以法院对可予认知的行为，应当在审判前将该事实告知有关当事人，并给予其反驳的机会。如美国证据法大师 Wig-

① See American Law Institute, Rule 10 of Uniform Rules of Evidence.

② 参见陈界融：《证据法：证明负担原理与法则研究》，137页，北京，中国人民大学出版社，2004。

③ 参见杨迎泽：《检察机关刑事证据适用》，122页，北京，中国检察出版社，2001。

④ Thayer, *A Preliminary Treatise on Evidence of Common Law* (1898), Note 203, pp. 309-309.

more 及 Thayer 等人认为，司法认知事实，不能说对方“不能提出证据从事争执”[①]。至于当事人提出异议的方式，可以是口头的，也可以是书面的，但不论采取何种方式，当事人都必须提出相应的证据予以证明其反驳的主张成立。

（5）上级法院可以改变下级法院的司法认知。

司法认知所强调的是“司法”与“认知”之间的桥梁——“显著事实”，而非主体级别。“显著事实，毋庸证明”，对于当事人主张的事实，只要是显著事实，法院即可予以司法认知，不论一审或二审或再审。[②] 法院未为认知或拒绝认知的事项，在以后的诉讼程序中或者上诉程序中，如认为该事项无可争辩，仍然可以认知。在认知之前，仍应告诉当事人，给予其提供有关事实的机会。如果下级法院对认知的裁定有误而发生争执，当事人可以在上诉中适当地提出有关请求。所有在下级法院中提出的有关资料，均可以在上诉时运用。下级法院的认知或者拒绝认知，均应记载明确，以供上级法院审查。上级法院不但可以重新考虑有关资料，还可考虑新增加的资料。[③]

（6）采用司法认知的时间。

虽然在司法实践中，司法认知大多发生在初审阶段，但其实在案件审理的任何阶段都有可能发生司法认知。如《美国联邦证据规则》第 201 条规定：法院在任何诉讼阶段都可以采用司法认知。如果初审法院已经就某一事实依法进行了合适的司法认知，或者虽然没有进行司法确认，但初审法院有义务这样做，那么，上诉法庭或者复审法庭也必须对这一事实进行司法确认。[④]

（7）司法认知的法律后果。

一般认为，司法认知的事实在民事案件和刑事案件中具有不同的约束力。例如，《美国联邦证据规则》第 201 条（g）款规定：“在民事诉讼活动中，法庭应指示陪审团将业经司法认知的任何事实作为终局性事实予以接受。在刑事案件

① ［美］摩根：《证据法之基本问题》，李学灯译，36 页，台北，世界书局，1970。

② 参见陈界融：《证据法：证明负担原理与法则研究》，139 页，北京，中国人民大学出版社，2004。

③ 参见叶自强：《民事证据研究》，43 页，北京，法律出版社，1999。

④ 参见高忠智：《美国证据法新解》，32 页，北京，法律出版社，2004。

中，应指示陪审团可以，但不一定要求将业经司法认知的任何事实作为终局性事实予以接受。”美国众议院司法委员会的报告对此解释说，作此区分是因为在刑事案件中，如果将司法认知的事实作为终局性结论，就同宪法第 6 条修正案所包含的选择陪审团审判的法律精神相违背。① 其实，此种区分根植于人们对刑事裁判的慎重态度：刑事裁判是国家行使刑罚权的具体实现。因此，为了保证刑罚具有正当的事实根据，有必要对其证明过程提出更为严格的要求。在我国，由于不采取陪审团制度，法官直接通过司法认知认定事实，不存在所谓的拘束力问题。但是，在刑事案件中，强调司法认知事实的非终局性仍然具有一定的积极价值。所以，立法应当规定，当司法认知事实与其他证据冲突或不相吻合时，法官不应简单地断定其他证据不真实②，而应当在进行充分的调查后才能作出判定。

① 参见何家宏、张卫平：《外国证据法选择》（下），586 页，北京，人民法院出版社，2000。

② 参见吴宏耀、魏晓娜：《诉讼证明原理》，93 页，北京，法律出版社，2002。

# 证据规则篇

# 第十三章

# 证据规则概论

证据规则，又称证据法则，是指为了规范刑事诉讼中的证明活动而设定的，在诉讼证明过程中必须遵循的关于证据取舍和运用的法律规则，其目的是解决证据是否“合格”以及证明力的问题。证据规则与证据原则的区别在于证据原则是基础性的准则，而证据规则是具体运用某项证据而适用的准则。对诉讼主体的证明活动而言，证据规则有两方面的作用：一是在诉讼活动中规范诉讼各方的取证和举证行为，二是在根据证据认定事实时限制对证据的自由取舍。证据规则要求控辩双方在符合程序正义观念的前提下，理性地收集和运用证据，公平地进行攻击和防御活动，控辩双方按照证据规则进行的诉讼过程及其结果由此而具有正当性。与此同时，通过证据规则对法官形成内心确信的过程进行有效制约，整个诉讼程序的中心——公正裁判的价值才真正得以实现。比较完善的证据规则，一方面有助于科学、准确地利用证据对案件进行实体处理；另一方面在制度层面上，它能够与诉讼制度乃至司法制度形成良性互动，体现程序正义的要求，有利于实现司法公正。

证据规则的产生和发展过程，与人类自身认识能力的进步息息相关。在古代神示证据制度中，“神的启示”不会受到现代意义上证据规则的限制；在中世纪的法定证据制度中，反映了一定认识规律的证据判断标准还很僵化，不能发挥法官主观能动性的证据规则实际上走向了设定规则者出发点的反面。随着欧洲近代资产阶级革命的胜利，法定证据制度被否定，但由于诉讼证明本身具有的内在规律的作用，证据规则不断得以发展。现代社会有普遍代表性的两大法系的证据制度，不仅都有证据规则的有关规定，而且具有趋同的趋势。

当然，从两大法系证据规则的具体内容来看，它们之间因受到诉讼基本结构的深刻影响而产生的差异也是不容忽视的，最明显的区别在于：英美法系国家的证据规则复杂而严格，如关于证明材料必须与案件实质性问题有关的相关性规则，关于不允许证人以意见或结论的形式提供证言的意见规则，关于防止难以辨认、不能质证的证据进入诉讼的传闻证据规则，关于禁止非法获取被告口供的供述自愿性规则，对非法获取的物证所采用的非法证据排除规则，对文件材料适用的最佳证据规则，等等。通常认为，英美法系国家刑事诉讼重视证据规则，一方面与其实行陪审制有关，因陪审员来自社会各界，大多不熟悉法律，为防止对陪审员的误导，法律不得不设置详细的规则，以限制当事人的举证活动；另一方面是在当事人主义对抗制模式下，两造对抗并推动诉讼的进行，对诉讼双方的举证如不设立严格、具体的标准和规则，则当事人有可能随意使用证据，既容易模糊讼争焦点，又容易拖延诉讼，增加诉讼成本。大陆法系国家的证据规则相对而言简略而灵活，主要原因在于职权主义诉讼模式下，一切证据虽然可以由控辩双方提出，但在诉讼中两造不得自由立证，法院依法裁量何种证据应当在法庭上调查，何种证据可以不予置理，证据调查和诉讼推进完全受制于法院。因此虽无详尽的证据规则，仍不需担心诉讼拖延和争议点模糊。尤其是法官职权主义鼓励法官运用各种法律允许的方法主动发现证据以查明案件真相。这种实体真实主义的要求，也在一定程度上排斥那种严格而且程序化的证据规则的约束。因此，现代国家凡采法官职权主义，都强调法官的自由心证而无详尽的证据规则。我国过去的刑事审判基本上采取的是法官职权主义推进方式，因此少有证据规则。随着修改《刑事诉讼法》，审判方式改革的趋向是采用控辩式庭审方式，在控辩双方（有时还包括被害人及其诉讼代理人）直接向法庭举证的情况下，必然要求有相应的证据规则。因此，研究、确立和遵守必要的证据规则，对于实现庭审的有序化，保证刑事诉讼法科学与有效地运作，进而维护诉讼参与人的合法权利，均具有十分重要的意义。

## 一、非法证据排除规则

1. 非法证据概念的界定

非法证据是指办案人员违反法律规定的权限、程序或以其他不正当方法获得的证据。对于非法证据的法律效力问题，大体上有三种观点：

第一，否定说。这种观点主张凡是以违反诉讼程序的方法获得的证据，无论真实与否，都不具有法律效力，不能作为定案的根据，应当完全排除。因为法律已明文规定“严禁刑讯逼供和以威胁、引诱、欺骗及其他非法方法收集证据”，这项规定应当得到严格的遵守和执行，否则，就会助长违法行为，后患无穷。

第二，肯定说。这种观点认为应把非法手段与证据区别开来，对非法取证行为可视情节轻重予以追究处理，但不能因手段非法而否认“客观真实”的“非法取得的证据”的价值。违法取得的证据材料，经查证属实的，具有证据能力，可以作为定案的证据。因为，我国证据制度的核心是“实事求是”，不能因为形式上的“非法”而否认其“实质上的真实性”。并且这样做有助于防止因证据不足而放纵真正的犯罪分子，同时也不会使无辜的人被追究刑事责任。

第三，折中说。这种观点主张对于非法取得的证据不能“一刀切”，而应分别不同情况区别对待。折中说学者对非法证据进行划分的方式又有不同，主要有以下三种：其一，线索转化说，认为非法证据不具有法律效力，但可以把它当做发现和收集刑事证据的线索，采用合法程序和方法重新取证，然后区别对待，去伪存真。其二，区别对待说，主张因证据类型的不同而区别对待，即非法取得的口供无效，因为刑事诉讼中，人的主观性的言词很难辨别真伪，采用非法手段获取这些言词证据潜在的虚假性和违法性远远大于通过相同方式获得的实物证据的虚假性。而对于物证，因其不会因收集程序和方法非法而改变性质，故可以承认其证据效力。其三，原则排除加例外说。这种观点认为非法证据原则上不具有法律效力，但又存在若干例外，即在某些特殊情况下，非法证据有法律效力。还有学者具体设计了非法证据可以不予排除的例外情形①，即：A. 排除非法证据可

① 参见张惠芳、管晓静：《非法证据的法律效力探讨》，载《政法论丛》，1999（4）。

能会危及国家重大利益（如国家安全、政权与统一）的。B. 司法工作人员出于过失或情况紧急，缺少或未履行某种具体手续（签名、盖章等）而不涉及公民人身权，或者对公民人身权侵害显著轻微的，而将其排除不利于维护正常社会秩序的。C. 以侵犯被告人的诉讼权利获得的实物证据，被告人申请采用的。D. 非法证据材料为无罪证明的。E. 综合各种因素（如非法取证行为时的条件、违法的严重程度、频发性以及行为人的主观心态、案件的性质及危害程度）而应当采用的其他情况。这些情形下非法取得的证据可以予以采用。

2. 我国非法证据排除规则

（1）我国现行非法证据排除规则

我国《刑事诉讼法》第 50 条规定："审判人员、检察人员、侦查人员必须依照法定程序，收集能够证实犯罪嫌疑人、被告人有罪或者无罪、犯罪情节轻重的各种证据。严禁刑讯逼供和以威胁、引诱、欺骗以及其他非法方法收集证据……"这一规定确立了严禁非法取证的原则，但对于非法收集的证据的效力，在 2012 年法律修改前《刑事诉讼法》并无明文规定，最高人民法院和最高人民检察院的司法解释都有所规定。1998 年 9 月 8 日实行的最高人民法院《关于执行〈中华人民共和国刑事诉讼法〉若干问题的解释 》第 61 条明确规定："严禁以非法的方法收集证据。凡经查证确实属于采用刑讯逼供或者威胁、引诱、欺骗等非法的方法取得的证人证言、被害人陈述、被告人供述，不能作为定案的根据。"1999 年 1 月 18 日发布的《人民检察院刑事诉讼规则》第 265 条作出了大致相同的规定："严禁以非法的方法收集证据。以刑讯逼供或者威胁、引诱、欺骗等非法的方法收集的犯罪嫌疑人供述、被害人陈述、证人证言，不能作为指控犯罪的根据。"2012 年《刑事诉讼法》第 54 条吸收了上述司法解释的精神规定了非法证据排除规则。

（2）学者对于非法证据排除规则在我国适用的态度

对非法证据的态度，无疑体现出立法者的价值判断与选择，以及处理程序公正与实体公正二者关系的不同态度。这取决于国家对于追诉犯罪与保护公民权利两种价值之间的权衡与选择，也取决于对程序正义的认识与重视程度。就目前而言，各国关于非法证据的态度就有很大区别。

在讨论这一问题的过程中，学者们的意见逐渐趋向一致。大多数学者认为我国应采用非法证据排除规则，理由是：首先，这是维护宪法尊严，保障公民合法权利的要求。非法取证行为严重侵害公民的基本权利，导致公民对司法机关产生信任危机。这种潜在的危险若不消除，对于一个国家的社会稳定、国际地位都会产生严重的负面影响。其次，这是保障诉讼程序公正，防止冤假错案发生的需要。非法取证的一个重大恶果就是可能诱发屈打成招，造成冤案、错案。程序正义有助于实体正义的实现，当两者发生冲突、不能并存时，实行程序公正优先是现代法治国家的选择，否则、一面让公民守法，另一面又为追究犯罪而自身违法，将严重损害法律的威信。最后，有利于促进司法工作人员严格执法，提高总体办案水平。在非法证据被排除适用的情况下，就遏制了非法证据产生的诱因，司法工作人员为了及时准确地办案，只能努力提高自身素质、提高办案能力。

建立非法证据排除规则的根本目的在于制止那些野蛮、残忍、不人道的非法取证方式和手段。这些非法行为都是和我国社会主义民主与法治的目标根本背离的，必须制止，这一点是毫无异议的。实践中，非法采取强制措施、非法搜查、非法扣押等非法侦查手段的滥用，严重侵犯了公民的宪法权利，已成为我国刑事司法领域制约法治化、民主化进程的主要症结。要制止这些行为，最经济、最有效的方法之一就是建立全面的非法证据排除规则；因为，非法取证的目的并非在于实施这种非法行为本身，而是利用这些证据将被告人定罪。因此，制止这种行为最有效的方法是使这一目的不能实现。也就是说，无论言词证据还是实物证据，只要是通过非法方法取得的，均应加以排除，不得作为证据使用。当然，为了实现犯罪控制与人权保护之间的平衡，应赋予法官对于非法获得的实物证据是否采用一定的裁量权。

## 二、口供自愿性规则与口供补强规则

1. 口供自愿性规则及其保障

我国刑事诉讼法将犯罪嫌疑人、被告人供述和辩解规定为一种独立的证据种类，理论上合称为口供。从立法上看，我国确立了一些关于口供的规则，但因缺乏立法上的保障条款，这些规则在某种程度上流于形式，特别是刑讯获得口供是司法实践中存在的一个突出问题。我国是采取以口供为中心的司法模式的国家，实践中定案更多地强调、依据口供，因此，侦查人员注重口供的收集，导致刑讯逼供的泛滥，不但侵犯人权，更易导致冤假错案。我国《刑事诉讼法》第50条规定，严禁刑讯逼供和以威胁、引诱、欺骗以及其他非法方法收集证据；最高人民法院、最高人民检察院的有关司法解释均规定以非法方法收集的犯罪嫌疑人、被告人供述不能作为指控犯罪的证据与定案的根据。从上述规定来看，我国法律体现了不被强迫自证其罪原则的精神。任何人不得被强迫通过自己的陈述证明自己有罪，是《联合国刑事司法准则》以及一些国际公约确定的一项基本原则，其核心要旨在于尊重犯罪嫌疑人、被告人供述的自愿性。从保障人权、解决刑讯逼供以及以其他非法方法收集口供问题出发，应赋予犯罪嫌疑人、被告人不被强迫自证其罪的权利，确立口供（供述）自愿性规则，而这一规则与沉默权密切相关。[①]

对于在我国立法中要不要明确规定沉默权的问题，一种观点认为应当规定，

① 联合国于1966年通过的《公民权利和政治权利国际公约》第14条第3款规定了被刑事指控的人应当享有的最低限度的权利保障，其中（庚）项规定——“不被强迫作不利于他自己的证言或强迫承认有罪”（not to be compelled to testify against himself or to confess guilt），被称为不得强迫自证其罪原则。截止到2014年9月，《公民权利和政治权利国际公约》已经有149个成员，也就是说，这个原则已经为世界上绝大多数国家所采纳。如美国联邦宪法第5条修正案规定：“任何人不得被强迫在任何刑事诉讼中作反对自己的证人”。不得强迫自证其罪的原则不仅适用于审判阶段，也适用于审前阶段，通常从犯罪嫌疑人被限制人身自由开始，包括在侦查和起诉阶段都不得强迫犯罪嫌疑人或被告人向司法工作人员作出不利于自己的陈述。行使不被强迫自证其罪的权利有多种方式，最常见的是运用沉默权和供述自愿规则。不强迫自证其罪是一项权利，而沉默权是这一权利的表现形式，供述自愿规则是实现这个权利的方法。沉默权包括犯罪嫌疑人和被告人在审判时和审前沉默的权利，在现代更着重于审前的侦查阶段。既然不被强迫，那么面临审讯的人就有权保持沉默。既然沉默权是一种权利，那么行使这项权利就不应当有不利的后果，否则就不能算作权利，因此，从沉默权又可以推导出“不能因为沉默而得出对被告人不利的推论”的原则。口供自愿规则的含义是被告人的陈述必须是出于自愿才可以用做证据，否则，其陈述不能在法庭审理中被采纳。不被强迫自证其罪在言词证据方面的表现方式是口供自愿规则，其逻辑关系是：因为不能强迫，所以陈述必须是自愿的。现代刑事司法理论和实务界，一般不再区分不被强迫自证其罪、口供自愿规则和沉默权。

其理由是沉默权制度体现了刑事诉讼公正的要求，有助于抑制并消除警察暴力，特别是遏制刑讯逼供；加强控方责任，特别是体现了无罪推定的基本要求。反对观点认为沉默权不利于有效打击犯罪，推行这一制度将放纵犯罪，使我国对犯罪的控制处于不利状态。此外，有人认为沉默权并不必然能遏制刑讯逼供，推行沉默权制度不符合国情，与我国侦查技术装备不相适应，是一种奢侈的、昂贵的诉讼制度设计。笔者认为，沉默权制度代表诉讼发展方向，代表了诉讼文明和诉讼民主，应积极创造条件，为其在我国的确立，为我国批准加入《公民权利和政治权利国际公约》等联合国刑事司法准则做准备。2012 年《刑事诉讼法》第 50 条增写的“不得强迫任何人证实自己有罪”的新规，实质上已经完全体现了沉默权的精神。这是我国刑事诉讼制度的重大进步，标志着我国与国际刑事诉讼规则的进一步融合。

为了保证不被强迫自证其罪，防止侦查人员通过刑讯逼供等方式违法收集犯罪嫌疑人、被告人口供，应制定自愿供述的保障措施。笔者认为，应当采取以下措施：

（1）履行告知义务

审判人员、检察人员、侦查人员在讯问犯罪嫌疑人、被告人前，应当告知其不被强迫自我归罪的权利以及如果供述将带来的法律后果。

（2）建立讯问时律师在场制度

律师在侦查人员讯问犯罪嫌疑人时在场是现代国家的通例，目的是协助犯罪嫌疑人行使诉讼权利，并实施对讯问的监督，是侦查活动合法性的重要保证。我国建立讯问犯罪嫌疑人时律师在场制度在 2012 年《刑事诉讼法》修改时就争议很大，结果不了了之。

为解决律师在场的问题，应当在侦查阶段设立值班律师制度。具体而言，每一看守所根据需要设立若干个值班律师，在讯问犯罪嫌疑人时，必须有律师在场。值班律师由各级司法行政机关从承担法律援助义务的律师中指派，具体轮值办法由司法行政机关制定。侦查部门应为值班律师提供必要的便利条件。如果犯罪嫌疑人已经聘请律师，其聘请律师有权在场。侦查人员在讯问犯罪嫌疑人时，应当提前通知律师讯问的时间、地点。侦查机关讯问犯罪嫌疑人后，在场律师应在讯问笔录上就讯问情况作出说明，并签字盖章。在法庭审理过程中，如果公诉人、辩护人、诉讼代理人提出申请的，法院应通知在场律师作为证人就讯问犯罪嫌疑人时的情况出庭作证。

(3) 实现羁押处所的中立化

依据 1990 年 3 月 17 日国务院发布的《中华人民共和国看守所条例》的规定，被逮捕人应羁押于公安机关管辖的看守所。公安机关管辖的看守所羁押犯罪嫌疑人具有很大的弊端，因为被羁押人事实上完全被侦查机关控制。犯罪嫌疑人被长时间羁押于公安机关的看守所，侦查难以受到真正的监督与有效的制约，使得侦查人员滥用权力，为取得口供而侵犯犯罪嫌疑人的权利，有了无以实现有效制约的权力施用空间。实践中造成的后果是，羁押为讯问提供了便利，刑讯逼供、变相刑讯等侵犯犯罪嫌疑人合法权利的现象屡屡发生。由于我国法律没有赋予犯罪嫌疑人沉默权，加之犯罪嫌疑人得不到律师充分、有效的帮助，就更加恶化了犯罪嫌疑人的不利处境。

为切实保护犯罪嫌疑人的权利，减少乃至避免羁押所造成的对犯罪嫌疑人的不应有的侵害，改变羁押处所或者看守所的隶属关系，实现羁押处所的中立化，即由中立的机构如监狱或者其他非侦查机关控制的看守机构负责羁押，这在当前"看守所法"立法过程中呼声很高。从该种观点提出的历史语境看，在其提出之时不失为解决当时看守所存在问题的一个出路，但伴随着后"躲猫猫时代"的到来，看守所长期存在的侦押不分、封闭阴暗、在押人员权益保障欠佳等问题伴随着管理机制的大变革逐渐消除或遏制，变革体制就成为成本过高且前景难以准确把握的一种改革建议。近五年来看守所改革的经验表明，看守所存在的诸多问题主要是管理上的问题，通过强有力的管理机制创新能够解决，无须进行体制变动。退一步讲，社会各界普遍担心的地方看守所中立性不足，即使有了体制变动，仍然难以摆脱地方保护主义的干扰，事实上交给司法行政机关管理的建议并未真正关切到地方司法实践中的真正问题。看守所的职能定位应当依据 2012 年《刑事诉讼法》进一步在"看守所法"中加以明确规定。看守所的应然定位是保障刑事诉讼顺利进行的审前羁押机构，通过依法监管犯罪嫌疑人、被告人并保障其合法权益来确保刑事诉讼的顺利进行，除此之外看守所无任何其他诉讼职能。安全与文明是看守所履行法定职能的基本目标，“看守所法”起草过程中的各项制度与规则设计均应紧密围绕看守所的职能定位与基本目标展开，唯有此方能把握“看守所法”立法的正确方向。

（4）建立录音录像制度

为了保障犯罪嫌疑人在自愿的情况下提供供述，许多国家建立了录音、录像制度，我国也应逐步建立讯问的录音、录像制度。《刑事诉讼法》规定，对于可能判处无期徒刑、死刑的案件或者其他重大犯罪案件，讯问过程中应当进行录音、录像。最高人民检察院、公安部 2012 年修改的办案规则分别作了相应规定。当前的问题是如何保证客观、公正录像，防止打了不录、录时不打或中间断档的现象，规范讯问的场所、地点，讯问与录像分离。

（5）对讯问实施限制

为了防止侦查人员搞疲劳战，应对连续讯问予以必要的限制，如规定侦查人员每次讯问犯罪嫌疑人的时间，两次讯问之间应当给予犯罪嫌疑人一定的休息时间，或者规定 24 小时以内应保证犯罪嫌疑人吃饭、休息的时间不得少于一定的时间。

2. 口供补强法则

我国《刑事诉讼法》第 53 条第 1 款规定：“对一切案件的判处都要重证据，重调查研究，不轻信口供。只有被告人供述，没有其他证据的，不能认定被告人有罪和处以刑罚；没有被告人供述，证据确实、充分的，可以认定被告人有罪和处以刑罚。”一般认为，上述法律规定确立了我国的补强证据规则，意指仅凭被告人供述不可定罪，只有被告人口供时，还必须有其他证据佐证，才可能定罪。其意义不仅在于防止以口供为中心的侦查活动导致的对公民权利的侵犯，而且也有利于防止被告人为及早解脱讼累及其他原因而自我归罪。

日本也奉行口供补强法则，其宪法第 38 条第 3 款规定，“对于任何人，在他本人的自白是不利于自己的唯一证据时，不能认定有罪或者处以刑罚”；其刑事诉讼法第 319 条第 2 款也规定，“不论被告人的自白是否在法庭上作出，该自白是不利于自己的唯一证据时，不能认定被告人有罪”。

补强证据规则在非共同犯罪案件中，其适用不存在问题。而对于共同犯罪案件而言，学界对于如果同案被告人只有彼此之间的口供、没有其他佐证不能定案基本形成共识，而对于共同犯罪人没有同时受审，他们之间能否相互作为证人并由此定案，换言之，只有共同犯罪某一被告人口供对其他被告人定罪时，是否需要其他证据予以补强，在学术界尚存有争议，立法也并未对此作出专门规定。笔者赞同不能定罪的观点，因为，同案被告人口供仍是口供，仍然适用证据补强规则。

## 三、最佳证据规则

最佳证据规则适用于书证，又称原始文书规则，是指原始文字材料（包括录音、录像、摄影材料等）作为证据其效力优于其复制品，因而是最佳的。这是一项规定原始文字材料作为证据有优先权的原则。然而随着复制技术和计算机技术等现代科学技术的发展，最佳证据规则的运用出现了一些新的问题，例如，如何确定从计算机数据储存中不同时间输出或打印出的材料是原始材料还是复制材料，等等。因此这一规则的现代运用已经产生了一些变化，如《美国联邦刑事诉讼规则和证据规则》对这一原则的规定大致可以概括为：（1）为证明文字、录音或照相的内容，要求提供该文字、录音或照相的原件，除非本规则或国会立法另有规定。原件包括该文字或录音材料本身，或者由制作人或签发人使其具有与原件同样效力的副本、复本。照相的原件包括底片或任何由底片冲印的胶片。任何从电脑中打印或输出的能准确翻印有关数据的可读物，均为原件。（2）复制品可与原件在同等程度上采纳，但对于复制品是否忠实于原件产生疑问或以复制品替代原件采纳将导致不公正的除外。（3）在原件遗失或毁坏或无法获得的情况下，不要求原件，关于该文书、录音或照相内容的其他证据可以采纳。

我国刑事诉讼法未对最佳证据规则作出特别规定。最高人民法院《关于执行〈中华人民共和国刑事诉讼法〉若干问题的解释》第 53 条第 1 款、第 2 款规定：“收集、调取的书证应当是原件。只有在取得原件确有困难时，才可以是副本或者复制件。收集、调取的物证应当是原物。只有在原物不便搬运、不易保存或者依法应当返还被害人时，才可以拍摄足以反映原物外形或者内容的照片、录像。”从而在司法解释中初步确立了最佳证据规则。值得注意的是，该司法解释虽规定了书证必须是原件，但未排除非原件的法律效力，只是在该条第 3 款、第 4 款规定：“书证的副本、复制件，物证的照片、录像，只有经与原件、原物核实无误或者经鉴定证明真实的，才具有与原件、原物同等的证明力。”“制作书证的副本、复制件，拍摄物证的照片、录像以及对有关证据录音时，制作人不得少于二人。提供证据的副本、复制件及照片、音像制品应当附有关于制作过程的文字说明及原件、原物存放何处的说明，并由制作人签名或者盖章。”由于非原件的真实性有时难以认定，所以应尤其慎重。

## 四、传闻证据规则

关于证人证言，英美刑事证据法有所谓传闻证据规则和排除意见规则。

### （一）传闻证据规则的含义

传闻证据规则就是非证人直接当庭陈述及无法质证的证言不得作为证据使用。英国学者 J. D. 海登根据表现形式将传闻证据分为以下两种：第一，当庭作证之证人以外的人所作的明示或默示主张；第二，向法庭提出的书证之中所包含的主张，包括亲身感受了案件事实的证人在庭审期日以外所作的书面证人证言以及警察、检察官所作的（证人）询问笔录。但是，由于证人出庭以言词形式提供证言是直接言词原则的一般要求，而且在英美司法实践中，甚至实物证据也必须以证人证言的形式提出，所以，以书面记录代替证人出庭的第二类传闻证据在英美国家较为少见。在普通法上，传闻证据主要是指第一类传闻证据。在大陆法系国家，并不存在英美法系国家意义上的传闻规则。但是，随着书面审理制度被废止，大陆法系各国普遍将直接言词原则确立为法庭审理活动的基本原则。根据该原则，包括证人在内的所有证据必须在诉讼双方及法庭的参与下当庭进行调查，否则，不得作为裁判的依据。这样，也就在实质上确定了传闻证据规则。值得注意的是，在普通法传统上，传闻证据规则适用的范围十分广泛，即使实物证据也必须由亲身感知的人以言词的形式提出于法庭，传闻证据规则同样影响着实物证据的证据资格。但是，在大陆法系国家，传闻证据规则只适用于亲身感知案件事实的证人，至于实物证据，应当庭出示或由法官亲临“勘验”。在范围上，我国的学界认可的传闻证据规则基本等同于大陆法系的传闻证据规则。

（二）传闻证据规则的理由

传闻证据被排除的理由有三：首先，是由于证据材料受到了不适当的主观倾向的污染，存在着复述不准确或伪造的可能。其次，传闻证据是未经宣誓提出的，又不受交叉询问，其真实性无法证实。但是，应当指出的是，排除传闻证据的基础并不在于其是否具有真实性，而在于此种真实性是否能够在程序中表现于外并得到认可，通俗地讲，即“不关注其是否真实，而是关注其是否能体现真实”。最后，传闻证据并非在裁判官前之陈述，违背了直接言词原则，同时也侵犯了对方的对质权。

（三）传闻证据规则的例外

英美法关于传闻证据规则的例外，学者们有不同的分类。美国联邦证据规则第 803 条和第 804 条规定了两种例外：一是陈述者可否作证无关紧要；二是陈述者不能到庭作证，不能出庭包括陈述者所处的以下情况：（1）被法院以免证权为由作出裁决，免除他就陈述的主要事项作证；（2）尽管法院命令他作证，他坚持拒绝就陈述的主要事项作证；（3）他作证说对陈述的主要事项丧失了记忆；（4）由于死亡或者正患身体上或精神上疾病或者衰弱，他不能出席听证或作证；（5）他未出席听证，而陈述的建议者不曾能够通过传票或其他合理手段迫使他出庭。如果陈述者免除作证、拒绝作证、声称丧失记忆、无能力或者其缺席是陈述的建议者为了防止证人出庭或作证而策划或不法行为造成的，则陈述者不具备不能作为证人出庭的情况。第一种例外有 24 种：（1）表达感觉印象；（2）刺激的发泄；（3）当时存在的精神、感情或身体状态；（4）出于医疗诊断或治疗目的的陈述；（5）被记录的回忆；（6）关于日常行为、活动的记录；（7）在关于日常行为、活动的记录中没有记载；（8）公共记录或报告；（9）重要统计资料；

(10) 缺乏公共记录或没有记载；(11) 宗教组织的记录；(12) 婚姻、洗礼和类似证明；(13) 家庭记录；(14) 反映财产利益的文件记录；(15) 文件中反映财产利益的陈述；(16) 在陈年文件中的陈述；(17) 市场报告，商业出版物；(18) 学术论文；(19) 关于个人或家庭历史的名声；(20) 关于边界和一般历史的名声；(21) 性格方面的名声；(22) 先前定罪的判决；(23) 关于个人、家庭或一般历史或边界的判决；(24) 其他例外。第二类例外有5种情况：(1) 先前证词；(2) 临终陈述；(3) 对己不利的陈述；(4) 关于个人或家史的陈述；(5) 因不法行为而丧失。

（四）我国刑事诉讼法中引入传闻证据规则问题

我国刑事诉讼法没有规定传闻证据规则，最高司法机关的司法解释也未能对该规则作出明确规定。在司法实践中，这种传闻证据的使用未得到禁止，证人陈述的情况可以是亲自看到或听到的，也可以是别人看到或听到后转告他的。证人陈述被告知案件事实，应当说清来源。说不清来源，或者道听途说的，不能作为证据。我国应建立传闻证据规则，以配合庭审制度的改革。当然，传闻证据规则也应该有例外。事实上，一个好的规则就是好在有适当的例外情况。传闻证据规则应建立哪些例外才最适合中国的国情，也是今后学理研究的内容。

1. 引入传闻证据规则的外部环境问题

从历史起源来看，传闻证据规则的确是英美法系实行陪审团审判的产物，是与对抗制的审判方式相适应的。但是，传闻证据规则与陪审团审判、对抗制之间并不存在着互相依存的必然关系，也即传闻证据规则在大陆法系国家存在适用的可能。近几十年来、不同法系之间，不同国家之间的不同制度在一定程度上发生着趋同化现象，一些大陆法系的国家开始移植传闻证据规则，如1988年的意大利刑事诉讼法第514条关于在法庭调查时禁止宣读相关笔录的规定，类似英美法上的传闻证据规则①；2005年最新修订的俄罗斯刑事诉讼法第75条第2款第2

① 第514条是关于“被禁止的宣读”规定，即在具体规定允许宣读的情况之后，对其他情形不允许在法庭调查时以宣读的形式进行。参见《意大利刑事诉讼法典》，黄风译，183页，北京，中国政法大学出版社，1994。

项规定被害人、证人基于传闻所作的陈述不允许采信。[①] 事实上，具有大陆法系传统的日本不仅成功地移植了英美法系的对抗制，还成功地引进了传闻证据规则，并且在2009年5月21日开始实施裁判员制度，以大陆法系参审制和英美法系陪审制的混合形式来实现公民参与司法，发挥着英美法系陪审团的民主参与司法决策的作用。类似的情形同样发生在韩国：韩国在以大法院为核心的司法改革委员会及司法制度改革推进委员会的努力下，于2008年1月1日在其历史上第一次引入了“国民参与裁判制度”，这种制度的内容也可以表述为“陪审要素”和“参审要素”相折中、结合的形态。因此，在两大法系法律制度不断融合的当下，以适用环境为由否定传闻证据规则不能在大陆法系国家适用未免有些武断。

近年来，我国刑事司法领域不断发生着重要变革，司法体制改革不断深化，传闻证据规则所需要的公民参与司法、对抗式诉讼等条件日益成熟。一方面，公民参与司法在我国法院系统、检察院系统都有进行试点，探索总结出了许多本土经验，如河南模式、陕西模式等。通过公民的司法参与，不仅有助于增强司法权威，还有助于推进司法独立、司法公正，从根本上遏制涉诉信访这一严重的社会问题。另一方面，增强控辩双方的对抗性、强化刑事庭审的功能一直是中国刑事审判方式的改革方向，是《刑事诉讼法》再修改的重要内容之一。针对辩护方在对抗式诉讼模式下不能平等对抗问题，我国已经从加强律师辩护权、保障被告人权利和扩宽法律援助等方面着手解决，可以预见，这些将在《刑事诉讼法》再修改中得以确定。此外，我国古代法官多采用“坐堂问案”的审讯方式，使得证人出庭作证成为一种常见的形态，这在一定程度上践行着传闻证据规则的要求。因而，传闻证据规则在我国有其存在并发展的土壤。

2. 传闻证据规则对保障对质权的比较优势

(1) 对质权与传闻证据规则

有研究者指出，对质权和传闻证据规则有着共同的历史渊源，因为如果容许

① 其具体规定是“不允许采信的证据包括”“被害人、证人基于猜测、假设、传闻所作的陈述，以及证人不能指出其信息来源的证言”（《俄罗斯联邦刑事诉讼法典》，黄道秀译，75页，北京，中国人民公安大学出版社，2006）。

传闻证据，事实上也就是剥夺了被告人的对质权。但是，传闻证据规则存在一些例外情形，即法庭准许采用那些未经被告人交叉询问的证言作为定案的依据，这就意味着侵犯了被告人的对质权。因此，在什么条件下，采纳传闻证据既不会侵犯被告人的对质权，又可以兼顾查明案件事实的诉讼目标，这是确立传闻证据规则例外情形的重要因素。对于传闻证据规则和对质权之间的关系，有研究者将美国联邦最高法院的立场概括为两个方面：一方面，仅仅援引证据法上传闻的例外规则并不足以满足对质权的要求，也就是说，即使一项证据属于传闻的例外，容许该证据也可能导致对被告人对质权的侵犯；另一方面，仅仅由于被告人没有与传闻的陈述者当庭对质而容许一项传闻证据也并不必然导致对被告人对质权的侵犯。由此可知，传闻证据规则对被告人对质权的保障主要体现在以下几个方面：第一，传闻的陈述者必须出庭作证，否则，其陈述将被视为传闻而被排除；第二，被告人有权对传闻的陈述者，尤其是对于作出不利于自己的传闻的陈述者，进行交叉询问；第三，作为传闻证据规则的例外，必须符合特定的条件，才可以不经过被告人的对质而被采纳，以尽可能地保障被告人的对质权。

（2）对质权与直接言词原则

直接言词原则包括直接原则和言词原则两项内容。直接原则是指只有在法庭上直接调查过的证据才能作为裁判基础的审判原则，其可以分为形式上的直接审理，即作出判决的法官需要自己审理案件，不得将证据的调查工作委托他人进行；以及实质上的直接审理，即法官需将原始的事实加以调查，不得采用证据的代用品代替原始证据。言词原则是指，在法庭审理中，所有发生在诉讼程序中的事项，均需要用言词的方式来表达，未经过口头形式说出的，均不得在作出裁判的过程中考虑。然而，直接言词原则在适用的过程中同样存在一些例外[①]，尽管这些例外在一定程度上侵犯了被告人的对质权。直接言词原则有以下要求：第

---

①　其包括如证人、鉴定人因特殊情况不能出庭，其以往的证词可以被朗读，控辩双方均同意朗读书面证词等 8 种情况。参见［德］克劳思·罗科信：《刑事诉讼法》，吴丽琪译，433～434 页，北京，法律出版社，2003。

一，卷宗的内容不得作为裁判的依据，证人、鉴定人或共同被告人原则上应当接受询问；第二，所有在审判程序外所获得的资料来源均不得作为判决的基础；第三，书证的影印本只具有较少的证据价值；第四，形成法官心证的所有证据的调查，应当在法庭上以口头方式进行；第五，在审理过程中更换法官时，必须重新开始公审程序。由此可知，直接言词原则对被告人对质权的保障主要体现在：第一，要求证人、鉴定人等诉讼参与人必须出庭，以口头的形式陈述事实或表达意见；第二，所有在审判程序以外获取的意见类材料不得作为判决的基础。

（3）传闻证据规则与直接言词原则的比较

从上述分析可以得知，在保障被告人对质权方面，尤其是保障被告人与不利于己的证人对质的权利方面，传闻证据规则与直接言词原则存在着共同之处，即，二者都可以在很大程度上保障证人出庭作证，为被告人向证人发问提供便利。然而，两者在保障被告人对质权力度方面的区别也是明显的，以下分述之：

第一，目标追求的差异。设置传闻法则的目的在于保障发现真实，但这种真实是保障无辜者不受错误追究这一消极意义上的真实，即法律真实，核心是保障被告人的权利。因此，传闻原则上应该被排除，只有经过被告人的交叉询问检验以后，才可以作为定案的根据。这一点契合了对质权的要求，即被告人享有出席法庭审判的权利以及被告人与提供不利于自己的证言的证人面对面对质的权利。根据传闻证据规则，只要某一证据没有经过对方当事人的反询问或者同意，无论是否经过法官审查，都是无效的。传闻证据规则的出发点在于保障当事人对于不利于自己的证言的证人进行反询问的权利，因此，没有经过对方当事人同意或者反询问的证据，即为违反正当程序的证据，不具有可采性。而直接言词原则的设置目的则是保障法院发现真实，这种真实是积极意义上的真实，即客观真实；其核心是不仅要保障无辜者不受错误追究，还要使得犯罪人不会被错误放纵。因此，依据直接言词原则，法官的职责是保证法庭查明真相，法官只需要考虑自己是否认可证言的可靠性，因而，并不排除传闻证据的适用，因为在证据问题上，证据并不是公诉人用来赢得案件的手段，而是法庭履行职责查明真相的必要工具。[①] 根据直接言词原则，在法庭审理中，只要该证据被允许，且在法官面前以言词的形式提出并经过调查，即为有效。也正是由于这个原因，一旦法官形成内心确信，他就有可能借助职权限制被告人行使对质权，被告人出庭的权利和交叉询问的权利被架空。

第二，例外设置的差异。传闻法则和直接言词原则各自都存在大量的例外情形，这些例外情形的设置从反面体现了其对被告人对质权的保障力度。英美法系国家对传闻的例外进行了严格限制，以保证传闻证据规则的核心规定不被架空。其对对质权例外的设置是以传闻证据规则的例外为基础，但是附加了相当严格的条件限制。大陆法系国家虽然在法国大革命之后废除了侦查机关对被告人进行秘密审讯、法官依据审讯笔录进行书面审理的制度，而确立了直接言词原则，但是其总体思路仍然未偏离以发现真实为核心的传统，体现为直接言词原则设置的大量例外情形。虽然直接言词审理原则的实现在一定程度上会提高被告人的防御权，使被告人在刑事诉讼中的防御权得到一定程度的保障，但是直接言词审理原则的目的主要在于建立法院与证据间的直接关联，以杜绝书面审理的弊端，所以，该原则并不十分重视对被告人防御权的维护，因而其例外事由的承认，自然也不是直接从保障被告人防御权的观点得出。因此，有研究者指出，大陆法系的直接言词原则意在发现真实，顺便保障被告人的对质权；英美法系的传闻证据制度则意在保障人权，顺便对被告人不被错误定罪这一方面的真实予以兼顾。

第三，作用发挥的差异。传闻证据规则是与当事人主义诉讼模式联系在一起的，其主要是对证据资格的要求，并未直接规范法官的行为，因而，如果当事人不提出某一证据属于传闻并要求排除的话，法官并不负有主动排除该证据的义务。而直接言词原则与职权主义诉讼模式联系在一起的，侧重于强调法官在庭审中必须自行调查证据，该证据应当由证人或者鉴定人以口头的形式作出，因而，

---

① 例如，对于未到法庭的证人所提供的证言，德国联邦最高法院一直没有将其排除，只是要求谨慎对待而已，在被告人不能质疑原始证人的情况下，仍然拒绝排除传闻证言。参见［德］克劳思·罗科信：《刑事诉讼法》，吴丽琪译，438～440 页，北京，法律出版社，2003。

在进行证据调查时，无论当事人是否提出，法官都应当在审查证据时主动遵守该原则。此外，根据传闻证据规则，只要该证据没有经过对方当事人的质证或者同意，无论是否经过法官审查，都不能作为定案的依据；反过来，即使是传闻证据，只要双方当事人都同意使用，法官也不会排除该证据。而直接言词审理原则是对法官审判行为的规范，因而只要法官在审判过程中的行为遵守该原则，法庭调查所得的证据即具有证据资格，就可以作为定案的依据。

综上可见，在解决我国证人不出庭作证、审判中较多使用书面证言等侵犯被告人对质权的问题方面，传闻证据规则较直接言词原则而言更有优势。考虑到我国刑事审判方式改革朝着加强对抗制的发展方向和群众参与司法深化的趋势，通过引入传闻证据规则来保障被告人的对质权有其必要性、合理性与优势性。

## 五、意见证据规则

意见证据规则是指，证人作证只能陈述自己体验的过去的事实，而不能将自己的判断意见和推测作为证言的内容。意见证据规则的前提是区分事实和意见。一般说来，观察、体验的情况为事实，推测、判断的陈述为意见。

意见证据规则确立的理由是：(1) 认定事实、作出判断系法官职责所在，证人的责任在于提供法官判断事实的材料，而不能代行法官的判定职能。(2) 法庭需要证人提供其经验事实，而意见和推测并非证人的体验，因此在证据上并无用途，而且容易导致立法混乱，可能会因提供有偏见的推测意见而影响法官客观、公正地认定案件事实。

意见证据规则将作为证据的陈述分为两类：一类是体验陈述，指陈述人就自己所体验的事实而为之陈述；一类是意见陈述，指陈述人依据特别知识和经验，陈述其判断某一事项之意见。前一类陈述为证人（包括被害人和被告人）的陈述；后一类陈述为鉴定人的陈述，即作为专家证人的专门人员依自己的专业知识与经验对案件特定问题予以判断而作的陈述。但在某些情况下，二者关系密切，难以完全分开。对于直接基于经验事实的某些常识性判断，往往不能作为意见证据加以排除，例如，某种状态如车辆的快慢、人的感情等心理状态，物品的价值、数量、性质及色彩等这些事实情况，实际上难以用非判断方式来表达。因此，可以视为意见证据规则的现实性例外。

我国法律对于证人意见可否作为证言的内容没有规定。在我国诉讼实践中，证人作证时，往往会加入自己的判断甚至推测。这并未为立法与司法实践所明确禁止。但是从《刑事诉讼法》的现行规定，即只有"知道案件情况的人"才有作证的义务，证人应当"如实地提供证言"来看，证言的内容应限于证人所了解的案件情况。与案件无关的事实，以及证人对案件事实的分析、判断或者估计、猜测等，都不能作为证言的内容。

## 六、推定和司法认知

在刑事审判中，不是所有的事实都需要证据加以证明，对于一些日常生活中的道理、共知的事实，就无须证据证明，而可以由法庭进行推定和司法认知。推定与司法认知的对象，是无须证据证明的事实。

推定与司法认知是审判活动中重要的认证与审判方式，是证据规则的重要内容。为了运用推定与司法认知理论指导诉讼实践，需要以立法的形式进行规范。包括哪些事实可以通过推定与司法认知来直接认定，无须证据证明，如被告人精神正常、排除违法事由，等等，均需以立法的形式作出较为具体的规定。推定与司法认知在我国司法实践中已有运用，但未有法律的明确规定，未实现立法化，因而缺乏明确的规范。为此，必须加强学理上的研究，尽快在立法上予以规定。

在我国刑事诉讼中，有必要建立以下推定①：

1. 绝对推定。包括：（1）了解我国法律的推定。推定在我国领域内的人都了解我国法律规定，辩护方不得以不知道法律规定作为辩护理由。（2）精神健全的人自愿并故意所作出的行为，推定其预知其行为的后果。（3）法院判决生效

① 参见谢光永：《刑事证据规则研究》，中国人民大学 2001 年博士学位论文。

后，推定为正确。

2. 可反驳的推定。包括：（1）非法行为是基于非法目的进行的；（2）持有最近被非法行为取走的物品的人是非法行为的行为者或者销赃者或者买赃者。（3）身体精神健全。（4）收到信件。一封以恰当方式邮出的信件可以推定已被收信人按时收到。（5）知情推定。根据某种状况、状态、价格而推定行为人是知情的。如某人以明显低于市场价的价格买货，或在秘密场所或在深夜取货，可以推定其知情收买赃物。在强奸案中，奸淫不满 14 岁的幼女，根据幼女的外貌、身体发育状态，可以推定被告人明知被害人是幼女。（6）某人持有或行使所有权的物品属该持有人所有。在贩毒案件中，持有毒品的人可推定其拥有该毒品。（7）拒不回答不涉及案情问题的犯罪嫌疑人，可作出对其不利或不清白的推定。犯罪嫌疑人拒不回答自己的姓名、住址、年龄等不涉及案情的一般性问题，可以对其作出不利或不清白的推定。（8）排除违法阻却事由以及责任阻却事由。

对司法认知的范围也应作出规定。在证据法中，可确立的司法认知的范围包括：对于常识性或者已经被确证的事实，由法庭直接认定，而不需要进一步加以证明。具体而言，可以采用司法认知的事项主要包括以下事实：（1）属于常识性的事实；（2）其他判决认定的事实；（3）法庭认为其他可以采用司法认知的事实。

# 第十四章

# 推行非法证据排除规则的障碍与出路

近年来，我国刑事诉讼法学界对非法证据排除规则表现出了浓厚的研究热情，许多学者针对该规则的产生背景、价值、发展、在我国的构建等问题展开了深入的讨论。非法证据排除规则对警察违法侦查活动的抑制、对受到侵犯的公民权利的救济、对人权的尊重、对司法公正的维护、对国家权力行使的限制等价值被深刻地挖掘出来。正因为如此，历史、文化传统各异的国家能够跨越文明与种族的差异、共享非法证据排除规则为法治实现带来的普适性动力。

非法证据排除规则首先产生于高度崇尚民主、自由和个人主义的美国，“砍树弃果”的排除规则使美国在排除非法证据的道路上走得最远，而英、日、德、法等国在一般情况下只是否定非法自白的效力，对物证或交法官自由裁量，或明文规定排除极少数情况下取得的证据，或在司法实践中认可其证据能力。我国最高人民法院、最高人民检察院、公安部、国家安全部、司法部于 2010 年颁布了《关于办理刑事案件排除非法证据若干问题的规定》，以司法解释的形式明确规定非法取得的被告人供述、被害人陈述和证人证言不得作为定案根据。2012 年 3 月修改的《刑事诉讼法》在总结实践经验的基础上进一步规范和完善了我国的非法证据排除规则。然而，实践中至今仍鲜有排除非法证据的案例。笔者认为，这固然与该规则的实施缺乏程序性规定和配套制度有关，但司法实践与规则相左的背后隐藏的是更深层次的理念障碍与价值选择的困境，笔者试图在下文中就法律文化，政治、法律体制，犯罪形势、法律观念等方面的障碍予以阐述，并从中挖掘这些障碍对规则构建所带来的启示，从而为进一步完善我国的非法证据排除规则提供新的视角和思路。

## 一、法律文化障碍透视及启示

霍姆斯法官说：法律是一面魔镜。从这面镜子里，我们不仅能看到我们自己的生活，而且能看到我们前人的生活。对法律的理性研究，在很大程度上，是对历史的研究。[①] 一国法律文化传统对于确定该国非法证据排除规则的模式具有深层次的影响。法文化即定势化的有关法和法律生活的群体性认识、心理状态、价值观念和行为模式，它与宗教文化、道德文化、政治文化等相互依存和作用，直接影响着国家。[②] 我们必须看到西方各国与我国具有不同的法律文化背景，否则，机械的法律移植不仅会使该规则得不到我国政府的支持，也得不到民众的理解。

笔者认为，中西方法律文化方面的差异最主要体现在个人权利和国家权力冲突时的不同选择。英美法系国家提倡洛克式的“市民社会优先”原则。洛克认为，对于国家权力而言，个人权利是一种基础、一种本源。权力是从权利中分化出来的，是为了保护权利而不是侵害或剥夺权利的，认为个人权利是国家权力赋予的更是本末倒置。以美国为例，美国对非法证据的效力持最为坚决的否定态度，从法文化的角度来看，是有其深刻原因的：其一，个人本位主义与国家创建同步滋生。高度崇尚民主、自由和个人主义的建国者们为逃避专制统治和宗教迫害按照社会契约原则创建了美国这样一个联邦国家，对集权独裁和专制的强烈反感使他们的理念扎根于个人本位主义之中，对国家和政府、司法官员持不信任态

① 参见［美］伯纳德·施瓦茨：《美国法律史》，王军等译，1版，4页，北京，中国政法大学出版社，1990。

② 参见汪海燕、胡长龙：《刑事证据基本问题研究》，265页，北京，法律出版社，2002。

度，其法律设置的起始原因是控制国家政府的权力，而非控制社会中的个人。这对美国的刑事司法制度产生了深刻影响，使之有了与其他国家不同的显著特点，即以宪法的形式直接规定了个人的权利，尤其是个人与国家的刑事司法机器发生冲突时的诉讼权利有了宪法性的保障，这为非法证据排除规则在美国的产生和彻底推行奠定了法律基础。其二，自然权利观念在美国社会中的影响根深蒂固。美国《独立宣言》写道："我们认为下列事项是不证自明的真理：人人生而平等，由造物主赋予了某些不可转让的权利，包括生命、自由和追求幸福的权利。美国公民普遍认为个人权利是与生俱来的，且不受非法剥夺，其中以生命权、自由权和财产权最为基本，不能以牺牲少数公民的重要权利来实现所谓的社会利益。"所以美国在刑事诉讼中特别注意保护很有可能侵犯社会公共利益，但在诉讼中又处于天然弱者地位的被告人的权利。在由于实行非法证据排除而导致的个人权利与国家权力的冲突中，美国选择了前者。正如美国一学者所言："设计这个体系的目的是公平地起诉公民而不是控制犯罪蔓延。"① 基于法文化传统方面的原因，美国在排除非法证据的道路上走得最为坚决和彻底，不仅排除以非法搜查或扣押等非法方式而得来的证据，而且扩及任何直接或间接产生于最初非法获得证据的其他证据，包括言词和实物证据，即"砍树弃果"。但是，后来由于犯罪率的不断攀升，美国联邦最高法院确立了非法证据排除规则的一些例外，如"最终或必然发现的例外"、"善意的例外"等，然而，例外的适用情形非常有限，严格排除非法证据的基本立场并没有松动。而同样作为英美法系发源地的英国却有和美国不一样的选择。英国文化最大的特点是保守，英国证据法历来坚持衡平原则，因此在对非法取得物证的取舍上授予了法官较大的自由裁量权，而对"毒树之果"一般不予排除。

与英美法系不同，大陆法系国家主张黑格尔提出的"国家优先"原则，这也可从其历史发展的痕迹中找到答案。在欧洲大陆国家，历史上曾经经历了长期的封建割据和分裂。这一时期，经济发展缓慢，社会动荡不安，公民的生命、财产

① ［美］特鲁·杰斯特：《我们与犯罪作斗争一直失败》，载《国外法学》，1982（3），8～14页。

极易遭到损失。此后各国相继建立了封建中央集权国家，实行中央集权统治。与此相适应，人们逐渐以国家权力本位主义为理念，强调国家对公民个人的权力干涉。特别是随着封建王朝日益强大，专制政权需要在理论上为自己的统治进行辩护，而资产阶级为了发展资本主义商品经济，建立统一的国内市场，摆脱国家的纷乱，也需要在理论上为君主专制开路。[①] 在个人权利和国家权力相矛盾时，大陆法系作出了国家权力优先的必要选择。后来，这种局面虽然受自然法学派和正当程序观念的影响，但并未从根本上得到改观。因此，这些国家对待非法证据的态度远没有美国坚决。如德国和法国等大陆法系国家一般对非法取得的物证持"权衡原则"，这些国家关于证据的证明能力规定较少，对非法证据并不一般地予以排除，而是根据违法的严重程度、排除非法证据对国家利益的损害程度和发现实体真实的影响，由法官对此进行一定程度的自由裁量。

中国不属于英美法系或大陆法系国家，几千年的封建专制统治和儒家思想的熏陶，使繁衍生息在这片土地上的国民养成了"温、良、恭、俭、让"的民族性格特征，人们已经普遍接受了"个人服从集体、集体服从国家"的观念，用"义"来制约"利"，用"群"来制约个体，用权力来制约权利。用梁漱溟先生的话来形容就是，"几千年中国文化最大之偏失，就在于个人永不被发现这一点上。一个人简直没有站在自己的立场说话的机会"。因此，人们普遍对政府的权力抱有很高的信任感和依赖感，为了获取生存的安全，人们愿意付出牺牲自由和权利的代价。当犯罪行为发生时，人们往往对之表现出极大的憎恶和恐惧，普遍关注的仅仅是案件是否侦破、罪犯是否受到惩罚，至于使用什么手段，程序是否合法、公正，在所不论，更不会想到或许有朝一日，自己可能成为被怀疑的对象，成为刑讯淫威下瑟瑟发抖的羔羊。可见，对于获取安全的强烈渴望使人们对政府的权力的限制和滥用表现出极大的容忍性，对于追诉机关为惩治犯罪进行刑讯逼供、非法搜查、非法扣押等非法取证行为给予相当程度的认可。在这种历史、文化背景下，非法证据排除规则在中国的确立与推行将比在其他国家更加艰难。

---

① 参见何勤华：《西方法学史》，114页，北京，中国政法大学出版社，1996。

通过对两大法系和中国不同法文化传统的比较分析，我们可以得出的启示是：法律移植要立足我国的现实国情，因为法律文化与民族心理不是一件随意脱掉的外衣，理论和立法研究应具有超前性，但切勿矫枉过正。文化本身并无优劣之分，因为文化的载体——民族亦无优劣之分。笔者并不否认人类和文化是可以进化的，但这是一个漫长的、循序渐进的过程，在制度设计时首先要想到的是尊重现有的文化，而非改造文化。忽视文化的历史惯性，足以把异质的诉讼模式打上折扣并将其改造得更接近于自身的文化传统，如此，法律移植也只能落得南橘北枳的命运。

## 二、政治、法律体制障碍透视及启示

非法证据排除规则得以产生和成活需要相应的政治体制、诉讼制度作为依托，笔者认为，西方“三权分立”理论的推行和当事人主义诉讼模式的确立为其发展、成熟提供了基础性前提和绝好的环境。尽管随着该项规则的价值不断被挖掘，职权主义国家也在不同程度上确立了非法证据排除规则，但当事人主义诉讼模式的内在特征与非法证据排除规则所需环境的契合决定了该项规则只可能在以正当程序为法律灵魂的美国产生并彻底推行。笔者认为，从政治与法律体制的角度寻找我国建立非法证据排除规则的障碍也不失一个好的视角。

1. 西方“三权分立”理论为非法证据排除规则的产生创造了基础性前提

仅有法律的规定并不足以产生非法证据排除规则，法院排除非法取证的行为是对政府行为的一种限制和否定，很难想象在司法与行政不分或司法受制于行政的情况下，非法证据排除规则能够顺利产生并推行。

从某种意义上说，西方“三权分立”理论为非法证据排除规则的产生创造了基础性前提。“三权分立”作为一种学说，最先由英国资产阶级思想家洛克提出。在封建专制独裁统治下，皇帝或国王的权力至高无上，总揽立法、行政、司法大权。洛克在已经存在的政治现实基础上，提出了立法权和执行权（行政权）的分立，并指出，立法权高于行政权。他讲的立法权和执行权分别指国会和英王。孟德斯鸠进一步发展和完善了洛克的分权学说，主张必须建立“三权分立”的政体，按照立法、行政、司法三权分立的原则组成国家。他说：“要防止滥用权力，就必须以权力约束权力。”“当立法权和行政权集中在同一机关之手，自由便不复存在了，因为人们将要害怕这个国王或议会制定暴虐的法律，并暴虐地执行这些法律。”相比洛克，孟氏不仅说明分权，而且进一步说明了权力行使过程中发生矛盾、冲突时如何解决，如此，不仅在政治上起到了鼓舞资产阶级革命的作用，而且对于未来国家如何防止权力滥用、如何对权力进行有效的制约提供了参考模式。

“三权分立”对人类文明进程特别是司法进步的巨大推动作用，无论怎样评价都不为过，其意义不亚于人类第一次钻木取火。可以不夸张地说，没有“三权分立”理论，非法证据排除规则不可能产生和推行。以美国为例，美国联邦宪法将权力分配给政府的三个部门，即立法、司法和行政部门：在刑事司法方面，国会制定法律，但无权执法和审判；执法机关和起诉机关隶属于政府的行政系统，有权预防、侦查和制止犯罪及对犯罪嫌疑人提出起诉，但没有权力决定犯罪嫌疑人是否有罪和如何处罚；法院实行司法独立，不受行政系统干预，有权根据法律进行审判，但法院不能主动提起案件，必须依据起诉而发动审判。在庭审过程中，法官不讯问，而是由双方律师讯问被告人和证人，法官只是主持审判。由陪审团裁决被告人是否有罪，法官只是在陪审团作出有罪裁定的情况下决定量刑。[①] 这种权力分配使美国的法院和法官在非法证据的排除过程中可以完全独立，不受其他力量的牵制。这是非法证据排除规则得以运作的前提。

2. 当事人主义诉讼模式为非法证据排除规则的彻底推行提供了绝佳的环境

现代世界各国虽然普遍禁止以违反法律的方式获取证据，但对于非法获取的证据的效力存在不同的处置方法。比较彻底的非法证据排除规则只在以正当程序为法律灵魂的美国确立，与其实行的当事人主义审判模式密不可分。当事人主义审判模式又称对抗式审判模式，是指刑事审判活动主要由控方的举证和辩方的反驳推动，法官（陪审官）居于中立而且被动的裁判者地位，控方和辩方平等地共

① 参见杨宇冠：《非法证据排除规则研究》，11页，北京，中国人民公安大学出版社，2002。

同推动和控制审判进行的一种审判模式。① 当事人主义审判模式的典型特征就是法官的消极中立和控辩双方的积极主动与平等对抗，这恰为非法证据排除规则的彻底推行提供了绝好的环境。

法官消极中立决定了审理法官对证据的超然态度，这是非法证据得以排除的保证。以美国为例：法官的独立地位使其成为与检察官和警察利益无涉的独立个体，其在排除警察所取得的公诉方提出的非法证据时，无须顾忌他们之间的工作关系或其他关系。负责侦查的警察在审判中只能担任证人，有出庭作证的义务，而没有任何权力对于证据是否采纳提出意见；公诉人仅仅是政府方的律师，没有必须胜诉的压力，也不必承担败诉的责任，更没有监督侦查和审判的权力，因此，排除非法证据对公诉人影响不大。另外，法官仅在陪审团确定被告人有罪之后负责量刑问题，因此，非法证据排除规则实际上只对被告人定罪问题发生作用，对量刑不发生作用。法官不受定罪率或宣判无罪率方面的任何约束，更无须顾忌是否放纵犯罪或者是否发生错案赔偿问题。② 这确保了法官对非法证据的超然态度，是非法证据得以排除的重要保障因素。

控辩双方的积极主动和平等对抗营造了探求真实的良好氛围，控辩双方参与诉讼程序的热情和能量被发挥到极致，在这种环境下，非法证据能够得到更有效的排除。在美国的对抗制诉讼中，控方负责对被告人有罪的指控证明到“排除合理怀疑”的程序，而被告方千方百计使其出现合理怀疑，最彻底的方式就是从根本上否定该证据，使其不能进入审判程序。这种程序后果大大调动了被告方想方设法举证证据非法的积极性，而侦查程序的双轨制和专门性、强制性的证据开示制度保证了被告方对证据的获取和占有，使其有能力举证。当然，美国控辩双方的对抗不仅体现在法庭审理阶段，而且已经延伸到法庭审理之前：在侦查阶段，律师不仅为被告人收集证据。而且还对控方收集证据的行为进行监督，从而有可能对证据收集的合法性提出质疑，启动非法证据的排除程序。

相比之下，职权主义诉讼模式下非法证据排除规则作用的发挥大为受限。法

① 参见陈卫东主编：《刑事诉讼法》，318页，北京，中国人民大学出版社，2004。

② 参见杨宇冠：《非法证据排除规则研究》，13页，北京，中国人民公安大学出版社，2002。

官的中心地位及在事实、证据调查中的积极性，控辩双方在审判中的消极被动、不平等与当事人主义审判模式形成了鲜明的对照。宏观的体制决定了国家负有查明案件事实真相的全部责任。在法国和德国，警、检、审机构基本上处于同一司法共同体之中，审、检同属司法机关且合署办公，其工作人员接受相同的职业培训，遵循同样的职业规范，司法警察在刑事侦查中受检察官指挥和调遣。这种体制下的控诉力量从未疲软，而辩护方在诉讼结构中的影响能力却十分有限。这种诉讼模式势必造成在非法证据排除的过程中法官有所顾忌，辩护方难有作为。

3. 我国构建非法证据排除规则的体制障碍与启示

从政治体制看，我国实行的是人民代表大会制度，这是比较符合我国国情的根本政治制度，直接反映了我国人民民主专政的国家性质，体现了我国政治生活的全貌，是人民实现当家作主的民主权利的基本形式和途径。我国虽然没有实行“三权分立”，但从实践上看，我国也存在着立法（权力）机关、行政机关、司法机关职能的区分，机构的分离，权力的分工，以及人大对政府的监督、对司法机关的监督，司法机关通过行政诉讼纠正政府机关的违法行为等权力制约关系。但总体上看，我国对国家权力比较重视分工（机构的分离和职权的划分），却缺少对权力的制衡，而任何缺乏制约和规范的权力都有自我膨胀并趋于腐败的危险。在我国，全国人大作为国家最高权力机关代表人民行使国家权力，从性质上讲是一个全权性的机关，地位要高于行政机关和司法机关，但实际上，全国人大不可能代表人民行使全部的国家权力，而只能行使立法权、监督权、任免权、决定权等一些重要的权力。长期以来，由于党政不分、代表素质低下等原因，人大在我国政治生活中实际并未树立起应有的权威。但随着民主进程的发展、人大地位的提高，这种“全权性机关”的性质必然导致的是不受任何制约的危险，尤其是人大常委会作为人大的常设机关本身就有行政化的倾向，如仅受每年会期不超过20天的人大的监督，权力更会膨胀。这种情况一旦成为现实，对我国民主制度的发展绝非福音。[①] 同样不容忽视的是，我国行政机关权力滥用的现象日趋严

① 参见《感悟孟德斯鸠〈论法的精神〉》，见 http：//www.chinaxuexi.com/lunwen/law/2004/12/192318 1738.shtml。

重，而司法机关独立地位的实现却举步维艰。这种权力行使状况显然与“以权力制约权力”的“三权分立”理论有相当的距离。

司法独立自近代以来，一直是法治国家的一项宪政原则。这项原则要求政府的侦查和追诉行为都必须接受法官的审查。如果是违法侦查，不仅在实践中可能受到刑事处罚或民事侵权赔偿，而且在诉讼上可能宣告程序无效，进而导致收集的证据被排除。然而受政治体制的影响，我国的司法独立呈现如下特点：一是宪法和人民法院组织法、人民检察院组织法、刑事诉讼法规定的独立是相对的独立，人民法院、人民检察院仅独立于行政机关、社会团体和个人，对党和国家权力机关不能讲独立，这为后者不合程序或不合理地介入刑事司法提供了可能。二是法院、检察院对地方政府的依附性。新中国成立以来，司法机关的领导体制虽几经变动，但我国法院的设置基本上还是走行政区划的老路子，司法工作行政化现象极为明显，政治组织在各级政府层次上仍可以通过人事调配权、物质分配权、宏观决策权、案件的调查和讨论权等干预司法。三是在我国，司法独立仅指法院的整体独立，而非法官的个体独立，法官判案仍需要听从本院院长、审判委员会的指示。《刑事诉讼法》明确规定审判委员会不仅有权“讨论”案件，而且有权作出“决定”，并特别强调“审判委员会的决定，合议庭应当执行”。这造成了“审者不判”、“判者不审”的奇怪现象，与我国奉行的“庭审中心主义”和我国确立的公开审判制度背道而驰，严重破坏了司法的独立性。可见，司法不独立成为制约非法证据排除规则运作的最大瓶颈，因为法院必须有足够的权力才能对政府的非法取证行为予以限制和否定，而人大的个案监督、人民检察院的法律监督、政法委员会的直接领导，以及地方行政机关对法院人、财、物等方面的制约，难免使法院在非法证据的排除过程中顾虑重重。再加上公、检、法三机关“分工负责，互相配合，互相制约”的紧密关系，使其在刑事诉讼中看似是平起平坐的权力主体，在这种情况下，法院是否有胆量、有能力、有动力排除检察机关提交的用于指控犯罪的非法证据是个很值得怀疑的问题。

从诉讼模式看，经过 1996 年、2012 年两次修正后的《刑事诉讼法》淡化了职权主义诉讼色彩，在一定程度上吸收了当事人主义诉讼模式的合理因素，加强了对犯罪嫌疑人、被告人权利的保障，改革了法庭审判方式，增强了控辩双方的对抗性，使法官处于更为中立、公正的地位，诉讼的结构更趋科学、合理。但我国当事人主义仅仅停留在审判阶段，审前程序仍带有超职权主义的色彩，停留在一种暗箱操作状态，缺乏司法审查。追诉机关讯问时法律没有赋予律师在场权，律师有限的调查取证权又被设置了重重障碍，羁押场所的管理、监督权仍属于追诉机关，搜查、扣押、窃听甚至刑事拘留缺乏有效的监督，这一切都为追诉机关滥用权力、非法取证创造了有利条件，使得控辩平等只能成为一种理论上的口号，辩方参与诉讼的能力和积极性大为受挫，业已确立的非法证据排除规则在实践中的运行情况也就不难预料了。

通过对政治和司法体制方面障碍的透视，我们能够得到的启示是：一项规则的运行需要诸多制度予以支撑，营造其顺利成活的良好环境。非法证据排除规则要在我国顺利推行，有赖于司法独立的实现，有赖于审前程序的重构，有赖于一系列配套制度的建设。这本身就是一个浩大的法律工程，不可能一蹴而就，需假以时日。在这个工程中我们能够挖掘到的子项目可以列出一个长长的账单，如改革错案赔偿制度，建立违法官员惩戒制度，完善被侵权人救济机制，加强人大的监督，理顺公、检、法三机关的关系，提升法官入门的门槛，加强法官的职务保障和经济保障，改革法院内部行政化的管理模式，在审前阶段引入法官裁判机制，建立证据开示制度，进一步完善辩护律师的权利保障机制，改变以口供为中心的侦查模式，等等。当然，我国非法证据排除制度的基本框架已经确立，要使其真正发挥遏制非法取证行为、尊重与保障人权、维护司法公正的功效，这些配套制度的建立与完善是必不可少的。

## 三、犯罪形势障碍透视及启示

非法证据排除规则在世界各国都是在争论中建立和发展起来的，因为其直接影响到国家对犯罪的有效追诉。一个国家犯罪率高低及政治上的需要是构建非法证据排除规则的直接制约因素，这也影响了刑事诉讼目的即惩罚犯罪与保障人权在实现过程中的选择和平衡。当国家比较稳定、犯罪率较低以及改变现行政治制度和体制的呼声不高时，一个国家的刑事程序设计和刑事政策往往偏重于公民个人权利的保护；反之，当犯罪率较高、社会动荡不安、以各种方式要求改变现行政治制度和体制时，统治阶级就把刑事诉讼的功能偏转向制裁和惩罚，实行的刑事政策和具体的刑事程序设计都不会有利于犯罪嫌疑人和被告人。即使是在视程序为法律生命、声称保护人权为刑事诉讼首要价值的美国也不例外[①]：回顾非法证据排除规则在美国确立以后八十多年间的起伏变化历史，从产生、发展到如今迫于打击犯罪的需要出现了诸多限制，如"最终或必然发现的例外"、"善意例外"、"独立来源例外"以及"稀释例外"等例外情形，缩小了非法证据的范围，都是统治阶级在不同阶段根据犯罪形势和政治需要作出的必然选择。

价值冲突是法存在的前提条件，法的功能就在于最大限度地防止在价值冲突中的价值丧失与耗损。非法证据排除规则"是刑事诉讼中最易发生价值冲突的问题"[②]，立法者无论在惩罚犯罪与保障人权中作出何种选择都不可避免地要付出不愉快的代价。1926 年美国知名法官卡多佐（Cardozo）在纽约州任最高法院法官时，面对警察非法取得之证据应否排除，曾言："一方面，我们的社会希望犯罪应被抑制；另一方面，我们的社会不希望警察傲慢地轻视法律。证据排除与不排除，皆有危险。"[③] 违反法定程序、通过非法手段获取证据是违背近现代法治国家的政治理论的，是对公民个人权利的一种非法侵犯。然而不可否认的是，许多通过不合法的途径取得的证据，其本身是反映真实情况的，还有可能成为证明犯罪事实最为直接和关键的证据，采用则可能顺利追究犯罪、平息民愤、维护秩序，排除则可能放纵犯罪、极大地打击民众对正义和法律的期望，甚至使国家在政治上遭到损失。因此，卡多佐认为："证据不得任意排除，否则岂不是因警察的一时疏忽，而让罪犯逍遥法外。"[④] 我国更有学者提出："我们不能用惩罚无辜

---

① 参见汪海燕、胡长龙：《刑事证据基本问题研究》，269 页，北京，法律出版社，2002。

② 刘善春、毕玉谦、郑旭：《诉讼证据规则研究》，174 页，北京，中国法制出版社，2000。

③ 转引自王兆鹏：《证据排除法则的相关问题》，载（台湾）《刑事法杂志》，第 43 卷第 3 期。

④ Bivens v. Six Unknown Named Agents of Federal Bureau of Narcotics，403 *U. S.* 388，415（1971），p. 587. 转引自杨宇冠：《论非法证据排除规则的价值》，载《政法论坛》，2002（6）。

者的办法（即拒绝证据的提出和采纳）作为对警察或其他收集证据人员的报复手段”，“证据是个‘无辜者’”，“非法证据排除的一个重要的谬误在于以非法方法断送了整个证据合法收集的可能性”①。

引入非法证据排除规则是否会对于我国侦查和打击犯罪造成不利影响，是否会导致犯罪形势的失控，是立法者必须要慎重思考的一个问题，犯罪控制和警察违法控制之间的尖锐矛盾也成为反对规则创建一方发出的最有力的声音。我国正处在新的社会转型期，各种犯罪案件的增长几乎是发展社会主义市场经济无法避免的“副产品”。从 20 世纪 80 年代以来，我国经历了二十余年犯罪率的持续增长，最低增长率也在 14%左右。经济模式的转变，严峻的就业形势，分配领域的严重不公等因素成为了滋生犯罪的温床。在可以预见的将来，由犯罪数量大幅度增加所引发的刑事案件数量的“爆炸”将是一个长期存在的现象。同样不容忽视的是，与犯罪分子手段日益隐蔽、犯罪技术含量日渐增高相对应的是侦查技术落后、手段单一、队伍素质不高，侦查机关的破案率只能维持在一个较低的水平。为维护社会稳定，各地政府纷纷采取措施，对于本地区发生的影响极大的案件实行限期破案制度，并将破案率的高低作为考察政绩的一项重要参数。面对来自方方面面的巨大压力，侦查机关常常采取刑事案件治安化处理，不立案、不移交，或者不破不立，以实现数字上的破案率的提高，非法证据在侦、控、审三阶段被广泛使用，甚至成为侦破大案、要案并据以定罪量刑的主要依据。即便如此，刑事案件的破案率依然维持在一个较低的水平。② 许多基层的侦查人员认为，刑侦工作任务重、时间紧、责任大、经费少、设备差，在这种情况下，刑事警察担负着繁重的打击犯罪、维护治安的重要工作实属不易。由于侦查条件的限制和专业技术人员的缺失，在侦查中依赖口供甚至刑讯逼供是一种无奈的选择。非法证据排除规则的确立，确实进一步加大了办案成本和办案难度，甚至导致一

① 马贵翔、倪泽仁：《非法证据排除规则的理论误区与规则重构》，载《国家检察官学院学报》，2002 (10)。

② 参见管宇、李岚、甄明：《我国确立非法证据排除规则可行性研究》，载《河北法学》，2004 (12)。

些犯罪分子的犯罪行为不能得到应有的惩罚，被害人的权益无从保障，社会秩序不能有效地恢复，社会只能处在一个动荡不安的状态。

面对严峻的犯罪形势，非法证据排除规则的适用必然引起争议。我国到底应该作出怎样的价值选择，是将非法证据排除规则束之高阁还是改变侦查模式和侦查观念，是摆在司法工作人员面前的一个无法回避的问题。根据自然法则，物种在生存受到威胁时，有两种选择：一种是被淘汰；另一种是改进自己，适应新的环境。最近几十年来，随着国际人权法的不断发展以及刑事司法国际准则的推广，在排除非法证据方面呈现出国际一体化的趋势。非法证据排除规则作为现代法治的标志和司法文明的体现，清楚地表明了社会对违法犯罪的否定态度，正如现代法治理念所张扬的：法治要求所有的人，包括执法官员本身，都不能超越法律之上。[①] 我国已于 1988 年 9 月批准加入联合国《禁止酷刑和其他残忍、不人道或有辱人格的待遇或处罚公约》，并在禁止以酷刑等手段取证方面作出了积极努力。我国宪法、刑法、刑事诉讼法及有关司法解释对非法取证行为均持否定态度。非法证据排除规则的明确确立和坚定推行，是我国在法治实现过程中能够作出的必然选择。科学技术的迅猛发展带来了犯罪手段的花样翻新与日趋隐蔽，侦查部门如不摆脱对口供甚至刑讯逼供的依赖很难适应犯罪形势发展的需要。而遏制犯罪势头蔓延的良方绝不在于让“非法证据”在刑事诉讼中大摇大摆地“招摇过市”，而是要改变落后的侦查方式，提升侦查人员的侦查技能和法制观念。这是优胜劣汰的自然法则在刑事诉讼中发挥作用的体现。

通过对犯罪形势障碍的透视，我们能够得到的启示是：问题永远不能通过维系落后得到解决。期冀通过落后的侦查方式来控制犯罪形势、维护社会治安和期冀回到原始社会以实现公平没有本质的差异。毫无疑问，正是过去非法证据排除规则的缺失为落后的侦查方式提供了生存、繁衍的空间，阻碍了侦查技术的改进和侦查人员素质的提高。在倡导“依法治国”、“保障人权”的今天，在该项证据

① See Rolando & delCarmen, *Criminal Procedure Law and Practice*, Wadsworth Pubishing Company, Belmont, California, p. 67. 转引自黄维智：《非法证据排除规则价值论纲》，载《中国刑事法杂志》，2004 (6)。

规则在刑事诉讼法中已经得到了明确确立的情况下，坚实地推行愈显必要和急迫。

## 四、法律观念障碍透视及启示[①]

非法证据排除规则可能排除了有罪证据并导致比较明显的犯罪嫌疑人无法被定罪和处理，这与我国长期以来所重视的打击犯罪有一定的矛盾，与我国立法、司法机关秉持的法律观念和社会大众的法律心理可能有较大的冲突。笔者认为，该项规则要在我国顺利推行，首先需要破除国民法律观念上的障碍，实现如下观念的转换：

第一，从传统的“重打击、轻保护”走向“打击与保护并重”。

从社会分工的历史沿革来看，刑事司法制度的初始功能就是打击犯罪，因此，世界各国在相当长的历史时期内都将打击犯罪作为刑事司法制度的基本价值定位。随着人类社会文明的不断进步，刑事诉讼模式经历了由奴隶制弹劾式诉讼到封建制纠问式诉讼，再到现代民主对抗式诉讼的发展历程，在这一发展历程中，作为被追诉的对象，犯罪嫌疑人的诉讼地位也经历了巨大而深刻的变化，已经由打击、惩罚的对象跃升为享有充足权利保障的诉讼主体。保护人权的观念越来越受到各国人民的重视，并相继在许多国家被确立为刑事司法活动的价值目标之一。然而，在我国，由于我们长期的舆论导向强调的是社会公共利益高于个人利益，为了预防犯罪、维护社会稳定，常常存在牺牲个人权利的倾向。刑事诉讼法过多地关注打击犯罪的需要，而对犯罪嫌疑人、被告人的权利保护重视不够，这难免导致非法取证行为时有发生，刑讯逼供在一些地方呈上升趋势。但是，打击犯罪并非刑事诉讼的唯一目的，即使我们承认打击犯罪具有目的的正当性，也不必然意味着人们可以不择手段，更不意味着可以忽视被追诉人的权利保护。在一个权利不断觉醒的现代社会中，刑事司法必须将打击犯罪与保护人权的诉讼目

① 本部分内容参见陈卫东：《刑事诉讼法再修改的基本理念》，载《人民司法》，2005（5）。

标结合起来，即在重视打击犯罪的同时，追求司法的文明化。

第二，从“重实体公正、轻程序公正”走向“程序优先”。

司法公正是社会发展对司法机关之司法活动的客观要求。司法公正包含两方面的内容：一个是实体公正，也称结果公正，即要求司法机关在审判裁决的结果中体现公平正义的精神，其要旨在于审判结果的正确性；另一个是程序公正，即要求司法机关在整个诉讼过程中坚持正当平等，严格遵守诉讼程序进行司法活动的原则，其要旨在于诉讼过程的正当性。我国长期受传统法文化的影响，对于程序的价值问题基本上坚持了程序工具主义的观点，注重的是程序法对实体法的有用性，强调的是“令行禁止”、“正名定分”的实体合法，而对于程序法自身所具有的独立于其有用性的优秀品质——程序法的独立价值却未给予足够的关注。不仅在司法实践中“轻程序”观念仍然非常盛行，即使在刑事诉讼立法中，“轻程序”的现象也不鲜见，现行《刑事诉讼法》对程序性违法缺乏明确的法律制裁就是鲜明例证。由此，非法取证在刑事诉讼中泛滥就不足为奇了。然而，非法取证违背了合理的程序制约，从而往往也违背了取证行为的自然规律，极易导致证据的虚假。特别是对于口供而言，非任意自白的当事人往往受到各种暴力、胁迫和引诱，其口供往往不符合于事实真相，而或多或少地符合于执法人员的意图、设想和虚构。以这种事实为基础作出判决，必然有违实体公正。笔者认为，在我国现阶段，强调刑事程序公正的优先地位具有特别重要的意义，这不仅是限制国家权力、保障公民权利的需要，也不仅仅是彻底纠正传统的“重实体、轻程序”观念的需要，实际上，它本身就是现代法治社会的一个重要组成部分。

第三，从“客观真实观”走向“法律真实观”。

司法裁判中的事实问题“是司法上由来已久和最难解决的问题之一。法官承认提供的事实并根据事实来宣布指定的法律后果，但是事实并不是现成地提供给我们的，确定事实是一个充满着可能出现许许多多错误的困难过程”①。也正是

① ［美］罗·庞德：《通过法律的社会控制·法律的任务》，29页，北京，商务印书馆，1984。

由于这个原因，对于裁判所依赖的事实到底是客观真实还是法律真实，学者的看法不尽一致。我国法学界关于此争议主要有两种观点：一种观点认为裁判者所依据的事实是客观上的真实，即客观真实，有时被称为实质真实、事实真实、绝对真实；另一种观点认为裁判者认定的事实是法律上的真实，即法律真实，通常又被称为主观真实、推定真实、证据真实或程序真实。受辩证唯物主义认识论的影响，我国刑事诉讼法中处处体现着客观真实主义的烙印，如“以事实为依据，以法律为准绳”的基本原则，“案件事实清楚，证据确实、充分”的证明标准，等等。在这种真实观的影响下，侦查人员为了达到所谓的“客观真实”而在取证过程中不择手段，这样的事例在司法实践中时有发生。随着刑事法治进程的日益深入和现代诉讼理念的逐步确立，加上客观真实观及其支配下的诉讼程序容易导致诉讼效率低下并最终影响司法公正的实现，客观真实已经受到越来越多的学者的质疑和批判。时至今日，人们似乎已对于法院据以裁判的依据是法律真实而非客观真实这一结论达成了惊人的共识。法律真实说能够较为恰当地表述刑事审判所认定的事实的准确性程度，符合刑事审判的性质和人类认识发展的规律，能够合理地解决实体公正价值与程序公正价值的冲突。这些优势使其在与客观真实说的博弈中轻松取胜，然而法律真实的裁判理念要在中国的刑事诉讼法中得到全面的确立，还有很长的一段路要走。

第四，从“重公正、轻效率”走向“公正优先、兼顾效率”。

公正与效率是当今世界各国所普遍关注的经济和社会问题，也是刑事司法改革的价值趋向或目标模式。公正和效率都是社会应有的美德，是法应当促成实现的价值。两种美德（价值）可以和谐共存，但又经常处于深沉的张力之中。[①] 协调公正与效率的关系，在两者之间实现兼顾和平衡是各国刑事司法必须要面对的课题。公正历来被视为人类社会的崇高理想，甚至是人类生生不息的追求，也是刑事司法的当然目标，国家设立刑罚权的目的就是恢复被破坏的正义。然而，对任何事情都不能矫枉过正，否则，就会适得其反。长期以来，我国的刑事诉讼立

① 参见张文显：《二十世纪西方法哲学思潮研究》，602页，北京，法律出版社，1996。

法更多地关注了诉讼公正，而忽视了对效率目标的追求，这导致了大量司法资源的浪费和案件的久拖不决。因此，立法者必须对效率予以适当的关注。当然，刑事司法必须以“公正优先、兼顾效率”为基本价值取向。我们必须认识到公正是刑事诉讼的目的，而效率只是达到目的的手段，两者在价值位序上有先后之分，因为刑事诉讼毕竟不同于以追求利润为唯一目的的经济活动，它还承载着更多的伦理、道德价值。这种价值位序在构建刑事非法证据排除规则时必须要予以体现：既要考虑到效率价值对刑事司法的影响，不能一味追求程序上的完美，对任何证据只要有一点点瑕疵就予以排除，因为这种高昂的司法代价远非我国国力所能承受；更要坚定地引入非法证据排除规则，明确要求以合法的手段取证，保障被追诉人的合法权益，满足司法公正的要求。偏离了这一基础，便可能导致刑事诉讼公正与效率两败俱伤。

通过对我国国民法律观念障碍的分析，我们能够得到的启示是：摆脱传统观念的束缚，树立新的符合世界诉讼民主化潮流的观念，是确立和实施非法证据排除规则的思想基础，也是刑事司法走向文明与理性的关键。不从认识论这一理论困境中解脱出来，即便将非法证据排除规则纳入我国的证据规则体系，推行起来也必将障碍重重。

## 五、建构符合我国国情的非法证据排除规则的几点建议

从上述分析不难看出，我国要推行非法证据排除规则，在法律文化，政治、法律体制，犯罪形势、法律观念等方面还存在着不同程度的障碍，但其所具有的优良品质和外在价值决定了推行该项规则是我们能够作出的一种不容置疑的选择。刑事非法证据排除规则的建构是一场深刻的变革，涉及理念和制度的方方面面。从两大法系的建构过程来看，该项规则的确立是一个逐步调整、逐步完善的过程，希望在一夜之间一步到位地建构起非法证据排除规则，显然是不切实际的。不可否认，普通法确有诸多优点和长处，在两大法系的逐步融合中也显示其优势，但动辄将美国的司法制度奉为圭臬，无异于削足适履、本末倒置，因为美

式非法证据排除规则的推行有其深刻的历史背景，而且在普通法系中也相当特异。笔者认为，立足于中国现实，脚踏实地，循序渐进，逐步破除确立的障碍才是推行我国刑事非法证据排除规则的必然选择。考虑到该项规则在司法实践中的复杂性以及不良负效应对于打击犯罪的影响，结合国际上一些国家的常规做法以及刑事诉讼法中非法证据排除的相关规定，笔者认为，我们应在规则实施中把握以下几个方面的内容。

第一，绝对排除非法言词证据。

采用非法手段获取的言词证据，往往包含着对人权的极大破坏，与文明司法严重相悖，对非法言词证据的排除几乎成了世界各国的惯例。两大法系国家对非法言词证据均以非任意性作为排除的标准，这也是有关国际公约规定的“最低标准”。正因为如此，2012 年《刑事诉讼法》规定，“采用刑讯逼供等非法方法收集的犯罪嫌疑人、被告人供述和采用暴力、威胁等非法方法收集的证人证言、被害人陈述”绝对无法律效力，不因涉讼公民没有提出反对意见或同意作为证据而认定其具有法律效力。为了遏制刑讯逼供的泛滥势头，在现阶段，我们应把严格排除非法取得的口供放在突出、重要的位置。

第二，原则上承认非法实物证据的效力，但要把握一项例外。

对于非法获得的物证，各国的规定存在较大差别。美国对非法获得的实物证据持最为坚决的否定态度，这些非法证据的取得主要发生在逮捕、搜查和扣押的过程中。美国联邦宪法第 4 条修正案规定：“人民的人身、住宅、文件及财产不受任何无理搜查和扣押的权利不得侵犯；除依据可能成立的理由，以宣誓或代誓宣言保证，并详细说明搜查地点和扣押的人或物，不得颁发搜查和扣押状。”但为了防止犯罪与刑罚失去平衡，1984 年美国联邦最高法院规定了“最终或必然发现”[①] 的例外以及“善意”[②] 的例外，缩小了排除非法取得的物证范围。而同属

① “最终或必然发现”是指即使政府官员不采用违反宪法的途径收集证据，证明被告人有罪的这种证据最终或必然也能被发现。

② “善意”是指当警官合理地依据一位公正、中立的有签发权的官员签发的搜查证进行搜查，最终发现搜查证是无效的。

英美法系的英国主张衡平原则，对于非法搜查、扣押的实物证据，只要与待证事实有关，原则上不予排除，只有在排除非法证据具有更大价值时，才由法官自由裁量予以排除。在德国，对于非法获得的物证，以利益权衡原则为标准予以处理，即侵犯人的尊严和人格自由所得的证据应予禁用，但对于重大犯罪，前者应当让步。[①] 在法国，原则上认为非法收集的物证有证据效力。日本在第二次世界大战后深受美国法律制度的影响，主张否定非法获得的实物证据的法律效力。但到 1978 年，日本最高法院对此设定了限制条件，即在证据物的扣押程序上存在"重大违法"时，对该证据物予以排除。

我国 2012 年《刑事诉讼法》原则上承认非法取得的实物证据的效力。尽管非法获得的实物证据的采用同样伴随着对人权价值的破坏，有违法治精神，但这种破坏往往不会给公民的自由、健康、生命等人身权利造成损害；而且由于物证本身的特点，收集程序的违法一般不会改变其固有的性质和形态，不会导致证据内容的失实、造成对证据价值的破坏，如果一概否定其效力，必将对案件真实的发现产生不利影响。鉴于我国目前打击犯罪的严峻形势和司法承受能力，2012 年《刑事诉讼法》修改时立足国情，原则上承认非法取得的实物证据的效力，对于可能影响司法公正的，应当予以补正或者作出合理解释。当然，非法取得的实物证据可能严重影响司法公正，又不能补正或者作出合理解释的，要予以排除，以保证社会价值均衡地得到实现。

第三，对于非法证据的衍生证据即"毒树之果"应承认其效力。

依"毒树之果"理论（the fruit of the poisonous tree），凡由非法方法取得的证据是"毒树"，从其中获取资料进而获得的其他证据，为"毒树"之"果实"。"毒树之果"包括以刑讯逼供、威胁、引诱等方式取得的言词证据、非法取得的物证以及其他违法行为所衍生的证据，具体表现形式包括言词证据和实物证据。世界上对"毒树之果"作出明确规定的国家只有美国和英国。美国采取"砍树弃果"原则，其联邦最高法院坚决反对使用通过非法证据获得的材料，认为，

---

① 参见陈光中等：《联合国刑事司法准则与中国刑事法制》，265 页，北京，法律出版社，1998。

“禁止以某种方式取得证据的实质，并非仅指该项证据不得为本院所采用，而是在根本上就不得加以利用”[①]。但考虑到打击犯罪的需要，后来确立了“独立来源”[②]和“稀释”[③]两项例外。而英国采用的是“排除毒树”而“食用毒树之果”的原则，即只要“毒果”具备相关性和其他条件，就可以被采纳为定案根据。在目前我国犯罪形势十分严峻，司法资源相对紧缺，公安、司法工作人员素质参差不齐，侦查技术手段严重滞后的情况下，尚不能将“毒果”纳入排除的范围，否则，必将导致刑事审判中可以利用的证据大大减少，从而影响刑事诉讼的顺利进行。因此，2012年《刑事诉讼法》没有将“毒果”纳入应当排除的非法证据的范围。当然，随着非法证据排除规则的建立与逐步完善，国际人权保障观念的全球化，侦查水平的逐步提高，等等，“毒树之果”的排除也就水到渠成了。

---

① 转引自宋英辉：《刑事诉讼目的论》，228、235页，北京，中国人民公安大学出版社，1995。

② “独立来源”是指虽然有非法所得的最初的证据，但衍生证据是从另外的“独立来源”获得的。

③ “稀释”是指最初证据与衍生证据之间的因果关系，已经由于其他因素的介入而稀释，“毒树”和“果实”之间的因果关系已被淡化，以至消除了证据的非法性。

# 第十五章

# 我国非法证据排除程序的分析与建构

非法证据排除规则因其平衡刑事诉讼惩罚犯罪和保障人权的特殊功用而被世界各国广泛接受，同时也为一系列国际公约所采纳和吸收，成为国际通行的刑事司法准则。长期以来，如何设计和构建科学的非法证据排除程序，一直是中国刑事立法、刑事司法和学术研究关注的热点与难点问题。最高人民法院早以司法解释的形式明确规定，非法取得的被告人供述、被害人陈述和证人证言不得作为定案依据。2012 年《刑事诉讼法》在总结实践经验的基础上进一步规范和完善了我国的非法证据排除规则，成为此次修法最大的亮点之一。许多学者针对该规则的产生背景、价值、发展、在我国的构建等问题展开了深入的讨论，取得了大量的学术成果。非法证据排除规则对于警察违法侦查活动的抑制、对于受到侵犯的公民权利的救济、对人权的尊重、对司法公正的维护、对于国家权力行使的限制等价值被深刻地挖掘出来。

然而，与热火朝天的立法讨论、学术研究相对照，而现实中的司法实践却一直不温不火、波澜不惊，2012 年《刑事诉讼法》实施以来，实践中至今仍鲜有较为成功的排除非法证据的案例，即便在适用了非法证据排除规则的案件中，大部分也属于排除了非法证据也不影响定罪的情况，使得非法证据的排除更像是用来标榜“司法公正”的装饰品，起不到实质性作用。这种理论与现实之间的紧张对立将刑事诉讼法学界的学者们置于了一个十分尴尬的地位。这种尴尬的出现，原因自然十分复杂：法律文化、政治法律体制、犯罪形势、法律观念①等深层次的原因自不待言，但除了这些已然存在并将长期存在的尽时人之力一时难以改变的“内因”之外，作为非法证据排除规则的研究者和鼓吹手的学者们对这种尴尬也应当承担一定的责任：在这样一个看似理论与现实之间难以逾越的困境中，学者们尚未完全尽到他们本所应当尽到的职责，他们似乎尚未就在理论与现实之间搭建一个具体可行的桥梁作出他们本应作出的贡献。

无数的研究已然告诉我们，我国要建立先进的刑事司法制度，非法证据排除规则是必不可少的，甚至哪些非法证据需要排除也是学者们笔下“你来我往、交锋不断”的战场（应当说，这种讨论也为非法证据排除规则的具体建构做出了非常有价值的贡献）。但非常可惜的是，迄今为止很少有学者能够全面、详细地提出一个非法证据排除规则的“操作手册”，2012 年《刑事诉讼法》和相关司法解释对非法证据排除规则的规定比较笼统，没有为我们的司法实践工作者们提供一个具体的操作规程。② 这些研究成果在数量上仅占到非法证据排除规则研究的非常小的一部分，也大多不够清晰、全面。不仅如此，当我们认真审视这些研究成果时，一个更令人感到遗憾的地方在于，现有的这些研究在一定程度上仅停留在对美国一国的非法证据排除规则的介绍上。作为该制度地创始国，美国毋庸置疑地是非法证据排除规则最为成熟的国家之一。然而，我国在借鉴这一制度时是否应当有我们自己的思考、取舍呢？无疑，答案是肯定的。也许是学者们都认为这

① 参见陈卫东、刘昂：《我国建立非法证据排除规则的障碍透视与建议》，载《法律适用》，2006(6)，10～15 页。

② 国内论及非法证据排除规则具体建构的著作主要包括：汪建成：《理想与现实——刑事证据理论的新探索》，北京，北京大学出版社，2006，第六题“中国需要什么样的非法证据排除规则”、第七题“非法证据证明责任论”；张智辉主编：《刑事非法证据排除规则研究》，北京，北京大学出版社，2006，第五章“非法证据排除规则的操作程序”；杨宇冠：《非法证据排除规则研究》，北京，中国人民公安大学出版社，2002，第六章“非法证据排除规则的具体运作”；林辉煌：《论证据排除——美国法之理论与实务》，北京，北京大学出版社，2006，第五章“证据排除法则于其他随附程序之适用”、第六章“得主张证据排除之适格当事人”。除了上述以著作形式出现的讨论之外，还有一些论文也或多或少地涉及了非法证据排除规则具体设计的内容。

样一种具体制度的构建过于精密、琐碎，而不屑于在这样一个制度上花费太多精力。但事实告诉我们，在一定程度上，正是这样一个较为薄弱的制度研究背景，导致了我们所面临的尴尬局面。

一个好的理论，一定要有一个完善的制度的支撑，非法证据排除规则这一制度及其背后所蕴涵的深刻的法治精神、人文价值也必须通过一个具体的可供实际操作的制度规范来支撑，由具体的“操作规范”来连接理论与现实之间的空白地带，以确保非法证据排除规则不会仅仅成为人们口中的又一个法治“口号”。下文所要努力的方向，就是要尝试在对现有制度的深入理解、讨论的基础上，为我国的非法证据排除规则的具体操作程序的完善提供建议，作引玉之论。

## 一、谁有资格提起排除非法证据的动议

非法证据是当然不会自然而然地消失在庭审之中的，要排除非法取得的证据必然要经过一定的司法程序，那么排除非法证据的程序应当由谁来启动呢？2012 年《刑事诉讼法》规定的非法证据排除程序的启动方式无非为依职权启动和依申请启动两种，相应地，启动主体包括审判人员、当事人及其辩护人、诉讼代理人。根据我国 2012 年《刑事诉讼法》的规定，“当事人”是指被害人、自诉人、犯罪嫌疑人、被告人、附带民事诉讼的原告人和被告人。非法证据排除仅存在于刑事公诉案件中，因此，能够提出非法证据排除动议的当事人不包括自诉人和附带民事诉讼的原、被告。除此以外的当事人和审判人员是否都有资格提出排除非法证据的动议？是否存在法律未规定的应当有资格提出非法证据排除动议的人？

### （一）作为“非法取证被害人”的被告人

有学者认为，“非法证据排除规则适用程序的启动，一定要以相关人或者经过其授权的人提出排除动议（或者称为申请）为前提条件。如果相关人或者经其授权的人不提出这一动议，意味着他已经接受了该取证行为，或者说他已经自愿

让渡了某些基本权利……以‘个人亲身权利’标准，将被非法取证手段侵犯的相关人或者经其授权的人提出排除动议，作为排除程序启动的条件”①。还有学者认为，“有权提起证据合法性审查程序的人可以限定为，拟进行审查的证据所证明的内容可能对其产生不利法律后果的诉讼参与人，即被告人及其法定代理人。当然，被告人的辩护人可以代被告人及其法定代理人提出对证据进行合法性审查的申请，在一个辩护制度比较完善的社会，这种方式应成为提起证据合法性审查的主要方式。”②

上面这两种观点粗看上去有着相似之处，但是，当我们对这两种观点进行深入的分析时我们能够发现，其二者间实际上存在根本上的不同。在前一种观点中，有权提出非法证据排除动议的主体，是需要达到“个人亲身权利”标准的宪法权利受到侵害的“非法取证被害人”；而于后一种观点，其采用的标准则是“拟进行审查的证据所证明的内容可能对其产生不利法律后果”，通过这种“不利法律后果”标准，将提出非法证据排除动议的主体限制在了被告人的范围内。这两种标准不同，所据以划分出的主体范围自然也存在差异：以“个人亲身权利”为标准所确定的主体范围有可能涉及宪法权利受到非法取证行为侵犯的被告人、证人、被害人；而以“不利法律后果”为标准所确定的范围仅仅包括了被告人，但除了宪法权利受到非法取证行为侵犯的被告人，也可能是其自身的宪法权利并未受到非法取证行为的侵害的被告人（这类情形在共同犯罪中可能大量存在）。这两种标准所确定的主体范围在其重合的地方，即作为“非法取证被害人的被告人”这里达成了一致。当被告人自身的宪法权利在非法取证行为中受到侵害，而由此获得的证据在未来的庭审过程中将对其自身十分不利时，其当然有权提出排除该证据的动议。这也是非法证据排除规则的应有之义。

那么，除此之外，上述两种标准中的其他主体是否也有权利提出排除动议呢？在非法取证行为中权利受到侵害的证人、被害人，自身的宪法权利未受到非

① 汪建成：《理想与现实——刑事证据理论的新探索》，127～128页，北京，北京大学出版社，2006。

② 张智辉主编：《刑事非法证据排除规则研究》，176页，北京，北京大学出版社，2006。

法取证行为侵害的被告人是否也有权利提出动议呢?

（二）自身的宪法权利并未受到非法取证行为侵害的被告人

"非法取得之证据，依证据排除法则，固应予以排除适用，但因美国刑事诉讼制度系典型的当事人进行主义，因此，理论上唯当事人始得主张证据排除。所谓'当事人'，固包括检察官与被告在内，但因联邦最高法院以司法裁判创设证据排除法则之目的端在吓阻执法人员不法搜证之行为，禁止应负被告犯罪构成要件举证责任之检方在审判中使用非法取得之证据为证，基此考量，证据排除唯被告得主张之……唯依美国长期以来已经确立之通则，刑事被告并非得主张排除一切非法取得之证据，刑事被告仅能主张排除因侵害其宪法权利而取得之证据而已……至于侵害他人宪法权利而取得之证据，被告则不得主张排除之，称此为'得主张证据排除之当事人适格'（standing to assert the exclusionary rule）。"① 由此可见，依美国非法证据排除规则的一般规定，自身的宪法权利并未受到非法取证行为侵害的被告人是无权提出排除因侵害他人的宪法权利而取得的证据的动议的。"排除侵害其他共同被告权利而取得之证据固可以产生吓阻作用，但将主张排除法则之人作如是扩张，可能会危害有效追诉罪犯及实体真实发现之公共利益，其正当性允有不足。"②

然而，美国联邦最高法院判例在确定"得主张证据排除当事人适格"原则的同时，又同时表明"此项原则既非宪法所要求，亦非宪法所禁止（The rule against 'vicarious' assertion of constitutional rights is neither imposed nor prohibited by the Constitution）"③。由此，在美国发展出了两种不同于"得主张证据排除当事人适格"原则的做法："加州最高法院在 1995 年的 *People v. Martin* 一案宣示：'非法搜索、扣押而取得之证据，在任何审判中均不能使用，该搜索、扣押究系侵害被告或他人宪法第四增修条款之权利，在所不问。'质言之，加州法院对于违反联邦宪法第四增修条款之搜索、扣押，采严格的排除法则，被告虽非违法搜索、扣押之直接被害人，亦得主张证据排除……（美国法学会

① 林辉煌:《论证据排除——美国法之理论与实务》，100 页，北京，北京大学出版社，2006。

②③ 同上书，101 页。

模范法典）该法典第 290.1（5）条规定：被告对于违法搜索、扣押其家属（member of his family）、共犯（co-conspirator）、商业合伙人（business partner）或同居人（co-resident）而取得之证据，得主张排除之。采列举式的排除法则，只准许以上列举之人亦得主张排除侵害他人宪法第四增修条款权利而取得之证据。"①

由此两种不同的规定，在不同程度上扩大了有资格提出非法证据排除动议的被告人的范围，全部（加州）或部分（美国法学会《模范法典》）自身的宪法权利并未受到非法取证行为侵害的被告人都有权提出动议排除非法证据。支持这两种"扩大"暨对"得主张证据排除当事人适格"原则的背离的理论基础，依笔者看来，主要在于"非法证据排除规则"本身所蕴涵的意义及支撑起该规则体系的数项基本价值。无论是对被告人人权的保护、对警察非法取证行为的"吓阻"还是出于维护司法尊严、司法纯洁性的考虑，似乎都应该尽量排除所有非法取证行为获得的证据，为此，就应当允许任何被告人（即使其自身的宪法权利并未受到非法取证行为的侵害）提出排除非法证据的动议。

那么，为什么美国联邦最高法院还是设立了一项"得主张证据排除当事人适格"的原则，来限制非法证据排除规则发挥其最大功效呢？答案其实在上文中已经给出："排除侵害其他共同被告权利而取得之证据固可以产生吓阻作用，但将主张排除法则之人作如是扩张，可能会危害有效追诉罪犯及实体真实发现之公共利益，其正当性允有不足。"②

由此，我们可以得到这样一个结论：有权提出非法证据排除动议的主体范围，不仅决定于非法证据排除规则本身价值的实现，同时还不得不考虑是否能"有效追诉犯罪"、是否有利于"实体真实发现之公共利益"。由此观之，主体范围的问题就不再是一个由某项价值、某个法条或某项原则所严格划分的确定的范围空间，其在更大程度上是一个带有司法政策性的问题，需要结合当时当地的司法环境进行政策考量。由此我们就能很好地理解为什么美国联邦最高法院在建立

① 林辉煌：《论证据排除——美国法之理论与实务》，101～102 页，北京，北京大学出版社，2006。

② 同上书，101 页。

"得主张证据排除当事人适格"原则的同时，又同时表明"此项原则既非宪法所要求，亦非宪法所禁止"了。有鉴于此，在我国建立非法证据排除规则时，"自身的宪法权利并未受到非法取证行为侵害的被告人"是否有权提出排除动议的问题在这里就成了一个暂时无法回答的问题，原因很简单，我们还没有严肃而认真地对这样一个政策性的问题进行充分的讨论，而这样一种讨论，也绝不是进行纯粹的学理探讨、争论就能得到完美答案的，只有紧密地与司法实践中的各种问题相结合，才能获得一个令人较为满意的暂时性的答案。

（三）宪法权利受到非法取证行为侵害的证人、被害人

2012年《刑事诉讼法》第54条规定，采用暴力、威胁等非法方法收集的证人证言、被害人陈述，应当予以排除。刑事案件中的证人、被害人是否也有权提出动议排除侦查机关非法获取的证据呢？该问题提出本身可能就会受到强烈的质疑，因为毕竟在我们的惯常思维中，证人、被害人与启动非法证据排除程序的主体之间是不应当有什么联系的。这基本上是一个不用讨论的问题，但还是有学者在讨论中对此进行了分析："侦查机关收集的证据绝大多数是对被告人不利的证据，尤其是'非法证据'，这就意味着，依靠非法方法取得的证据绝大多数是对被告人不利……绝大多数情况下，被告人是这些'非法证据'的不利法律后果承担者，而非证人、被害人。证人、被害人权益受到侵犯发生在取证阶段，在法院审判案件时，这种侵害已经成为现实，证人、被害人不会因证据所证明的内容而可能导致权益受损，即两者间并不存在利害关系。另外，由于证人、被害人在刑事诉讼中的特殊地位，也可能导致他们不愿意申请进行证据合法性审查。如果在取证过程中，侦查机关的非法取证行为侵犯了证人、被害人的合法权益，证人、被害人完全可以通过申诉、控告、检举、要求赔偿、追究刑事责任等行政、民事、刑事司法程序来救济。"① 上述所列的种种理由所要论证的结论就是，我们不应当赋予证人、被害人动议提出权。

我们暂时不去探讨这样一个结论的本身的合理性。面对这样的论证理由，首

① 张智辉主编：《刑事非法证据排除规则研究》，177～178页，北京，北京大学出版社，2006。

先需要指出的，是其部分论证似乎还缺乏一定的说服力。在论证某一主体是否应当享有某项权利时，一般应当从论证该主体享有该项权利的正当性、合法性入手，而该处的论证，背后的逻辑却似乎是："你不用，我就不给"——既然"绝大多数"的证人、被害人不需要、也不会行使这样的权利，那么我们也就不用将该权利赋予他们了。无论这样一个"绝大多数"的事实判断是否准确，由这样一个实然性问题来判断主体能否拥有某项权利的应然性问题，是存在问题的，至少由其获得的结论的说服力是大打折扣的。[①] 我们可以很轻易地对该论证提出质疑：如果就有那么一些证人、被害人希望提出异议呢？在异常丰富的司法实践中，并不是没有可能出现这种情况，比如，控方通过不合法的程序或手段从证人或被害人处收集到了有利于被告人的证据。

那么，我们应当如何分析这个问题呢？

这样一个问题为什么会提出？如上面提到的，宪法权利受到非法取证行为侵害的证人、被害人是否有权提出排除动议这一问题本身是有悖于我们的思维习惯的。证人、被害人往往是被排除于该讨论范围之外的。那么，这样一个问题是如何提起的呢？在笔者看来，这是上文提到的"个人亲身权利"标准的延伸命题，即，如果证人、被害人的宪法权利受到了非法取证行为的侵害，作为权利受侵害人的证人、被害人是否能像被告人一样提出非法证据排除动议呢？问题就这样产生了。现在需要做的，就是如何解决这样一个问题。"你不用，我就不给"的论证是存在一定的逻辑问题的。而分析该问题，最为直接、有效的方式正是从该问题被提出的逻辑中寻找问题的根源。作为"个人亲身权利"标准的延伸命题，该问题其实可以还原成一个预设性的基础问题，即：证人、被害人与被告人一样吗？这样一个问题也许过于"简单"以至于我们无法回答，那么，我们就必须圈定讨论该问题的范围——在非法证据排除规则中，证人、被害人与被告人是否处

① 当然，这样一种论证模式所得到的结论也并不是一定错误，甚至在绝大多数情况下由实践经验所推衍出的这种结论是正确的（特别是在刑事诉讼这样一个政策性、实践性极强的学科中）。但是，这样一种实践合理性并不能完全地代替理论上的正当性。在由经验获得结论的同时，还需要对该结论进行理论上的解释。

于相同或相似的位置？或者说，非法证据排除程序对于证人、被害人和被告人，意义是否相同？当问题分析到这一步时，可以说结论就较为清晰地摆在我们面前了。当我们严格地将问题限定在非法证据排除规则范围内，从该规则产生及存在的意义、价值、功能等角度来进行思考分析时，就能发现：虽然问题中证人、被害人与被告人一样，其宪法权利都受到了违法的取证行为的侵害，从“有权利必有救济”的角度上讲，赋予其排除动议的提出权，以此作为其救济自身权利的诸多方式中的一种时，似乎有一定的合理性。然而，正是非法证据排除规则自身的诸多特质，特别是其保障犯罪嫌疑人、被告人的基本权利不受国家公权力肆意侵害及防止对权利侵害的二次发生方面的价值及功能，使得其并不兼容证人、被害人的权利救济。若允许证人、被害人拥有排除非法证据的权利，那极易导致对刑事司法中的“帝王条款”——无罪推定原则以及由该原则所衍生出的疑罪从无、有利被告原则造成伤害。“证人、被害人不会因证据所证明的内容而可能导致权益受损……如果在取证过程中，侦查机关的非法取证行为侵犯了证人、被害人的合法权益，证人、被害人完全可以通过申诉、控告、检举、要求赔偿、追究刑事责任等行政、民事、刑事司法程序来救济。”[①] 因此，宪法权利受到非法取证行为侵害的证人、被害人不应当被赋予提出排除动议的权利。

（四）司法裁判者

现在开始需要讨论的，是关于排除动议主体中较为特殊的一个问题：司法裁判者是否能够依职权主动提出非法证据排除之动议呢？

应当说，司法裁判者并不包含在上文中所提到的两个标准之中，依此，似乎其不应当拥有提出动议的权利；同时，依司法裁判者应当消极、居中裁判的特点看来，似乎其也不能主动地随意提出对某项证据合法性的质疑。美国《联邦刑事诉讼规则》中与非法证据排除动议的提出相关的法条（Rule 12 和 Rule 47）并未就法官主动提出排除动议作出任何规定。国内著述在论及非法证据排除规则的设计时也往往依照了美国相关法律规定，多未涉及司法裁判者在发起该程序时的

① 张智辉主编：《刑事非法证据排除规则研究》，178 页，北京，北京大学出版社，2006。

角色。

但是，并非所有的非法证据排除程序的模式都是如此，在德国法中，“排除不可采的证据原则上不需要一方当事人提出动议”①。也就是说，负责案件审理的法庭在一定的情况下，是可以自己主动发动非法证据的排除程序的。德国联邦上诉法院还曾经作出决定：“对于如果被告人反对就无法使用的证据，被告人在一些情况下可以同意使用这些证据。当某些证据由于属于被告人受保护的隐私范围而让人产生怀疑时就属于这种情况：既然没有人可以阻止被告人透露其最隐秘的信息，他明确的同意就会使该证据可采。”②此处所特别提出的事例，可以说正好从反面说明了在一定的情况下，法庭是可以主动排除非法证据的。该事例是作为例外而被强调。同时，“对于未经正当警告而作出的自我归罪的陈述，有人提出类似的解决方案：由于将这些陈述提交法庭对被告人有益处，他的同意就排除了使用这些陈述的任何障碍。联邦上诉法院进一步认为，如果被告人和其律师没有对提交上述陈述提出反对，就推定他们是同意的”③。这也是从反面的角度对法庭的主动的非法证据排除权进行了肯定。

可以简单地说，正是大陆法系职权探知型的刑事司法体制与英美法对抗制的刑事司法体制的不同以及由此带来的司法裁判者角色、功能的差异造成了以上的差异。

在我国更加类似于大陆法系的刑事司法体制（与英美法相比较）之下，法官角色更为积极，更倾向于职权探知型的司法裁判者。其手中享有较大的权力，在必要时可以依职权对案件相关事实、证据进行审查。这也是由职权探知型的司法裁判者所肩负的责任所决定：其必须对案件事实、相关证据进行认定，使用经由法庭质证所最终获得的证据进行案件事实的重构。

有学者在论及非法证据排除程序的构建时，曾将非法证据的排除存在自动排除和裁定排除两种模式的观点视为一个伪命题，其认为，“所有国家的非法证据都是通过裁量排除的。只要承认非法证据排除本身是一项程序性争议，承认该争

①②③ ［德］托马斯·魏根特：《德国刑事诉讼程序》，岳礼玲、温小洁译，201页，北京，中国政法大学出版社，2004。

议的解决客观上存在着争议的提出、证明、听证和裁判程序，就不会有自动排除的可能。即使是有些学者主张的自动排除的那一类情形，实际上也是裁量排除的，因为法官在排除该证据以前必须就该证据的取证手段是否确实达到了侵犯公民基本权利的程度进行裁量……未来有关非法证据排除规则的立法中只要明确规定哪些非法证据属于排除范围，并建立起科学的非法证据的动议提出、证明、听证和裁判程序即可，而没有必要再作自动排除和裁量排除的区分……”① 也就是说，所有证据，当然也包括被排除之前的非法证据，必然地要经过法官的审查判断（这对于任何司法模式都是一致的）。那么，当法官在对证据合法性的审查过程中发现有关证据合法性存在疑问而该证据出于各种原因并未受到任一方当事人的质疑时，其是否能主动提出对该证据的异议呢？在我国现行法律框架下，回答当然是肯定的。负有职权探知功能的积极法官当然应当在发现非法证据嫌疑时对该证据进行认真的审查。而同时，在司法制度本身的程序合法性的要求下，司法裁判者对于证据是否合法、可采进行的审查过程也必须受到程序的制约。如果由当事人提出的非法证据排除动议要由规范的排除程序进行规范，那么，司法裁判者也不应当仅凭自己的判断而不经任何的程序就将涉嫌违法的证据排除或接纳。

如此，司法裁判者也应当是一个特殊的排除动议的提起者。必须注意的是，在我国未来的非法证据排除规则设计中，这样一种角色安排并不单单是理论分析的结果。单凭上述的分析以及大陆、英美两大法系司法体制特点的比较并不能完全解释为什么我们一定要走大陆法系的发展方向。除体制建构时的相似性之外，一个现实的考量是支持这样一种不同于美国法的角色安排的重要原因：我国现今薄弱的刑事辩护体系、刚进入启蒙期的个人权利意识以及公民尚不健全的法律知识。这三者的结合导致了我们不得不让司法裁判者继续履行更多的“保姆”职能：保护法律运行、保护被告人的合法权利；继续小心翼翼地呵护好正在萌芽期的公民的权利意识、法律意识。而作为与该“无奈之举”相对应的美国刑事司法

① 汪建成：《理想与现实——刑事证据理论的新探索》，128～129页，北京，北京大学出版社，2006。

制度，由于其拥有了强大的刑事辩护队伍、高涨的个人权利保护意识以及法律素养较高的民众，使得其司法裁判者根本无须再承担这样的责任。而在中国当代社会经济、文化环境下，奢望犯罪嫌疑人、被告人及其代理律师（绝大部分犯罪嫌疑人、被告人没有辩护律师）能完全地发现并指出证据收集中可能存在的问题是极不现实的。因此，为了能够使非法证据排除程序得以正常运行，使其功能、价值得以实现，赋予司法裁判者以动议提出权是合理和必要的。

（五）辩护人

辩护人是否有权提出非法证据排除动议，在美国法中似乎并不能成为一个问题，在其《联邦刑事诉讼规则》[①] 中，与非法证据排除动议相关的条款（主要是 Rule 12 和 Rule 47）中，使用的往往是“party”一词，若翻译为中文应指当事一方，但结合条文应理解为被告人方，其并未区分被告人与辩护人在动议提出上的不同地位，而是将二者视为庭审三方结构中的一方，作为一个整体进行了规定。

这里我们需要面对的一个问题是，我国刑事辩护的现实状况，即：刑事辩护率较低，委托辩护比例小：大多数刑事辩护特别是重罪案件的辩护多为指定辩护，辩护律师介入案件的时间较短，与被告人的接触不够全面、深入。因此，被告人在庭审前能够从辩护律师那里得到的帮助相较英美法国家十分有限。被告人通过咨询其辩护律师而提出非法证据排除动议虽然在理论上可行，但可以想象在实践中很难很好地实现；同时，被告人还可能出于一种认罪悔罪或害怕被加重刑罚的想法而不愿意提出非法证据排除的动议，而这些可能导致制度难以

① 美国《联邦刑事诉讼规则》在国内已有译本，见《美国联邦刑事诉讼规则和证据规则》，卞建林译，北京，中国政法大学出版社，1996。但该版本所译《联邦刑事诉讼规则》为 1975 年版，至今已有三十多年历史，其间，美国《联邦刑事诉讼规则》已作出大量修订，笔者所能获得的最新版本（2006 年 12 月）的《联邦刑事诉讼规则》与 1975 年版本比较已有了较大改动（以与本部分最为密切相关的 Rule 12 和 Rule 47 为例，Rule 12 在 1975 年当年就进行了 1 次修订，之后，分别在 1983 年、1987 年、1993 年、2002 年又进行了 4 次修订；Rule 47 更是在 2002 年进行了全面修订，与 1975 年版本中的 Rule 47 已有根本不同）。因此，笔者仅将该国内译本作为译文参考，本部分中所涉及美国《联邦刑事诉讼规则》之处若无特殊说明，以 2006 年 12 月版为准。See Federal Rules of Criminal Procedure, US, printed for the use of the Committee on the Judiciary House of Representatives (December 1, 2006).

良性运转。在此情况下，将辩护律师列为有权提出动议的主体能够在很大程度上解决这些问题：律师可以通过与被告人的交流以及在庭审过程中发现问题，结合其职业知识及时地、专业地提出非法证据排除的动议。在笔者看来，为了使非法证据排除程序能够全面、良好地运行，赋予辩护律师一定的动议提出权是十分必要的。

对于这样一种权利分配，在辩护人与被告人意见一致时并不存在问题，更多地表现为辩护律师在庭审过程中事先未与被告人商议而径行提出排除动议。在这种情况下，这种动议的提出经过辩护人与被告人之间的事后交流、沟通，是能够获得被告人的认可的（更多地可能是默认）。辩护人所行使的动议提出权在一定意义上讲是辩护权外延的延伸。

但这里可能的疑问主要在于：如果辩护人与被告人的意见不一致，辩护人行使这样一种动议提出权是否“正当”？首先必须承认的是，辩护人与被告人在庭审中意见不一致的情况并不少见，辩护人作有罪辩护，被告人却不断提出自己无罪或者相反的情形在庭审实践中常常发生。这样一种辩护意见上的不一致，一方面来源于辩护人与被告人之间对法律、庭审程序、法官态度甚至基本案情的认知、感受能力的巨大差异，另一方面还来源于辩护人的权利既依附于被告人的辩护权又有其一定的独立性的特殊性质。这样一种不一致能不能直接透射到动议提出权的问题上？笔者的回答是否定的。

这个论断的理论根源，就在于非法证据排除规则本身在保障犯罪嫌疑人、被告人的基本权利不受国家公权力肆意侵害及防止对权利侵害的二次发生等方面的价值及功能。这种制度本身的正当性来源于宪法对公民基本权利的保护，而这种基本权利是与权利被侵害人紧密联系在一起的，对该种权利的救济行为当然地属于权利人所有。

在此前提下，若被告人在庭审过程中已经明确地表达了对非法证据的认可，一定程度上意味着对自己基本权利及救济的部分放弃。这样一种放弃当然不能将已然发生的非法取证行为合法化，但却可以将非法取证行为所获取的证据“漂白”。这类似于“毒树之果”理论中的“‘污点涤除’之例外（the‘Purged

Taint' Exception)"[①]，指“原先之不法搜证行为与最后发现证据之间介入其他独立因素，足使原来不法之瑕疵治愈（亦即，将不法之污点洗涤干净），不至于破坏证据排除法则所欲达到之吓阻（deterrence）目的与司法之公平正义（judicial fairness）时，则该证据即得例外地被允许其使用”[②]。被告人在庭审过程中的“认可”就可以被视为一种“独立因素”，而使得非法获取的证据的不法瑕疵被“洗涤干净”。因此，在非法证据排除这一问题上，只要被告人明确表示对于控方非法获取的证据的“认可”，或反对辩护人提出排除动议，法院就可以使用这些证据，不用再考虑辩护人是否对此提出反对意见。但是，当被告人在庭审中未提出排除动议，辩护人主动提出，且被告人在获知这一情况后并未表示反对时，法庭应当接受这一由辩护人所提出的动议，依法审查该证据。

（六）检察官

在构建我国的非法证据排除规则过程中，检察官可以说是我们在讨论动议提出主体时不得不面对的一个十分特殊的问题。其之所以“特殊”，是因为一般在讨论非法证据排除动议的提出主体时，很少有人会将检察官这一角色纳入考虑。如美国，虽然其《联邦刑事诉讼规则》中涉及非法证据排除动议时使用了“party”一词（Rule 12 和 Rule 47），但结合法条以及相关论述，“party”一词在非法证据排除动议中所指向的仅为被告方，而并未涉及控诉方。依笔者拙见，出现这样一种情况的原因不外乎以下两个方面：一是从非法证据排除规则的本身性质、功能出发，认为该规则的适用主体应当是权利受侵害的被告人而非侵害人，检察官自身以及其所代表的国家利益并未受到非法证据排除规则意义上的侵害（严格意义上，国家利益是受到了非法取证行为的侵害的）；二是认为作为对抗双方中控诉一方的检察官，一般不会主动提出排除非法获取的证据，这是与其自身的利益相矛盾的。因此，“世界上没有哪一个国家规定检察机关要根据非法证据排除规则来排除某些证据的使用”[③]，“相反，美国倒有明确的判例显示，非法证据排

① 林辉煌：《论证据排除——美国法之理论与实务》，73 页，北京，北京大学出版社，2006。

② Harrison v. U.S. . 转引自上书，73 页注 15。

③ 汪建成：《理想与现实——刑事证据理论的新探索》，128 页，北京，北京大学出版社，2006。

除规则不适用于大陪审团的起诉听证程序”①。

但是，在论及我国的非法证据排除规则的建构时，检察官在非法证据排除动议中的角色却必须要专门提出进行讨论，原因在于：在我国，检察官在履行其控诉职能的同时，还有一个宪法规定的“神圣的”法律监督职能需要履行。虽然该职能的性质以及其本身的合理性一直受到学界的质疑，引发了一定范围的讨论，但在现阶段，现行宪法、法律框架下，检察官拥有法律监督权是一个不争的事实。那么，拥有法律监督权的检察官是否能对非法取得的证据提出排除动议呢？依传统的检察法律监督理论看，对非法证据的法律监督当然是检察机关法律监督权的应有之意，因此，检察机关应当享有对非法证据排除动议的提出权似乎就是顺理成章的。“我国目前既有这样的规定，也有这样的学者解释。”② 在司法实践中，时有公诉人提出辩方向法庭提供的证人证言、被害人陈述系采用暴力、威胁等非法方法收集，请求法庭予以排除，亦使该问题变得复杂且无法回避。

因此，有学者认为，“从我国的实际情况出发，检察机关作为法律监督机关在审查起诉过程中，自觉对照非法证据排除规则，拒绝使用侦查机关非法获取的证据当然有其实际意义，但是在法律上明确规定检察机关也是非法证据排除的主体实在没有必要”③。

笔者同意上述结论，即不应当将检察机关列为排除动议的提出主体，论证的基本出发点是：非法证据排除是为了防止代表国家行使追诉权的控方滥用公权力、侵犯公民个人权利而赋予公民的一种救济权利，作为控方的检察机关当然不在排除主体制度设计范围内，辩方采用暴力、威胁等非法方法收集证言、被害人陈述不涉公权，不能将其纳入非法证据排除规则适用范围。但是，对上述论证逻辑笔者认为还有待进一步推敲：这样一种论证似乎同前面提到的证人、被害人的问题一样，都是在由一个实然性问题出发来判断主体能否拥有某项权利的应然性

① 汪建成：《理想与现实——刑事证据理论的新探索》，128页，北京，北京大学出版社，2006。

② 《人民检察院刑事诉讼规则》第265条；陈光中主编：《中华人民共和国刑事证据法专家拟制稿（条文、释义与论证）》，165页，北京，中国法制出版社，2004。

③ 汪建成：《理想与现实——刑事证据理论的新探索》，128页，北京，北京大学出版社，2006。

问题，其论证所得到的结论的科学性是值得进一步分析以获得相应理论支撑的。在非法证据排除规则中，检察机关的法律监督权能否直接包含排除非法证据的动议提出权？回答该问题，首先要解决的是检察机关法律监督权的性质、内容的问题。笔者认为，在诉讼过程特别是庭审过程中，无论是从维持控、辩、审三角结构稳定的角度出发还是从法律监督的全面性出发，代表国家履行追诉权的检察官均不应当同时履行法律监督的权力。宪法赋予检察机关的法律监督权要与其追诉犯罪的诉讼职能彻底分离。[①] 也就是说，检察机关的法律监督更应该是一种事后监督、审判外的监督，而绝非审判中的监督。检察官在庭审、质证过程中对案件、证据等发表的意见绝非在履行其法律监督权，而是其实现控诉职能的表现。因此，对于作为控诉一方，以追诉、打击犯罪为核心使命的检察官当然是不应强加上排除非法证据的“重任”的，毕竟，这种“自己反对自己”的角色冲突是不合理且无效率的。检察官在庭审过程中发现本方正在提交或准备提交的证据可能是非法获得的时候，不再向法庭提交即可。

至于检察机关的法律监督职能，一方面可以通过对侦查机关的取证行为的审查监督程序以及审查公诉的程序来实现对非法证据的排除适用；另一方面还可以通过抗诉、审判监督等诉讼程序来履行。

## 二、如何提出非法证据排除动议

解决了“由谁提出动议”的问题，那么下一步需要解决的就是“动议应当何时以及如何被提起”的问题。最高人民法院的司法解释规定申请排除非法证据一般应当在开庭审理前，但在庭审期间才发现相关线索或者材料的除外。当事人申请排除非法证据的，应当提供非法取证的相关线索或者材料。

### （一）动议提起的时间

#### 1. 一般规定——审前动议

美国相关法律及学说将提出非法证据排除的动议称为“motion in limine”或

① 参见陈卫东：《一审程序之后检察官的身份》，载《法制日报》，2006-06-08。

"suppression motion"，该动议可以于审判之前，相关证据被提交法庭前提起；也可以在庭审刚刚开始后，相关证据被提交之前提出。[①]

美国《联邦刑事诉讼规则》中 Rule 12 "答辩和审前动议（pleadings and pretrial motions)" 下的（b）"审前动议（pretrial motions)" 的第 3 项规定了必须在审前提出的动议类型（motions that must be made before trial)，而非法证据排除动议就在其所列范围中［（C）a motion to suppress evidence］。

同时，Rule 12 之（c）"动议期限"（motion deadline）指出，法庭可以就审前动议的提出为当事人设置一个最后的期限，同时安排关于动议的听审程序。

由此可见，美国刑事司法制度中的非法证据排除程序的启动一般是在审前。根据美国各州的刑事立法，虽然该国的"一些州继续遵循'同时的反对规则'，即仅要求在法庭上控方提出证据时，辩方提出该证据非法获得的反对。然而，绝大多数的司法管辖区已经抛弃了该规则，赞同反对应当在审前通过审前排除动议的方式提出。这个要求经常适用基于各种理由的排除，这些理由与证据的非法获得相关"[②]。

普遍采用庭前动议的形式排除非法证据是因为，虽然"少部分遵循同时反对规则的司法管辖区认为该规则是一个更有效的程序。然而，在当前要求审前动议的实践背后，存在许多合理的原因。审前动议的要求减少了审判中对于警察与定罪不直接相关的行为的争论，避免了审判因为这样的补充性的请求而中断。它还可以防止由于陪审团已经接触到违宪的证据而不得不宣布无效审判的情形。而且，对于控辩双方而言都有好处，即可以在审前就知道哪些材料会或者不会作为证据进入审判。如果审前动议被采纳，就会导致控诉的取消，这就避免了为准备庭审的控诉和审判资源的浪费；或改变了在控诉中的案件意见或者发展了没有受

---

① See Roger Haydock & John Sonsteng, *Trial*, *Theories*, *Tactics*, *Techniques*, West Publishing Co., 1991, pp. 125-140.

② ［美］伟恩·R·拉费弗、杰罗德·H·伊斯雷尔、南西·J·金：《刑事诉讼法》，卞建林、沙丽金等译，581 页，北京，中国政法大学出版社，2003。

污染的证据。如果审前动议被拒绝，则被告人就处于这样的境地：或者作出有罪答辩，获得一些通过这样的答辩可能获取的让步，这种答辩不会引起审判；或者进入审判，采取有所不同的辩护策略。最后，在那些允许控诉方提起中间上诉的司法管辖区，审前动议的要求保护即时上诉的权利”①。

这样一种审前动议的制度安排显然是受到了美国陪审团审判制度的影响，虽然上文罗列了几条采用审前动议的原因，但笔者认为，陪审团审判制度才是对其起到关键作用的决定性因素。“非法证据排除动议的提出可能出于以下三种目的：1. 防止诉讼中的对方在陪审团成员的面前提交或提出那些对自己不利的证据……”② 在陪审团制度下，必须保证陪审员的心证不受到任何非法证据的污染，否则，陪审员在其进行事实判断的过程中，即使事后被告知该证据因非法获得被排除而不能采纳，也必然会形成不利于被告人的心证，这是与陪审团制度本身目的、功能不相容的。在采用“同时反对规则”的情况下，非法证据被提出的同时就已然污染了陪审员的心证，再排除该证据无法完全消除对被告人的不利影响。而此时更换陪审员明显将大大降低审判效率，绝非使程序“更有效”。正是在陪审团制度的影响下，为了保证庭审的合法性（陪审团心证的自由、中立）及保证审判程序的效率不会因更换陪审员而降低，审前动议就成了一个必然的选择，对审前动议的种种规定，也往往以维护陪审团制度的功能、目标的实现而展开（笔者的这个判断，在下文中还能获得侧面印证）。

2. 临时动议

然而，虽然有以上所列的理由支持审前提出动议的非法证据排除程序，非法证据排除的动议并不是必须要在听审前被提交才会被接受。

“在美国各州和联邦法院，一般都是在审判前提出排除这些证据的动议。如果被告人在审判前的庭审中失去了这个机会，他还可以在审判中再次提出，由法

① ［美］伟恩·R·拉费弗、杰罗德·H·伊斯雷尔、南西·J·金：《刑事诉讼法》，卞建林、沙丽金等译，581页，北京，中国政法大学出版社，2003。

② Roger Haydock & John Sonsteng, *Trial, Theories, Tactics, Techniques*, West Publishing Co., 1991, p. 170.

庭决定是否批准动议。”[①] 美国《联邦刑事诉讼规则》Rule 45“期间的处理与延长”（Computing and Extending Time）中（b）项规定：如果某一行为必须在一定期限中完成，则法庭在一定情况下可以延长该期限，对于由一方当事人提出的动议的期限也可以因为有充足的原因而延长。可以延长的情况包括：（A）在事先指定的或事先已延长过的期限到达之前或（B）期限到达，但是当事人是因为可原谅的疏忽而没能按时完成特定的诉讼行为。“在许多司法管辖区，一个法院可以自由裁量接受一个排除动议，即使动议没有及时提交……当有情况表明被告人缺乏正当的机会在规定的时间内提出反对时，所有的司法管辖区都将给予救济以缓解审前动议的要求。各州的成文法和规则在这方面的表述也不一样，由此也影响到这种例外的范围。然而，可以这么说，除非在最强迫性的情况下，一般不会缺乏这样的机会。对于排除证据的法律理由的不知晓不是充分的理由，但是被告人不知悉质疑的证据已经被扣押则是充分的理由。”[②] “在那些要求提出对非法获得证据的同时反对的司法管辖区，没有作出这样的反对一般将阻碍任何审判或者上诉中随后的反对。同样，在要求审前排除动议的州，动议的作出有特定的时间，如果动议不及时，即直到审判或者后来的审前程序才作出，则通常不会对其加以考虑。没有遵循这些要求通常被视为‘放弃’宪法性的反对，但是由于这种行为通常不涉及故意的宪法权利的放弃，所以称之为‘丧失’更好。”[③]

这样一种“原则”规定之下的灵活变通正好从另一面印证了前一部分的判断，即对非法证据排除动议的提出时间的规定主要考虑的并非庭审的效率、控辩双方的庭审策略等方面的问题，而是如何保证陪审团的心证不受非法证据污染。立法中严格规定（“必须”）动议需在审前提出是为了保护陪审团心证，而在立法之下的灵活规定仍然是在保证陪审团心证是在纯洁的前提下作出的。

① 杨宇冠：《非法证据排除规则研究》，111页，北京，中国人民公安大学出版社，2003。

②③ ［美］伟恩·R·拉费弗、杰罗德·H·伊斯雷尔、南西·J·金：《刑事诉讼法》，卞建林、沙丽金等译，583页，北京，中国政法大学出版社，2003。

美国《联邦证据规则（2004）》关于证据能力问题的第104条“先决问题”中的（c）中规定：“在所有案件中，有关（被告人）自白的可采性的审理，应在陪审团审理范围之外进行（Hearing on the admissibility of confessions shall in all cases be conducted out of the hearing of the jury）。对于其他先决事项的听审，出于司法利益的考虑，或者当被告人作为证人而提出此项请求时，也将采用同样的方式。”这里用“陪审团审理范围之外”的字样而不用“陪审团不在场”或“避开陪审团”等词语是有理由的。[①] 根据这个条款，法庭在决定口供的可采性时如果有陪审团在场，并不需要陪审团退场，而是将控辩双方叫到法官席商量即可。如果用“陪审团不在场”，则需要陪审团退席。其原因在于即使陪审团在场，他们也“看不见”口供，而在口供的可采性决定之前，陪审团也“听不见”口供的详细内容，所以不会对其产生直接的影响。[②]

这样一种灵活规定的核心就在于在保证陪审团心证不受任何污染的前提下，尽可能地保证非法证据排除的动议能够被提出。因此，允许在一些情况下，辩方在庭审开始后才提出排除动议。这样，一方面，可以保护被告人的合法权利，使其宪法权利受国家公权力侵害这一事实能够得到救济；另一方面，又未破坏陪审团制度的功能。

由此可见，规定非法证据排除动议的提出时间所要考虑的因素主要包括：第一，是否有利于提高庭审效率，这是将动议提出规定在审前的一个主要原因；第二，是否有利于被告人宪法权利的救济，这是规定审前提出动议的同时在一定情况下允许庭审开始后提出临时的动议的主要因素；第三，是否会污染事实裁判者（陪审团）心证，这是对临时动议作出种种限制性规定的根源。

据此，笔者认为，鉴于以上前两个因素，即效率和权利救济两个因素的

---

① 此处的译文在陈界融所译著的《〈美国联邦证据规则（2004）〉译析》（中国人民大学出版社2005年版）中就被译成了“应当在没有陪审团的情形下进行”（5页），比较其英文原文及林辉煌《论证据排除——美国法之理论与实务》一书译文，笔者认为林书的译法明显更为接近《美国联邦证据规则》真意。

② 参见杨宇冠：《非法证据排除规则研究》，111页，北京，中国人民公安大学出版社，2003。

考虑，非法证据排除动议提出的时间应当在原则上规定在庭审之前，理由就在于提高庭审效率，确定控、辩双方的庭审策略；而同时以例外的形式允许在庭审过程中提出排除动议。这对于我国刑事司法实践具有更为实际的意义：被告人淡薄的法律意识以及较低刑事辩护率是设立例外规定的最为充分的理由。

（二）动议提起的方式

动议提起方式问题可以说是在整个规则设计中最为简单的一个问题，可以说没有太多的理论争议。一般认为，非法证据排除动议可以通过书面或口头的形式提出，这两种方式的不同主要取决于该动议本身性质和当地法院的相关规则。一般情况下，对于该动议提出的次数并没有特别的规定。[①] 美国《联邦刑事诉讼规则》Rule 47“动议及支持性宣誓书”中（b）项“动议的形式及内容”中规定：一个动议，除非是在庭审或听证过程中提出，都应当以书目的形式提出。除此之外，法庭的同意也可以允许动议以其他的形式提出。

应当说，这样一种书面、口头相结合的动议提出形式是合理的，在维护了刑事司法过程的“程序性”的同时，又预先设置了一定空间，保证了被告人权利行使的顺畅。

## 三、非法证据如何被审查

紧接而来的第三个问题就是，在非法证据排除动议被提出后，这些证据如何被审查的问题，包括：由谁来对该动议进行审查，由谁来对于控方提交的证据是否合法、是否具有可采性进行判断；审查主体应当在刑事诉讼程序的哪个阶段，以何种形式对证据进行审查；以及随之而来的审查程序、救济等一系列问题。根据 2012 年《刑事诉讼法》以及最高人民法院的司法解释，我国的非法证据的审查主体是审判人员，也就是职业法官；审判人员可以在庭前会议中就非法证据排

① See Roger Haydock & John Sonsteng, *Trial*, *Theories*, *Tactics*, *Techniques*, West Publishing Co., 1991, p. 170.

除等问题了解情况，听取意见，但是不作出是否排除相关证据的实质性处理。对于证据收集合法性的调查，在法庭审理中进行，根据具体情况，可以在当事人及其辩护人、诉讼代理人提出排除非法证据的申请后进行，也可以在法庭调查结束前一并进行。

（一）非法证据由谁审查

1. 程序裁判者——理想的模式

非法证据排除动议的提出可能出于以下三种目的：（1）防止诉讼中的对方在陪审团成员的面前提交或提出那些对自己不利的证据；（2）使得对方所提交的证据都受到可接受性的限制，例如，要求对方的相关证据取得认证或提供原件；（3）使得己方的证据能够通过法院庭审前的排除程序的审查而取得确定的可接受性，以保证该证据在后面的庭审中能够被法庭接受。[①] 前文中我们也提到，决定非法证据排除动议提出时间的主要因素之一就在于防止作为事实裁判者的陪审团的心证受到非法证据的污染。可以说，将事实裁判者的自由心证的程序保护起来，使其远离非法证据是整个非法证据排除规则的核心思想。那么，由此而决定非法证据的审查主体就必然不能是作为事实裁判者的陪审团。任何可能涉嫌非法取得的证据都不应当在陪审团面前提出。美国《联邦刑事诉讼规则》Rule 59“治安法官的管辖事项”中（b）项第1款规定，非法证据排除动议需要由治安法官审核[②]，而非庭审中的法官或陪审团。即使该动议未能在审前被提出，而是在庭审过程中被被告方提出了，或在庭前提出反对的动议，并且法庭考虑到证人出庭的方便而将此问题延迟到开庭审判时一并处理，那么对证据排除的听审有可能是在陪审团在场的情况下进行的。[③] 但是，虽然此时负责处理该非法证据者是庭

① See Roger Haydock & John Sonsteng, *Trial*, *Theories*, *Tactics*, *Techniques*, West Publishing Co., 1991, pp. 168-169.

② Rule 59于2005年4月25日被写入美国《联邦刑事诉讼规则》，同年12月1日生效，但奇怪的是，1年以后，在2006年12月1日公布的美国《联邦刑事诉讼规则》中，Rule 59已被删除。由此可见，美国的刑事诉讼立法受其判例法传统的影响，变动较为频繁且反复。虽然本条改动的原因笔者并不清楚，但预审法官负责非法证据排除事宜是在联邦到各州范围内都得到承认并执行的。

③ 参见杨宇冠：《非法证据排除规则研究》，112页，北京，中国人民公安大学出版社，2003。

审法官，但按照美国《联邦证据规则》第104条的规定，此时对非法证据的处理也应当“在陪审团审理范围之外”进行。

可以这样看，美国的刑事司法体制采取的是一种实体性裁判与程序性裁判严格分离的“二元式结构”，不但实体性裁判和程序性裁判在诉讼阶段上是分离的，其裁判主体也是分立的。① 这样一种“二元”主体很好地“割断了非法证据信息同事实裁判者之间的联系，使该证据对于事实裁判者最终认定被告人有罪不产生任何影响”②。可以说正是这样一种制度设计保证了非法证据排除规则根本目的的实现。

2. 预审法官——能否解决全部问题

然而，在分析美国非法证据排除规则的建构时，我们必须认识到的一个问题是，我国的刑事司法制度与美国的存在根本上的不同。在根本上我国整个刑事司法体制是一种与上面所说的“二元式结构”相对立的“一元式结构”，实体性裁判与程序性裁判重合、事实裁判者与程序裁判者重合，因此，难以和美国的非法证据排除规则相对接。与我国刑事司法体制相近的德国刑事诉讼法中，也有学者对这样一种事实裁判者与程序裁判者的重合进行了批评：“鉴于证据由职业法官进行评断，这些职业法官通常了解即使是‘应当排除的’事实（例如，被告人受到强迫而作出的供述），因为他们在审前已经检查过公诉人的案卷。因此，排除证据需要法官从他们的头脑中删去特定的事实，并且将判决建立在一种假定的事实上，而不是他们所了解的事实。即使法官愿意遵守法律的要求，不考虑他们所了解的事实，但让他去作出他知道与案件的‘真实’事实没有联系的决定在心理上是困难的。从而，法官试图达到能够与‘真实’事实相协调的判决，并且知道他们必须不能在判决的口头或者书面解释中提及这个事实。从这方面讲，排除证据只不过是为法庭论证判决增加困难。对于非职业法官来说，情况稍有不同。因为他们不能接触案卷，他们只了解在审判中被提到的事实。如果某一证据在审前已被确定不可采纳，并且在审判中没有被提交或者被提到，非职业法官就可以在不知晓这些证据的情况下参与判决。但是考虑到非职业法官在法庭实际判决过程

① 参见汪建成：《理想与现实——刑事证据理论的新探索》，125页，北京，北京大学出版社，2006。
② 同上书，125页。

中的有限作用，他们（有时）不知晓被排除证据的存在并没有使证据的‘不可采纳’在实践中少一些虚伪。”①

因此，有学者提出应当建立我国的预审法官制度：“程序性裁判应当置于实体性裁判之前，由不同于进行实体性裁判的审判法官的预审法官进行。凡是有关包括非法取证在内的程序性争议，都可以经相关人申请启动程序性裁判程序。在程序性裁判中，应当有控辩双方参加且采取公开的听证方式。经过这一程序，预审法官应当就非法证据是否排除问题作出裁决。当事人对程序性裁判不服，应当允许独立上诉。增设程序性裁判，表面上增加了诉讼成本，但是其对于诉讼公正和效率价值的实现却是无法估量的：第一，程序性裁判可以取代现行的庭前审查程序，使庭前审查程序承担起更多的功能；第二，程序性裁判可以使后来的实体性裁判程序中争执点更加集中和突出，审判更富效率；第三，程序性裁判给当事人铺设了一条获取司法救济的通道，诉讼更加公正；第四，程序性裁判可以完全阻断非法证据同实体裁判法官之间的联系，审判更加中立。”②

这样一种设立预审法官制度的观点可以说是我国学者建构我国的非法证据排除规则时的一种通说，然而，预审法官制度能够解决我们的问题吗？笔者对此持一种谨慎的怀疑态度。

应当说，将排除非法证据的责任交给预审法官，可以将部分甚至是大部分的非法证据排除于庭审之外，使庭审中的事实裁判者不受非法证据的污染。但是，单独的这样一个制度并无力全面地实现非法证据排除。比较美国的非法证据排除规则，其关于非法证据排除动议提出阶段的规定从侧面告诉我们在美国这样一个非法证据排除规则较为成熟的国度，仍然会有不少的非法证据从审前动议程序中落网，渗透到庭审开始后，仍需要在庭审进行中不断地将证据净化。③ 那么这样

① ［德］托马斯·魏根特：《德国刑事诉讼程序》，岳礼玲、温小洁译，188～189页，北京，中国政法大学出版社，2004。

② 汪建成：《理想与现实——刑事证据理论的新探索》，126页，北京，北京大学出版社，2006。

③ 在美国法律规定必须审前动议的情况下，甚至还会出现“一些法官倾向于将排除非法证据的动议向后推延或直接拒绝，直到这些证据在庭审中被提交出来”。这也从另一个侧面说明仅通过审前程序解决非法证据问题是并不充分的。See Roger Haydock & John Sonsteng, *Trial, Theories, Tactics, Techniques*, West Publishing Co., 1991, p. 170.

一种“遗漏”在我国也许也是一种无法避免的现象。在笔者看来，这种遗漏也许不单单是制度设计的缺陷所造成的，其中体现的是一种认识上的循序渐进的过程。制度设计者不可能要求诉讼参与人只能在庭审前发现所有有违法嫌疑的证据，应当允许对这种必然的遗漏作出补救。这是一种制度必然，就像我们曾经讨论的证据开示制度一样，无论多么完善的开示制度，都要为未来庭审中新证据的提出开一个小口；或者我们可以这样说，一个完善的开示制度，本身就应当包含庭审程序中的补救。就像有原则就必有例外，审前通过预审法官排除非法证据作为制度规范，在现实中也必然地会出现例外，即庭审开示后，在法官审理过程中仍可能提出非法证据排除动议。

如果承认这种庭审中非法证据的出现无可避免，那么，在我国设立预审法官解决非法证据问题的意义及功能的完全实现就将受到怀疑：庭审过程中一个非法证据的出现将会导致审前排除的意义抵消殆尽——事实裁判者最终还是接触到了非法证据，其心证仍将受到污染。在这种情形下，如果严格遵循非法证据排除规则的内涵，那么，就要中止庭审、更换审判法官。这无疑是不可行的，由预审法官负责排除非法证据的效率价值也就无法体现了。

为什么会出现这样一种困境？我们再次转向作为模板的美国刑事司法制度，会发现问题的答案、困境的根源仍然在我们前面提到的，“二元式结构”与“一元式结构”的结构性的不同。在美国的庭审程序中，法官与陪审团构成的“二元结构”很好地将作为事实裁判者的陪审团保护在非法证据的污染之外。“在陪审团审理范围之外进行”的非法证据的排除程序继续将非法证据信息同事实裁判者之间的联系割断开来，“使该证据对于事实裁判者最终认定被告人有罪不产生任何影响”[1]（同时还要注意的是，高素质的律师队伍在这个“保护”陪审团的过程中与庭审法官一同发挥作用，他们通过对非法证据提出迅速、及时的排除动议，保证任何非法获取的对被告人不利的证据不会被陪审团看到、听到）。在这种模式下，即使由以后负责庭审的法官进行预审程序，也不会对这种事实与程序的分

① 汪建成：《理想与现实——刑事证据理论的新探索》，125页，北京，北京大学出版社，2006。

离造成损害。

而在我国现行刑事司法体制下，对庭审法官心证的保护几乎是不可能完成的任务。预审法官解决非法证据的思路也许能部分地解决该问题，但难以在根本上满足非法证据排除规则的全部要求。

3. 庭审法官——无奈的选择

既然在我国现行的“一元式结构”之下，无法实现由纯粹程序裁判者处理非法证据问题的理想模式，预备法官的设置也注定无法全面解决非法证据排除的问题，那么，庭审法官担负起部分的（也许可能是全部的）排除非法证据的责任就成了一种不得已而为之的方案了。

这种“不得已而为之”，无疑将我们置于一个十分尴尬的境地：由庭审法官，这一事实裁判者与程序裁判者的同一体，来解决非法证据问题，本身就与非法证据排除规则设立的本意背道而驰，可以说是在实际运行上否弃了非法证据排除程序存在的意义。这样一种否弃本身也许没什么，只是一种制度选择而已。将我们置于尴尬境地的，是我们不得不为之的“无奈”，在于我们从一个由大陆法系职权主义模式下的刑事司法体系向英美法系对抗制模式下的刑事司法体系靠拢的过程。处在此过渡阶段的我们自然陷入无奈境地：

英美法系下的非法证据排除规则的建立，围绕的是如何保护那些代表一般民众的陪审团，使他们可以在心证不受污染的情况下对于被告人是否构成犯罪作出判断，以此获得判决的合法性、正当性。作为事实裁判者的陪审团只能从控、辩双方的对抗中不断感知证据、感知案情，而无法主动地进行查证，处于被动受影响的位置。一方面，英美法中的制度设计者表现出对陪审团的极大信任，将定罪权交给了他们；但另一方面，又将陪审团看成一个抗干扰能力极差的儿童，需要为他们设计好种种制度将他们保护起来。与此相对应的是，大陆法系下的“一元裁判结构”下的制度设计，体现出了一种对法官的信任，将其定位为事实的发现者，将事实和程序的裁判权都交给了高高在上的法官，相信作为裁判者的法官是成熟的、睿智的、抗干扰的、事实上中立的、正直的。因此，大陆法系国家的法官往往享有英美法系法官从来不敢奢望的可以依职权主动行使的案件调查权。

这一项权力的设计，完全暴露了立法者眼中司法裁判者的形象和定位，而这种司法裁判者的形象、地位，潜在地决定了非法证据排除规则在该国如何建构：英美法系陪审团审判下的非法证据排除规则当然地要求陪审团成员不受任何不良信息的污染，用庭前动议、庭审法官和健全的律师辩护制度将陪审团重重保护起来；而大陆法系法官审判模式下，当法官仍然能够获得从立法者到一般民众的信任，仍能够拥有依职权调查案件事实的权力时，非法证据排除规则就只能作为对法官自由心证的一种限制，这种限制在一定程度上也许是“虚伪的”①。至少如果我们严格依照非法证据排除规则的原生性的要求，作为事实裁判者的法官的心证是不能受到任何污染的。但是，问题就在于，如果我们不像英美法系国家那样定位我们的司法官，而是依照我国一直以来所建构的、类似于大陆法系职权制法官的模式来审视这一问题，我们就能跳出这个“虚伪”的死胡同。

如果我们信任法官，相信其能够客观、公正地审查案件事实，并赋予其强大的依职权调查取证的权力，那么在此潜在的思维逻辑下，我们当然应当相信法官也能够以其丰富的法学知识、阅历以及相关的职业素养将非法证据对自身心证的影响排除于最终的司法裁判之外。当然，依英美法的观点这是不可能的，甚至依心理学解释这也是根本不可能做到的。但是，在这里我们必须尝试着跳出惯常的思维路径，在大陆法系的背景下思考这一问题。这时就能发现，也许让庭审法官来负责部分非法证据的排除并不是那么可怕的事情。“排除证据需要法官从他们的头脑中删去特定的事实，并且将判决建立在一种假定的事实，而不是他们所了解的事实基础上。即使法官愿意遵守法律的要求，不考虑他们所了解的事实，但让他去作出他知道与案件的‘真实’事实没有联系的决定在心理上是困难的。从而，法官试图达到能够与‘真实’事实相协调的判决，并且知道他们必须不能在判决的口头或者书面解释中提及这个事实。从这方面讲，排除证据只不过是为法

① ［德］托马斯·魏根特：《德国刑事诉讼程序》，岳礼玲、温小洁译，189页，北京，中国政法大学出版社，2004。

庭论证判决增加困难。”[①] 这样的批评中隐含着一种对于庭审法官排除非法证据的合理解释：在职权制刑事诉讼模式下，非法证据排除规则的功能的表现形式之一，就是“为法庭论证判决增加困难”。

“为法庭论证判决增加困难”，意味着法官必须在不涉及被排除的非法证据的情况下，通过其他相关证据编织出一个完整的证据链；意味着法官需要使用其他合法的证据来填补非法证据被排除后遗漏下来的空缺。法官在论证其判决时达到这样的要求，那么我们就可以认为非法证据排除规则的意义得到了实现。不同于陪审团制下的“天然地一尘不染”，大陆法系的法官至少可以“漂白”自己的心证。这种“漂白”在英美非法证据排除规则视野下，当然是可笑的、自欺欺人的。[②] 但是，回到前面对理论背景的讨论时，我们应当认识到，在我国现行的刑事司法体制下，这种“漂白”对我们来说是应当追求并可能实现的唯一的最佳结果。

必须承认的是，在我国当前的司法实践中，刑事判决书的内容还远远没能达到这样的要求，要想实现“为法庭论证判决增加困难”还需要对判决书的质量提出更高的要求。但是，毕竟提高判决书的说理性已经被提上改革的日程，在判决书中增加非法证据排除的内容只是一个自然而然、顺水推舟的事情。相较于由美国的非法证据排除理论与我国现行体制结合而形成的不伦不类的“怪胎”，这样一种理论建构、制度解释及改革方向无疑更为合理、可行。

因此，笔者认为，在讨论非法证据排除程序的审查主体时，我们应当大大方方地赋予庭审法官排除非法证据的权力，一方面，谨慎地相信法官的判断力；另一方面，通过提高对判决说理性的要求，对法官的心证予以规范。依此，才能在现行的制度、理论框架下，更好地糅合非法证据排除规则的价值和意义。

---

① ［德］托马斯·魏根特：《德国刑事诉讼程序》，岳礼玲、温小洁译，188页，北京，中国政法大学出版社，2004。

② 虽然如此，在英美法系陪审团审判模式下，当陪审团在庭审过程中意外地接触到非法证据时，如果法官认为该非法证据对陪审团的心证不会产生不利影响，不需要更换陪审团时，只需要告知陪审团将该证据从其心证过程中排除即可。这也是一种类似的“自欺欺人”的“漂白”心证的过程。

（二）非法证据排除程序的形式

接下来需要解决的问题，是非法证据排除程序的形式问题，其是否能自己成为一个单独的阶段性程序。根据上面的讨论，我们已经可以初步地认为，非法证据排除程序可能会被分为庭审前的排除和庭审之中的排除，而在不同的诉讼阶段，其形式也会有较大的不同：

1. 庭审前的非法证据排除程序

在作为非法证据排除规则母国的美国，非法证据排除程序被一般性地规定为一个带有庭前准备程序性质的听审/听证（hearing）程序，美国《联邦刑事诉讼规则》Rule 17.1 审前会议（Pretrial Conference）中规定，根据当事一方所提出的动议，法庭可以一次或多次地召开庭前会议来解决该问题。结合上文中的相关讨论，我们可以明确，庭审前提出的非法证据排除动议可以通过预审法官以审前程序的形式予以解决。由于审前程序所要解决的其他程序性问题往往比较简单（如证据开示），这样就为更为复杂的非法证据排除程序的进行提供了一个较为宽松的操作空间，使其程序安排可以较为灵活：它可以与证据开示程序结合，在证据开示的同时进行该程序；还可以与其他庭前准备程序结合；同时还能够作为完全独立的程序阶段单独地解决非法证据排除的问题。负责该程序的预审法官可以根据实际需要，选择庭审的方式。

2. 庭审之中的非法证据排除程序

在庭审之中被发动的非法证据排除程序是否能以独立的阶段性程序存在呢？庭审之中是否能设置一个独立于法庭质证、辩论阶段的排除非法证据阶段呢？

之所以提出这样的问题，是源于非法证据排除程序与正式的庭审程序之间存在的较大差异，二者在程序性质、证据规则、证明责任、证明标准等方面的不同造成了两种程序之间的不相容，如果不将两者分开，将可能造成庭审程序的混乱无序。庭审前进行的非法证据排除程序天然地避开了这种混乱，但是，庭审过程中的非法证据排除程序又该如何面对这种混乱呢？

当我们又一次地参照美国的非法证据排除程序时，会再次地发现，“二元式结构”下事实裁判者与程序裁判者的分离再一次最大限度地避开了这一问题。我们在上文的论述中就提到，美国《联邦证据规则（2004）》关于证据能力问题的第104条“先决问题”中的（c）项规定：“在所有案件中，有关（被告人）自白的可采性的审理，应在陪审团审理范围之外进行。”[①] 庭审法官作为这一程序的裁判者召集控、辩双方，适用相应的证据规则、证明责任、证明标准，在陪审团“看不见”也“听不见”的情况下解决非法证据排除的问题。这样一来，事实问题、程序问题各归其位，法官、陪审团各负其责，很好地避免了出现庭审混乱的情形。

那么，在我国的“一元式结构”下的庭审程序，该如何设计非法证据排除程序呢？

一种较为理想的模式是，将所有非法证据排除程序尽可能地从庭审中独立出来，单独地设置这样一个环节，集中地解决所有未能在庭审前解决的非法证据排除问题及其他程序性问题。但这似乎并不可行，如果“集中解决”是可能的话，那么在审前程序中早已全部“集中解决”这些问题。正如上文中提到的，制度设计者不可能要求诉讼参与人只能在庭审前发现所有有违法取证嫌疑的证据，当然也就不能严格地要求被告人在庭审中一次性地将所有地非法证据问题集中地提出，应当允许对这种必然的遗漏作出补救。如此一来，以独立的庭审阶段解决非法证据排除问题的设想只有放弃。

既然统一解决不可行，那么是不是能将非法证据排除程序分散于庭审的各个阶段（主要是质证阶段）呢？这样一种设计的好处在于，使被告方在全面、准确地了解了控方所提交的证据的前提下提出排除动议，动议更有针对性、有的放矢；同时使法官对证据的可采性进行“一证一认”，使非法获取的证据一被提出即告排除，缩短非法证据在法官心证中停留的时间。这种方案在一定程度上可以说正是针对上种方案的不可能实行而作出的改动，但是，这样一种改动却使我们回到了原来的问题上，即如何避免出现庭审混乱的情况。当非法证据排除程序分

① 此处的译文在陈界融所著《〈美国联邦证据规则（2004）〉译析》（中国人民大学出版社2005年版）中被译成了“应当没有陪审团的情形下进行”，比较其英文原文及杜辉煌《论证据排除——美国法之理论与实务》一书译文，笔者认为杜书明显更为接近《美国联邦证据规则》的真意。

散进行时，就要求法官要在事实裁判者与程序裁判者的角色之间不断转换，不断地切换其应当适用的证据规则、证明责任、证明标准。这无疑对庭审法官来说是十分困难的，所带来的后果则是两种本应不同的证据规则出现一定程度上的混同，事实问题与程序问题的界限被忽视、取消，而这无疑是有悖于诉讼基本理论的。

两种方式都存在如此严重、难以消解的问题，令人感到十分无奈。但我们却不得不在这两者间作出选择。既然第一种方式本身与庭审规律相矛盾，根本难以实现，那么第二种方式就成为我们的唯一选择。但这也只能说是两害相权取其轻，是在两种模式中选择一个更可能实现的模式的无奈选择。在这里，我们也许只能希望并相信庭审法官，能够不断提高他们的职业素养、司法裁判能力，在庭审过程中清晰地将事实问题与程序问题区分开，采用恰当的方式对各种问题进行裁判。同时，通过庭审规则的制定帮助庭审法官实现这样一种区分。

（三）听审程序中的证人证言问题

“在听证程序中，被告人作为证人经常是必要的。被告人可以在庭审程序中进行陈述而不必放弃在庭审中站在自己的立场上辩护的权利以及任何其他妨碍他进行作证的权利。如果他作证，他可能受到交叉询问，但是他‘证明初步事项，不需要使其自己受到案件中其他事情的交叉询问’。然而，交叉询问‘可能使检察官引发比直接询问提供的更多的归罪的信息’，并且这‘可能有助于检察官推进其案件或者决定其庭审策略’。”① 因此，为了保护被告人行使其美国联邦宪法第 4 条修正案所赋予的权利，1968 年美国联邦最高法院在 *Simmons v. U. S* 案中裁示：（检方）在正式的审理过程中，不得使用被告人在证据排除听证程序中的不利供述来对抗被告人。当被告人作证支持其提出的以宪法第 4 条修正案为基础的非法证据排除动议时，他的证言不能在此之后的审判中被用于指认其有罪，除非其并不提出反对。② 因为，这种证言本质上是强迫所得到的证言：如果被告人

---

① ［美］伟恩·R·拉费弗、杰罗德·H·伊斯雷尔、南西·J·金：《刑事诉讼法》，卞建林、沙丽金等译，596 页，北京，中国政法大学出版社，2003。

② “Simmons v. United States”，390 *U. S.* 377，394（1968）.

不说话，非法证据可能不会被排除，被告人的证言有强迫的性质，所以也不能在审判时作为被告人有罪的证据使用。[①] Simmons 案的逻辑推理主要是一个被告人不应当根据律师的建议被强迫放弃他所相信的有效的关于第 4 条修正案的请求，或者被强迫在法律效果上放弃其第 5 条修正案中反对强迫自证其罪的特权，这说明了在证据排除听证上同样的保护必须赋予被告人。[②] 被告人不应当被置于这样一种困境，即必须在宪法第 4 条修正案和第 5 条修正案之间进行唯一的选择。

然而，我国有学者对美国联邦最高法院的这一意见“很不以为然”，认为虽然“该院是为了保护被告人，让被告人没有顾虑地行使自己的权利”，但其认为，该种权利行使的行为“也不能矫枉过正。设想一下，被告人在要取得提出排除非法证据动议的资格时，可以放心大胆地承认自己与犯罪有牵连，甚至就是罪犯，以此证明自己有资格要求排除对他不利的证据，而在审判时又不能用他的这个证言来证明他犯罪，这就有些不合道理了……只要是被告人自愿作出的证言，在什么时候都应当具有证据的作用，审判时可以提出来证明其有罪……应当让被告人承担两难的后果，以利司法的顺利进行”[③]。

美国联邦最高法院在这方面的态度确实有所转变，在 Simmons 案后十几年，即 1980 年的萨尔乌兹案件[④]中，联邦最高法院的多数法官认为，这个问题还可以继续讨论，而且指出 Simmons 案中的原则不能成为被告人说假话的保护伞。[⑤]

然而，对此种观点，笔者也是有些“不以为然”的。在笔者看来，这种观点正是传统的“客观真实”和“重打击、轻保护”的观念在非法证据排除程序中的一种表现。在此种观念下，“被告人在要取得提出排除非法证据动议的资格时，可以放心大胆地承认自己与犯罪有牵连，甚至就是罪犯，以此证明自己有资格要

① 参见杨宇冠：《非法证据排除规则研究》，114 页，北京，中国人民公安大学出版社，2003。

② 参见［美］伟恩·R·拉费弗、杰罗德·H·伊斯雷尔、南西·J·金：《刑事诉讼法》，卞建林、沙丽金等译，596 页，北京，中国政法大学出版社，2003。

③ 杨宇冠：《非法证据排除规则研究》，114 页，北京，中国人民公安大学出版社，2003。

④ United States v. Salvucci, 599 F. 2d 1094, 1097 (1979).

⑤ See Morgan G. Graham, “The Use of Suppression Hearing Testimony to Impeach”, *Indiana Law Journal*, Spring, 1983/1984.

求排除对他不利的证据，而在审判时又不能用他的这个证言来证明他犯罪”当然就是十分“不合道理”的了。被告人的这种“投机”行为等于是在钻法律的空子，在不同的情况下利用不同的宪法规则来获取最大的利益。而此处的问题在于：我们是否应当允许被告人“左右逢源”呢?

非法证据排除规则的种种价值中，包括防止冤假错案的发生、正确地追诉犯罪、还案件事实以本来面貌，这些价值当然十分重要，对我国来说更是这样。但是除此之外，由美国联邦宪法第 4 条修正案所衍生出的非法证据排除规则所要实现的，是对被告人宪法权利的保护、对国家公权力的限制。两相比较，我们可以得出这样的结论：对于非法证据排除规则来说，后者更为“本源”，是排除规则的核心价值。非法证据之所以要被排除，主要并不是因为其可能影响案件真实的实现，而是因为该证据是由不正当地行使国家权力而获得的。这种公权力行使中的违法形成了对整个追诉行为合法性的危害，所以，非法证据应当被排除于定罪程序。通过宣告证据无效而对国家的违法取证行为进行惩罚才是非法证据排除规则所主要指向的目标。

鼓励被告人主动提出排除非法证据动议是实现该目标的重要方式。虽然往往被告人是基于私利而提出排除动议，但正是有私利作为激励，才保证了该制度能够很好地运行。如此看来，被告人的投机就不是那么“不合道理”了。既然宪法赋予了所有人（美国联邦宪法）第 4 条修正案和第 5 条修正案中的权利，就应当允许被告人充分地实现这些权利。这样一种由立法所造成的冲突、矛盾，不应当由被告人来承担责任，两种宪法权利应当同样地保护被告人。

因此，依笔者之见，虽然我国现行《刑事诉讼法》中没有相关规定，但是在我国未来的非法证据排除规则的完善上，应当明确地规定被告方在非法证据排除程序中的证人证言，不得在庭审中被用作反对他自己的证据。如此，才能真正实现非法证据排除规则的核心价值以保障制度的良好运行。

### （四）审查结果

1. 审查结果（Suppression Order）

美国的非法证据排除听审之后，负责听审的法官（或治安法官）需要对于是否排除该证据给出自己的结论。这种听审结论根据其听审法官身份的不同，分为两种效力不同的结论。

有的负责非法证据排除听审程序的地区法官就是负责庭审程序的法官，其在听审程序进行完之后，根据整个听审所获取的相关证据，作出是否排除该证据的判断并以一定的形式（裁定或记录）固定下来。当该法官对非法证据排除动议作出判断后，这样一种判断是有法律效力的。在一些州，裁定的作出需要法官对其提供法律和事实上的依据。但有些州却并没有这样的规定。美国联邦最高法院在 *Sims v. Georgia* 一案中指出，正当程序的要求并没有强制法官作出正式的裁决或写出书面意见，但是有关口供是否自愿的结论应当在记录中明白无误地体现。上诉法院愿意让初审法院就此问题作出明确的裁决，因为没有这样的裁决的话，上诉法院在全面了解案情时将面临更多的困难。①

但是，有些证据排除动议的听审程序并不是由后来负责庭审程序的法官进行，而是由较低级别的治安法官主持的，这些人员无权作出裁决，而是作出对证据排除与否的建议。

根据美国相关法律的规定②，联邦地区法官可以授权低级的治安法官对部分审前程序中的未决事项进行听审并作出决定，但非法证据排除程序却并不在其列（A judge may designate a magistrate judge to hear and determine any pretrial matter pending before the court，except… to suppress evidence in a criminal case …）。虽然治安法官并不能就非法证据排除作出决定，但是，联邦地区法院的法官还是可以将非法证据排除程序的听审交由治安法官负责，并由治安法官向庭审法官提交一份相关于该动议的事实及处理的建议。治安法官需要将其向庭审法官提交的相关事实和建议归档，并立即将这些材料送达控、辩双方。在收到治安法官所提供的建议副本后的 10 天之内，任何一方当事人都可以向庭审法官

① 参见［美］伟恩·R·拉费弗、杰罗德·H·伊斯雷尔、南西·J·金：《刑事诉讼法》，卞建林、沙丽金等译，598 页，北京，中国政法大学出版社，2003；杨宇冠：《非法证据排除规则研究》，115 页，北京，中国人民公安大学出版社，2003。

② 28 *U. S. C.* § 636 (b) (1) .

提出或提交书面的反对意见，庭审法官则可以就治安法官所提交的建议及当事人提交的反对意见对非法证据排除进行新的判断（a de novo determination）。庭审法官可以部分或全部地接受、拒绝或修改由治安法官所提交的建议书，也可以接受进一步的证据，或者要求治安法官依照其指示再次进行非法证据排除听审。

由此可见，无论由谁来负责非法证据排除听审，最终拥有决定权的仍然是后来负责庭审程序的法官，即使其并未亲身参与该听审程序，仍可以凭借治安法官的帮助来完成对非法证据排除程序的有法律效力的裁决或裁定。

2. 问题

结合我国的现实司法制度会发现在非法证据排除听审程序的裁决上出现这样一个问题：当非法证据排除听审程序是在审前，由专门设置的不同于庭审法官的预审法官负责时，预审法官是否能直接作出具有法律效力的裁决？是否需要像美国的治安法官那样仅是向庭审法官提交一个建议书？在笔者看来，预审法官不同于庭审法官的制度设计，本来正是出于一种防止庭审法官心证受到污染的目的。如果预审法官并不享有具有法律效力的裁决权，而是由庭审法官保留这样的权力，那么这样的制度设计的意义将丧失殆尽。在一定意义上，可以说预审法官所应当承担的，就是“二元裁判结构”下的程序裁判者的角色。虽然如此一来，似乎一个案件的司法裁判权被生生剥离出一部分，出现两个裁判权主体，与我国传统的“一元裁判结构”下的司法观念、感情相冲突，但在现行制度下，这样一种设计却是一种较为可行的方案：既然现在我们不能完全地将庭审法官所拥有的事实、程序裁判权分割开，那么只能期望其能够通过自身的努力将这两种裁判区分开来，利用另外一个新的裁判权主体将其部分裁判权剥离，降低庭审法官事实、程序不分以及心证受到污染的危险。

（五）救济

在美国，对非法证据排除动议的裁判（ruling on a motion to suppress）虽然有法律效力，但却并非终局裁判。在 *State v. Rodriguez* 一案中，上诉法庭指出，对非法证据排除程序的裁判尽管是有法律效力的，但却并不是一个终局的裁判。非法证据排除动议只是一个审前动议。同时，在 *State v. Henry* 一案中，法庭也认为对非法证据排除程序的裁判是一个中间裁判，这种裁判是允许审判法官在裁判作出后再次对其审查的。Henry 案的法庭认为，一个裁判只有当其不再会被重新审查时才是终局的，而非法证据排除的裁判并不能明确地归入终局裁判中。① 负责上诉审的法院（这里不是指美国联邦巡回区上诉法院）才对各地区法院所作出的裁判享有最终的司法裁判权。②

法律在此为非法证据排除程序提供了相应的救济手段，即当控、辩双方对地区法院所作出的非法证据排除的裁判不满意时，可以向上诉法院提出上诉。

1. 中间上诉（Interlocutory Appeal）

在美国法中，绝大多数的证据方面的裁判是典型的（prime examples）、不可上诉的中间裁判（interlocutory order）。当庭审中作出此类裁判时，马上就对该裁判进行审查是不切实际的（impractical），由此给庭审带来的中断对法官和陪审团来说都是无法接受的。分散、琐碎的审查会成为当事人担心得到不利判决时拖延审判的武器。而如果上诉法庭对这些中间裁判审查，由于没有完整的庭审记录，其所得到的结论往往很不稳定（change radically）。因此，对证据裁判的重新审查往往都在对案件的判决作出后才被提出。③

但是，刑事诉讼中对非法证据排除程序的上诉是一个例外，法律明确规定，在判决作出前控方（an appeal by the United States）可以提出中间上诉。在联邦法庭所审理的刑事案件中，对于排除非法证据的裁判所提出的上诉应当在被告人未陷入不利情境之前、判决作出之前或提出指控之前作出，而且控诉方只要能够证明上诉的目的不是拖延审判，而且该证据对诉讼证明能起到实质性的作用即

---

① See Garrett T. Reece, “Securing one’s Forth Amendment Rights through Issue Preclusion: Assessing Texas’s Application of Collateral Estoppel to Multiple Suppression Motions Filed in Separate Courts”, *Saint Mary’s Law Journal*, 2005.

② 28 *U. S. C.* § 1291.

③ 参见［美］克里斯托弗·B·米勒、莱尔德·C·柯克帕特里克：《证据法：案例与难点》，56 页，北京，中信出版社，2003。

可。[①] 美国的许多州也有类似的规定。[②]

而这里的问题在于：是否控、辩双方都可以就非法证据排除问题提出中间上诉？有学者提出，“因为证据的排除与否对检方或辩方都极为重要，所以审判前两造若对法官排除证据与否的决定不服，得立即向上诉法院提出上诉（interlocutory appeal），请求上诉法院审查，无须等到审判结束，否则若下级法院决定错误，将来有可能会造成重新审判或释放被告的结果，反而会浪费司法资源”[③]。然而，笔者从所能收集到的材料中，并未能发现有关被告方能提出中间上诉的其他论述、相关案例及法律规定，相反地，“传统观点认为，被告人不得对审判法院签发的初步指令提起上诉。一般来说，州允许被告人就裁决后的最终判决提起上诉，所有对初步指令的不服均在审判终结时的上诉中集中提出（Stern 1981，52-55）”[④]；同时，还有一些案例支持了这种观点，不允许被告人因非法证据排除动议被否弃而提出中间上诉。[⑤]

而这种“不平等”的中间上诉权，主要是由于检察官对庭审判决的上诉权受到限制，控方的上诉权与辩方的上诉权存在不对称（asymmetry），从而作为一种平衡手段赋予检察官的。[⑥] 因此，非法证据排除程序中的中间上诉权并不是平等赋予控、辩双方的，被告人如果对非法证据排除程序所作出的裁判不满，希望

---

① 18 *U. S. C.* §3731. 关于非法证据排除程序的中间上诉权，最早出现于1968年的修正案。

② 参见［美］克里斯托弗·B·米勒、莱尔德·C·柯克帕特里克：《证据法：案例与难点》，57页，北京，中信出版社，2003。

③ 王兆鹏：《美国刑事诉讼法》，14页，北京，北京大学出版社，2005。

④ ［美］爱伦·豪切斯泰勒·斯黛丽、南希·弗兰克：《美国刑事法院诉讼程序》，陈卫东、徐美君译，603页，北京，中国人民大学出版社，2002。

⑤ Sell v. United States，539 *U. S.* 166（2003）；DiBella v. United States，369 *U. S.* 121（1962）；Carroll v. United States，354 *U. S.* 394（1957）.

⑥ 参见［美］罗纳德·杰伊·爱伦等：《刑事诉讼程序全书》，影印本，1450～1451页，北京，中信出版社，2003。而这种对控诉方上诉权的严格限制主要来源于禁止双重危险的基本理念，保护被告人不受控诉方的纠缠，这与我国的禁止双重危险的理念有一定差异。See 18 *U. S. C.* §3731 中第一部分的表述：“In a criminal case an appeal by the United States shall lie to a court of appeals from a decision，judgment，or order of a district court dismissing an indictment or information or granting a new trial after verdict or judgment，as to any one or more counts，or any part thereof，except that no appeal shall lie where the double jeopardy clause of the United States Constitution prohibits further prosecution.”

提出上诉，仍需要等到案件被最终判决后才能集中提出上诉。

2. 一般上诉

如上文所述，在美国，绝大多数的证据方面的裁判是典型的（prime examples）、不可上诉的中间裁判（interlocutory order）。当庭审中作出此类裁判时，马上就对该裁判进行审查是不切实际的（impractical），由此给庭审带来的中断对法官和陪审团来说都是无法接受的。分散、琐碎的审查会成为当事人担心得到不利判决时拖延审判的武器。而如果上诉法庭对这些中间裁判审查，由于没有完整的庭审记录，其所得到的结论往往很不稳定（change radically）。因此，证据裁判的重新审查往往都是在对案件的判决作出后才被提出。①

虽然这样的设计可能出现“若下级法院决定错误，将来有可能会造成重新审判或释放被告的结果，反而会浪费司法资源”②，但这种司法资源的浪费从质的角度讲与庭审分散、琐碎所造成的效率低下具有同质性；从量上讲，发回重新审判的情况也必然少于中间上诉打断诉讼进程的情况。从总体上讲，也许中间上诉更加没有效率；从更为本质的角度讲，中间上诉权是作为对控诉方的“补偿”而赋予的。而在我国，控、辩双方的抗诉权/上诉权基本能实现“对称”，甚至对控方的抗诉权保障得更加完善，如此，这种“平衡”性的权利就大可不必了。

因此，笔者认为，对于非法证据排除动议的救济制度，大可不必设计一个单独的上诉程序，而应当将这种上诉合并于案件判决作出后集中提出。我国有学者就作出了这样的设计：“对证据是否应当排除的决定的上诉……控辩双方有权在提起二审时作为上诉或抗诉的理由。二审法院认为一审的决定严重违法时，应当撤销原判，发回重审。”③“为了防止庭审过分拖延，对法庭就证据是否合法作出的决定不得立即提起上诉或抗诉，只能在审判结束时将其作为对实体问题提起上

① 参见［美］克里斯托弗·B·米勒、莱尔德·C·柯克帕特里克：《证据法：案例与难点》，56页，北京，中信出版社，2003。

② 王兆鹏：《美国刑事诉讼法》，14页，北京，北京大学出版社，2005。

③ 陈光中主编：《中华人民共和国刑事证据法专家拟制稿（条文、释义与论证）》，第158～159条，484～486页，北京，中国法制出版社，2004。

诉或抗诉的理由。”[①]

3. 上诉审法院的主动救济

在美国，除了以一方当事人提出上诉或抗诉的形式对非法证据排除动议的裁判进行救济之外，还有一种由上诉审法院主动发动的救济形式。

美国《联邦刑事诉讼规则》Rule 52“无害错误及明显错误”（Harmless and Plain Error）中（b）项规定，明显的错误、瑕疵影响当事人基本权利的，即使当事人未提出异议，法院仍可以对该问题进行审查（may be considered）。

“明显错误”一般多定义为严重的、异常的、显著的、明了的、高度偏见的或不更正会导致司法不公。[②] 美国联邦最高法院曾对联邦所管辖的案件提出了明显错误的四个要件：错误，明显，影响根本权利，严重影响司法公正、独立或司法程序的威信。[③]

而在非法证据排除程序中，对非法证据排除动议的裁判可能出现“明显错误”，而“明显错误多发生于证据之准许，而非证据之排除。因为上诉审法院只能检视原审卷宗，不得调查卷宗以外的资料。当原审法院错误准许某证物为证据，当事人却未提出异议，此是否为明显错误，上级审得自卷宗内发现。若证据遭排除，该证据即不在原审卷宗，上级审通常无法自原审卷宗发现是否为明显错误”[④]。在此情况下，上诉审法院可以将案件发回原审法院重新审判。

这种特殊的救济形式对我国并不陌生，我国2012年《刑事诉讼法》第222条第1款规定：“第二审人民法院应当就第一审判决认定的事实和适用法律进行全面审查，不受上诉或者抗诉范围的限制。”在这样的一种全面审查之下，当然也可以对一审程序中对非法证据排除动议的裁判进行审查，发现错误时，作出相应处理。

4. 上诉审的裁判

上诉审法院在对当事人所提出的关于非法证据排除的异议进行审查时，若发

① 陈光中主编：《中华人民共和国刑事证据法专家拟制稿（条文、释义与论证）》，486页，北京，中国法制出版社，2004。

② 参见王兆鹏：《美国刑事诉讼法》，551页，北京，北京大学出版社，2005。

③ “Johnson v. United State”，520 *U. S.* 461（1997）.

④ 王兆鹏：《美国刑事诉讼法》，550页，北京，北京大学出版社，2005。

现原审法院对非法证据排除动议的裁判确有错误的，应当如何处理？前面笔者并未提出明确的处理方式，原因在于该问题涉及如何给非法证据排除程序定性：其属于程序问题还是实体问题？原审的错误裁判是程序性错误还是实体性错误？有学者将该种错误视为程序性错误，认为："经审查，如认定证据为非法证据且应予排除，上诉审法院就应以严重违反程序为由，在确认被审查证据的非法性并排除使用的同时，裁定发回原审法院重新审理。上诉审法院不宜在排除证据的基础上，直接查明案件事实予以改判。因为证据合法性审查实际是一个程序问题而非事实问题。"① 而一些学者则将其视为实体问题："为了防止庭审过分拖延，对法庭就证据是否合法作出的决定不得立即提起上诉或抗诉，只能在审判结束时将其作为对实体问题提起上诉或抗诉的理由。"②

这里存在的不一致可以还原为一个证明对象的问题。学界一般围绕实体法事实、程序法事实和证据事实三个方面展开对证明对象的讨论，而根据通说，证据事实不属于证明对象。③ 但是，"其实，随着我国证据规范的发展，立法对作为证明手段的证据的要求也必将日益变得严格。其中，尤其是随着证据资格（即证据能力）方面的规则的逐步建立，特定材料是否具有证据资格已经不再是理所当然的事情，而不得不辅以必要的证明。因此，在我国证明活动中，必然有越来越多的证据法事实成为证明对象"④。

如此，关于非法证据排除动议的证明就应当属于证据法事实上的证明。而从一个较为宏观的层面讲，作为证明对象的诉讼法上的事实包括作为诉讼条件的事实、作为诉讼行为要件的事实、证明证据能力和证明力的事实与其他诉讼法上的事实。⑤ 非法证据排除动议的实质问题、证据合法性的问题就属于宏观层面的程序法事实了。

---

① 张智辉主编：《刑事非法证据排除规则研究》，193页，北京，北京大学出版社，2006。

② 陈光中主编：《中华人民共和国刑事证据法专家拟制稿（条文、释义与论证）》，第159条释义与论证，486页，北京，中国法制出版社，2004。

③ 参见卞建林主编：《刑事证明理论》，133～140页，北京，中国人民公安大学出版社，2004。

④ 吴宏耀、魏晓娜：《诉讼证明原理》，81页，北京，法律出版社，2002。

⑤ 参见［日］田口守一：《刑事诉讼法》，刘迪等译，220页，北京，法律出版社，2000。

因此，上诉审法院发现预审法院关于非法证据排除动议的裁判有错误的，在我国立法未能明确证据法事实错误的情况下，应当将其视为程序法上的错误，依照我国《刑事诉讼法》的相关规定，应当裁定撤销原判，发回原审人民法院重新审判。[①]

## 四、非法证据排除程序之证明

### （一）证明责任问题

相对于非法证据排除程序的其他设计而言，证明责任问题可能正是因为其最具理论性，得到了学者们更多的关注。“这是我国修改刑事诉讼法之后的一个比较突出的新问题。基于我国非法证据排除规则难以得到贯彻落实，以及控方甚至审判机关随意将非法证据排除规则中的证明责任转嫁给被告人的状况，一些学者对非法证据证明责任分配问题进行了专门研究。尽管学者们的论证角度略有不同，但得出的结论基本一致，即被告人对非法证据只承担提供证据责任（即用证据推进的责任），而不承担说服责任。只要被告人完成提供证据责任，那么控方就应当对证据的合法性承担说服责任；被告人承担提供证据责任的证明标准通常较低，而控方承担说服责任的证明标准必须达到最高证明标准；当控方未能证明其证据为合法所得或证明未达到证明标准时，法官应当推定该证据系非法手段所得，并依据非法证据排除规则将该证据予以排除。”[②] 2012 年《刑事诉讼法》规定，当事人及其辩护人、诉讼代理人申请排除以非法方法收集的证据的，仅提供相关线索或者证据；证据收集合法性的证明责任由人民检察院承担；经过法庭审理，确认或者不能排除存在 2012 年《刑事诉讼法》第 54 条规定的以非法方法收集证据情形的，对有关证据应当予以排除。

---

① 《刑事诉讼法》第 227 条规定：“第二审人民法院发现第一审人民法院的审理有下列违反法律规定的诉讼程序的情形之一的，应当裁定撤销原判，发回原审人民法院重新审判：（一）违反本法有关公开审判的规定的；（二）违反回避制度的；（三）剥夺或者限制了当事人的法定诉讼权利，可能影响公正审判的；（四）审判组织的组成不合法的；（五）其他违反法律规定的诉讼程序，可能影响公正审判的。”这种非法证据排除动议裁判错误可以作为“其他”情况，适用该条第 5 项的兜底条款。

② 周菁、王超：《刑事证据法学研究的回溯与反思——兼论研究方法的转型》，载《中外法学》，2004（3）。

笔者基本同意这样一种证明责任的原则上的分配方式。但是，值得注意的是，这样一种对非法证据排除程序中的证明责任分配原则的研究，多是建立在大陆法系，特别是德国的证明责任理论基础之上的，由此获得的研究成果往往在理论性上无可指摘，但在实践过程中却容易导致缺乏操作性的问题。例如，在具体案件中，被告人提供证据责任需要承担到何种程度，才能实现“主观具体的证明责任”① 的转移？在此之后，主观具体的证明责任又如何在控、辩双方之间不断转移，直至法官明确其心证，或直至出现真伪不明而适用证明责任作出裁判？

美国《联邦刑事诉讼规则》仅在 Rule 47 中有一个原则性的规定，即被告人可以提供宣誓书支持其所提出的动议（a motion may be supported by affidavit），原则性地规定了非法证据排除程序中最初的主观具体的证明责任由谁承担的问题。同时，根据其学者的总结，决定证明责任分配的主要要素有政策、公平、证据所持或证据距离、方便、概然性、经验规则、请求变更现状的当事人理应承担证明责任共七大要素。特别是政策、公平（包括证据距离）、概然性（包括经验法则）这三 P 要素（首写字母都为 P），构成了美国证明责任学说的“利益衡量论立场”的核心要素。当将其与大陆法系证明责任分配理论相比较时，可以明显地发现“事实出发型诉讼”的美国法更“具有灵活性、司法对策性强的特点”②，因此，其在非法证据的证明责任分配问题（主要针对的是提供证据的责任）的研究上，往往是以一种更具操作性的类型化的方法，具体地规定各种情况下的非法证据的证明责任，最为基本的分类包括搜查和扣押所获得的证据、被告人的自白、辨认程序等。③ 通过这样的比较我们不难发现，刑事诉讼中的证明责任问题虽然不像民事诉讼中的那样纷繁复杂，但至少在非法证据排除问题上，也是很值得进一步分析的。国内至今还很少有学者在研究该问题时将非法证据类型化后展

① ［德］汉斯·普维庭：《现代证明责任问题》，吴越译，45 页以下，北京，法律出版社，2000。

② 陈刚：《证明责任法研究》，212～226 页，北京，中国人民大学出版社，2000。

③ 参见［美］伟恩·R·拉费弗，杰罗德·H·伊斯雷尔、南西·J·金：《刑事诉讼法》，卞建林、沙丽金等译，586～590 页，北京，中国政法大学出版社，2003；汪建成：《理想与现实——刑事证据理论的新探索》，134～137 页，北京，北京大学出版社，2006；杨宇冠：《非法证据排除规则研究》，116～121 页，北京，中国人民公安大学出版社，2003。

开讨论，多是一些对美国非法证据证明责任类型化的介绍。张智辉所主编的《刑事非法证据排除规则研究》一书中进行了这个方向初步的探索，即在将非法证据简单地划分为物证和言词证据的基础上展开证明责任的讨论。① 笔者认为，这将是我国学者深入研究非法证据排除程序及其证明责任的一个未来的方向，即系统地将非法证据类型化，在此基础上对证明责任特别是提供证据的责任等相关问题进行细化，使相关理论更具有可操作性。在此，限于篇幅，笔者不再对该问题展开讨论。

（二）证明标准问题

首先需要明确的是，非法证据排除程序的证明标准问题指的并不是在对证据合法性的证明过程完成之前用于衡量主观具体的证明责任如何在控、辩双方之间转移的标准（这种标准受到各种推定的影响，在不同类型的非法证据问题中标准有所不同），而是在证明过程完成之后，法官对证据合法性形成心证时衡量该心证是否仍处于真伪不明的状态，是否需要适用证明责任的规范作出对控方不利的裁判时的标准。

该问题的提出，仍和上文中关于“上诉审的裁判”中所讨论的问题相关，即如果证据的合法性问题属于证据法问题也就是宏观上的程序法问题，那么，是否应当适用与事实问题的证明标准不同的标准?

以德、日为代表的大陆法系国家，分别对事实问题和程序法问题这两种证明对象设置了不同的证明标准。如德国划分为“严格证明”和“自由证明”，对于就程序法问题进行的“自由证明”“在许多案例中对此只需有纯粹的可使人相信之释明程度即已足”，并且，“对于被告是否曾被以法律禁止之讯问方法讯问时，亦可以自由证明之方式认定之，因为此只关系一纯粹诉讼程序错误之认定问题”②。日本也作出了类似的“严格的证明”与“自由的证明”之间的划分，涉及证据合法性的所要证明的事实虽然是“与犯罪事实有密切关系的事实”，但这

① 参见张智辉主编：《刑事非法证据排除规则研究》，187～188页，北京，北京大学出版社，2006。

② ［德］克劳思·罗科信：《刑事诉讼法》，吴丽琪译，208页，北京，法律出版社，2003。

种证明“与其说是严格证明，不如说是谨慎的自由证明”[①]。德、日两国的共同点在于将实体法事实与程序法事实区别对待，对程序法事实适用较低的证明标准，这样既能保证认定实体法事实的准确性，又有利于刑事诉讼顺利而有效地进行。

同时，在美国法中，也设置了不同的证明标准。在美国证据法则和证据理论中，将证明的程度分为9等：第一等是绝对确定，由于认识论的限制，认为这一标准无法达到；第二等为排除合理怀疑，为刑事案件作出定罪裁决所要求，也是诉讼证明方面的最高标准；第三等是清楚和有说服力的证据，某些司法区在死刑案件中当拒绝保释以及作出某些民事判决时有这样的要求；第四等是优势证据，系作出民事判决以及肯定刑事辩护时的要求；第五等是可能的原因，适用于签发令状，无证逮捕、搜查和扣押，提起大陪审团起诉书和检察官起诉书，撤销缓刑和假释，以及公民扭送等情况；第六等是有理由的相信，适用于“拦截和搜身”；第七等是有理由的怀疑，足以将被告人宣布无罪；第八等是怀疑，可以开始侦查；第九等是无线索，不足以采取任何法律行为。[②]

但与德、日不同的是，美国并非在区分事实问题与程序法问题的基础之上进行这种划分的。在非法证据的证明标准问题上，美国仍沿袭了对证明责任分配的讨论模式，在将非法证据类型化的基础上讨论证明标准问题。对于自白合法性的证明标准，美国联邦最高法院否定了排除合理怀疑标准的统一适用，认为优势证据标准即可满足该问题的证明；对于搜查和扣押，“排除证据听证中有约束性的证明标准应当不超过优势证据标准”；对于辨认，“需确立清楚的和令人信服的标准……”[③]。

由此我们可以发现，虽然美国法中并未作出事实问题与程序法问题的划分，但至少在非法证据的证明标准问题上，这种区别是天然存在的。事实问题当然地

① ［日］田口守一：《刑事诉讼法学》，刘迪等译，219～221页，北京，法律出版社，2000。

② 参见《美国联邦刑事诉讼规则和证据规则》，卞建林译，22页，北京，中国政法大学出版社，1996。

③ ［美］伟恩·R·拉费弗、杰罗德·H·伊斯雷尔、南西·J·金：《刑事诉讼法》，卞建林、沙丽金等译，590～593页，北京，中国政法大学出版社，2003。

适用“排除合理怀疑”的证明标准，而对非法证据这样的程序法问题的证明的要求往往低于前者。虽然在美国，各州仍然“可以根据它们自己的法律来采取更高的标准”①，但这种表述本身就说明了对此类问题的证明标准要低于对实体法事实的证明标准。

综上，笔者认为，在非法证据的证明标准问题上，为程序法问题的证明设立低于“排除合理怀疑”的证明标准已基本不存在争议。因此，我国2012年《刑事诉讼法》在第58条规定了非法证据的证明标准，即经过法庭审理，“确认或者不能排除”存在《刑事诉讼法》禁止的以非法方法收集证据情形的，对有关证据应当予以排除。

（三）证据规则问题

美国《联邦证据规则》第104条“先决问题”（a）“证据能力问题通则”中规定：“关于可以作为证人的资格、拒绝证言权的存在或证据的证据能力（之类）的先决问题，除下款（b）另有规定以外，将由法院决定。法院在决定时，除具有拒绝证言权情形外，不受证据法则的拘束。”② 美国联邦最高法院在其判例中也指出，“在法官本身考虑证据的可采性时，排除规则如传闻禁止应当不适用，法官应当接受证据并给予该证据足够的重视”③。

至于为什么将用于规范庭审证明活动的证据规则排除于非法证据排除程序之外，我们仍要回到上文中提到的，严格证明与自由证明的区分上。

证据规则的功能之一，其“程序性功能”即在于，“在证据规则的屏蔽下，法庭审判阶段与审前阶段在证据问题上处于相对分离的状态”。证据规则所具有的“否定能力”，“最终决定了严格证明活动与自由证明活动的不同”④。“证据规则实质上是通过宣告哪些证据不得作为证明案件事实的手段界定了严格证明的证

---

① ［美］伟恩·R·拉费弗、杰罗德·H·伊斯雷尔、南西·J·金：《刑事诉讼法》，卞建林、沙丽金等译，592页，北京，中国政法大学出版社，2003。

② 陈界融译著：《〈美国联邦证据规则（2004）〉译析》，5页，北京，中国人民大学出版社，2005。

③ ［美］伟恩·R·拉费弗、杰罗德·H·伊斯雷尔、南西·J·金：《刑事诉讼法》，卞建林、沙丽金等译，597页，北京，中国政法大学出版社，2003。

④ 吴宏耀、魏晓娜：《诉讼证明原理》，133～134页，北京，法律出版社，2002。

据范围。”[①] 也就是说，在一定程度上，正是证据规则的适用，将严格证明与自由证明区分开来。严格证明一方面的含义是“排除合理怀疑”的最高的证明标准，另一方面就是多种证据规则适用的严格的证明规范，两个方面共同规范了诉讼证明行为。

因此，既然对程序法问题的证明出于诉讼效率等方面的考虑选择了自由证明的模式，那么，用于规范庭审中对实体事实问题的严格证明的各种证据规则，也不再适用于对程序法问题的证明。

至此，对非法证据排除程序完成了初步的讨论和设计。十分遗憾的是，这种讨论和设计是十分“初步”的，有许多问题并未能够完全展开论述，如非法证据排除证明责任类型化的问题；有些问题在未进行相关的刑事司法政策研究之前笔者也无法给出令自己满意的答案，如排除动议提出主体中“自身的宪法权利并未受到非法取证行为侵害的被告人”的问题；有的问题背后的理论问题还可以更深入地进行交流、讨论，如非法证据排除程序的审查主体及审查的时间、形式的问题。但笔者相信，这只是讨论非法证据排除的具体程序设计的开始，随着讨论的展开、研究的深入，这些问题都会得到相应的答复。正如上文开始时所说的，笔者希望这些不成熟的讨论，能够抛砖引玉，引发大家的思考和讨论甚至批评，在思考、讨论、批评的过程中，我们的非法证据排除程序才能逐步成形，逐步建立起来。

---

① 吴宏耀、魏晓娜：《诉讼证明原理》，132 页，北京，法律出版社，2002。

# 第十六章

# 我国刑事庭审中交叉询问规则的重构

交叉询问制度是英美法系国家刑事审判中为查明案件事实而广泛采用的庭审方法，是英美法系国家当事人进行主义刑事诉讼制度运作的主轴。交叉询问与其他庭审方式相比更能发现真实、克服偏见，纵使是法官在庭审中占据主导地位的大陆法系国家，也在其立法和庭审中引入了交叉询问制度。我国《刑事诉讼法》在修法过程中引入了交叉询问的理念，相关司法解释中亦规定了部分交叉询问规则，但我国现行交叉询问制度的设计与英美法系的交叉询问规则大相径庭，现实中并不能真正发挥交叉询问制度应有的效用。“法律的本质不是逻辑而是经验”①，借鉴英美法系成熟的交叉询问规则，结合我国现行的刑事司法运作现状，重构我国庭审交叉询问模式，通过科学、有效的规则和技巧保障证人出庭证言的真实、可靠性，帮助法官发现真实，实属紧迫而必要。下文在对英美法系交叉询问规则和大陆法系庭审询问制度进行探讨的基础上，指出了我国刑事诉讼中交叉询问制度的现状和困境，提出应当重构我国刑事庭审交叉询问规则。

---

① ［美］霍姆斯：《法律制度》，397 页，北京，中国政法大学出版社，1979。

## 一、英美法系交叉询问的一般规则

交叉询问（cross examination）是控、辩双方对于传唤出庭作证的证人当庭进行的盘问，狭义的交叉询问仅指非传唤证人出庭作证的当事人对证人进行的询问。英美法系国家在长期司法实践中形成了一整套较为成熟的交叉询问规则，对交叉询问的顺序、内容、提问方式都进行了限制，主要包含以下基本规则。

第一，不得质疑己方证人。

英美法系国家根据证人是由哪一方当事人申请传唤的这一标准将证人区分为己方证人和反方证人，同时针对一方传唤的证人在询问时突然放弃说词，变得对该方不利的情况，将此时的己方证人界定为敌意证人。由于开庭前当事人必然与己方证人接触，并已经就需要证人证明的案件事实进行了交流，为保证庭审秩序和诉讼效率，英美法系庭审交叉询问中通常禁止当事人对己方证人的证词提出质疑，但允许对敌意证人进行质疑。实践中对敌意证人的判断是滞后的，导致质疑有时并不能及时提出，因此，美国联邦法院内部对于不得质疑己方证人的规则已经全面放弃。①

第二，主询问中禁止使用诱导性提问。

英美法系国家将一方当事人就待证事实第一次询问其所传唤的证人界定为主询问②，将对方当事人随后对该证人的询问界定为反询问，反询问即狭义的交叉询问。诱导性询问（leading question）是询问者提出的问题中含有他想要的答案，并暗示被询问者按照他想要的答案进行回答的提问方式。为防止证人附和主询问人编导情节，英美法系交叉询问中一般禁止在主询问中进行诱导性提问，要求主询问要通过提出开放性的问题，获得叙述性的回答，而不能使用封闭性的问

① 美国《联邦证据规则》第607条规定："关于证人的诚信问题，任何一方当事人，包括传唤该证人作证的当事人，都可以提出质疑。"（The credibility of witness may be attacked by any party, including the party calling the witness.）

② 参见［美］Brian Kennedy：《证人询问的技巧》，郭乃嘉译，130页，台北，元照出版公司，2002。

题进行诱导性提问。对于反询问中的诱导性提问则不加限制，与此同时，对主询问中的诱导性提问并不是一概禁止，对于敌意证人、理解或表述能力有限制的证人、鉴定人的主询问以及为唤起证人记忆而进行的主询问允许进行诱导性提问。

第三，意见证据排除规则。

英美法系国家将交叉询问中证人就他所经历的事实进行的推测界定为意见证据，除专家证人以外的一般证人的意见证据应当排除，但基于经验事实的某些常识性的意见除外。证人的功能是将他所经历的与案件有关的事实提供给法官以供法官裁量，证人本身不能代为法官行使裁量权。意见证据排除规则仅排除一般证人的意见证据，并不排除专家证人的意见证据，同时，对一般证人意见证据的排除亦存在两个例外①：对于合理建立在证人感觉之上的，以及对于清楚理解该证人的证词或确定争议中的事实有益的一般证人的意见证据，仍然可以采纳。

第四，异议规则。

异议规则是指在交叉询问过程中一方当事人针对对方当事人违反交叉询问规则的提问或证人的不当回答提出反对，由审判人员当即裁定该反对是否有效的规则。异议是建立在法律基础之上的，异议的成立与否和结果裁量都是法律问题而不是事实问题，因此，在英美法系国家，对异议的处理权完全归于法官，“异议的提出与裁量，既无关事实问题，即无庸与对造争辩，听由法院依法律问题裁定即可”②。美国明确了可以提出异议的不当的提问和不当回答的具体种类，不当的提问包括欠缺关联性提问、违反意见法则的提问、诱导性提问、重复提问等20类，不当回答包括不相关的回答、意见性的回答等10类。美国将交叉询问中的异议区分为形式异议（objection to form）和实质异议（objection to substance）：形式异议是对提问或回答方式的异议，此种异议提出后，如果询问人改变提问方式或证人改变回答方式，提问和回答的瑕疵即被治愈；实质异议是对提问或回答内容本身的异议，此种提问或回答的瑕疵无法治愈，需要法官按照证据

① 参见《美国联邦刑事诉讼规则和证据规则》，卞建林译，117页，北京，中国政法大学出版社，1996。

② 陈佑治：《询问之要领与异议》，载（台湾）《月旦法学》，第66期（2000），155页。

法则进行裁定。

第五，反对复合提问及混乱性问题规则。

复合提问是指一句话中包含两个或两个以上问题的提问。在对证人的交叉询问过程中，证人很难一次记清两个以上的问题并作出清楚、准确的回答，复合提问只能获得不完整的证人回答，因此，英美法系交叉询问中禁止复合提问，要求交叉询问只能采用“一问一答”的单一形式。混乱性问题是由于提问中用语不当导致证人误解，产生逻辑混乱的问题。用语不当的提问包括违反逻辑要求的提问以及通过假定未经证明的事实进行提问。混乱性问题会导致证人迷惑或误解，使交叉询问没有实效，因此，提问时应当使用简单、明确的语言，逻辑严谨，避免混乱性问题的出现。

第六，相关性规则。

证据的关联性是证据的基本属性，美国联邦证据法对关联性证据作出了明确界定[①]，通过交叉询问获取的证言要成为有效证据自然必须是关联性证据，因而交叉询问必需遵守相关性规则。相关性规则要求交叉询问的提问和证人的回答要与案件事实相关，强调交叉询问必须围绕控、辩双方争议的与案件有关的焦点问题进行。与此同时，即便证人的陈述具有相关性，如果他的陈述可能导致不公平的偏见、混淆争议、误导审判人员或者不必要的重复出示证据造成审判拖延，都将被禁止或排除。询问者漫无目的地问自己不知道答案的问题在英美法系国家被称为“钓鱼”，相关性规则一定程度上能够有效避免“钓鱼”现象的发生。

## 二、大陆法系对交叉询问规则的借鉴

被美国证据法大师威格摩尔誉为“为发现真实而发明的最伟大的武器”的交叉询问规则在职权主义的大陆法系国家也多有借鉴。

德国刑事诉讼立法借鉴了英美法系交叉询问制度，德国刑事诉讼法明确了有

① 美国《联邦证据规则》第401条规定：“关联性证据是对诉讼上必须判断的重要事实，具有足以肯定其存在倾向的证据，与无此证据相比较，此证据更能确认或否定事实的盖然性。”

权进行交叉询问的主体和被询问主体。根据德国刑事诉讼法的规定，仅检察官和辩护律师有权进行交叉询问，被告人没有交叉询问的权利。可以适用交叉询问的对象仅限于控、辩双方申请传唤的证人，而对法官传唤的证人不能适用交叉询问制度。同时，德国立法确定了交叉询问的顺序：由申请传唤证人的一方先发问；双方同时申请传唤的，由法官决定由谁发问；交叉询问完毕，最后法官认为有必要可以补充发问。但由于德国庭审中的职权主义理念根深蒂固，而没有“对抗制”的土壤，实践中形成了由法官主导庭审的“轮替诘问”模式，先由法官发问，然后由控、辩双方轮流发问，最后由法官补充发问。如此将德国立法中借鉴英美法系国家立法建立的单纯由控、辩双方交互诘问制度架空。

日本刑事诉讼法立法中并没有直接规定完全由当事人主宰询问的交叉询问制度，但根据日本现行询问证人的立法，英美法系的交叉询问规则已在日本庭审实践中广泛使用。日本刑事诉讼法第 304 条第 1 项规定：“审判长或陪席法官应首先询问证人、鉴定人、通译或翻译。”第 2 项规定：“检察官、被告或辩护人，得在前项询问已经完毕并告知审判长后，询问该证人、鉴定人、通译或翻译。在此情形下，对该证人、鉴定人、通译或翻译之调查，如出于检察官、被告或辩护人之请求时，应由声请人先为询问。”由此看来，日本立法确立的仍然是法官主导庭审的审判和询问证人模式。同时，日本刑事诉讼法第 304 条第 3 项规定：“法院认为适当时，得征询检察官及被告或辩护人之意见后，变更前两项之顺序。”此项规定赋予法官根据庭审实际情况变更证人询问顺序的决定权。日本刑事诉讼法虽然赋予了法官对于庭审询问证人的绝对控制权，但由于日本采用起诉状一本主义，法官在庭审前对案情没有详尽的了解，所以实务中依据上述第 304 条第 3 项的规定变通，庭审中对证人的询问已经原则化地采用英美法系的交叉询问规则。

如此看来，大陆法系国家对英美法系国家交叉询问规则的借鉴并不是仅靠立法能够解决的问题。大陆法系国家现行诉讼制度的运行环境以及司法实践中的庭审操作规则直接决定了交叉询问规则在大陆法系国家的生存状况，应当对于我国借鉴和重构庭审交叉询问制度有所启示。

## 三、我国刑事诉讼中的交叉询问制度的现状和困境

我国刑事诉讼法确立了庭审中交叉询问证人的基本制度，明确了交叉询问的主体包括公诉人、当事人和辩护人、诉讼代理人，并由法官来决定庭审中询问主体是否可以发问。《刑事诉讼法》第189条第1款规定："证人作证，审判人员应当告知他要如实地提供证言和有意作伪证或隐匿罪证要负的法律责任。公诉人、当事人和辩护人、诉讼代理人经审判长许可，可以对证人、鉴定人发问。审判长认为发问的内容与案件无关的时候，应当制止。"根据我国现行《刑事诉讼法》及司法解释的规定，司法实践中确立的庭审交叉询问规则的运行存在以下几个方面的问题：

第一，交叉询问具体规则的缺失导致交叉询问的混乱。

我国没有像英美法系国家一样对证人进行我方证人和反方证人的区分，同时我国刑事庭审中法官有权传唤证人出庭作证，由此导致难以统一规范交叉询问的顺序，造成交叉询问的混乱。根据我国刑事诉讼法司法解释第212条的规定，向证人、鉴定人发问，应当先由要求传唤的一方进行，发问完毕后，经审判长准许，对方也可以发问。如此规定虽然一定程度上对交叉询问的顺序进行了规范，但在我国刑事庭审现行制度框架下凭借由谁申请传唤来确定询问顺序导致交叉询问中的盲区出现：对于法官和双方都要求传唤的证人如何进行询问？与此同时，我国的交叉询问没有主询问和反询问的区分，而是在司法解释中明确规定询问证人不得以诱导方式提问。如此一刀切的规定完全排除了非传唤证人一方的诱导性提问的权利，未免过于武断。另外，我国《现行刑事诉讼法》对于询问证人过程中当事人可以提出异议的理由规定得过于笼统，"与本案无关"和"发问方式不当"两项法定当事人异议理由赋予法官漫无边际的异议裁量权，不能有效规范交叉询问中双方当事人的提问，让异议规则形同虚设。

第二，书证中心主义导致很多情况下交叉询问被取代。

我国没有确立直接言词原则和传闻法则，刑事诉讼法在规范证人出庭作证行为的同时认可了未到庭的证人证言、鉴定意见、勘验笔录经宣读后的证明力。我

国《刑事诉讼法》第 190 条规定："公诉人、辩护人应当向法庭出示物证，让当事人辨认，对未到庭的证人的证言笔录、鉴定人的鉴定意见、勘验笔录和其他作为证据的文书，应当当庭宣读。审判人员应当听取公诉人、当事人和辩护人、诉讼代理人的意见。"对效率的盲目追求让庭审寻求捷径，导致了庭审中的书证中心主义。实践中证人出庭作证者凤毛麟角，如此导致交叉询问根本没有生存的根基。在审判效率的驱使下，交叉询问被审前已经炮制好的证人证言、鉴定意见和勘验笔录取代，交叉询问规则也被闲置在司法忽略的角落里。

第三，职权主义模式下的法官庭审主导权阻却了交叉询问规则的有效运行。

我国现行职权主义的模式下，法官拥有绝对的庭审主导权，控、辩双方传唤证人出庭需要向法庭申请，证人能否出庭需要由审判长决定。根据最高人民法院《关于适用〈中华人民共和国刑事诉讼法〉的解释》第 212 条的规定，交叉询问过程中，非传唤证人一方进行提问需要经过审判长同意。允许控、辩双方传唤证人出庭作证本应是保障控、辩双方顺利举证的当然之举，按照交叉询问规则对证人进行交叉询问是查明案件事实的必然要求，但在我国如此职权化的庭审模式下，庭审过程完全由法官单方控制，控、辩、审三方在交叉询问中本应扮演的角色完全错位，不能为交叉询问规则保留生存空间，通过立法建构的交叉询问规则无法在实践中实现有效运行。

## 四、重构我国刑事庭审中的交叉询问规则

第一，交叉询问规则的运行需要以证据开示制度和直接言辞原则为前提。

英美法系交叉询问之所以能够有序运行，交叉询问规则的科学性只是一方面的原因，更深层次的原因是英美法系国家当事人进行主义诉讼模式下长期适用的审前证据开示制度和庭审中的直接言词原则。审前证据开示制度能够让控、辩双方就与案件事实有关的证据有清楚的了解，通过审前证据开示程序，控、辩双方在开庭前就已明确诉讼争点，为庭审中交叉询问的顺利进行做好准备。直接言词原则是证人出庭作证的有效保障，直接言词原则的确立从根本上避免了书证中心

主义。我国要从根本上克服书证中心主义，保证庭审中交叉询问的顺利进行，更好地查明案件事实，实现审判公正，就必须确立审前证据开示制度和庭审中的直接言词原则，否则，即使借鉴英美法系的交叉询问规则进行立法，在我国现行制度框架下，交叉询问也很难真正发挥其应有的查明真实的功效。

第二，引入英美法系成熟的交叉询问规则，重构我国交叉询问中的禁止诱导性询问和异议规则。

英美法系在当事人进行主义庭审模式下建立的交叉询问制度在庭审中发挥了重要的发现真实、查明案情的作用，禁止诱导性询问和异议规则是解决我国庭审混乱现状亟须借鉴的制度。要引入英美法系的禁止诱导性提问规则，首先要对被询问人进行我方证人和他方证人的区分，落实控、辩双方在庭审中的主询问和反询问的主体地位。不再一律绝对禁止诱导性提问，而只是禁止主询问中进行诱导性询问，反询问过程中正是要通过诱导性询问降低证人的可信度，不断印证证人就案件事实所作陈述的真实性。包括美国《联邦证据规则》在内的英美法系国家立法关于不当的询问和不当的回答具体情形的明确规定，为我们建构异议规则提供了立法参考。借鉴英美法系详尽的异议理由，对我国立法中“发问的方式与本案无关”和“发问方式不当”两个笼统的异议理由进行充实和修补，能够将异议规则具体化、规范化，使我国的交叉询问规则趋于完善。

第三，全面展开对法官、检察官和律师关于交叉询问规则和技巧的培训，发挥其在交叉询问中应有的作用。

交叉询问是一项复杂的技术性工作，重构我国交叉询问规则要从立法上借鉴国外成功经验，但交叉询问规则的立法并不是重构我国交叉询问规则进程中唯一的任务，在完善立法的同时，要通过对法官、检察官和律师进行培训实现交叉询问规则在实践中的推进。交叉询问规则的重构使法官、检察官和律师面临新的挑战，这种规则的改变必然要求参与诉讼的各方接受“职业培训”。职业培训可以采取理论学习和模拟演示交叉进行的方式，让控、辩、审三方在熟悉基础理论和立法改革的基础上，通过对多种案例交叉询问模拟演示的观摩，直观了解交叉询问的技巧和精髓，为我国交叉询问的顺利进行做好铺垫。

# 证据评论篇

# 第十七章

# 刑事诉讼法证据制度修改的宏观思考

从标题可以看出笔者对于刑事证据立法的基本态度，即中国的刑事证据立法应当作为刑事诉讼法的一个部分而非制定统一的证据法。[①] 在有限的篇幅内讨论刑事证据立法这样一个重要议题是一个富有挑战性的课题，下文试图围绕笔者关心的证据制度修改的宏观问题展开讨论，以求教于学界方家。

## 一、我国刑事证据立法的偏失

作为诉讼法的有机组成部分，证据法是用来规范证据资格、证据收集和司法

① 对于证据立法的立法模式，学界存在诸多争议。笔者历来主张在诉讼法中对证据制度作出相应的规定，而非制定统一的证据法，主要原因在于，笔者认为制定统一的证据法难以弥合刑事证据、民事证据之间存在的差异，与其在统一的证据法中规定例外或者在刑事或者民事诉讼法中单独作出个别性规定，不如在诉讼法中各自解决相应的问题。并且，从立法成本上考量，借三大诉讼法修改之际，完善各自的证据制度是成本最低的最佳选择。再者，目前尚没有人证明在刑事诉讼法中规定证据制度无法达到制定统一证据法所起的作用，也无人能够证明这种改弦更张能够发挥意想不到的功用。由笔者主持拟订的《模范刑事诉讼法典》就采取了在刑事诉讼法中完善证据制度这样一种思路。当然，《模范刑事诉讼法典》并非立法建议书，其着眼长远，更多地带有学术性、理想性。参见陈卫东主编：《模范刑事诉讼法典》，北京，中国人民大学出版社，2005。

证明等活动的法律规则体系。[①] 由于证据制度的操作性实用性非常强，因此需要立法制定大量有关证据制度的操作细则加以规范，从而达到较为理想的状态。完整的证据制度，从实践角度而言，应覆盖采证、举证、质证、认证等证据运用的各阶段，明确各阶段的证据规则及违法后果；从理论角度而言，完善的证据制度应该在协调的前提下，全面规定证据的基本要求、证明责任（包括举证责任及违反证据规则的惩罚性后果的承担）和证明标准。目前我国 2012 年《刑事诉讼法》中“证据”一章仅有 16 条，证据立法粗疏，证据规则缺乏，没有形成较完整的证据体系。其他章节虽然对取证、质证、采证等也作了一些规定，但仍然是粗线条的规定。最高人民法院、最高人民检察院、公安部所作的有关解释虽然在一定程度上充实、发展了我国证据制度的有关内容，但这些解释主要在于解决程序问题，而且限于权限，这些解释只在本系统有效，解决的是本系统在执行刑事诉讼法当中遇到的操作问题，权威性不足，有效性有限。

（1）立法层次上的欠缺直接导致了实践层次上的混乱。

主要问题体现为：

1）立法有明文规定的，由于语焉不详或缺乏配套细则，在司法适用中得不到良好的贯彻。如法律规定证人在一般情况下应出庭作证，但现实中关键性证人有时不出庭作证屡见不鲜，甚至在某种程度上成为常态，而审判照样进行，且对判决的效力不发生任何影响。又如由于缺乏相应的规定，取证行为不规范并不导致此行为无效或其他的消极后果，证据的实质性（包括证据的客观性和关联性）是判断证据能否作为定案根据的首要甚至唯一因素，而证据的合法性在现实中很少被考虑。现行刑事诉讼法和有关部门的解释虽然禁止刑讯逼供，反对以威胁、引诱等方式取证，而且还规定排除以这些方式获得的言词证据，但是对于以非法方式获得实物证据以及由非法证据衍生的“毒树之果”，法律并没有明确规定。另外，虽然法律要求排除非法言词证据，但由于法律没有设立相应的配套制度，如预审法官庭前审查制度、预审法官与庭审法官分离制度、庭前证据展示制度、

① 参见陈瑞华：《从认识论走向价值论——证据法理论基础的反思与重构》，载《中国法学》，2001（1）。

非法物证排除的具体程序，使得非法证据径直进入庭审阶段，影响法官的心证，使非法言词证据排除规则近乎名存实亡。

2）立法没有明文规定的，执行者更是从利益出发，从方便出发，一些具体行为偏离了法制轨道。高层次立法缺位，许多下位部门或地方部门对证据规则作了具体的解释规定，例如，2002年7月11日，北京市第二中级人民法院推出了《关于证据规定的操作规范》，从案件审理、当事人举证和操作手续三个方面对诉讼证据有关问题进行了规范。该规范既有对法官运用证据行为的约束，也有对当事人举证行为的指导；既有对规范性证据文件的诠释，又有对证据的法理解读。当前情况下，这种自律不失为解决证据规则的治标之策。但现实中的问题是，各部门的具体规定不仅有时相互冲突，有的甚至与刑事诉讼立法的目的相违背。一些部门或机关本身并没有司法解释权，却基于各种需要（不排除一些部门甚至有维护部门利益的考虑），对立法进行相应的解释，甚至是扩大化解释。而有些省级部门、机关为了操作方便，对刑事诉讼法甚至是对上级部门、机关的解释进行再解释。这些解释从纵向上看，既有国家一级司法机关的有权解释，又有地方各级司法机关在当地适用的内部规定；从横向上看，既有审判机关对审判有关问题的司法解释，也有检察机关内部适用的内部规定，甚至还有中央政法委颁布的解释文件。这些解释不仅零散，缺乏系统性，而且不同部门之间的解释有相互矛盾的地方。这不仅破坏了法的统一性、层次性与和谐性，而且直接与有关的基本法或法律相冲突。① 这种混乱的局面，与建设社会主义法治国家的目标是不相符的，也凸显了我国证据立法的紧迫性和必要性。

（2）刑事证据制度立法严重滞后的状况，对我国司法活动产生了种种不良影响。

1）证据立法的薄弱直接制约了我国的审判方式的改革。我国的审判方式，从过去的行政式的“纠问制”工作方法逐步转向抗辩式，这是符合健全法制、保障人权的社会进步方向的。但证据制度的滞后，直接导致了诉讼过程受阻，从而进一步影响了审判方式改革的顺利推进。如，律师介入制度，修改后的刑事诉讼

① 参见汪海燕等：《刑事证据基本问题研究》，53页，北京，法律出版社，2002。

法规定自侦查机关第一次讯问或采取强制措施的第一日起，犯罪嫌疑人有权聘请律师，但司法实践中，该规定往往得不到落实，原因在于侦查机关认为律师的介入会影响其调查取证。这种情况使得国外一些人攻击我国司法制度在侦查阶段嫌疑人没有救济途径，于人权保障不利。另外，证人出庭率太低，也使审判方式改革受到阻碍，使实现实体公正和程序公正受到极大威胁。

2）证据立法的薄弱是司法腐败产生的重要原因。由于证据制度不完善，在证据的采集、审查、运用、采信等方面没有详细的规定或者根本没有规定，侦查机关和审判机关的自由裁量权过大，存在肆意枉法的可能性。法官的裁决失去了明确的法律支持，其公正性可想而知。因此，从某种程度上说，证据立法的薄弱是司法腐败的温床。

3）对人权的侵犯和司法权滥用的现象较为普遍。由于没有良好的立法规范，我国的证据制度往往倾斜于公权力一方。这种制度有利于司法活动按照司法机关的意愿展开，但同时也容易造成司法权的滥用。在一些案件中，法官往往通过主观好恶进行不合理的证据采信。在证据收集中，由于没有赋予犯罪嫌疑人沉默权，一定程度上还存在着“口供是证据之王”的错误观念，正是这种观念的诱使和一些行政因素的干扰，导致一些侦查人员采取非法刑讯等方法采集证据。此类情况一定程度上导致了我国的冤假错案发生率居高不下。

4）证据制度的不完善是司法资源浪费的直接原因。由于没有相应的法定证明标准梯度规定，侦查机关要追求理想化的“证据确实、充分”，往往花费大量的人力和金钱在全面的证据调查上，甚至违法取证，造成证据失效或被排除，造成大量的司法资源浪费。

## 二、刑事证据制度修改的方法论问题

“改革者们必须谨慎!”① 这是当下在国内诉讼法学界影响广泛的达马斯卡教

① ［美］米尔吉安·R·达马斯卡：《比较法视野中的证据制度》，吴宏耀、魏晓娜等译，246页，北京，中国人民公安大学出版社，2006。

授[①]在论及证据制度移植时提出的谆谆告诫。在谈及中国的司法制度时，达马斯卡教授指出，“中国的司法制度和司法理念与西方是如此地不同，以至于任何带有西方特殊性印记的话语都碍于我们理解那里的司法”[②]。达马斯卡以一个他者的眼光，以一个比较法权威的眼光审视着制度移植可能“给受体带来的严重张力”[③]。这给笔者以诸多启示甚至感慨，综观当下的诉讼法学研究，尤其是我们的证据法学研究，我们会发现诸多文章都是在试图从域外引进并构建相应的制度。[④]笔者并非反对制度移植，只是怀疑这样一种缺乏对实践深刻体悟的研究能在多大程度上给我们以智识上的帮助，笔者甚至对于其中的大量论述对知识增量是否有贡献存有怀疑。

尽管学术研究对司法实践的关注不够，但刑事司法改革中的证据制度改革依然如火如荼，各地出台了诸多证据改革措施，如北京市高级人民法院早在2001年出台的长达149条的《关于办理各类案件有关证据问题的规定（试行）》、江苏省高级人民法院出台的《关于刑事审判证据和定案的若干意见（试行）》等。在笔者看来，地方司法实务部门推出的这些证据改革举措存在诸多合理成分。笔者主张刑事证据制度在修改过程中应当广泛吸收实践中的有益经验，而非闭门造车或者单纯地制度移植。尽管司法改革的主体适格问题甚至司法改革的合法性、合宪性问题引起了诸多争论，但我们不能否认各地司法改革对于刑事证据立法所带来的积极影响，甚至有的地方出台的相关规范明确宣示以“规制权力滥用，保障

---

① 达马斯卡教授的专著《漂移的证据法》、《司法和国家权力的多种面孔》以及《比较法视野中的证据制度》已经被相继译成中文在国内出版，并产生了广泛影响。需要指出的是，对于达马斯卡教授的中文译名，3本译著出现了3种翻译方式，本文从各自版本的译名。

② ［美］达玛什卡：《司法和国家权力的多种面孔》，郑戈译，序言，北京，中国政法大学出版社，2004。

③ ［美］米尔吉安·R·达马斯卡：《比较法视野中的证据制度》，吴宏耀、魏晓娜等译，246页，北京，中国人民公安大学出版社，2006。

④ 从笔者近些年参加博士、硕士学位论文答辩的情况来看，大多数证据法论文都是在介绍国外尤其美国的某项证据制度或者规则，而甚少关于中国证据法问题的深入研究。笔者并不否认介绍国外相关制度的重要性，但一篇学位论文尤其是博士学位论文大部分篇幅都在介绍国外的制度，而缺乏对中国问题的深入研究，不能不引起我们的重视与反思。

人权”为目的[①]，并且，各地自发推行的证据制度改革与试点推动了全国范围内的制度竞争甚至自觉改革。

当然，司法实践给我们提供的并非全是有益的经验，带给我们更多的是困扰司法实践并亟待解决的问题。综观当下的刑事证据法研究，我们会发现其中大量的论述对于刑事司法实践中的证据问题漠不关心，导致我们的刑事证据法研究回答不了司法实践给我们提出的种种问题。当然，有学者深刻地指出其根本原因在于中国法学本身发生的一种“总体性”的范式危机，它使得中国法学所提供的并不是中国自己的“理想图景”，而是一幅“移植”进来的、未经批判的、以西方现代性和现代化理论未依凭的“西方理想图景”[②]。笔者认为，解决中国的问题首先应当回归中国的法律实践，从中国的司法实践出发，我们的法学研究应当转变为从实践出发的社会科学，我们的立法工作应当转变为从实践出发的科学立法。就当下迫切的刑事证据立法来讲，唯有深入观察司法实践，我们才能更深刻地感受到刑事证据立法需要迫切解决哪些问题，我们才会发现司法实务部门在证据运用方面所存在的困扰将来科学的证据制度建立的诸多“潜规则”；唯有了解制约科学、合理的刑事证据制度建立的“绊脚石”，唯有了解中国问题发生的内在因素，我们才能制定出契合中国实际乃至具有前瞻性的证据立法。

基于上述两个方面的考量，笔者认为在刑事证据立法过程中，首先需要做的是了解司法实践中发生了什么、存在什么问题，有哪些成功的地方、哪些值得进一步推广与借鉴。唯有在此基础上，才能制定出科学、合理的刑事证据制度。或许有人认为上述观点是一种保守主义的观点，但笔者并不认同这种评判，相反，笔者认为这样一种进路是务实、稳妥的。作为个人化事业的学术研究需要创新甚至可以采取一种“片面的深刻”，但作为全民事业的立法应当采取一种稳妥的、实用主义的态度，应当在各方博弈中寻求最大值。必须指出，笔者只是希望在刑事证据制度立法过程中尽可能地吸收地方司法实务部门的智慧，并尽可能地回应

① 至于目的是否完全达到是另外一个问题，但从这一点我们就可以看出司法实务部门在进步。况且，这些规定中确实有大量进步的规定。

② 邓正来：《中国法学向何处去》，北京，商务印书馆，2006。

司法实务部门的诉求，解决司法实务中亟待解决的问题，而非反对吸收与借鉴域外先进经验。

## 三、刑事证据立法的体系化问题

综观当下学者起草的证据法建议稿[①]，我们发现这其中贯彻了诸多先进的理念、思想，包含着起草者的智慧与汗水。但研读这些建议稿，我们发现其中的一个突出问题就是其在体系上、条文上存在诸多不协调甚至混乱之处，最突出的问题就是将证据规则与程序规则杂糅在一起，对刑事诉讼法的规定造成了极大的冲击，给人以刑事证据法取代刑事诉讼法的感觉。

科学、合理的刑事证据立法应当包括哪些内容，即我们在《刑事诉讼法》修改过程中应当建构怎样的一个证据法体系，是我们不得不认真对待的问题，对这一问题的回答是刑事证据立法的前提性问题。笔者认为应当区分纯粹的证据法问题以及与证据法相关的问题，然后对这两个方面的问题分别在立法中加以解决。

纯粹的证据法问题应当由《刑事诉讼法》“证据编”加以规定。按照学界对证据法学的理解，刑事证据法学应当包括证据论、证明论两个部分。证据论主要研究证据资格问题、证据能力问题，这是一个法律评价问题。对此，立法可以通过相应的证据规则为法庭设置必要的门槛。证明论则主要研究证明对象、证明标准、证明责任等问题。基于对证据法学的这样一个理解，笔者主持起草的《模范刑事诉讼法典》“证据编”中主要规定了证据基本原则、证据种类、证据能力、证明、司法认知和推定几个部分。尽管这一法典是一个学术化、理想化的法典，但笔者认为这样一种体系大体可以适用到当下的刑事证据制度修改。对于纯粹的证据法问题应当如何规定，笔者下文就证据原则以及证明问题进行简要的论述。

在具体的条文设计上，笔者主张以审判为中心构建刑事证据法的基本原则体

① 其中最有代表性的就是陈光中教授主持起草的《中华人民共和国刑事证据法专家拟制稿》，北京，中国法制出版社，2004。

系。这主要基于三个方面的理由：首先，根据司法最终裁决的现代法理念，法庭审理阶段是诉讼的关键阶段，因此，各国证据制度基本上主要围绕法庭证据问题而展开。在我国，由于诉讼阶段之间的平等性，对审判阶段的特殊规律一直缺乏应有的关注。其中，在证据问题上，审前证据与审判证据不分，审前证据可以毫无限制地涌入审判阶段。由此，不仅造成审判阶段对审前阶段的严重依从，而且，因大量无关紧要的证据涌入审判阶段，容易造成争点混淆、诉讼浪费。其次，审判阶段与审前阶段的证据现象各有自身的特点，但从定罪的慎重性考虑，审判阶段的证据应当遵循更严格的要求，而且，也能遵循更严格的要求。最后，基于现代诉讼理念，审判阶段不应被动地接受、顺应审前活动，而应对审前活动形成制约和监督。因此，强调并突出审判阶段对证据的特殊规定和要求，还可以对审前活动产生引导、规范作用。①

尽管笔者前文中强调应当在立法过程中回应司法实务部门的诉求，解决它们认为迫切需要解决的问题，但就证明问题来讲，值得关注的是当下司法实务部门希望刑事证据立法过程中应当对证明力作出规定的声音。笔者认为，当下的刑事证据立法很难解决证据的证明力问题。从域外的经验来看，除了极个别的法条对证明力作出规定外，立法对于证据评价问题几乎无所作为。从各国的立法例来看，证据的证明力问题是一个委诸裁判者内心判断的问题，如果立法者对于证据的证明力事先作出规定，就侵犯了裁判者的权力，造成立法者司法。因此，对于司法实践中的这样一种声音，立法应当予以“忽视”。

证明标准问题是一个众说纷纭的话题，也是此次刑事证据制度修改中一个不容回避的问题。刑事证据制度到底应当采取“客观真实”还是“法律真实”，证明标准的构建是否可能，都在学术界引起了广泛的争论，甚至个别的论证还上升为意识形态的争论。有学者主张以大陆法系国家的“内心确信”作为证明标准，笔者则主张以英美法系的“排除合理怀疑”作为证明标准。有人认为这两种证明标准都将证明力的判断委诸裁判者的经验和理性，两者并不存在多少差别。这样

① 关于这一问题更进一步的论述，请参看陈卫东：《刑事诉讼法再修改的航标》，载《模范刑事诉讼法典》，北京，中国人民大学出版社，2005。

一种观点有其道理，但其中存在的差异我们却不能忽视。正如达马斯卡教授所言，与大陆法系相比，普通法传统不强调以个人的确信状态作为裁判的标准。这种倾向在证明标准方面表现得尤为明显：这一标准强调外在的尺度而非主观的确信状态，换句话说，在多数时候，法律要求陪审员想象如果一个理性的人面对这些证据会作出什么样的裁决，而不是要求他们求诸自己的内心确信。因此，宣告刑事被告人无罪的根据，不是事实裁判者个人的任何怀疑，而是特指具有公共性（即“合理性”）的怀疑……总之，在证明标准问题上，大陆法系至今仍然强调裁判者的个人确信，英美法系则更倾向于“不掺杂个人情感的超然性”或者说“非个人化”的证据标准。① 笔者认为，达马斯卡教授的解说能够充分说明大陆法系与英美法系在证明标准上的差异，相比而言，英美法系“排除合理怀疑”的证明标准更能约束裁判者的自由裁量。

基于上述考量，2012年《刑事诉讼法》第53条在坚持“证据确实、充分”的证明标准的基础上，通过增加证明标准的成立条件，间接引入了“排除合理怀疑”的规定，用于解释何为“证据确实、充分”②。也就是说，“排除合理怀疑”虽然并不是我国的证明标准的直接表述，但却是“证据确实、充分”这一证明标准的内在要求。此外，笔者主张对于普通刑事案件采取“排除合理怀疑”的证明标准，而对于死刑案件则采取“分而治之”的策略，即死刑案件应当实行定罪与量刑分离，对死刑案件的定罪与量刑采用不同的证明标准；对于死刑案件的定罪，采取与普通刑事案件相同的“排除合理怀疑”的证明标准；对于判处死刑则采用更高的“排除一切怀疑”的证明标准。③

当然，“证据编”还应当解决当下司法实践中亟待解决的问题，比如非法证

---

① 参见［美］米尔吉安·R·达马斯卡：《比较法视野中的证据制度》，吴宏耀、魏晓娜等译，216～217页，北京，中国人民公安大学出版社，2006。

② 2012年《刑事诉讼法》第53条第2款规定：“证据确实、充分，应当符合以下条件：（一）定罪量刑的事实都有证据证明；（二）据以定案的证据均经法定程序查证属实；（三）综合全案证据，对所认定事实已排除合理怀疑。”

③ 详细的论述，请参看陈卫东、李训虎：《分而治之：完善死刑案件证明标准的一种思路》，载周国均、陈卫东：《死刑复核程序专题研究》，北京，中国方正出版社，2006。

据排除规则[1]等问题。但是，问题在于，即便“证据编”完全解决了上述问题，也并不意味着刑事证据制度的修改就尽善尽美了，随之而来的问题是如何解决与证据制度紧密相关的问题，如证据开示问题、质证问题、反对强迫自证其罪问题等。

对于上述问题，我们应当分别考察其性质、意义与价值，在此基础上在《刑事诉讼法》中分别予以规定。如对于证据开示问题，笔者认为这只是一个与证据相关的程序问题，应当放在审前程序中予以规定。笔者主持的课题组在山东省寿光市人民法院的鼎力支持下，在寿光市人民法院展开了试点，并制定了《刑事证据开示操作规程》，将证据开示作为一个连续的、持续的开示过程，既包括起诉前的开示，也包括起诉后的开示。而证据开示的正式程序在起诉之后、审判准备前进行，同时规定，在审查起诉阶段，控辩双方可以自行协商进行证据开示。如果将这样一些内容规定在“证据编”中无疑使得“证据编”成为一个证据规则与程序规则杂糅的混合物。因此，应当将其在审前程序中予以专门规定。至于沉默权或者反对强迫自证其罪，尽管其与证据制度紧密关联，但其从本质上讲是宪法赋予被追诉人的一项基本权利。尽管我国《宪法》对此并没有规定，但这并不妨碍《刑事诉讼法》中对此作出相应的规定。对此，我们可以采取与《公民权利和政治权利国际公约》一致的表述方式，在《刑事诉讼法》总则中直接予以规定。通过笔者对于证据开示制度、反对强迫自证其罪的介绍，我们可以看出，对于与证据制度相关的问题，完全可以通过《刑事诉讼法》的修改一揽子解决，而无须在“证据编”中事无巨细地加以规定。

刑事证据制度的修改是一个宏大的系统工程，笔者认为，应当在《刑事诉讼法》修改的宏观背景下思考证据制度的修改问题，应当在修改过程中吸取司法实践的有益经验，回应司法实务部门的诉求，并贯彻一种体系化的思维。唯有如此，我们才能制定出契合中国司法实践并具有前瞻性的刑事证据立法。

---

① 或许有人会提出质疑，认为非法证据排除规则不应当作为纯粹的证据法问题，而应当作为宪法性刑事诉讼问题。（参见郑旭：《证据立法应当划清与其他部门法的界限》，载《检察日报》，2003-08-15。）当然，这一观点的立论基础是制定统一的证据法。笔者认为刑事证据立法完全可以将非法证据排除规则作为证据能力的一项规则加以规定。

# 第十八章

# 刑事再审案件的证据评定

诉讼的目的在于解决纠纷，而认定事实毫无疑问是这一过程中的基础性问题。证据是发现案件事实的依据，证明是认定案件事实的方法。整个刑事诉讼过程，就是围绕着收集证据、分析判断证据、准确运用证据而展开，以期证明犯罪事实是否发生，发生了什么犯罪行为，谁是犯罪行为的实施者，犯罪人的刑事责任如何，等等。在案件事实由法官认定的诉讼模式下，法官对证据的评定在证明过程中具有决定性意义。所谓证据评定，是指“对每一个证据均应从相关性、是否允许采信、是否真实的角度进行评定，而对所有的证据总和应从是否足以解决刑事案件的角度进行评定”①。可见，证据评定包含两方面的内容：第一是对单个证据证据能力的评定，看此证据是否能够被采信；第二是对证据总和证明力的评定，看证明标准是否已达到。前者是认定事实的前提，后者是得出结论的关键。综观再审司法实践，被提起再审纠正的错案中，较多的情形是证据的认定与运用出现了错误，使得原审法院判决的结论与案内证据无法获得统一。故如何正确地评定证据，构成再审审理中的重心。

---

① 陈光中：《〈俄罗斯联邦刑事诉讼法典〉简介》，载《俄罗斯联邦刑事诉讼法典》，黄道秀译，9页，北京，中国政法大学出版社，2003。

（一）再审证据的特点

正确评定再审案件的证据，必须正确认识再审案件证据的特点。什么是“再审证据”?“再审证据”与一般意义上的“诉讼证据”又有什么不同呢？对判决的生成而言，所谓“证据”，就是据以定案的根据。能够成为定案依据的证据，必须具备三个特征，即：必须是客观存在的事实（即客观性），必须是与案件情况有联系的事实（即关联性），必须合乎法律的规定（即合法性）。“再审证据”作为证据范畴中的一种，也必须具备上述共同的特征。相对“一审证据”和“二审证据”而言，“再审证据”存在于案件的再审阶段，其特殊性主要体现在其程序特征上。“再审程序”是在判决、裁定生效后，为开释无辜、准确惩罚犯罪而将错误的判决、裁定予以纠正的程序，因此，“再审证据”的指向和要证明的对象，除了案件本身的事实情况之外，还牵涉到该案件的原审裁判确有错误。笔者认为，再审案件的证据具有以下特点：

第一，再审案件的证据具有多层次性。再审程序围绕着是否推翻生效裁判而展开，因此，需要评定的证据包括生效裁判据以定案的全部证据、原裁判作出时未被采纳及未予采信的证据和裁判生效后出现的新证据。再审程序的对象是生效裁判，而生效裁判是建立在原审认定的证据基础之上的。启动再审程序，就是对生效裁判的正确性的怀疑，也就是对原有证据可采性的怀疑，因此，再审程序必须对证据加以认定。原审裁判中侦控机关未予移交的证据、法院未予采信的证据有可能导致生效裁判认定事实发生错误，也应纳入“再审证据”评定的范围。[①]原审裁判生效后出现或发现的证据，足以推翻原生效裁判的，亦应纳入“再审证据”评定的范围。再审案件证据的多层次性给“再审证据”评定提出了量上的要求。

第二，再审案件的证据对抗性较强。基于程序安定性要求，裁判一经生效，即有既判力，非经法定程序，非因法定原因，不得改变。此外，审判效率和审理

① 最高人民法院《关于规范人民法院再审立案的若干意见（试行）》第7条规定：“对终审刑事裁判的申诉，具备下列情形之一的，人民法院应当决定再审：（一）有审判时未收集到的或者未被采信的证据，可能推翻原定罪量刑的……”

秩序的需要使得法院从心理上轻易不愿意开启再审程序。这就导致在再审案件中出现当事人与公、检、法机关之间，当事人之间（被害人与被告人）的紧张关系，使各方在证据的提出上出现严重对立，也增加了辨别真伪的难度，以至于“再审证据”中，“控方提供的证据与辩方提供的证据同时并存、生效裁判认定案情所依据的证据与推翻生效裁判所依据的证据同时并存；同一证据前面肯定后面否定，前面否定后面肯定的矛盾现象并存。总的来看，旧的证据体系被打乱，新的证据体系尚未形成”[①]。“再审证据”的对抗性使得再审证据的评定同普通证据的评定相比有了质的难度。

（二）证据评定的内容

证据评定包括对单个证据是否予以采信的评价和对于总和证据是否达到证明标准的评价。

通常情况下，对单个证据是否予以采纳应从合法性、关联性、客观性三方面来考量。证据的合法性是指“诉讼双方提交法庭的证据必须在证据的主体、形式以及收集提取证据的程序和手段等方面都符合法律的有关规定，不得侵犯个人、组织的合法权益，才能采纳为诉讼中的证据”[②]。证据的关联性是指“证据必须与需要证明的案件事实或其他争议事实具有一定的联系”，在证明过程的始端，关联性直接决定着特定材料是否具有证明能力；在证明过程的终端，关联性直接决定着特定证据的证明价值，即证明力。证据的客观性是指证据应是客观存在的东西，证据反映案件事实，但刑事证据反映出的案件事实有时以虚假、扭曲的形式出现，所以，必须判明据以认定案件事实的证据是客观存在的，只有真实的、客观存在的证据才能如实反映案件的本来面貌。此外需要说明的是，证据评定的内容还需要考虑到法律的特殊要求。例如，对《刑事诉讼法》第242条第1项所规定的“新的证据”的评定，还必须考虑到提起再审的“新的证据”的崭新性要求。

刑事证明的目的在于解决是否是被告实施了犯罪行为，这就需要在证据和待

① 姜才炯：《论再审证据》，载《甘肃政法学院学报》，1998（4）。

② 陈卫东：《论刑事证据法的基本原则》，载《中外法学》，2004（4）。

证事实之间构建一种联系，使法官确信待证事实的存在。证据评定的任务就在于衡量证据的整体能否完成这个任务，转换成证据法的概念范畴即证明标准是否达到。在诉讼证明体系中，证明标准要解决的问题是法官在何种认识程度上可以认定事实存在，或特定事实得以证实的尺度，当证明活动的结果状态达到证明标准的要求时，在法律上该事实就被视为真实。在刑事诉讼中，证明标准要解决的问题是，在证明达到何种程度时，法官可以认定被告人有罪；达不到这个证明标准，则应判无罪。有罪判决关涉到被告人的自由乃至生命，因此刑事诉讼的证明标准往往比较高，在大陆法系为“内心确信”，在英美法系为“排除合理怀疑”；按照我国刑事诉讼法的规定，有罪判决的证明标准为“案件事实清楚，证据确实充分”①。“再审证据”评定，是在证明标准是否达到的基础上决定法院原生效裁判的维持、改变或撤销。

（三）证据评定的程序机理

司法证明是在诉讼构造中展开的，作为证明重要环节的证据评定亦脱离不了相应的程序，“再审证据”评定是合议庭法官在质证的基础上以自由心证的方式进行的。

1. 评定前提：经过质证

刑事质证是诉讼双方在案件庭审过程中通过采用辩论、质疑、说明、解释、咨询、辩驳等形式核实证据的真实性、相关性和合法性的诉讼活动。对抗制庭审模式将法官置于“坐山观虎斗”的中立地位，通过诉讼双方的积极举证，对于任何可能作为裁判基础的证据进行言词辩论，并就事实与法律问题展开对话，有利于诉讼双方程序主体性的发挥，有利于法官明辨是非，准确地取舍证据。质证是程序主体性的重要体现，程序主体性要求当事人对程序进行充分有效的参与，以对事关自身权益的裁判结果施加应有的影响，质证程序就给了诉讼双方对于将作为裁判根据的证据予以质疑的机会。质证是发现真实的重要手段，在诉讼双方的

① “内心确信”与“排除合理怀疑”其实是互为表里的关系。近年来学界关于“客观真实与法律真实”的讨论对当前的证明标准进行了修正，作为规范法官心证尺度的证明标准，“排除合理怀疑”是可以接受的有罪证明标准。

你来我往、条分缕析之下，伪证逐渐被排除，真相慢慢被揭开。证据法学大家威格莫尔曾言："为发现真情，人类迄今发明最伟大的法律发动机，毫无疑问应是交叉询问。"我国2012年《刑事诉讼法》第59条规定："证人证言必须在法庭上经过公诉人、被害人和被告人、辩护人双方质证并且查实以后，才能作为定案的根据。法庭查明证人有意作伪证或者隐匿罪证的时候，应当依法处理。"庭审中心主义要求所有证据都要当庭出示、当庭质证，未经法庭质证的证据不能作为定案的根据，但法律另有规定的除外。质证是保证证据质量、实现诉讼真实、彰显程序公正的条件，进入证据评定视野，进而构成案件事实的证据必须是经过质证的。当然，再审案件审理过程中，并不是所有的证据都要质证，诉讼双方都无异议的在前行审判过程中已经经过质证的证据即无须质证。

2. 评定方式：自由心证

案件事实是由法官评定的，不可避免地会碰到如何对待法官的主观认识问题。从历史的角度而言，如何评定证据，存在着法定证据制度与自由心证证据制度的对立。法定证据制度完全排斥法官的主观判断，对证据的证据能力与证明力皆事先予以规定。而自由心证是指法官根据案件审理中出现的一切资料和状况，基于经验法则和逻辑规则对证据的证明力和证明程度进行自由判断，形成关于案件事实的确信，从而认定案件事实。变化发展的社会环境、复杂多样的具体案件面对铁板一块的法定证据制度，难免要削足适履，因此，世界各国纷纷将自由心证作为证据评定的手段。当然，自由心证并非由法官天马行空，任意为之，自由心证亦有其不自由的地方：现代意义上的自由心证制度，以法官精英化为支撑，内有逻辑规则、经验法则之约束，外有证据规则、上诉制度之制衡，能够保证在有效制约法官自己的情况下充分发挥法官主观能动性去把握案件事实。我国长期以来将自由心证冠以"资产阶级"的阶级色彩而予以排斥，坚持"实事求是"的证据评定，造成司法实践中"无限自由"的"自由心证"，使案件证据评定无所凭依。随着对诉讼规律的认识和把握，自由心证理应作为证据评定的方式，所以再审案件中的证据评定，应由法官运用法律思维、逻辑推理、日常生活经验，全面、客观、公正地进行分析判断。

3. 评定主体：法官合议

在自由心证的情况下，裁判者对证据的评定不可避免地带有主观的色彩，为使这种主观不至于流于恣意，各国往往通过建立其他配套制度使心证客观化：在陪审团认定事实的情况下，有罪判决须由全体陪审团成员一致作出①；在法官认定事实的情况下，多采取合议制度，由数名法官评定证据，采纳多数派的观点。如此，有利于防止权力滥用，抑制主观偏见，使事实认定客观化。再审程序作为非常救济程序，须慎重、稳妥地进行，所以有关法律规定，再审案件由职业法官组成的合议庭进行，故而再审的证据评定应由法官合议。

（四）证据评定的步骤

再审证据的评定关系到再审程序的功能发挥，再审证据的评定方法和步骤无疑最为关键，一般来说，再审证据的评定要经历单独评定、对比评定和综合评定三个阶段。

1. 单独评定

单独评定是对每个证据予以单独分析，围绕着证据来源分析合法性，围绕着证据事实分析关联性，围绕着证据内容分析真实性。此外，对于“新的证据”，还需要进行崭新性的评定。

对证据合法性的评定，应从以下两方面进行：(1) 证据是否符合《刑事诉讼法》规定的8种证据类型之一；(2) 证据取得的方式、程序是否为法律规范所允许。证据合法性的评定体现的是对程序合法性的恪守以及对被追诉人程序主体性的尊重，我国司法实践中近年涌现的程序性辩护大多是对证据合法性的质疑，但基于打击犯罪的需要，法官一般不愿对证据的合法性予以深究，使对证据合法性的评议处于虚化状态，以致程序性辩护鲜有成功的案例。

对证据关联性的评议，应从以下三方面予以关注：(1) 控、辩一方提出的证据资料是用来证明什么的？(2) 其所证明的事实是否涉及原裁判定罪量刑的事实？(3) 一方提出的该证据资料对于原裁判定罪量刑的事实有无证明性？如果回

① 也有的国家和地区采取陪审团多数裁决原则，但不是作为一种常态存在的。

答全部是肯定的，该证据就有关联性。[1] 佘祥林案中，其妻张在玉无端失踪，恰恰又出现了一具女尸，佘祥林与某女子有不正当关系，这些事实与佘林祥杀妻之间没有直接的因果联系，不能必然推出佘林祥杀死妻子，不具有关联性，证据的误用直接导致了冤案的发生。

对证据客观性的评议，要从来源的可靠性和内容的合理性两方面考虑。对证据来源的评定，是指证据是如何形成的，是由谁提供或收集的，收集的方法是否正确，它的形成与收集是否受到了主、客观因素的影响等方面。如揭发人、控告人、证人的身份、感觉能力、记忆能力、思想品质、与被告人的关系，是在什么情况下揭发、控告、出证的，是主动的还是被动的，是一次性提供还是逐步完善的，与以前所谈情况是否矛盾；侦查人员在侦查取证中对被告人有无指供、诱供、骗供和刑讯逼供的违法情况，是否因此而使供词失实；记录当事人、证人等的陈述，是否客观、全面、准确，有无遗漏、错记，摘抄文件有无断章取义。如果我们不去认真评定这些证据的来源，而只是从表面上看这些证据与案内的某些事实相符，就难免不发生差错。H 省 G 县魏某杀人抢劫案就是典型一案：当时卷内口供材料多次相同表明，魏某供述的犯罪现场、被害人致死的部位、被劫走的财物与现场情况相吻合。此案经检察机关、一审法院、二审法院及死刑复核法院均未发现疑点，被告人魏某被执行死刑。事过不久，该省 L 市抓获一名与该案作案手法的相同的犯罪嫌疑人，其交代了 G 县一案实为其所为。后经查实，魏某确属冤枉，其陈述之所以与发案现场一致，是由于侦查人员在讯问中采取了指供、诱供及刑讯逼供，使得被告人的口供与侦查人员现场勘查的情形完全吻合。对证据从来源上评定，只能使司法工作人员明确影响证据真实性的种种因素，尚不能对于其是否真实得出必然性的结论。也就是说，即使来源方面无问题，也不一定能成为案件的证据，因此，还必须对证据的内容进行评定判断。评定证据的内容，就是评定、判断证据所反映的事实与待证的案件事实是否存在着客观的内在联系，有什么样的联系，能证明案件中的什么问题，内容本身是否合理、有无

① 参见卞建林、刘玫：《外国刑事诉讼法》，219 页，北京，人民法院出版社，2002。

矛盾等。这是证据具有证明力的关键。经验表明，评定证据内容，应着重评定两个方面：一是前后是否一致，有无矛盾；二是其情节是否合乎情理。这两者就评定、判断证据内容的客观性来讲，是相互联系、相辅相成的，但前者是以证据本身及与案件事实的证明关系而确定的，而后者一般是以是否符合科学和普通常识而确定的。从再审司法实践看，评定证据前后是否一致，固然重要，但忽视评定其情节是否合乎情理，也常发生错案。《聊斋志异》记载了这样一个判案：青州铁商王成意欲奸淫当地美人贺氏，为嫁祸于人，他伪造了一把贺氏的邻居、平日为人放荡的吴蜚卿的扇子，后请人在扇面上题诗并署名“王晟赠吴蜚卿”。某年四月的一天雨夜，王成带扇翻墙而入，未料贺氏极力反抗，于是王成用刀将贺氏杀死，抛下扇子落荒而逃。青州知县以杀人现场留有扇子作证，将吴蜚卿打入死牢。其间历经 10 名法官复审，均维持死罪。后逢青州新任知府周元亨到任，在重审这个案件中，他没有孤立地看“诗扇”这个物证，而是联想到当时四月天气并不热，何以用扇？杀人当晚下雨更无用扇之理由。显然，“诗扇”这个物证与发案时的季节、环境、条件矛盾，周元亨于是判定有人拿“诗扇”嫁祸于人。后经查实，“诗扇”是王成请人书写，故意嫁祸吴蜚卿，最终“三年冤狱，一朝昭雪”。

对“新的证据”还必须进行崭新性评定。“新的证据”是指能够证明该案件的真实情况，符合《刑事诉讼法》第 48 条规定的，在一、二审或者死刑复核程序中没有发现或者没有使用的证据。[①] 申请再审的“新的证据”除了需要具备影响案件定罪量刑的效果之外，最重要的是要满足“崭新性”的要求。根据法律以及相关司法解释的规定，“新的证据”主要包括以下几种情形：（1）原判决、裁定生效后新发现的证据；（2）原判决、裁定生效前已经发现，但未予收集的证据；（3）原判决、裁定生效前已经收集，但未经质证的证据；（4）原判决、裁定所依据的鉴定意见，勘验、检查等笔录或者其他证据被改变或者否定的。因此，对“新的证据”崭新性的评定主要从以上几个方面进行。

---

① 参见郎胜主编：《〈中华人民共和国刑事诉讼法〉修改与适用》，422 页，北京，新华出版社，2012。

单独评定要着眼于证据的特点来进行。根据证据的存在和表现形式，法律将刑事证据划分为物证，书证，证人证言，被害人陈述，犯罪嫌疑人、被告人的陈述与辩解，鉴定意见，检查、勘验、辨认、侦查实验等笔录，视听资料、电子数据共8种证据。在证据理论中，又依据这些证据的不同特点，将其分别界定为实物证据与言词证据、原始证据与传来证据、直接证据与间接证据等。理论上的分类，虽不具有法律效力，但却具有重大的实践价值，即可以利用证据的不同特点去评定证据的真实性及证明力，探求案件事实的真貌。属于言词证据的证人证言、被害人陈述、被告人口供等证据，其特点是不仅能够生动、具体地将陈述者看到、听到、感触到的案件事实反映出来，而且往往能够阐明该事情的起因、过程和具体情节，有时还可直接指认犯罪分子，审判人员应充分利用这些证据的特点，从总体上及各个细节上把握案件的全貌。但由于这些证据都是由有思维、有情感的人所提供，受到各种主、客观因素的干扰，陈述者亦有可能虚假陈述或陈述发生失实情形。有这样一起案例：甲与乙有仇，甲为了报复乙，找来了丙作被害人，丁、戊作证人，控告乙对丙实施抢劫。此案有被害人陈述、两名证人的证言为证据，一审判处乙有期徒刑7年，二审维持原审。乙不服，四处申诉。此案经二审法院再审，审判人员发现被害人陈述、两名证人的证言在有关细节上几乎完全一致，甚至连被告人的朋友都未注意到被告人左眼边有一颗黑痣，他们也陈述得很清楚。后经查明，这完全是一起合谋串通报复陷害案。原始证据与传来证据的证明力也是不同的，因为“证据证明力的大小同其与案件事实之间距离的远近成反比，也即越是接近原始出处的证据材料，出现差错的可能性越小”①。传来证据因其都是经过转述、传抄或复制，故容易出现差错，而转述、传抄的次数越多，其差错的可能性愈大。

2. 对比评定

对比评定是指对于案件中证明同一案件事实的两个或两个以上证据进行比较和对照，看其内容和反映的情况是否一致，看其能否合理地共同证明案件事实。

① 王平铭：《刑事案件证据的审查与运用》，17页，北京，中国政法大学出版社，1993。

印证评定有两种方式：其一是纵向印证，即对于为证明同一案件事实而提供的同一证据作前后对比，看其内容是否前后一致、有无矛盾之处；其二为横向印证，即将证明同一案件事实的不同证据或不同人提供的证据并列对比，看其内容是否协调一致、有无矛盾之处。在陈某清、何某强、杨某亮、朱某强故意杀人一案中，有关被告人曾 3 次被承德市中级人民法院判处死刑，又 3 次被河北省高级人民法院以“事实不清”撤销原判，发回重审。在本案的相关证据中，承德市公安局鉴定书记载：1994 年 7 月 31 日送检死者刘某军血、车上血、刀子一把，经检验，刀子上血、刘某军血、车上血均为“B”型；陈某清、何某强的血均为“O”型。但从陈某清家提取刀子的时间是 1994 年 11 月 2 日，即未提取刀子就检验出了刀子上血的血型。承德市公安局 1994 年 8 月 23 日鉴定书记载：死者张某血为“B”型；车内提取烟头上的唾液为“A”型；陈某清、何某强血型均为“O”型；杨某亮血、唾液为“A”型。但陈某清、何某强、杨某亮均于 1994 年 11 月份被收审，即人未抓获，血型已经化验出来。[①] 在前后大相径庭的证据面前，被告人的刑事责任是无法认定的，该案 3 次被发回重审也是基于这个原因。然而承德市中级人民法院却在再审中坚持原判，对矛盾的证据也没有作出合理解释，不能让人信服。

3. 综合评定

综合评定是对案件所有证据综合分析研究，看其内容和反映的情况是否协调一致，能否相互印证和吻合，能否确实、充分地证明案件的真实情况，是否完成证明标准，从而确定被告人的罪责。这又包括两个方面的内容：

(1) 对证据链的评定。

任何一个证据都无法对自身的真伪进行核实，所以，要确定一份证据是否客观，必须将它与其他证据进行对照，在证据与证据的联系中加以考察和综合分析并揭示证据与案件事实之间是否存在客观联系。如果证据之间能够相互印证，就意味着案件的证据链已经形成，就能够对案件作出一个确切的结论；如果证据相

① 相关案情参见 http://www.sina.com.cn 2001 年 04 月 06 日 南方网 。

互间出现矛盾，就必须补充收集证据，对案件事实进行进一步的查证。在对刑事再审案件证据链的评定中，既要注意案件中三类证据自身存在的矛盾，也要注意发现案件中三类证据相互间存在的矛盾，分析矛盾形成的原因，并进一步收集证据，化解矛盾。实践中，经常有些案件没有目击证人，没有被害人或被害人已经死亡，被告人又拒不认罪，原审法院只能依靠案内现有间接证据定案。我国法学理论工作者和司法工作人员在实践经验的基础上，提出了运用间接证据应予遵守的五方面规则，即：1）每一间接证据都必须查证属实，不能有任何可疑之处；2）每一间接证据与案件事实必须有客观联系，能够证明案件中的某些事实、情节，如能证明案件事实发生的时间、地点、条件、环境、原因、结果以及当事人实施该行为的动机、目的和手段等；3）间接证据必须形成一个完整的证明体系，即案件事实均有相应的间接证据予以证明；4）间接证据之间、间接证据与案件事实之间必须协调一致，矛盾得到合理排除；5）依据间接证据形成的证明体系足以得出肯定的结论，并且这一结论具有排他性。① 所有运用间接证据定案的案件，都必须同时符合上述五项规则，缺少任何一项，均可能导致错判。有一投毒案，原审法院凭借被告人给死者生前喝过水的茶壶内壁含砷，被告人嫌被害人长期生病而厌恶被害人，被害人又猝死，便认定被告人“谋杀亲夫”。然而，被害人猝死是否死于砷中毒，被告人是否购买过砒霜，又如何让被害人服用，被害人体内含砷是否到足以致命的程度等一系列证据事实未能确证，案内仅有的夫妻关系不好、茶壶内壁含砷、被害人体内含砷且又系猝死等证据，既未形成一个完整证明体系，亦未能排除其他矛盾之处而得出肯定的结论，所以，依此定案必然形成错案。

（2）证据量的评定

对证据量的评定就是在对证据的客观真实性和协调一致性进行评定的基础上，考察收集在案的证据是否足以证明案件的事实。这里并不是强调证据的数量多少，而是从案件事实上、从证明对象上将其证明清楚。关于证据的量的标准，

① 参见陈一云主编：《证据学》，194页，北京，中国人民大学出版社，1991。

主要体现在以下几个方面：1）案件事实均有必要的证据予以证明。2）证据之间、证据与案件事实之间没有矛盾或者矛盾已得到合理排除。3）由有关证据推导出来的结论是唯一的，排除了其他可能性。前述佘祥林案中，对于佘祥林之妻张在玉之死，司法机关仅以张在玉失踪和出现无名女尸就断定张在玉被谋杀，而对于众多村民见过张在玉的良心证明置之不理。证据充分性的丧失，是佘案变成冤案的起点。

# 第十九章

# 刑事证据法的新发展

## ——评《办理死刑案件证据规定》和《非法证据排除规定》

2010年对中国的刑事证据制度而言，注定是个不平凡的年份。随着最高人民法院、最高人民检察院、公安部、国家安全部和司法部联合发布《关于办理死刑案件审查判断证据若干问题的规定》和《关于办理刑事案件排除非法证据若干问题的规定》（以下分别简称《办理死刑案件证据规定》和《非法证据排除规定》，统称“两《规定》”），我国的刑事证据立法进程得到了强有力的推动。“两《规定》”的出台，是中央政法委一手牵头，统一部署、协调的。这在我国刑事司法改革的历史上是十分罕见的，充分表明了决策者对“两《规定》”的高度重视，也显现了中央寄希望于通过完善刑事证据制度，来确保办案质量，依法惩治犯罪、切实保障人权、维护司法公正，最大限度地避免冤假错案的发生。“两《规定》”代表了我国刑事证据法的最新发展，其中不乏闪光之处，也存有值得商榷的内容。笔者斟酌再三，从出台背景、意义、亮点、不足、未来等角度去客观分析“两《规定》”，一言以蔽之，可以浓缩为“一起冤案、两大进步、三项突破、四个疑问、五点建议”。

## 一、“两《规定》”的出台背景——一起冤案

赵作海让笔者想起了孙志刚：后者用自己的性命换来了收容遣送制度的寿终正寝，前者则用人生中11年的自由催生了《办理死刑案件证据规定》和《非法证据排除规定》的出台。可以说，这两人都将在中国的法治进程中成为近乎标志性的人物，当然，他们都是非自愿的。赵作海冤案只是表面现象，透过这一表象，我们看到的是长期以来我国刑事司法制度，更确切地讲是刑事证据制度，所存在的巨大缺陷。1996年我国对《刑事诉讼法》作了较大幅度的修改，全文共225条，其中涉及证据制度的内容只有区区8条，且均为原则性规定。1998年、1999年最高人民法院、最高人民检察院、公安部先后分别作出执行刑事诉讼法的具体规定，一定程度上充实了刑事诉讼证据规则，但仍缺乏系统性和完整性。[①] 证据制度在整个刑事诉讼中处于核心地位，是带动诉讼进程的“车轮”，因此，当前我国的刑事证据立法是难以满足司法实践需要的。制度上的缺失助长了司法实践中的各种违法现象：由于对证据关联性、证明标准、举证责任、证据可采性等问题语焉不详，加之部分办案人员证据意识淡薄，为刑讯逼供等非法取证行为大开“方便之门”，造成这类行为成为我国刑事司法中的一大“毒瘤”，屡禁不止。尤其是在人命关天的死刑案件中，证据收集、审查、判断和非法证据排除存在不尽规范、严格、统一等问题，已经严重影响了该类案件的办案质量，多次引发了公众的质疑。事实上，赵作海冤案只是先前佘祥林杀妻案、杜培武故意杀人案、聂树斌杀人案等冤假错案的重现。这些冤案一次又一次无情地拷问我国的刑事证据制度，也冲击着国人的法治信念，严重动摇了司法公信力。故而，刑

① 在最高人民法院、最高人民检察院、公安部、国家安全部和司法部有关负责人就《办理死刑案件证据规定》和《非法证据排除规定》的基本精神和主要内容涉及的相关问题回答记者的提问中，也亲口承认这一点。参见《五部门就“死刑审查判断证据若干问题规定”等答问》，新华社5月30日发电。

事证据立法工作开始逐步引起了有关部门的重视，被官方摆上了办公桌。[①]

必然性和偶然性是一种对立统一的关系：必然性总是通过大量的偶然性表现出来，偶然性背后隐藏着必然性并受其制约。这在“两《规定》”的出台背景上得到了印证：长期以来，我国刑事证据立法所存在的种种弊病，促使有关部门充分调研，广泛征求各方面意见，进而共同起草了“两《规定》”，对于办案机关办理刑事案件特别是死刑案件提出了更高的标准、更严的要求，以切实保障人权、维护司法公正。这充分体现了一种必然性的趋势。一系列冤假错案的出现则构成了偶然性因素，它折射出了当前刑事证据制度的致命缺陷，并以受害者的“血泪”去证实刑事证据改革的必然性，进一步加速了“两《规定》”的出台。

## 二、“两《规定》”出台的意义——两大进步

宏观上来看，“两《规定》”出台的意义主要体现在刑事证据制度的完善和人权保障的发展这两个方面的进步上。

### （一）进步一：刑事证据法发展的重要拐点

当决策者面对接二连三的冤假错案以及世人的质疑时，大致会有两种态度可供选择：一种是掩饰、避重就轻，另一种则是“认账”、反思、积极改进。如果决策者展示出的是前者，那不可避免地会换来民众对法治的“心寒”，司法权威将进一步滑向深渊，“民众对权利和审判的漠不关心的态度对法律来说，是一个坏兆头”[②]。然而，我们欣喜地看到决策者展示出的是后者，是一种实事求是、知错就改的态度，这非常值得肯定与赞赏。决策者司法理念的更新才是“两《规定》”出台的最大收获，相关部门并不是就事论事，仅去对个案作出处置，而是仔细剖析问题发生的深层次根源，集思广益，去试图修补制度上的漏洞。这表明

① 2006年11月7日，时任最高人民法院院长肖扬在全国第五次刑事审判工作会议上的讲话中，就将“研究制定刑事证据规则，规范排除非法证据的程序、标准、举证责任等问题，完善刑事证据制度”作为刑事诉讼的改革重点之一。

② ［美］庞德、《普通法的精神》，76页，北京，法律出版社，2001。

在价值观层面，有关部门已然承认了证据法在刑事诉讼中“执牛耳”的地位，也意识到了对证据原则、证据种类、证据规则、证明责任、证明标准以及证据认定等事项作出系统规范的必要性。从“两《规定》”的具体内容上看，有关部门亦积极吸收西方法治国家证据法之所长，其反映出的司法理念与国际潮流日臻接近。据此，笔者敢断言，即便日后“两《规定》”在司法实践中遭遇挫折，也不会阻挡我国刑事证据法向前发展的大趋势，因为先进的刑事证据理念已逐步在决策者及办案人员心中“生根发芽”。

自20世纪末以来，证据立法因其在诉讼中的独特地位引起了司法界和理论界的广泛关注。① 如果翻看修改前的三大诉讼法的内容我们可以发现，不仅是《刑事诉讼法》，《民事诉讼法》与《行政诉讼法》中有关证据制度的内容也属寥寥。但在2001年，最高人民法院颁布了《关于民事诉讼证据的若干规定》，共计83条；在2002年又颁布了《关于行政诉讼证据若干问题的规定》，共计80条，分别对两大诉讼中的举证、质证、认证以及证据规则等事项作出了详尽的规范，从而初步形成了两大诉讼法的证据体系。对比之下，刑事诉讼中的证据规则却始终未能出台类似的法律文本，并形成体系性的制度规范。“千呼万唤始出来”的《办理死刑案件证据规定》和《非法证据排除规定》虽不是刑事诉讼中全局性的证据规则，相加亦不过56条而已，但对于刑事证据制度的体系化构建无疑起到了积极的助推作用。“两《规定》”的诞生不可避免地将会成为中国刑事证据法发展的重要“拐点”，以此为契机，我国的刑事证据立法活动将迎来一个新高潮。

（二）进步二：人权保障的更上一层楼

“两《规定》”在人权保障上的进步意义首先体现在对死刑案件的处置上。2007年1月1日最高人民法院收回了死刑案件核准权，其进步意义不言而喻，但尚不足以保障死刑案件的处理质量。因制度不完善、办案人员素质参差不齐等问

---

① 在理论界，一些专家学者草拟了相关证据立法的专家建议稿，如由陈光中教授主编出版的《刑事证据法专家拟制稿》、江伟教授主持出版的《中国证据法草案（建议稿）及立法理由书》、张保生教授主编出版的《人民法院统一证据规定（学者建议稿）》等，而北京、江苏、湖北、四川等地的司法实务部门也纷纷制定本地的证据规则或者展开各种试点活动，证据立法的研究与实践一时如火如荼。

题，司法机关在办理死刑案件中还存在着诸多隐患，而死刑案件的处理又是人命关天的大事，一旦适用错误，逝者已矣，再也无法扭转。因而，确保死刑案件质量是贯彻《宪法》“国家尊重和保障人权”的重要体现。以“证据”为核心和落脚点的《办理死刑案件证据规定》从认定事实和采信证据入手，对死刑案件执行更为严格和规范的证据适用标准，以期有效地提高死刑案件的审判质量，进而防范冤假错案的发生。《办理死刑案件证据规定》的出台在制度上为“慎用死刑”装上了一道“安全阀”，从源头上把好事实关、证据关。此外，它统一了全国死刑案件的证据适用标准，有利于维护司法公正和司法权威。之前，鉴于证据制度的重要性，一些地方的司法机关纷纷制定当地的刑事证据规则，但“地方性”刑事证据规则位阶太低、效力有限，不少内容存在着明显的疏漏，造成了全国范围内证据审查标准的不同甚至相互矛盾，进而引发了诸多的问题。《办理死刑案件证据规定》的颁布和实施，可以有效革除这些弊端，统一法律适用。

其次，我国早已签署了《公民权利和政治权利国际公约》，但在刑事司法领域却依然大量存在有违公约精神的现象，其中以刑讯逼供为代表的非法取证行为尤为突出。《非法证据排除规定》不仅明确了“非法证据”的内涵和外延，而且将明显违反法律（尤其是刑讯逼供）取得的证据排除于定案证据之外，以消除办案人员非法取证的动机。更令人拍案的是，《非法证据排除规定》为排除非法证据专门设置了一整套的程序机制，明确了动议提出、举证责任以及讯问人员出庭等规则。先前我国虽也明确反对使用刑讯逼供所获口供，但由于缺乏程序机制，无甚操作可能而流于形式，也为专家学者所诟病。如今这一套程序机制的面世，令我国遏制刑讯逼供的努力终于告别了“纸上谈兵”。“立法者在企图实现社会理想时必须牢记‘尊重和分享原则’，即社会每一个成员本身就被作为目的来对待，不应成为他人的，仅仅是主观的和专断的意志的对象。没有一个人仅仅利用他人来作为达到他自己目的的手段。”① 通过“两《规定》”的出台，我国的刑事司法朝着《公民权利和政治权利国际公约》的要求又迈进了坚实的一步，对人权的保

① ［美］博登海默：《法理学——法律哲学和方法》，157～159页，北京，中国政法大学出版社，1999。

障也“更上一层楼”，可喜可贺。

最后，“两《规定》”涉及侦查、起诉、审判等多个执法环节，有利于侦查人员、检察人员、审判人员强化证据意识。它可以强迫办案人员克服因证据意识不强、程序观念淡薄而导致的重实体轻程序、重口供轻物证等问题，从而在客观上提高了司法机关的执法水平和人权保障水平。

## 三、“两《规定》”的亮点——三项突破

从内容和框架上分析，“两《规定》”的确给刑事证据法的发展带来了“新气象”，其中存在着不少创新之处。概括起来，笔者认为主要有三方面的突破之处：

### （一）突破一：刑事证据基本原则的确立

如果现在我们去翻看任何一本近些年出版的刑事诉讼法学或证据法学教材，都会看到有关证据原则的章节。从联系的角度而言，刑事证据法律体系的建立和运作“是在一定的‘指导思想’统率之下，通过‘原则’的确立，再具体化为‘规则’，并凝固为某些‘制度’和连续化为‘程序’的过程”[①]。但遗憾的是，《办理死刑案件证据规定》出台前，在我国的法律文件中却难以找到任何关于证据原则的“只言片语”，这也是我国当前证据运用混乱不堪的一大“罪魁”。《办理死刑案件证据规定》首次规定了刑事证据法的基本原则，即证据裁判、程序法定、证据质证三大原则，从而弥补了该项空白，对于进一步理顺刑事证据体系将会产生决定性的影响。

1. 证据裁判原则

《办理死刑案件证据规定》第 2 条就写明：“认定案件事实，必须以证据为根据”，从而第一次明文确立了证据裁判原则。作为一项新的提法，证据裁判原则强调：第一，要认定案件主要事实，必须有证据，没有证据不能定案；第二，定案的证据必须达到“确实、充分”的标准，这意味着即使有证据，但如果证据不

① 李文健：《刑事诉讼原则论》，载《法学研究》，1997（1），119 页。

能充分证明，不能使案件事实得到唯一合理的结论，也不能作为定案的根据；第三，强调证据的证明力，即作为定案的证据，要与定案的事实有关联性，且能起到证明的作用；第四，证据裁判原则有严格的程序规范，强调定案的证据经过庭审过程中控辩双方的举证、质证，由法官最终决定是否采纳。

证据裁判原则是当今世界普遍承认的一项证据法原则，甚至被视为证据制度的“帝王条款”①。在实行职权主义的大陆法系国家，普遍奉行证据裁判原则，在强调法官依职权调查证据的同时，一般都规定了严格的证据调查程序：一方面，要求裁判必须依靠证据；另一方面，严格规范法官调查证据的程序，以规范法官权力的行使，并最终达到发现事实真相的要求。因此，在大陆法系国家，法律大多明文规定了证据裁判原则。虽然在英美法系国家的法律和诉讼理论中没有直接明确证据裁判原则，但其刑事诉讼中大量存在的规范证据关联性、可采性的规则以及刑事程序中关于证据出示、认定等的规定，都与证据裁判原则的精神有相通之处。当然，由于有罪答辩及辩诉交易的情况大量存在，英美法系国家严格的诉讼程序所体现的证据裁判的精神只在少数经过正式庭审程序的案件中得以体现。即便如此，这种法律规定的正式审判的可能性以一种预见的结果制约着控辩双方辩诉交易的过程，加之辩诉交易的进行需要法官在审查有无事实根据的基础上予以认可，因此，可以说辩诉交易的进行，也有赖于证据裁判的保障。②

根据证据裁判原则，没有证据或者证据没有达到相应的证据要求，就不得认定犯罪事实，也即应当推定为无罪。另外，证据裁判原则是对法官恣意擅断的最为有效的约束机制，是增强司法裁判的确定性和权威性的重要保障。“证据裁判主义不仅要求法官必须依证据而为事实之认定，而且对于一定之证据限制法官为自由心证，如无证据能力、未经合法调查，显与事理有违或与认定事实不符之证据，不得作为自由心证之依据。除此之外，补强证据之有无，及科学证据之取

---

① 林钰雄：《刑事诉讼法》，400 页，台北，“国家”图书馆，2003。

② 参见宋英辉、李哲：《证据裁判原则评介》，见 http：//www.procedurallaw.com.cn/article.html?id=4872，2004-01-14。

舍，法官亦无自由判断之余地。”[①] 要求裁判的作出以证据为根据的证据裁判原则，避免了以主观臆断或者其他不具有证据能力的证据材料作为认定案情基础的现象，因而能够增强司法的确定性；也限定了裁判形成者内心确信形成的自由裁量的范围，减少了裁判形成过程中带来的争议，因而能够增强裁判的信服力。

2. 程序法定原则

程序法定原则也是第一次出现在我国的刑事诉讼制度中，该原则要求国家刑事司法机关的职权及追究犯罪、惩罚犯罪的程序，都只能由作为国民代表集合体的立法机关所制定的法律即刑事诉讼法来加以明确规定。刑事诉讼法没有明确赋予的职权，司法机关不得行使。司法机关也不得违背刑事诉讼法所明确设立的程序规则而任意决定诉讼进程。[②] 在《办理死刑案件证据规定》中，程序法定原则从证据的运作角度被写进了刑事司法改革史：“侦查人员、检察人员、审判人员应当严格遵守法定程序，全面、客观地收集、审查、核实和认定证据。”

在之前的立法上，我国关于证据的规定主要集中在证据的概念、形式以及查证属实等问题上，缺少关于证据可采性或采纳标准的规定；加之我国采用不同于西方审判中心主义的“流水作业型”程序，缺少对侦查机关审前取证行为的事前制约，侦查活动的合法性得不到保障，犯罪嫌疑人的权利极易遭受侵犯；又由于没有中立的裁判者，缺少对侦查行为的事后审查，犯罪嫌疑人的权利遭到侵害时得不到有力的救济。在实践中，侦查人员、检察人员和审判人员在收集证据和审查证据的时候，关注的重点都是证据的真实性和证明价值，而对证据的合法性问题很少关心甚至不闻不问。在法治观念和人权观念日渐强劲的今天，证据的正当性问题也开始引起了人们越来越多的关注，初步形成了一些体现价值优先的证据规则。在刑事司法活动中强调证据的合法性，就要求犯罪侦查人员必须严格按照法定的程序和要求去收集、提取证据，既不能允许任何人在法律面前享有特权，也不能非法侵犯公民的人身权利和民主权利。国家的司法工作人员绝不能滥用手中的权力非法提取证据，严禁刑讯逼供或采用威逼、引诱、欺骗等手段获取证人

① 蔡墩铭：《刑事证据法论》，428 页，台北，五南图书出版公司，1997。

② 参见谢佑平、万毅：《刑事诉讼法原则：程序正义的基石》，109 页，北京，法律出版社，2002。

证言等证据。

程序法定原则将有利于督促办案人员依法办案，严禁超出法定权限或违反法定程序的行为。更为重要的是，该原则对于遏制办案人员的非法取证尤其是刑讯逼供行为亦会产生积极影响。此外，确立程序法定原则对于我国逐步确立“正当程序”的现代法治理念也会产生不可限量的作用。[①] 事实上，正当程序的内容相当丰富，包括一系列法律原则、法律程序及规则，还包括违反程序的法律后果，旨在通过设立必要的程序装置来防止政府权力的滥用，防止践踏人权，确保公民权利的充分实现。

3. 证据质证原则

证据质证原则是指证据应当在法庭上出示，并由控辩双方质证，否则，不能成为定案证据。刑事质证是诉讼双方在案件庭审过程中通过采用辩论、质疑、说明、解释、咨询、辩驳等形式核实证据真实性、相关性和合法性的诉讼活动。由司法审判的本质所决定，诉讼立法在程序构造设计上为双方实施诉讼行为，提供了充分、平等的机会，以此保障双方在诉讼中的均衡对抗，从而使法庭成为当事人之间各以证据为“剑”、“盾”进行和平争斗，借助法律手段与程序机制进行公平对决的诉讼平台。这种对抗性结构有利于将法官置于“坐山观虎斗”的中立地位，通过双方当事人的积极举证，对于任何可能作为裁判基础的证据进行言词辩论，并就事实与法律问题展开对话，有利于法官查明案件事实。“尊重人的人格的自主性乃是正义的基础。”[②] 由于当事人充分参与到诉讼程序中来，对争议的事实和证据进行了充分的论证，就形成了对裁判结果的信任感。承认当事人作为自主、负责的理性主体的地位就是对当事人作为人的尊严和价值的充分尊重，也

① 美国联邦宪法第 5 条、第 14 条将其表述为：“未经正当法律程序，不得剥夺任何人的生命、自由或财产。”这种立法例在第二次世界大战后由美国推广到日本，日本宪法第 31 条由此形成。此外，1999 年 11 月 23 日意大利参、众两院以过 2/3 的多数通过了将正当程序原则规定为宪法性原则的 1999 年第 2 号宪法性法律，在宪法第 111 条第 1 款前增加以下内容：“司法裁判权通过法律规定的正当程序实现”，并对正当程序的具体内容作出了明确而详细的规定。意大利这一修宪举措，再次显示出了正当法律程序的巨大感染力。

② ［美］博登海默：《法理学——法律哲学和方法》，175 页，北京，中国政法大学出版社，1999。

起到对审判权的监督和制约作用。

当然，确立证据质证原则仅仅是一个起点，抉择质证模式将是下一步决策者们必须要面对的现实。[①] 此外，要完善我国的刑事质证程序，还必须从立法上明确规定刑事质证主体的证据开示义务、刑事质证的主体范围、刑事质证的对象范围、拒绝质证的法律后果、刑事质证的进行规则、刑事质证的顺序以及刑事质证的内容等。

以上三项原则各有其侧重点：证据裁判原则表现出在诉讼认识活动中的理性主义；程序法定原则是证据的社会属性之体现，侧重规范证据能力；证据质证原则是真相查明的动态装置，侧重对于诉讼参与人的证据运用和法官采纳证据的行为进行规范。虽然这三项证据原则仅仅被确立在死刑案件的证据运用之中，但对其他类型刑事案件的示范作用也是不可小觑的，并且最终会逐步在刑事证据领域成为全局性的指导原则。

（二）突破二：实体性规则的完善

1. 证明标准的细化

以“客观真实”为导向的“事实清楚，证据确实、充分”，长期以来都作为我国刑事诉讼中的证明标准存在。但何为“证据确实、充分”，立法、实务等部门却莫衷一是，造成刑事诉讼中的证明标准过于抽象，运作起来令人颇为头痛。死刑案件因其特殊性，定罪标准更应清晰，仅凭一句空泛的“事实清楚，证据确

① 从属于刑事诉讼程序模式的质证模式大致分为主要适用于大陆法系国家的纠问式质证程序模式，主要适用于英美法系国家的控辩式质证程序模式以及主要适用于第二次世界大战后的日本、意大利等国家的混合式质证程序模式三种。（参见田国宝：《刑事质证程序的模式选择》，载《检察日报》，2001-02-01，3版）。纠问式质证程序模式的主要特征是注重发挥法官在质证中的职权作用，而不强调当事人在质证中的积极作用。控辩式质证程序模式的主要特征是注重控辩双方在质证程序中的主体地位，注重发挥控辩双方在质证程序中的主观能动作用。混合式质证程序模式的主要特征是控辩双方在法官的指挥下进行质证，具体而言：原则上由公诉人进行主询问，然后由被告人及其辩护人进行反询问。在通常情况下，法官仅在控辩双方询问结束后才作补充性询问。但在认为必要时，法官也可以随时亲自进行反询问或在公诉人进行主询问的过程中准许被告人及其辩护人进行反询问。对控辩双方所进行的询问，从有利于诉讼的角度考虑，法官认为不必要或不适当的，可以进行限制。混合式质证程序模式的优点是吸取了前两种模式的长处，克服了前两种模式本身所固有的一些弊端，兼顾了公平与效益。比较当今世界各国主要的刑事质证程序模式的优劣并结合具体国情，笔者认为，我国应当选择混合式质证程序模式。

实、充分”会令办案人员无所适从，会令司法裁判顿失统一性，更会给个别办案人员敞开“擅断之门”，令被告人坐上“火山口”。为此，《办理死刑案件证据规定》第5条对“证据确实、充分”予以细化：一是定罪量刑的事实都有证据证明；二是每一个定案的证据均已经法定程序查证属实；三是证据与证据之间、证据与案件事实之间不存在矛盾或者矛盾得以合理排除，强调必须排除其他可能性；四是共同犯罪案件中被告人的地位、作用均已查清；五是根据证据推断案件事实的过程符合逻辑和经验规则，由证据得出的结论唯一。这不仅规范了办案人员的实践操作，在难易程度上也比较符合刑事案件尤其是死刑案件的实际需要[①]，从中笔者更读出了近乎于“排除一切合理怀疑”的意味。而有关的国际公约将死刑案件的证明标准设定为“只有在对被告的罪行根据明确和令人信服的证据而对事实没有其他解释余地”[②]，相形之下，我们可以明晰《办理死刑案件证据规定》中有关证明标准的内容与国际潮流是何等的趋同、何等的进步！

2. 非法证据的厘定

“两《规定》”对非法证据均有所论及，并对非法言词证据的内涵和外延作出了界定。非法证据中的“非法”，并非证据本身所自有的属性，而是侦查人员在获取证据过程中的手段、程序，或者说证据呈现出来的表现形式，是违反法律的，因而形成了非法证据。在“两《规定》”中，非法证据事实上被区分为非法言词证据和非法实物证据。前者既包含了在程序上的违法，如侦查人员违反规定单人取证；也包含了实质性的违法，如刑讯逼供。对于办案人员违反相关程序要求所获取的非法言词证据，一般在补正后可不予排除，毕竟这种违法取证并未伤

① 虽然我国的三大诉讼法均将“事实清楚，证据确实、充分”作为证明标准，但2001年最高人民法院《关于民事诉讼证据的若干规定》第73条第1款规定：“双方当事人对同一事实分别举出相反的证据，但都没有足够的依据否定对方证据的，人民法院应当结合案件情况，判断一方提供证据的证明力是否明显大于另一方提供证据的证明力，并对证明力较大的证据予以确认。”实际上已经将民事诉讼的证明标准更改为“优势证明标准”，这一标准与民事诉讼所涉及的权利更加契合，是具有进步意义的。而行政诉讼法在2002年通过司法解释亦对此有所调整。相比之下，“两《规定》”出台之前，我国刑事证明标准的改革已然滞后于另外的两大诉讼，而刑事案件尤其是死刑案件涉及人的自由甚至生命，理应被赋予更高的证明标准，故本次证明标准的细化，其意义不言而喻。

② 联合国经社理事会第1984/50号决议批准的《关于保护面对死刑的人的权利的保障措施》。

及公民的基本权利，只是手续上的问题。而对于刑讯逼供产生的言词证据，采取了一种“零容忍”的态度，因为这样的方式侵犯了公民的人身权利，损害了公民的人格和尊严，同时也极易造成证据内容的失实，必须予以坚决的排除。

对于非法物证是否应当排除的问题，目前理论界众说纷纭。考虑到非法实物证据情况复杂，此次没有作出一概禁止的一般性规定。从常理上说，非法获得的实物证据，如果不是严重违法或者严重妨碍公正审判，则不必排除，因为它不涉及人身权利，而且违法也一般不会造成内容的失实。依现有的司法环境推断，今后的一段时间内，这些实物证据很可能大多被予以认定。但这并不意味着没有争议存在，例如，某些衍生证据，如果是办案人员通过刑讯逼供的口供而获取的实物证据，是否应当予以认定？这样的证据不属于必须排除的非法言词证据，却与之有着千丝万缕的关联。如果放任这种证据，是否等于变相纵容了刑讯逼供？这一问题即西方著名的“毒树之果”理论，在证据法相对成熟的国家也一直争论不休，存在不同做法。[①] 毋庸置疑，非法物证的问题在今后的司法实践中势必将成为一个“炙手可热”的争议焦点。但不管怎样，能将非法实物证据与非法言词证据作出区分，已经是一种进步、一种理论的发展。而令人欣喜的是 2012 年《刑事诉讼法》修改已经确立了非法物证排除规则。

3. 证据规则的补充

在《办理死刑案件证据规定》的第二部分，一些新的证据规则得以确立，主要包括意见证据规则、最佳证据规则以及有限的传闻证据规则等。这些证据规则实际上早已被理论界公认，如今在司法实践层面也终于有了自己的“一席之地”，充分体现了有关部门在司法理念上的更新。意见证据规则要求证人作证只能陈述自己过去体验的事实，而不能将自己的判断意见和推测作为证言的内容。之前由于该规则的缺失，在办案人员的不当引导甚至引诱下，证人极容易仅凭其臆断作出不利于被告人的证言，进而影响对案件事实的客观认定。在司法实践中，证人

① 在美国，此类证据被视为“毒树之果”而予以排除，以“必然发现”和“善意”为例外；在英国，是否排除由法官裁量；在德国、法国，适用利益权衡的原则来确定这类证据的可采性；在意大利，对此类证据一律排除。

证言往往在证据链中占据着举足轻重的作用，确有规范的必要。《办理死刑案件证据规定》第 12 条第 3 款规定：“证人的猜测性、评论性、推断性的证言，不能作为证据使用，但根据一般生活经验判断符合事实的除外。”该条款的进步意义不仅在于为意见证据作了定性，更在于在操作层面剥夺了其证据资格，并置于排除的范围之中。至此，我国刑事证据法确立了意见证据规则，这将促使证人证言更加科学化、规范化。

最佳证据规则主要适用于书证材料，又称原始证据规则，是英美证据法中有关证据可采性的一项重要内容，它认为有关的案件事实只能采用最为令人信服的最佳证据方式予以证明，因此，在提交证据时应提交原件而非复制件。事实上，我国早在 1998 年制定的最高人民法院《关于执行〈中华人民共和国刑事诉讼法〉若干问题的解释》中已经确立了最佳证据规则，其第 53 条规定：“收集、调取的书证应当是原件，只有在取得原件确有困难时，才可以是副本或复制件。收集、调取的物证应当是原物，只有原物不便搬运、不易保存或者依法应当返还被害人时，才可以拍摄足以反映原物外形或者内容的照片、录像。”但一条完整的法律规范应包含“假定、处理、制裁”三大要素，缺少任意一条都会给法律规范的实践带来消极影响。我国刑事诉讼之前所确立的最佳证据规则恰恰缺少了“制裁”这一关键要素，使得该规则在实践中并没有成为一条可采性规则。《办理死刑案件证据规定》明确规定不能反映原始物证、书证的外形、特征或者内容的复制品、复制件应予排除，使得最佳证据规则得到了进一步的确立，成为一条真正意义上的可采性规则，进而督促侦查机关收集最具有真实性的原始证据。

《办理死刑案件证据规定》第 15 条还规定了证人应当出庭作证的情形。众所周知，在我国，证人不出庭而以书面证言代之是一种常态，出庭作证反而是一种“非常态”，这无论在哪种诉讼中都很普遍。这既是诉讼文化的问题，也存在制度上的缺陷。此条款虽作出了一定程度上的限定，但仅将“各方对证人证言有异议，且证人证言对定罪量刑有重大影响”及“法院认为应当出庭”两种情形作为证人必须出庭的前提，依然允许大量书面证言的存在，与真正意义上的传闻证据规则仍有距离，因此，只能视之为有限的传闻证据规则。不过，事物的发展需要一个循序渐进的过程，证人出庭毕竟是我国诉讼制度中的一大“顽疾”，传闻证据规则从“有限”到“全面”恐怕朝夕间也难以完成，不过，既然已经有了“起点”，总是值得称道的。

4. 量刑证据的注重

死刑的刑罚具有不可逆转性，因此，《办理死刑案件证据规定》对于死刑的量刑证据问题给予了特别的关注：其第 36 条第 1 款明确规定，在对被告人作出有罪认定后，除审查自首、立功等法定情节外，对案件起因、被害人过错及被告人平时表现等酌定量刑情节也需重点审查；第 3 款规定，“不能排除被告人具有从轻、减轻处罚等量刑情节的，判处死刑应当特别慎重”；第 40 条第 2 款规定，“未排除证据之间的矛盾，无充分证据证明被告人实施被指控的犯罪时已满十八周岁且确实无法查明的，不能认定其已满十八周岁”。在刑事案件中，往往只有“罪行极其严重，情节极其恶劣，手段特别残忍，后果特别严重”者才会被施以极刑，而这些情节都需要佐证，既不能撇开证据去臆断，也不可降低证明标准去“想当然”。只有严格把握量刑证据，才是对“慎用死刑”的最好诠释。

除了以上几点，间接证据定案规则、对电子证据法律属性的认可等内容都不失为“两《规定》”此番对我国刑事证据实体性内容的重要贡献，其意义亦不可小觑，在此笔者不作赘述。

（三）突破三：程序性裁判的流觞

1998 年制定的最高人民法院《关于执行〈中华人民共和国刑事诉讼法〉若干问题的解释》第 61 条曾规定：“严禁以非法的方法收集证据。凡经查证确实属于采用刑讯逼供或者威胁、引诱、欺骗等非法的方法取得的证人证言、被害人陈述、被告人供述，不能作为定案的根据。”这一条款曾被认为是我国刑事诉讼中确立非法证据排除规则的佐证，但不无遗憾的是，由于缺乏具体的操作规程，这一规定仅能作为一个“宣誓性”条款存在，流于形式。许多被告人在开庭之时大声疾呼自己受到了刑讯逼供，换来的却是无助。为什么？因为没有法律文件告诉法官该如何处置，大多法官更不想去触这个“霉头”，于是便“难得糊涂”。为此，建立一种专门的程序性裁决机制，不失为解决以上难题的“良策”。相关部门在制定《非法证据排除规定》的过程中也终于有所意识，为非法证据的排除设置了一套具体的操作规程，其中包括了“程序启动、法庭初步调查、控方证明、双方质证、法庭处理”五个步骤。此外，控方被分配了较为严格的证明义务，即证实其取得证据的合法性，必须达到“确实、充分”的程度，否则，证据将被排除。从微观上看，这样的制度设计为非法证据排除规则的运用提供了载体，尤其是对于刑讯逼供所获得的口供，被告人和辩护律师无疑获得了一柄抵御侵害的“盾牌”。同时，程序机制的出现也对办案人员产生了震慑作用，有力地遏制了办案人员违法取证的动机。有了这样的程序机制，法官们也告别了原先的“两难”境地，可以更加娴熟、公正地运作审判。

从宏观上看，这一操作规范很可能会对中国的刑事司法制度产生更为深远的影响。从这一程序的表征来看，其已经初步具备了程序性裁判机制的要素，可以说是中国程序性裁判机制的雏形，以此为标志，程序性裁判机制在中国刑事司法实践中已经获得了生存空间。所谓程序性裁判机制是针对程序违法行为而言的，在我国由于“重实体、轻程序”观念作祟，程序违法行为是十分普遍甚至“猖獗”的。如果能以非法证据排除程序的建立为契机，进一步激活其他刑事司法领域程序性裁判机制的发展，如回避、未决羁押等，则“善莫大焉”。

此外，非法证据排除程序的构建还有一项重大突破，那便是侦查讯问人员终于被“请”到了法庭上。在排除程序中，公诉人应当向法庭提供讯问笔录、原始的讯问过程录音录像或者其他证据，提请法庭通知讯问时其他在场人员或者其他证人出庭作证，仍不能排除刑讯逼供嫌疑的，应提请法庭通知讯问人员出庭作证，对该供述取得的合法性予以证明。以往一旦在法庭上遇到刑讯逼供的质疑，侦查机关往往会提供书面的“情况说明”予以回应，但刑讯逼供本来就是各执一词的难题，这样的处理使刑讯逼供的争论经常成为“无头公案”。而讯问人员出庭对质无疑将是一个有助于便捷、有效地查明证据取得合法性的途径。同时，这一规定也能在一定程度上激发办案人员依法取证，提升证据意识。

## 四、"两《规定》"的不足——四个疑问

虽然"两《规定》"有诸多突破和亮点，但现在我们看到的只是静态的法律规范，至于孰优孰劣，还要观察其在实践中运作的动态效果，毕竟实践才是检验真理的唯一标准。对"两《规定》"，笔者认为其存在一定的缺陷与不足，总结起来大概有"四个疑问"：

### （一）疑问一：庭外征求意见是否有违质证原则

《办理死刑案件证据规定》第38条对庭外调查核实证据的程序进行了规定，这是对《刑事诉讼法》中合议庭庭外调查核实的进一步细化。但它允许法庭对于检察院、辩护人补充的和法庭庭外调查核实取得的证据，通过变通的方式，即庭外征求意见的方式予以审查，这让笔者十分不解。固然，这种情况在司法实践中可能已经大量存在，但从应然的角度讲，却是不可取的。别的不说，在该规定的第4条，证据质证原则已作为基本原则予以确立，"经过当庭出示、辨认、质证等法庭调查程序查证属实的证据，才能作为定罪量刑的根据"。什么是证据质证原则？在庭外征求意见能等同于当庭出示、辨认、质证吗？在笔者看来这是一种公然的前后矛盾。之所以要在法庭上质证，是为了使控辩双方能够充分发表自己对证据的看法，同时利用这样的机会辨析对方的论点。质证需要的是"面对面"，但庭外征求意见是一种"背靠背"的处理方式，控辩双方的信息很可能是不对称的。以此方式，证据可能没有经过充分的论证就作为定案证据了，但其质量却存在很大风险。通过庭外调查获得的证据必须经过控、辩双方的质证，查证属实，才能作为定案的根据，否则，绝不能直接用作对被告人定案的根据。有关部门或许认为这样可以节省司法资源，殊不知与死刑案件所蕴涵的人权价值相比，司法资源的"拮据"只能屈居次席。在死刑案件中，公正的位阶理所当然地要居于效率之上，因为公正"不仅是正义的起点，也是正义的落脚点"[①]。而一旦个别审

① 谭世贵：《刑事诉讼原理与刑事诉讼》，29页，北京，法律出版社，2002。

判人员“泛化”使用这种变通方式，其后果不堪设想。

（二）疑问二：非法证据能否真的被排除

“两《规定》”相互配合共同规定了非法证据排除的范围与程序，然而笔者仍然心存五点疑虑，对非法证据排除规则的实施前景略感忧虑

其一，对言词证据的排除，《非法证据排除规定》仅提及排除“采用刑讯逼供等非法手段”获取的证据，至于非法手段的列举范围，比现行《刑事诉讼法》第50条的规定还要窄，对于以《刑事诉讼法》第50条规定的刑讯逼供之外的三种非法手段即“威胁、引诱、欺骗”所获证据是否排除语焉不详，这必然引发实践执法的混乱。当然，界定“威胁、引诱、欺骗”的适当界限难度不小，然而“两《规定》”采取的回避态度无助于实务难题的化解，反而有可能进一步加重实践中在这三类非法取证手段处置中的混乱状况。

其二，即使对于“刑讯逼供”这种最为明显与严重的非法取证手段，由于“两《规定》”没有细化解释具体的表现形态，也可能导致实践理解的偏差。通常而言，刑讯逼供仅指暴力手段获取口供，主要是指各种物理强制力的使用，然而，众所周知的一个事实为，近年来我国刑事司法实践中各种非法获取口供的手法正在逐步由赤裸裸的暴力转化为非暴力的软性逼供或者变相逼供，比如，车轮战、冻、饿、烤、晒、固定蹲姿等，这些不会留下物理伤害痕迹的手法能否被解释为“刑讯逼供”不无疑义。可以预见“两《规定》”有关刑讯逼供的条款在实践中必然会面临着再解释的需求，因为其无法涵盖侦查实践中层出不穷的非法取证手段。

其三，公诉人证明取证手段合法性的证明方法在设计上存在有效性与合理性的瑕疵。《非法证据排除规定》第7条赋予控方证明审讯合法性的手段包括4种：讯问笔录、讯问的录音录像、其他在场人员或者其他证人出庭作证、讯问人员出庭作证与办案说明。但此4种证明手段均存在不同程度上的瑕疵，其有效性与合理性值得怀疑：讯问笔录系由讯问人员制作，讯问人员完全会最大化地减少程序瑕疵，其证明讯问合法性的有效性值得怀疑；讯问的录音录像在目前无法保障全程录制的前提下，其有效性依然值得怀疑，况且制度需要人来操作，如何防止出

现“打时不录、录时不打”这种规避法律的做法值得关注；何为“其他在场人员与其他证人”，通常情况下讯问是不允许有侦查人员之外的其他在场人员存在的，何来其他在场人员；让被指控有刑讯逼供行为的警察出庭证明自己没有实施刑讯逼供行为，无异于缘木求鱼，其有效性与合理性也值得进一步商榷。最不具有合理性的一种证明手段为办案说明，此种完全不符合法定证据形式的、“非驴非马”式的材料由于根本不具有证据资格，长期以来为学术界所诟病，但却经过包装堂而皇之地成为证明手段。此种条文的出现殊难服众。

其四，根据现有的非法证据排除程序，辩方在提出非法证据排除申请时应当提供足以令法官怀疑取证合法性的线索或者证据。这种提供线索的行为是否属于证明责任的分担不无疑问：如果让辩方承担一定的证明责任，理论依据何在？在这些问题得到合理解决前，该条款的出台欠缺根据，实践中掌握这一做法的标准也很难拿捏。

其五，关于非法证据排除的程序，《非法证据排除规定》要求通过专门的听证程序进行判断并作出决定。此种听证程序的性质是否属于审判程序？所作的决定性质如何？对所作的决定能否上诉？这些问题在此规定中均未涉及，这可能直接导致非法证据排除程序的设置根据不足，从而影响其全面、准确的实施。

### （三）疑问三：量刑情节的证明如何进行

从《办理死刑案件证据规定》中，我们能够隐约地看出最高人民法院对于区分定罪证据与量刑证据的初步设想[①]，随着最高人民法院量刑规范化改革的呼之欲出，区分两种证据并创设不同的证明规则是顺应我国刑事诉讼发展改革大趋势的。然而，《办理死刑案件证据规定》中对量刑情节的证明着墨过少，对一系列基本问题没有规定，导致关于量刑情节的证明依然处于混沌状态。实际上，在死刑案件中，量刑问题也就是是否适用死刑的问题。对这类特殊案件，从某种意义上讲，量刑的重要性高于定罪，理应对量刑的证明予以详细规定，才符合办理死刑案件的客观要求。量刑与定罪两个阶段或者说两个活动遵循着不同的目标，体

① 参见该规定第35条。

现着不同的诉讼价值，应当适用不同的证明规则、证明标准；同时，定罪与量刑两个问题经常紧密联系在一起，应当首先设立区分两项问题的规则。从证明规则上来看，部分在定罪阶段适用的证据规则，如非法证据排除规则、传闻证据规则，在量刑阶段没有必要继续适用；从证明标准的角度来看，量刑的证明标准应当低于定罪的证明标准；从证明责任分配的角度来看，被告人虽不承担定罪问题的证明责任，但对量刑问题应当承担相应的证明责任。[①]

（四）疑问四：配套措施在哪里

唯物辩证法认为，内因是变化的根据，外因是变化的条件。“两《规定》”构成了刑事证据法发展的动力与源泉，但如果没有外部配套措施的辅助，其效果必然会大打折扣。举例来说，如果讯问录音录像制度能够在侦查阶段得到全面的普及，非法证据的排除程序中，取证合法性的证明问题就不会那么棘手。这对于控、辩、审三方都是有利无害的：公诉人可以免于部分被告人的“无理取闹”，于受侵害的被告人则破解了取证的难题，法官也不必在认定事实上“进退维谷”。再如，由于我国刑事诉讼中的高羁押率，造成了被告人大多自始至终的弱势地位，取证、举证等多有不便，如果能够赋予律师讯问在场等参与的权限，无疑将提升被告人的防御能力，使“两《规定》”的功效得以更好发挥。而最让人不放心的是，目前我国的公安、司法机关之间仍是一种“同气连枝”的微妙关系，共同受上级政法部门统筹、协调，司法独立的实现尚任重道远，“两《规定》”的精神能否得到有力贯彻还有待观察。这些配套措施的缺失以及大环境的影响，都构成“两《规定》”在实践中运作的不确定因素。

## 五、“两《规定》”的未来——五点建议

“两《规定》”的出台对我国的刑事证据立法而言，只是“万里长征迈出的第一步”。指望通过“两《规定》”祛除当下我国刑事证据制度的所有“病症”是不

① 关于量刑程序的证明问题的详细论证，可参见陈卫东：《论隔离式量刑程序改革——基于芜湖模式的分析》，载《法学家》，2010（2）。

现实的，或者说是一种奢望。“罗马不是一天建成的”，要完善我国的刑事司法，有效避免各类冤假错案的发生，加速刑事证据法的发展进程，在“两《规定》”出台后，有关部门还有诸多工作需要加以实施、推动。为此，笔者提出5条建议以供参考。

（一）建议一：更新证据观念

现代刑事证据制度是建立在民主、法制基础之上的，在强调司法公正的同时，又最大限度地彰显个体权利。再看我国，数千年的封建历史，有精华亦有糟粕，证据意识的缺失与滞后就是不折不扣的糟粕。“重口供、轻物证”、“重实体、轻程序”的思想根深蒂固，令“刑讯逼供”、“屈打成招”等现象在我国的刑事证据运作过程中很有市场，只要“杨乃武与小白菜”不出现，就万事大吉，得过且过。明明有物证可挖掘，却非要“撬开”犯罪嫌疑人的嘴；明明做不到“命案必破”，却要“打包票”、立军令状。

究其根源，一些文化道德传统始终“禁锢”着我国证据意识的进步：（1）行政本位。由于数千年专制体制的影响，行政力量总处于一种强势，这种情况也就渗透到我国的刑事司法文化中，从而使得我国的刑事证据制度过度强化行政或其他司法力量，并在立法中以原则、笼统的规定来在事实上延伸其权力。（2）“原心定罪”。很多办案人员完全从主观上判断，凭内心好恶评判被告人的刑事责任，削弱乃至颠覆了证据在案件定性中的核心地位。普通民众更是早早下了“公论”，看重实体结果甚于程序的公正、证据的确凿。（3）诉讼理想化。我国的传统观念中存在着将诉讼理想化的倾向，人们对诉讼结果公正性有着过高要求，一旦其所期待的公正稍有“闪失”，就会产生对法律不完善的焦虑。这种焦虑会导致人们对立法、司法和执法机关的怀疑，并会在憎恶现实的情状下更加憧憬理想，从而形成一种恶性循环。这无形中削弱了人们的证据意识，影响了公民注重证据习惯的培养，同时在理论上也束缚了法学研究者对证据采信及应用规则的研究活动。（4）集体高于个人。我国历史上长期以来进行的文化教育熏陶就是个人利益如何服从于社会利益，反射到法制领域，就形成了公权力的膨胀，忽视个人利益，这与现代的权利观是明显相悖的。

“两《规定》”虽然与时俱进，但如果思想观念仍然停滞不前，徒法不得以自行。这就需要有关部门创造出一个有利于观念更新的司法环境和舆论氛围，使广大办案人员乃至民众能够真正接受并树立起科学的证据意识。当然，广大办案人员自身也要加强学习，积极接受先进的证据理念，并与实践工作有机结合，提高办案质量。

（二）建议二：保障制度执行

在2001年5月21日的《杭州日报》上有一篇名为“法律向潜规则缴械：是一种悲哀”的时文，读来令笔者颇有感触。尽管此文与刑事司法无甚关联，却使得笔者不由得联想到了我国刑事执法的举步维艰。我国的司法改革进程中，最难的地方不是立法，而是执法。在中国，往往立法总能给人以“美轮美奂”之感，但到了操作层面，很容易就走了样，逐步异化成了“潜规则”，最终令法律“缴械”。这种现象在我国的司法活动中周而复始地不停上演，令人既悲戚又无奈。就拿刑事证据方面的内容来举例，2004年12月1日，西安市中级人民法院和西安市人民检察院共同出台了《刑事案件庭前证据展示操作办法（试行）》（以下简称《办法》），力图在证据展示制度上作出尝试。然而，2005年全年，西安市中级人民法院所审理的全部350件一审刑事案件中，运用该规则进行证据开示的案件有多少呢？37件！只占总数的10.5%。并且，这37件案件均为事实清楚、证据充分、案情简单的案件，其中有31件还是用“普通程序简化审”审理的。[①] 证据开示的价值在那些案情复杂、证据庞杂的案件中才会充分显现，笔者不大相信西安市中级人民法院一年都不会遇到这类案件，毕竟案件的总量摆在那里；笔者更不相信的是，这一试验的结果会符合设计者的初衷。《办法》的内容是否科学暂且不论，西安市中级人民法院如此改革是否妥当也先搁置一边，单从执法上看，很显然，《办法》在具体运作的过程中被架空、异化，进而被“潜规则”取而代之。为什么会这样？造成这种现象的原因很复杂，既有立法本身的疏漏，也有我们制度文化上的缺失，更存在执法人员个人角度的“利害算计”。可以说，

① 参见常青、李雪晴：《西安中院试行刑事案件庭前证据展示制度的调研报告》，载人民法院网，2006年5月9日。

执行不力是长期以来中国法治进程中一个令人异常头痛的“顽疾”。

曾记否，2007年修订的《律师法》公布时，其内容中突破、创新之处曾引来一片称颂之声，然而时至今日，《律师法》的内容依然留在纸上，在刑事司法实践中却受到了有关部门和办案人员的多方掣肘，当初的称颂又有何用？笔者很是担心，一些办案机关一旦对“两《规定》”采取消极怠工甚至熟视无睹的态度，为之奈何？依笔者之见，决策者还须采取措施保障“两《规定》”的顺利执行：一方面，对于有法不依、执法不严者，必须予以严肃的处理，以儆效尤，所有办案人员都应当明了，不执行“两《规定》”是要承担相应的不利后果的；另一方面，需从制度上入手，形成有效监督制衡，遏制“潜规则”的滋生。毫不夸张地讲，只有严格地执法，才会使“两《规定》”焕发出真正的魅力。总之，切莫让“两《规定》”成为又一个《律师法》，再给世人泼上一盆“冷水”。

（三）建议三：确立配套措施

证据立法是个系统工程。上文中已经提及，配套制度的滞后，势必会给“两《规定》”的运行带来消极影响。因而，笔者认为，立法者须对与之相关的刑事诉讼制度及司法体制，如公开审判制度、辩护制度、判决理由制度、上诉制度、判例制度以及司法独立和法官精英化制度等，予以进一步完善。在我国，这些制度有的还很不完善，有的甚至还是空白。要想在更大范围内、更大程度上制约权力和保障权利，更好地保障我国证据立法的良法性，建立和完善证据制度，必须进一步修改、完善刑事诉讼法，甚至将一些刑事诉讼原则上升为宪法性规范，乃至改革和完善整个司法制度，从而更加注重对人权的保障。比如，建立科学、完善的刑事审前程序才能更好地防止刑讯逼供、久押不决等问题；又如，实现真正的直接言词原则就要建立法官或者合议庭独立原则。

在程序机制上，一方面，可参照英美法系确立司法令状主义原则，弱化、限制司法工作人员在证据收集和判断问题上过大的自由裁量权；另一方面，应以控辩平衡为制度基础，保障当事人在诉讼进程中的主体地位。在总体模式属于职权主义的我国刑事诉讼中，把当事人主义因素引入职权主义的证据制度中，在保护人权、追求真实、富于效率这三者间寻求平衡点。当然，这并不容易。例如，确立沉默权原则的同时，对一些特殊情况应当进行限制：在犯罪嫌疑人身上、住所发现犯罪证据的；有证据证明犯罪嫌疑人在案发现场的；团伙、有组织犯罪中，有证据证明重要成员对其他成员的有关犯罪事实了解的，等等。此外，对侦查阶段律师权利问题还应当确立律师在场权，即侦查人员讯问犯罪嫌疑人时其律师应当在场，防止侦查人员利用刑讯逼供或变相手段获得供词。

最重要的是：理顺错综复杂的政法机关内部关系，促进真正意义上司法独立的实现，毕竟“司法机关在国家加强和保障人权方面起着核心的作用”①。尤其是法官队伍的中立性是正确进行证据采信的前提。在我国的司法实践中，法官丧失中立立场，公、检、法联手结为打击犯罪“同盟军”的现象仍不鲜见，有时用“令人发指”来形容其程度都并不为过。许多法官没有意识到自身的角色转变，仍把自己当成以追诉犯罪为己任的“刀把子”，潜意识中存在和公诉人“并肩作战”的心理，即使出于查清案件事实的目的，也会下意识地把被告人一方推向敌对的位置，“近控方而远辩方”，难以摆正自己的位置。公、检、法的这种功能上的“错位”也是导致大量冤案产生的一大原因。试想，一旦此弊病得到妥善的解决，我国刑事证据制度的发展何愁不会驶上“快车道”。

（四）建议四：完善现有规则

正如笔者在前文所言，“两《规定》”也不是尽善尽美，一些先进的证据规则、制度并未得到确立，决策者可能多少考虑了现实司法环境的承受能力。这固然可以得到理解，但却不能成为长期维持原状的借口。规则的进化是历史规律的必然，“逆水行舟，不进则退”，有关部门切不可躺在“两《规定》”的“功劳簿”之上沉睡。要多进行调查研究，不断根据实践情况对“两《规定》”加以改进、完善，使我国的证据立法能持续发展。

笔者以为我国的刑事证据体系还有一些“短板”需要补齐，例如：

(1) 沉默权原则。沉默权的实质内涵中“追诉方不得采取任何非人道或有损被告人人格尊严的方法强迫其就某一案件事实作出供述或提供证据”、“法官不得

---

① 联合国大会1987年通过的第42/116号决议《保护和增进人权的国家机构》。

因被告人沉默而使其处于不利境地或作出对其不利的裁判”等内容，直接保障了犯罪嫌疑人、被告人的人身权利以及诉讼中的若干自由选择权利，从而在最终意义上实现了犯罪嫌疑人、被告人在诉讼中的主体地位。赋予犯罪嫌疑人、被告人沉默权，既能够使他们不承担证明自己犯罪的责任，又能够强化控方承担证明责任的力度，从而使法官可以全面了解和掌握整个案情，对案件作出公正裁决，最终实现公正的判决。沉默权也因此而实现了其保证程序公正、捍卫人权的诉讼价值。

（2）举证时效制度。诉讼效益与诉讼公正是辩证统一的，没有公正的效益不是真正的诉讼效益，同样，没有效益的公正也不是真正的诉讼公正。诉讼好比一场体育比赛，法官好比是裁判员，在特定的时间、特定的地点，必须拿出你的全部精力去赢得比赛，一旦这场比赛结束，不论你有多么强的实力，也不能改变这一结果。举证时效制度是为明确规定不及时举证的法律后果而设立的，它对于法院提高办案效率将起到积极的推动作用，也可以使当事人尽快服判、息诉，从而减少纠诉、缠诉等不正常的现象。

（3）证据开示制度。所谓证据开示，在刑事诉讼中是指控辩双方在开庭审判前或者审判过程中按照一定的程序和方式相互披露各自掌握或控制的诉讼证据和有关资料的活动。由于控辩双方在诉讼资源上的“非对称性”，辩方在收集证据的能力和条件上远远不能同控方相比；同时，当事人基于自身诉讼利益的考虑，往往会进行“证据偷袭”，妨碍裁判者依法作出公正的裁决。设置证据开示制度，是为了保证最终裁判结果满足双方当事人特别是被告人的真实愿望，维护程序公正；也便于诉讼双方尽可能早地在审判前明确争议事项，使正式审判得以集中、连续地进行，增强审判的实效，并保障被告人接受迅速审判的权利；同时，还可促使相当一部分案件在审判外达成妥协，通过更为简便的程序结案，从而提高整个刑事程序的案件处理效率。

（4）相关性规则。证据的相关性规则被学界普遍认为是“黄金规则”。为了完成诉讼证明，应尽可能地将具有相关性的证据纳入诉讼中来。比较典型的就是品格证据的问题，一个人的品格或者品格特征在证明此人于特定环境下实施与此品格相一致的行为问题上是不具有相关性的。而我国缺乏对证据相关性规则的排除规定，相反，在刑事诉讼中，公诉书中却经常有下面类似的语言："被告人平素游手好闲，品行不端"，"被告人以前有过类似的行为"，等等。这些对犯罪指控没有明显相关性却具有相当误导性的证据或言论出现在庭审中，显然会对被告人十分不利。

（5）完全的传闻证据规则。传闻证据规则是英美证据法上的传统概念之一。传闻证据主要分为两种：一种是当庭作证的证人以外的人所作的明示或默示主张；另一种是向法庭提出的书证之中所包含的主张，包括亲身感受了案件事实的证人在庭审期日以外所作的书面证人证言以及警检人员所作的（证人）询问笔录。传闻证据被排除的理由首先是证据材料受到了不适当的主观倾向的污染，存在着复述不准确或伪造的可能；其次，传闻证据是未经宣誓提出的，又不受交叉询问，其真实性无法证实；最后，传闻证据并非在裁判者面前陈述，违背了直接言词原则，同时也侵犯了对方的对质权。从以上角度分析，"两《规定》"中的传闻证据规则不过是"皮毛"而已，与真正传闻证据规则之"精髓"尚存距离。

（五）建议五：思忖中国实际

"他山之石，可以攻玉"，我们正在走别人走过的路。"两《规定》"借鉴了诸多西方先进法治国的证据理念及制度，笔者认为，进一步加强对域外经验的研究与分析，可以使我们少走"弯路"，尽快追赶世界的先进潮流。然而，我们要根据自己的实际情况去粗取精，例如，美国的非法证据排除规则与德国的证据禁止规则对"毒树之果"有着不同的处理方式，我们不能简单、盲目地去认可某一个而摒弃另一个，必须对我国的司法环境、特性有所剖析，给出自己的结论。毕竟，法律制度、法律体系乃至法律形式虽均已是西方的模式，但法律的实际运作及其所赖以存在的社会文化环境无一不体现并受制于中国的传统。[①] 这既是对司法部门说的，更是对学术界讲的。

综观当下的刑事证据法学研究，我们会发现诸多文章都试图从域外引进并构

① 参见尹伊君：《社会变迁的法律解释》，16页，北京，商务印书馆，2003。

建相应制度，而对于刑事司法实践中的证据问题置若罔闻，导致我们的刑事证据法研究回答不了司法实践给我们提出的种种问题。解决中国的问题首先应当回归中国的法律实践，从中国的司法实践出发，就当下迫切的刑事证据立法来讲，深入观察司法实践，我们才能更深刻地感受到刑事证据立法迫切需要解决哪些问题，我们才会发现司法实务部门在证据运用方面所存在的诸多困扰日后科学证据制度构建的“潜规则”。唯有了解制约科学、合理的刑事证据制度建立的“绊脚石”，唯有了解中国问题发生的内在因素，我们才能制定出契合中国实际乃至具有前瞻性的刑事证据立法。基于此，笔者认为在刑事证据立法过程中，首先需要做的是了解司法实践中发生了什么、存在什么问题、有哪些成功的地方、哪些值得进一步推广与借鉴，唯有在此基础上才能制定科学、合理的刑事证据制度。

我国的刑事证据立法并不会告一段落，而是刚刚步入正轨。事物发展的规律是什么？是在曲折中前进。我国的刑事证据法发展亦无出其右，从 1996 年《刑事诉讼法》的“区区 8 条”，到“两《规定》”的横空出世，固然是历史的前进，却始终伴随着各种阻力与挫折。可以预见的是，今后我国的刑事证据制度会继续得到完善，但也不会是“一片坦途”。总而言之，尽管“两《规定》”的出台并不意味着我国刑事证据规则的全面确立，然而，笔者坚信，“千里之行始于足下”，中国的刑事证据立法必将迎来一个绚烂的春天、一个崭新的未来。

# 证据调研篇

# 第二十章

# 寿光证据开示试点模式的理论阐释

## 一、引言：选择证据开示而非阅卷制的理由

理论界与实务界对1996年及2012年《刑事诉讼法》修改的评价在律师信息知悉权（包括证据知悉权）问题上是惊人的相似，一个共通的看法是，法律的修改由于缺乏对辩方证据知悉权的妥善、周全的考虑，导致律师知悉证据的范围在1997年新法实施之后，大大受到了限制。这一共识促使学术界与实务界在近年来不断探索完善律师证据知悉权的途径，理论界呼吁建立英美式的证据开示机制与恢复大陆法式的阅卷机制的两种观点的争论存在较大分歧。虽然1996年修改重新恢复了1979年《刑事诉讼法》所规定的全卷移送模式，通过要求检察机关将全部案卷移送人民法院来保障辩护人的阅卷权，但这种修改所可能导致的法官先入为主、庭审形式化等弊端不得不引起我们的警惕。因而，究竟通过强化阅卷机制还是证据开示机制来保障律师证据知悉权仍需要进一步加以探讨。应当明确的是，不论选择何种机制，完善律师证据知悉权，进而保护被告人的辩护权这一共识已经牢固地达成了。本着这样一种共识、这样一种理念，笔者所主持的中国人民大学诉讼制度与司法改革研究中心在3年的时间里，在英国使馆文化委员会

资助下，持之以恒地进行着证据知悉权保护问题的研究。2004 年后我们与山东省寿光市人民法院联合开展了证据开示试点项目的研究，将近年来若干证据开示机制的理论设想通过司法实践进行了检验与完善。

无须回避的是，在如何保护辩方的证据知悉权问题上，我们选择的是证据开示机制。在我们看来，证据开示机制与阅卷机制的实质区别有二：其一，证据开示机制是控辩双方知悉证据，同时限制法官庭前知悉证据，而大陆法的阅卷机制是法官知悉证据，从而准备主持庭审，辩方附带性地知悉证据，准备辩护，可见，二者的主要宗旨不同。其二，证据开示机制体现了一种控辩双方之间的互惠交换证据，开示是双向的，而阅卷机制仅仅是控方单向地、无对价地向辩方开示证据。大陆法采用阅卷机制，一是法官要主导庭审，必须庭前阅卷，庭上同步看卷，否则，职权主义的庭审模式将无法运行；二是辩方在诉讼结构中影响力较低，享有单方知悉证据的“特权”，欧陆的诉讼法学者经常将这一“特权”视为大陆法优于英美法的一个长处。① 之所以在这里要明晰二种机制的差异所在，实际上是想强调选择哪种模式是与整个立法的方向紧密相连的。在笔者看来，中国刑事诉讼改革的方向坚持抗辩式的方向是可行的，抗辩式的诉讼模式所具有的对被追诉者人权的呵护、对被追诉者诉讼主体地位的正确认识、对诉讼民主价值的体悟、对世界诉讼格局与国际准则的影响令我们没有理由不坚持控辩式庭审改革的方向，没有理由走回头路。随着我国刑事诉讼改革进程的加快，辩方的取证能力将逐步加大，要求辩方向控方开示相应的证据是符合控辩平衡的要求的，由单向开示走向双向开示也是各国证据开示制度发展的一个规律；同时，限制法官先入为主、庭审走过场仍旧是我国下一步改革的重点所在，两方面的要求结合在一起，令我们选择了证据开示机制。

对抗制庭审方式与证据开示制度是一一对应的，当然，这种比较法上的结论在过去很长一段时间中并非完全正确。意大利在 2002 年之前、日本在 2004 年之前都是没有典型的证据开示制度的，尽管它们的审判模式也体现出了较为明显的

---

① 参见陈卫东、刘计划、程雷：《德国刑事司法制度的现在与未来——中国人民大学诉讼制度与司法改革研究中心赴欧洲考察报告之二》，载《人民检察》，2004 (1)。

对抗制色彩。如果我们的立法目的仅仅是选择实现证据开示机制与阅卷机制的第一个差异的话，也就是说，如果我们仅仅是限制法官先入为主，我们完全可以采用单向开示型的阅卷机制实现，即让辩方直接到检察机关阅览全卷，而该案卷不必移送到法院。这种混合式的证据知悉权保护模式的典型代表是意大利：2002年意大利修改刑事诉讼法之前，实行的是“双重卷宗”模式。根据当时意大利刑事诉讼法的规定，该制度的具体设计为在初步庭审结束后、案件移送审判之时，要准备两份卷宗：一份为法官卷宗，其主要内容为起诉书、附带民事诉讼告发书、不能重复进行的调查行为的笔录、附带证明程序（证据保全程序）中取得的笔录以及无须异地保存的物证。法官卷宗中的内容可以在庭审中直接宣读而作为证据使用，在庭审前法官也可以阅览该卷宗的内容。另外一份卷宗是检察官卷宗，其中放入审前程序中追诉机关获得的其他证据原则上，检察官卷宗中的内容法官不能阅览，以防止法官预断与书面审理，在庭审过程中也不得作为证据使用。辩护人可以在初步庭审程序进行中在法院阅卷，也可以在初步庭审结束后，当检察官卷宗退回检察院后，到检察官书记官室继续阅卷。这种模式虽然避免了控方证据突袭，但对于防止辩方的证据突袭、对审判的充分准备是不利的。因此，意大利在2002年再次修改了刑事诉讼法，引入了辩方卷宗的概念，成为目前的“三重卷宗”模式。辩方卷宗的设立实际上给了检察官阅览辩方证据的机会，同时实现了互惠机制，建立了我们所讲的证据开示机制。① 日本在2004年修改刑事诉讼法，也建立了证据开示机制。② 随着意大利、日本这样一些采混合式诉讼模式的国家陆续建立起证据开示机制，证据开示机制与对抗制庭审方式的一一对应关系便确立了。从这两个先行走上混合式发展道路的国家的立法经验中，我们可以借鉴其逐步建立证据开示机制的做法，一步到位地建立起证据开示机制，没有必要尝试着先走单向开示再走双向开示这样“曲折”的道路。

---

① 有关意大利的卷宗制度可参见陈卫东、刘计划、程雷：《变革中创新的意大利刑事司法制度——中国人民大学诉讼制度与司法改革研究中心赴欧洲考察报告之三》，载《人民检察》，2004（12）。

② ［日］松尾浩也：《日本刑事诉讼法修改的动向》，载陈光中主编：《21世纪域外刑事诉讼立法最新发展》，256页，北京，中国政法大学出版社，2004。

## 二、试点工作的研究方法与改革对象

中国人民大学寿光试点项目工作组在寿光工作的两个月时间里，通过随机访谈阅卷、旁听与记录庭审情况等方式对于寿光建立证据开示机制的原有情况、改革的方案以及试点模式的效果进行了跟踪研究。项目组的工作受到了寿光市人民法院、市人民检察院以及政法委领导的大力支持，同时、项目组的工作是绝对独立于当地各有关主体的，项目组所有的工作对象、范围、开展工作的时间均由项目组根据项目研究需要独立决定。

第一种研究方法通过随机访谈，了解在现有法律框架下，辩方证据知悉权的保护状况。项目组与一段时期内出席寿光市人民法院进行辩护的辩护律师在庭审间隙进行短暂的交谈以了解证据知悉情况。在开庭前送达起诉书，项目组工作人员与法院书记员一同前往看守所会见被告人，询问有关证据知悉方面的简单问题。此外，项目组专门与寿光市人民检察院进行了座谈，了解了审查起诉阶段证据知悉权的保护情况以及检察官对证据开示机制的意见。通过这些访谈，我们发现，律师在审查起诉阶段基本上不会去检察院阅览有关程序性诉讼材料，因为这些材料，被告人手中都有，而且对案件辩护意义不大，因此，审查起诉阶段并没有多少证据知悉权保护问题。我们发现的另一问题是：没有律师辩护的被告人，在开庭前唯一能够看到的材料就是起诉书，而目前起诉书的制作，仅仅是简略地提及证据，主要是证据的种类与名称，而对证据的具体内容很少提及。被告人阅览起诉书后，即使有异议，也主要是针对指控，尚没有良好的证据意识。更由于对证据内容一无所知，在庭审上只能是空口无凭地进行争辩，很难组织起有效的证据对抗。

第二种研究方法为阅卷。项目小组从寿光市人民法院 2004 年上半年已经审结的案件中随机选取了 35 份卷宗进行了阅览，包括侦查卷宗与审判卷宗。阅卷的具体步骤是：首先，查看审判卷宗中审判前检察院移送的证据目录、证人名单与主要证据复印件、照片，并与侦查卷对比。该步骤的目的在于分析辩方律师阅览的证据与控方在审前掌握的证据之间的差距有多大，特别是证据目录是否完整地体现了侦查卷宗的全部证据，在侦查卷宗中是否存在有利于辩方的证据并未移送到法院等问题。其次，查看该卷宗的庭审笔录，比对控方在庭审中出示证据的次数与内容，分析这些证据是否已经在庭前移送的主要证据的范围内、辩方是否出示了证据或者提出了证据异议。该步骤研究的是我们平时所讲“证据突袭”问题，因为，如果检察官在庭审中出示的证据并不包括在庭前移送的证据材料中，那么对于辩方来讲就是一种证据突袭。最后，查看判决书中对证据的认定情况，并与主要证据复印件、法庭笔录比对，统计有多少份定案证据超出了庭前移送主要证据的范围，有多少份定案证据没有包括在主要证据复印件、法庭笔录中，但却被作为定案根据。实际上在第三步骤里，我们主要研究的问题是另外一种意义上的证据突袭：在一些案件中，判决书中写入的定案证据，在主要证据复印件、庭审笔录中都没有得到反映，也就是说，庭前未移送，庭审未进行证据调查，直接通过阅览侦查卷宗在判决中加以认定。这是一种更加令人担忧的赤裸裸的证据突袭。

阅卷研究的结果表明试点工作开始前，证据知悉权的保障状况不佳。在我们作了数据处理的 20 个案件中，仅有 2 起案件的证据目录是完整的侦查卷宗的目录，所占比例为 10%，60%的案件证据目录是移送的主要证据的目录。也就是说，90%的案件中，辩方是很难通过浏览证据目录，获取对全案证据的完整印象的，而且证据目录中缺乏对证明对象的表述，即使证据目录的移送是全面的，对于准备辩护功用也不大。第二步的统计数据表明在 80%的案件中，检察官出示了移送材料之外的证据，也就是说存在着证据突袭问题，当然，这些证据在案件中的证明作用并非都具有决定性，而且大部分案件的物证或者照片均没有移送。第三步的统计数据表明 80%的案件中，法官据以定案的证据超出了庭前移送证据的范围，也就是说认可了证据突袭中出示的证据的效力。

第三种研究方法为旁听与记录庭审情况。进行这种研究的初衷主要是分析在证据知悉权保障不力的情况下，庭审中被告人权益的保障情况。在我们随机旁听的 9 个案件的审理中，仅有 2 起案件有律师辩护，庭审平均持续时间为 21 分钟；

6 起案件中被告人提出了证据方面的反对、辩驳意见，但均由于未能提出相应的证据支持，而没有获得法官的采纳，庭审均正常进行。这一统计数据表明，辩方证据知悉权的保护不周，已经威胁到了庭审的实质化。在被告人无法提前知悉证据、准备证据对抗的情况下，快速进行的庭审对于被告人辩护权的保障所可能带来的巨大威胁十分令人担忧。

## 三、寿光试点模式的具体内容

在初步掌握了寿光司法实践中有关证据知悉权保护问题的大致状况之后，我们与寿光市人民法院、寿光市人民检察院经过多次协商，本着最大限度保障辩方证据知悉权的初衷，共同制定了《寿光市人民法院、寿光市人民检察院刑事证据开示操作规程》，并在司法实践中进行了试行操作。寿光模式的具体内容在该规程中有着清晰的体现，以下为规程全文：

### 寿光市人民法院、寿光市人民检察院<br>刑事案件证据开示操作规程

为进一步深化刑事审判方式改革，促进刑事诉讼证据制度的建立和完善，保护辩方证据知悉权，提高审判效率，减少诉讼成本，保障司法公正，根据《中华人民共和国宪法》、《中华人民共和国刑事诉讼法》以及有关司法解释之规定，结合刑事审判工作实践，制定本规程。

**一、证据开示的含义**

本规程所指证据开示，是指在刑事诉讼中，控辩双方将各自证据向对方公开展示的诉讼活动，包括审查起诉阶段在人民检察院进行的开示以及起诉之后、庭审之前在法院进行的开示两类。

**二、证据开示的原则**

（一）公开、公正原则；

（二）准确及时惩治犯罪与依法保障被告人人权相统一的原则；

（三）保障被告人知悉权与防止法官预断相统一的原则；

（四）做好庭前准备工作与提高庭审质量相统一的原则；

（五）公诉机关、辩护律师和人民法院互相配合、分工负责的原则。

**三、证据开示的参与主体**

证据开示活动由下列人员参加：

（一）人民法院法官助理或书记员。案件承办法官不得参与证据开示程序。

（二）公诉人。

（三）犯罪嫌疑人、被告人或其辩护律师。

**四、证据开示的适用范围及场所**

人民法院组织证据开示的案件应当是除了适用简易程序审理的其他刑事公诉案件。但人民检察院认为不宜进行证据开示并商人民法院裁决同意的案件除外。

起诉之前的证据开示在人民检察院进行，案件起诉之后的证据开示在人民法院指定的场所进行。

**五、证据开示的内容**

公诉机关准备在庭审中使用的全部证据，包括有罪证据和无罪、罪轻证据，应当在证据开示程序中予以展示；公诉机关不准备在庭审中使用的对辩方有利的证据，在辩方提出开示申请的情况下，亦应进行开示。辩方应当开示有关的物证、书证、鉴定意见；辩方欲作不在犯罪现场、患有精神疾病、未达刑事责任年龄、正当防卫、紧急避险以及其他不负刑事责任辩护的，应当开示相关证据。

**六、证据开示的启动**

检察机关提起公诉之前，控辩双方自行协商进行证据开示。

检察机关提起公诉后，控辩双方可以向人民法院提出进行证据开示、继续开示以及开示异议等申请，是否启动法院阶段的证据开示程序以及有关争议事项的处理，由人民法院决定。

**七、证据开示的操作形式**

（一）辩护律师参与下的开示

起诉前，犯罪嫌疑人已经聘请辩护律师的，人民检察院在决定起诉之前可以与辩护律师自行协商开示证据，允许律师对相关证据阅览、摘抄、复制；辩护律师知悉相关证据后，应当及时会见被告人交换意见，并应在约定的时间内将己方应当开示的证据向公诉机关开示。控辩双方可以就有关已经开示的证据制作“证据开示报告单”，记录双方对有关证据的异议与合意情况。该报告单在提起公诉时，由人民检察院提交给法院。

起诉前证据开示中发生的争议，控辩双方有权在起诉之后、开庭审理之前，提请人民法院裁决。

案件进入审判阶段后，被告人聘请律师为其辩护时，辩护律师有权到人民检察院查阅有关证据，人民检察院应当为其提供相应的便利，人民法院应当为其准备辩护提供充足的庭前准备时间。

（二）无委托律师辩护下的开示

在被告人未委托律师辩护的情况下，人民检察院移送证据目录、主要证据复印件及有关照片时，应当制作详细的证据目录，其中对于主要证据，证据目录中要表明证明对象与证据的关键内容，证据目录应当是全部证据的目录，并非仅指主要证据目录。

人民法院在送达起诉书副本时，一并向被告人送达证据目录，听取被告人对证据目录的大致意见。

（三）控辩双方认为某些证据超出证据开示范围时，有权向人民法院申请不予开示有关证据，人民法院应当对该异议作出相应的决定。

（四）审判过程中，控辩双方取得的新证据，在准备使用之前，应当按照开示程序予以开示。

## 八、庭前会议

（一）庭前会议的启动

证据开示后，对于控辩双方争议较大，或者人民法院认为属于重大、疑难案件的，可决定在开庭审理之前召开庭前会议。被告人未委托律师辩护的案件，不适用庭前会议程序。

人民法院应当将庭前会议的召开时间、地点，提前通知控辩双方。

（二）庭前会议中确保被告人的意思表示自由

辩护律师在接到人民法院召开庭前会议的通知后，应当履行以下职责：

1. 会见被告人，向被告人讲明适用庭前会议程序审理案件对其产生的法律后果，以及被告人在庭前会议中的权利和义务。

2. 充分与被告人交换意见，准确理解和领会被告人的真实意思表示，真实、完整地表达被告人的真实意思表示。

3. 应当如实向被告人提供有关的法律知识，教育、帮助被告人正确对待人民检察院的指控，并可告知被告人依照法律和事实可能面临的定罪与刑罚情况。

（三）庭前会议的功能

庭前会议由法官助理主持，主要围绕解决以下问题进行：

1. 整理控辩双方经过证据开示而就相关证据形成的意见。控辩双方仅就对方开示的证据表示有无异议，但不得对证据进行质证、辩论。

2. 处理控辩双方在证据开示中发生的争议以及控辩双方要求进一步开示其他证据的意见。

一方要求对方开示其他证据的，主持庭前会议的法官助理经审查认为理由正当、充分的，可以作出要求责任方进一步开示证据的决定。

3. 主持证据开示的法官助理应真实、全面地做好庭前会议笔录，并制作“庭前会议报告单”。

庭前会议笔录应包括下列内容：

（1）控辩双方对开示的证据材料有无异议；

（2）申请重新鉴定或重新举证的意见及内容；

（3）是否决定进一步开示证据的有关情况；

（4）其他应当记载的内容。

“庭前会议报告单”应当对双方无争议和有争议的证据进行分类归纳。

庭前会议笔录和“庭前会议报告单”应分别交控辩双方核实签字。

合议庭应在开庭审理前认真审查庭前会议笔录和“庭前会议报告单”，做好开庭准备工作。

**九、证据开示及庭前会议的效力**

对于依照本规程应当开示而未开示的证据，控辩双方在庭审中均不得出示。控辩双方对于在开示程序结束后获得的新证据，应当在庭审使用之前先向对方开示。对于未委托律师辩护的被告人，控方在庭审中不得使用证据目录以外的证据进行指控。

对于控辩双方"证据开示清单"上列明的无异议的证据，人民法院简化对其进行的证据调查程序；对于有异议的证据，人民法院应当组织控辩双方积极举证、质证，开展法庭调查。

对于已召开庭前会议程序的案件，人民法院应当在开庭审理时就"庭前会议报告单"中载明的内容征询被告人和控辩双方的意见，如双方无异议，人民法院应当对相关的证据及事实当庭作出认定与否的决定；一方或双方提出新的异议的，应当向法庭予以举证，人民法院应当就有异议的部分进行法庭调查，并根据法庭调查的情况作出认定。

对于控辩双方自行协商达成的"证据开示报告单"的效力认定，参照本条第二款的规定。

**十、本规定自二○○四年九月十日起试行。**

## 四、寿光模式的理论评析

在建立寿光试点的具体模式的过程中，涉及一系列的理论问题需要给予明确的回答：在寿光试点的具体模式的运行过程中，也暴露出来不少的问题需要理论上的回应，在此就该规程中的若干特色与理论争议之处阐释如下：

1. 起诉前还是起诉后开示

目前有关建立证据开示机制的讨论中的一个焦点问题就是开示的时间问题，是在起诉以前的审查起诉阶段进行，还是在起诉之后、审判前进行。实际上，证据开示机制是一个连续进行的过程，包括在侦查阶段，对于关键性的侦查行为的进行及其产生的证据，辩方就应当有权知悉，特别是关于羁押决定的作出，控方在羁押听证中就应当出示一定的证据，辩方可以通过这些起诉前的程序附带性地知悉证据，也就是说，起诉前的开示具有附属性的特点，往往是附属于羁押听证、预审程序、审判模式的决定程序。这种起诉前的开示也不排除控辩双方自行协商所进行的非正式开示，这种起诉前的协商性的非正式开示往往是辩诉交易的催化剂。在起诉之后、审判之前，采对抗制国家都有着系统化的证据开示机制。此外，在审判进行中，如果出现新证据，还需要进行持续开示。因此，从证据开示的时间来看，其在庭审结束之前的各个阶段都有可能发生。

尽管我们承认证据开示是一种连续性的过程，但是我们同时认为证据的开示的主体阶段或者说正式的证据开示程序应当是在起诉之后、法庭审判准备程序进行之前，主要根据是证据开示的本质功能有二：一是防止庭审证据突袭，保障辩方证据知悉权，进而实现公平审判；二是司法管理的需要，也就是说为庭审的集中进行做准备。这两种本质功能都蕴涵着一个基本的前提就是审判的进行，如果连案件是否需要起诉、庭审是否需要进行都没有确定，进行正式的证据开示程序的必要性值得怀疑。例如，美国的证据开示程序主要集中在提审程序（arraignment，也译作传讯程序）之后，当被告人作无罪答辩之后，案件确定要进入审判程序时，有关庭审证据调查的证据开示程序才开始进行；日本新增加的证据开示程序，也是规定在起诉之后的庭审准备阶段进行。

在我国，起诉之前的开示对于正确作出起诉决定特别是不起诉决定具有重要作用，因此，许多实务部门的试点是在审查起诉阶段进行的。也有观点认为，证据开示主要是控辩双方的事情，法官介入过多容易混淆角色并且造成先入为主。这种观点具有一定的合理性，正确地指出了证据开示程序的主角应当是控辩双方，法官应当有限介入。但这种观点讲的是主体问题，而不是进行的阶段问题，即使控辩双方是证据开示的主角，也不能说明证据开示一定要在审查起诉阶段进行。实际上起诉之前需要进行证据开示的案件主要是那些诉与不诉把握不准的案件，需要通过证据的交换为正确作出决定提供支持。但我们认为目前的“听取辩方意见”制度足以解决这一问题，没有必要在审查起诉阶段进行正式的证据开示程序。在此阶段进行证据开示，控辩双方就证据开示的时间、范围发生争议如何处理，这一问题解决的难度显然要比起诉后的开示模式下更大。

基于以上考虑，规程中第 1 条与第 6 条规定，证据开示的正式程序在起诉之后、审判准备前进行；同时规定，在审查起诉阶段，控辩双方可以自行协商进行证据开示。其中，审查起诉阶段的证据开示，以双方协商一致为进行的前提，如果双方就证据开示的范围、时间等问题未能达成一致意见，对于这些争议，法院无权在审查起诉阶段进行有关争议解决的司法审查。这些争议的解决以及相关的证据开示只有等到案件起诉之后，法院拥有了对案件的诉讼管理权限之后方可进行。

2. 证据开示的主体问题，特别是无律师辩护的被告人如何进行开示程序

证据开示主体问题主要涉及两个争论焦点：一是主审法官能否参加证据开示程序；二是无律师辩护的被告人如何进行证据开示。关于主审法官能否参加证据开示程序，考虑到证据开示所具有的防止法官先入为主的功能，我们认为其不能参加证据开示程序，因此我们在规程中明确规定，参加证据开示的主体为法官助理或者是书记员，而案件承办法官不得参与证据开示程序。

证据开示的操作涉及控辩双方的协商与对抗，而且对于辩方准备辩护意义重大，具体操作过程中也具有较强的技术色彩，因此，实行证据开示机制的国家，一般都要求证据开示必须有律师参与，甚至主要的参与者就是辩护律师，尽管证据知悉权是被告人的权利。在我国，囿于我国刑事辩护率较低、法律援助的范围狭窄等国情因素，无律师辩护的被告人如何进行证据开示是在我国建立证据开示机制时所不得不认真对待的一个问题。无律师辩护的被告人也应当享有知悉证据的权利，如果对于没有律师辩护的被告人不进行证据开示，将违背法的平等保护原则。而将无律师辩护的被告人作为证据开示的主体的话，也面临着两个问题：一是被告人法律知识、证据意识的匮乏使得证据开示的作用很难发挥出来；二是开示全部证据细节，如何防范翻供、串供乃至毁灭、伪造证据等妨碍司法顺利进行的各种风险。考虑到上述两方面的因素，我们的解决对策是由检察机关根据侦查卷宗制作详细的证据目录，而且对主要证据必须在证据目录中表明证明对象与证据的关键内容，比如，证人某某的证言证明财产损失为 1 000 元。人民法院在

向被告人送达起诉书副本时可以同时向被告人送达该证据目录，通过证据目录中表明的证据来源、证明对象来间接地达到证据开示的目的。

3. 证据开示的作用

寿光证据开示试点的一个突出的特点在于发挥了证据开示对于整理案件审理焦点、证据争议方面的审判准备职能。根据规程，无论是审查起诉阶段的证据开示还是审判阶段的证据开示，都要制作证据开示清单，表明有异议的证据与无异议的证据，在庭审中相应地、详略得当地进行证据调查。如根据规程第 9 条的规定，对无异议的证据简化证据调查，对有异议的证据集中进行法庭调查。法院作为司法管理者，出于自身利益的考虑对证据开示的这一功能尤为看重。规程中第 8 条规定的庭前会议程序实际上主要是在控辩双方进行证据开示程序之后所进行的整理焦点与梳理证据的庭前准备程序，同时，这种程序也可以用于解决审前裁决证据开示动议。

4. 证据开示的形式值得进一步反思

寿光试点模式中的证据开示程序是在法官主持之下进行的，这种主持的职权色彩十分浓厚，比如，证据开示的地点由人民法院指定，是否启动法院阶段的证据开示程序由人民法院决定。在法院进行的证据开示形式，即使采用庭前会议的形式，也过于程序化，控辩双方同时到庭进行证据开示的听证，从效率的角度来看，显然不如由控辩双方自行协商开示时间与地点更为简便。证据开示程序应当极力避免过度程序化而导致效率低下，甚至形成“庭前庭”。英国近期刑事证据开示制度进行的改革将检察官两步开示简化为一次，主要目的就是提高证据开示的效率，避免浪费过多的诉讼资源。

证据开示的方式可以是阅卷，也可以是提供复印件、复制品。当然，这里的阅卷与我们前面提到的阅卷机制是不同层次上的概念，这里的阅卷仅仅是实现证据开示的具体途径，控辩双方可以相互阅览相关的证据。阅卷进行开示是最为自由，也是范围最大的开示，这在美国的证据开示制度中是最为彻底的一种开示机制，被称为 Open File。而提供复印件与复制品这种方式，给了控、辩双方根据证据开示的范围选择开示的证据这样一种机会，开示的过程可能会更多地充满一些博弈色彩。在寿光试点模式下，我们主张控方应当采用阅卷的方式向辩方开示证据，至于辩方开示的方式，没有作出统一的规定，可以自由选择。

5. 证据开示的范围

关于证据开示的范围，规程规定了一种不对等开示，但这种不对等比理论界通说的观点更接近于对等，一般认为，辩方仅需在作特殊无罪辩护时才需要开示有关证据，典型的情况如不在犯罪现场、正当防卫等等。规程中肯定了这种观点，但同时认为辩方开示的范围应当扩大，主要是从证据种类上来看，证人证言无须开示，这主要是为了防止实践中已经出现的检察官取证能力的天然强大对辩方证人正常作证可能带来的威胁；对于那些拟在庭审中使用的不易发生改变的物证、书证、鉴定意见，辩方也应当进行开示。之所以要求辩方开示较多的证据，主要是考虑到案件真相的查明，防止过度保护辩方利益而忽视控方利益。

# 第二十一章

# “两个证据规定”实施情况调研报告

## ——侧重于三项规定的研究

### 引 言

《关于办理死刑案件审查判断证据若干问题的规定》（以下简称《办理死刑案件证据规定》）与《关于办理刑事案件排除非法证据若干问题的规定》（以下简称《非法证据排除规定》，合称“两个证据规定”）自2010年7月1日起实施以来，其实施状况颇为引人瞩目。一方面，“两个证据规定”承载着社会各界对于完善刑事证据制度、推进公正审判的热切期待；另一方面，2012年《刑事诉讼法》修改过程中，对证据制度的完善也从“两个证据规定”的实施当中汲取了成熟、可行的规定并加以提炼后上升为法律。基于上述研究背景，我们于2011年下半年开展了“两个证据规定”实施状况跟踪研究项目，选取了4个中级人民法院作为观察对象，以旁观者的身份对于中级人民法院适用“两个证据规定”的情况进行了全程跟踪、深入观察与分析。

就研究对象而言，我们选取的四个中级人民法院分别处于东、中、西部，四个城市的人口、经济发达程度以及案件量方面均存在较大的差异①，这些差异的

① 4个法院依次编号为A、B、C、D法院。

存在增强了本研究的代表性，使研究的结论具有更强的普适性。就研究主题而言，囿于时间、人力物力的客观限制，我们仅选取了“两个证据规定”中的三项规定进行了重点跟踪研究，即非法证据排除规定①、《办理死刑案件证据规定》第34条的隐蔽性证据的使用问题②、第35条特殊侦查措施的证据使用问题。③选取非法证据排除规则作为研究重点的理由是显而易见的：治理刑讯逼供等非法取证行为是“两个证据规定”出台的重要着眼点，非法证据排除程序与规则的设立被普遍认为是“两个证据规定”的最大亮点，这项制度的实施状况很大程度上决定着“两个证据规定”的实效性，同时也直接关系到《刑事诉讼法》修改的未来走向。如果说关注非法证据的问题是因为它是一个长久以来难以治愈的老大难问题，那么《办理死刑案件证据规定》第34、35条分别涉及的隐蔽性证据与特殊侦查措施所获证据的使用则是新问题，之前的立法与司法解释很少涉及，考察其实施状况也有助于丰富理论界与实务界对这一问题的研究成果与知识储备，对于2012年《刑事诉讼法》所确立的秘密侦查及技术侦查措施的实施与规制也具有一定的指导意义。

## 一、非法证据排除规则与程序

### （一）非法证据排除规则的整体适用状况

#### 1. 基本现状

调研表明，非法证据排除规则的整体适用状况不容乐观。A市的法官们在调研中普遍反映，非法证据排除难这一状况在“两个证据规定”实施前后并没有明

---

① 包括《非法证据排除规定》和《办理死刑案件证据规定》中各证据种类中的排除性规定。

② 《办理死刑案件证据规定》第34条规定，“根据被告人的供述、指认提取到了隐蔽性很强的物证、书证，且与其他证明犯罪事实发生的证据互相印证，并排除串供、逼供、诱供等可能性的，可以认定有罪”。

③ 《办理死刑案件证据规定》第35条规定，“侦查机关依照有关规定采用特殊侦查措施所收集的物证、书证及其他证据材料，经法庭查证属实，可以作为定案的根据。法庭依法不公开特殊侦查措施的过程及方法”。

显改观，尽管提出非法证据排除申请的被告人有所增加[1]，但法官启动非法证据排除程序的案例以及真正最终排除非法证据的案例仍然非常罕见。法官们对非法取证行为仍然表示出较大程度的宽容，认为实践中刑讯逼供难以彻底根除，非法取证方面的现实状况是“大问题没有、小问题不断”，对各种取证瑕疵一概排除，实践中难以做到。非法证据排除的程序机制曾经被学术界寄予厚望，被视作遏制刑讯逼供现象的有效途径，用以解决法官不知如何处置非法取证的难题。[2] 然而，目前的现状却无情地揭示出：即便有了相对完整的程序机制，非法证据排除依然难以避免流于形式的窘境。调研的结果表明，非法证据排除程序当前起到的仅仅是“宣言书”式的作用，并没有实际发挥功效。B市的一位法官在接受访谈时直言不讳地表示，体制和考核指标的问题得不到解决，非法取证现象就不会得到真正的治理。同样的情况在C市也得到了证明，该市法官反映，“两个证据规定”出台之前实践中也是按照类似的规定办理案件的，只不过当时没有形成规范。言下之意，“两个证据规定”的出台对案件审理工作并没有形成实质性的影响。实践中非法证据排除主要涉及刑讯逼供的问题，对于这个问题，大多通过办案机关“办案说明”的方式解决而很少适用非法证据排除规则。法官们普遍反映，“两个证据规定”的初衷是好的，但由于规定相对粗糙、可操作性不强，其宣誓意义大于实质意义。

2. 法官的基本认识

对于“两个证据规定”的产生背景，大多数法官认为是赵作海案等冤假错案的出现，迫使有关部门不得不出台这样的规定加以应对。这样的错误认识[3]，导致了部分法官对这两项新规定重视不够，没有认真地研究学习，在实际操作中也

① 部分法官指出，被告人提出非法证据排除的申请之所以增加，是因为被告人在看守所中对法律文本的学习，部分地区的看守所提供了“两个证据规定”的文本，也有部分被告人通过与其他在押人员的交流这种更为有效的“普法”形式知悉了申请排除非法证据的权利。

② 参见杨宇冠、甘雨来：《探索构建中国特色非法证据排除规则的实践》，载《人民法院报》，2010-06-09，6版。

③ “两个证据规定”并不是“急就章”，并非针对近期的严重错案而为回应社会制定的，而是多年司法审判经验的总结，是为了进一步完善证据制度。参见最高人民法院刑事审判第三庭编著：《刑事证据规则的理解与适用》，2页，北京，法律出版社，2010。

有些懈怠。在一些地区，两级法院的法官对“两个证据规定”的看法也存在着显著的区别。以B市为例，一些来自基层人民法院的刑庭法官就表示，这两项新规定主要适用于中级人民法院受理的案件，与基层人民法院审理的案件关系不大，实践中的运作也很少。这种观点固然与两级人民法院不同的案件管辖范围有一定的关系，然而根据最高人民法院的基本精神，即便是《办理死刑案件证据规定》，各级人民法院在办理其他刑事案件时都需要参照①，就更不用说《非法证据排除规定》了。这种消极的认识，也在客观上助长了对非法证据排除规则的轻视。

总的来说，当遇到被告人关于刑讯逼供的控诉时，法官们的基本态度并未发生太大的变化。法官们对侦查办案机关多是持同情态度的，而认定刑讯逼供又会影响到办案单位及个人的重要利益，进而使自己身上背负的压力增大，因此，难免会更加谨慎。一旦因排除证据而不能顺利定案，就容易导致公、检、法等政法机关之间的失和，给法院今后的工作带来负面影响。此外，一些其他的体制性因素也阻碍着非法证据排除规则的正常运行。以B市为例，由于地处边陲，公安边防部队在部分毒品犯罪中承担了侦查职能，在机构、人事等方面与一般的侦查机关存在较大的差异。一旦边防部队在侦查中涉及刑讯逼供等非法行为（事实上这种行为不在少数），法官处理起来尤其会谨慎，连侦查人员出庭都需要法院领导甚至地方政府领导与边防部队方面协调，非法证据的认定就更加困难了。考核指标的存在也严重限制了法官排除非法取证的动力，法官一旦因此作出了无罪处理，反而会影响其自身的业绩考核，在经济收入、职称升迁等方面蒙受损失。在法官的心目中，被告人如果提出了证据合法性审查的申请，无异于使自己陷入麻烦之中，因而是心存抵触的，这也使非法证据排除规则的运作大打折扣。在B市中级人民法院的座谈中，一位来自基层的法官就向课题组抱怨因此而产生的压力，还以一起刚刚受理的案件为例进行了说明：

**【案例A】**

洪某原为某银行驻B市办事处主任，因涉嫌骗取公款106 000元被某区人民

① 参见最高人民法院刑事审判第三庭编著：《刑事证据规则的理解与适用》，4页，北京，法律出版社，2010。

检察院以贪污罪提起公诉，证据主要包括被告人的供述、证人证言、财务资料、会计鉴定等。B市某区人民法院依法受理本案件后，收到了被告人提供的书面申请，其中声称自己在侦查讯问时受到了办案人员的刑讯逼供，要求排除在办案单位所作的口供。在这份书面申请中，被告人详细描述了自己受到刑讯和诱供的过程。而检察机关向法院提供了一份情况说明，即2009年2月21日的讯问录像因技术故障未能完成，但讯问过程合法，犯罪嫌疑人身体健康。目前该案尚未开庭审理。

在该法官看来，这份书面申请会给自己的工作带来很大的难度：一方面，调查证据合法性的过程中，需要注意协调好与公诉机关的关系，不能因此引起检察机关的不满，甚至是日后提起抗诉；另一方面，对该申请的调查处理不可避免地会增加自己的工作量，提高办案难度。

3. 程序告知

根据最高人民法院的指示精神，人民法院可以选择在送达人民检察院起诉书副本时向被告人告知申请排除非法证据的权利，以确保其知情权。[①] 而在B市的调研中，两级法院的法官们都表示，目前关于非法证据排除的程序告知在司法实践中基本上处于空白状态。法官们都不敢主动告知被告人享有申请排除非法证据的权利，因为担心如果告知会导致普遍化的动议申请，进而增加法官们的工作量和办案压力；尤其是对于那些没有律师辩护的被告人，告知这项权利存在着被滥用的风险。因而从中可以看出，目前还是有相当比例的被告人并不知晓或理解非法证据排除的申请。

4. 程序动议时序及主体

被告人可以在庭前提出非法证据排除的动议，也可以当庭提出。而通过课题组的调查，发现非法证据排除程序的启动主要发生在庭审过程中，比例几乎达到了90%。[②] 在刑事案件的审理过程中，关于刑讯逼供问题，被告人也大多是当庭

① 参见最高人民法院刑事审判第三庭编著：《刑事证据规则的理解与适用》，312页，北京，法律出版社，2010。

② 这是一位B市法官告知我们的数字。

提出的。为了核实被告人当庭提出的非法取证情况，一些案件甚至出现了一开庭就需要休庭或者延期审理的情形，严重干扰了诉讼的顺利进行。法官们本就因为审限短、案件量大等问题而忧虑，非法证据排除程序的启动进一步加大了他们的工作压力。这也是法官们对该程序不满的一个重要原因，从而间接影响到了程序的适用效果。不少法官在处理这个问题的时候，不得已将本应当庭进行的证据合法性审查之前置程序，转化为庭后进行的非公开的调查核实。这就造成了非法证据排除程序在实践中缺乏一种稳定的模式，进而导向了随意化、形式化。事实上，大多数法官还是偏爱这种庭外调查的方式，因为在他们看来，无论是庭前还是庭后启动证据合法性审查程序，都不可避免地会增加自己的工作量。

此外，还有个别法官认为，审查证据合法性的主体与审判主体的同一性，也是造成规则不甚有效的一大主因。即便是排除了非法证据，法官的心证还是会受到这些证据的影响，排除不会产生实际效果，故而建议：将非法证据排除程序固定于案件开庭审理之前，增设证据开示环节，且安排其他法官主管排除证据，以杜绝对主审法官的心证污染。这样一来，既解决了证据无法排除的问题，也缓解了法官们的压力。但是这样的建议在座谈中并没有得到回应，大多数法官显然对此并不关心。

（二）非法证据排除的证明问题

1. 程序的启动

根据《非法证据排除规定》的要求，被告人是负有启动非法证据排除程序责任的，这本身并不是一项结果意义上的证明责任，而是要求其提供涉嫌非法取证的人员、时间、地点、方式、内容等相关线索或证据。① 然而，在实践中，这样

① 笔者认为，被告人在该程序的启动过程中并不负有证明责任，而只需承担提供线索的行为责任。所谓证明责任，是指当案件审理终结时，诉争事实如果依然真伪不明，不利的后果归于证明责任的承担者。为了不至于承担这样的不利后果，承担证明责任的主体就需要通过举证来证明自己主张之事实。而根据《非法证据排除规定》第6条，被告人应当提供的是涉嫌非法取证的线索或证据，线索本身不需要证据的证明，只要被告人可以适当还原出非法取证现场的一些基本事实，如刑讯的人员、时间、地点及相关细节，即可启动程序。即使参考其他国家的立法例，被告人在这一环节也不会承担较重的负担。在英美法系，被告人只需要提出一项动议或反对，就可以启动排除程序，甚至不需要提供任何线索。而在大陆法系国家，法官可以依职权启动排除程序，无须被告人主张。参见孙远：《刑事证据能力导论》，130页，北京，人民法院出版社，2007。

的初步启动责任对被告人来讲是异常艰辛的。之所以得出这样的结论，根据法官的意见，这主要出于三个方面的原因：首先，很多案件中，被告人很难提供非法取证的人员、时间、地点，只能讲述自己遭受非法取证的具体方式①；其次，在我国尚未确立讯问时律师在场权的情况下，辩护律师同样无从知晓讯问的时间、地点等具体问题；最后，部分法官甚至过分强调人员、时间、地点、方式、内容这几类线索，仿佛这些内容成了启动非法证据排除程序的必要条件，即使被告人已经列举其他细节信息，如果不知悉以上几点，也是无济于事。② 出于上述原因，非法证据排除的程序就难以真正启动了，也难怪有的法官毫不避讳地指出，“这样的规定跟没规定也差不多”。

此外，对该条款的理解，法官们也容易受以往思维定势的影响，人为地加重被告人的责任义务，将其演化为证明责任。这主要体现在对“线索”的理解上：

---

① 在B市，课题组了解到这样一起案例：在一起公安边防部队侦查办理的贩卖毒品案件中，被告人声称自己被抓获后，被人用黑口袋罩住其头部，带到某间地下室，侦查人员在讯问无果的情况下，借故离开，被告人随即遭受殴打，只得招供。在案件审判的过程中，尽管被告人提出排除动议，由于无法提供当时的时间、地点及殴打他的人员，导致口供不能被排除。据悉，这类案件在当地十分普遍，有些情况下，殴打犯罪嫌疑人的是不具有侦查人员身份的武警官兵，亦导致非法证据排除程序无法启动。

② 在B市某案中，被告人提交了一份书面材料，描述了自己遭受刑讯的过程，但是没有任何证据。下面是其申诉材料：“11月28日下午，我被公安机关抓获后被带到了他们的一间地下室里，警察扒掉了我的上衣和裤子，只剩下一条内裤。然后让我坐在了一个他们称为‘龙椅’的位子上，铐住我的手脚，坐在上面我就没法动了，直到29日凌晨1点，也没有人管我。这时候两个警察进了审讯室，其中一个叫‘剑哥’的警官让我交代，我就实话说我没有盗窃，结果被他打了几下耳光，耳朵嗡嗡地响。其他几个警察过来用手控制住我并且使劲掐我的锁骨。我疼得厉害，就喊救命。他们说：‘你叫破喉咙也没有用，这是地下室，现在又是深夜’。我说：‘你们就不怕我告状吗？’他们说：‘你到哪里去告？你进来就没那么容易出去了。最好识相点，我们有的是办法折磨你，这里监控根本没开，开了我们也可以技术处理……’这天夜里他们一直打我，‘剑哥’还用力踩我的脚趾，强行分开我的脚趾，导致我脚趾流血，还用拳打我的头。他们不给我水喝，不给我饭吃，还不让我睡觉，我冻得要命，可直到30日早上他们才给我穿上衣服。从29日凌晨到当天夜里十点，他们一直在问我，我十几次要求喝水、上厕所，他们都不同意，最后用矿泉水瓶让我接尿。此外，他们还用手机给我看其他嫌疑人被打的视频，告诉我打了这么多人都没见人告过。叫我早点承认，不然就叫法官判个十年八年的。我最后实在熬不住……在送看守所体检的时候，我本来要告诉看守所我的脚趾是被打伤的，但送我的警察踢了我一脚，警告我不要乱说，我就说是我自己不小心撞到了椅子上……”如此详细的描述其实已经完全符合《非法证据排除规定》中启动程序的线索条件，然而，在庭审中，法官却要求被告人提供具体的时间、地点与办案人姓名等信息，被告人无法提供，最终意见未能被采纳。

根据该规定的本意，只要被告人可以提供非法取证时的一些情节，就可令法官相信存在非法取证的可能，并不一定需要提供证据。例如，在某案中，被告人可以明确表述出自己遭受刑讯逼供的细节，只要符合常理，即便是记不清人员和时间，也应当启动程序，毕竟没有遭受过刑讯逼供的人是很难编造出栩栩如生的刑讯逼供场景的。然而，目前大多数法官要求被告人提供证据，而不满足于口头上的线索，这就使得被告人自行启动程序成为几乎不可能完成的任务。

2. 证明责任

就举证能力而言，被告人与控方之间的力量对比是悬殊的，因而《非法证据排除规定》将证明取证合法性的负担赋予了公诉机关。然而在实践中，法官们却总是不由自主地将证明责任重新施加在了被告人的身上，这种易位导致被告人反而要通过举证来解释案件事实中的疑点。在一些判决中，课题组发现，法官们甚至假设出理由来维护控方的基本主张，这本质上就是由证明责任分担的混乱造成的。

**【案例 B】**

被告人刘某因涉嫌受贿而被 B 市人民检察院提起公诉。刘某系某国有企业副总经理，公诉机关指控其利用职务便利，收受多位行贿人的钱款共 18 万元，为其承包工程提供便利。2011 年 3 月 16 日，某区人民法院审理了该案，判决刘某有期徒刑 10 年。刘某提起上诉。2011 年 4 月 17 日，B 市中级人民法院开庭审理了该案。开庭后，辩护人声称被告人的口供系办案机关轮番刑讯导致。而且，侦查办案机关还诱导被告人的妻子，并以其儿子、母亲要挟，迫使其作出不利于被告人的证言。此外，该案的首次讯问并没有进行录音录像，讯问笔录的时间也显示为夜间。受托行贿人所证明的犯罪金额与行贿人所供述的也存在出入；另外，受托行贿人的证言中声称当日在被告人家中见到了被告人的儿子和岳母，但辩护人提供了被告人岳母邻居和儿子班主任的证言，证明二人当时均不住在被告人家中。此外，关于行贿的时间、地点、原因，被告人的口供与其他证人证言也存在一些矛盾之处。根据以上证据，辩护人请求认定被告人的口供为非法证据，予以排除。对此，控方认为，首次讯问被告人时，还无法确定其为受贿人，因而不需要全程录音录像；且认为被告人翻供的效力低于之前的口供。合议庭并没有当庭启动证据的合法性审查程序，而是采取了庭后调查的方式。在后来的判决中，合议庭认为，本案的讯问笔录时间尽管在凌晨、下半夜，但并不为法律所禁止。犯罪嫌疑人在涉案嫌疑被确定前的传唤中，不需要录音录像；本案中的讯问阶段已经实现了全程录音录像，且没有其他证据可以证明刑讯逼供，因此，对被告人的辩解不予采纳。此外，尽管有证据证明被告人的岳母和儿子当时并不住在被告人家中，但考虑到目前的交通便利，不排除当时二人回家探亲的可能性。而行贿人与受托行贿人表述的受贿金额之所以不一致，是可能存在听觉错误。而其他时间、地点、原因等证据的指向是基本一致的。因此，合议庭没有排除被告人在侦查阶段的口供，依然维持了原判。

在本案中，被告人一方所提供的证据其实已经动摇了公诉方所搭建的证据锁链，使控方证据所证事实出现了诸多疑点。这时本应由控方承担举证责任，进一步证明自己的讯问活动合法，使事实真相清晰。然而在证明责任的归属变化后，被告人一方却被要求合理解释这些疑点。法官甚至假想出各种可能性质疑被告人一方的证据，使被告人一方的证明标准也提升为“确实、充分”。而法官当内心怀疑没有得到解释，真伪依旧不明时，即作出由被告人承担不利后果的结论。这完全颠倒了规则的原有之意，使公诉方可以轻而易举地化解被告人关于非法取证的发难。

3. 证明标准

尽管《非法证据排除规定》中要求公诉方对取证行为合法性承担证明责任，且必须达到“确实、充分”这一与定罪相同的最高的证明标准[①]，但司法实践中这一证明责任与证明标准很难得到不折不扣的贯彻落实。遇有非法证据排除的争议时，法官会要求公诉人提供“两个证据规定”中的各种证明方法，包括全部讯问笔录、看守所入所体检记录、讯问的录音录像资料、有关合法取证的情况说明、侦查人员出庭作证。在很多案件中，即使穷尽上述证明方法，是否存在非法

① 《非法证据排除规定》第 11 条规定，“对被告人审判前供述的合法性，公诉人不提供证据加以证明，或者已提供的证据不够确实、充分的，该供述不能作为定案的根据”。

取证问题仍然真伪不明，如果严格按照《非法证据排除规定》的证明责任与证明标准的要求，法官完全可以判定公诉人由于无法达到“确实、充分”的证明标准而应当承担举证不能的后果，即排除该证据。然而，实践中法官的思维过程显然不是这样，许多法官的思路为：首先看相应的非法证据排除申请是否关乎最终的定案，其次看证据是非法取得的事实是否确定无疑且全案事实是否都真伪存疑，换句话说，在这一证明过程中，法官考虑排除非法证据时，需要控辩双方经过举证能够证明证据取得是非法的，且该证据会影响到案件的最终走向。事实上，证明的责任在实践中发生了转化，法官要求证明的是证据非法性的“确实、充分”，而不是合法取得的“确实、充分”。这一转化实质上放宽了证明的标准，导致很多证据无法被排除。通过以下这一实例，我们可以更为清晰地看出法官们对证据排除过程的处理进路。

**【案例C】**

被告人甲涉嫌雇凶杀人，被起诉至A市中级人民法院。庭审中被告人及其辩护律师提出口供系刑讯逼供取得，要求排除口供。公诉人表示证据是合法取得的。双方都提供了一些证据。辩方对于该申请提供了两份证据：一是侦查讯问录音录像中的截图，截图上显示被告人脸上有阴影且肤色与其他部位不一致，被告人辩称系侦查人员殴打所致的伤痕；二是辩方找到被告人在看守所羁押时同监室的在押人员（出庭作证时已被释放）出庭作证，证明被告人在提审后遭受了刑讯逼供。控方出示了入所体检证明及情况说明、讯问过程同步录音录像、被告人的口供，也请侦查人员出庭证明无刑讯逼供行为。在非法证据听证过程中，控方认为截图中的阴影无法直接证明存在刑讯逼供，而同监室在押人员的证言与看守所体检记录及警察出庭作证的证言相冲突。

本案被告人涉嫌雇佣、指使他人杀人，被雇佣人又找了其他人实施杀人行为，并告知受谁指使，行为人口供稳定、一致，同时有大量证人证明被告人与被害人矛盾很深，有雇凶杀人的作案动机，而证明其雇凶的主要证据就是被告人与被雇佣者之间的口供。法官考虑到被雇佣人与被害人之间无矛盾，对于录像资料的截图相关单位表示只是作了清晰化处理，因而一旦排除被告人的口供，将直接导致案件无法定案。同时鉴于录像截图无法进行后期的鉴定以确认阴影系伤痕，法官没有采纳辩方的排除申请。

4. 非法证据排除中的证明方法

即便公诉方的证明责任没有发生转移，公诉机关要完成证明活动也算不上什么难事，这是目前《非法证据排除规定》要求的证明方法所决定的。在规定中，公诉机关被要求提供的证据包括：讯问笔录、讯问时录音录像资料、看守所入所体检记录、有关合法取证的情况说明、侦查人员出庭作证。其中，讯问笔录中出现非法取证线索的可能性本就微乎其微，因其完全可以在“拿下口供”之后再完成，这也是现实中的普遍手法；其他4种证明方法则各有各的问题。

（1）看守所入所体检证明

尽管目前的看守所并不会袒护办案机关，具有一定的中立性，但入所时被告人尚未完全脱离办案机关的控制，也使得入所体检难以发挥真正的效用。一方面，受到刑讯逼供、冻、饿、熬等非人道待遇不一定会通过体检得到证实；另一方面，被告人依然会在侦讯机关的控制之下。下面的案例便是一个有力证明。

**【案例D】**

被告人赵某、邢某因涉嫌共同实施了3起盗窃案，被某区人民检察院提起公诉。公诉机关指控两被告人在2010年10月间，3次利用砸车窗等方式共盗取多辆车内的手机、钱包等财物。在实施犯罪行为的过程中，赵某具体实行盗窃行为，而邢某负责放风。公诉机关提供了被告人供述、被害人陈述、公安机关的到案经过说明、扣押物品清单、辨认笔录等证据。一审判处赵某有期徒刑2年2个月，判处邢某有期徒刑1年7个月。邢某不服一审判决，提起上诉。B市中级人民法院受理了该上诉案件。在由辩护人提交的上诉书中，上诉理由便包括了：邢某真实供述与在公安机关所作供述存在较大出入，该证词系办案人员用刑讯手段强迫其签署，且邢某并未参与盗窃行为；此外，邢某还因此被打伤了左脚的两根脚趾，看守所的入所体检记录可以证明；而一审法院只认定了邢某在侦查阶段的供述，并未采纳其在法庭上的陈述。2011年7月28日二审开庭，邢某当庭提出自己遭受刑讯逼供，否认自己放风，但不能提供具体的时间、地点及办案人姓名。法庭随即单独讯问了赵某，赵某也否认邢某参与盗窃。随后法庭启动了证据合法性的审查程序，在该程序中邢某拿不出任何证据，而公诉机关提供了邢某的入所体检报告和笔录，其中显示其脚伤是邢某自己碰到椅子造成的。邢某辩称当时受到办案民警的胁迫，辩护人则认为该案中只有邢某的供述作为直接证据，且供述前后不一，并且之前的供述都是在刑警队作的，并没有看守所中的供述笔录，因而不应采纳。但合议庭最终以邢某无法证明存在刑讯逼供为由，认定了侦查阶段供述的合法性，并最终驳回了上诉。

通过这个案例，我们还可以发现，在证明力的比较中，法官们也总是在比较被告人前后不同之供述时倾向于侦查阶段的有罪供述。① 然而，在对证据仔细甄别后，我们会发现，当庭作出的陈述更加符合直接言词原则，而侦查阶段的供述由于被告人在办案人员的控制之下，其真实性可能会大打折扣。但是，法官们却往往不加分析地盲目认定前者的证明力低于后者，进而导致被告人申请排除后者的努力都以失败而告终。

(2) 有关合法取证的情况说明与录音、录像资料的使用

调研过程中，C市法官对于讯问时录音、录像资料在非法证据排除程序中的使用表现出极大的兴趣。法官们一方面普遍地表示支持录音录像资料的使用，认为其较之于过去办案机关的“说明材料”更加具有说服力，但另一方面也对录音、录像资料的制作、保存以及审查等问题表示了一定的担忧。实践中，也有被告人提出了遭受刑讯逼供的时间、地点以及侦查人员的姓名并要求调取录音、录像资料，但大多不了了之，普遍采用的以办案机关“办案说明”对此进行说明的方式无异于自欺欺人。法官们认为遇到这种情况应当出示录音、录像材料，但现实情况却是基层人民法院审理的案件一般都没有录音、录像材料，只有涉及死刑的案件或者其他大案要案才会进行录音、录像。录音、录像资料使用的过程中困扰法官的另一大问题是，法官应被告人或其辩护人的请求要求公诉人出示录音、录像材料时，公诉人很多情况下会以“录音、录像资料没有保存这么长时间”为

① 案件B中，高级人民法院领导在听取了B市中级人民法院办案人员的汇报后，作出指示，也认为侦查阶段的供述在证据效力上高于当庭供述。

由拒绝出示。对此，法官们提出立法建议，认为录音、录像资料的保存时间起码要在判决生效之后。除此以外，对于研究人员提出的录音、录像材料制作过程中“打时不录、录时不打”的问题以及复杂案件中形成的大量录音、录像资料如何审查的问题，法官们也表示认同以及担忧。

（3）非法证据排除程序中讯问人员出庭作证问题

非法证据排除程序中讯问人员出庭作证是我国学者普遍认同的一项主张，针对实践中大量存在的翻供以及讯问笔录等无法得到有效质证等问题，此次“两个证据规定”明确了讯问人员出庭作证的义务，应当说是刑事法治的一大进步。然而，该规则在适用过程中出现了较多问题。对于非法证据排除程序中讯问人员出庭规则的适用，基层人民法院和中级人民法院遇到的问题侧重点是有区别的。基层人民法院在适用该规则时遇到的主要问题是讯问人员不配合出庭[①]，对此，法院显得办法不多。与此不同，中级人民法院在该规则适用过程中，讯问人员配合出庭进行得比较顺利。[②] 但问题在于，讯问人员即便出庭也不能证明是否存在刑讯逼供，其与“办案说明”的方式效果并无太大区别。究其原因，很重要的一点就在于现行规定过于粗疏，比如，对于讯问人员出庭规则的适用情形以及应当出庭而不出庭的应对措施等均没有相应规定，这就为讯问人员不出庭埋下了“隐患”。

### （三）排除与否的考量重点

1. 考量重点

在调研过程中，法官们对非法证据排除程序操作过程的介绍给研究人员留下最为深刻印象的一点在于，法官们考量是否排除相关证据时，考量的重点是案件的实体结果，无论是启动非法证据排除听证程序，还是最终决定是否排除证据，法官们始终需要回答启动调查与是否排除对案件的实体处理结果影响如何的问

① C市G区人民法院的法官反映，“两个证据规定”实施以来，他们先后发了五六次讯问人员出庭通知书，但仅有1次讯问人员配合出庭。

② C市中级人民法院刑二庭法官介绍，其2011年主办的案件中，至少有两件要求侦查人员出庭，都得到了公安机关的配合。

题。很多法官认为，如果不是关键性证据，就没有必要耗时耗力进行非法证据的排除，因为即使排除了相应证据也不会影响案件的处理结果；同时，一旦某个证据为定案所必需，在考量是否排除时，法官必须充分考虑到不能定案的结果以及能否作出妥善的处理，在这方面，法官们特别强调全案证据的综合运用与相互印证这一方法。在考量某一证据的合法性时，法官显然不是仅就该证据本身的取证过程的合法性进行调查、查明，而是会综合考量全案中的其他证据对于证据是否排除作出决定。即使是明显非法取证获得的证据，如果全案其他证据能够印证其真实性，法官也不会单纯因为取证的非法性而排除该证据。这一考量过程充分说明了长期以来在我国司法实践中形成的“重实体、轻程序”的传统观念是如此根深蒂固，以致严重挤压了非法证据排除规则的适用空间。以下这则实践中的案例能够比较清晰地支撑笔者的上述判断：

**【案例 E】**

被告人陈某因涉嫌受贿罪被起诉至 A 市中级人民法院，庭审中被告人提出审前的案件供述是刑讯逼供得来的，并称检察院诱供：“他们刑讯逼供，他们说我贪污贿赂上千万元。”“刑讯逼供不一定把我打残，但是一种体罚凌辱”，“在宾馆关押我 18 天”，“在宾馆里五天五夜不让我睡觉，交代材料写完后也不让我睡”。辩护人认为，根据 2010 年 5 月 30 日“两院三部”联合发布的《非法证据排除规定》，采用刑讯逼供等非法手段取得的言词证据，不能作为定案根据，属于非法言词证据，应当依法予以排除，且控方应对审前供述的合法性负举证责任并有出庭作证的义务。辩方仅仅提出了上述主张，但没有提供任何证明材料。

控方举证提供了被告人陈某入所体检表，显示未见异常；并提交了讯问陈某的同步录音录像光盘 2 张，以证明没有刑讯逼供。

最终合议庭没有采纳辩方的申请，在判决书中合议庭给出了如下理由：“被告人所作的多次供述及自书的多份交代材料，内容稳定、一致、详细，并经被告人签字确认。审查检察院提交的同步录音录像，并无刑讯逼供的情况。看守所的入所体检记录，证明被告之前无异常反应，且辩方未能提供刑讯逼供的证据。”

2. 排除的适用条件

尽管非法证据排除规则在实践中困难重重，但也并非不存在适用的空间。课题组在调研中发现了少数几起排除案例，而这几起案例的排除过程都有一些相似之处。

**【案例 F】**

2010 年 7 月，侯某、王某、吴某、李某、谢某、杜某 6 名被告人因涉嫌多次共同贩卖海洛因、冰毒等毒品共计 865 克，被 B 市人民检察院提起公诉，主要的证据包括各被告人的供述、证人证言、现场勘验检查笔录、法医学鉴定意见等。B 市中级人民法院依法受理了本案，然而在开庭时被告人侯某、王某均当庭翻供，声称口供材料是受到刑讯逼供而被迫作出的。其中侯某的辩护人提出，侦查机关是在抓获侯某 7 小时之后才开始审讯侯某的，其中前 3 次的讯问地点均不在看守所等羁押场所，而是在 B 市公安边防支队的会议室，且 12 小时之内连续 3 次审讯侯某，并且使用了刑讯逼供手段。而王某的辩护人也声明王某在进入看守所前遭受殴打，导致全身软组织挫伤。合议庭随即宣布休庭，进行证据的合法性审查，并且要求公诉机关提供证据证明讯问的合法性。

在本案的第二次开庭中，公诉机关提供了侯某、王某的入所体检记录以及侦查机关的情况说明。合议庭在调查之后发现，侯某的辩护意见属实，侦查机关的讯问笔录中也显示，对侯某的讯问分别发生在 10 月 16 日凌晨 1 时 30 分～5 时 37 分、9 时 30 分～10 时、13 时 11 分～14 时 50 分，即 12 小时中连续讯问 3 次。而王某的入所体检记录上则备注：全身软组织挫伤。合议庭认为，侦查机关并未提供审讯录像，根据当前所掌握的事实，仍不能完全排除刑讯逼供的可能，故在口供的采信上，应采信被告人在看守所收押后的供述与在侦查机关的供述能相印证且有其他证据证实的部分。因而，本案排除了部分侦查讯问口供。对于那些只有被告人侦查阶段的供述，无其他被告人供述的佐证，庭审阶段又予以否认，且无其他直接证据证实的指控事实不予认定。法院根据其他未被排除的证据认定，最终判处侯某死刑立即执行，而判处王某有期徒刑 13 年。

本案最终成功地实现了非法证据的排除，从中可以归纳出一些排除的基本条件：第一，排除的证据不影响最终的定罪。B 市中级人民法院的法官告诉课题组，在存在数罪的情况下，如果排除个别供述不影响最终的定罪，法院可以在和公诉机关协调后，予以排除。这种情况多发生在毒品犯罪、职务犯罪中。第二，模糊认定刑讯逼供。一旦认定了侦查办案人员存在刑讯逼供行为，不仅会使证据无效，还会导致办案人员被追责。这样一来，主审法官的压力就会增大，排除也就困难重重。反之，如果只排除非法证据，而排除用模糊处理的方式，就可以在不得罪办案人员的前提下，实现证据的"净化处理"。因此，法官们通常寻找其他理由间接排除掉非法证据。[1] 第三，非法取证的可能性极大，证据锁链存在多处疑点。本案中讯问笔录的时间其实是法官下定决心予以排除的关键性因素。

3. 排除本身的重要性

在调研的过程中，课题组发现，法官们其实并不在乎非法证据排除程序对于预防错案的功能。大多数情况下，法官们是在阅卷的过程中自行发现案件可能存在非法取证行为的。因为法官们在意的并不是证据是否需要排除，而是证据是否确实、充分，证据之间是否能够相互印证。如果在阅卷中，法官发现了疑点，例如，讯问笔录上的时间显示为连续讯问，可能存在逼供，而由此获得的供述又存在疑点，进而影响到定案，即便被告人自己没有提出异议，法官也会自行展开调查，以确定证据的可靠性。这其实在某种程度上已然替代了非法证据排除程序的部分功能，但是出发点是截然不同的：法官更看重的是，最大限度地防止冤假错案的发生，以避免自己的个人前途因此受到波及。相比之下，非法证据排除规则之保障人权的价值功能就显得无足轻重了。

（四）证据排除的范围

1. 言词证据

就证据排除的范围，法官们在调研中反馈出两方面的意见：一是，"两个证据规定"对排除范围的设定强调了刑讯逼供及与其严重程度相当的严重非法取证行为，这是符合实践现状的。实践中零星、轻微的非法取证行为仍然比较普遍，如不考量非法取证的严重程度而一律排除，法官们很难做到。二是，目前解决刑

① 在本案中法官既没有认定刑讯逼供，也没有否认刑讯逼供的可能性。

讯逼供都成问题，更谈不上排除“威胁、欺骗、引诱”等其他非法取证的证据排除问题。换句话说，上述刑讯逼供之外的其他非法取证行为在审判中具有较强的许容性。

2. 实物证据

在B市的调研中，部分法官就提到了侦查机关在提取书证、物证中所经常存在的一些问题：该提取的物证未提取，对现场提取的痕迹、物证该鉴定的未鉴定等，一些实物证据则存在瑕疵，如见证人签名等。对此，法院会退回给公诉机关补充侦查，但补充侦查后的效果也不甚理想。大多数情况下，法官会容忍物证、书证的非法取证行为，不予排除。但是，这也不是绝对的，一些导致事实明显不清的书证、物证，法官也会加以排除。

**【案例G】**

2011年4月，被告人李某、王某涉嫌价值总计35 362元的盗窃案件，被公诉机关起诉至某区人民法院。公诉机关指控此二人在2010年9月至10月间，利用撬开轿车后尾箱、破解遥控车锁信号等手段，共6次盗取不同私人轿车内的手机、钱包等财物，价值共计35 362元人民币。为了证明指控事实，公诉机关提供了被告人的口供、被害人的报案记录及证人证言、公安机关出具的抓获经过、扣押物品清单、犯罪地点辨认笔录、价格鉴定意见等材料作为证据。然而，在开庭时，两名被告人却当庭翻供，矢口否认第一起涉案金额为4万余元的盗窃事实，声称受到了刑讯逼供，且自己并没有去亲自指认犯罪现场，而是被强迫在辨认笔录上签了名字。审判人员并没有启动非法证据排除的前置程序，而是采取庭后调查的方式去核实。合议庭要求公诉机关向侦查办案机关调查是否存在刑讯逼供等非法取证现象，办案机关否认刑讯逼供，但承认在辨认程序上存在瑕疵：当时办案人员由于临时有事，由非办案人员主持辨认。此外，审判人员经过核实发现，辨认笔录中记载的发案地点与被害人的报案地点相差1公里左右。因此，在最终的判决中，合议庭排除了此项证据，以“被告人指认的第一起盗窃地点与被害人陈述的被盗地点存在重大差异，不相吻合，第一起犯罪事实的指控证据不足”为由，未给予认定。最终两名被告人都被判处了5年6个月的有期徒刑，而如果第一起犯罪事实得到了认定，判处的刑期将会达到10年有期徒刑。

（五）二审程序中的非法证据排除问题

调研过程中，法官们普遍对《非法证据排除规定》第12条[①]，即有关二审程序中非法证据排除规则的适用问题存有异议。个别被告人在一审程序中对非法取证只字不提，且认罪态度良好，但是案件上诉到二审法院后，却突然提出了非法证据排除的申请。对被告人来讲，此时由于上诉不加刑原则，不必担心来自控方的报复。然而，对二审法院来说，这却是一个令人头痛的难题：一方面，二审的审限本来就短，如果还需要处理非法证据排除的问题，时间就更不够用了；而另一方面，大多数二审案件是不开庭审理的，一旦启动了非法证据排除程序，根据"两个证据规定"的要求，就意味着必须要先开庭，这意味着大量人力、物力的增加；再者，已经经历了一审较为周密的事实审，二审在判断非法取证的问题上显然已经错过了最佳的时机，效果堪忧。

即便是那些一审已经提出非法证据排除申请的案件，到了二审该如何处置，也令法官们十分疑惑。是应当直接认可一审的认定，还是重新调查，也引起了法官们关注，毕竟这关系到法官工作量的增减问题。有些法官还指出，部分案件的取证合法性问题可能会关系到最终的定罪与否，一审中被告人如果对非法证据排除程序的结果不满，应当允许被告人就此单独上诉，待取证合法性问题解决后继续审理实体问题，这样可以确保非法取证的争议不会进入到二审法院的正常审理中来。C市法官同样关注到了这个问题，并将其称为排除非法证据后的权利救济。其认为：在非法证据排除与否对定案有着较大影响的情况下，检察院是否可以以此为据提出抗诉或者被告人是否可以据此提出上诉？这应当是完善非法证据排除规则并增强其操作性所应当考虑的问题。对于因此给二审法院造成的压力，部分法官认为，对于责任如何承担的问题，不能简单地归结于法官或者侦查人员

① 该条规定："对于被告人及其辩护人提出的被告人审判前供述是非法取得的意见，第一审人民法院没有审查，并以被告人审判前供述作为定案根据的，第二审人民法院应当对被告人审判前供述取得的合法性进行审查。检察人员不提供证据加以证明或者已提供的证据不够确实、充分的，被告人该供述不能作为定案的根据。"

个人，关键还在于预防，比如通过同步录音、录像的方式预防。

（六）非法证据排除的局限性与非法取证的遏制途径

法官们在表达出排除非法证据所面临的巨大困难的同时，也强烈呼吁治理刑讯逼供等非法取证行为，应当加强事先预防机制的立法工作，对刑讯逼供等非法取证行为重在预防，而非通过事后排除非法证据的方式进行制裁。比如有法官建议，立法中可以规定看守所之外的讯问笔录无证据资格；讯问人员与记录人员应当分离，由中立的人员如看守所监管民警充当讯问笔录的制作者；立法中应当明确每次讯问的最长时间；讯问时律师在场；增加规定录音录像制作时中立第三方见证人制度。这些建议虽然部分内容值得进一步研究，但却足以提醒我们，对非法证据排除规则及程序的功能不宜过高估计，而是应当有合理预期；同时，事后制裁与事先预防应当并重，特别是对于隐蔽性天然较强的刑讯逼供等非法取证行为，事后证明的难度更要求应当注重预防机制的作用。

此外，不少法官都建议非法证据排除的重心应当前移，公安机关、检察机关应当在排除非法证据的过程中发挥更为主动、积极的作用，而不是像现在这样，由法院独自承担由此带来的压力。如果审查批捕、审查起诉等阶段对非法取证无动于衷，指望审判阶段全部解决是不大现实的。

## 二、隐蔽性证据的使用

《办理死刑案件证据规定》第34条规定，根据口供提取到隐蔽性证据，就可以定案。这一规定在司法实践中的少量杀人案件中有适用的空间。

**【案例H】**

A市法院审理的被害人失踪被杀一案中，警方根据被害人失踪前手机的活动轨迹锁定了两名犯罪嫌疑人并通过进一步定位将两名犯罪嫌疑人抓获。审讯中两名犯罪嫌疑人都供述出埋尸地点，警方在犯罪嫌疑人的指认下找到了被害人的尸体。根据上述规定第34条的规定，埋尸地点为“隐蔽性很强的物证”，法官据此定案。

部分法官认为，第34条虽然规定“可以定案”，但其前提条件是与全案其他证据能够“相互印证”，事实上对于存在隐蔽性证据的案件，证据运用过程并无太多特别之处，也并不意味着只要找到隐蔽性很强的物证就可以定案。对于隐蔽性证据的使用，C市法官特别强调了《办理死刑案件证据规定》第34条中“与其他证据相互印证”的重要性，其认为虽然隐蔽性证据具有较强的客观性，但是有些案件即便是提取到了隐蔽性证据也不敢贸然定案，特别是要防止“替人顶罪”现象的发生。[①] 因此，在隐蔽性证据的使用上一定要慎重，而且特别需要隐蔽性证据与其他证据之间的相互印证。

**【案例I】**

在C市发生的一起抢劫杀人案中，被告人把被害人骗到家里喝酒，待被害人被灌醉后将其杀害并肢解分尸。被告人到案以后，办案机关在现场勘查过程中发现一块被单，被告人供述称是从他家的被单上剪下来的，因为这块被单上沾了血，所以被告人将其剪下并扔掉了。后经与被告人家的被单进行比对，发现被单上被剪掉的这块跟其家里的被单边缘特别吻合，而且剪掉的这块被单跟家里的被单上的一块血迹也特别吻合，就跟骑缝章一样。而且床单上还有被告人的精液，这也证明了剪掉的这块被单是被告人家的。这样一来，通过相互印证，证明其杀人的证据就比较充分了。最后认定被告人犯抢劫罪，判处死刑。

**【案例J】**

同样是在C市发生的一起绑架案。两被告人合伙绑架并杀害被害人。因主犯给被害人家属打过勒索电话，因此办案机关通过特殊侦查手段首先将该主犯抓获。但该主犯拒不供认，并且声称是他人实施了绑架，而他自己只是接受委托来

① B市的调研中，法官们同样对于隐蔽性证据使用过程中存在的风险表示担忧。在B市中级人民法院所办理的一起刑事案件中，法官们就存在这样的疑惑：被告人李某投案承认自己打死了堂兄，并告知公安机关杀人所用刀具的地址。法院在审查卷宗时却发现，被告人在初次讯问时对犯罪现场的一些描述存在许多错误，而且被告人的儿子存在杀人的动机，因此怀疑被告人在替自己的儿子顶罪，然而凶器是一把木柄刀，无法提取指纹。只能要求公安机关补充侦查进行核对，再次提审后被告人的供述与现场才一致，但却依然令法官怀疑。最终法官采取了折中的做法，认定被告人有罪，但没有判处死刑。这样的案例点出了目前以隐蔽性证据定案的本质缺陷。

要钱的，而且认为他仅仅是非法拘禁，因为当时被害人还没死。后来办案机关围绕主犯的社会关系进行侦查并抓获其同伙，该同伙立即供述了他们一块绑架杀人的事实，并带领办案人员找到了尸体。这就是隐蔽性很强的证据，只要不是作案者本人，根本不可能知道。主犯后来得知尸体已经找到，也做了供述。而且通过他的供述又取得了一些其他证据，和隐蔽性证据进行了相互印证。这个案子最后经最高人民法院核准，被告人已经被执行枪决。

对隐蔽性证据是否应当予以排除的问题不能一概而论，而是应当视情况而定，只有在没有其他证据相互印证的情况下才能予以排除，在此之前，隐蔽性证据应当被视为有瑕疵的证据而进行补足，而不是直接排除。

## 三、特殊侦查措施获得的材料用作证据

《办理死刑案件证据规定》第 35 条首次肯定了特殊侦查措施所获材料的证据效力。在此规定出台前，各种秘密侦查手段获得的材料不得在诉讼中使用，例外情况下需要使用时，应当经过相应的转化过程。[①] 在许多案件中由于无法转化为证据，案件定案时面临很大困难。法官们在调研中对这一条款的出台表示赞同，认为这一条款有助于对特殊类型犯罪案件特别是毒品犯罪案件的打击处理，也有助于缓解过度依赖口供的问题。[②]

然而，从实践中运用的情况来看，特殊侦查措施用作证据的情形并没有显著增加，这一条款在很大程度上还仅仅停留在纸面上，主要原因是公安机关坚持不使用秘密侦查获取的材料，法院对侦查机关没有过多的制约权力。实践中，即便侦查机关承认其使用了特殊侦查措施，往往也以需要保密为由拒绝出示，通常的

---

① 实践中转化的方法及过程可参见程雷：《刑事辩护中对特殊侦查措施所获证据的审查与质证》，载顾永忠主编：《刑事辩护律师审查、运用证据指南》，143～144 页，北京，北京大学出版社，2010。

② 就采特殊侦查手段所获材料对口供的替代作用，有法官提出，之前的实践中特殊侦查措施所获材料无法用作证据，严重限制了部分案件的认定，以致实践中出现了坦白的被告人被判处了死刑，而对抗拒的被告人却无法适用死刑的尴尬局面，形成的局面就是“老实人都被杀了，真正狡猾的主犯、重大犯罪人却逃脱了法律的制裁”，这种局面所传递出的刑事政策影响恶劣。

做法是公安机关通过“办案说明”的方式向法官予以解释，以便法官形成较强的心证。但是，这个过程只对法官适用，据此作出的判决很难获得被告人的认同。采用特殊侦查措施所获的信息仍然主要是作为破案的线索。在零星的使用中，法官们也涉及一些具体的困惑，比如手机话单的查询、手机轨迹的查询等，在案卷中的相关材料仅仅为通信公司出具的没有盖公章的记录。[①] 法官们一般倾向于没有通信公司的盖章不能作为证据材料，即使有调取该记录的侦查人员或者其所属的侦查部门签字盖章，仍然不能用作证据。

在B市的调研中，法官们也反映对于采取技术侦查手段破获的案件，很难取得证据材料。许多类似案件中，公安机关不提供案件的抓获经过，造成法官对于被告人是否自首等问题难以把握。很多情况下，法官需要找公安机关的办案人员沟通，才能知道使用了特殊措施。在法官们看来，技术性侦查手段可以不公开，但是必须要向合议庭提供书面的情况说明，交代抓获经过。此外，那些通话清单由于缺少电信部门盖章，又无录音或书面内容记录，造成证明力低下，认定起来有困难。而电信部门和公安技侦部门也拒绝在语音置换问题上提供方便，使得依特殊侦查措施所取得的证据依然难以发挥证据效力。

B市为毒品犯罪高发地区，因此侦查机关在破获该类案件的过程中大量使用了线人、卧底。然而，法官们却表示，大部分使用“特情”的案件都不会将相关信息提交给法院，只有在被告人提出的情形下，法院才会知晓。此类证据的转化也存在着很大的困难：“特情”人员既不会出具证言，更不会出庭作证。只要金额不出现疏漏，即便存在一些疑点，法院也是认可的。然而，最大的问题却出在“诱惑侦查”上，该地区公安机关“诱惑侦查”的使用频率很高，尤其是存在大量小额毒品犯罪的“诱惑侦查”，很多都在0.001克左右，有些还涉及未成年人，争议比较大。在缺少具体“特情”证据的前提下，法官们评判“诱惑侦查”证据可采性的难度不言而喻，法官们普遍反映缺少法律依据处理类似案件。

① 通信公司提供话单却不愿盖章的主要原因是担心公开用作证据后影响到通信用户对公司的信任，进而影响到通信公司的利润。

C市法官们觉得应当明确特殊侦查措施的范围，那些已经常规化的做法不应再纳入特殊侦查措施的范围。实践中，有些地方对于涉及特殊侦查措施的部分往往不公开审理[①]，但是即便是这样，审理过程还是要向被告人公开，因此，法官们对不公开审理的具体操作方式存在着疑问。

---

① 比较典型的案例如河北保定王朝抢劫案，该案案情大致如下：2006年8月11日上午，保定市北市区华电生活小区发生一起入室抢劫案，经过3个月侦查，保定市警方锁定石家庄人王朝是此案疑犯。2007年12月，市北区人民法院一审认定王朝犯抢劫罪，判处有期徒刑13年，并处罚金2万元，剥夺政治权利3年。王朝不服，提起上诉。二审法院维持原判。王朝连续3次申诉，经河北省高级人民法院提审，发现本案14处疑点，其中甚至包括被告人没有作案时间这样的惊悚“瑕疵”。2010年11月22日，该案被河北省高级人民法院发回重审。2011年9月9日0：30，在经历了长达14个小时的审理后，保定市市北区人民法院当庭作出宣判，以入室抢劫罪判处王朝有期徒刑13年，剥夺政治权利3年，并处罚金2万元。本案再审采用公开审理的方式，但是其间进行了四十多分钟的不公开审理，除了保护通信秘密和个人隐私的考虑，还有非常重要的一点就是采用特殊侦查手段获取的证据涉及侦查秘密问题。本案审判长吴亦涛在解释不公开审理的理由时说道：“王朝的通话记录清单是认定王朝犯罪的重要证据，但通话记录清单涉及公民的通信自由、通信秘密和个人隐私，涉及公安机关的特殊侦查手段，为此公安机关对原始通话记录清单进行了证据转化，制作了情况说明，庭审前合议庭组织公诉人、被害人的诉讼代理人、辩护人查阅了原始通话记录清单……在法庭不公开审理阶段，公诉人出示了王朝等人的手机通话记录清单，法庭组织控辩各方进行了质证。”对于这四十多分钟的不公开审理，王朝的辩护律师提出异议，认为应当公开进行质证。对此，法院在判决书中作出解释如下：“关于王朝及其辩护人提出公安机关出具的号码为1393××××190手机通话清单的办案说明，不属于法定证据及该手机通话清单现实信息不完整，系变造，不具有证据效力，对通话清单的质证应当公开进行的辩护意见，经查，通话清单现实的信息与多名证人证言证实拨打王朝电话系其本人接听的情节相印证，该通话清单具有客观性、关联性，通话清单已经庭审质证，该辩护观点不能成立。通话清单涉及侦查秘密与个人隐私，不公开审理于法有据。”（《京华时报》，2011-09-13，15版；《王朝案判决要点》，见 http//www. chinalawedu. com/new/17800a185a2011/2011913caoxin 9257. shtml。）

# 第二十二章

# 司法精神病鉴定实施情况调研报告

## 引　言

中国人民大学诉讼制度与司法改革研究中心课题组于2011年1月至3月，就精神病鉴定及相关问题开展了相关调研活动。调研的主要研究目标是了解精神病鉴定的现状、存在的主要问题及成因。鉴于精神病鉴定系法学与医学的交叉学科，为克服先前的割裂状态，此次调研从对象选取、问题设计以及调研方法等方面均特别强调跨科学意识。调研的对象主要包括两大类人群：法律职业群体与医学背景的司法精神病鉴定机构及人员。

调研过程中使用的主要方法仍然是常规的调研方法，这主要是考虑到精神病鉴定对课题组而言是一个全新的问题。对新问题，应当选择更为传统但同时运用更为娴熟的那些研究手段。此次实证调查过程中使用的手段包括访谈、问卷、查阅卷宗。访谈包括个别访谈与集体座谈两种形式，访谈的对象为市、县两级的刑庭法官、检察官、警察、律师以及司法精神病鉴定的专家。问卷主要针对来自省、市、县三级法院的大约两百名法官，问卷发放与收集则委托问卷对象培训所在地的国家法官学院协助进行。查阅的卷宗包括了40份随机抽取的某地中级人民法院过去两年审结的刑事案件卷宗和20份某司法鉴定机构已经办结的鉴定卷宗。

从调查的地点来看，课题组根据前期联络情况，选取了北京与上海的4家司法精神病鉴定机构和山西省某市的公安、司法系统来实施调研。选取的鉴定机构基本上代表了目前国内精神病鉴定的最高水平，鉴定业务的规范化程度与技术水平在同行业中处于明显的领先地位。而山西省某市基本上属于中等发达地区，至少在课题组前往调研之前，精神病问题在当地的刑事司法实践中并不突出，精神病案例与对精神病问题的处理基本能够代表多数基层司法实务人员的看法与做法。

就此次实证调查的局限性而言，我们认为存在以下三个方面的不足：(1) 对侦查环节中的精神病问题没有充分地展开调查，事实上绝大多数的精神病鉴定是在侦查环节上启动的，侦查中对精神病问题的处置于该研究影响重大。研究的重点着实应当放在侦查环节上，尽管从表象上看，法院拒绝启动鉴定是多数人认为的目前司法精神病鉴定的主要问题。(2) 课题研究的时间跨度稍短，在为期3个月的时间中，调研地点的选择上无法兼顾东、中、西部，特别是对于卫生系统的精神病院及其鉴定机构没有展开专门的研究，这在一定程度上会影响到下文所得结论的科学性。(3) 课题组始终未能调取到精神病鉴定全国性的统计数据。由于缺少精确的司法统计数据，我们在行文过程中使用了不少推测的数据，虽然推理过程基本上符合司法实践的逻辑，但归根结底，数据的科学性还有待于进一步验证。

## 一、鉴定主体

### (一) 鉴定人的资质及选任

进行司法精神病鉴定，鉴定人无疑是整个鉴定程序的核心人物，否则，鉴定便成了无源之水、无本之木，无从谈起。因此，鉴定人的资质及选任问题在整个鉴定程序中举足轻重。

1. 鉴定人的准入

课题组访谈的两家鉴定机构分别是某公安机关下设的安康医院和司法部某研究所下属的鉴定中心。在精神病鉴定领域，它们的鉴定实力均处于全国的前列，在业内口碑都很好。值得说明的是，两所鉴定机构分别位于北京与上海，鉴定案件量非常大，远远超过了其他普通鉴定机构的办案数量；另外，无论是安康医院还是该研究所下属的鉴定中心，均为财政拨款单位，属于行政机关或者事业单位。

据安康医院某鉴定专家介绍，该医院精神鉴定中心设有 4 个鉴定室，共有 8 名专职鉴定人、1 名兼职鉴定人。其中，6 名高级职称，3 名中级职称；工作在 30 年以上的有 1 人，工作在 15 年以上的有 3 人，工作在 10 年以上的 5 人；硕士学历的有 3 人，本科学历的有 5 人，专科学历的有 1 人。该鉴定中心鉴定人员均有 10 年以上的鉴定经历，文化程度相对较高。较长年限的工作实践以及扎实的业务基础已使鉴定人具备了丰富的鉴定经验。据该医院某副院长介绍，该医院自开展鉴定业务以来已做了六千四百余例鉴定案件，被媒体报道的有重大社会影响的就有上千例，平均每年有三百多例精神病鉴定案例。如此业绩与该医院拥有的高素质鉴定队伍是分不开的。可以说，无论从精神病鉴定人数（在全国的精神病鉴定机构中，该鉴定中心鉴定人数最多）还是从鉴定人的文化程度上来说，该医院的鉴定力量在全国都是首屈一指的。

某研究所下属的鉴定中心司法精神病鉴定科某专家告诉课题组，该所精神病鉴定科每年约有鉴定实例 900 件，其中刑事案件鉴定数有两百多件，所占比例并不是很大。案件来源中，公安机关委托的案件占大多数，检察院、法院委托的也有。该精神病鉴定科现有 7 位专职鉴定人，其中有博士 1 名、硕士 2 名，除中心主任多数精力放在复核鉴定上外，其他鉴定人都在一线进行鉴定工作，这些鉴定人都有医学背景，多数毕业于临床医学、法医学专业。该鉴定机构鉴定人员的专业素质整体来说还不错，且从鉴定人员的数量上讲在全国做精神病鉴定的机构中也是靠前的，仅次于上文提及的安康医院（8 名鉴定人）。高素质的鉴定人员的构成在很大程度上为鉴定质量提供了可靠保证。

然而，课题组在某中级人民法院进行调研过程中，却有不少法官反映我国鉴定人的准入门槛太低，到目前为止，全国并没有建立统一的司法鉴定人执业资格考试制度。在鉴定人准入方面，国外有专门的行会组织来决定鉴定人资质，我国则是通过司法局审批的方式来认定鉴定机构和鉴定人的资质。根据全国人大常委会颁布的《关于司法鉴定管理问题的决定》（以下简称“二二八决定”）的相关内容，当前要成为一名司法鉴定人，只需具有与申请从事司法鉴定业务相关的高级专业技术职称、专业执业资格，或具有符合一定年限的工作经验即可（因故意犯罪或者职务过失犯罪受过刑事处罚的，受过开除公职处分的，以及被撤销鉴定人登记的人员，不得从事司法鉴定业务）。至于其专业鉴定水平到底如何、能否胜任相关鉴定业务，并没有一个客观的评定标准。可以说，在某种程度上，我国的鉴定是一种经验式的技术活，它事先并不硬性要求鉴定业务申请人专门地或者说有针对性地去熟悉某类鉴定所必需的专业技能，而是只要平时从事的业务与某项鉴定技术有关并且在实践中掌握了鉴定所需的技能，就可以成为合法的鉴定人。因缺乏明确的评判标准，所以在客观上，我们很难说某个鉴定人的鉴定技术就一定比另一个鉴定人的高。这也是我国鉴定中“重复鉴定”、“多头鉴定”、“没完没了的鉴定”大量存在的一个重要症结所在。法官们认为应对鉴定人的鉴定水平、级别进行划分，另外，鉴定人的职业道德水准也必须有所保证。

在调研中，课题组了解到，在鉴定人的选任问题上，公安系统内设的鉴定机构与社会上鉴定机构的运行机制有别。

据前述安康医院一位鉴定人介绍，评定鉴定人的资质，该机构依据的主要是“二二八决定”和《司法鉴定人登记管理办法》这两个文件，它们在实际选任工作中对《精神疾病司法鉴定暂行规定》（以下简称“暂行规定”）似乎并不怎么参考。因该鉴定中心设立在公安机关下属的安康医院中，所以鉴定人的审核登记工作都由公安机关内部按照前述文件进行，鉴定人通过审核后，由公安机关到司法行政机关进行备案即可。该鉴定中心的鉴定人多是从临床系统转任而来，有着丰富的工作经验。据鉴定人介绍，由于目前我国缺乏统一的鉴定人资格考试制度，从事鉴定工作的人员只需通过法医临床专业考试即可，并没有专门针对法医精神病学的统一考试。至于以后是否会采用分门别类的鉴定人职业资格考试制度，各位鉴定人的回答非常肯定，认为这必将成为以后发展的趋势。

某研究所下设鉴定中心的一鉴定专家则告诉课题组，在他们鉴定中心，要想成为鉴定人，必须有相当时间的工作经验。刚从高校毕业的学生一般需到精神病院先工作一段时间，或在该鉴定中心实习一段时间，本科生毕业工作满 5 年、硕士生毕业工作满 3 年、博士毕业后工作半年取得中级专业职称后，才可有资格进行鉴定。在取得专业职称之前的这段时间里，准鉴定人多在该中心进行实习工作，虽然也参与鉴定，但主要做些辅助工作，如记录等。在其真正独立开始鉴定实务前，该中心有例行的岗前培训程序，培训期限一般为 3 年，但也不完全以年限为准来决定其鉴定资格，也要综合考察其参与鉴定的案件数量、测试的情况等，对于他们有无能力实施鉴定作一考察。职称评定是按照司法部的职称评审工作进行的，高级职称评定需由司法部政治部下设的职称评定小组负责，评审委员会则由该鉴定中心的专家会同高校、其他鉴定机构的专家共同组成，决定权仍掌握在该鉴定中心手里（对于中级职称的评定该中心已有资格独立进行）。该中心司法精神病鉴定科的 7 个鉴定人目前都已具备高级专业职称。评中级职称需要参考的因素有学历、工作年限、发表论文的数量和质量、实际参与的鉴定案件数①以及组织上的推荐、评价，等等。在鉴定人资质的法律适用问题上，由于“暂行规定”并未失效，且“二二八决定”并未对鉴定人资格认定作出更高、更具体的要求（都需要考察准鉴定人的专业基础、工作年限、鉴定的案件数等），所以该鉴定专家认为“暂行规定”和“二二八决定”应并行适用，共同对鉴定人资质作出规制。可以看出，在鉴定人的选任上，该鉴定中心的做法还是很规范的，尤其是其专门的岗前培训的制度设计，对于规范鉴定人的操作规程、提高鉴定业务水平很有必要。但是该中心的人才选任机制并没有成为实践中的普遍做法。

2. 鉴定人才培养机制

鉴定意见最终是为公安、司法机关提供专业帮助，且鉴定人负有出庭作证等

---

① 专家告诉课题组，在岗前培训期间，虽然被培训者没有资格在鉴定报告书上签名，但他们已经开始写报告了。所以这里实际参与的案件数指的是参与书写报告的案件，以此来证明其鉴定能力。

相关法律义务。因此，一名合格的鉴定人不仅应通晓鉴定业务知识，还需具备一定的法律知识。法律素养、技能的培训应成为鉴定人培养机制中一个不可或缺的组成部分。

(1) 鉴定人的业务培养

从课题组走访的几家调研单位获悉，当前我国鉴定人业务的培养途径主要有两种：一是从医学院毕业的学生，在医院精神科工作几年具有丰富的临床经验后，即有资格从事精神病鉴定业务；二是医学专业的学生毕业后直接到鉴定机构工作，跟着资深的鉴定人从事与鉴定有关的事务，逐渐熟悉鉴定流程，在做辅助鉴定工作达到一定年限后，即有资格申请执业。所以，实践中多数的鉴定人都有医学背景，扎实的专业功底是从事鉴定工作所必需的。在调研中获悉，有的鉴定机构还经常邀请外面的专家来本机构进行业务指导，对于社会上开展的鉴定业务培训讲座，也经常派鉴定人参加。另外，该鉴定机构每年都会就某个专题进行深入研究，共同讨论交流，以期在提高业务水平的同时，能有所突破和创新。在笔者看来，第二种途径形成的鉴定人，其实务经验比起有临床经验的鉴定人来说，业务能力可能稍逊些。精神病鉴定需要实践经验，在临床上工作过的鉴定人对精神病病理问题理解得会更通透，更有助于鉴定工作的展开，所以，笔者更推崇第一种培养方式。

(2) 鉴定人的法律素养

部分参加座谈的法官们对司法鉴定人的法律素养评价不高。这里所谈的“法律素养”，并不是指如公安、司法工作人员那样，具备从事法律行业所要求的法律素养，也并不苛求鉴定人达到那么高的法律水准，而是在与鉴定有关、对鉴定人有所规制的法律规范方面，鉴定人是否在此方面有较高的法律意识。鉴定与司法相连，就需要鉴定人知悉相关的法律。而我国的鉴定人制度在此方面做的工作似乎并不够，鉴定人也容易把自己定位为单纯进行鉴定的专门人士，对于其法律上的地位、作出的鉴定意见能否被采信以及将发挥怎样的作用，等等，并不是很关心。似乎鉴定人的工作就是仅限于孤立的鉴定环节中，从拿到鉴材始到给出鉴定意见为止，其他的就不属于鉴定人的工作范畴。鉴定人和公安、司法工作人员的连接度并不是很紧密，协同工作机制也不太完善。

然而既为司法鉴定人，就不可避免地要与公安、司法机关有联系，且一定的法律素养有助于鉴定人认清自己的法律角色、明确工作态度，利于鉴定工作的有效开展。如在鉴定中应坚持何种原则、“有病推定”还是“无病推定”问题上，法律素养发挥的作用就很突出。据某司法鉴定研究所的鉴定专家介绍，司法鉴定时，原则上应坚持“无病推定”，因为要追究犯罪嫌疑人、被告人的刑事责任，前提是假设其心智正常，所以在给这些人做精神病鉴定时也应假定被鉴定人是正常的，因为最后的目标指向是能否对被鉴定人施以惩罚。是为保证犯罪嫌疑人、被告人的行为确实符合刑法上入罪的构成要件（主要是构成要件的主观方面，即需具有一定的辨认能力和控制能力）才进行鉴定的，而并不是为了给其治病。应该说，鉴定时采“无病推定”是正确的思路。然而，鉴定专家继而谈到，该原则在当下的鉴定实务中还没有普遍贯彻下去：一是因为，“无病推定”原则有个发展的过程。19 世纪 40 年代英国的《麦克·纳顿条例》开创了“无病推定”的先河，此后这种思想才在世界上其他国家相继传播开来；二是因为我国的司法精神医学从 20 世纪 80 年代才发展起来，刚开始鉴定都是由精神科医生来进行的，基于一贯的职业秉性，作为医生的鉴定人多从临床角度进行鉴定，坚持“有病推定”原则。后来业界逐渐开始认识并认同“无病推定”原则。一人兼具两种身份，在不同的场合扮演不同的角色，如何实现这种转换的合理过渡？专家认为有一定的难度，当前应加强鉴定人法律意识的培养，提高其法律素养，使鉴定人明晰已任很有必要。

值得欣喜的是，在调研中，课题组发现有鉴定机构已着手开展鉴定人法律知识的培训工作，如受访的安康医院鉴定机构对这方面的工作就非常重视：所有的鉴定人都要学习《刑事诉讼法》、《治安管理处罚法》、《人民警察法》等基础法律，而且对于涉及鉴定的其他法律规范，如“二二八决定”、《司法鉴定程序通则》、《司法鉴定人登记管理办法》等，也要加以学习。研究所的鉴定专家讲，精神病鉴定科所有鉴定人员都需具备大专以上的法律知识，所里会请高校的法学专家到所里普及法律知识。鉴定人主要学习基本法律，如宪法、刑法、刑事诉讼法、民法、民事诉讼法等。精神病鉴定科与其他科室相比，涉及法律问题的情况相对较多，因此，提高精神病鉴定人的法律素养很有必要。然而，这种法律素养培训机制尚欠规范，仍有待完善。

3. 鉴定人责任追究机制

在与某地两级法院的法官座谈中，他们普遍认为我国目前对鉴定人的责任追究机制力度不够，不少鉴定人责任心不强，反正即使鉴定出现了问题也不用负什么责任。而且司法精神病鉴定又有很大的主观性，即使鉴定人水平不高，即使鉴定过程中有些疏漏，单从鉴定意见书上看很难判定鉴定就是错误的。这导致多数鉴定人在做鉴定时并不很用心，有的甚至没有责任心。据某法官反映，她曾经遇到过一起需要做伤情鉴定的案件，鉴定人竟然把有伤的“中指”写成了“食指”。对于这些显而易见的错误法官们尚可以及时发现，可是对于稍显专业性的表述便力有所不及了。鉴定人的粗疏做法不免让法官们忧心，法官是案件的最终裁断者，但有时候一份鉴定意见对于法官作出判断至关重要。鉴定人不负责任地胡乱鉴定，最后买单的却是法官们，所以，两级法院的法官都强烈建议对鉴定人设立直接的处罚机制，一旦鉴定错误，就要负应有的责任；并提议可参照医生的责任追究机制来明确司法鉴定人应负的责任。

按理说，鉴定人应备受尊重，因为在涉及有精神病的犯罪嫌疑人、被告人的刑事案件中，诉讼程序能否继续进行、应该如何处理，很大程度上要依靠鉴定人的鉴定意见。然而，鉴于鉴定人管理体制仍存在的以上不足，受访的两级法院的法官们提起司法鉴定人虽满腔怨气，气其鉴定草率、责任心不强，但言语中却又充满无奈，法官不是全才，不能对鉴定问题作出专业判断，必须诉诸法律认可的司法鉴定人。

然而，受访的安康医院某鉴定专家认为，在鉴定人违法责任追究方面，《司法鉴定人登记管理办法》中已有相应规定。公安机关每两年都要对鉴定人的执业资格进行审核，发现有违法行为的，依法吊销执照或给予其他处罚。当地司法局和公安局共同对该鉴定中心进行监督。所以他认为，在鉴定人违法责任追究方面还是有法可依的，只是缺乏专门负责这部分工作的机构而已。由此看来，在鉴定人违法责任追究问题上，缺的不是相应的法律规范，而是能否将有关制度真正落到实处。

因此，要消除法官与鉴定机构，更具体讲是与鉴定人的隔阂，使二者共同致力于刑事诉讼程序的顺畅运行，严格鉴定人的准入门槛、加强法律知识的培训、落实鉴定人的责任追究机制是接下来必须要做的工作。

4. 鉴定机构的选任

关于鉴定机构的资质，我国也是采取司法局审批的方式，准入门槛普遍较低。有鉴定专家谈到，在2005年“二二八决定”出台之前，对精神病进行的司法鉴定严格由省级人民政府指定的医院进行，但在鉴定工作交给司法局管理后，现在只要某机构在司法局登记有资质，就可进行司法精神病鉴定，精神病鉴定已不再完全由省级医院来进行。其原因之一在于：“二二八决定”后，不少符合该决定要求资质的鉴定机构陆续建立起来，数量大增。二是我国目前的鉴定资源相当有限，而市场需求量又很大，在精神病鉴定行业，供求明显失衡。这导致的结果就是在鉴定实务中，从事鉴定的多数是法医，而非精神科医生。

另有鉴定专家的看法是：该规定从一开始就未能得到严格执行，因为有不少高校也都在做精神病鉴定，高校并不是医院。据该专家讲，1996年《刑事诉讼法》第120条公布出来后，很多鉴定机构的鉴定人都感到很惊讶，不知道法律这样规定意义到底何在，因为实践当中，医院不是长期从事司法鉴定业务的。据有些公安、法院过来“送鉴”的工作人员讲，医生对司法工作中做鉴定的情况不是很了解，他们与医生也很难进行有效沟通。没有前期的培训和实践经历，医生确实很难胜任鉴定工作。实践中虽有不少医院也开设有法医鉴定中心，其多数人员并非临床医生，而是之前公、检、法机关中鉴定机构里的法医（有的是退休过来的，有的是因“二二八决定”后从公、检、法鉴定系统中转过来的）。这些机构大多是挂靠性质的，营利目的很强，存在和其他机构争抢鉴定案件的情况，而且，医院医生的兴趣点是临床，很多医生的鉴定质量不是太高，加上鉴定收益少，医生多数也不愿意涉足这一行业。

5. 鉴定机构的分级

2010年10月我国评出了10家“国家级”鉴定机构，接受访谈的两家机构的鉴定专家对此各有自己不同的看法。

据安康医院某鉴定人讲，“二二八决定”出台后，各地相继废除了原设在省级的精神疾病司法鉴定委员会，该鉴定委员会被视为省级的鉴定机构。事实上，鉴定委员会的存在确实解决了不少鉴定中遇到的难题，由该委员会作出的鉴定意见通常被视作终局鉴定，具有很高的可信度。在鉴定行业，无论从人力、物力还是财力上说，实力最强的还是国家系统内的鉴定机构。社会上的鉴定机构都具有营利性质，5 万有 5 万的鉴定结果、10 万有 10 万的鉴定结果的现象也并不少见。没有了终局鉴定，在鉴定业务水平上，一个只有 3 个鉴定人的机构肯定没法与 8 个鉴定人组成的鉴定机构相比。不少鉴定专家对分级鉴定还是持肯定态度的，他们希望有类似于鉴定委员会那样的机构存在，以解决实践中多头鉴定、鉴定不止的混乱状况。

另一机构的鉴定专家告诉课题组，这 10 家“国家级”机构相互间也有差别，这个差别并非鉴定级别上的差异①，而是专业水平上的。有的鉴定机构只能做一项业务，而有的机构却专业门类齐全，但是都不加区分地一律被评定为“国家级”，似乎有些不公平。所以，根据这位专家的看法，我国“国家级”鉴定机构的评定标准可能还有所欠缺。

针对鉴定机构分级问题，课题组认为：这 10 家机构作出的鉴定意见不一定就比其他鉴定机构作出的鉴定意见好，因挂了“国家级”称号，所以可能推定其鉴定意见的可信度要强、权威性更高。但鉴定是门科学，不该，也不能以机构级别来决定鉴定意见的高下。有的受访鉴定专家却并不同意课题组的这种看法，他认为，这 10 家鉴定机构间不分高低，但这 10 家与 10 家之外的鉴定机构还是有区别的，一个重要体现就是，如果这 10 家中有某家鉴定机构做过鉴定了，如果还需要重新鉴定的话，只能在这 10 家中选，如果地方上其他鉴定机构做过鉴定，重新鉴定也可以来这 10 家做，但如果这 10 家中任何一家做了重新鉴定，就不能在这 10 家中选择其他机构来再次进行鉴定。“国家级”鉴定机构的评出对鉴定机

① “国家级”的机构排名不分先后，所以这 10 家鉴定机构在鉴定级别上无差别。

构的业务来讲还是有不小影响的，这无形中也提高了重新鉴定的机构级别。

对于课题组提出的可否对鉴定意见划分等级，设置终局鉴定来解决实践中重复鉴定、多头鉴定的问题①，受访专家的意见是，不赞同对鉴定进行分级。他认为，鉴定人给出的鉴定意见仅相当于专家证言，该鉴定意见是否被用作定案的依据，决定权应交给法院；所有的证据都必须通过法庭上的质证才能采信，不能通过预先设立的鉴定机构级别来决定鉴定意见的效力。鉴定专家的看法是通过鉴定人出庭制度或者设立专家辅助人来帮助法官决定是否采信鉴定意见、采信哪份鉴定意见。与之前课题组在某地法院调研获取的信息相比较可以看出，在鉴定是否应划分等级的问题上，法官和鉴定人的看法截然相反，双方观点的差异似乎主要是考虑到责任的承担问题所致。

（二）鉴定人的权利、义务

1. 鉴定人的合法报酬权

我国的鉴定机构基本上属于营利性组织，基于其从事的鉴定业务而获取一定的报酬是鉴定人的权利。从某司法鉴定研究所的的专家处，课题组了解到，并非所有的鉴定机构都要收费。目前我国有两类鉴定机构，公安机关内部的鉴定机构和社会上的鉴定机构。如果是公安机关委托其下属的鉴定机构如安康医院进行鉴定事务，并不需要交鉴定费。我们前往调研的安康医院是公安机关的下属单位②，自从 2006 年转为行政单位后，管理体制参照公安系统进行，因此，其运行的一切费用（包括鉴定人的报酬）都由政府财政承担。因该鉴定中心只受理公安机关委托鉴定的案件，所以在鉴定时并不需要收取鉴定费。这与社会上鉴定机构的运营有所区别。这样一种鉴定体制的优点之一在于它有助于消减鉴定人鉴定时过分的功利心，防止出现因鉴定费高低有别而给出不同鉴定意见的情况。但与此同时，它又存在着可能出现的弊端，比如，因为不用再担心饭碗问题而削弱部分

① 这是课题组在其他地方法院调研时，当地法官极力推崇的做法。这样，法官可直接以终局鉴定意见为准来作出判断，而不必再面对多份鉴定束手无策。

② 值得说明的是，我们所调研的安康医院的管理模式在全国并不具有普遍性，全国安康医院的管理模式尚未统一，设有安康医院的十几个省份处理方法不一，部分省市的安康医院仍然可以对外接受委托，收取鉴定费。

鉴定人的工作积极性，造成其责任心下降。

如果公、检、法机关委托社会上的鉴定机构做鉴定，需支付一定的费用。某所的司法精神病专家介绍，鉴定收费大约为2 000元～3 000元/例。如果鉴定次数在两次以上，就被称为“疑难案件”，相应会提高收费，最多6 000元/例。但对于外地过来做鉴定的，疑难案件的鉴定费为4 000元～5 000元/例。鉴定人应委托人的要求需要外出做鉴定的，需另付差旅费，并不包含在鉴定费中。另外，受访的法官们提到，在庭审中如果有提出做精神病鉴定的情况，一般是谁提出就由谁来承担鉴定费。如果提出申请一方极度贫困，那么在哪个阶段提出做鉴定，就由哪个机关出钱。据此，就不能排除会有因支付鉴定费问题，公、检、法机关相互推诿，不轻易同意鉴定的情况出现。另外，当鉴定意见对于提出申请鉴定一方不利时，其总会提出质疑——“鉴定出的结论对我不利，为何还要让我付费”，往往不情愿承担这笔鉴定费用。

在调研中，课题组发现，精神病鉴定收费过低也是一个比较突出的问题。部分精神病鉴定专家提出，与伤情、文检等鉴定相比，精神病鉴定耗费的时间、精力更多，而收费却相差无几，有时甚至更低。单纯依赖鉴定费，根据现有的收费标准（不超过6 000元/例），鉴定机构的运营非常艰辛。在另一家鉴定机构，专家谈到，他们做一个精神病鉴定收费大约为3 000元，该所严格执行国家发改委下发的《收费标准管理规定》，鉴定收费偏低。有些地方如深圳、浙江等地，收费相对高些。他们把鉴定时的录像费、调查取证费等等都算了进去，大约达到4 000元/例。在课题组看来，其实每例4 000元鉴定费也不是很高。专家告诉我们，主要是因为划定的收费标准太低了，要维持机构生存，有些地方才不得不“巧立名目”，这也是无奈之举。对于重复鉴定的案件，专家提到，会适度提高鉴定收费到6 000元/例，如果需要鉴定人到当地进行鉴定的，则会增加到8 000元～9 000元/例。但是如果被鉴定人有特殊情况或由外地带过来做鉴定，基本上还是收取6 000元鉴定费。虽然该鉴定机构由政府拨款进行运营，但实际上全额拨款经常供应不足，只够机构运营费用。如果按照拨款支付的话，鉴定人平均工资也就200元/人/月，多数奖金还是从鉴定费中抽取出来的。关于鉴定人的工资和所作鉴定数量之间有无联系，专家告诉课题组，二者是有一定关系的：一个案件3 000元，鉴定人有3% ～5%的奖金。精神病科的鉴定数量在其整个鉴定中心中是最低的，以仪器设备、实验室鉴定为主的鉴定案件数相对较多，且一个普通的技术员就可操作。而精神病科鉴定人全是高级职称，至少得是中级职称才有资格进行鉴定。在精神病鉴定领域，人力成本很高，而收入却很低。

据有些受访鉴定专家讲，我国精神病鉴定领域的资深专家数量在逐渐减少，不少医院里有资格进行鉴定的精神科医师都不愿接受鉴定业务，这跟鉴定费用不高的现状有很大关系。从鉴定得到的收入一旦没有临床收入高，精神科医生宁愿不踏入鉴定行业，也不愿按照法定的低收费来从事鉴定业务，长期下去鉴定专家必然出现断档。鉴定人少了，但需要鉴定的案件有增无减，为满足社会的需求，就不免会有鉴定水平不高的一批人充斥到鉴定队伍，有损我国整体的鉴定质量。鉴定收费低，是这几地调研共同反映出的一个突出问题，因鉴定收费直接关系到鉴定机构的独立性、职业道德水准、鉴定意见的客观性等一系列重大问题，所以制定合理统一的收费标准在当下极为必要。

2. 鉴定人出庭作证

鉴定人出庭作证难，这个论断在课题组调研之前早已有耳闻，这次调研实践也证实了这一点。

关于鉴定人的出庭作证问题，我国《刑事诉讼法》第187条第3款规定："公诉人、当事人或者辩护人、诉讼代理人对鉴定意见有异议，人民法院认为鉴定人有必要出庭的，鉴定人应当出庭作证。经人民法院通知，鉴定人拒不出庭作证的，鉴定意见不得作为定案的根据。"在调研中，安康医院鉴定中心主任坦言，作为鉴定人，他们不太愿意出庭，但是现在相关法律规范规定，只要人民法院依法通知，鉴定人就有出庭作证的义务，不想去也得去。当被问及不愿出庭的原因时，该主任认为法律虽然规定了鉴定人有出庭的义务，但却并未进行细化，如鉴定人出庭的费用问题、人身安全如何保障等。实践中，有的法官就直接跟鉴定人说，"只要出了法院门，法院就不再负责任，鉴定人发生任何事都直接找公安机关去"。连鉴定人人身安全都无法保障的出庭，如何能使鉴定人毫无顾忌、心甘情愿地去向法庭说明鉴定详情？从该主任的谈话可以看出，不是鉴定人主观上憎恶出庭，而是当前我国在鉴定人出庭问题上保障不到位，制度的缺失才是鉴定人在出庭上多数表现得并不是很积极主动的主要原因。

在与法官的座谈中，他们认为鉴定人出庭作证有助于法官及双方当事人更好地理解鉴定意见，增强鉴定意见的可信度。这种规定的出发点是好的，但在实践中并未能很好地发挥作用。首先，我国的司法鉴定人中立于法官和当事人，他仅就专门性问题来进行说明解释，不代表任何一方。法庭上除了鉴定人，其他都是非专业人士，所以，即便让鉴定人出庭，法官也很难判断鉴定意见的准确性。在我国的民事诉讼中已经允许当事人向法院申请由一至两名具有专门知识的人（被称为“专家辅助人”）出庭，辅助当事人向司法鉴定人询问。《刑事诉讼法》也确立了有专门知识的人制度，但其运行情况尚不得知。其次，某基层法院法官谈到，让鉴定人出庭作证难度很大，一个重要原因是鉴定人出庭作证的相关费用如交通费、食宿费无人负担。法院试图让申请鉴定一方支付出庭作证鉴定人的日常费用，当鉴定意见对申请鉴定方有利且该方经济条件尚可的情况下，申请方还有可能负责这些开支，但多数情况下，当事人一方没有能力支付，所以，实践中，出庭作证鉴定人的相关费用（至少 2 000 元）都由法院来出，这无疑给本已不宽裕的法院又增添了一份财政负担。

然而，研究所的鉴定专家反映，该所非常重视鉴定人的出庭作证工作，也很提倡鉴定人出庭，而且，该所还设有专门的鉴定人出庭培训制度，主要是为了加强鉴定人对刑事诉讼程序、法律知识的了解，防止庭上说外行话。在法庭上鉴定人需说明鉴定当时的情况、鉴定意见如何作出，等等，即对鉴定材料进行反馈性的解释说明。因为该所做鉴定时通常是 3 个人，但出庭最多两个人，要做到在法庭上能流利地表达，适当的培训很有必要。据该鉴定专家讲，该鉴定所委托协议已明确注明，鉴定收费不包括出庭费用，鉴定人出庭需单独收费。关于鉴定人的出庭费用法律并无明文规定，该鉴定所单独作出规定，即在当地出庭 500 元/人，在外地出庭 1 000 元/人，差旅费另外计算，而从鉴定完毕到鉴定人出庭，中间可能要间隔三五个月，时间跨度很大。专家告诉我们，其每年出庭作证两三次，但这并不代表所有鉴定人的平均出庭频率。所以，在鉴定人出庭作证方面，该鉴定所还是作出了不少努力的，但是在出庭率上实际情形仍然不容乐观。

在鉴定人出庭问题上，本课题组成员之一——中国人民大学物证技术鉴定中心专家李学军教授认为：单纯从维护鉴定意见、维护行业形象的目的出发，出庭是个不错的方式。鉴定人拥有良好的表达能力，一方面，出庭有利于展现其业务水平，改变法官对鉴定机构鉴定责任心普遍不强的偏见，影响法官心证的形成；另一方面，出庭有利于增强鉴定人的责任心，提高其学科影响力。据不完全统计，我国目前鉴定前后不一致率高达40%，学科水平参差不齐。从李教授的观点出发，鉴定人出庭可能确实有助于扭转现状。

3. 鉴定人的意见保留权

“二二八决定”和《司法鉴定程序通则》都赋予了鉴定人鉴定时的意见保留权，即对于多人参加的司法鉴定，对鉴定意见有不同意见的，应当在司法鉴定文书中注明。这是保障鉴定人独立鉴定的一项重要权利。然而，从访谈中课题组了解到，在鉴定实务中，这项权利几乎形同虚设。

安康医院的负责人告诉课题组，该鉴定中心鉴定的案件95%以上都能达成一致鉴定意见，而且他们基本上不出具有不同意见的鉴定意见。这大概与维护各鉴定机构整体的鉴定形象以及避免不必要的重复鉴定有关。根据《司法鉴定程序通则》的要求，鉴定工作由两人进行，但该鉴定中心80%以上的案件都委派3个鉴定人进行，以保证鉴定的质量。鉴定人有不同意见的，会通过以下途径确定出一致的鉴定意见：一般情况下经过小组讨论（即由参与鉴定的3个鉴定人组成）的形式得出一个鉴定意见；如果意见不一致，由小组组长综合分析各个鉴定意见后明确一个鉴定意见；在遇到一时得不出鉴定意见的情况时，请专家组进行会诊，仍然给不出鉴定意见时，将外请专家来进行诊断，对于给出的鉴定意见将交主管处长进行最后一道把关。

据研究所的鉴定专家介绍，该所在做鉴定时通常只出具一致意见。当作出的鉴定意见出现不一致时，该项业务的鉴定人将重新进行检查鉴定或让其他的鉴定人来进行鉴定，直到能达成一致意见。通常在鉴定意见上署名的是3个人。事实上，在该所中，署名的第三个人并不一定参与鉴定过程，他通常只对于形成一致意见的鉴定文书进行审核。不过，专家另补充道，从全国来看，多是3个鉴定人全程参与鉴定过程。之所以要形成一致意见，是为了避免日后法院让重新进行鉴定；而且，法官也不愿意接受有多种意见的鉴定意见。法官系非专业人士，即使不同声音的鉴定意见再多，对法官来说效果都是一样的，他没有能力分出个所以然来。所以鉴定人的意见保留权在实践中很难行使。

另外，课题组在查阅鉴定机构精神病鉴定案卷的过程中发现，其他地方送过来要求进行重新鉴定的案件中，初次鉴定意见包括在“送鉴”材料中，一起由委托单位提交过来，重新鉴定后作出的鉴定意见与初次鉴定意见相一致的情况很少见，而且，即使与初次鉴定意见不一致，第二次鉴定报告书中也未对两份鉴定意见的差异之处进行阐述，或者通过论证来驳斥初次鉴定意见，仍只是按照鉴定书的通行格式，综合鉴定时的所见所闻最后得出意见。由此，课题组也就很理解法官作为一个非专业人士面对多份鉴定意见取舍时的不知所措。所以，从鉴定意见书的内容上来看，鉴定人出庭还是很有必要的：通过出庭来阐述己方鉴定意见，对初鉴意见作出回应，这无论对法官还是双方当事人而言都是有利的，有助于消除他们在鉴定问题上的疑惑。

一份完整的鉴定意见书通常包括以下五部分内容：（1）案情摘要；（2）被鉴定人概况；（3）检查所见（通常依据SJB—M—2—2003技术规范进行精神检查）；（4）分析说明［通常依据《中国精神障碍分类与诊断标准第三版（CCMD—3）》、SJB—M—1—2003技术规范］；（5）鉴定意见：1）精神状态鉴定；2）刑事责任能力评定。

## 二、鉴定的程序

### （一）鉴定程序的启动

1. 谁来启动

在与研究所鉴定专家座谈过程中，专家们谈到，在我国，公、检、法三机关都有司法精神病鉴定的启动权。如果侦查阶段、审查起诉阶段没有进行精神病鉴定，在审判阶段，法院可依职权启动鉴定，即法院也拥有初次启动司法精神病鉴定的权力。事实上，关于法院所拥有的初次启动权法律上规定得并不很明确，《刑事诉讼法》只是规定，人民法院在调查核实证据时，可以进行鉴定。但在调研中，法院拥有精神病鉴定的启动权已是通行的做法。课题组的另一个发现是辩护一方普遍拥有启动精神病鉴定的申请权，虽然法律上并未明确赋予辩方这一权利，但申请权似乎已约定俗成，是辩方理所当然应享有的权利，在侦、诉、审的每个环节都有。当然，至于有无必要进行鉴定、能否启动鉴定，控制权掌握在公、检、法机关手里。

据专家介绍，从该鉴定中心的鉴定实例看，90％的司法精神病鉴定都是在侦查阶段由公安机关“送鉴”的，在此阶段如果犯罪嫌疑人被鉴定为无刑事责任能力，那么由公安局长审批签字后犯罪嫌疑人直接被送往公安机关内部的安康医院进行强制治疗。所以，启动精神病鉴定的主力是侦查机关。这大概也是在审判阶段法院较少启动鉴定的一个主要原因：毕竟案件已经过公、检机关两层筛选，到审判阶段，没有足够的理由，法院不会轻易启动鉴定程序。

对于目前公、检、法机关三家把持鉴定启动权的现状，有鉴定专家反对这种做法，他认为把当事人本人及其律师排除在外，事实上剥夺了他们自主决定鉴定的权利；他认为控辩双方都应被赋予精神病鉴定的直接启动权，否则，需要对手（虽然法院是居中的，但公安机关、检察院与案件有利害关系）的同意才能启动，有违控辩平等的原则。如果必须借助侦查、起诉、审判机关才能启动鉴定程序，即它们不允许启动怎么办？专家的担忧不无道理，这在司法实践中确实是个棘手的问题，因为目前相关的法律规范并未赋予当事人在启动精神病鉴定问题上的任何救济权利。

2. 如何启动

据某基层人民法院法官们反映，他们在审判实践中遇到要做司法精神病鉴定的案例极少。某中级人民法院法官告知课题组，由于在中级人民法院一审审理的案子多数是有可能被判处死刑的案件，所以在中级人民法院启动精神病鉴定的最多，就其本人办理的案子而言，就有三四起是需要做精神病鉴定的。中级人民法院需要启动精神病鉴定的情形有两种：一是省级人民法院发回的案件，要求做鉴定的；二是开庭中被告人的辩护人、家属要求鉴定的。中级人民法院直接启动鉴定的案件并不多。

在启动精神病鉴定的案件中，杀人案件居多。尽管法官们没有进一步解释原因何在，但综合调研了解到的情况，以下原因对该现象的出现有影响：(1) 在很多法官的印象中，精神病就是“武疯子”，或者说，精神病人发病的主要表现就是杀人越货等暴力行为；(2) 杀人案件案情重大，往往有较大的社会影响，包括来自被害人家属方面的压力，在这些人命关天的案件中更应当审慎处理精神病鉴定事宜；(3) 对于杀人等可能判处死刑的案件，刑事司法程序中都设置了相对严格的证据审核条件和上诉、死刑复核等程序监督机制，审级约束以及上级人民法院的监督也促使一审法院慎重对待案件中可能出现的精神病事由。

庭审时，如果辩方提出要做精神病鉴定，则需要提供有关被告人家族史、病史及周围邻居的证明材料（发案前后有无异常举动）等以供法官参考，但仅有这些材料还不够，某地中级人民法院在启动精神病鉴定问题上仍很慎重，还需由审判委员会进行讨论决定，尤其对一些有重大社会影响的案件。

在对某地两级法院的调研中，课题组也了解到几起近两年来启动精神病鉴定的个案。对这些个案进行分析，我们发现，法官、检察官与侦查人员判断犯罪嫌疑人、被告人是否需要进行精神病鉴定的一个主要的考虑因素就是其作案动机：如果作案动机正常人能理解，那么启动鉴定的几率就很小，反之，启动的几率就高些。以下两则案例可说明这一点。

**【案例 1】**

2010 年发生在 P 县的一个案件中，犯罪嫌疑人 A 杀害了他的哥哥。在侦查阶段办案人员问其作案动机时，他的回答是“为民除害，江泽民给他（犯罪嫌疑人的哥哥）发的低保他不往正道上用”，鉴于嫌疑人的这一回答，办案人员感觉其精神不太正常，于是启动了精神病鉴定程序。后经鉴定，该嫌疑人为限制责任能力人。

**【案例 2】**

2003 年 Y 县发生的一起杀人案件中，犯罪嫌疑人 B 对他的邻居 C 捅了二十多刀。侦查阶段，办案人员讯问他时，他对答如流。审查起诉阶段，检察人员问其作案动机时，B 说他怀疑邻居 C 整天窃听他。在此阶段，B 的家属提出对 B 做精神病鉴定的申请，检察机关没有同意。案件到审判阶段后，其家属再次提出鉴定的申请，合议庭考虑到 B 回答的作案动机，同意启动鉴定。B 最后被鉴定出患偏执型精神病，无刑事责任能力。

3. 启动难

在启动司法精神病鉴定问题上，某地两级法院的绝大多数法官普遍反映“公检法都很发愁，一般不轻易启动”。它们在启动鉴定问题上之所以有如此的态度，主要出于以下几方面的担忧：

第一，法官不是专业人士。专家给出的鉴定意见对他们来讲如同“天书”，其如何识辨得了真伪、判断得出合理与否。虽然法官对于被告人的精神状况到底如何具有最终的裁断权，但因其在医学专业知识方面的短板，他们在此过程中的主观能动性并不是很强。法官结合案件事实进行综合分析后，如果不能确定鉴定意见，而完全采用医生的判断，又很危险，只能保守量刑。

第二，精神病人的安置难。一旦被认为系精神病人，无刑事责任能力，原则上被告人需被送到精神病院进行治疗。但由于目前我国的精神病院床位紧张，而且，多数精神病被告人被送到精神病院后，家人就不管了，治疗费用无人支付。普通案件中，一般对受害人给予经济赔偿后就不再就案件继续纠缠下去了，但在精神病案件中，却不一定可以“案了”，原因就是怕精神病人再出来闹事，所以受害人宁愿放弃赔偿也要求严惩精神病被告人。另外，精神病人也很容易成为受害者，遭到遗弃、虐待，所以关于其处置的问题不能等闲视之。

第三，鉴定起来没完没了。法官们之所以不敢轻易开启鉴定，很大一部分原因就在于，一旦同意鉴定，鉴定就没完没了。申请鉴定人一方不拿到对其有利的鉴定意见就不愿停止。而鉴定一旦对一方有利了，另一方又不愿意了。而且，多份鉴定出现不一致的情况司空见惯。某地中级人民法院某法官提到：曾遇到一个案件做了3次鉴定，每份鉴定意见都不同：第一份认定为无刑事责任能力，第二份认定为完全刑事责任能力，第三份认定为限制刑事责任能力。鉴定意见多了，法官更不知该如何鉴别结论、如何取舍。

第四，有可能放纵罪犯，给社会造成隐患。不排除在要求进行鉴定的案件中，犯罪嫌疑人、被告人抱有逃脱制裁的侥幸心理。如果其真的能够以假乱真，逃过鉴定人和法官的眼睛，被无罪释放，其流到社会上不免也会成为不小的隐患。

第五，在启动鉴定问题上法律规定得不是很明确，不好把握。如，对于病史等材料提供到何种程度才算合适；没有既往病历，也无治疗记录，即资料缺乏时，又如何来启动精神病鉴定问题，等等。

第六，经济原因。一旦启动鉴定，鉴定费基本上需由法院自掏腰包。

鉴于以上的诸多问题，法官为避免陷于困境，只得尽量不启动鉴定程序，免得费力不讨好。

4. 出路

第一，启动主体问题。有法官认为，精神病鉴定只由公安、司法机关来启动不合理。其理由是，公安、司法工作人员本身没有专业知识，让他们来启动鉴定程序，实际上增加了其工作负担。该法官建议让专业人士来判断个案可否启动精神病鉴定的问题，并把作出决定的期限算入审限，以提高作出决定的效率。但有其他法官反对此种建议，认为由专门的人来判断应否启动程序不太实际，并认为只有在庭审过程中与被告人进行直接接触的过程中才能判断是否有必要启动鉴定。

第二，强制启动程序问题。针对公安、司法工作人员欠缺医学专业知识的弊端，某地两级法院的法官们都强烈建议法律应增设强制启动程序，即一旦满足法律规定的条件（如有家族史、病史记录、知情人的相关证明材料，等等），办案机关就必须启动鉴定程序，不能像以往一样写个申请就能提起，这太随意。而且还需为办案单位设立一个初步审查程序，方便其审查提交的材料是否符合法律规定的启动条件。

第三，分级鉴定问题。不少公安、司法工作人员都认为，应理顺我国的鉴定体系，进行分级鉴定，明确第一级在哪、第二级在哪、终局鉴定在哪，只要不是程序上有问题，就不应该重复鉴定。另外，对鉴定异议的提起应更慎重、更严格，有重大问题才能提起，以此来避免实践中频发的“重复鉴定”、“多头鉴定”问题。据研究所的鉴定专家介绍，2005 年“二二八决定”出台前，研究所所在地的 200 家鉴定机构组成了精神病鉴定委员会，其委员全部是由一级鉴定机构的资深鉴定人组成。对于疑难案件，一般认为该委员会作出的鉴定即为终局鉴定。实践中，该委员会确实解决了不少鉴定难题，对于公安、司法机关办案起到了很好的指导作用。但“二二八决定”出台之后，因为署名问题带来的障碍（由于委员会的委员来自不同的机构，根据该决定的要求，一个鉴定人不能同时在两个以上的机构中执业），该委员会不久就撤销了，之后各个鉴定机构平起平坐，没有了鉴定水平、业务能力高低之别。这也是造成实践中当事人多次进行鉴定的一个重要原因。可能苦于鉴定领域当前的混乱局面，司法部目前又认可了 10 家“国家级”的鉴定机构。此种做法与“二二八决定”不允许分级的规定有着明显的冲突，因而遭到了业内不少人士的质疑。在对鉴定机构进行分级问题上，调研中座谈人员也有提出反对意见的，他认为分级鉴定制度不可取，这容易导致推卸责任的情况发生：如果还有二级鉴定甚至三级鉴定，那么进行首次鉴定的人责任心可能就不会太强，想着反正还有上头帮忙鉴定，即使出点小纰漏也不打紧。此种担心不无道理，但我们认为，如果强化对鉴定人的责任追究机制，这类问题应该可以避免。

### （二）鉴定的实施

#### 1. 鉴定的受理

通常情况下，在启动鉴定程序后，精神病鉴定的受理流程如下：委托单位进行电话预约后，鉴定机构对“送鉴”材料[①]进行审查，并向办案人员大致了解案情。在与办案人员进行大约半小时到一小时的短暂交流后，基本上就能确定能否

① 材料可以是原件，也可以是复印件。原件会随鉴定意见书退回，这在鉴定委托协议书中有详细说明。

对案件进行鉴定，继而双方会签订一个司法精神病鉴定协议书。至于被鉴定人的家族史、病史等材料，需要由委托单位协助提供，鉴定机构一般不接受被鉴定人家属等送过来的材料，即所有“送鉴”材料，包括走访、调查获得的材料，都需由委托单位出具，以此保证材料的真实性。另外，并非所有鉴定所需材料都要在“送鉴”之前整理好，有的根据鉴定需要在鉴定过程中才由办案人员提交。从与鉴定专家座谈课题组了解到，“送鉴”案件能否受理，主要还是考虑材料齐备与否，至于其他因素，如被鉴定人可能没病等情形，是不需要考虑的。即使没病，也要受理，要通过后面的鉴定来印证最初的判断。有些鉴定材料在一开始委托单位没有提交或者说没进行收集，在鉴定过程中鉴定人认为有必要查实的，会通知委托单位进行调查收集，实践中要求补充鉴定材料的情形比较常见。

2. 鉴定时间

当课题组询问从鉴定机构受理案件到出具鉴定意见中间的时间跨度有多长时，研究所的鉴定专家并没给出个大致的鉴定时间。他们认为，让所有的案件都在某个标准的时间段内完成是不合理的，鉴定时间应视情况而定：有些案件可能需要半年才能给出鉴定意见；有的案件虽有重大社会影响或者案件本身重大，但从鉴定角度来看却很简单，很快就可以下结论，只是鉴定意见书可以今天写，也可以明天写，只要在法律规定的 30 天内完成就可以。从该专家的言语中，课题组得出以下结论，即鉴定时间与案件的重大程度并不是呈完全的正比关系。[①] 单单就做精神检查的时间而言，专家介绍，大约为一两个小时，但也不绝对：有的被鉴定人交流无障碍，鉴定人问什么就能答什么，很切题，这样，检查时间就快些，大约一小时就可以；有的想做到滴水不漏，回答每个问题都要揣摩半天；还

① 针对社会上曾经对杨佳案中对其做精神病鉴定的时间过于短暂的质疑，该鉴定专家的看法是，通常鉴定中做检查的时间都不会太长，多数案件的鉴定意见不马上形成，是因为鉴定工作很繁忙，鉴定人手头有不止一个的案件要同时处理。多数情况是，鉴定意见早已作出，而鉴定意见书择日才写，给外界形成的印象好像是鉴定时间越长，鉴定意见才越可靠。其实，用在鉴定上的时间都是一样的。如果案件很重大、很复杂，如杨佳案，或者家属要求尽快把被鉴定人给带回去，这时鉴定人就会先来处理这些紧急的案件。这样，这些鉴定案件就尽量能得到优先处理，相对而言，写出鉴定意见书的时间就会缩短。杨佳案中，在对杨佳做精神检查的过程中，其神态、表情、言语的连贯性、反应的速度、逻辑思维的合理性等都很正常，鉴定人员按照通常鉴定程序给出鉴定意见，并非草率作出。

有的人思维上有不连贯、赘述等情况。这些都会影响到检查的时间，检查下来两三小时的都有。所以，如果要明确限定个案的检查时间就很不合理，在实践中也很难做到。做精神病鉴定有个时间跨度问题，明显的鉴定案例容易短时间内就给出鉴定意见，但也有的案件要进行持续的跟踪观察。具体就各步工作所需时间而言，通常情况下，鉴定人开始阅读材料到作出鉴定的整个过程需要四五个小时，其中阅读材料与精神检查需要 2 小时～2.5 个小时，撰写鉴定意见及进行相关工作要 2 个小时左右。

关于鉴定的时间跨度问题，实践中确实给鉴定人造成了不小的困惑。据安康医院的某鉴定专家讲，根据法律的规定，整个鉴定过程一般需 30 个工作日，但这 30 个工作日究竟应该从哪个阶段起算，是从电话预约时起算还是从签订合同时起算，法律并没有明确的规定。不过调研时在座的各鉴定专家一致认为，从签订合同时起算较为合理。他们的理由是：该鉴定中心的鉴定任务繁杂庞大，电话预约之后往往需要一个月才能签订合同，而电话预约并不涉及鉴定的实质性内容，只是通知鉴定中心有一个案子需要鉴定，与鉴定中心协商确定鉴定时间；而且很多精神病人的鉴定时间较长，如间歇性精神病人，可能很长一段时间才会出现症状。

如果从电话预约时起算，往往会超法定的鉴定时间。但是，由于法律规定，作精神病鉴定的期间不计入办案期限，所以办案部门只要跟鉴定机构预约后，它们就认为精神病鉴定已经开始，以此为由延长羁押期限，方便其办案。鉴定人反映办案机关通过这种方式向鉴定机构借用办案时间的情形很普遍。然而，这种做法对鉴定机构来说却非常不利，因为预约时限在鉴定文书中也有体现，预约时间加上签订合同之后的鉴定时间，基本上都超出了法定的鉴定期限，严格来说，鉴定机构已经违反了法律的规定。所以，调研时在座的各位鉴定人都表示很无奈，希望法律能对此作出明确的规定。

3. 鉴定地点

对于刑事案件的精神病鉴定，研究所鉴定专家谈到，其所在的鉴定机构主张鉴定人到看守所去进行鉴定。这样做，一是基于安全的考虑；二是如果把犯罪嫌疑人提出来到鉴定机构去做鉴定，程序上很烦琐；三是为被羁押人考虑，一旦将其带离羁押场所，其心理上可能出现恐慌，对新环境可能不适应，影响鉴定。对于课题组质疑在看守所里（主要是在看守所的提审室、讯问室里）做鉴定时条件是否适宜、有无法律依据等问题，该鉴定专家表示，他们之所以长期选择在看守所做鉴定，就是因为看守所的条件已符合做鉴定的要求，做精神病鉴定并不需要特别的场所，只要有独立的空间、相对安静的环境即可。① 而且被鉴定人已经在看守所生活了一段时间，对环境已有所适应，如果突然将其提出看守所，其极可能产生恐慌、猜测，不利于鉴定的顺利进行。所以，专家的看法是，看守所有适宜做精神病鉴定的环境，而且如有需要②，鉴定人会携带录像设备进看守所，对精神检查过程进行全程录像。但是，法律未对鉴定的场所作出具体规定，严格来说，在看守所里做鉴定是不符合法律要求的，这一点该鉴定专家也认同。

4. 鉴定过程

(1) 鉴定流程

综合鉴定的各个环节，课题组在调研中了解到，一个完整的鉴定流程大致如下：1) 接受委托。这个阶段基本是通过电话与鉴定中心联系，约定见面商谈签订合同启动司法鉴定的时间，并不涉及实质的鉴定内容。2) 见面约谈。在这个阶段鉴定中心与委托方见面，进行合同评审，确定鉴定材料属于鉴定的范同，签订司法鉴定的合同。3) 阅卷。本阶段主要是为了解案件的情况，如作案的时间、地点、动机，羁押期间表现、前科等。4) 向相关知情人了解情况。一般情况下，鉴定人只选择在鉴定中心了解情况，不得已时才会外出调查。鉴定人会约知情人到该鉴定中心来向其了解相关情况：如果了解的情况与鉴定人掌握的资料不一

① 据该专家讲，在精神病鉴定中需要做仪器检测的案件并不是很多。如需要仪器检测，鉴定人会通知案件承办人将被鉴定人带出去做CT、脑电图检查。精神病人被诊断出患精神分裂症、精神发育迟滞的比例最高。而对这两类病人做磁共振、CT是查不出其有任何异样的。虽然有些机构不分青红皂白全都要用仪器做一遍，从形式上讲可能会使整个鉴定过程显得很完备，但确实没有必要每一例都做，而且也加大了鉴定成本。

② 这是指需鉴定的案件重大、复杂或者疑难的情况，在做鉴定前，鉴定人会对“送鉴”案件进行评估，以决定是否需要进行录像。

致，那么就会请办案人员去调查；如果鉴定人对办案人员的调查结果仍存疑问，此时才会考虑直接由鉴定人外出调查。大约10%的案件需要鉴定人亲自外出调查。5）精神检查。这个阶段是对被鉴定人进行检查，它是精神病鉴定的主要环节。6）小组讨论。在这个阶段会由各个鉴定人分别发言，最后由组长统一观点，明确鉴定意见。一般情况下鉴定人之间不会有太大的分歧，鉴定的结论基本唯一。7）出具鉴定文书。[①] 这时的鉴定文书只是一个初步的文字材料，并未最终定型。8）校对。这时是对初步的鉴定文书进行校对。9）制作鉴定书。这是整个鉴定过程的最后阶段，在这个阶段鉴定文书已经制作完毕，并且经过了校对，此时向公安机关出具正式的鉴定意见书。

鉴定开始时，一般先问些开放性问题，如被鉴定人的身体健康情况、兴趣爱好等，然后才进入案情。鉴定人会询问被鉴定人案件的发生情况、其在作案过程中的所思所想等，通过询问来确定被鉴定人在作案时的辨认、控制能力。在做鉴定前，鉴定人都要先仔细阅读案卷，如果在精神检查过程中发现被鉴定人口述与讯问笔录有不一致，会拿出讯问笔录与其对质，或询问案件承办人具体情况。

在北京的调研中我们了解到，司法鉴定人员在进行精神病鉴定的时候基本上能够按照行业内普遍标准与流程对被鉴定人进行鉴定，只是在具体的鉴定操作上会有一些出入，这些不同也是由鉴定案例的不同特点决定的。司法鉴定人员面对不同的情况会采取不同的应对措施。司法鉴定人员在实际操作中的大致过程是：司法鉴定人员在接受鉴定后会请知情人与关系人来鉴定机构[②]，由鉴定人向其了解情况；在得到了基本的情况后，下一步对被鉴定人进行精神检查，检查工作包括观察、交谈等基本方法，也包括心理学测试和其他相关检查；在检查做完之后，各鉴定人在讨论之后作出评价，最终基本上会得出一个一致的意见。

从鉴定人年均鉴定案件数量来看，课题组走访北京的相关鉴定机构后得出一个大概的测算数字，即刑事责任能力的鉴定数量，年均30件/人。而在京的司法

① 一旦各个鉴定人达成了一致的鉴定意见，那么在出具鉴定意见书前，鉴定人通常会提前给办案人员一个口头上的交代，方便他们安排下一步的工作。

② 这里的知情人与关系人主要是指办案人员。

精神病鉴定机构共 6 家，精神病鉴定人合计 50 人[①]，考虑到部分鉴定人虽然在鉴定名册中登记造册，但基本不从事鉴定业务，北京地区的鉴定总量的合理估量值应为每年七八百件上下。[②]如果测算精神病鉴定提起率的话，估算北京年均立案数为 10 万件，那么精神病鉴定的提起比率约为 0.8%。这一数字已经接近甚至超出美国近年来精神病鉴定的提起比率。[③] 这种较高的提起比率是比较特别的，在调研过程中也有不少专家表示出类似的看法与印象，多认为北京的精神病鉴定总量较多，提起比率较高，且公安、司法工作人员更倾向于启动鉴定程序。形成这一现象的原因还有待于进一步分析，但根据我们的了解，财政经费保障充裕、执法办案程序规范、权利保障意识较强是直接原因。

（2）“无病推定”和“有病推定”

在司法鉴定人员看来，在实际的司法鉴定过程中应该坚持“无病推定”的原则，即对被鉴定人的精神状态首先应当推断为正常，且具有完全刑事责任能力，除非有确凿的证据证明被鉴定人确定患有精神障碍并且因此影响其主观上对自己的行为的辨认或控制能力，方可作出有病以及限制其相应法律能力的结论。但在实际的司法鉴定中，虽然司法鉴定人员都会理性地认为应该坚持“无病推定”，可这些司法鉴定人员通常还具有医生这样一个另外的身份，在大多数情况下，他们是以医生的角色出现在公众面前，而在临床医学中，医生要以“有病推定”为原则，不能够有任何的漏诊。如此，则这些要临时进行司法鉴定的“医生”难免

---

① 北京地区《国家司法鉴定人和司法鉴定机构名册》显示，在京的可以从事法医精神病或者称司法精神病鉴定的机构及鉴定人数量如下：北京安定医院（8 人）、北京大学第六医院（8 人）、北京回龙观医院（12 人）、法大法庭科学技术鉴定研究所（6 人）、中国法医学会司法鉴定中心（5 人）。此外在司法行政机关备案的鉴定机构还包括了北京市公安局安康医院及其 11 名鉴定人。

② 统计数字显示，2009 年年底北京的人口总量已经逼近两千万；北京市高级人民法院 2011 年工作报告显示，2010 年北京各级人民法院共审理刑事案件 22 696 件，判处 24 158 人。根据我国刑事案件发案、立案、侦查与起诉各阶段的数量规律，发案量与立案数是审结数的 4 倍，破案数是审结数的 2 倍，如此推算北京年均发案数量至少为 10 万件/年。这一数字也得到了媒体报道的印证，如有媒体报道 2006 年时北京发案 10.6 万起。参见《北京晚报》，2007－01－04，见 http：//news.sohu.corn，20070104/n247418591.shtml，访问日期：2011－03－16。

③ 根据有关学者的介绍，美国目前精神病鉴定的提起比率不足 1%，参见何恬：《重构司法精神医学》，61 页，北京，法律出版社，2008。

摆脱不了“有病推定”的影响，习惯性地将被鉴定人推定为有病。这种思维上的频繁转换给司法鉴定人员带来了一定程度上的混乱，不利于司法鉴定意见的准确性。

(3) 鉴定标准

司法鉴定过程中对被鉴定人疾病的诊断主要是依据中国精神疾病分类及诊断标准（CCMD—3）及其他一些相关标准。但是司法鉴定的关键在于精神病诊断后的一个过程，即评估精神病对被鉴定人刑事责任能力（辨认能力和控制能力）的影响程度，然而这个过程却没有一个统一的标准可以依据，都是鉴定人根据自己的经验作出判断。

**【鉴定实例】**

2010年4月，某地一外来人员A，杀了他的房东等两三个人后，当场被抓获。A之前活动很正常，但杀人之后突然就陷入木僵状态，问话不答，致使笔录未能形成。案发后一两天，公安机关委托某鉴定机构对此人做精神病鉴定。鉴定人员去会见嫌疑人A时，他已不能自如活动，是由几个办案人员给抬出来的。鉴定过程中，除A的手、头可被鉴定人员抬起来外，问其任何话都无反应，但观察其瞳孔，未见异常。这时鉴定人员未轻易给出鉴定意见，而是在备案后建议将其送医院进行治疗一段时间，以检查是否有器质性的损伤，因为造成木僵状态的原因有多种，可能是精神分裂引起，也可能由抑郁等引起。随后，鉴定人员亲自到案发地进行调查得知，A系无名氏，在房东家住大半年的时间里都未透露其真实姓名、住址。1个月后，鉴定人员第二次去看A时，他还是老样子。鉴定人员在评估其羁押状况后，出具了一份报告，未注明具体诊断结果，而是界定A处于木僵状态，建议对其进行精神治疗。后A被送往安康医院。三四个月后，根据看守所的反映及A在安康医院的治疗情况，鉴定人员预测A：第一，可能有精神病史；第二，可能有作案前科；第三，可能是从某地逃出来的。经公安进一步侦查后知晓，A曾经在居住地精神病院住过四五次，几个月前在当地伤了一个眼科医生后逃了出来。根据公安机关掌握的情况，A在安康医院接受治疗两个月后能自动交流了。鉴定人员在对A进行检查的过程中，A对提问能清楚回答，印证了公安机关的调查。经鉴定，A为精神病人，无刑事责任能力。

## 三、公安、司法工作人员对司法精神病鉴定意见的审查判断

### （一）对法律依据的理解

《刑法》第18条规定：精神病人在不能辨认或者不能控制自己行为的时候造成危害结果，经法定程序鉴定确认的，不负刑事责任，但是应当责令他的家属或者监护人严加看管和医疗；在必要的时候，由政府强制医疗。间歇性的精神病人在精神正常的时候犯罪，应当负刑事责任。尚未完全丧失辨认或者控制自己行为能力的精神病人犯罪的，应当负刑事责任，但是可以从轻或者减轻处罚。醉酒的人犯罪，应当负刑事责任。该条款是公安、司法工作人员从事司法精神病鉴定活动的直接法律依据。能否有效地对司法精神病鉴定意见进行审查判断，对于本条款的正确理解无疑是首要条件。在与某地公安、检察、法院系统的办案人员进行座谈的过程中，本条款的一些核心词汇也引起了大家的广泛讨论，凸显时下公安、司法工作人员对刑法中有关司法精神病鉴定的一些认识现状。

1. 关于“精神病人”

到底什么是“精神病人”？关于这个问题参与访谈的与会人员并没有进行专门的探讨，表面上看司法机关的办案人员似乎对“精神病”的概念并不存在争议，然而，从大家谈话的字里行间我们却能剖析出相反的结论，可以说广大的办案人员对精神病的认识总体上还是模糊的。这里举一个实践中的案例加以说明。

A男与B女为结婚十余年之夫妇。由于刚结婚不久，A男便认定其妻与同村某男性有染，导致双方夫妻关系长期不睦，尽管二人育有一女，但依然难解心结。此外，A经常对B实施家庭暴力。某日晚上，夫妻二人在房中因家务事发生口角，A随即抄起鞋来殴打其妻，殴打过后B出现呕吐、头晕等症状，并于当晚死亡。公安机关在立案侦查的过程中发现，A患有癫痫，平日靠药物维持。由于该案案由属于故意杀人，公安侦查人员在询问犯罪嫌疑人邻里、亲属等证人时，

特意提问其是否智力存在障碍以及家族是否有精神病史这两个问题，所被问到的证人均不认为犯罪嫌疑人智力有问题，而已知的家族成员亦无患有精神病的现象，但是A的父亲是被领养的孤儿，现在已知的家族成员十分有限。在侦查、审查起诉、审判三个阶段，无论是司法机关，还是当事人一方，均无人提出A可能患有精神病，更无人申请启动司法精神病鉴定。一审判决中，A被法院认定犯故意杀人罪，判处无期徒刑。在上诉到二审时，被告人的辩护律师提出由于被告人长期患癫痫，神智常常不清楚，故而应当考虑酌情处置。然而，二审法院最终没有采纳辩护人的意见，维持了原判。

按一般人的理解，癫痫与精神病风马牛不相及，完全不可相提并论。如果持这样的观念，在本案中，公安、司法工作人员的处理似乎并无不妥，但是司法精神病专家有不同的认识。研究所的鉴定专家们向我们提到了一个有关癫痫的案例：一位司机驾车造成一人死亡，归案后犯罪嫌疑人神智正常，但经查其长期患有癫痫病，于是公安机关启动了司法精神病鉴定。经鉴定机构认定，在案发时，犯罪嫌疑人由于癫痫发作造成意识障碍，影响了控制、辨认能力，属间歇性精神病人，犯案时属无刑事责任能力。

在司法精神病专家看来，癫痫属于法学意义上的“精神病”，由于其发作时对行为人控制、辨认能力可能造成影响，应当作为考量刑事责任能力的因素之一。但是在司法实践中，许多公安、司法工作人员甚至律师都认为，癫痫病患者并不能被视作“精神病人”，故而提起司法精神病鉴定也近乎无稽之谈。事实上，精神病的概念有广义与狭义、医学意义与法学意义之分别，而诸概念之间不仅宽窄有别，范围上也迥异。而部分司法工作者所认为的“精神病人”之概念，更接近于狭义上、医学意义上的精神病，甚至是承继了民间对精神病内涵的一些误解。这从以上所举出的两个案例便可见一斑。这种认识上的误差，一方面说明在立法层面上，我国尚无明文对司法精神病予以明确限定，导致司法实践中的各行其是；另一方面，由于这种认识上的不统一，一些本属于“司法精神病人”范畴内的犯罪嫌疑人、被告人失去了据此受到刑法保障的机会，人权保护存在欠缺之处。

对精神病概念认识的差异，特别是司法精神病学与法学两个不同学科之间对该概念的认识差异，反映出对于具有跨学科性质的司法精神病鉴定问题应当加强学科之间的沟通，双方的共同努力是解决当前司法精神病鉴定中各项问题的根本出路。在调研中，我们发现，司法实务部门与司法精神病领域的人士之间，很少存在实质意义的交流。由于所处行业的差异，双方在认识上不可避免地存在隔阂。要消除这样的隔阂，恐怕还是需要司法精神病学与法学两个不同学科之间能够建立一种稳定的长效沟通机制。无论是定期的会议形式还是一些非正式的交流形式，都是值得考虑的。

2. 关于刑事责任能力

在精神病鉴定专家们的座谈中，专家肯定了“精神病由医生负责判断，刑事责任能力由法官负责判断”的逻辑在理论上的周延性，但也无不中肯地表达了这在实践中的非现实性，而这一论断在课题组随后走访的某地公、检、法三机关处也得到了进一步的验证。公安、司法办案人员均倾向于在刑事责任能力的问题上服从鉴定人的判断，甚至该地某基层法院的刑庭法官曾因自己对被告人的刑事责任能力加以分析而受到上级法院的严厉斥责，上级法院指出，法官不是鉴定人，不应对此问题作出判断，而应交予专业的鉴定人员回答。诚然，从中我们看到了法院系统的谨小慎微，而实质上体现的则是一种明哲保身的策略。而通过与法官们的交流，课题组发现其实司法工作人员是可以对被告人的刑事责任能力作出一个简单分析的，例如，在作案时是否进行了缜密的部署、作案时的手段运用、作案后的行为举止，通过以上这些可以初步地判断行为人在实施犯罪行为之时是否具有常人的控制及辨认能力。尽管法官们有自己的分析，但只要有当事人家族病史的资料，只要有周围人的反映，法官在压力之下往往会放弃自己判断的权利。

所谓“控制能力”与“辨认能力”其实并不是一个医学上的概念，它本属于法律意义上应交由法官自由裁量的内容，但在目前我国的司法实践中，鉴定人主动将其揽归自己的职责范畴，却苦于没有明确的操作标准。据悉，有关的专业协会正着手对此加以细化、完善。而司法实践中的办案人员却对其退避三舍，远避之而不及。从某种程度上来看，司法工作人员事实上自然或者不自然地放弃了应有的法定审查、决定职责，究其原因，还是司法机关的责任追究制度使得广大公安、司法工作人员不敢行使这样的自由裁量，唯恐受到当事人、上级的责难。尽管外部的环境因素成为架空刑事责任能力判断的主因，然而这也间接地反映了有关部门以及办案人员并没有深刻地领会刑事责任能力的内涵和判断标准。公安、司法工作人员明明自己对刑事责任能力的相关内涵有所分析，却不知其所为，并没有把它运用到司法精神病鉴定的审查判断之中，造成了对案件处理的拖沓与延误，进而影响了案件高效公正的处理，损害了司法权威。

一方面，法官们对于启动精神病鉴定或者在案件审理中考虑精神病问题的抵触情绪，从而使得精神病鉴定存在比较突出的启动难问题；另一方面，在刑事责任判断方面，从对鉴定意见的采纳情况来看，采纳比例奇高，甚至法官全部听从专家的意见，无形中放弃了应有的对刑事责任能力进行判断的法定权限。启动难与一旦启动从结果上看的高采纳率两个现象，彰显出目前司法精神病鉴定中存在的主要问题在于，精神病鉴定专家与法官及其他办案人员在精神病鉴定制度中相互作用的偏差。

3. 关于“法定程序”

对于《刑法》第18条中的“经法定程序鉴定确认”也令公安、司法工作人员，尤其是从事刑事审判的法官们颇为挠头。按理说，只要鉴定程序合法，那么得出的鉴定意见就应当被采纳，过程本应行云流水、一气呵成，但在司法实践中，所谓的“法定程序”是一个十分模糊的概念，操作起来给司法工作人员带来了极大的不便和困惑。首先，无论是《刑法》、《刑事诉讼法》，还是相关的专门性司法文件，都没有对鉴定程序作出细致的规范，导致公安、司法工作人员在实际操作中缺乏一种明确的指导。以鉴定的启动为例，没有任何一部法律文件赋予法院在怀疑被告人精神存在问题时可以主动展开司法精神病鉴定的权限，但实践中司法工作人员包括法官们都毫无争议地认为启动鉴定当然属于审判权的一部分。比如，据受访的两级法院刑庭法官们介绍，在对被告人精神状况有所怀疑的时候，法官们会主动地要求进行司法精神病鉴定，要么退卷由公、检两家中的任何一方去搜集检材完成这项工作，要么索性自己来委托鉴定人。有的时候，上级法院在复核案件的时候也会将案件主动退回，要求下级法院去鉴定被告人的精神状况。这种现象在死刑复核案件中就更加突出了。

其次，从实际操作层面上看，被告人或者被害人申请精神病鉴定的情形，并非全部应当得到同意。很多情况下，通过法官个人的常识判断，或者审判委员会等机构的集体研究就可断定被告人作案时的精神状态，但刑事诉讼方面的有关法律没有规定法院决定是否启动司法精神病鉴定程序的前置审查权，也未对于何种情况下应当同意或拒绝其司法精神病鉴定申请作出明确规定。实践中就出现了许多事实上没有必要鉴定的案件，却因一方当事人强烈的要求（有时甚至是要挟）而进行司法精神病鉴定，浪费了大量的时间和物力，损耗司法资源。

最后，面对当事人及其家属对鉴定意见的质疑，公安、司法机关也往往无所适从。被鉴定出有精神病，被害人一方会大作鼓噪；没有鉴定出精神病，被告人一方又不依不饶。但刑事诉讼领域没有哪个“法定程序”对此提出解决方案，鉴定意见成了或真或假的东西，于是“多头鉴定”便不可避免。关于这个问题下文还将详述，在此不加展开。但这至少说明了《刑法》第 18 条中的“法定程序”在司法实践中似乎并不那么清晰可见。正如上面所分析的，所谓“法定程序”的不甚明了，给公安、司法工作人员的实际工作带来了不少的难处。如果相关的程序不加以完善，这些困惑恐怕还将长期存在下去。

4. 关于“间歇性精神病人”

在调研中，某地的公安、司法工作人员普遍认为，间歇性精神疾病患者的刑事责任是一个比较棘手的问题。“暂行规定”、《刑法》、《刑事诉讼法》尽管规定了间歇性精神疾病患者在无行为能力时犯罪的不承担刑事责任，但没有法律文件对于如何判断间歇性精神病在何时何状况下属于无行为能力予以进一步说明，上述法条规定的操作性并不强。对被告人犯罪行为时的主观意识状态作判断，本身就有滞后性，即使事后作精神病鉴定，其鉴定结果与行为时的心理状态难免有误差。加上鉴定材料，包括被鉴定人的家族史、婚姻史、病史、精神疾病史，作案前、作案时、作案后有无精神异常的表现，作案的详细经过即认定的根据等收集的困难，司法机关向鉴定机构提供的上述材料，如想保证充分、全面，难度很大，再加上某些被告人自身的反侦查能力和手段强，很难判断其实施犯罪时的主观意志。

从表面上看，司法工作人员的抱怨似乎不无道理。但课题组在与精神病鉴定专家进行座谈时恰巧也谈到了关于间歇性精神病人的问题，得到的却是另一番回答。据有关专家介绍，间歇性精神病其实并非医学上的词汇，而专属于法学领域。也就是说，在医学上根本就不存在间歇性精神病，任何精神疾病之症状都有由弱到强的发展历程，从这个意义上说，任何精神疾病其实都是间歇性的。对任何一种精神疾病的鉴定，都需要考虑到这样的发病周期，进而分析其案发时的精神状态，比较典型的便是上文所提到的有关癫痫的两个案例。而我国刑法独创性地提出了"间歇性精神病"这样一个词汇，似乎有些多此一举。但公安、司法工作人员对此有疑惑，既是情有可原的，同时也是不甚必要的，完全是出于对精神医学的一知半解。从这个维度看，司法实践中有关间歇性精神病的问题既是无处不在的，又是不存在的。要想解决这个问题，一方面，需要立法更加科学，在医学与法学之间要有一个恰当的契合点；另一方面，也需要我们的办案人员消除知识上的误解，正确地认识所谓的精神疾病，进而避免不必要的纠结。

（二）鉴定意见的性质

作为证据的一种重要形式，司法精神病鉴定意见是一种具有科学性的主观证据：说它具有科学性，是因为司法精神医学鉴定是鉴定人运用精神医学和法学知识，对于案件中涉及精神医学及相关学科的专业问题所进行的认知和评判活动，鉴定依据的是精神医学、法学及相关学科的科学理论；说它是主观证据，是因为司法精神医学鉴定是鉴定人的主观认知活动，任何影响鉴定人主观心理活动和被鉴定人心理活动的因素，都可能使鉴定意见受到影响。而在调研中，课题组发现当地的公安、司法工作人员对司法精神病鉴定意见的性质在认识上还存在着片面的地方。

1. 公安、司法工作人员对司法精神病鉴定意见性质的认识

在调研中，受访的公安、司法工作人员常常挂在嘴边上的一句话便是："我们不是专业人士。"而喜欢把精神病鉴定的相关事项统统归于司法鉴定人员，他

们认为，理想中的司法精神病鉴定意见应当是科学的，可以直接作为定案依据而不必加诸自身的主观能动性。而在现实中，之所以司法精神病鉴定存在着不确定性，尤其是多份鉴定同时存在的情形下，应当归咎于司法鉴定行业的无序、混乱，归咎于部分司法鉴定人员的不负责任、能力低下，而与鉴定意见本身的性质无关。一旦上述问题得到解决，司法精神病鉴定便是真正客观、科学的定案手段。

当然，如果说实践中公安、司法工作人员对鉴定意见的主观性毫无认识，也是有失偏颇的。大家普遍认为，精神病鉴定是一种对于被告人实施犯罪行为时的主观意志状态作法律判断的定案手段，最终反映的是被告人的主观意识状态，而人的主观意识是难以评价估量的，很难以客观的有形状态取信于人。实践中，公众对精神病鉴定意见的可信性也是有所怀疑；在鉴定意见的可信度上，司法工作人员也常常犹豫不决。可见，对于鉴定意见存在一定的主观性，公安、司法工作人员是有所察觉的，但这并没有改变广大办案人员对鉴定意见的迷信态度，他们大多寄希望于能采取一种有效的措施，使鉴定意见的公信力能升高到无以复加的地步，而不是将鉴定意见只视作诸多证据中的一种，应当结合案件的全部证据加以综合审查判断，发挥其自身的主观能动性，减少其间的臆断，提高办案质量。由此看来，我国的公安、司法工作人员对于司法精神病鉴定意见的科学性认识有余，而对其主观性理解不足。正是这种认识上的偏差，令实践中“多头鉴定”现象层出不穷，使得办案人员叫苦不迭，几乎到了闻精神病鉴定色变，进而不敢启动鉴定的荒唐地步。

2. “多头鉴定”带来的困惑

几乎所有与课题组交流的当地公安、司法工作人员都提到了“多头鉴定”给他们带来的无尽麻烦，并且均信誓旦旦地认定：“只要司法精神病鉴定意见达到两份以上，其结论必然有所出入。”这使得办案人员不知所措，也激化了相关当事人的矛盾，延长了案件的办理周期，给案件的审结带来极大的困难。这里有一个典型案例为证。

2007年某县的C男子，因怀疑妻子D与邻居家的E有不正当的男女关系，故而在某晚持刀闯入E家，将其一家三口砍成2人重伤、1人轻伤。在公安机关立案侦查阶段，无人提出C存在精神障碍的可能性，但移送审查起诉之前，C的家属提出其可能患有精神病，要求进行司法精神病鉴定。于是，公安机关便将C送到该县的精神病鉴定机构进行司法精神病鉴定，同时案件也被移交给了检察院审查起诉。不久，鉴定意见得出，显示C有精神疾病，且无刑事责任能力。得知此消息，被害人一方到检察机关去闹事，要求重新鉴定。无奈之下，检察院将本案退回公安机关要求补充侦查。于是公安机关又将C送到太原市某司法鉴定机构鉴定，得出的却是C无精神疾病，负完全刑事责任能力。公安机关又将案件移送给检察机关，被告人家属又跑到检察院去闹事，要求再做鉴定，检察机关又将案件再次“退侦”。公安机关将C带到北京进行司法鉴定，这次得出了第三份结论：C有精神疾病，负部分刑事责任能力。3份各不相同的鉴定意见让检察机关犯了难，出于对权威的笃信，最终按照第三份意见进行了公诉。而受理法院最终采信了第一份鉴定，判决C不负刑事责任。

这样的案件在当地不止一起，多份不同鉴定的存在，令公、检、法三机关焦头烂额。案件的审理期限被迫拉长，而审理结果无论采信哪个鉴定意见，相关当事人都难以满意，其间所耗费的人力、财力更是不计其数。此外，办案人员也十分不满。对于造成这种窘境的原因，当地的公安、司法工作人员也有自己的看法。

第一，“想鉴定就鉴定”。一位公安机关的侦查人员告诉我们：“只要当事人一方要做司法精神病鉴定，我们都会给做，不管有没有线索材料。”这意味着侦查机关不会考虑犯罪嫌疑人有否家族病史、有否异常举止，只要其家属要求鉴定，便会开“一路绿灯”。而大部分的精神病鉴定恰恰都是在此阶段出现的。这意味着大部分的司法精神病鉴定在未受限定的情况下便得以启动。而检、法两家对此叫苦不迭，尤其是法院的刑事法官们，极为被动地接受了多份不同的鉴定意见，并且必须要择其一。最要命的是，其后的责任要全部归于法院。在巨大的压力之下，法官们只得向审判委员会或上级法院求助。这也是为什么法院自己不敢轻易启动精神病司法鉴定的主因。法官们向我们坦言：“启动鉴定必须要向法院提供有关病史、家族史的材料，而再次启动的条件更为苛刻。”大家几乎众口一词，期冀立法上能对鉴定的启动加以规范，既不使精神病鉴定被卡得过死，又不至于令鉴定泛滥。

第二，“鉴定出什么的都有”。很多办案人员对鉴定意见的不同结论都难以理解，将其归咎于目前我国的鉴定人水平参差不齐，准入机制缺失，主张强化鉴定人的专业素质，培育其职业操守，对不负责的鉴定人予以惩戒，甚至将其清除出鉴定队伍。此外，鉴定机构之间无高下之分也令一些人颇有非议，主张机构之间应当有等级上的差别，或者存在一个可信的权威，来裁决鉴定意见之间的矛盾之处。当然，也有人对此持否定态度，主张通过鉴定人的出庭质证来辅助法官甄别鉴定意见的科学性。不过，所有人都认可目前的鉴定机构在设置上依然弊端重重，需要重新组合、优化配置。另外，一些律师还建议通过异地鉴定机制的建立来实现精神病鉴定的公平。

第三，“鉴定起来没完”。不少公安、司法工作人员都认为，假使法律上能对鉴定的次数有所限制，当事人也就不会对申请鉴定乐此不疲了。有了鉴定次数上的红线，公、检、法三家都不必受到当事人一方的滋扰甚至恫吓。如今的当事人正是捏住了公安、司法机关担心把事情弄大、破坏稳定的心理，才能使即便无理的鉴定申请亦能获准，并且屡试不爽。法律如果能有所限制，对办案人员的帮助也是很大的。

### （三）审查方式

#### 1. 现有的审查方式

尽管承认精神病鉴定意见是一种科学证据，但办案的公安干警、检察官、法官们考虑到可能施加于自身的错案追究责任以及鉴定可能出现的误差（并且他们相信这种误差的出现概率目前是很大的），依然会对“出炉”的精神病鉴定意见加以审查。法官们的审查是最为细致的，据某地中级人民法院某位刑事法官介绍，他们对精神病司法鉴定意见的审查更多的是一种结合案情的审查。例如，法官们会考虑被鉴定人所涉及的案由，丧失控制或辨认能力的精神病人往往会实施杀人、伤害的暴力犯罪，但如果是贩卖毒品、诈骗等需要有组织、有预谋、“动脑子”的犯罪类型，即使被告人被鉴定出精神病，法官们也要斟酌一番。此外，法官们也会参考其他证据，尤其是结合作案时行为人的一些具体表现，看其是否像一个常人所为。对于鉴定机构，除了考虑鉴定机构自身的资质、在业内的声誉，还要具体考虑案发时间与鉴定时间的距离、鉴定人所参考的检材等因素。上文中所提到的同时出现3份不同鉴定意见的案例中，法院之所以采信了第一份无刑事责任能力的鉴定意见，就是考量了该案的一些具体情节，而没有一味迷信权威。

通过以上的论述，似乎目前法官们对精神病鉴定意见的审查是比较理性的，而与前文的相关论证有所冲突。而实际上，目前法官们这种结合案情的审查还有着致命的缺陷：从处理上说，即便发现鉴定意见的一些不合逻辑之处，法官们更倾向于向鉴定人澄清或者是再做一份鉴定，极少能果敢地否定鉴定意见，尤其是仅仅存在一份鉴定意见的前提下。更要命的是，对于鉴定意见一些实质内容的分析，由于缺乏专业性的背景知识，法官们难免会存在一些误解，影响对被鉴定人刑事责任能力的分析。为此，某位法官曾在座谈过程中建议，可否安排一些具有司法精神病学知识背景的专业人士来担纲此类案件的人民陪审员，为审判人员排忧解惑。而法官们最为期待的，恐怕还是鉴定人能够出现在法庭中，来解释自己所作出的结论。

2. 出庭的难题

在与某地某基层人民法院刑庭法官的一次座谈中，在座的一位刑事法官当场向课题组的成员们提了一个问题，即其办理的某个案件中出现了两份结论截然不同的鉴定意见，由于不懂专业知识，而再做鉴定又担心出现第三份迥然不同的结论，法官一时不知如何是好。而此时当地中级人民法院的一位老法官接过话头，建议邀请两份鉴定意见的鉴定人出庭质证，以便法官进行抉择。由此可见，法官们对于鉴定人出庭质证的效果还是怀着很高期待的。而事实上，在鉴定人出庭质证的问题上，当地的法官们是尝过甜头的。一位中级人民法院的法官告诉我们，在10年前的一起杀人案中，由于怀疑被告人患有精神疾病，法院决定委托上海某鉴定机构的专家对其进行司法精神病鉴定。专家作出了“有病无责”的结论。

在开庭前，为了让被害人及其家属信服，为了不至于被上级法院质疑，主审法官邀请该专家出庭质证。专家欣然应允，从上海千里迢迢赶赴法院出庭质证，向控辩双方以及合议庭解释了鉴定意见的得出过程、相关疾病的病理等事项。正是鉴定人的出庭质证，使得该案毫无争议地得以审结，被害人一方也是心服口服。本案已成为当地处理精神病司法鉴定案例的典范，为法官们津津乐道。

但现实中，如此成功的范例却是少之又少。据当地的法官们介绍，不仅是精神病司法鉴定，即便是伤情鉴定这样普遍存在的鉴定形式，鉴定人出庭的情形都是凤毛麟角。甚至有的法官断言，鉴定人的出庭甚至要难于证人的出庭。究其原因，法官们认为是鉴定机构的不配合造成的。进入市场化运作后，鉴定机构就变成了彻头彻尾的营利性组织了，在完成了鉴定意见后，委托双方的交易行为即告完成，鉴定机构怎么会多此一举地去出庭作证？更有甚者，有的法官反映，一些鉴定机构要求法院必须支付价格不菲的交通、食宿补贴（据悉都在 2 000 元以上），并且保障鉴定人的安全，方可出庭质证。本就拮据的法院系统当然不会平白支付这笔费用，故大多数鉴定人的出庭计划也就这样流产了。因此，法院系统对那些市场化的鉴定机构颇有微词，不少人主张应当强制鉴定人出庭，否则，便对其施加惩戒。当然也有人在现实中，将这笔经济负担转嫁给了当事人，但效果也不是非常好。

3. 左右摇摆的“认证”

从与某地两级人民法院刑事法官们的座谈过程当中，调研组感受到在他们的心中，司法精神病鉴定似乎是一件很可怕的事情，搞不好便会引火烧身，因而，在认证的过程中，法官们总是畏首畏尾、左右摇摆。一位法院领导的话代表了广大刑庭法官们的心声：“司法精神病鉴定给法院的定案带来了很多的困惑，尤其是那些大案要案，例如杀人案件，再加上聘请了高素质的律师，一旦提请司法精神病鉴定就令法官很棘手，往往要由审委会讨论决定启动、采信，一旦鉴定了，大多会有精神病。法官不是专业人士，但如果事后证明鉴定错了，法官便会倒霉，所以采信鉴定是很危险的。”这句话的核心是什么？是“法官便会倒霉”，这才是法官们对鉴定意见认证时亦步亦趋的根本原因。法官为什么会倒霉？这当中既有社会大背景的因素，也有鉴定机制自身的成因，而不合理的错案追究制度更是地道的“元凶”。由于精神病鉴定的主观性本就很强，造成了其不确定性；加之一旦患有精神病，就可能免予刑事处罚（至少也能得到从轻处理，不致被处以极刑），无疑绷紧了被告人与被害人双方的神经，为此双方甚至不惜采取极端手段向法院施压。这样一来，司法精神病鉴定意见的采信与否就成为各方争夺的焦点，也成为上级法院甚至是党委、政府维系稳定、息事宁人的“切入点”。无论采信与否、采信哪份结论，都有可能被上级法院推翻、被党委政府推翻、被民众推翻，而一旦出现反复，根据法院系统内的错案追究制度，主审法官都会受到严厉的惩处，轻则影响升迁、待遇，重则丧失执业机会。这意味着对司法精神病鉴定意见的认证活动，会使法官面临极高的执业风险，稍有不慎便会踏入雷区，面临灾祸。这也就难怪部分法官会“谈精神病鉴定色变”了。从调研的实际情况来分析，这也是目前我国司法精神病鉴定在发展上的一大“瓶颈”，不能不引起我们的重视。

（四）证明中的问题

1. “有病推定”还是“无病推定”

司法工作者和精神病鉴定人在涉及司法精神病的问题时，是坚持“有病推定”的原则还是“无病推定”的原则，曾是理论上一个争论不休的问题。然而，在课题组的调研中，发现无论是司法工作人员还是精神病专家，口径还是比较一致的，即应当坚持“无病推定”原则，对被鉴定人的精神状态首先应当推断为正常，且具有完全刑事责任能力，除非有确凿的证据证明被鉴定人确定患有精神障碍并且因此影响其主观上对自己的行为的辨认或控制能力时，方可作出有病以及限制其相应法律能力的结论。尽管受访的公、检、法办工作人员似乎不太知会“无病推定”、“有病推定”这样的专业术语，但在实际工作中所秉持的却是“无病推定”的思维模式。对于那些举止有些异常的被告人，司法工作人员总是本能地视其为正常人。此外，对于鉴定人的思维方式，某地的司法工作人员有诸多不满之处，以致认为他们大多有“职业病”，交给他们的被鉴定人往往没病也被鉴定成精神病人，这也成为多数办案人员不愿将自称有精神病的当事人交付鉴定的主因。故而，司法工作人员多认为鉴定人持“有病推定”的职业习惯。

在与精神病鉴定专家的交流中，课题组发现，尽管他们认可了“无病推定”的原则理念，也并没有否认在现实的鉴定工作中“有病推定”的现象依然大量存在着。据专家们解释，由于我国司法精神病鉴定行业起步较晚，大量的专业鉴定人是从事临床实践的医生，缺少法律意识而仅仅具有医学背景，因而在诊断中出于职业习惯，倾向于有病的诊断。这是有一定的历史背景因素的。如果要鉴定精神疾病，临床经验是不可或缺的重要条件，但一旦具有临床经验，其愈丰富就使鉴定人的“有病推定”倾向愈加明显。这似乎是当下难以避免的一对矛盾。“有病推定”思维目前所带来的负面影响还是显而易见的，它令司法工作人员与职业鉴定人之间难以形成互信，使司法工作人员产生了对司法精神病鉴定工作的抵触情绪。如果不能对这种错误的理念予以纠正，危害是巨大的，真正解决恐怕还是要寄希望于职业的司法精神病鉴定人群体的形成。

法官也更倾向于“无病推定”，对于一些轻微的、重大的或者棘手的有关精神病的案件不予启动精神病鉴定，这其中充满了无奈和无助。究其原因有如下几点：（1）对于轻微的有精神病的案件，启动精神病鉴定无疑会造成案件审理的拖延，影响法院办案的效率。（2）对于影响重大的案件，法官会受到来自各方面的压力，故不敢轻易启动精神病鉴定。一旦鉴定为无刑事责任能力，法官便会处于风口浪尖，成为各种矛盾的焦点，陷于两难的境地，将被告人宣布无罪很可能会掀起一番直接针对法官的大讨伐，所以法官不会轻易启动一个精神病鉴定。（3）对于棘手的精神病案件，法官提出进行精神病鉴定，往往会引起“多头鉴定”，使法官自己无所适从，还会使案件的审理一拖再拖；而且如果鉴定出现失误，那么受到处罚的替罪羔羊也只能是法官自己。下面一个案例在一定程度上反映了这一现象：

被告人A，86岁，眼睛看不清，耳朵听不见，患有老年性脑病，冠状A性（动脉）心脏病，生活不能自理，且各项生理机能日益衰竭，随时有生命危险。被告人A与被害人B系爷孙关系，二人同住在一起。一日，A在上完厕所后欲用脸盆洗手，被B拽了一下，差点摔倒在地。A一夜未眠，回想到早几日B曾将他锁在家中，认为B是对其虐待，遂起杀人念头。第二天，A趁B熟睡，从自家窖柜中取出菜刀朝B头部砍去。B惊醒后，A用手按住B的头部，继续朝B头部砍去，后B挣扎至院内，A追上后，持菜刀朝B脖子乱砍，并随手将院中东房放的铁锹拿上，继续砍击B的脖子，期间，铁锹掉落。被害人B当场死亡。这一案件看似简单，但是被告人A自身的特殊性，而使案件成为了烫手的山芋。被告人A 86岁，年龄偏大，且有各种基础疾病，身体状况不佳，随时有生命危险，一旦被告人在审理案件期间死亡，就会使法官面临很多的危险，这使得法官必须尽快对案件作出判决。虽然这个案件中被告没有太多明显的精神症状，但是从被告人的年龄考虑，并且患有老年性脑病，做一个精神病鉴定无疑是最公平、合理的，可综合考虑各种因素之后，不做精神病鉴定成为一种较为稳妥的方式，这显示了我国法官的无奈和无助。

2. 证明责任之分配

对于谁负有“被告人患有精神病”的举证责任这一问题，一些司法工作人员从《关于办理死刑案件审查判断证据若干问题的规定》第5条的规定出发，认为应当归属于控诉方，即由人民检察院来负担。而有的刑事法官认为在实践中自己也承担了一部分的举证责任，他们认为：依法理讲，在庭审程序量刑规范化适用的前提下，公诉机关在举证证明被告人的行为属于犯罪行为并应当承担刑事责任的同时，顺应量刑规范化的要求，也应当对被告人可能患有精神疾病、应当减轻或免予刑事处罚向法庭提供证明材料。在实践中，被告人或其辩护人、家属往往是在法院审理过程中提出精神病鉴定要求，影响了庭审程序的顺利进行，直至久久不能结案。《刑事诉讼法》规定的鉴定意见，包括精神病鉴定意见，是作为一种证据而存在，而收集案件证据的权力主要在负有侦查职能的公安机关，以及负有检察公诉职能的检察机关。但实际上负有刑事审判职能的法院，为了案件审理的客观性，不得不经常做侦查工作，与司法职能划分不符。而且法院作为审判机关，如一贯以自己采集的证据或鉴定意见作为判定被告人是否患有精神疾病以及是否应当承担刑事责任的依据，自侦自审，势必加大错案风险。因此，建议明确将精神病鉴定的职责赋予侦查机关和检察机关，法院作为审判机关，仅在必要时候做精神病鉴定的补充认定。

如此之长的一段独白，固然有法院不堪重负，试图向公安、检察机关分摊压力之嫌，但也在一定程度上反映了实践中有关精神病鉴定之举证责任分配的混乱局面。似乎没有人认为关于精神病的举证责任应当归属于被告人一方，而由公诉机关，承担举证责任，已然成为人们的共识。而类似于英美的“精神病抗辩”的举证方式，被冠之以“与我国的国情并不相符”，亦被拒之门外。这恐怕与我国在审前更为侧重于职权主义的诉讼模式不无关联。

## 四、证明标准的操作

从事刑事审判的法官们对于司法精神病鉴定意见到底采用怎样的证明标准，在调研中是一个比较难于弄清的问题，因为这属于法官的心证范畴，在法律规定较为模糊的前提下，难以用语言加以表述。但从法官们的只言片语中还是可以略见端倪的，尽管“证据确实、充分”的标准相对玄虚，也有些偏高，法官们还是竭力做到“证据与证据之间、证据与案件事实之间不存在矛盾或者矛盾得以合理排除；根据证据认定案件事实的过程符合逻辑和经验规则，由证据得出的结论为唯一结论”。对于司法精神病鉴定意见，法官们往往还要参考预审期间的多份笔录，以确定其可靠性与一致性。此外，家属们提供的一些证明材料、监禁期间的具体表现等也将成为重要的旁证资料，以便巩固证据链条。事实与法官们所说的是否存在出入，我们不得而知，但至少说明，在法官们的心目中，对于司法精神病鉴定意见的证明标准的要求还是相当高的。

## 五、对精神病人的安置

对精神病人的处置问题，也令一些公安、司法工作人员感到十分得无奈。依照刑法的规定，如果一个人在司法上被确认为系不负刑事责任能力的精神病人，那么他应当被交付给其家属严加看管或治疗，必要时还要由政府出面送交医疗机构强制治疗。但现实中的情况并不尽如人意，家属们大多没有能力监管精神病人，有的时候公、检、法机关要不厌其烦地做工作，个别亲属才会勉强地愿意承担这样的责任，但效果可想而知。家属不愿意承担强制医疗的费用，公、检、法机关也不想花这笔钱，而民政部门似乎又没有这笔预算，这样一来，被公安、司法机关认定为精神病人的这部分人群往往就处于失控状态，在社会上再度实施恶性犯罪的概率便大大增加了。正因为如此，很多被害人宁愿不要高额赔偿，也要求将这种人定罪处刑，甚至是处以极刑。出于安全的考虑，公安、司法机关大也多不愿意将一些被告人、犯罪嫌疑人按精神病人作无罪处理，以避免其重新实施危害社会的行为。可见，缺少规范的强制医疗程序已经给司法精神病鉴定的运转带来了负面效应。

据安康医院负责人讲，医院一定程度上实现了数字化管理，建立了肇事肇祸病人数据库，进行重点管理。对于有暴力倾向的病人会及时上报，录入本市建立的重点病人数据库。安康医院接收的精神病人主要有两种：一是公安机关立案后，被鉴定出患精神病的犯罪嫌疑人；一是违反治安管理处罚法达到拘留以上肇事肇祸的人。安康医院只接收来自公安系统的精神病人，不接收其他办案部门的精神病人。这里的病人平均住院时间为 15 年，每年各有七八十人出、入院，治愈率为 40%～50%，但精神病人的复发率也很高。据这位负责人讲，很多人即使病好了，但没有人来接，只能在医院继续接受治疗。因为出院是有一定条件限制的，需要有人申请，并且根据不同的案件类型还有不同的期限限制，如治安案件要 6 个月以后才能申请出院，而刑事案件至少需要 1 年才可以提出出院申请，重大、复杂的案件则需要治疗 3 年以上才可以提出出院申请。在对病人进行病情评估、监护人条件评估满足要求并获得派出所的协助后，才能为病人办理出院手续。精神病人出院后将转给社区工作处，将病人列为重点监控对象，由管片民警负责管理，安康医院会在病人出院后一年之内进行定期随访。

本次调研，课题组还走访了临近某市监狱，就对精神病犯人的处置情况进行了解。据悉，精神病患者依据相关的法律、法规，应作保外就医处理。但保外就医需要地方的公安机关、街道进行担保，而相关公安机关、街道都不愿意担负这样的风险，因而保外就医往往难于执行，犯人只能送交监狱看管。而在监狱中，为了确保安全，监管民警往往会安排三四个可靠的健康犯人去看护 1 个精神病犯人。此外，还要带精神病人去医院看病。据悉该监狱治疗每位精神病患者的费用大约一次两千，而每月国家拨付给每名犯人的医疗费用是 10 元，因此，对精神病犯人的问题，监狱方面也颇有些无奈。因此，有人建议可考虑筹建专门的精神病监狱，来监护这些精神病犯人，解决目前在人力、物力上的难题。

**图书在版编目（CIP）数据**

反思与建构：刑事证据的中国问题研究/陈卫东著. —北京：中国人民大学出版社，2014.10

（中国当代法学家文库）

ISBN 978-7-300-19933-7

Ⅰ.①反… Ⅱ.①陈… Ⅲ.①刑事诉讼-证据-研究-中国 Ⅳ.①D925.213.4

中国版本图书馆CIP数据核字（2014）第200472号

"十二五"国家重点图书出版规划

中国当代法学家文库

陈卫东法学研究系列

**反思与建构：刑事证据的中国问题研究**

陈卫东　著

Fansi yu Jiangou：Xingshi Zhengju de Zhongguo Wenti Yanjiu

| | | | |
|---|---|---|---|
| **出版发行** | 中国人民大学出版社 | | |
| **社　　址** | 北京中关村大街31号 | **邮政编码** | 100080 |
| **电　　话** | 010－62511242（总编室） | | 010－62511770（质管部） |
| | 010－82501766（邮购部） | | 010－62514148（门市部） |
| | 010－62515195（发行公司） | | 010－62515275（盗版举报） |
| **网　　址** | http://www.crup.com.cn | | |
| | http://www.ttrnet.com(人大教研网) | | |
| **经　　销** | 新华书店 | | |
| **印　　刷** | 涿州市星河印刷有限公司 | | |
| **规　　格** | 170 mm×228 mm　16开本 | **版　　次** | 2015年1月第1版 |
| **印　　张** | 35.25 插页3 | **印　　次** | 2017年7月第2次印刷 |
| **字　　数** | 516 000 | **定　　价** | 98.00元 |